工商管理优秀教材译丛

管 理 学 系 列

管理信息系统

管理数字化公司 第11版

(美)肯尼思·C. 劳顿(Kenneth C. Laudon)
简·P. 劳顿(Jane P. Laudon) 著

Management Information Systems Managing The Digital Firm

Eleventh Edition

张 政 闫大刚 等 译

清华大学出版社
北 京

北京市版权局著作权合同登记号　图字：01-2011-1167

图书在版编目（CIP）数据

管理信息系统：管理数字化公司：第 11 版/（美）劳顿（Laudon, K. C.），（美）劳顿（Laudon, J. P.）著；张政等译. —北京：清华大学出版社，2011.11（2020.1 重印）

（工商管理优秀教材译丛·管理学系列）

书名原文：Management Information Systems: Managing The Digital Firm, 11e

ISBN 978-7-302-26976-2

Ⅰ. ①管…　Ⅱ. ①劳… ②劳… ③张…　Ⅲ. ①管理信息系统—高等学校—教材

Ⅳ. ①C931.6

中国版本图书馆 CIP 数据核字（2011）第 198543 号

责任编辑：江　娅

责任校对：宋玉莲

责任印制：沈　露

出版发行：清华大学出版社

网　　址：http://www.tup.com.cn，http://www.wqbook.com

地　　址：北京清华大学学研大厦 A 座　　**邮　　编：**100084

社 总 机：010-62770175　　**邮　　购：**010-62786544

投稿与读者服务：010-62776969，c-service@tup.tsinghua.edu.cn

质 量 反 馈：010-62772015，zhiliang@tup.tsinghua.edu.cn

印 刷 者：清华大学印刷厂

装 订 者：北京市密云县京文制本装订厂

经　　销：全国新华书店

开　　本：185mm×260mm　**印　张：**32.5　**插　页：**2　**字　数：**747 千字

版　　次：2011 年 11 月第 1 版　**印　　次：**2020 年 1 月第 9 次印刷

定　　价：59.00 元

产品编号：040431-01

前　言 管理信息系统(第11版) Management Information Systems

我们编写本书的目的在于使商学院的学生深入了解公司如何运用信息技术及系统实现企业目标。信息系统是企业管理人员采用的一种重要工具,以实现卓越运营、开发新产品和服务、提升决策水平、获得竞争优势。

企业招募员工时,往往也青睐那些知道如何使用信息系统和技术来创造经营业绩的人员。不论你所学专业是会计、金融、管理还是运营管理、市场营销、信息系统,本书提供的知识和信息都将使你在整个职业生涯中受益。

我们努力确保书中选取案例的通用性和权威性。书中的案例和数据均出自2008年,相关研究文献和专业出版物也为本书奠定了坚实的基础。

管理信息系统有什么最新发展

回答是“有很多”。事实上,运用管理和组织企业运营的新技术来开展业务,是一个全新的世界。技术、管理和业务流程方面持续的变革使得管理信息系统领域成为商学院最热门的研究领域(这些变革将在第1章做更为详尽的描述)。

信息技术创新奔涌的热潮正改变着传统的企业界。例如:云计算的出现,移动数字商务平台的发展,尤其是企业管理人员为实现经营目标而使用的社交网站。这其中大部分的变革发生在过去的几年间。这些革新使众多企业家和创新性企业得以推出新的产品和服务、开发新的商业模式、改变日常事务的处理方式。在这个过程中,一些老企业,甚至一些行业,由于新兴企业的涌现而遭到淘汰。例如,数百万消费者对于iPod和MP3播放器的偏爱催生出了网络音乐商店。它的出现彻底改变了原来依靠唱片、CD等物理设备发行音乐的商业模式。与之类似,在线视频租赁正在改变通过电影院上映和实体店出租影碟等途径发行电影的传统模式。新的高速宽带连入家庭则促成了这两项变革。

电子商务也再次兴起,并于2008年创造了2 500亿美元的收入,较上一年增长15%。企业如何设计、生产、交付产品及服务永远处于变革之中。电子商务又一次完成了自身的再创造。它打破了传统的市场营销和广告运营模式,令众多媒体和宣传策划公司陷入困境。MySpace、Facebook以及其他社交网站,如YouTube、PhotoBucket和Second Life,都体现出21世纪电子商务的新面貌。它们销售的是服务产品。当我们想到电子商务时,我们往往会认为是销售实物产品。对于电子商务来说,虽然这种标志性的观点依然强大,并且它也是美国发展最快的零售方式,但与之一道发展的是一种全新的、基于服务销售而非产品销售的价值流。它是电子商务的服务模型。信息系统和技术则是这种全新电子商务的基础。

同样,公司的管理也发生了变化。借助于手机、高速无线 Wi-Fi 网络、无线笔记本电脑,奔波在外的销售人员可以迅速回应经理的疑问和监督。外出的经理也可以与员工进行直接的、持续的联系。采集了丰富数据的企业信息系统的发展意味着管理人员在工作中不再是一头雾水,而是可以通过网络,立即获取所需的重要资料,做出准确及时的决策。除了网络上的公共用途之外,维基平台和博客也正在成为企业用于沟通、合作和信息共享的重要工具。

第 11 版:MIS 课程全面解决方案

本书自问世以来,一直在全世界的 MIS 课程中使用。这一版依然保持了其权威性和新颖性,同时也更灵活、可定制,适合高等院校和教师个体的不同需要。本书是一个完整的教学包的一部分,教学包由核心文本和资料广泛的配套网站组成。

核心文本包括 15 章,配以涵盖 MIS 最重要问题的实践项目。配套网站则提供了关于章节主题的深入解析、影像案例、职场资源、附加案例研究、补充章节材料、互动测验和动手项目的数据文件等内容。

核心文本

核心文本通过描述、分析信息系统的整体框架来纵览 MIS 的基本概念。该框架展示出由管理、组织和技术元素组成的信息系统,并通过学生项目和案例研究予以强化。

章节构成 每一章包括以下要素:

- 一个描述真实组织的章节开篇案例,用以确立本章的主题和重点
- 一个依据通篇使用的管理、组织和技术模型来分析开篇案例的图表
- 系列学习目标
- 两个配以思考题和 MIS 实例项目的互动讨论
- 由两个管理决策问题、一个动手应用软件项目和一个互联网技能培养项目组成的 MIS 实践部分
- 一个介绍配套网站补充素材的拓展学习部分
- 一个有助于实现学习目标的本章小结
- 用于学生检测章节素材理解的复习题
- 与章节更广泛的主题相关的讨论题
- 视频案例(可在配套网站获得)
- 用以培养团队精神和演讲技巧的团队项目,同时可以选择使用开源协作工具
- 用于学生应用章节概念的章节结篇案例研究

主要特点

我们强化了核心文本,使其更互动、更易于教学、更前沿。第 11 版包含以下新特点。

结合大量商业案例的业务驱动 本书将帮助学生看清信息系统与经营业绩间的直接联系。它描述了促使信息系统和技术在世界范围的公司使用的经营目标：卓越运营、新产品和服务、客户和供应商的亲密关系、提升决策水平、竞争优势和企业生存。书中的案例研究将向学生展示具体的公司如何使用信息系统来实现上述目标。

本书完全使用来自企业和公共组织的最新案例(2008 年案例)来阐释每一章的重要概念。所有的案例研究都是描述学生熟悉的著名公司和组织，如谷歌、Facebook、可口可乐、沃尔玛、eBay、NBA、宝洁，以及 JetBlue.

关注学生学习 学生的学习目标围绕一套学习问题展开，以集中学生的注意力。每一章以本章小结和围绕学习问题的复习题作为结束。

交互性 学习管理信息系统最好的方法就是实践。我们提供不同种类的动手项目，让学生去处理真实的商业情景和数据，直观学习管理信息系统的知识。这些项目将有效提高该学科的学生参与度。

- 新管理决策问题。每章的两个新管理决策问题教授学生如何将本章的概念应用于需要分析和决策的真实商业情景。
- 新团队项目。每一章都包含一个团队项目，鼓励团队中的学生使用谷歌协作平台(Google Sites)、谷歌文档(Google Docs)和其他开源协作工具。第 1 章的首个团队项目即是让学生创建一个谷歌协作平台。
- MIS 实践。每一章均以 MIS 实践部分作为结束。它包括三类项目：两个管理决策问题、一个使用 Microsoft Excel 或 Access 的动手应用软件练习和一个培养网络商业技能的项目。
- 互动讨论。每章的两个短小案例已经被重新设计为交互式会话，可以应用在课堂(或互联网讨论区)以激发学生的兴趣和学习热情。每个案例都以两类活动为结束：思考题和 MIS 实例。思考题提供用于课堂讨论、互联网讨论或书面作业的主题。MIS 实例以动手网络活动为特色，用以更深入地探究课堂讨论的问题。
- 30 个全新的视频案例。视频是学生学习的良好媒介。为了实现视频学习，我们收集了大量的视频案例。每章有两个商业视频案例，全书共 30 个，均可在配套网站获得。思考题将视频和本章概念联系起来。

灵活性与可定制：全新的拓展学习模块 我们的拓展学习特色赋予了教师对所选主题进行深入挖掘的灵活性。每章结尾处的拓展学习部分将引导学生去阅读劳顿配套网站上的短文或额外的章节。这些附加内容将使学生深入到 MIS 主题、概念和辩论之中；复习硬件、软件、数据库设计、远程通信及其他领域的基本技术概念；进行额外的软件学习实践。第 11 版包括全新的拓展学习内容，如业务流程管理、云计算、Web 2.0、信息安全产业就业前景广阔、电子商务中的新热门职业、计算机取证、《萨班斯法案》、服务水平协议、创建网页、Excel 数据透视表、信息系统资本预算以及计算机软硬件技术等附加内容。

全球化 该版教材比前几版更强调全球化的新素材(第 1 章)、全球群组协作(第 2 章)、全球安全威胁(第 8 章)、全球供应链(第 9 章)、全球市场(第 10 章)、离岸业务外包

(第 13 章)、软件本地化(第 15 章),辅之以大量跨国公司和非美国公司的案例,展示如何在全球商业环境中使用信息系统。

全新的前沿主题 该版教材包括以下前沿主题:云计算,Web 2.0 和 Web 3.0,协作系统和工具,软件即服务全球化,虚拟世界,窗口小工具(Widget),网络数据挖掘和文本挖掘,统一通信,统一威胁管理,维基平台和博客的商务使用与社交网站,服务水平协议,软件本地化。

配套网站

劳顿专著拥有优秀的网站支持(http://www. pearsonglobaleditions. com/laudon),通过如下内容巩固和提高文本材料:拓展学习补充、Dirt Bikes U. S. A. 公司运营案例、全套的视频案例、MIS 实践项目的数据文档、职业资源和数字化档案指南、交互式学习指南、国际资源、附加案例研究,以及肯尼思·劳顿制作的关于职业惯例的 PowerPoint 幻灯演示。该网站提供一个安全的受密码保护的教师专区。教师可以从那里下载教师手册以及 MIS 实践活动的参考答案。该网站有一个经过改进的在线教学大纲工具,可以帮助教师方便快捷地将他们个人的教学大纲添加到网站上。

致谢

任何图书的出版发行都是许多人共同努力的结果。我们要感谢所有的编辑,感谢他们多年来的热情鼓励、真知灼见和鼎力支持。

特别的感谢要献给纽约大学斯特恩商学院的同事、斯蒂文斯理工学院的 Edward Stohr 教授、巴鲁克学院和纽约大学的 Al Croker 和 Michael Palley 教授、西伊利诺伊大学的 Lawrence Andrew 教授、哥廷根大学的 Lutz Kolbe 教授、圣加仑大学的 Walter Brenner 教授、科隆大学的 Detlef Schoder 教授、国际管理发展学院的 Donald Marchand 教授、斯坦陵布什大学的 Daniel Botha 教授,感谢他们为本书的改进提出的宝贵建议。感谢加州大学欧文分校的 Ken Kraemer 教授和密歇根大学的 John King 教授,感谢他们对信息系统和组织长达十多年的讨论。作为多年的好友和同事,我要特别问候和感谢印第安纳大学的 Rob Kling 教授。

我们也要把特别的感谢献给所有审阅者,是他们的建议帮助提高了我们书稿的质量(名单略)。

我们也要感谢以下国际案例的提供者和审阅者。

案例提供者:

开罗德国大学的 Ahmed Elragal

新南威尔士大学的 Lesley Land

南洋理工大学的 Neerja Sethi 和 Vijay Sethi

国际审阅者：
法赫德国王石油和矿产大学的 Ibrahim Al-Jabi
黎巴嫩美国大学的 Michael Chalhoub
开罗美国大学的 Sherif Kamal
阿拉伯科学技术大学的 Nader Nada
苏尔坦亲王大学的 Suresh Subramoniam

肯尼思·C. 劳顿
简·P. 劳顿

目 录

管理信息系统(第11版)
Management Information Systems

第一篇 组织、管理与网络化企业

第二篇 信息技术基础设施

第三篇 数字时代主要的系统应用

第四篇 系统构建与管理

第一篇

组织、管理与网络化企业

第一篇介绍本书的主要议题，提出一系列重要问题：什么是信息系统？信息系统的管理、组织和技术维度是什么？为什么信息系统对当今企业如此重要？信息系统如何提升企业的竞争力？信息系统的广泛应用带来了哪些伦理与社会问题？

Management Information Systems

第1章

信息系统与当代全球商业

学习目标

学习本章，你将了解到：

1. 信息系统是如何转变商业运行模式的？信息系统与全球化有怎样的关系？
2. 当代企业的经营和管理为什么离不开信息系统？
3. 什么是信息系统？信息系统是怎样运作的？信息系统的管理维度、组织维度和技术维度分别指什么？
4. 什么是辅助资产？要充分实现信息系统的价值，辅助资产为何不可或缺？
5. 信息系统研究都涉及哪些学科领域？这些学科对理解信息系统各有怎样的帮助？什么是社会—技术系统视角？

信息技术助力NBA球队

篮球运动不但是一种节奏快、对抗性强的体育运动，也是一项规模庞大的产业。美国职业篮球联盟(NBA)下辖30支职业球队，球员的人均年薪高达500万美元。付出如此高额的薪资，球队自然期待更多的回报，因此也在不断寻找提升球员竞技水平的新办法。每个赛季的82场常规赛中，教练员必须不断发现对手的软肋和自己球队的弱点(比如对方的进攻乏力或是己方某位球员的跳投不够稳定)；每发现一个问题，球队就能多一分胜算，赢下更多的比赛，取得更多的利润。

传统的技术统计无法全面记录比赛的每个细节，也难以把一项具体的统计数据和与之对应的比赛录像联系起来。球队的战术如何调整、对手的弱点如何利用，几乎全凭教练员的经验和直觉，但他们有时也很难确定具体是哪些问题导致了球队的失利。而今，职业球队的教练和经理们从其他行业得到了启示，开始以确凿的数据作为场上场下的决策依据。

一家名为 Synergy 体育技术(Synergy Sports Technology)的公司开发出一套系统,能够全面收集并整理比赛中的技术统计信息,还能将数据与对应的视频资料加以关联。该公司有30名员工专门负责视频片段与比赛数据的配对工作,配对涉及的信息包括持球队员的姓名、采用的打法以及最终的结果等。

具体的做法是:首先,以攻防转换为标志,将比赛切分成一系列片段,其次用数百种分类信息对每个片段加以描述和标记,最后再将这些数据与高清晰度的比赛视频加以关联。

利用数据索引,教练员可以很快找到感兴趣的比赛片段,并通过一个受保护的站点来访问这些视频。借助流媒体技术,他们只需几秒钟时间便可观看到所需的比赛视频,还能将视频文件下载到自己的笔记本电脑或 iPod 播放器中。一支球队甚至给每位球员都配发了 iPod 播放器,以方便他们回放比赛录像,更好地备战下一场比赛。

举例来说,假设达拉斯小牛队在同菲尼克斯太阳队的比赛中让对手取得了太多的快攻得分,结果输掉了比赛。赛后,小牛队的教练就可以利用 Synergy 公司提供的服务,观看比赛中对手的所有快攻录像,分析可能存在的问题。他们还可以查看本赛季自己球队攻防转换过程的所有视频,同本场比赛的情况进行对比。达拉斯小牛队的老板马克·库班(Mark Cuban)说:"借助这个系统,我们不但能从不同的角度考察比赛中的每个细节,还能把这些细节和对应的技术统计联系起来。我们可以观看比赛中的每一次挡拆配合,计算我们的成功率,还能看看别的球队是如何完成这项战术的。"

这项服务还可以帮助教练员分析每位球员的强项与弱项。比如,Synergy 公司的系统就记录了小牛队球员德克·诺维茨基(Dirk Nowitzki)自1998年加入 NBA 后的所有进攻表现。系统对比赛过程和球员表现进行了极其细致的分类,人们甚至可以分别查看诺维茨基在主场和客场比赛中,左手或右手持球进攻的成功率各有多高。点击任意一项技术统计,用户就能观看过去三个赛季中诺维茨基运用该技术动作的全部视频,相关的视频资料有时可达千条之多。

目前,已有14支 NBA 球队与 Synergy 公司签约,利用此项服务为球队寻找优秀的高中球员和国际球员。虽然在物色新球员的过程中现场考察必不可少,但在这套系统的协助下,NBA 球队已成功削减了增势迅猛的差旅开销。

资料来源:Scot Petersen, "Dunking the Data," *eWeek*, June 16, 2008; Randall Stross, "Technology to Dissect Every Dunk and Drive," *The New York Times*, April 29, 2007; and www.nba.org, accessed July 27, 2008.

NBA 球队面临的挑战凸显了信息系统的必要性。同其他产业一样,职业篮球产业也承受着高成本(主要是球员的高额薪资以及寻觅有天赋的新球员所需的差旅费用)所带来的压力。为了增加收入,球队的工作效率十分关键,而提升运动员的竞技水平则是球队工作的重中之重。

下图概括了该案例及本章中涉及的一些重点问题。采用新的信息系统之前,管理层在提升球队效率和运动员表现方面往往缺乏精确的数据,难以做出恰当的决策。他们只能通过观看比赛录像带,依靠经验进行推测。

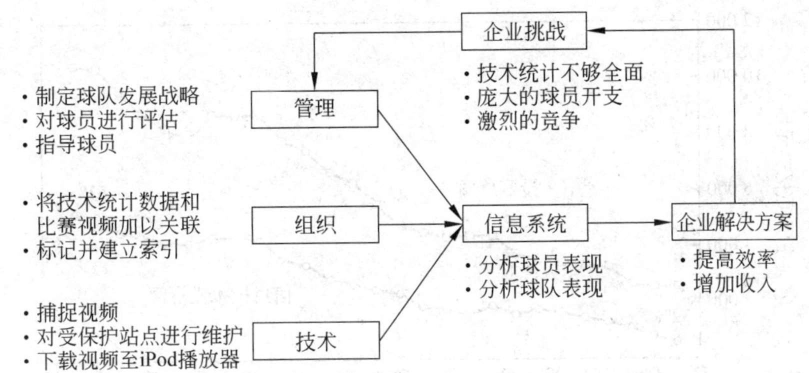

新的信息系统基于Synergy体育技术公司开发的一项服务。该服务以一次进攻为单位将比赛分割成一系列片段，然后分别按照持球队员、战术及进攻结果进行分类，最后再将这些数据同对应的视频联系起来，供用户检索之用。借此，教练员和管理层就可以对数据进行分析，发现每位球员最擅长的进攻和防守方式。球员们则可将视频下载到自己的iPod播放器中观看，为下场比赛做好准备。这一创造性的解决方案使职业篮球队的管理层得以利用客观的统计数据来优化决策，确定应对不同对手时的最佳策略。

1.1 信息系统与当代商业

在世界各地，商业的运作方式已今非昔比。2008年，美国企业在信息系统硬件、软件及电信设备上的资金投入将达到约8 400亿美元。另外，在业务和管理事务的咨询及相关服务方面，这些企业还要投入9 000亿美元——这其中的很大一部分都涉及优化公司的运营方式，以实现对新技术的充分利用。1980—2007年间，美国私营企业信息技术(包括硬件、软件和电信设备)投资额在投资总额中所占的比重由32%上升到了51%(见图1.1)。

如今，企业对信息系统的依赖程度日益增大，对信息技术的投资力度也不断加强。作为未来的管理者，你们中的大多数人正将供职于这样的企业。因此，了解如何有效使用企业在信息技术方面的资金就显得至关重要。如果决策正确，公司的表现就能胜人一筹；反之，则会浪费宝贵的资金。本书的目的即在于帮助企业在信息技术和信息系统领域做出正确的商业决策。

1.1.1 信息系统转变商业模式

观察当今商业的运作方式，便可以一窥信息技术方面的巨额投资所起到的效用。2008年，移动电话的开户数超过了固定电话的装机数。蜂窝电话、黑莓手机、iPhone手机、电子邮件以及网络会议已成为必不可少的商务工具。58%的美国成年人使用过移动电话或便携设备上语音通话功能之外的其他功能，比如短信息、电子邮件、拍照、电子地图或摄像(Horrigan,2008)。

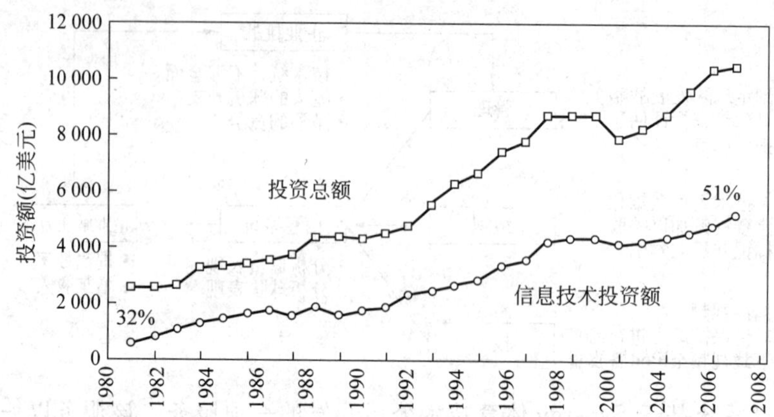

信息技术投资由硬件设备投资、软件投资及电信设备投资三部分构成;其在投资总额中所占比例由1980年的32%上升到2008年的51%。

图1.1 信息技术投资趋势

资料来源:U. S. Department of Commerce, Bureau of Economic Analysis, *National Income and Product Accounts*, 2008.

截至2008年6月,全球注册".com"域名的企业已超过8 000万家(美国有6 000万家)(Versign,2008)。美国有1.38亿人浏览过购物网站,其中1.17亿人有过网上购物经历;每天还有3 400万人利用互联网检索商品或服务的相关信息。

2007年,联邦快递公司(FedEx)在美国国内配送了超过1亿件包裹,而且几乎均是次日送达;而联合包裹服务公司(United Parcel Service,UPS)则在全球运送了37亿件包裹。如今,客户的需求瞬息万变,企业力求及时响应并做出相应调整,把库存降至最低,提升运营效率。各类企业依靠准时生产模式来降低间接成本,使产品更快地配发市场,供应链的节奏也因此越来越快。

在美国,报纸订阅量持续下降,通过网络获取新闻的人数却超过了6 400万;博客的阅读者、写作者分别达到约6 700万和2 100万,涌现出大量网络写手。博客的繁荣为客户反馈创造了诸多新的形式,而就在五年前,这些方式还是难以想象的(Pew,2008)。社交网站聚友网(MySpace)和脸谱网(Facebook)的月访问量分别突破了7 000万和3 000万,企业也开始利用社交网络工具同世界各地的员工、顾客及管理者进行互动。

电子商务和互联网广告发展迅猛:谷歌公司(Google)2007年的在线广告收入近165亿美元,2008年的增幅更是超过了25%,营业收入逾210亿美元。

依照美国新近出台的证券与会计事务方面的联邦法律,许多公司须将其电子邮件通信记录保存至少5年;现行的职业与健康类法规则要求企业对工作场所的化学品暴露数据进行存储,最长保存年限达60年。这些举措使数字信息量大增。据估计,现在每年的新增数据总量已达5艾字节,相当于美国国会图书馆藏书信息量的3.7万倍。

1.1.2 管理信息系统的新发展

管理信息系统已成为企业界最令人兴奋的话题。不断涌现的新技术在管理层面予以应用,推动了企业的商业成功。旧的体系正经历“创造性破坏”,由新体系取而代之。随着新行业的兴起,传统行业逐渐衰退,只有懂得如何利用新技术的企业方能取得成功。表1.1总结了商业领域与信息系统相关的一系列新发展。这些主题将贯穿本书的始终,因此,不妨现在就花些时间与老师、同学加以讨论,或许还可以进一步丰富表格的内容。

表1.1 管理信息系统的新发展

变革	对商业的影响
技术领域	
云计算平台付诸应用,成为商业创新的重要领域	原先由企业内部计算机完成的工作开始由互联网上的一批计算机来承担。
功能更强、效率更高的计算及存储设备	英特尔公司(Intel)开发的新一代个人计算机处理器采用双核芯片,集成了超过4亿个晶体管。较之前代,新型号处理器的运算速度提升20%,发热量减少30%,能耗降低50%。
软件即服务(SaaS)的进一步发展	主流商业应用软件不再通过实体形式(盒装软件或定制系统)提供,而是以互联网服务的形式实现。
上网本(多采用开源软件)在个人计算机市场所占份额上升	上网本小巧轻便、成本低、能效高,是一种以网络应用为中心的小型笔记本电脑;上网本采用闪存存储技术,使用Linux操作系统、谷歌文档(Google Docs)及各种开源工具软件。
基于移动数字平台的商务系统崭露头角,与个人计算机平台呈竞争之势	苹果公司(Apple Inc.)向第三方开放iPhone手机的应用软件开发权。企业用户可通过iTunes网站上的应用商店下载丰富的应用程序,借助这些软件与同事进行沟通,开展项目协作,享受移动定位等服务。
管理方面	
管理人员使用在线协作软件及社交网络工具提升协调、协作与知识分享的效率和质量	谷歌应用(Google Apps)、谷歌协作平台(Google Sites)、Microsoft SharePoint和IBM Lotus Connections等软件的全球用户超过1亿,应用领域涉及网络社区、项目管理、网络会议、社交书签、建立博客及个人资料页面等。
商务智能软件功能更强	更加强大的数据分析软件及动态仪表板能够提供实时的企业运行信息,提升了管理控制和决策的质量。
管理人员运用智能手机、便携互联网设备等移动工具来加速决策过程,提高工作效率	新兴的移动平台大幅提升了决策及客户反馈的速度、准确性和多样性。
虚拟会议数量激增	利用远程呈现视频会议技术和网络会议技术,管理人员既节省了时间又减少了差旅费用,同时还提升了协作和决策的效率。
组织方面	
企业界广泛采用Web 2.0应用	借助博客、维基平台、电子邮件、即时通信等网络服务,员工能够以网络社群的形式互相交流、协作。脸谱网、聚友网等社交网站为企业提供了与顾客和供应商合作的新方式。
远程办公日益增多	互联网、无线网络、便携式计算机、iPhone手机、黑莓手机等技术和设备使越来越多的人们可以在传统办公场所之外完成工作。现在,55%的美国企业具备一定形式的远程办公机制。

续表

变　革	对商业的影响
生产外包	企业利用新技术将产品生产外包到人工成本较低的国家。
共创商业价值	商业价值的创造方式发生了转变,由简单的产品销售转变为提供解决方案和优化客户体验,由单一依靠公司内部人员转向与供应商及顾客进行协作。供应链与产品开发进一步全球化、协作化;企业与客户进行互动,让客户参与到新产品、新服务的设计和研发中来。

技术领域中,有三方面的变革息息相关:(1)移动数字平台的出现(如 iPhone 手机、黑莓手机、便携上网本);(2)软件即服务的进一步增长;(3)越来越多的商用软件利用"云计算"经由互联网实现。当然,这些变革的出现离不开表 1.1 中列举的基础技术的革新,比如能耗更低、运算速度更快的处理芯片。

iPhone 手机、黑莓手机并非只是单纯的便携设备,YouTube、脸谱网也不仅仅是网络娱乐的又一种形式。它们是商业投资和一系列软件及硬件领域新技术的产物,是新兴计算平台的代表。这些基于新技术的产品不但取得了商业成功,还被企业当作商务工具加以应用,优化管理过程、提升公司竞争力。我们将上述这些新事物统称为"新兴的移动平台"。

"Web 2.0"技术(包括社交网站、协作工具和维基平台)已成为管理层用来提高决策效率和决策质量的常规工具。无论是与供应商进行协调、满足客户需求,还是进行员工管理,管理人员都高度依赖移动数字平台。对美国的绝大多数管理者而言,一个没有手机和互联网的工作日是难以想象的。

管理方式变化的同时,工作的组织、协调和评估方式也发生了转变。社交网站将项目团队的工作人员彼此联结,成为工作和管理的媒介。即便员工身处全球各地,也可以在网络协作空间中会面、交流、开展工作。有了云计算和移动数字平台的支持,企业可以更多地依靠远程办公和分布式决策,开展管理分权;企业也可以利用这一平台将更多的工作外包,依靠市场(而非员工)创造价值。此外,该平台还令企业与供应商及客户之间的协作成为可能,使供应商和客户一同参与到新产品开发和老产品改进的过程之中。

当下,新的全球经济正蓬勃发展,而前文所提及的管理信息系统方面的种种变革正是其组成部分之一。事实上,如果这些变革不曾发生,新的全球经济也便无法形成。

1.1.3 世界是平的——全球化的机遇与挑战

1492 年,哥伦布再次确认了天文学家长久以来的论断——世界是圆的,人们大可安心在海上航行,"世界的尽头"并不存在。人们得知,这个星球上有着多种多样的民族,操着千差万别的语言,彼此之间近乎孤立,经济和科学的发展水平也差异巨大。由哥伦布航行所催生的世界贸易拉近了这些民族和文化间的距离,而贸易的扩张则为全球范围内的"工业革命"提供了动力。

2005 年,托马斯・弗里德曼(Thomas Friedman)的新书面世。在这部颇具影响力的著作中，他宣称：世界是"平"的——互联网和遍及全球的通信网络已极大地削弱了发达国家在经济、文化方面的领先优势。为了保持经济活力，取得更多的就业机会、市场份额、自然资源乃至知识创意，美国和欧洲各国正同一些经济发展相对滞后的地区展开竞争。这些地区的薪资水平较低，却有着满怀热情、受过良好教育的劳动力大军(Friedman,2006)。也正是在这一意义上，"全球化"既带来了挑战，也带来了机遇。

美国及亚欧一些先进工业国家的经济构成中，进出口商品所占的比重逐渐增加。2009年，包括进出口在内的对外贸易占到美国经济比重的33%以上；而在亚洲和欧洲，这一比例则超过了50%。位列《财富》杂志"世界500强"的美国企业中，很多公司的年收入有一半来自本土外市场的运作。比如，2006年英特尔公司在海外市场的微处理器销售额就占到了其年收入的一半以上。"玩具换芯片"的现象很能说明问题：美国销售的玩具有80%产自中国，而中国生产的个人计算机则有约90%采用了美国英特尔或AMD公司(Advanced Micro Device)的芯片。

国与国之间流动的不只是商品，还有工作岗位和就业机会，其中甚至包括一些高层次、高报酬、高门槛的工作。过去的10年中，美国有数百万制造业工作岗位流向人力成本更为低廉的国家。然而，制造业只是美国就业市场的很小一部分(占不到12%的份额)。美国每年通常有30万个服务业工作岗位流失海外，这其中有很多属于对技能要求较低的信息系统类工作，但也有建筑、金融服务、客户呼叫中心、咨询、工程乃至放射性医疗诊断等"可贸易服务业"(tradable service)领域的工作。

从积极的方面看，美国经济每年能够创造350多万个工作岗位。信息系统及上述服务业领域的就业机会有了极大增长，工资水平、生产效率和工作质量都在迅速提升。事实上，生产和服务外包加速了新的信息系统在美国与世界各地的发展。

对商学院的学生而言，当前的要务是通过学习和实践，掌握无法外包的高层次技能；对企业来说，则意味着避开可以外包的产品及服务领域。虽然挑战严峻，但也蕴涵着巨大的机遇。就此，本书提供了诸多案例，反映了企业和个人运用信息系统应对新的全球经济环境的情况，你可以借此一探其成功之道或失败之因。

全球化与管理信息系统息息相关。作为一套成熟的全球通信系统，互联网大大削减了企业的国际运营成本。位于上海的生产车间和位于美国南达科他州的配送中心之间能够即时进行沟通，而且成本近乎为零。客户可以在汇集了全球商家的网上市集进行采购，24小时随时获知可靠的产品及价格信息。跨国公司则通过网络寻找报价更低的供应商，管理位于他国的工厂，显著降低了成本。谷歌和eBay等网络服务公司能将商业模式和服务复制到多个国家，而无须对固定成本高昂的信息系统基础设施做出调整。eBay公司和通用汽车公司2009年年收入的一半源自美国以外的市场。简而言之，没有信息系统，全球化便无法实现。

1.1.4 数字化企业

前文所述的种种变革，加上与之相应的企业组织结构再设计，使纯数字化企业成为可能。**数字化企业**(digital firm)应满足以下特征：企业的重要商业关系(如与客户、供应商及员工等的联系)几乎全部由数字化方式建立并以数字媒体为中介；企业的核心业务流程经由连通整个企业内部及不同企业间的数字化网络实现。

业务流程(business process),指企业为实现某一业务目标而执行的一系列具有逻辑关联性的任务和动作,以及用来组织和协调这些活动的独特机制。业务流程是企业在发展过程中逐渐形成的。新产品的开发、订单的生成与交付、市场营销计划的制定、员工的招聘等都是业务流程的一部分。这些业务流程的实现方式会对企业的竞争力产生影响(有关业务流程的详细论述见第2章)。

数字化企业的知识产权、核心竞争力、金融及人力资产等关键性企业资产(key corporate assets)的管理均由数字化手段实现;企业能随时随地获取重大商业决策所需的所有信息。

较之传统企业,数字化企业对商业环境的感知与反馈要迅速得多,拥有更为强大的应变能力。数字化企业使更为灵活的全球组织、管理成为可能,工作时间和空间的延展是一种常态。时间延展(time shifting)是指企业的运营不限于朝九晚五的"上班时间",而是一周7天每天24小时;空间延展(space shifting)则指企业的工作不只局限于本土,更在全球范围展开,每项工作都在世界上最适合开展该工作的地点完成。

思科(Cisco)、戴尔(Dell)等少数企业已十分接近数字化公司的标准,其业务的各个方面均由互联网支持。大多数企业虽尚未实现完全数字化,但都正努力以数字化手段对供应商、客户和员工加以整合。比如,很多公司正运用视频会议、网络会议等虚拟会议来代替传统的面对面会议(有关虚拟会议的详细介绍,可参看"互动讨论:管理领域")。

互动讨论:管理领域

虚拟会议——智能化管理

对投资银行、会计、律师、技术服务、管理咨询等诸多行业的从业者而言,出差可谓家常便饭。

近年来,由于能源价格上涨等因素,企业的差旅开支日增。为此,企业纷纷采用视频会议及网络会议技术,努力减少差旅方面的花销。

2008年6月,全球电子可持续性倡议(Global e-Sustainability Initiative)和气候组织(Climate Group)在一份联合发布的报告中估计,每年有多达20%的商务差旅活动可由虚拟会议替代。

视频会议技术允许不同地点的两名或多名与会者通过双向的视频和音频传输进行交流。其核心技术特点是利用一种叫做编码解码器(codec)的设备对视频和音频信号流进行数字压缩。压缩后的数据被切分成一系列数据包,通过网络或互联网传输。早期视频会议的音频、视频质量较差,这主要和数据流的传输速度有关;而且,该技术的成本过高,只有个别实力超群的顶尖企业能够承受。在绝大多数公司眼中,当时的视频会议只是面对面会议的一种蹩脚的替代品。

然而,随着相关技术的大幅进步,视频会议又重新引起了人们的关注。如今,视频会议的数量以每年30%的速度递增。其倡导者表示,视频会议不仅可以降低企业成本,还是一种很好的会议方式:利用视频会议技术,人们可以更加便捷地召开会议,更频繁地同世界各地的合作伙伴、供应商、子公司和同僚会面，而这是传统会议方式难以做到的。另外，视频会议技术还能让人们与一些之前根本不可能碰面的联络人面对面进行沟通。

最尖端的视频会议技术叫做"远程呈现"。这项技术力求使身处异地的与会人员感到对方真实地呈现在彼此面前，提供了迄今为止市面上最为优异的视频会议体验。目前只有思科、惠普和宝利通(Polycom)等少数几家公司能够提供这类产品，完整的远程呈现会议系统的售价达50万美元。

有财力使用该项技术的企业节省了大量开支。技术咨询企业埃森哲公司(Accenture)一个月内就削减240次国际差旅及120次国内飞行的费用。远程呈现技术也使企业与客户及合作伙伴的联系能力大大增强。有企业人士表示，他们接触的顾客和合作伙伴数量比先前增加了10倍，而每位客户的联系成本却只是先前的很小一部分。思科公司拥有200个远程呈现会议室，预计每年可为公司节省1亿美元的差旅开支。

传统的视频会议产品价格不菲，并不适合小型企业使用。针对这一情况，丽视公司(LifeSize)推出了最低售价仅5 000美元的低成本产品系列。虽然有关评测指出，当大量动作集中出现在一帧画面中时，丽视产品的显示效果会出现一定程度的模糊和变形，但总体而言，该系统简单易用，能为小型企业提供较高品质的视频会议支持。

当然，还有Skype和ooVoo等一些基于互联网的免费视频会议软件。这些产品的通信品质不及商用产品，而且均是排他性系统——用户必须使用完全相同的软件才能彼此交谈。大多数视频会议或远程呈现产品都能兼容许多其他设备，较高端的系统往往还具备多方会议、无限容量视频邮件、不收取长途费用以及通话历史详单等功能和特色。

在人员培训及销售展示方面，基于互联网的在线会议工具软件(如WebEx、Microsoft Office Live Meeting、Adobe Acrobat Connect等)为各种规模的企业提供了极大帮助。这些软件支持用户在语音会议或利用网络摄像头视频交流的同时分享文档和演示文件。Cornerstone信息系统公司(Cornerstone Information Systems)是一家位于美国印第安纳州布卢明顿的软件公司，拥有60名员工。通过在网络上进行产品演示，该公司不但削减了60%的差旅开支，还将成功推销一套产品所需的时间缩短了30%。

购置视频会议或远程呈现系统之前，企业须明确是否真正对该技术有所需求，避免资金浪费。企业应当对员工开会和沟通的形式、现有的技术手段、差旅的频繁程度及其网络的承载能力进行分析。很多情况下，面对面交谈仍是更加可取的交流方式；对培养客户关系和销售而言，亲自与客户接触也往往不可或缺。

视频会议技术或许还会对商业产生其他方面的影响：员工可以在离家更近的地点办公，在工作和个人生活之间取得更好的平衡；传统意义上的办公室和企业总部或许将逐步缩减，甚至消失；自由职业者、承包商以及非本土雇员在全球经济中的比例将不断提升。

资料来源：Steve Lohr, "As Travel Costs Rise, More Meetings Go Virtual," *The New York Times*, July 22, 2008; Karen D. Schwartz, "Videoconferencing on a Budget," *eWeek*, May 29, 2008; and Jim Rapoza, "Videoconferencing Redux," *eWeek*, July 21, 2008; Mike Fratto, "High-Def Conferencing At a

Low Price," *Information Week*, July 14, 2008; Marianne Kolbasuk McGee, "Looking Into The Work-Trend Crystal Ball," *Information Week*, June 24, 2008; Eric Krapf, "What's Video Good For?", *Information Week*, July 1, 2008.

思考题

1. 某咨询公司预测,因为有了视频及网络会议,商务差旅将逐渐消失。你是否同意这种观点?为什么?

2. 视频会议和远程呈现有什么不同?

3. 视频会议为企业创造价值的途径有哪些?视频会议能否称为智能化管理?说明理由。

4. 如果你是一家小型企业的管理者,你是否会采用视频会议技术?决策时你会考虑哪些因素?

MIS 实例

浏览 WebEx 的网站(www.webex.com),留意 WebEx 系统的各种功能,回答下列问题:

1. 列举 WebEx 系统对中小型和大型企业的功用并分别加以描述。WebEx 是否实用?它如何帮助企业节省时间、节约开支?

2. 将 WebEx 的视频功能和视频会议的功能进行比较。

3. 简述召开网络会议前的准备工作。较之传统的面对面会议,这些工作有哪些不同之处?

1.1.5 信息系统与企业战略目标

信息系统为什么不可或缺?企业为何要在信息系统和信息技术方面大力投资?现今,有2 300多万美国管理者和1.13亿美国工人的工作离不开信息系统。在大多数发达国家,信息系统与企业运作息息相关,对企业战略目标的实现也至关重要。

如果没有信息系统方面的大量投资,世界经济的今天将难以想象:首先,亚马逊(Amazon)、eBay、谷歌(Google)和亿创理财(E* Trade)等电子商务企业根本无法出现;其次,现代服务业将寸步难行,而这一行业关系到金融、保险、房地产、旅游、医药、教育等诸多领域;最后,零售企业(如沃尔玛(Wal-Mart)、西尔斯(Sears))和制造业公司(如通用汽车、通用电气(General Electric))的生存和发展也离不开信息系统。信息系统将成为21世纪商业的一块重要基石,一如办公室、电话、文件柜和现代化的写字楼之于20世纪的商业。

商业战略的实施及其目标的实现将越来越多地受制于企业对信息技术的运用能力(见图1.2)。大多数情况下,企业在未来5年能有怎样的发展,将取决于企业的信息系统能否提供相应的支持。无论是提升市场份额、提高产品质量、降低生产成本、开发新产品,还是增进工作效率,都越发依赖于企业所使用的信息系统的类型及可靠性。对这种相互关系的理解越充分,管理者能为企业创造的价值也就越大。

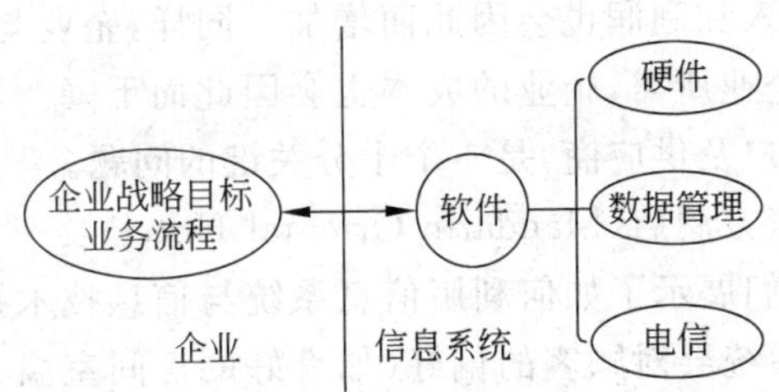

当下，企业的业务能力与其信息系统的关系日益紧密。在调整战略计划、规章制度和业务流程的同时，企业也需对其信息系统的硬件、软件、数据库以及电信设备进行相应调整。大多数情况下，企业在未来5年内能有怎样的作为，将取决于企业的信息系统能否提供相应的支持。

图1.2 企业组织对信息系统的相互依赖性

企业在信息系统方面的投资着力于实现六大商业目标：卓越运营；开发新产品、新服务及新商业模式；提升客户/供应商亲善度；优化决策；确立竞争优势；维持企业生存。

卓越运营

为获取更高的利润，各企业都力求不断提升运营效率。对企业管理者而言，信息系统与信息技术是实现这一目标最为有效的工具之一；企业如能结合这些技术对经营方式和管理模式做出相应调整，就能取得更为可观的效益。

沃尔玛公司堪称这方面的典范。作为全球最大的零售企业，沃尔玛将信息系统与优秀的经营方式相结合，配合与之相适应的管理模式，成功提升了运营效率，达到了世界领先水平。2007年，沃尔玛的销售额近3 790亿美元，几乎占到美国国内零售业销售总额的1/10。如此骄人的业绩在很大程度上得益于该公司的RetailLink系统。这套系统运用数字化技术，将供应商与全球各地的沃尔玛超市连接起来，使供应商可以随时监控其货品的销售状况。每售出一件相关商品，供应商都能立即获知，以便及时补货。沃尔玛公司的效率领先于业界，每平方米店面的销售额达301美元；与之相比，最大的竞争对手塔吉特公司(Target)的销售额仅有248美元/平方米，而其他零售企业则不足129美元/平方米。

开发新产品、新服务、新商业模式

信息系统与信息技术可以大大增强企业开发新产品、新服务、甚至全新商业模式的能力。**商业模式**(business model)指企业生产、配送、销售产品或服务的方式。

今天的音乐产业与2000年时大不相同。以iPod音乐播放器为技术平台，苹果公司开发出一种符合版权法要求的在线音乐销售新模式，彻底改变了音乐产业以黑胶唱片、磁带或光盘为介质的传统商业模式。借助iPod音乐播放器、iTunes在线音乐服务及iPhone等一系列与iPod相关的商业和技术创新，苹果公司取得了巨大的成功。

提升客户/供应商亲善度

企业若能真正了解自己的顾客，迎合顾客的需求，就往往可以吸引更多的回头客，售出更多的产品或服务,收入和利润也会因此而增加。同样,企业与供应商的关系越密切,供应商就越能及时满足企业所需,企业的成本也会因此而下降。对拥有庞大客户群的企业来讲,如何真正了解客户及供应商,是一个十分关键的问题。

纽约曼哈顿的文华东方酒店(Mandarin Oriental Hotel)及一些豪华宾馆为这一问题的解决提供了思路,向人们展示了如何利用信息系统与信息技术提升企业与客户的亲善度。这些酒店的计算机系统会对顾客的偏好(如喜好的房间室温、习惯的入住时间、经常拨打的电话号码、通常观看的电视节目等)进行记录并存入一个大型数据库中。通过网络,酒店的每套客房都与中央服务器相连,可以实现对房间的远程调控。顾客入住时,酒店的计算机系统会根据该顾客的电子档案信息自动对客房进行调整,如调暗房间的灯光、设定室内温度、选择合适的音乐等。另外,酒店管理人员还能对客户数据进行分析,找出酒店的常客,根据这些客人的喜好制定个性化的市场营销方案。

杰西潘尼公司(JC Penney)则利用信息系统与供应商紧密合作,成功降低了成本。美国各地的杰西潘尼连锁店每售出一件衬衫,相关的销售信息就能立刻显示在位于香港的TAL服装集团的计算机屏幕上(TAL集团是一家规模庞大的合同制造企业,在美国出售的每8件衬衫中就有1件是该公司生产的)。取得销售数据后,TAL集团会将数据输入自己开发的计算机模型,确定需要追加生产的衬衫数量、款型、颜色及尺码。成衣完全不必经过零售商的库房,由TAL集团直接配送至杰西潘尼旗下的各家商店。换言之,杰西潘尼公司的库存和仓储成本几乎为零。

优化决策

不少管理者都是在模糊不清的信息中开展工作的。他们从未真正取得有效决策所必需的既准确又及时的信息,只能凭预测、估计或运气进行判断。不但决策速率迟缓,而且往往出现资源配置失当,产品或服务不足或过剩的情况,导致成本升高,客户流失。而近10年来,信息系统与信息技术已使基于实时市场数据的决策成为可能。

举例来说,Verizon通信公司(美国最大的电信服务提供商之一)就采用了一套基于网络的数字仪表盘系统,为管理人员实时提供各类精确的管理信息,包括顾客投诉、各地区网络运行状况、线路故障或受飓风损坏的缆线等。根据这些信息,管理人员可以迅速分派维修人员到故障区域进行处理,并将维修状况告知相关用户,尽快恢复中断的服务。

确立竞争优势

如果能够实现以上四个商业目标(卓越运营,开发新产品、新服务、新商业模式,提升客户/供应商亲善度,优化决策)中的一个或多个,那么企业就已经具备了一定的竞争优势。比竞争对手更加出色地完成工作,提供品质优越、价格优惠的产品,对顾客或供应商的要求做出实时响应:这些优势都能够提升企业的销售业绩,带来更加丰厚的利润,令对手难以超越。

在此方面,丰田汽车公司堪称楷模。高效率的经营和高质量的产品使该公司超越通用汽车,成为世界最大的汽车制造商。享有盛名的丰田生产体系(Toyota Production System,TPS)注重对生产工作的组织,避免企业资源的浪费,致力于不断改进生产过程以及对客户价值的持续优化。信息系统帮助丰田将这一体系付诸应用，使丰田得以根据客户的实际订单安排生产。

维持企业生存

企业要参与行业竞争，就必须具备某些必要条件。信息系统与信息技术就是这样的条件之一，而这正是企业纷纷投资其中的又一原因。行业内的某些重大变革可能催生一些新的“必要条件”。拿银行业来说，为提升服务水平，吸引客户，花旗银行(Citibank)于1977年在纽约地区率先引进了第一批自动柜员机(ATM)；其竞争对手也纷纷跟进，开始提供ATM服务以追赶花旗银行。现在，几乎所有的美国银行都拥有与全国及全球ATM网络联网的地区ATM系统(如CIRRUS网络)。ATM服务已成为零售银行在行业内生存和立足的必要条件。

美国联邦和各州的多项法律、法规都规定企业及其雇员必须依法保存某些书面及电子记录。比如，《有毒物质管理法》(1976)对工人可能接触到的7.5万多种有毒化学品做出了规定，并要求各企业将员工的化学品暴露记录保存30年。《萨班斯—奥克斯利法案》(2002)旨在完善与上市公司及其审计者相关的责任机制。法案规定参与审计上市企业的注册会计公司必须将有关的审计工作文件、审计记录及所有的电子邮件等至少保存5年。另外，医疗保健、金融服务、教育、隐私保护等领域的诸多法规也有类似规定，要求相关企业对重要信息予以保留或进行申报。信息系统与信息技术则为企业提供了满足类似法规要求的能力。

1.2 理解信息系统

在此之前，我们虽曾多次提到信息系统与信息技术，却并未对其加以定义。**信息技术**(information technology，IT)指企业实现其商业目标所必需的全部硬件和软件。信息技术不仅包括计算机主机、磁盘驱动器和便携移动设备等各种硬件，还包括Windows或Linux操作系统、Microsoft Office桌面办公套装以及其他上千种企业常用的应用软件。“信息系统”的概念则更为复杂。为了更好地加以理解，我们将分别从技术和商业这两个视角对其进行分析。

1.2.1 什么是信息系统

信息系统(information system)由一系列相互关联的组件构成，是通过信息收集(或检索)、信息处理、信息存储及信息发布为组织决策和组织控制提供支持的系统。另外，信息系统还能帮助管理者和工人分析问题，将复杂的项目直观化并助力新产品的研发。

信息系统囊括组织内部及其周边环境中所有重要人员、地理位置和事物的相关信息。这里，我们把**信息**(information)定义为：经过整理、以某种有意义且有功用的形式呈现的数据。**数据**(data)则是持续生成的原始资料，是组织或其周边环境中不断发生的事件的符号表示；这些资料尚未经过排序和整理，人们无法直接理解和利用。

一个简单的例子可以说明信息与数据的不同。超级市场的收款台每天都会扫描大量的条码,得到有关售出商品的大量数据。将这些数据进行整合、分析,即可得出许多有意义的信息。比如,某商店的碗碟清洁剂销量、该商店或所属销售区域最畅销的碗碟清洁剂品牌、该品牌碗碟清洁剂的总销售额等(见图1.3)。

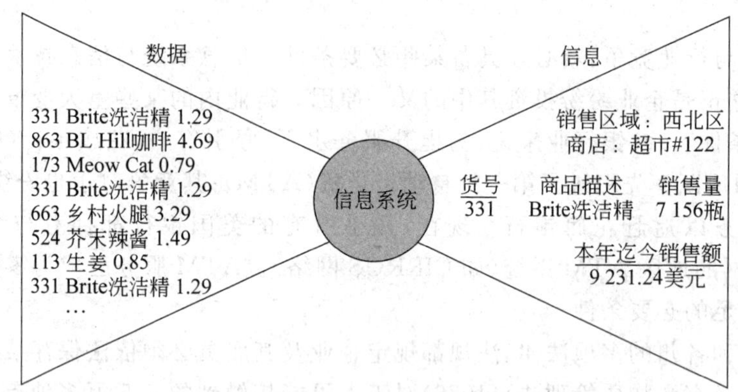

对超级市场收款台获取的原始数据进行处理,可得到诸多有意义的信息,如某特定商店或销售区域的碗碟清洁剂销量、销售额等。

图1.3 数据与信息

信息系统通过三个环节生成所需信息,为组织决策、运营控制、问题分析、新产品及服务的研发提供支持。这三个环节分别是输入、处理和输出(见图1.4)。从组织或其外部环境中捕获或收集数据的环节叫做**输入**(input);通过**处理**(processing),原始的输入数据被转换为有意义的形式;而**输出**(output)则是将处理后的信息传送至使用者或需应用该信息的活动的过程。此外,信息系统还需要**反馈**(feedback),即将输出信息回送至组织中的适宜人选,以对输入环节进行评估和调校。

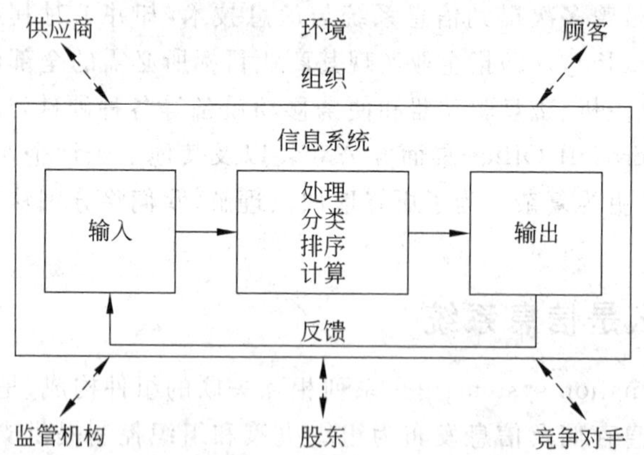

信息系统包含组织及其周边环境的相关信息,通过输入、处理、输出这个三基本环节为组织提供所需的信息。反馈是将输出信息回送至组织中适宜的人选或活动,以对输入环节进行评估和调校。各种环境因素与组织及其信息系统相互作用、相互影响,这些环境因素包括顾客、供应商、竞争对手、股东和监管机构等。

图1.4 信息系统的功能

本章的开篇案例中，我们提到NBA球队运用信息系统对篮球比赛进行分析。对该信息系统而言，原始的输入数据可分为两类。一类是由Synergy体育技术公司的工作人员录入的；这类数据与每次攻防过程相关，包括持球队员的姓名、球队名称、比赛日期、比赛地点、采用的打法、参与进攻/防守的其他队员和最终结果等。另一类输入数据则是比赛的视频资料，这些数据由数字形式捕获，供计算机存储、检索和编辑。

Synergy体育技术公司将这两类数据储存在计算机服务器中并加以处理，把球员姓名、打法及结果等具体数据同对应的视频片段关联起来。输出的信息则由视频和相应的技术统计（球员、球队、打法等）组成。这一信息系统能够提供诸多有意义的信息。例如，针对某特定球员所实施的各种防守策略中，每种战术的成功次数；在同某特定球队的比赛中，成功率最高的进攻打法；某球员或球队在主客场比赛中的表现对比等。

虽然基于计算机的信息系统利用计算机处理原始数据并将之转化成有意义的形式，但计算机及其软件同信息系统之间却有着巨大差别。电子计算机及相关软件是现代化信息系统的技术基础、组成构件和实现工具。计算机提供了信息储存和处理所需的设备，计算机程序（软件）则是指导和控制计算机处理过程的一系列指令。在为组织设计解决方案的过程中，理解计算机及其程序的工作原理十分重要；然而，对信息系统而言，计算机终究只是其中一环。

不妨用盖房子做一类比。建筑要用到锤子、钉子和木料，但单凭这些并不能盖起房子来。人们还得做出各种决策，确定房子的建筑风格、设计方案、选址以及庭院装饰。这些方面都至关重要，是一座房子不可缺少的构成元素。就构建基于计算机的信息系统来说，计算机和程序就好比是锤子、钉子和木料，并不足以建构特定组织所需的信息系统。了解信息系统所欲解决的问题，理解其设计架构和组成要件，熟悉解决以上种种问题的组织流程——这些都是认识信息系统的前提条件。

1.2.2 信息系统的三个维度

要掌握信息系统，就须对之有更加全面的认知：我们必须理解系统的组织维度、管理维度和信息技术维度（见图1.5），并理解这三者所赋予企业的解决问题、应对商业挑战的能力。我们把这种对信息系统更加全面的认知（包括组织、管理、信息技术三个维度）称为**信息系统基本素养**（information systems literacy）；相比之下，**计算机基本素养**（computer literacy）所强调的只是信息技术这个单一维度的知识。

管理信息系统（management information systems，MIS）这一学科所努力实现的，正是建立这种更加全面的信息系统基本素养。与企业的信息系统的开发、应用及影响相关的行为与技术问题均是管理信息系统所关注的。

下面，我们依次分析信息系统的三个维度。

组织

信息系统是组织不可缺少的组成部分。对如征信机构这样的企业而言，没有信息系统，便无法正常经营。一个组织的基本要素包括组织的人员、结构、业务流程、组织政治

信息系统由组织、管理和信息技术三方面共同构造,要实现对其的有效运用,就需对这三方面的情况分别加以了解。信息系统通过解决企业组织和管理方面的问题,帮助企业应对周边环境中的种种挑战,为企业创造价值。

图 1.5 信息系统不只是计算机

和组织文化。在此,我们仅对以上要素予以概述,更为详尽的分析将在本书的第 2 章和第 3 章中进行。

组织由不同的层级和专门化领域构成,劳动分工清晰明确。在企业中,权力与责任的组织形制是金字塔式的等级结构。层级的上层由管理人员、专业人士和技术专家组成,下层则由作业人员组成。

高层管理人员(senior management)负责制定与产品及服务相关的长期战略,保证企业的财务运营状况良好;**中层管理人员**(middle management)负责实施高层管理人员确定的规划和项目;**基层管理人员**(operational management)则负责对企业的日常业务运作进行监察。工程师、科学家或建筑师等属于企业的**知识型员工**(knowledge workers),其职责是设计和开发新产品、新服务,为公司创造新的知识优势;秘书、文员等**资料工作者**(data workers)负责协助企业各个层级完成文书、资料工作;实际的产品生产和服务递送则由**生产或服务工人**(production or service workers)完成(见图 1.6)。

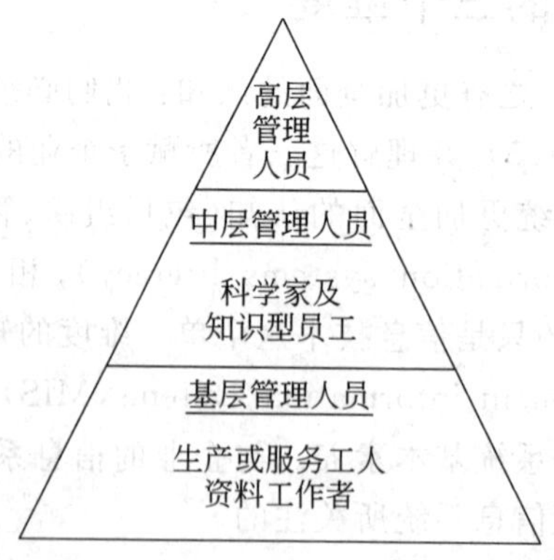

企业的组织形制是等级式的,由高层管理人员、中层管理人员和基层管理人员三个主要层级组成。信息系统为企业的每个层级提供服务。科学家及知识型员工通常与中层管理人员一同工作。

图 1.6 企业的层级

企业雇用并培训各种专业人士以实现不同的业务职能。**业务职能**(business functions)是商业组织所履行的一系列专门化任务,主要由销售与营销、制造与生产、财务与会计,以及人力资源这四部分组成(见表1.2)。本书第2章对这些业务职能有更为细致的论述,并对信息系统为之提供支持的方式进行了分析。

组织通过其等级结构和业务流程来协调工作。我们已经介绍过,业务流程是指企业为完成某项工作而执行的一系列具有逻辑关联性的任务和动作;新产品开发、订单交付和人员招聘等均属于业务流程的范畴。

多数组织的业务流程是在长期经营中逐渐形成的,而且往往都有正式的规章。从开具一张发票的格式到回复客户投诉的方法,员工要按照规章指导完成各种各样的作业程序。业务流程既包括成文的规则,也包括未经辑录的非正式商务惯例(比如,漏接客户或同事的电话时应及时回复)。在信息系统的帮助下,许多业务流程实现了自动化。例如,企业经常使用整合了正式业务流程的信息系统来决定具体客户的付账或收账方式。

组织中多数成员所接受的基础性前提、价值观和行事方式的集合叫做组织的**文化**(culture)。每个组织都有其独特的文化。观察你所就读的学校,便可一窥其组织文化。教师比学生的学识更加深厚,学生上大学的目的在于学习,课程依照一定的时间表开设等,都是大学生活的一些最为基础的前提。

组织文化中的一些元素也深嵌在其信息系统之中。比如,从本节有关UPS公司的案例中我们就能发现,该公司的包裹追踪系统所体现的顾客至上的服务理念正是其组织文化的一个方面。

处于组织中不同层级、不同职能领域的人员用不同的方式为组织创造利益,分析问题的出发点也彼此不同。在公司的经营方式、资源配给和酬劳分配等问题上,不同的观点往往存在矛盾,而矛盾是组织政治诞生的基础。视角各异、意见相左、彼此妥协、达成共识,这些情形普遍存在,是所有组织的自然成分。组织的信息系统正是在这样的过程中构建起来的。我们将在第3章中对以上现象及其对信息系统发展的影响予以进一步讨论。

表1.2 企业的主要业务职能

职能	功用
销售与营销	销售企业的产品和服务
制造与生产	生产产品、实现服务
财务与会计	管理企业的财务资产,维护财务记录
人力资源	人员招聘,提升企业的劳动力水平,管理已有劳动力;维护员工档案

管理

管理层的工作是认清组织所处的各种境况,做出决策,制定行动方案来解决问题。成功的管理者应能认识到商业环境中存在的挑战,并对组织战略进行调整;他们还应合理调配人力及财力资源,协调组织的工作,自始至终认真负责,发挥领导才能。本书描述的商业信息系统反映了一线管理者的愿望、期待以及他们的现实状况。

管理不仅限于现已存在的事物,管理者要做的还有更多。他们必须负责新产品、新服务的开发工作,甚至在必要时重新构建整个企业组织。利用新信息、新知识开展创造性工作是管理职责的重要组成部分。在新产品、新服务的设计和实现方面,在组织的重新构建与重新定向方面,信息技术都能够有力协助管理者做出决策。本书第 12 章将对管理决策问题进行论述。

技术

信息技术是管理者应对变革的众多工具之一。**计算机硬件**(computer hardware)指信息系统中数据输入、处理及输出活动所依附的实体设备,包括外形、尺寸各异的计算机(移动手持设备也是其中之一),多种多样的输入、输出和存储设备,以及将计算机彼此相连的电信设备。

计算机软件(computer software)是预编写的细化指令,用以控制信息系统中的计算机硬件。本书第 5 章详细介绍了当代企业的软件及硬件平台。

数据管理技术(data management technology)由用于管控储存在物理媒介上的组织数据的软件组成。数据的组织与访问方式的更多介绍参见本书第 6 章。

网络与电信技术(networking and telecommunications technology)由实体设备和软件组成,负责将各种硬件设备相互连接,实现不同地点间的数据传输。计算机及通信设备均可接入网络,分享语音、数据、图片、音频、视频等信息。一个**网络**(network)可以连接两台或两台以上的计算机,实现数据或资源(如打印机)共享。

互联网是世界上规模最大、使用最为广泛的网络。**互联网**(Internet)是一个全球性的"网络的网络",由世界各地无数不同的网络依照若干通用标准(参看第 7 章)联结而成,拥有超过 14 亿名用户,遍布 230 多个国家。

互联网为新产品、新服务、新战略以及新的商业模式创造出一个全新且"普适"的技术平台。该平台也可为企业内部服务,用以连接企业内部的不同系统和网络。基于互联网技术的企业内部网络称为**内部网**(intranet)。经拓展供组织外部授权用户使用的内部专用网叫做**外部网**(extranet),企业利用这种网络同其他公司协调采购、协作设计等跨组织工作。在当今的多数企业看来,互联网技术既是开展业务所必需,又是竞争优势的保证。

万维网(World Wide Web)是一种互联网服务,该服务利用通用标准以页面形式在互联网上对信息进行储存、检索、编排并显示。网页的内容可以包括文本、图片、动画、音频及视频,并与其他网页相关联。点击网页上的标记文字或按钮,你便能够链接到相关网页,获得额外的信息以及指向万维网其他位置的链接。万维网还可为一些新型信息系统提供支持,比如在下一个互动讨论环节中提到的 UPS 公司的包裹追踪系统便是基于万维网构建的。

以上所有的技术,加上所需的操作、管理人员,代表了可供整个组织共享的资源,构成了企业的**信息技术基础设施**(information technology infrastructure)。信息技术基础设施是企业架构具体信息系统的基石与平台。组织在设计和管理信息技术基础设施时务必谨慎周全，以使其能为日后信息系统所要完成的任务提供必要的技术支持。本书第 5 章至第 8 章对信息技术基础设施的主要技术成分逐一进行了分析，展示了这些技术如何协同工作，为组织建立所需的技术平台。

有关技术问题的互动讨论中，我们介绍了基于计算机的当代信息系统所采用的一些典型技术。为提高业务效率，更好地服务顾客，UPS 公司在信息系统技术领域进行了大量投资，采用了一系列信息技术，其中包括条形码扫描系统、无线网络、大型计算机、手持计算机、互联网，以及用于包裹追踪、资费计算、客户账户维护、物流管理等方面的诸多软件系统。

下面，我们就以 UPS 公司的包裹追踪系统为例，熟悉构成组织、管理和技术维度的各种元素。UPS 包裹追踪系统的组织维度涉及该公司的销售及生产职能（UPS 的主要产品是包裹配送服务）。对包裹发件人与收件人的信息识别、盘存、在途包裹的追踪、为客户及客户服务代表提供包裹状态报告等行为，系统都预设了具体的操作程序。

另外，系统还必须满足管理者和工人的需求，给他们提供信息。UPS 的货车司机需要接受包裹收寄与配送程序的培训，学习使用包裹追踪系统，从而高效率地开展工作。UPS 的客户也要进行一些学习，以使用 UPS 的内部包裹追踪系统或访问 UPS 的网站查询信息。

公司的管理人员负责监视服务的质量和成本，推进 UPS 低成本与高质量服务兼顾的企业战略。UPS 的管理层将计算机系统应用于业务过程的决策，大大简化了包裹寄送及配送状态查询的流程，也由此降低了配送成本，提升了利润。

为包裹追踪系统提供支持的技术包括：手持计算机、条形码扫描仪、有线及无线通信网络、台式计算机、UPS 的中央计算机、包裹配送数据存储技术、UPS 的专用包裹追踪软件和万维网接入软件。以上所有元素的总和即是一套完整的信息系统解决方案，能够帮助企业应对商业挑战，在日趋激烈的竞争中提供高品质服务，同时保证企业的价格优势。

互动讨论：技术领域

信息技术与 UPS 公司的全球竞争

1907 年，联合包裹服务公司（UPS）在一间窄小的地下办公室内起家。吉姆·凯西（Jim Cascy）和克劳德·瑞恩（Claude Ryan）这两位时年不到 20 岁的西雅图小伙子，靠着两辆自行车和一部电话，承诺为人们提供“最好的服务和最低的价格”。在这一原则的指导下，UPS 走过 90 年的历程，成为全球规模最大的陆空包裹配送企业。公司目前拥有约 42.5 万名员工，9.3 万部配送车辆，航空运输部门也在世界航空公司中排名第九。

UPS 的业务遍及世界 200 多个国家和地区，每天的包裹及快件配送量超过 1 500 万件。

面对联邦快递和 Airborne Express 公司强有力的竞争，UPS 大力投资信息技术，成功保持了在小件包裹递送领域的领先地位。UPS 每年都要投入超过 10 亿美元的资金，以保证提供高水平服务的同时维持较低的运营成本，提升企业的整体效率。

UPS 的每件包裹都有一个可经扫描识别的条形码标签，包含了发件人的详细资料、寄送目的地以及包裹的最晚送达时间等信息。通过 UPS 提供的专用软件或访问 UPS 的网站，客户可以自行下载、打印标签。这样，甚至在包裹寄出之前，“智能”标签上的信息就能传送至位于美国新泽西州莫沃镇或佐治亚州阿尔法里塔市的UPS计算机中心,并转发到距包裹最终目的地最近的配送中心。中心的调度员将标签数据下载,利用软件对交通、天气状况及每个配送地点的位置加以分析,为每位司机制定出最为高效的配送路线。据UPS估算,此项技术每年可为配送车辆减少4 500多万公里的里程,节省燃油约1 136万升。

UPS的司机每天上班要做的第一件事情,就是打开一台叫做"配送信息采集设备"(Delivery Information Acquisition Device,DIAD)的手持计算机。该设备借助移动电话的无线通信网络工作;登录设备后,他们当天的配送路线便可自动下载至手持设备中。此外,DIAD还能自动获取客户签名以及取件和配送信息,并将之传送到UPS的计算机网络,供存储、处理之用。包裹追踪信息既可用于客户问询的反馈,又提供了包裹签收的凭据,而且能够在全球范围内进行访问。通常情况下,从司机按下DIAD上的"完成"按钮,到对应信息上传至万维网的时间间隔不超过60秒。

利用自动化包裹追踪系统,UPS公司能够对包裹进行全程监控,甚至中途变更其配送目的地。发件人发出至收件人签收的过程中,UPS会使用条形码识别设备在沿途多点对包裹上的标签进行扫描,将包裹到达位置等状态信息传送给中央计算机。客户服务代表可以通过与中央计算机联网的台式计算机查看任一包裹的状态,即时答复客户的问询。客户也可自行查阅这些信息。他们只需使用自己的计算机或无线设备(如移动电话)访问UPS的网站即可。

在UPS公司的网站上,客户可以追踪自己的包裹、查询配送路线、计算运费、决定配送时限、打印标签和预约上门取件的时间。这些网站收集来的数据会首先传送至UPS的中央计算机,经过处理后再反馈给客户。UPS还为思科公司等客户提供了工具,使之得以将包裹追踪、运费计算等功能嵌入自己的网站,这样,客户不必访问UPS的网站即可完成配送状态查询等操作。

UPS公司目前正利用数十年来积累的全球配送网络管理经验为其他企业提供物流及供应链管理服务。UPS为此设立了专门的供应链解决方案部门,负责给签约企业提供一整套标准化服务。较之从头建设自己的供应链系统及基础设施,购买UPS相关服务所需的费用便是九牛一毛了。除了常规的物流服务,UPS的供应链服务还包括供应链设计与管理、货物转运、海关清关、邮件服务、多式联运以及财务服务等。

位于美国亚拉巴马州不来梅镇的Hired Hand科技公司是一家农业及园艺设备制造商。借助UPS的货运服务,该公司不但能够追踪发货状况,还能制定每周的生产计划。UPS可在20秒内为其提供最新的供应链信息和零部件送抵的精确时间。

资料来源:United Parcel Service,"Powering Up the Supply Chain,"*UPS Compass*,Winter 2008 and "LTL's High-Tech Infusion," *UPS Compass*,Spring 2007; Claudia Deutsch,"Still Brown,but Going High Tech," *The New York Times*,July 12,2007; and www.ups.com,accessed July 26,2008.

思考题

1. 对UPS的包裹追踪系统而言,其输入、处理和输出过程分别指什么?
2. UPS公司采用了哪些技术?这些技术与UPS的企业战略有何联系?
3. UPS的信息系统解决了哪些问题?如果没有这些系统,会出现什么情况?

MIS 实例

浏览 UPS 公司的网站(www. ups. com),回答下列问题:

1. 该网站为个人客户、小型企业及大型企业分别提供了哪些信息与服务?列举出这些服务的名称,写几段话对其中之一进行描述。比如 Trade Direct 或 Automated Shipment Processing 服务。说明这项服务对你的企业会有怎样的帮助?

2. 本章谈到了企业战略目标,UPS 的网站是如何帮助企业实现这些目标的?如果没有这一网站,UPS 公司的业务会受到怎样的影响?

1.2.3　不只是技术——从商业视角看信息系统

企业之所以投资信息技术和信息系统,是因为能从中收获切实的经济利益。将资金用于建立并维护一套信息系统,而非厂房、设备等其他资产,意味着管理层认为前者的投资回报要优于后者,比如能为企业带来生产效率的提升及营业收入的增加(进而促升企业的股票市值),或可为企业在某些市场谋得更为有利的长期战略定位(为企业未来的收入增长奠定基础)等。

由此可知,以商业视角来看,信息系统是一种为企业创造价值的重要工具。信息系统能够为管理者提供信息,助其更好地进行决策,优化业务流程的执行效率,进而提升企业的收入或降低其运营成本。例如,图 1.3 中用于分析超级市场收款台数据的信息系统就能帮助零售商店的管理者更好地决策,确定应当采购和促销的商品种类,从而取得更加优秀的业绩。

每个企业都有一条信息价值链。如图 1.7 所示,系统收集来的原始信息经过一系列处理、转化过程,价值不断提升。信息系统对企业的价值有多大,企业是否会为新的信息系统投资,很大程度上取决于信息系统能为管理决策带来多大改善,给业务流程的效率以怎样的优化,对企业的盈利能力又能有多少提升。尽管建置信息系统的理由不一而足,但其主要功用还是为企业创造商业价值。

从商业视角来看,信息系统是企业中一系列信息增值活动的组成部分。信息系统对信息进行收集、转化和发布,供管理人员优化决策、提升组织效率之用,最终实现企业盈利能力的提升。

信息系统的商业意义与其组织和管理维度关系密切。信息系统利用信息技术帮助企业应对周边环境中的挑战和问题,是一种基于信息技术的组织及管理解决方案。本书每章开篇都设有一则案例,它们无一例外地印证了上述这一概念。每篇案例后给出的图表则阐释了企业所面对的商业挑战与选择信息技术作为应对方案,对管理和组织方式进行调整之间的关系。这种图表可用以分析各种信息系统及相关问题,日后遇到这类问题时,不妨以这样一张图表为出发点进行分析。

回顾本章开篇的那张图表。首先,图表描述了 NBA 球队所面临的商业困境,如职业竞技体育队伍之间的巨大竞争压力、职业篮球运动员的高额薪资以及完整反映球队及球员表现的数据缺失等。信息系统借助计算机对数字视频数据的处理能力以及将处理后

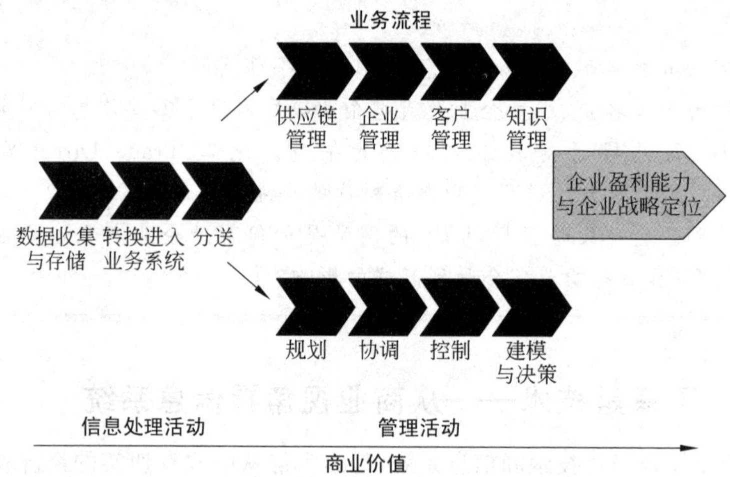

从商业视角来看,信息系统是企业中一系列信息增值活动的组成部分。信息系统对信息进行收集、转化和发布,供管理人员优化决策、提升组织效率之用,最终实现企业盈利能力的提升。

图 1.7　企业的信息价值链

的视频同球队、球员数据相关联的能力,为 NBA 球队提供了解决问题的方案,帮助教练员与管理层做出更加合理的决策,设计出更为有效的攻防战术,最大限度地发挥球员能力。最后,图表中还展示了组织、管理和技术方面的元素是如何共同建构信息系统的。

1.2.4　辅助资产——组织资本与适宜的商业模式

组织和管理维度的认知还有助于我们理解为什么有些企业从信息系统的应用中获益较多,有些则较少。相关研究表明,在信息技术方面,各企业间的投资回报存在相当大的差异。如图 1.8 所示,有的企业投资大,收益也大(第 2 象限);而有的企业投入相当,却收益较少(第 4 象限);还有些企业投资不多,但回报颇丰(第 1 象限);当然,也有投资和回报都较为有限的企业(第 3 象限)。以上现象说明,投资信息技术并不能保证获得优异的回报。那么,企业间的差异是怎样产生的呢?

要回答这个问题,就必须了解辅助资产这一概念。单靠信息技术本身无法提升组织及管理人员的工作效率,要发挥其功用,企业必须具备与之相适应的价值观、结构和行为方式等辅助性要素。这就是说,企业若想收获新技术所带来的甜美果实,就必须对经营及运作方式做出调整。

有些企业未能选择与新技术相匹配的正确商业模式,有些则试图保留注定要被新技术所淘汰的传统模式。唱片企业即是一个例子,它们拒绝改变以往的商业模式,坚持以实体音像店为渠道销售音乐产品,忽视了新兴的在线销售方式,结果只能坐看合法的在线音乐销售市场被一家名叫苹果电脑公司的科技企业所独占。

辅助资产(complementary assets)指实现主要投资价值的必备要素(Teece,1988)。譬如,要实现汽车业投资的价值,就必须在高速公路、公路、加油站及维修站的建设方面进行大笔辅助性投资。此外,订立相关的法律、法规,设置标准,对驾驶者的行为加以规

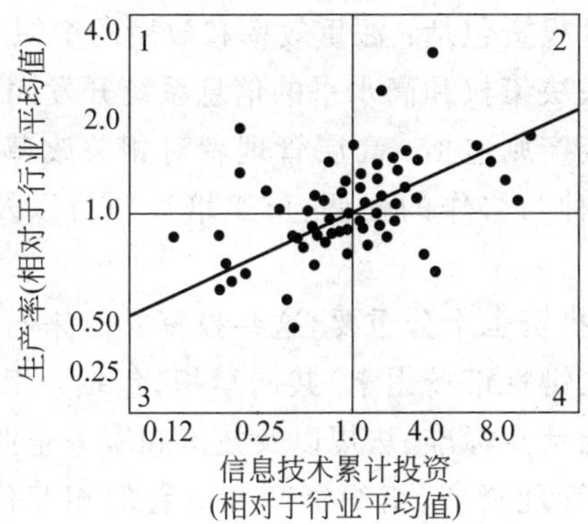

总体而言，信息技术投资的回报率远高于其他投资，但不同企业间的回报率存在显著差异。

图 1.8 信息技术投资回报差异

资料来源：Brynjolfsson and Hitt (2000).

范也必不可少。

相关研究表明，从信息技术投资中取得优异回报的企业，往往也同时进行了相应的辅助资产投资，比如建立新的商业模式、业务流程、管理方式、组织文化以及对员工进行培训等；而那些获益较少或未能获益的企业，则大都忽视了相关的辅助性投资(Brynjolfsson, 2003; Brynjolfsson and Hitt, 2000; Davern and Kauffman, 2000; Laudon,1974)。在组织和管理方面的这些投资也称为**组织及管理资本**(organizational and management capital)。

表 1.3 列举了充分利用信息技术投资所需的主要辅助性投资。虽然辅助性投资包括厂房、机器设备和工具等有形资产，但信息技术投资价值的实现却更多地取决于管理与组织层面的无形资产。

表 1.3 优化信息技术投资所需的辅助资产

组织资产	注重效率和效用的组织文化 适宜的商业模式 高效的业务流程 分权 分布式决策权 高水平的信息系统开发团队
管理资产	高层管理者对技术投资及相关改革的支持 对管理创新的激励 团队精神与协作式工作环境 针对管理决策技巧的培训项目 注重灵活性与知识导向型决策的管理文化
社会资产	互联网及电信基础设施 注重信息技术的教育项目，提高劳动力的计算机基本素养 完善的法律、法规，创造公平、稳定的市场环境 毗邻市场中的技术与服务企业，助力信息技术的实施与应用

组织方面的关键辅助性投资包括：注重效率和效用的组织文化、适宜的商业模式、高效的业务流程、分权、分布式决策权和高水平的信息系统开发团队。

管理方面的重要辅助资产则包括：高层管理者对相关改革的支持、关注并奖励个人创新的激励机制、对团队精神与协作的强调、员工培训项目以及注重灵活性与知识的管理文化。

另外，一些社会方面的投资也十分重要，这些投资并非来自一家企业，而是由整个社会(政府、其他企业及其他关键性市场因素)共同承担，包括：相应的互联网基础设施、互联网文化、教育体制、网络与计算标准、法规以及技术和服务企业。

本书强调以技术资产、管理资产、组织资产及三者的相互作用来构建分析框架。无论是解决信息系统的相关问题，还是要从信息技术的投资中取得优异回报，管理者都应从组织及管理维度更加全面地进行思考。这种意识反映在本书的每一篇案例和每一组习题中，是贯穿本书始终的最为重要的主题。你将看到，在投资信息技术的过程中，对这些维度予以关注的企业大都取得了十分丰厚的回报。

1.3 信息系统的研究方法

信息系统的研究是一个多学科领域，没有单一的主导理论，也不存在唯一的研究视角。图1.9对其中的主要学科进行了罗列。这些学科各有贡献，丰富了相关研究的问题域、思路及解决方案。总体而言，信息系统的研究方法可分为技术和行为两大类。信息系统虽然基于机器、设备等“硬性的”实体技术，但其效用的发挥却离不开社会、组织及知识方面的大量投入。因此，我们说信息系统是社会—技术系统。

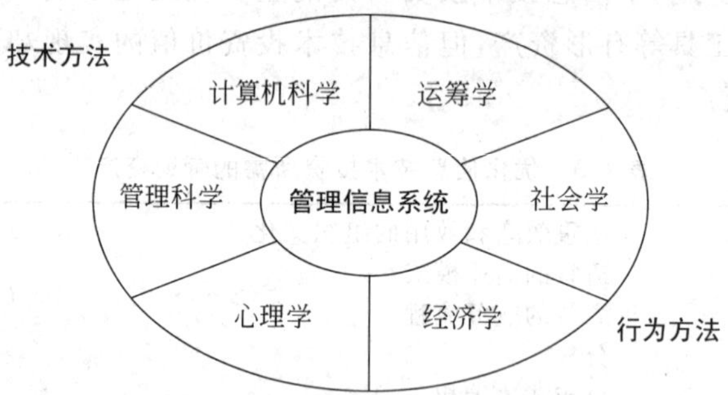

信息系统的研究议题及论述来自技术和行为两大领域。

图1.9 信息系统的当代研究方法

1.3.1 技术方法

信息系统研究的技术方法强调数学模型的应用，侧重信息系统的实体技术及其理论功能的研究，涉及的学科领域包括计算机科学、管理科学和运筹学。

其中，计算机科学关注构建相关的可计算性理论和计算方法，发展高效的数据存储及访问方式；管理科学着眼于决策及管理模型的开发；运筹学的研究则致力于应用数学技巧来优化特定的组织行为(如运输、仓储控制、交易成本等)。

1.3.2　行为方法

信息系统的开发和长期维护工作中,我们常会遇到一些行为方面的问题,比如战略性业务整合、设计、实施、应用和管理等。这些问题是信息系统研究的重要组成部分,而技术方法给出的研究模型却无法解答。行为科学在这一方面为信息系统的研究提供了重要的概念和方法。

例如,社会学家关注团体与组织对信息系统开发的影响,以及信息系统的应用对个人、团体和组织的作用;心理学家从决策者对形式信息的认知及应用行为入手进行研究;经济学家则着眼于理解数字产品的生产、数字市场的运行原理以及信息系统对企业控制与成本结构产生的影响。

采用行为方法进行研究并不意味着对技术维度的忽略;实际上,与信息系统相关的行为问题通常都是由技术问题引发的。行为方法只不过是将研究重心放在了由技术所带来的态度、行为以及企业的管理与组织政策的变化方面,而非单一着眼于技术层面的解决方案。

1.3.3　本书采用的方法:社会—技术系统

本书的论述以信息系统为中心,围绕下列四个对象展开:技术专家(硬件与软件的提供者)、欲从技术中得益的商业组织(技术的投资者、使用者)、管理人员与工人(企业的商业价值及其他目标的实现者)、企业所处的大环境(当代的法律、社会及文化背景)。它们如同故事的四位主人翁,贯穿本书终始,共同构建了我们所说的管理信息系统。

20世纪70年代,随着基于计算机的信息系统在企业与政府机构中的应用,管理信息系统的研究逐渐兴起。管理信息系统旨在为现实问题提供系统化解决方案并为信息技术资源提供管理,是一门结合了计算机科学、管理科学以及运筹学的应用学科。管理信息系统也关注同信息系统的开发、应用及影响相关的行为方面的议题,并以社会学、经济学和心理学的视角加以探讨。

就我们在信息系统研究与实践中的经验而言,任何单一的方法都无法全面概括信息系统的实质。信息系统应用的成功与否几乎都是由技术和行为这两方面共同决定的。因此,我们建议学习者对所关涉的各个学科的视角、方法都能有所了解;事实上,信息系统研究的挑战和有趣之处,正在于它要求我们对诸多互不相同的研究思路做到兼容并包。

我们将本书采用的观点称为**社会—技术观点**(sociotechnical view),即对生产过程中所涉及的社会系统、技术系统同时加以校调,以实现组织表现的最优化。

社会—技术观点有助于避免将信息系统问题纯粹技术化。比如,虽然信息技术的成本迅速降低,功能不断增强,却不会必然或轻易地转变为企业生产率或最终盈利的提升;又如,企业虽能为各部门安装财务报告系统,却并不一定能有效地加以利用。同理,企业引入新的作业程序和业务流程时,如果未能配置与之相应的信息系统,员工的效率也不一定能够提高。

在本书中,我们强调将企业视为一个整体来进行优化,无论是对技术方面的问题,还是行为方面的问题,都应给予重视。这就是说,一方面,技术的设计和革新必须适应组织和个人的需要,有时甚至要不惜对一些技术进行“去优化”处理;另一方面,组织和个人也必须做出改变,通过有计划的组织机制调整、培训及学习等方式进行配合,实现技术应有的效益。图1.10说明了社会—技术系统的这种互动校调过程。

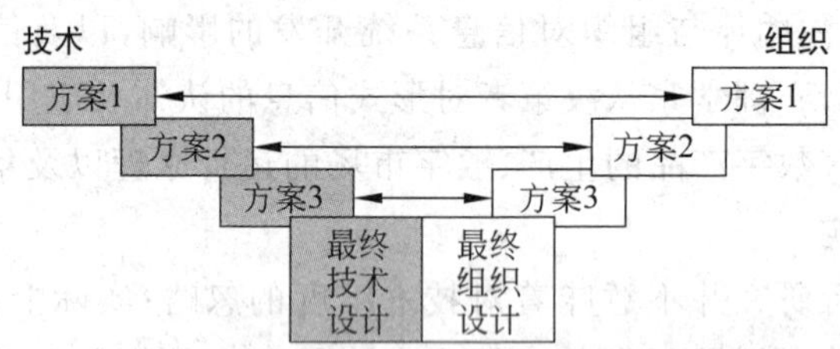

以社会—技术观点来看,信息系统的技术与组织之间是一种互动关系:二者相互校调,彼此适应,直到形成令人满意的契合,信息系统的表现即达到最优。

图1.10 信息系统的社会—技术观点

1.4 MIS实践

本节中的实践项目涉及三个方面:财务报告及库存管理问题分析;利用数据管理软件优化管理决策,提升销售业绩;利用互联网上的软件制作货物运输费用预算。

1.4.1 管理决策问题

1. Snyders of Hanover公司每年售出7 800多万包椒盐脆饼干、薯片及有机零食产品。该公司的财务部门通过人工方式,利用电子表格收集财务数据并制作财务报告。每月的最后一周,Hanover公司的财务分析师都要从全球50多个部门的负责人那里收集电子表格,这个过程往往要花费整整一周时间。收齐表格后,分析师还要将所有数据重新输入到一张新表格中,作为公司当月的损益表。如果在电子表格上交后,又有部门需要更新表中的数据,分析师就不得不等待新表格上交后,再对合并后的总表内容进行修改。请分析:以上问题对企业表现及管理决策可能产生的影响。

2. Dollar General集团旗下的高折扣零售商店主营家庭用品、清洁用品、服装、保健与美容产品及包装食品等,大部分商品的售价仅为1美元。这种商业模式决定了企业必须将成本保持在最低。尽管该公司也采用了一些信息系统(如一种可跟踪销售状况的销售点系统),但为将开销最小化,这些系统的配置数量极为有限。另外,Dollar General的零售店库存管理也未实现自动化。收货入库时,管理人员只能了解每种商品的大概箱数,却无法对箱子进行扫描登记,也无法验证每箱商品的件数。因偷窃和其他问题导致的商品损失不断升高,经济损失已占总销售额的3%之多。如果企业决定建置新的信息系统来解决上述问题,那么在投资前应做哪些准备工作？

1.4.2 优化决策：利用数据库分析商品销售趋势

软件技能：数据库查询、生成报告

商务技能：销售趋势分析

信息系统可将数据转化为有意义的信息，为决策提供依据，提升企业表现。Laudon网站上的第1章内容附有一个店铺与区域销售数据库，其中的原始数据来自多个销售区域的数家商店，反映了计算机设备的每周销售状况。该数据库的字段包括：商店代码、销售区域代码、商品代码、商品描述、单位售价、销售量和商品销售的所在周。请设计几种查询，并生成报告，以增强数据库信息的可用性。尝试利用数据库中的信息为以下决策提供支持：哪些商品应补充存货？如果开展额外的营销及促销活动，哪些商店和销售区域能够受益？每年的哪些时候产品应按全价销售？哪些时候应以折扣价销售？如果有必要，可以对数据库表格进行调整，以显示你所需要的全部信息。最后，请将查询结果及报告打印出来。

1.4.3 实现卓越运营：利用互联网工具制作运费预算

软件技能：使用基于互联网的软件

商务技能：制作运费预算

假设你是一家小型企业的运输业务负责人，你所在的公司为一家中等规模的出版商印刷、装订畅销书并负责发货。公司印刷厂设在美国纽约州的奥尔巴尼，一年工作250天。客户的仓库分别设在得克萨斯州的欧文镇、北卡罗来纳州的夏洛特市、南达科他州的苏福尔斯城以及俄勒冈州的波特兰市。图书通常以两种包装规格发货：

- 长33.0厘米，宽43.2厘米，高22.9厘米，重20.4千克
- 长15.2厘米，宽30.5厘米，高25.4厘米，重7.3千克

公司平均每个工作日都要向客户的仓库各发送4包20.4千克包装的图书和8包7.3千克包装的图书。

你的任务是为公司选取最佳的承运商。请对联邦快递（www.fedex.com）、UPS（www.ups.com）、美国邮政（U.S. Postal Service，www.usps.gov）这三家承运商进行对比。比较时，除成本因素外，还应考虑配送速度、取货时间、货品追踪服务以及网站服务的易用性等。你会选择哪家承运商？为什么？

拓展学习

与本章相关的拓展学习资料如下：

1. 信息技术的重要性
2. 信息系统与职业规划

本章小结

1. 信息系统是如何转变商业运行模式的？信息系统与全球化有怎样的关系？

电子邮件、在线会议和蜂窝电话已成为商务活动不可或缺的工具。信息系统是快节奏供应链的基石。互联网使众多企业得以通过网络进行采购、销售、宣传并获取客户反馈。为提升竞争力与运营效率，企业组织努力实现其核心业务流程的数字化，向数字化企业转型。互联网极大地降低了全球范围内从事生产、采购和销售的成本，推进了全球化进程。信息系统的新趋势包括新兴的移动数字平台、在线软件即服务和云计算等。

2. 当代企业的经营和管理为什么离不开信息系统？

信息系统是当今商业活动的基石。对很多行业而言，企业如不能广泛应用信息技术，就难以生存，更无法实现其战略目标。企业利用信息系统实现六大目标：卓越运营；开发新产品、新服务及新商业模式；提升客户/供应商亲善度；优化决策；确立竞争优势；维持企业生存。

3. 什么是信息系统？信息系统是怎样运作的？信息系统的管理维度、组织维度和技术维度分别指什么？

以技术视角来看，信息系统由一系列相互关联的组件构成，是通过从组织内部及周边环境中收集(或检索)、处理、存储及发布信息，为各组织职能提供支持，协助组织进行决策、沟通、协调、控制、分析及可视化的系统。信息系统通过输入、处理和输出这三个环节将原始数据转化为有用的信息。

从商业视角来看，信息系统是应对企业面临的问题和挑战的解决方案，由管理、组织和技术元素共同构建。信息系统的管理维度涉及领导层、战略及管理行为等问题；技术维度涉及计算机硬件、软件、信息管理技术以及网络/电信技术(包括互联网)；组织维度涉及的问题则包括组织层级、职能分工、业务流程、组织文化及组织政治等。

4. 什么是辅助资产？要充分实现信息系统的价值，辅助资产为何不可或缺？

为充分实现信息系统的价值，企业必须在组织及管理方面进行适当的辅助性投资，为技术投资提供支持。这些辅助资产包括新的商业模式与业务流程、相应的组织文化与管理行为、适宜的技术标准与规章制度以及相关法规。企业必须在管理及组织层面进行适当的调整，使之适应新技术的运作方式，这样才能从信息技术投资中取得优异的回报。

5. 信息系统研究都涉及哪些学科领域？这些学科对理解信息系统各有怎样的帮助？什么是社会—技术系统视角？

信息系统的研究涉及技术和行为两大领域。技术方法主要研究系统的理论模型与功能，包括计算机科学、管理科学和运筹学；行为方法则主要研究系统的设计、应用、管理及商业影响，包括心理学、社会学和经济学。系统的社会—技术观点注重系统的技术和社会属性，关注由二者的最佳契合所形成的解决方案。

复习题

1. 信息系统是如何转变商业运行模式的？信息系统与全球化有怎样的关系？

- 描述信息系统如何改变了企业的运营方式，又如何改变了企业的产品和服务。
- 指出信息系统的三个发展趋势。
- 描述数字化企业的特点。
- 描述"扁平的"全球化世界所带来的机遇与挑战。

2. 当代企业的经营和管理为什么离不开信息系统？

- 信息系统对当代商业至关重要，主要有6大原因，列举并分别加以描述。

3. 什么是信息系统？信息系统是怎样运作的？信息系统的管理维度、组织维度和技术维度分别指什么？

- 对信息系统进行定义，描述其主要活动。
- 描述信息系统的组织、管理和技术维度。
- 分析数据与信息的区别，以及信息系统基本素养与计算机基本素养的区别。
- 解释互联网及万维网与信息系统的其他技术之间的关系。

4. 什么是辅助资产？要充分实现信息系统的价值，辅助资产为何不可或缺？

- 对辅助资产进行定义，描述辅助资产与信息技术之间的关系。
- 从社会、管理和组织三个方面，分别描述优化信息技术投资所需的辅助资产。

5. 信息系统研究都涉及哪些学科领域？这些学科对理解信息系统各有怎样的帮助？什么是社会—技术系统视角？

- 信息系统研究的技术方法包括多个学科领域，列举并分别描述。
- 信息系统研究的行为方法包括多个学科领域，列举并分别描述。
- 简述信息系统研究的社会—技术视角。

讨论题

1. 信息系统的重要性决定了其研究和应用不能仅由计算机专家负责。你是否同意这种观点？为什么？

2. 如果由你负责为NBA球队建设网站，在管理、组织和技术方面你可能会遇到哪些问题？

团队项目：创建团队协作网站

三四个学生一组，使用谷歌协作平台(Google Sites)提供的工具创建一个网站。建站时，你需要创建一个谷歌账户，并定义允许访问和编辑的协作者(团队的队员)名单。将老师设为站点的浏览者，以便评估你们的工作。给站点起名，订立主题，再调整页面的字体及配色。为站点添加项目公告功能，并建立一个库，用于存放团队感兴趣的文档、素材、图示、电子幻灯片和网页。另外,不妨尝试添加其他功能。最后,再用谷歌日历(Google Calendar)为团队建立日历。完成本练习后,你就可以利用创建好的站点和日历来进行本书中的其他项目了。

案例研究

"第二人生"商机几何?

1999年,RealNetworks公司的前首席技术官菲利普·罗斯德尔(Philip Rosedale)在美国旧金山创立了一家名叫林登实验室(Linden Lab)的公司,缔造了"第二人生"这个三维虚拟在线世界。"第二人生"中的虚拟世界又称"网界"(the Grid),其用户被称为"居民"(residents),他们是这个世界的建设者和拥有者。目前,已有超过1 400万人注册成为网界的居民;2008年6月"第二人生"网站(www. secondlife. com)公布的数据显示,之前60天的登录居民数达到了近110万人。"第二人生"通过互联网运作,用户需要下载专门的客户端软件方可使用。

"第二人生"不能算作一款游戏,而是三维的社交网站。身处其中的居民之间不断互动,共同探索这个世界,他们不但能参与社交、协作,还能一同参加丰富的活动,购买各种商品和服务。其官方网站描述说,"第二人生"的世界与大型多人在线角色扮演游戏(MMORPG)相似,但不同之处在于用户能够充分发挥创造力,创建并拥有自己的用户原创内容(user-created content),而且几乎不受任何限制。登录后,居民会以被称为"虚拟化身"(avatar)的数字角色的形式出现。每位用户都可以对自己的虚拟化身进行自定义,如改变其外貌、着装,甚至可将其外形由人类变成奇怪的类人生物造型。

"第二人生"有自己的虚拟经济和货币。其货币叫"林登币"(Linden Dollar),简称"林登"(Linden),用"L$"表示。网界中创造的商品和服务在一个开放市场进行交易。居民在市场中需要使用林登币,或者用真实世界的货币以一定的汇率来兑换林登币。LindeX是居民在真实世界中进行林登币交易的专有市场,林登在该市场的成交价决定了林登与真实货币间的汇率。"第二人生"的经济活动中,能够赚到大钱的只有极少数居民,大多数网界居民的境况则是收支平衡。网界中一位名叫Anshe Chung的用户,攒下了大量的虚拟房产,这笔资产若以林登币出售后可兑换100万美元。根据"第二人生"发布的统计,2008年6月份在网界消费的居民共有389 108位。

"第二人生"的基础会员是免费的,能够享受绝大多数付费会员的权利,但土地拥有权除外。只有属于付费会员的居民才有资格在网界拥有土地。最大的单块地皮称为"整区"(Entire Regions),面积为65 536平方米,每月的土地使用费为195美元。

居民可以利用"第二人生"提供的工具为网界添加内容。例如,用户利用软件中的三维建模工具可以设计出各种地形地貌、建筑物、车辆、家具,以及任何能够想象的物品。用户可以通过一个标准库中的动作和声音彼此打招呼,做出不同的动作。基础的交流形式则是以打字的方法,通过即时消息或聊天室的形式实现。

用户也能够将自己设计的声音、图形与动作上传到"第二人生"。利用Linden Scripting Language("第二人生"专用的脚本编写语言),用户可以为虚拟世界中的对象设计行为,提升其性能。

虽然三维虚拟世界的发展尚处起步阶段,但企业、高等院校、甚至政府机构却并未因之却步,它们纷纷投身其中,在虚拟世界中寻找可能的机遇。

人们期望"第二人生"能够催生新的产业,改变企业、商业、市场的运营方式以及人们的学习方式,就像互联网在 20 世纪末与 21 世纪初所成就的那样。

这一技术的早期倡导者和使用者是广告与传媒产业,它们在网界中开设了虚拟办公室以方便内部沟通,并使企业置身于数字领域的最前沿,从而吸引技术能手的加盟。在"第二人生"中拥有一席之地,或许能帮助广告公司说服潜在的客户,证明该公司对前沿科技的敏感,也因而有能力将营销推广到虚拟世界。

Crayon 公司是一家新媒体市场营销企业,在网界中买下了一座小岛作为其主要办公地,命名为 Crayonville。真实世界中,Crayon 公司的员工分散在大西洋的两岸,而网界中的 Crayonville 岛则让大家得以聚在一起,虽然员工们此时只是以自己的虚拟化身出现。如果会议内容不涉及客户的保密信息,Crayon 还会将虚拟会议室向公众开放,公司员工可以通过文字信息或 Skype 互联网电话彼此交流。

美国有线电视新闻网(CNN)和英国广播公司(BBC)等电视与传媒企业也加入了"第二人生",以此吸引那些因互联网而放弃电视的观众的关注,同时也建立起一个与现有观众互动的新媒介。

那么,"第二人生"的哪些特性吸引了国际商业机器公司(IBM)这样的企业,促使其投资 1000 万美元来一探虚拟商业的种种可能呢?首先"第二人生"是一个三维空间,可以实现用户与视像及声音内容的互动;其次,用户能对网界中的自定义内容进行修改并编排动作;再次,即便用户下线,也可持续留存,不影响今后的使用;最后,兴趣相同的人们可以组成一个社群,共同从事感兴趣的活动。"第二人生"的这些特性能够为企业重要的业务职能提供支持,如客户服务、产品开发、人员培训和市场营销等。

IBM 的员工以虚拟化身的形式在虚拟会议室中开会,可以一边观看幻灯片,一边阅读会议及讲座的文本资料,或通过电话会议系统旁听。虚拟与会者还能利用即时信息提问,并接收来自讲座人或其他虚拟化身员工的解答。林恩·汉米尔顿(Lynne Hamilton)负责 IBM 公司人力资源部门的职业发展课程,他便采用"第二人生"为中国和巴西的新员工进行岗前培训。培训过程中,人力资源人员的虚拟化身会先进行讲座,然后回答新员工提出的问题。

西尔斯、美国服饰(American Apparel)、戴尔、电路城(Circuit City)、丰田(Toyota)等企业也先后加入了"第二人生"。这些零售商并没有什么过高的期待,但它们相信,在虚拟世界中的存在能够增进其品牌形象,也能够帮助它们了解人们在网络世界中的行为方式。然而,在撰写这篇案例的时候,我们发现这些公司的虚拟商店大都并未得到充分使用,它们或是空空如也,或是大门紧闭。

现今,企业或许尚难从"第二人生"的投资中取得回报,但有些公司却迅速觉察到了用户原创内容、用户投资及用户输入的价值,以及成本降低所带来的商机。虚拟世界中,产品原型的开发速度更快,成本更低。美国威斯康星州的 Crescendo 设计公司是一家住宅设计公司,该公司利用"第二人生"的三维建模工具创建正在设计的住宅模型,让客户在实际建造之前就能了解房屋的内设外观。这种方式比传统的设计图纸更为直观,客户可以更有针对性地提出改进意见,避免了在实际建筑开始后,花费大量人力、物力对出现的问题进行调整。

高等教育机构在"第二人生"中建起了虚拟校园,学生和教师可以在此碰面,讲评功课,开展和课程有关的非正式讨论。"第二人生"是远程学习的上佳之地。一所在法国和新加坡开设课程的国际商学院正在网界中建设一座虚拟校园,包括上课用的虚拟教室、研究实验室和休息室等,供学生与教授、未来的雇主及同学会面之用。学生将来还可以在此下载所需的文档资料、进行团队合作并同校友见面。学校通过"第二人生"中的校园将全球各地的师生聚在一起,同时还节省了差旅费用以及建设实体教学设施的成本。如今,斯德哥尔摩经济学院(Stockholm School of Economics)与杜克企业教育学院(Duke Corporate Education)也在通过"第二人生"进行教学实验。

惠普(Hewlett-Packard)和国际管理咨询企业贝恩公司(Bain & Company)正尝试利用"第二人生"对应聘者进行筛选。应聘者要创建一个代表本人的虚拟化身,并同应聘企业的相关负责人通过即时文字信息进行沟通。虽然一些面试者和雇主表示,在设计和控制虚拟化身的动作时会遇到困难,企业也仍然必须采用面对面的形式来完成最后的招聘,但即便如此,参与实验的企业还是发现,通过"第二人生"可以有效缩小应聘者的范围,降低招聘成本。

就受欢迎程度来说,"第二人生"还远远不及聚友网、脸谱网以及YouTube等社交网站,这些服务只需使用人们熟悉的网络浏览器便能访问,无须安装任何额外的软件。而且即便人们愿意花费时间和精力,下载并安装了"第二人生"的客户端,也可能遭遇计算机配置无法达到最低或推荐要求的情况。对有计划将员工带入"第二人生"的企业来讲,最后这一因素十分重要,因为它们或许要为此对企业的计算机进行升级。

资料来源:Dave Greenfield,"Doing Business in the Virtual World," *eWeek*, March 10, 2008; David Talbot, "The Fleecing of the Avatars," *Technology Review*, January/February 2008; Don Clark, "Virtual World Gets Another Life," *The Wall Street Journal*, April 3, 2008; Andrew Baxter, "Second Life for Classrooms," *Financial Times*, February 29, 2008; Kamales Lardi-Nadarajan, "Synthetic Worlds," *CIO Insight*, March 2008; Alice LaPlante, "Second Life Opens for Business," *Information Week*, February 26, 2007; Anjali Athavaley, "A Job Interview You Don't Have to Show Up For," *The Wall Street Journal*, June 20, 2007; Linda Zimmer, "How Viable is Virtual Commerce?" *Optimize Magazine*, January 2007; Mitch Wagner, "What Happens in Second Life, Stays in SL," *Information Week*, January 29, 2007.

思考题

1. "第二人生"怎样为企业创造价值?

2. 哪些类型的企业从"第二人生"中获益的可能性最大?为什么?

3. 结合对"第二人生"的了解,谈谈对个人而言,怎样才能在"网界"建立一家小公司?你会销售什么产品?这些产品会有市场吗?简述一下你的商业计划,并分析计划的可行性。

4. 看看eBay网上有哪些"第二人生"中的物件拍卖?对这些物件引发的现象,你作何评价？你对所见感到意外吗？为什么？

5. 要成为主流商业工具，“第二人生”需要克服哪些障碍？要成为主流的教育工具呢？面临的障碍是更多还是更少？导致这一不同的原因有哪些？

6. 你是否愿意通过“第二人生”来接受面试？为什么？

7. “第二人生”可否被视作未来商业的雏形？或者仅仅是一项商业试验？请论证你的结论。

Management Information Systems

第2章

全球电子业务：企业中的信息系统

学习目标

学习本章，你将了解到：

1. 什么是业务流程？它们与信息系统之间有什么关系？
2. 不同的系统是如何为不同的管理层提供服务的？
3. 企业应用软件、协作与交流系统及内部网是如何提高企业业绩的？
4. 电子业务、电子商务和电子政务有何区别？
5. 信息系统管理部门在企业中发挥怎样的作用？

HYPERONE：实现企业目标的途径

Hyperone是埃及第一家由本国人创办的超市—百货商场综合一体化公司，位于开罗市郊的谢赫扎耶德区，占地4万平方米。该公司成立于2005年，取得的成功有目共睹，现有员工1600多人，日均客流量超过4.5万人。大卖场采取规模经济来降低商品售价。由于店面位于市郊(地价较低)，且薄利多销，因此其经营模式以低成本为基础，较低的经营成本实际上为消费者节省了开支。Hyperone在零售行业内的地位不断提升，这与公司的信息技术结构密不可分，信息技术结构对公司的成功发挥了重要作用。管理层在信息系统方面实行战略规划，公司三大核心管理人员，即总裁、信息系统顾问和信息系统经理，都为实现规划中的七大目标做出不懈努力。这七大目标分别是：

支持日常运营：开发一个有效、准确、完整、无差错、自动化的系统，支持复杂、动态的日常运营。

支持消费者满意度：公司通过分析销售情况，掌握录入库中的客户数据，力求为消费者提供质优价廉的商品和高标准的服务。

吸纳优秀雇员：人力资源是成功的要素之一。公司为吸纳人才采取了多种措施，如提供培训机会、提供具有竞争力的薪金报酬和舒适的工作环境等。

支持决策制定：依据经营业绩指标或投票结果，支持决策制定，提高公司的生产率。

加强与供应商的直接化、电子化联系：零售业的一大特征是拥有大批供应商。因此，许多高级零售商店十分重视这些供应商，加强与他们的联系。

降低操作风险：由于信息系统在公司不同的职能部门中广泛应用，因此为保证顺利运行，对信息系统可靠性要求较高。为实现这一目标，信息系统部门专门设立了相关的负责机构。

依托先进技术：近年来，零售商之间的竞争主要集中在掌握先进技术，将这些技术用于为商店、消费者和供应商提供服务。因此，依托先进技术成为公司的战略目标之一。

资料来源：Hyper Dreams（http：//www. businesstodayegypt . com /article. aspx? Article ID＝7869），Business Today，February 2008. Hyperone IT Master Plan，2008.

Hyperone 的案例表明，信息系统能够解决典型的商业问题，例如日常的运营支持和决策支持。在实现预期企业发展战略目标的过程中，如果人才、组织结构和技术等组成部分的问题得到妥善解决，Hyperone 的企业规模将会扩大到全球范围内。这些问题不仅涉及内部的业务运营，也涉及在全球业务中十分重要的外部问题和跨组织问题。

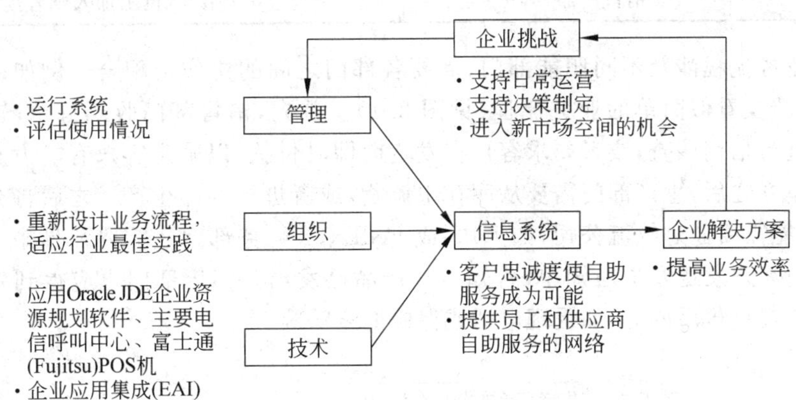

2.1　业务流程与信息系统

企业在经营过程中需要处理不同的信息，这些信息涉及供应商、消费者、员工、票据和付款，以及企业提供的商品和服务。企业必须采取相关措施利用这些信息，提高其经营效率和整体业绩。借助信息系统，公司就能够掌握全部信息，更好地做出决策，改善业务流程。

2.1.1　业务流程

我们在第 1 章已有介绍，业务流程是指为提供有价值的产品和服务，企业组织、协调并专注于各项工作的方式。业务流程是包括物料、信息和知识等一系列活动的具体工作流程。业务流程也指企业协调工作、信息和知识的特殊方式,以及管理层选择的工作协调方式。

企业业绩在很大程度上由业务流程的设计和协调情况决定。先进的业务流程能够使企业的创新精神和执行力强于竞争对手,因此它可以成为企业竞争力的源泉。但如果采用落后的业务流程,企业的反应及时性和工作效率就会降低。这时的业务流程反而会成为一种负担。

每个企业都可以看做是一系列业务流程的集合。有些流程包括在更大的流程中。有些业务流程与某个特定的职能部门有关。例如,市场营销部门主要负责寻找目标客户;人力资源部门主要负责招聘员工。表 2.1 描述了各职能部门典型的业务流程。

表 2.1 各职能部门的业务流程

职能部门	业务流程	职能部门	业务流程
制造与生产	产品组装 质量检验 生成物料清单	财务与会计	偿还债务 生成财务报表 管理现金账户
销售与营销	寻找目标客户 使客户熟悉产品 销售产品	人力资源	招聘员工 评估员工业绩 将员工加入到各项福利计划

有些业务流程涉及不同职能部门,需要各部门之间的协作与配合。例如,为执行客户订单,会涉及看似简单的业务流程(见图 2.1)。首先,销售部门收到订单,转给会计。会计或者进行信用核查,或者要求客户在发货前即时付款,以确定客户有能力支付订单。客户信用建立之后,生产部门需要从库存中调货,或者进行产品生产。之后将会发货,运送产品(可能需要通过物流公司,如 UPS 或 FedEx.)财务部门还需要开具账单或发票。同时还要向客户发送发货通知单,告知客户产品已发出。销售部门也应得到发货通知,准备为客户提供售后服务,如受理电话或保修期索赔等。

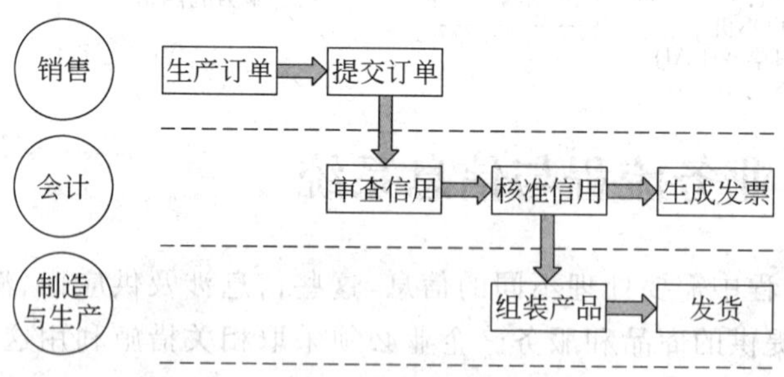

完成客户订单包括一系列复杂的环节,需要销售、会计以及制造与生产部门的密切配合。

图 2.1 订单实现流程

整个订单执行流程看似简单,然而却是一系列复杂的业务流程,需要企业内主要职能部门密切协作。此外,为有效进行订单执行流程中的所有环节,还需要大量信息。所需信息既需在公司之间(如快递公司之类商业伙伴)迅速流动,也需在企业与客户之间迅速流动。基于计算机处理的信息系统使之成为可能。

2.1.2　信息技术如何完善业务流程

信息系统是如何完善业务流程的？借助信息系统，业务流程中许多原来要靠手动完成的环节就可以进行自动化处理。这些环节包括核实客户信用、开具发票和运货单。然而，当今信息技术功能更为多样化。事实上，新技术能够改变信息流，方便更多人存取和共享信息，将先后进行的环节变为可同时运行的任务，避免决策的延误。新技术甚至能够改变企业的运营方式，促进新经营模式的形成。在Amazon网站上订购一本书，或从iTunes音乐商城下载音乐，这些都属于基于新经营模式的新的业务流程，如果没有信息技术，这些是无法实现的。

这就是为什么人们不仅在信息系统课堂上，还要在未来的工作中关注业务流程的原因。通过分析业务流程，你能清楚了解企业的实际运营。此外，你也将开始了解如何让企业更高效地运营。本书中我们对业务流程进行考察，了解其变化或更新，旨在利用信息技术取得更高的效益，实现创新和优质的客户服务。

2.2　信息系统类型

你已对企业的业务流程有了一定的了解，下面我们将探讨信息系统是如何支持业务流程的。一个企业可能有数百甚至数千种不同的业务流程，而且各部门在职能、分工和级别上也各不相同，因此会有不同类型的信息系统。单个系统并不能提供企业所需的全部信息。

企业通常有相应的信息系统支持每个职能部门的业务流程，如销售与营销系统、制造与生产系统、财务与会计系统以及人力资源系统等。本章拓展学习部分会举例说明每种业务职能相对应的系统。各自运行的职能系统已被淘汰，因为它们之间无法共享信息，不能支持跨职能的业务流程。如今，它们正逐渐被大型跨职能系统所替代，这种系统可将各职能部门与相关的业务流程活动结合起来。2.3节将对这些综合的跨职能应用系统进行说明。

企业也有不同的系统，支持各主要管理层的制定决策。基层管理人员、中层管理人员和高层管理人员分别使用特定的系统类型，支持公司运营中的决策。下面详细介绍这些系统及其支持的决策类型。

2.2.1　事务处理系统

基层管理人员需要借助该系统掌握企业的基本活动和事务处理情况，包括销售、收入额、现金存款、薪金总额、信用决策和车间的物料流等。**事务处理系统**（transaction processing systems，TPS）提供这类信息。事务处理系统是一个基于计算机的系统，记录和处理企业的日常事务，例如销售订单录入、宾馆预订、薪金总额、人事记录以及出货情况等。

这一层面系统的主要目的是解答日常问题，并掌握企业内部的事务处理流。现在有多少库存产品？威廉斯先生的付款出了什么问题？为解答这类问题，就需要确保信息的易获取性、时效性和准确性。

操作层的任务、资源和目标都已事先定义,而且结构化程度较高。例如,决定能否将产品赊销给客户时,低层主管人员需要判定客户是否符合事先确定的标准。

图 2.2 所示为工资的事务处理系统。工资管理系统追踪记录员工的工资支付情况。员工考勤卡上有员工姓名、社会安全号码(SSN)以及每星期的工作时长,每个员工记录在系统中代表一个待处理的事务。一旦该事务被录入到系统中,系统文件或数据库就会更新(见第 6 章),该系统文件或数据库能为公司永久保存员工信息。系统中的数据能以各种方式进行组合,创建所需的报表提交给管理层和政府机构,或生成薪金支票发给员工。

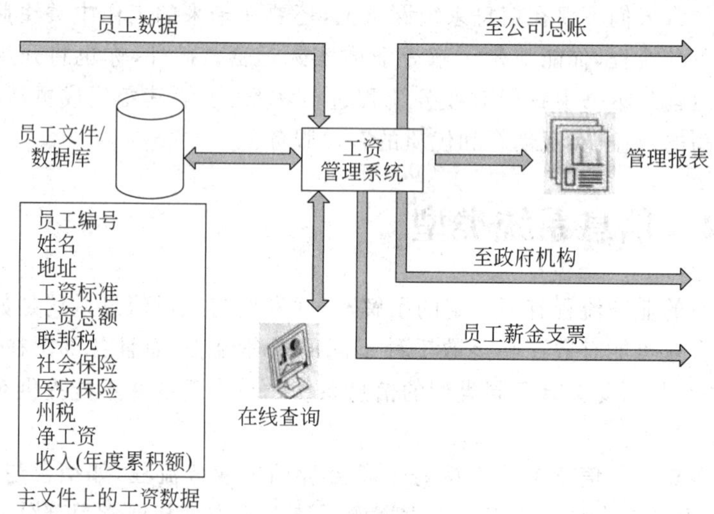

工资事务处理系统掌握员工报酬交易数据(如考勤卡)。系统数据的表现形式包括提交给管理层的电子或纸质报表,以及发给员工的薪金支票。

图 2.2 工资 TPS 示意图

管理人员通过 TPS 监控公司内部运营情况,以及公司与外部环境之间的关系。TPS 也是其他系统类型的主要信息提供者。例如,图 2.2 所示的工资管理系统以及其他会计类的 TPS,都为公司总账系统提供数据。总账系统的功能是记录公司的收支情况并提供数据报表,如损益表和资产负债表等。工资管理系统还向公司人力资源系统提供公司付给员工的保险金、养老金和其他福利的历史数据,向美国国内税务署(IRS)和社会保障署(SSA)等政府机构提供付给员工各项费用的相关数据。

事务处理系统对企业运营至关重要,如果系统发生数小时的故障,整个企业就会陷入瘫痪,甚至会殃及与之相关的其他企业。试想,如果包裹追踪系统出现故障,会给 UPS 公司带来什么样的后果?如果没有计算机预订系统,航空公司会变成什么样子?

2.2.2 管理信息系统与决策支持系统

中层管理层需要相关系统的协助,开展监控、决策和行政工作。这类系统解决的主要问题是：各项工作是否都在正常进行？

我们在第 1 章中将管理信息系统定义为对商业和管理活动中的信息系统的研究。管理信息系统本身也是一类服务于中层管理层的特定的信息系统。MIS 为中层管理人员提供企业当前运营情况的报表。这些信息用于监控企业活动，并预测未来的运营状况。

MIS 根据事务处理系统提供的数据，总结并报告公司基本的运营情况。归纳概括 TPS 所提供的基本交易数据，并列入定期产生的报告里。这类报告现在多在网上发布。图 2.3 说明了典型的 MIS 如何将库存、生产和会计等交易层面的数据转化成 MIS 文件，为管理人员提供报表。图 2.4 为 MIS 报表范例。

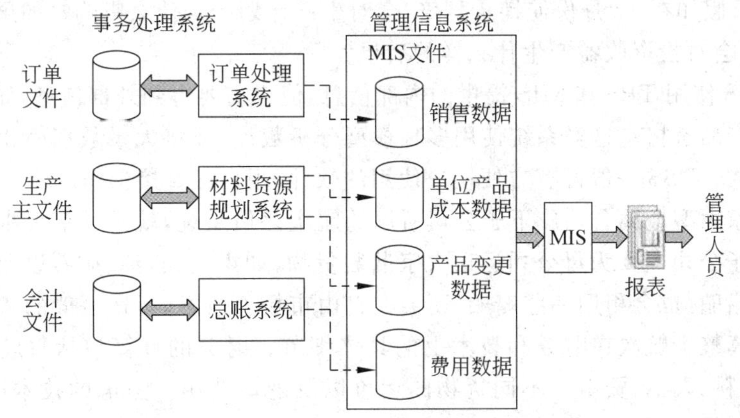

该图所示系统中，三个 TPS 在周期末将交易数据汇总后送至 MIS。管理人员通过 MIS 获取企业数据，这些数据以报表的形式呈现。

图 2.3　管理信息系统如何从企业事务处理系统中获取数据

联合消费品公司销售情况（按产品及销售区域：2009 年）

产品代码	产品名称	销售地区	实际销售量	预期销售量	实际/预期
4469	地毯清洁剂	东北部	4 066 700	4 800 000	0.85
		南部	3 778 112	3 750 000	1.01
		中西部	4 867 001	4 600 000	1.06
		西部	4 003 440	4 400 000	0.91
	总　计		16 715 253	17 550 000	0.95
5674	空气清新剂	东北部	3 676 700	3 900 000	0.94
		南部	5 608 112	4 700 000	1.19
		中西部	4 711 001	4 200 000	1.12
		西部	4 563 440	4 900 000	0.93
	总　计		18 559 253	17 700 000	1.05

本报表所示为年终销售总结数据，由图 2.3 中的 MIS 系统生成。

图 2.4　MIS 报表范例

MIS主要为管理人员提供周报、月报以及年报表。如有要求,也能为管理人员提供每日或每时的数据。MIS通常会解答一些事先规定好的常规问题,并有预先设定的问题解答程序。例如,MIS报表可能列出这一季度快餐店消费的生菜总磅数,或者如图2.4所示,MIS报表会将某类产品年实际销售量与其预期销售目标进行对比。这些系统一般不灵活,分析能力也不强。多数MIS使用总结、对比等简单程序,而不用复杂的数学模型或统计方法。

决策支持系统(decision-support systems,DSS)支持中层管理者的非常规决策。这类系统关注的问题较为独特,变化迅速,且事先并未设定解决问题的程序。它们力求解决如下问题:假如在12月份使销量翻倍,会对生产计划产生什么影响?如果工厂的进度延迟6个月,会对投资收益产生什么样的后果?

虽然DSS使用TPS和MIS提供的内部信息,但也需要得到外部信息,如当前股价或竞争对手的产品价格。这类系统使用多种模型分析数据,或将大量数据简化为可供决策者分析的格式。DSS一般都有方便用户使用的软件,用户可直接操作。

美国一家大型金属公司旗下子公司所用的航次评估系统,就是一个很小却功能强大的DSS。该子公司主要为母公司运送大宗散装货物,如煤炭、石油、矿石以及成品。公司拥有自己的船舶,也会租用一些船舶,还会在自由市场上投标,运送一般的货物。航次评估系统能计算整个航次在财务和技术上的具体细节。财务的计算包括每航次或单位时间的成本(燃料、人工、资本)、不同货物的运价以及港口费用。考虑的技术因素有很多,包括船只的载货量、航速、港口距离、燃料和淡水消耗量,以及装载模式(不同港口的卸货位置)等。

该系统可以回答如下问题:在已明确客户交货日程和运费报价的情况下,为使利润最大化,应选用什么样的船舶、将运费定为多少?所用船舶的最佳航速为多少时才能既实现利润最大化,又符合客户交货日程?将货物从马来西亚运往美国西海岸,最佳装载模式是怎样的?图2.5说明了该公司的DSS。该系统在功能强大的计算机上运行,提供菜单系统,方便用户输入数据、获取信息。

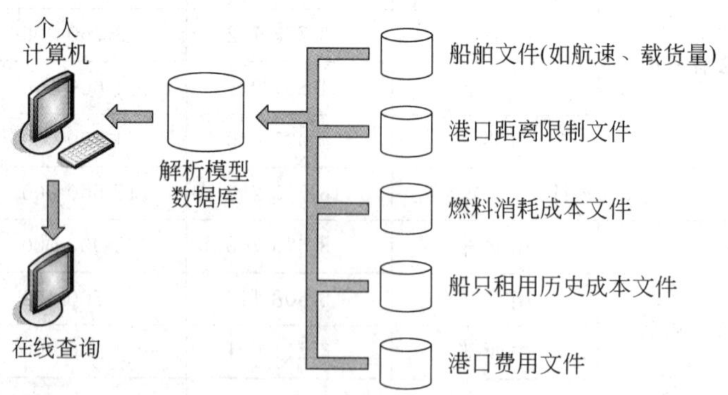

该DSS系统在功能强大的计算机上运行。管理人员为竞标航运合同,每天都会使用该系统。

图2.5 航次评估决策支持系统

该航次评估决策支持系统主要利用解析模型。其他类型的决策支持系统并不会过多依靠模型，而主要是从大量数据中提取有用信息来支持决策。例如，北美最大的滑雪场运营商 Intrawest，利用其网站、客服中心、住宿预订、滑雪学校和滑雪装备出租店，收集并存储了大量信息。Intrawest 采用专门的软件分析这些数据，确定价值、收入潜力以及客户的忠诚度。根据这些数据，管理人员可以制定更好的销售决策。该系统根据客户的需求、态度和表现，将客户分成七类，包括“充满激情的专业滑雪者”、“注重价值的家庭度假者”等。公司随后将能吸引各类客户群的视频短片以电子邮件形式发送给客户，以增加滑雪场的客流量。

由于决策支持系统主要用于帮助用户制定更好的商业决策，因此它也被称为商业智能系统（business intelligence systems）。第 6 章和第 12 章对此有详细介绍。

“互动讨论：技术领域”描述了决策支持系统的另一案例。加拿大航空公司采用 Maintenix 软件执行飞机维护程序，协助安排和组织飞机的维护工作。努力发现案例中提到的决策支持系统以及它们所支持的决策类型。

互动讨论：技术领域

Maintenix 为加航插上腾飞的翅膀

加拿大航空公司作为加拿大的知名航空公司，是加拿大境内航线、美加越境航线以及往返加拿大国际航线最大的承运航空公司。加航年运送乘客数超过 3300 万人次，提供飞往五大洲 170 多个目的地的航空客运服务。然而，公司的信息系统还有很大提升空间。加航技术人员在解决飞机方面的问题时，仍使用 15 年前的几款旧版软件包。这些旧系统彼此之间无法连接，也不能与财务和库存系统连接。低效的系统增加了成本开支，也耗费了工程师的时间，这些资金和时间本可以用于飞机维护工作。

加航为解决这些问题，向 Mxi 技术公司寻求帮助。Mxi 公司的 Maintenix 软件包在航空业颇受欢迎，为航空公司提供一体化、智能化的航空 MRO（maintenance，repair，and operations）软件。该软件集维护、维修和操作于一体，能够提高生产率。加航选择 Maintenix 的主要原因在于，Maintenix 能使公司掌握航行数据，提高决策的及时性，支持现有的经营模式并提高运行效率。

Maintenix 支持的系统平台可以通过网络直接登录，世界各地加航航线相关的机场均可方便使用。Mxi 声称，他们的软件支持维修部、工程部和财务部门之间共享信息，从而减少重复性工作，并减少由于时间紧迫而导致信息缺失的情况发生。Maintenix 可为公司现有企业资源规划（见 2.3 节）和财务软件提供数据。加航也计划将 Maintenix 与 PeopleSoft 软件的财务和人力资源应用程序结合起来。由于航空技术人员、设备和零部件处在不断的运动之中，因此 Maintenix 无线调度技术的效果更佳。

Maintenix 软件包共有六大模块，它们之间既相互独立又相互联系。航空公司可根据自身情况选择全部或部分安装这些模块。这六大模块包括维护工程、航线维护、大修、车间维护、物资管理以及财务模块。加航公司选择全面实施维护工程、航线维护和物资管理模块，仅部分实施大修、车间维护和财务模块。这是因为加航有单独的承包商负责飞机维护,能够处理这些问题。

维护工程模块是Maintenix系统的基础,用于建立其他模块所依赖的配置等级、规则以及维护程序。利用这一模块,航空公司可建立"逻辑配置",用来说明飞机零部件、各部分关系以及兼容规则。

航线维护是指在多变的航行时间内,将一系列动态的维护要求与各地有限的资源进行配置。该模块包括航线内机场规划应用程序,这类程序可根据航线内机场的设备性能及飞机的预定停机位置,安排维修工作和分配任务。例如,利用这一模块,加航能确保在安排维修前找到合格的技术人员。

物资管理模块负责较为复杂的后勤工作,即在没有过量库存的情况下保证零部件的供给。Maintenix系统可以保证每个零部件保持最低库存量,但不会影响工程师的随时调用。保持这种微妙的平衡关系对最大限度地增加收入和实现更高的经营效率至关重要。Maintenix系统可实现库存的无线、实时管理,自动完成日常工作,并兼容航空公司现有的库存管理系统。

该系统最大的优势在于Maintenix各模块提供的信息都会储存在同一个地方。这样不仅能提高工作效率,还能避免杂乱无章的信息系统引起的潜在问题,例如将工作安排到无法胜任该项工作的场所。

下面的例子是Maintenix系统如何提高加航的工作效率。加航一名技术人员需要某个零部件,Maintenix系统会自动处理这一需求。如果正好有这类零件,Maintenix软件会自动预留该零件,并立即通知相关人员。在此期间,技术人员也能便捷地查到所需零件的情况。一旦零件准备好,他会立即收到通知。若情况有变,无法提供该零件,Maintenix系统也会告知技术人员。Maintenix系统能够自动处理许多细小的问题,因此技术人员无须再过多关心这类问题,而可以去完成更多的维修工作。因此,生产率将大大提高,效益也随之提升。该系统有望在2010年前全面投入使用。

资料来源:Greg Meckbach, "Air Canada to Overhaul Maintenance Software," *ComputerWorld Canada*, April 18, 2008; "Air Canada Selects Maintenix for Fleetwide Implementation," Reuters, April 15, 2008; "Maintenix Product Overview," www.mxi.com, May 2008.

思考题

1. 加拿大航空公司希望Maintenix系统解决什么问题?
2. Maintenix系统是如何提高经营效率和决策水平的?
3. 举例说明Maintenix系统支持的三种决策。为支持每种决策,Maintenix模块能提供什么信息?

MIS实例

访问Mxi技术公司的网站(www.mxi.com),了解Maintenix模块中的大修、车间维护和财务模块。回答下列问题:

1. 航空公司如何从使用这些模块中受益?
2. 请举出这三大模块共同支持的一种决策。

2.2.3　高级管理层的主管支持系统

高层管理人员需要相关系统能处理公司内部和外部环境中的战略问题和长期发展趋势。他们关注如下问题：五年后的就业水平如何？产业成本的长期发展趋势是怎样的？公司的产品成本定位在哪里？五年后应该生产什么样的产品？采取什么样的新措施可以避开周期性的商业波动？

主管支持系统(executive support systems,ESS)能够协助高层管理人员做出上述决策。ESS 处理那些需要判断、评估以及深入探讨的非常规决策，因为人们无法就如何决策达成共识。ESS 的图表和数据来源很广。这些图表和数据都会显示在一个界面中，方便高层管理人员使用。传送给高级主管的信息通常经过门户(portal,即一个 Web 接口)，转化为集成的、个人化的业务内容。第 10 章和第 11 章会详细介绍门户网站应用系统。

ESS 不仅收录了外部数据，如新税法或竞争对手动态，还收录了内部数据，如从 MIS 和 DSS 提取的综合信息。ESS 对重要数据进行筛选、压缩和跟踪，将最重要的数据传递给高级管理人员。例如，Leiner Health Products 公司(美国最大的维生素和营养品制造商)总裁利用 ESS，在计算机上实时监测最新的财务状况，包括资金运作、应收和应付账款、现金流和库存等情况。这些信息以**数字仪表板**(digital dashboard)的形式呈现出来，数字仪表板屏幕上显示着公司管理关键绩效指标的图表。数字仪表板作为 ESS 一大特色，广受欢迎。

图 2.6 是一个 ESS 模型示意图。它由具有菜单、交互式图形和通信能力的工作站组成，可以从公司内部系统和外部数据库(如道琼斯新闻/检索或盖洛普民意调查)获取历史数据和竞争力数据。第 12 章将介绍 DSS 和 ESS 更多先进的应用程序。

该系统能从公司内部和外部多方面收集数据，让主管方便地使用这些数据。

图 2.6　主管支持系统模型

“互动讨论：管理领域”部分是关于这几类系统应用的真实案例。案例中的公司力图利用这些系统，调整其信息技术基础设施。请注意案例中出现的系统类型，以及它们在改善公司运营和提高决策水平中发挥的作用。

互动讨论：管理领域

EL-ALAMEIN公司印刷包装业务的数字化

成立于1921年的EL-Alamein公司是中东印刷包装行业的龙头企业之一。公司总部位于埃及亚历山大，占地约4万平方米，拥有700多名员工。EL-Alamein已获多项国际质量认证证书，包括ISO 9001、ISO 14001、ISO OHSAS 18001以及BRC/IOP等证书。公司拥有两大战略业务单元(SUB)：平版印刷和柔版印刷。

"EL-Alamein公司一直处于埃及印刷包装业变革的前沿，是国际上多家大型快餐公司的指定供应商。公司产品门类多样，包括冷、热饮纸杯，包装三明治和汉堡的八角纸盒，三明治等快餐食品的包装纸，以及不同形状和规格的薯条包装盒和冰激凌包装纸。公司采用全自动热封技术生产多层纸袋。"

然而，EL-Alamein公司面临着许多挑战，包括缺少稳定可靠的基础设施、网络系统、服务器、存储器和计算机；组织结构图中缺少信息技术(IT)部门和信息系统(IS)部门；同行业竞争对手积极实行数字化管理；信息丢失造成失去订单、库存信息不准确以及职能部门之间整合程度不高等问题。

2006年6月之前，EL-Alamein公司从未设立信息技术部门，只依靠独立的计算机和终端用户设计的Excel工作表。2006年7月起，公司总裁决定实行数字化管理，完善基础设施，配置计算机网络和备份系统，实施安全策略。

经过完善的信息技术基础设施能够支持考勤系统等其他系统的运行，大大节省了工作时间，还能与企业资源规划(ERP)紧密结合起来。

拥有一个美观、实用的信息网站，成为不少公司，尤其是有志于进军国际市场的公司的一大需求。EL-Alamein公司也不例外。因此，公司创建了自己的网站(www.elalamein.net)。该网站能够为市场部、人力资源部、销售部和客服等部门的工作提供帮助，带来便利。

参考了多种企业资源规划(ERP)系统，并结合公司自身的需求，EL-Alamein公司最终选择了甲骨文电子商务套件(Oracle E-business Suite)，以满足公司信息和业务上的需求。这些需求来自终端用户和各部门负责人。公司还挑选了一家供应商来开展此项目。实现业务流程自动化涉及的几个模块分别为：甲骨文财务管理、库存管理、生产制造、市场营销、订单管理以及采购模块。为保证企业资源规划的顺利实施，EL-Alamein关注多方面的业务流程需求，包括：项目管理文档编制，实施后的绩效评定，总裁和信息技术顾问对项目督导委员会的积极参与，充分的培训和变革管理等。项目开展一年后，只启用了财务管理和人力资源这两个模块。其他模块将在一年内启用。

项目开展过程中遇到了一些困难，其中各部门负责人抵制变革成为最大的障碍。为降低风险，公司采取了以下措施：第一，在各职能部门中选出能够推动变革的主要人员，负责向其他员工说明系统的重要性；第二，培训员工使用新系统，了解系统如何影响新的业务流程；第三，除高层管理人员外，更多员工也应参与决策、分析和执行，提高终端用户的项目参与度。

员工的流动不仅耗费生产时间，还涉及员工(尤其是主要人员)的再培训问题，浪费公司大量资金。这是公司在项目开展过程中多次面临的挑战。6 个月内，公司失去了 6 位主要人员。这直接导致相关职能部门工作的耽搁，造成分析和安装阶段某些环节的重复工作。

EL-Alamein 公司在两年内采用多种技术，尝试不同的解决方法，成功降低了投资风险，增强了各工作环节的一体化，提高了生产率和库存处理效率。通过这些信息技术方面的投资，公司与多家跨国公司建立起战略合作关系。

自 EL-Alamein 公司采用信息技术/信息系统(IT/IS)以来，公司价值增长了 1 000 多万埃镑。这个数字是公司目前在 IT/IS 上投资成本的 5 倍，回报率高达 500%。

资料来源：www. elalamein. net.

思考题

1. 案例描述了哪些系统？这些系统能提供哪些有价值的信息？

2. 在应用 ERP 系统时，EL-Alamein 公司面临什么样的风险？如何评价EL-Alamein公司采取的降低风险的措施？

3. IT/IS 投资给 EL-Alamein 公司带来什么样的价值？

MIS 实例

访问 Teradata 的网站(www. teradata. com)，了解公司数据仓库的相关信息，并回答下列问题：

1. 你认为 Teradata 能否使 EL-Alamein 公司受益？

2. 如果 EL-Alamein 公司决定使用数据仓库，Teradata 软件是否适用？还是应采用其他软件？

3. 将 ERP 与数据仓库相结合，能够给 EL-Alamein 公司带来哪些好处？

2.3 贯穿整个企业的系统

前面我们介绍了几种类型的系统，你或许会问，企业如何处理这些系统中的信息？事实上，让企业所有系统协调配合、共同工作是企业面临的一大挑战。这个问题有多种解决方法。

2.3.1 企业应用软件

企业应用软件(enterprise applications)是一种解决方法。这是跨职能部门的系统，主要用于执行业务流程，涉及各个管理层。通过协调业务流程并增强其紧密性和一体化，企业应用软件有助于提高企业的灵活性和生产率，从而实现高效的资源管理和客户服务。

企业应用软件主要分为四类：企业系统、供应链管理系统、客户关系管理系统和知识管理系统。每一类企业应用软件都将相关功能与业务流程进行结合，以提高企业的整体业绩。图2.7是这些企业应用软件的架构模型,包含贯穿整个企业的流程,在某些情况下,还涵盖企业外部的因素,包括客户、供应商和其他主要商业合作伙伴等。

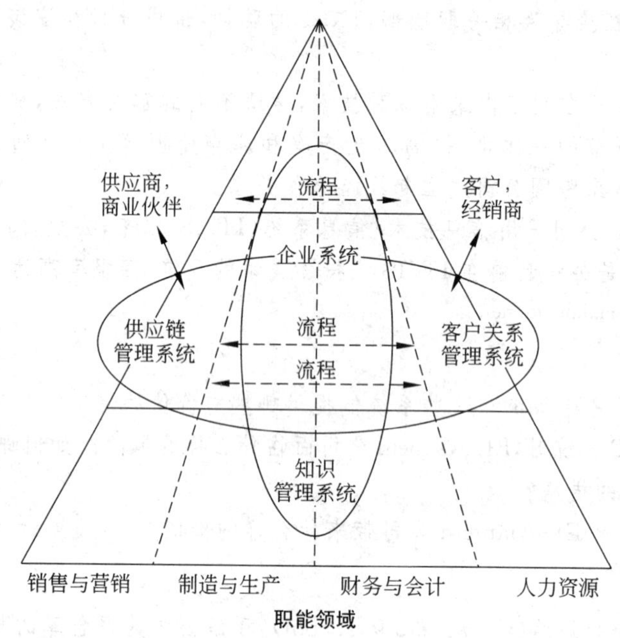

企业应用软件能使跨职能部门和组织层面的流程实现自动化,并且可以延伸到企业自身以外。

图2.7 企业应用软件架构

企业系统

大企业通常会有许多不同的信息系统,这些信息系统围绕不同的职能、组织层和业务流程而设,以解决它们之间无法自动交流信息的问题。企业中的数据分散在上百个系统中,会降低组织效率,影响企业业绩。例如,销售人员在接单时可能并不清楚所订产品是否有库存;生产制造部门也很难得到销售数据,难以计划新的生产。

企业系统(enterprise systems),也称企业资源规划(enterprise resource planning,ERP)系统,就是为了解决上述问题。企业系统能够从生产与制造、财务与会计、销售与营销以及人力资源等部门关键的业务流程中收集信息,并将信息储存在专门的中央数据库中。原本分散在不同系统中的信息,如今可以在企业内部实现共享,从而加强各职能部门之间的协作(见图2.8)。

例如,客户下单后,订单数据会自动传送到相关的职能部门。仓库管理部门根据订单查找所订产品,并安排发货。如有缺货,仓库管理部门将通知生产部门尽快补货。财会部门给客户开具发票。客服代表追踪订单的每个环节,及时将订单情况告知客户。不同职能部门之间协作的加强不仅降低了成本,也提高了客户满意度。

Air Liquide公司是世界领先的工业和医用气体供应商,在全球拥有500多个生产基地,仅在欧洲就有250个生产基地。几年来,公司使用各类系统管理这些生产基地。随着子公司数量的增加，Air Liquide公司的系统数量也大大增加。公司在欧洲使用的独立应用系统一度达到800个。各生产基地系统的不协调，给公司在欧洲各国之间的产品运送带来诸多不便。当然，这些产品都是符合欧盟安全标准的。后来，Air Liquide公司开始采用mySAP企业资源规划软件。这款软件能够集中处理业务流程，而不再像以前那样由各地或各国的基地分散处理。用集中的一体化软件取代繁杂的旧版软件，能够支持公司作为一个整体开展业务活动。如今，Air Liquide公司拥有统一的应用系统、业务流程和主数据。但公司仍然允许其国际子公司因地制宜，根据各地具体情况进行灵活调整(SAP AG，2007)。

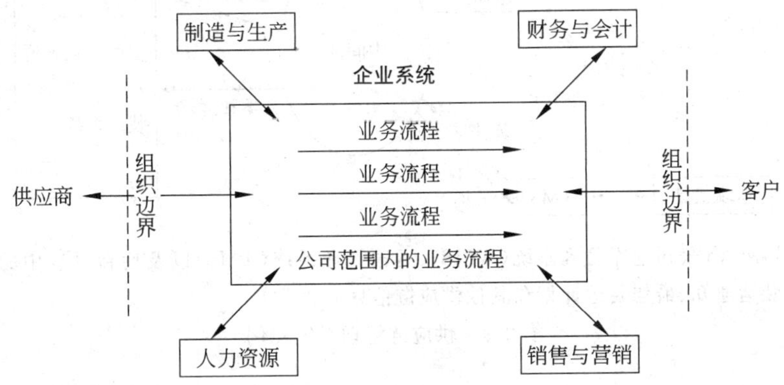

企业系统能将主要的业务流程整合到单一的软件系统中，使信息在企业内的传递畅通无阻。这些系统主要针对企业的内部流程，但也可以包含企业与客户和供应商之间的业务。

图2.8 企业系统

供应链管理系统

供应链管理系统(supply chain management systems，SCM)帮助企业管理它们与供应商之间的关系，提供订单、生产、库存量、产品和服务递送等信息，并在供应商、采购公司、经销商和物流公司之间实现信息共享，从而使企业在组织和安排采购、生产和销售时能更好地决策。该系统的最终目标是，以最短的时间和最低的成本，掌握从工厂到销售点的产品准确数量。

供应链管理系统是**跨组织系统**(interorganizational system)的一种形式，使信息在各组织之间自动流动。你将在本书中了解到其他形式的跨组织信息系统，这些系统能使企业以电子化方式与客户联系，还能将自己的业务外包给其他公司。

图2.9所示为Haworth公司的供应链管理系统。Haworth有限公司是全球领先的办公家具制造设计商，在北美有15个制造基地，分别位于美国的北卡罗来纳州、阿肯色州、密歇根州、密西西比州和得克萨斯州，以及加拿大的安大略省、阿尔伯塔省和魁北克省。这些基地向位于密歇根、宾夕法尼亚、佐治亚和阿肯色的配送中心供货。

Haworth的运输管理系统(Transportation Management System，TMS)审查客户订单、生产进度、运输成本、承运人运价和可运货性等因素，制定出成本最低的最佳配送方案。这些方案每天都会重新修订，每15分钟更新一次。TMS与Haworth公司的仓库管理系统(warehouse management system,WMS)配合使用。WMS主要用于跟踪和控制配送中心到客户之间成品的流动情况。依照TMS的装运方案,WMS根据空间、设备、库存和人员等实际情况安排货物装运。Haworth采用专门的"中间件"(middleware)软件将TMS和WMS与订单录入、生产计划和发货系统联系起来,使客户订单、装运方案和发货通知等信息在各应用系统中传递。

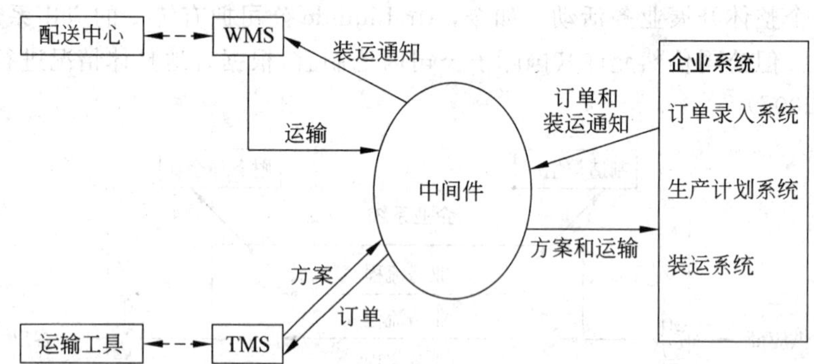

Haworth公司仓库管理系统(WMS)、运输管理系统(TMS)以及后台系统中的客户订单、装运通知、最佳装运计划和其他供应链信息流。

图2.9 供应链管理系统实例

客户关系管理系统

客户关系管理系统(customer relationship management systems,CRM)帮助企业管理它们与客户之间的关系。CRM系统能够提供信息,协调与客户相关的各业务流程,如市场营销和服务,维系良好的客户关系,提高客户满意度,以实现最佳收益。这些信息能够帮助企业寻找、吸引并维系最有价值的客户,向现有客户提供更好的服务,增加销售额。

CRM系统通过电话、电子邮件、无线设备、零售点或网络等多种沟通渠道,增强对客户的了解,整合客户信息。准确深入地了解客户及其喜好,有助于公司提高营销效果,提供更高质量的服务和支持。

例如,美国Saab公司进口汽车并将汽车分销到美国国内的经销商。它采用Oracle-Siebel系统中的汽车经销商CRM应用程序,将分布在各系统中的数据进行整合,这些系统支持Saab公司的经销商网络、客户服务援助中心以及潜在客户管理中心。CRM系统可提供Saab每位客户的全面信息,包括前期与服务相关的问题以及客户曾得到的全部营销信息。该系统可提供详细信息来评估特定潜在客户的销售情况,这样就能更恰当地安排经销商的销售人员瞄准潜在客户。采用CRM应用程序后,Saab公司对潜在客户的后续跟踪率从38%增长到50%,顾客满意度也从69%提升到75%。

知识管理系统

企业产品和服务的价值不仅建立在物质资源上,还建立在无形的知识资产上。有的企业能取得突出的业绩,原因就是它们对如何创造、生产和递送产品以及如何提供服务有更好的了解与认识。每个企业的知识都是独一无二、难以效仿的，能给企业带来长期的战略效益。**知识管理系统**(knowledge management systems，KMS)能使企业更好地管理收集和运用知识的过程。这些系统收集企业中所有相关知识和经验，随时随地可用来改进业务流程，提高管理决策水平。它们还将企业同外部的知识来源联系起来。

KMS 支持各种过程，包括获取、存储、传播和应用知识的过程，以及创造新知识，并将新知识融入企业中的过程。KMS 包括以下几种系统：用于管理与传播文件、图形和其他数字知识对象的企业通用系统；用于创建具有专门技能的员工名录的系统；用于传播知识和信息的办公系统；以及用于创造知识的知识加工系统等。其他知识管理应用程序采用智能技术进行信息整合，便于企业使用。它还利用知识发掘工具，在大型数据库中识别各种知识模式以及相互之间的重要关系。

第 9 章中，我们将具体探讨企业系统、供应链管理系统和客户关系管理系统。在第 11 章中，我们将详细介绍知识管理应用系统。

2.3.2 内部网与外部网

企业应用软件使企业经营方式产生深刻变革，但美中不足的是系统实施的成本往往很高。为配合企业经营活动，许多部门和员工必须改变他们的工作方式和信息利用方式。那些无力投资购买企业应用软件的企业，仍可以通过使用内部网与外部网，实现信息整合的某些环节。这在第 1 章中已有介绍。

与具体的应用系统相比，内部网与外部网更多的是技术平台。值得一提的是，它们也是企业用于提高信息整合，加快企业内部、企业与客户、企业与供应商之间信息传递的一种工具。内部网即内部的网络，其创建方式和通信标准与互联网是一样的。它主要用于将信息传递给公司的内部员工，常用作存放公司政策、计划和数据的存储库。外部网是内部网的延伸，包括公司以外的授权用户。我们将在第 7 章详细介绍内部网和外部网技术。

内部网的核心是一个门户网站，它提供一个访问点，既能访问不同系统中的信息，也能访问那些使用 Web 界面的文件。如有需要，此类门户网站可以通过自定义，适应特定业务群体和个人用户的需求。门户网站还具有电子邮件、协作工具以及搜索企业内部系统和文档的工具。

例如，瑞士航空公司的销售内部网为销售人员提供各类信息和资源，包括销售机会、票价、统计资料、最佳实践方案库以及参与激励计划、讨论组和协同工作区等。该公司的内部网包括对机票销售情况的监测，发布世界各地飞机座位的空余情况，这都有助于销售人员之间、销售人员与旅行社之间更好的协作。

企业可将其内部网连接到公司的内部交易系统，使员工能采取影响到企业运行的措施，如查询订单状态或将产品赊卖给客户。瑞士航空公司的内部网就与其预订系统相连接。

外部网能够加快公司与其供应商和客户之间的信息传递。瑞士航空公司使用外部网，为旅行社提供机票价格的电子数据，这些票价数据来自公司的内部网。GUESS Jeans 公司支持买家从 ApparelBuy. com 网站上订购商品。买家可以通过外部网追踪订单，查看订单状态。

2.3.3 协作与交流系统:全球经济中的“交互类”工作

你或许会对上述系统与信息产生这样的疑问:如何掌握这些系统和信息?企业员工如何综合利用这些系统和信息,去实现共同的工作目标?如何协调计划与行动?信息系统本身无法制定决策,无法聘用或解雇员工,也不能签订合同和协议,更不能根据市场状况调整商品价格。

企业中参与这些活动的人员日益增多。麦肯锡咨询公司(McKinsey & Company)的最新报告显示,美国有41%的劳动力从事交互类工作,如交谈、电子邮件联系、展演与劝说类等工作。交互是这些工作主要的增值形式。劳动力构成中,仅有15%的人从事蓝领的生产类工作,有25%的人从事事务性的工作,如填写表格或报表、收款等。此外,“交互类”工作的数量也在迅速增加:1998年以来,“交互类”工作数量占全部新增工作岗位的70%。

随着全球化的发展,企业可能会出现不同时区的员工同时解决一个问题的情况。因此,企业迫切需要全天候的交流与通信。“24/7”工作制不仅是客服中心面临的问题,还涉及更多的管理人员和员工。

销售代表、市场部经理、证券分析师、企业律师、商务策划师或业务经理等职位需要共享信息,与他人交流。以下是一些商业决策,要求具备协作与交流方面的知识:

- 这项服务的定价是多少?
- 我们应该向那些持观望态度的客户提供多大的优惠?
- 我们是否应该与供货商签订三年的合同?如果签一年是否更保险?
- 我们是否应该与最大的经销商签订专门的协议,还是要对所有的经销商一视同仁?
- 我们是否应该将价格表放到网站上,也能让竞争对手看到?
- 我们应该开拓哪些新的业务领域?

这些问题通常无法在本章前面所述的那些结构化信息系统中找到答案。虽然这些系统确实能够提供必要信息,对管理人员和员工有所帮助,然而真正要完成决策,还需要与其他员工、管理人员、供货商和客户进行面对面的交流,因此,必须有相应的系统来支持这些沟通、协作与交流。

我们将简要介绍一些通用的企业信息系统,这些系统是实现上述目标的途径。它们包括基于互联网的协作环境、电子邮件和即时通信(IM)、手机及其他移动设备、社交网站、维基平台以及虚拟世界。第7、10和11章将详细介绍这些途径。

这些协作与交流系统以前并未被视为信息系统领域的重要组成部分,也不是信息技术管理人员关心的问题。如今这一看法发生了转变,人们认为信息系统应该包括这些重要管理工具。

基于互联网的协作环境

世界不同地区的员工如果要共同完成某项工作,就需要能够支持协作的工具。这些工具能为工作组提供存放文档的空间、方便组员内部交流的空间(需独立于公司电子邮件系统)、工作日程表,以及组员进行“面对面”远程会议的视听环境(参见第1章“互动讨论：管理领域”)。IBM 公司的 Lotus Sametime 软件，以及 WebEx、Microsoft Office Live Meeting、Adobe Acrobat Connect 等互联网会议系统，都是实用的软件产品。

电子邮件与即时通信(IM)

全球每天发送约 2 100 亿封合法电子邮件，其中有 800 亿封发自美国。当今电子邮件用户数量已占世界总人口的 1/6。全球每天发送约 120 亿条即时消息，其中有 80 亿条来自商业网络。电子邮件与即时通信已经成为企业主要的交流与协作工具。

手机与智能手机

第 1 章介绍了新式移动平台。该平台用于开展与协调业务，包括 iPhone 和黑莓这样的手机和智能手机。1 200 多万黑莓用户使用 Research in Motion 公司生产的无线设备，用来收发邮件、编辑短信、发送即时消息、接听电话以及无线上网。美国 3 亿手机用户中约 1/3 为商务用户(美国电子通信产业协会 2008 年统计数据)。手机是当今企业电信基础设施的基本组成部分，支持专业人员和其他员工与同事、领导、客户以及供应商进行交流。手机、iPhone 和黑莓都属于数字设备，其通信数据存储在大型企业系统中，以供日后调用。

社交网站

我们大都使用过 MySpace 和 Facebook 等社交网站与他人分享信息、沟通交流。LinkedIn. com 这类社交网站为商务专业人员提供网络服务，专门针对律师、医生、工程师甚至牙科医生的其他社交网站也大量涌现。IBM 在其 Lotus 协同软件中增加了 Connections 部分，支持社交网站。有了这一功能，用户能够建立自己的档案、写博客、添加感兴趣的文档，还能在论坛上与同事交流思想。社交网站很快成为企业交互类岗位交流思想、协同工作的主要工具。

维基平台

维基平台实际上是一种网站类型，用户即使不了解网页开发和编程技术，也能在网站上创建或编辑文本和图形。最知名的维基平台莫过于维基百科(Wikipedia)，它是全球最大的协作式编辑百科全书项目。维基百科的参与者主要是志愿者，网站为非营利性质，不含任何商业广告，仅美国的用户数就达 3 500 万。它已成为全球最成功的网络百科全书，在全球网络百科全书市场上的占有率超过 20%。

维基平台是企业积累知识、共享信息的理想工具。企业软件销售商 SAP 公司使用维基平台，向客户及软件开发商等公司外部人员提供信息，这些人员所实施的项目多与 SAP 软件相关。他们过去通常在 SAP 在线论坛上随意提出或解答问题，但论坛系统效率并不高，一个问题会重复提出或多次解答。

2006 年，英特尔公司员工创建了内部维基平台。该网站至今已进行过约 10 万次编辑，浏览网站的员工超过 2 700 万人次。搜索频率最高的是英特尔公司的一些首字母缩写词，如 EASE(employee access support environment，员工访问支持环境)和 POR(plan of record,记录方案)。其他搜索频率较高的资源还包括介绍公司软件工程流程的网页。维基平台注定要成为储存零散企业知识的主要记忆库,这主要是因为网站的灵活性和时效性,而且成本比正式的知识管理系统要低廉的多。

虚拟世界

第1章章末案例研究详细介绍了“第二人生”这一在线3D**虚拟世界**(virtual world),在这个虚拟世界中,140万“居民”以虚拟形象(avatars)生活。一些企业和院校,如IBM公司和欧洲工商管理学院(Insead,一所国际商学院,在法国和新加坡均设有校区),利用虚拟世界召开网络会议、开设培训课程以及开展休闲娱乐活动。在这些虚拟场所,现实世界的人依靠虚拟形象会面、交往和交流思想。人们之间通过发送类似于即时消息的短消息进行交流。

2.3.4 电子业务、电子商务与电子政务

前面所述的几种系统与技术,将公司与客户、员工、供应商和物流合作伙伴的关系转变为依靠网络和互联网的数字化关系。许多商业活动目前都建立在数字网络的基础上,本书中也多次使用电子业务(electronic business)和电子商务(electronic commerce)两个术语。**电子业务**(electronic business,e-business)是指利用数字技术和互联网,执行企业中的主要业务流程。电子业务包括企业内部管理活动,以及企业与供应商和其他商业伙伴之间的协作。它还包括**电子商务**(electronic commerce,e-commerce)。电子商务是电子业务的组成部分,主要指通过互联网实现产品和服务的买卖,还包括支持市场交易的各类活动,包括广告、市场营销、客户支持、安全、商品递送以及支付等。

电子业务技术也在公共部门带来了类似的变革。各级政府部门利用互联网技术,向公众、雇员和有关企业发布信息、提供服务。**电子政务**(e-government)是指通过采用互联网和网络技术,加强政府和公共部门同公众、企业和其他政府部门之间的联系。电子政务不仅方便政府提供服务,还能提高政府部门的工作效率,使公众更加方便地了解政府发布的信息,加强公众之间的网上交流。例如,有些州的公民可以在线更新驾照或申请失业救济金。互联网已经成为利益群体开展政治活动、筹集资金的有力工具。

2.4 企业中的信息系统管理部门

企业的运营离不开各种各样的信息系统,但这些系统由谁负责操作?又由谁负责确保系统中硬件、软件及其他技术的正常运行和及时更新呢?终端用户从业务的角度管理系统,但管理这些技术还需要有专门的信息系统管理部门。

除了那些规模极小的企业,一般的企业都设有正式的**信息系统部门**(information systems department),负责提供信息技术方面的服务。信息系统部门也负责企业信息技术基础设施的维护,包括硬件、软件、数据存储器和网络等设施。第5章将详细介绍信息技术基础设施。

2.4.1 信息系统部门

信息系统部门中有各类专门人才，如程序员、系统分析员、项目主管和信息系统主管等。**程序员**(programmer)是接受过专门训练的技术人员，负责为计算机软件编写指令。**系统分析员**(systems analyst)主要负责信息系统团队与企业其他部门之间的沟通与交流。他们所做的系统分析工作是将企业实际运行中的问题与需求翻译成信息化的需求，并通过系统功能加以实现。**信息系统主管**(information systems manager)是团队的领导者，其团队成员一般包括程序员、分析员、项目经理、设备管理员、通信管理员和数据库专员等。信息系统主管同时还负责管理计算机操作员和数据录入员。此外，企业外部的专业人员，如硬件供应商和制造商、软件公司以及顾问等，也经常参与企业的日常运营和信息系统的长期规划。

许多企业的信息系统部门由**首席信息官**(chief information officer，CIO)直接领导。首席信息官是企业高层管理人员，监管企业内信息技术的使用。今天的首席信息官需要有强大的商业背景和丰富的信息系统知识，在把技术融入企业经营策略中发挥主导作用。如今一些大型企业还设有首席安全官、首席知识官和首席隐私官等职位，与首席信息官密切配合。

首席安全官(chief security officer，CSO)主要负责企业的信息系统安全，以及企业信息安全政策的执行(见第 8 章)。(有时为了将信息系统安全与物理安全进行区分，首席安全官也可称为首席信息安全官(chief information security officer，CISO)。)首席安全官主要负责对用户和信息系统专业人员进行安全方面的教育与培训，警惕和防范管理中的安全威胁和安全故障，维护安全工具，执行和完善安全策略等。

信息系统安全与个人资料保护在企业运营中至关重要，因此那些涉及大量个人资料信息的企业设立了**首席隐私官**(chief privacy officer，CPO)一职。首席隐私官主要负责企业贯彻落实与个人资料隐私相关的现行法律。

首席知识官(chief knowledge officer，CKO)主要负责企业的知识管理项目。首席知识官帮助设计项目和系统，发掘新的知识来源或更好地利用组织和管理方面的现有知识。

终端用户(end user)是信息系统团队之外的部门代表，他们也是应用程序开发的目标用户。这些用户在信息系统的设计和开发上发挥着越来越重要的作用。

计算机技术发展初期，信息系统团队的成员主要是程序员，他们从事的技术活动专业性强，但十分有限。如今，信息团队中系统分析员和网络专业人员所占的比例越来越高，信息系统部门也成为推动企业变革的强大动力。信息系统部门提倡新的经营策略与信息化的产品和服务，协调企业技术发展与有计划变革之间的关系。

企业以前通常自己动手开发软件、管理计算机设备。而在今天，许多企业把这些工作交由专门的供应商去做(见第 5 章和第 13 章)，通过信息管理部门对这些供应商进行监督管理。

2.4.2 信息系统管理部门的组织形式

公司有多种类型，公司内部信息技术管理部门也有多种组织形式(见图 2.10)。小规

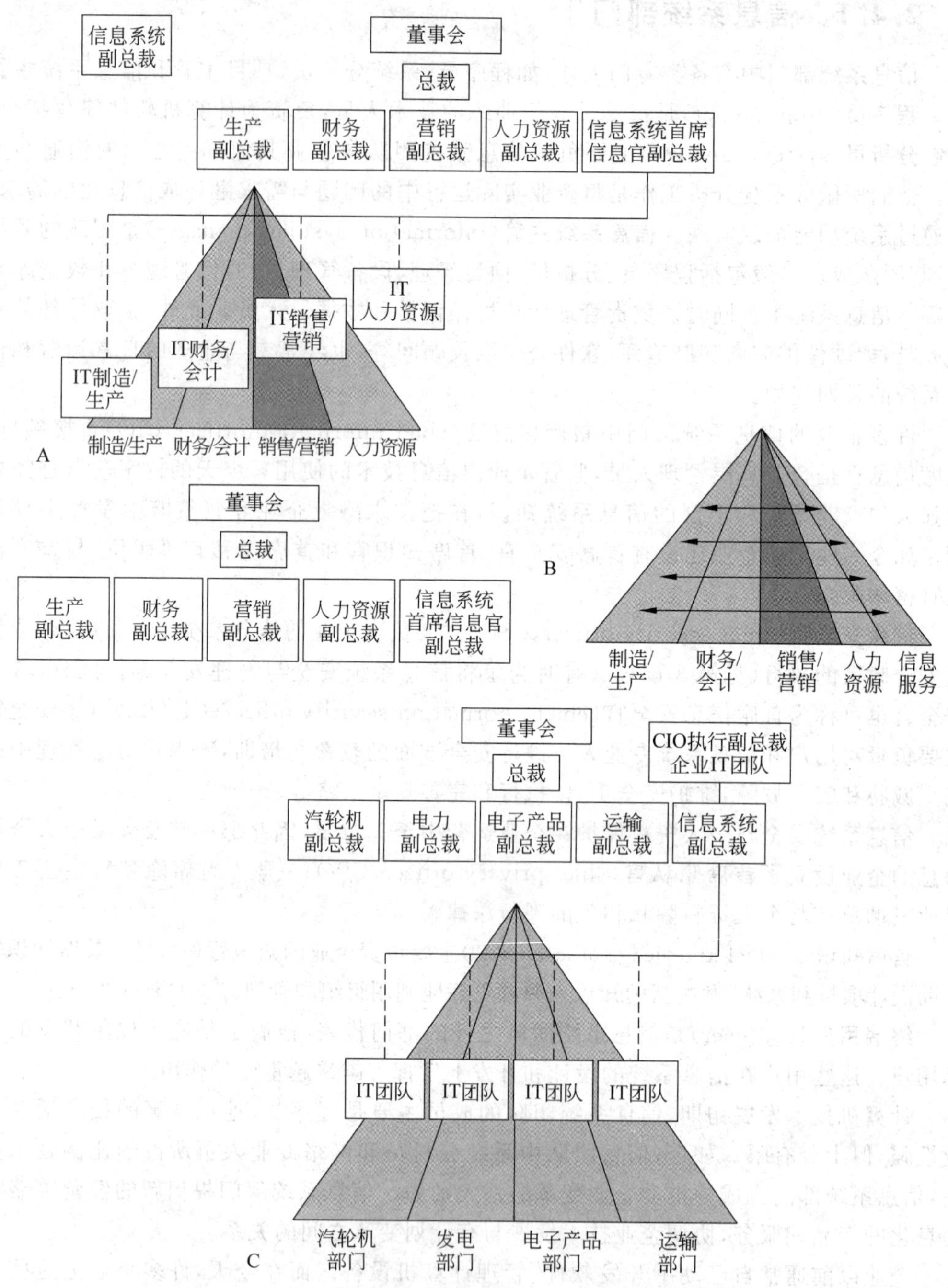

企业内信息系统管理部门的组织形式多种多样：各职能部门都有自己的信息系统部门(如图A所示)；企业有专门的信息系统部门，受中央管理层的统一领导(如图B所示)；多分部制大型企业的各业务部门有自己的信息系统部门，受中央管理层的统一领导(如图C所示)。

图2.10 信息系统管理部门的组织形式

模的公司一般没有正式的信息系统团队，可能只有一名员工负责网络的维护和应用程序的运行，也可能会聘请顾问负责这方面的工作。规模较大的公司会有专门的信息系统部门，根据公司的性质和利益，其组织形式也会多种多样。

有的公司组织安排较为分散，各职能部门都有自己的信息系统部门，通常受高层管理人员或首席信息官的领导。也就是说，营销部门、制造部门及其他职能部门都有自己专门的信息系统团队。首席信息官的职责是审查各职能部门中信息技术的投资与决策。这种方式的优势在于，所用系统能直接满足各职能部门的业务需求。然而，由于各部门所使用的系统不一致，难以统一做出指导，安全性不高，增加了各部门采购技术设备的成本支出。

还有另一种组织形式，信息系统部门作为独立的部门，同其他职能部门一样，也拥有大批员工、中层管理人员和高层管理人员，与其他部门共同利用公司资源。这种组织形式在大公司中较为常见。这一专门的信息系统部门为整个公司制定技术方面的决策，更易于开发出兼容性更高的系统，制定出连贯性更强的系统长期开发计划。

像“财富1000强”这样大规模的企业，拥有多个业务部门和产品线，企业可以允许每个业务部门（如消费类产品部门或化学和添加剂类产品部门）拥有自己的信息系统团队。所有业务部门的信息系统团队都受高层中央信息系统团队和首席信息官的领导。中央信息系统团队制定企业内的通用标准，统一采购技术设备，制定企业计算机平台更新的长期计划。这种形式将业务部门的独立性与企业集中化管理有机结合起来。

信息技术治理

企业信息系统功能的集中化程度应该有多高？应赋予信息系统管理层和业务管理层多大的权力，来决定使用什么样的系统以及如何管理这些系统？每个企业都会有自己的答案。信息系统部门的组织形式属于**信息技术治理**（IT governance）这一更大问题的范畴。信息技术治理包括企业内信息技术的使用策略与政策。它明确说明决策权和问责制框架，确保信息技术的使用能够支持企业的战略目标。应该制定什么样的决策来确保信息技术的有效管理和使用（包括信息技术投资的回报）？谁来制定这些决策？应该如何制定决策并监督决策的执行？信息技术治理水平较高的企业会对这些问题进行认真思考（Weill 和 Ross，2004）。

2.5　MIS实践

本节中的实践项目涉及三个方面：分析利用新信息系统完善业务流程的可能性；使用电子表格提高遴选供应商的决策水平；使用互联网软件制定高效的运输路线。

2.5.1 管理决策问题

1. Don's木材公司位于哈得逊河岸边,是纽约州历史最久远的木材零售行。它主要为经营地板、舱板、模具、窗户、墙板和天花板等的客户提供木材。由于木材和其他建筑材料的价格不断变化,如果客户询问预加工木地板的价格,销售代表就需要查询价格单,然后给供应商打电话了解最新报价,供应商接着会查询一份每日更新的价格单。由于Don's公司手头并没有最新的报价信息,因此供应商通常必须给Don's销售代表回电话,告知其价格。请评价这种情况对企业的影响,谈谈如何利用信息技术改善这一过程,并说明为解决这个问题需要制定什么样的决策。应该由谁负责制定这些决策?

2. 亨利在加利福尼亚的萨克拉门托经营一家小型五金商店。商店空间很有限,房租在过去五年内翻了一番。亨利和凯瑟琳两位店主压力很大,他们需要利用有限的店面空间尽可能多的获利。他们从来不记录库存和销售情况。新货一到,就马上摆到货架上。供货商开出的发票也仅仅是为纳税而用。如果货物售光,他们就把货物编号和价格记入现金出纳机。他们靠自己的判断决定是否需要进货,进什么样的货。因此,经常出现缺货或断货的现象。这种情况对他们的业务有什么影响?信息系统将如何帮助亨利和凯瑟琳经营业务?系统需要哪些数据?应生成哪些报表?系统能提高哪些决策能力?

2.5.2 优化决策:利用电子表格软件遴选供应商

软件技能:电子表格数据功能、数据筛选、DAVERAGE功能

商务技能:分析供应商的情况与报价

本节中你将学习使用电子表格软件,提高管理者遴选供应商的决策水平。现在有一张大表单,记录着供应商的原始交易数据,请你依据不同标准,利用电子表格软件筛选数据,为公司挑选出最合适的供应商。

比如说,你经营一个制造飞机零部件的公司。许多竞争对手都在为客户提供优质低价的服务,你正在考虑自己能否从更好的供应链管理中获利。在Laudon网站为本章提供的内容中,你能找到一个电子表格文件,里面包含过去三个月中你公司从供应商处订购的所有产品。下页中有一个电子表格文件的截图,在Laudon网站上还有更新版本的电子表格。电子表格文件里的字段包括供货商名称、供货商编号、订单编号、产品编号和产品名称(从供货商处订购的每一款产品)、单价、数量、每笔订单总价、付款期限、每笔订单的订购日期以及实际到货日期。

准备一份建议书,说明你如何利用电子表格软件数据库中的数据,提高决策水平,遴选供应商。提出相关标准,为确定首选供应商提供参考,包括供应商的准时交货记录、能提供最佳付款条件的供应商以及同等产品报价最低的供应商等。利用电子表格软件准备相关报表,支持你的建议书。

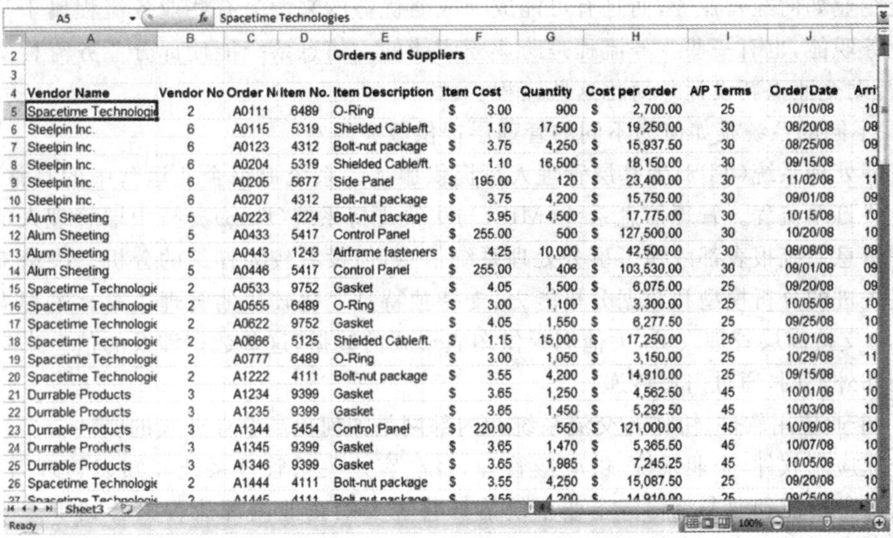

A5　Spacetime Technologies

	A	B	C	D	E	F	G	H	I	J	
2					Orders and Suppliers						
3											
4	**Vendor Name**	**Vendor No**	**Order N**	**Item No.**	**Item Description**	**Item Cost**	**Quantity**	**Cost per order**	**A/P Terms**	**Order Date**	**Arri**
5	Spacetime Technologie	2	A0111	6489	O-Ring	$ 3.00	900	$ 2,700.00	25	10/10/08	10
6	Steelpin Inc.	6	A0115	5319	Shielded Cable/ft.	$ 1.10	17,500	$ 19,250.00	30	08/20/08	08
7	Steelpin Inc.	6	A0123	4312	Bolt-nut package	$ 3.75	4,250	$ 15,937.50	30	08/25/08	09
8	Steelpin Inc.	6	A0204	5319	Shielded Cable/ft.	$ 1.10	16,500	$ 18,150.00	30	09/15/08	10
9	Steelpin Inc.	6	A0205	5677	Side Panel	$ 195.00	120	$ 23,400.00	30	11/02/08	11
10	Steelpin Inc.	6	A0207	4312	Bolt-nut package	$ 3.75	4,200	$ 15,750.00	30	09/01/08	09
11	Alum Sheeting	5	A0223	4224	Bolt-nut package	$ 3.95	4,500	$ 17,775.00	30	10/15/08	10
12	Alum Sheeting	5	A0433	5417	Control Panel	$ 255.00	500	$ 127,500.00	30	10/20/08	10
13	Alum Sheeting	5	A0443	1243	Airframe fasteners	$ 4.25	10,000	$ 42,500.00	30	08/08/08	08
14	Alum Sheeting	5	A0446	5417	Control Panel	$ 255.00	406	$ 103,530.00	30	09/01/08	09
15	Spacetime Technologie	2	A0533	9752	Gasket	$ 4.05	1,500	$ 6,075.00	25	09/20/08	09
16	Spacetime Technologie	2	A0555	6489	O-Ring	$ 3.00	1,100	$ 3,300.00	25	10/05/08	10
17	Spacetime Technologie	2	A0622	9752	Gasket	$ 4.05	1,550	$ 6,277.50	25	09/25/08	10
18	Spacetime Technologie	2	A0666	5125	Shielded Cable/ft.	$ 1.15	15,000	$ 17,250.00	25	10/01/08	10
19	Spacetime Technologie	2	A0777	6489	O-Ring	$ 3.00	1,050	$ 3,150.00	25	10/29/08	11
20	Spacetime Technologie	2	A1222	4111	Bolt-nut package	$ 3.55	4,200	$ 14,910.00	25	09/15/08	10
21	Durrable Products	3	A1234	9399	Gasket	$ 3.65	1,250	$ 4,562.50	45	10/01/08	10
22	Durrable Products	3	A1235	9399	Gasket	$ 3.65	1,450	$ 5,292.50	45	10/03/08	10
23	Durrable Products	3	A1344	5454	Control Panel	$ 220.00	550	$ 121,000.00	45	10/09/08	10
24	Durrable Products	3	A1345	9399	Gasket	$ 3.65	1,470	$ 5,365.50	45	10/07/08	10
25	Durrable Products	3	A1346	9399	Gasket	$ 3.65	1,985	$ 7,245.25	45	10/05/08	10
26	Spacetime Technologie	2	A1444	4111	Bolt-nut package	$ 3.55	4,250	$ 15,087.50	25	09/20/08	10
27	Spacetime Technologie	2	A1445	4111	Bolt-nut package	$ 3.55	4,200	$ 14,910.00	25	09/25/08	10

Sheet3

Ready　100%

2.5.3　实现卓越运营：利用互联网软件制定高效的运输路线

这一练习将介绍类似的在线软件工具，企业能通过此类软件制定运输路线，选择最佳路径。MapQuest(www.mapquest.com)网站就具有制定路线的交互功能。该网站上的软件能够计算两地之间的距离，并提供到某地详细的行驶方向说明。

比如，你刚开始在俄亥俄州克利夫兰市的 Cross-Country 运输公司任调度员，这是一家新开的货运快递公司。你的第一项任务就是制定路线，将一些办公设备和家具从印第安纳州艾尔克哈特市(E. Indiana 路和 Prairie 街的路口处)运到马里兰州黑格斯敦市(Eastern Blvd. N. 街和 Potomac 路的路口处)。你需要了解两个城市之间的最佳行驶路线，才能让货车司机在规定时间内送到货物。在 MapQuest 网站上找出两地之间最短的行驶路线，再找出两地之间用时最少的行驶路线。比较两个结果，考虑应采纳哪一种路线？

拓展学习

与本章相关的拓展学习资料如下：

1. 从职能的角度分析系统
2. 使用商业信息系统可能面临的挑战

本章小结

1. 什么是业务流程？它们与信息系统之间有什么关系？

业务流程是一系列逻辑上有关联的活动，规定特定企业任务的执行方式，它代表企业协调工作、信息和知识的一种独特方式。管理人员应重视业务流程，因为业务流程能够决定企业如何经营业务,而且有可能成为战略优势的来源。有些业务流程属于某一特定的业务职能,也有一些业务流程是跨业务职能的。信息系统能使部分业务流程实现自动化,帮助企业重新设计并简化这些流程。

2. 不同的系统是如何为不同的管理层提供服务的?

事务处理系统(TPS)为基层管理人员提供服务。系统追踪企业运营中的日常交易,如薪金或订单流程。管理信息系统(MIS)与决策支持系统(DSS)支持中层管理人员。多数管理信息系统报表都浓缩了事务处理系统信息,但没有较为详细的分析。决策支持系统通过先进的分析模型和数据分析能力,支持独特且变化较快的管理决策。主管支持系统(ESS)支持高层管理人员,为他们提供图表形式的数据,这些数据涉及的信息来自企业内部网和外部网,通过门户传递。

3. 企业应用软件、协作与交流系统和内部网是如何提高企业业绩的?

企业应用软件(企业系统、供应链管理系统、客户关系管理系统和知识管理系统)用于协调多种功能和业务流程。企业系统能够将主要的企业内部流程整合到单一的软件系统中,使之更为协调、高效,并提高决策水平。供应链管理系统帮助企业管理它与供应商之间的关系,优化各个环节,包括产品和服务的规划、采购、制造以及递送。客户关系管理利用信息系统,协调关于企业与客户关系的所有业务流程,以增加企业收益,提高客户满意度。知识管理系统能够促进企业创造、共享和传播知识,而交互类的系统使企业从交流与合作中受益。内部网和外部网利用互联网技术和标准,从不同的系统中整合信息,以网页的形式呈现给用户。外部网能将企业内部网不公开的信息部分提供给企业以外的人。

4. 电子业务、电子商务和电子政务有何区别?

电子业务是指利用数字技术和互联网执行业务流程。它包括企业内部流程,以及企业与供应商和其他商业机构之间的协作。电子商务是电子业务的组成部分,是指通过互联网实现产品和服务的买卖,包括各类支持活动,如市场营销与客户支持。电子政务则是指通过采用互联网和网络技术,加强政府和公共部门同公众、企业和其他政府部门之间的联系。

5. 信息系统管理部门在企业中发挥什么样的作用?

信息系统部门是正式的组织部门,负责提供信息技术服务。信息系统部门也负责企业信息技术基础设施的维护,包括硬件、软件、数据存储器和网络等设施。该部门通常受首席信息官领导,由各类专业人员构成,如程序员、系统分析员、项目主管以及信息系统主管等。

复习题

1. 什么是业务流程?它们与信息系统之间有什么关系?
   - 简述什么是业务流程?业务流程与企业业绩之间的关系。
   - 简述信息系统与业务流程之间的关系。
2. 不同的系统是如何为不同的管理层提供服务的?

- 请描述事务处理系统的特征，以及它们在企业中的作用。
- 请描述管理信息系统的特征，并说明它们与事务处理系统和决策支持系统的区别。
- 请描述决策支持系统的特征，并说明它们与主管支持系统的区别。
- 请描述事务处理系统、管理信息系统、决策支持系统与主管支持系统之间的关系。

3. 企业应用软件、协作与交流系统以及内部网是如何提高企业业绩的？

- 请解释企业应用软件是如何提高企业业绩的。
- 什么是企业系统？它们是如何改变企业的工作方式的？
- 什么是供应链管理系统？它们是如何使企业受益的？
- 什么是客户关系管理系统？它们是如何使企业受益的？
- 请描述知识管理系统在企业中的作用。
- 请列举并描述几种不同类型的协作与交流系统。
- 请解释内部网和外部网是如何帮助企业将信息和业务流程进行结合的。

4. 电子业务、电子商务和电子政务有何区别？

- 电子业务和电子商务有什么不同？
- 请描述电子政务及其定义。

5. 信息系统在企业中发挥什么样的作用？

- 信息系统在企业中发挥什么样的作用？
- 请比较程序员、系统分析员、信息系统主管、首席信息官、首席安全官与首席知识官的角色和职能。

讨论题

1. 信息系统是如何用来支持图2.1所示的订单实现流程的？这些系统所能获得的最重要的信息是什么？请解释你的答案。

2. 采用企业应用软件既是重要的商业决策，又是重要的技术决策。你同意这种说法吗？为什么？应该由谁制定这一决策？

团队项目：识别管理决策与系统

三四个学生一组，从《商业周刊》(*Business Week*)、《福布斯》(*Forbes*)、《财富》(*Fortune*)、《华尔街日报》(*The Wall Street Journal*)或其他商业杂志和网站上，了解一位企业管理者的相关信息。需要收集的信息包括这位企业管理者的职位及其在公司中扮演的角色。确定这位管理者所处的组织层面及其所属的业务职能领域。列出这位管理者应制定的各类决策，以及他制定这些决策所需要的信息类型。请就信息系统如何提供这些信息给出建议。如有可能，使用谷歌协作平台(Google Sites)链接网页、团队沟通公告和工作任务，集思广益，合作完成项目文档。尝试使用谷歌文档(Google Docs)在课堂上展示成果。

案例研究

职总英康(NTUC Income)公司的现代化

职总英康(Income)公司是新加坡最大的保险公司之一,保户数量超过180万,总资产达213亿美元。公司拥有大约3 400名保险顾问和1 200名职员,多数员工都供职于8家分公司。2003年6月1日,职总英康公司成功将其传统的保险系统转变为数字网络系统。这项艰巨的任务不仅要求硬件和应用程序升级,还要求公司简化那些存在十年之久的业务流程和信息技术活动。

几年前,职总英康公司的保险流程非常烦琐,而且是通过纸质材料实现的。整个保险流程始于客户与保险代理人会面,填写表格并提交相关资料。代理人将表格提交到分公司,再转送到办公服务部。这一系列的表格资料收集工作能耽搁2～3天的时间。办公服务部的工作人员会对资料进行登记、分类,然后送到承保部门。投保书通常随机分配给承保部门工作人员。投保书一经接受,便被送往计算机服务部门复印,然后重新分配。所有材料原件都需要打包整理,送到档案室。2～3天后,7名工作人员会将这些材料原件登记并存档。3间档案室里共有16 000箱的保险单,文件数量达4 500万份。如果需要找到某份文件并送达指定地点要花近两天时间,文件重新归档还要再花两天时间。

虽然公司定期投入资金,升级控制核心保险系统以及会计和管理信息系统的HP3000主计算机,但在2002年,系统仍经常崩溃。职总英康公司的首席信息官James Kang说:“系统故障简直像噩梦一般。各项工作都得停下来,员工们不得不进行数据校正或备份。然而,HP3000备份系统只允许恢复到前一天备份的数据。如果当日数据备份不能完成,系统崩溃当天的数据就会丢失,不得不进行烦琐的数据更新,耗费大量人力、财力。”每次遇到硬件故障,都要花几个月来恢复丢失的数据。HP3000系统共经历过3次大的硬件故障,共造成6天的彻底停机。

还有更糟的情况。20世纪80年代初期开发的通用商业语言(COBOL)程序由公司的信息技术小组负责维护,但也经常出现故障,造成系统的暂时中断。此外信息技术小组还发现,利用COBOL程序开发新产品效率十分低下,用时长达几星期甚至几个月之久。

同时,保险单承保交易处理仍然是批处理的形式,保险代理人和顾问都无法在第一时间获取信息。造成的结果是,员工在处理新的汽车保险客户申请时,他们并不清楚申请人是否是职总英康的已有客户,这会导致跨产品业务机会的丧失。对于代理人面临的问题,Kang说:“如果代理人想通过计算机提交材料,会遇到许多问题。HP3000在连接到这些设备时性能并不稳定。随着越来越多的保险顾问采用远程办公,设备的可用性成了一大问题。”此外,各部门手中没有最新信息,不得不通过纸质材料来交流信息。

这一切都在2003年6月发生改变,职总英康公司开始采用易保网络技术公司(eBao Technology)开发的基于Java的易保寿险核心业务系统(eBao LifeSystem)。该软件系统包括三个子系统:保险单管理、销售管理和附加资源。关于该软件系统的特点,Kang介绍说："它正好能够满足我们的需求，包括以客户为中心的设计、图像和条形码无缝结合技术，以及支持新产品、新渠道和业务流程变化的产品定义模块等。"

新旧系统的替换工作始于2002年9月，历时短短9个月完成。到2003年5月，客户化定制、公司所有个人和团体寿险业务的数据迁移以及员工的培训工作均已完成。

新系统能在高可用性平台上立即运行。所有应用程序均位于两个或多个服务器上，每个服务器至少有两条通信线路，它们都采用"负载均衡"技术。这种结构稳定性强，能够减少由硬件或操作系统故障而引起的停机。

作为易保应用计划的一部分，职总英康公司决定将其整套信息技术基础设施都替换为稳定性和拓展性更强的结构。例如，在所有服务部门统一配备扫描仪；统一换成20英寸显示器；计算机内存升级到128MB；为应用服务器、数据库服务器、Web服务器和磁盘存储系统安装新的软硬件设备。此外，将局域网电缆更换为高速电缆、光纤主干线，或替换为无线功能。

另外，职总英康公司还更新了其业务连续性计划和灾难恢复计划。开设实时热备份灾难恢复中心，备份机全面投入使用，运行情况良好。数据能够从主数据中心实时传递到备份机的数据存储器。如果数据中心站点无法访问，在无须进行前一天数据恢复的情况下，能够迅速切换到灾难恢复站点。

然而，想要实现无纸化的工作环境并非易事。职总英康公司放弃了所有纸质记录，包括纸质法律文件。有了新系统，所有文件都被扫描并存储在"可靠的"存储设备上，即安全可靠的数字保险库中，并严格遵守法律、法规要求。职总英康公司还对员工进行培训，让那些习惯纸质办公的员工使用易保系统，改变他们的工作方式。

通过采用易保寿险核心业务系统，约500名职员和2300名保险顾问能够随时随地使用该系统。远程办公的职员也可以更快地访问信息，远程访问速度与在办公室里几乎没有差别。

Kang称："我们对每位客户都有较为全面的了解——多产品、多渠道的客户资料，以及更好的寿险和普通保险业务种类。这为我们提供了交叉销售和改善客户服务的机会。此外，直通式处理工作流的功能为我们节省了50%的保单处理成本和时间。通过采用表驱动、基于规则的产品定义模块，我们还大大节省了设计、开发新产品的时间，从几星期缩短到了几天。"

职总英康的前总裁陈钦亮(Tan Kin Lian)在评价易保系统时说："易保寿险核心业务系统拥有最好的直通式处理工作流，灵活性很强。它能将我们新产品的推出时间从几个月缩短到几天。它还能使代理人、经纪人和客户轻松地参与或享受在线服务。采用这么棒的系统真是明智之举：不仅能降低成本，还能缩短时间。不得不说，这真是一场革命！"

资料来源：Melanie Liew, Computerworld, July 2004; "NTUC Income of Singapore Successfully Implemented eBaoTech Lifesystem," ebaotech.com, accessed November 2008; Neerja Sethi & D G Allampallai, "NTUC Income of Singapore (A): Re-architecting Legacy Systems," asiacase.com, October 2005.

思考题

1. 案例中职总英康公司面临哪些问题？通过采用新的数字系统，这些问题是如何解决的？

2. 在采用全数字系统之前，职总英康公司使用什么类型的信息系统和业务流程？

3. 请描述在采用全数字系统之后，职总英康公司使用的信息系统和信息技术基础设施。

4. 采用新系统后，职总英康公司从中获得什么样的益处？

5. 面对未来，职总英康公司是否已经做好准备？案例中出现的问题还会再次出现吗？

Management Information Systems

第3章

信息系统、组织与战略

学习目标

学习本章，你将了解到：

1. 为建立和应用信息系统，管理者需要了解组织的哪些特征？信息系统对组织有哪些影响？
2. 公司如何借助波特五力分析模型，利用信息系统制定竞争发展战略？
3. 价值链和价值网络模型如何帮助企业抓住机遇应用战略信息系统？
4. 信息系统如何帮助企业发挥协同作用与核心竞争力，实施基于网络的战略，以获取竞争优势？
5. 战略信息统带来了哪些挑战？如何应对这些挑战？

eBay的战略调整

如今，eBay已然成为网上拍卖的代名词。创业之初，eBay就获得了巨大成功，迅速发展为一个庞大的电子市集，在全世界拥有53.2万多家店铺。仅2007年一年eBay的电子市集就有将近770亿美元入账。在eBay网上，数十万人以开店为生，更有几百万人通过它增加收入，活跃用户目前已达8 300万之多。

手续费和销售佣金是eBay收入的主要来源。另外一部分收入来自网站广告和便捷的PayPal网上交易服务。

不久前，eBay的发展战略着眼于拓展市场，增加市场份额，并不断创新以加强产品的多元化与吸引力。通过研发和收购，eBay的产品服务已经延伸到互联网活动的方方面面。改组后，eBay已逐步成为一个拥有众多公司的多元化组合。其业务范围涵盖购物、通信、搜索和娱乐等，每项业务都可谓互联网的摇钱树。

PayPal为用户提供网上交易服务，交易的手续费收入可观。eBay也希望能将PayPal

推广为网上交易的标准付费方式。目前,PayPal已有40%的业务是eBay之外的交易。

2005年,eBay收购了购物点评网Shopping.com和提供免费或低价网络电话服务的SkypeTechnologies。过去,eBay由于无法为买卖双方更深入的交流沟通提供方便,而无力涉足房地产、旅游、新车销售和收藏品等行业。而今,Skype提供的语音通信服务让eBay得以在这些行业大显身手。

eBay收购了票务网站StubHub,购买了分类广告网站Craigslist 25%的股份,此外还收购了Kurant,也就是ProStores的前身。ProStores使用户可以在网上开办自己的店铺。有分析家指出,虽然eBay的每项收购都很成功,但未能形成意向中的协同整体。此外多元发展已经使eBay的核心业务(拍卖)遭受冲击。

不过eBay的拍卖业务也在逐渐改变。eBay上明码标价的商品也有很多,占到市场总收入的40%。这部分生意的发展速度明显快于拍卖业务。而eBay的竞争对手如亚马逊(Amazon.com)以明码标价的商品吸引了不少消费者。为了转变经营模式,eBay与网络零售巨头Buy.com达成协议,以低于市面的价格在eBay上零售数以百万的DVD、电器、图书等商品。2008年8月,eBay对商品上架费做出了调整。如果卖家以"一口价"的方式出售商品,收取的上架费会相对较少。

虽然此举招致不少夫妻店的强烈反对,但eBay认为,引入可靠的零售商、出售明码标价的商品不仅能方便顾客,也让购物的目的变得更明确。对此,北美区总经理斯蒂芬妮·蒂勒纽斯(Stephanie Tilenius)说:"我们对自身的某些核心经营理念提出了挑战。"他说,"我们致力于打造最优秀的网上市集,而不是一味死守拍卖业务,最终结果如何尚难预料。"引入实力雄厚的经销商会产生何种结果,是会冲淡eBay作为动态旧货市场的品牌和声誉,还是推动eBay快速发展?整个电子商务界都将拭目以待。

资料来源:Laurie J. Flynn,"EBay Is Planning to Emphasize Fixed-Price Sales Format Over Its Auction Model," *The New York Times*, August 20, 2008; Brad Stone, "Buy.com Deal with Ebay Angers Sellers," *The New York Times*, July 14, 2008, "Profit Climbs for eBay, but Auction Growth Is Slowing," *The New York Times*, July 17, 2008, and "EBay's Leader Moves Swiftly on a Revamping," *The New York Times*, January 24, 2008; Catherine Holahan, "eBay's Changing Identity," *Business Week*, April 23, 2007; and Associated Press, "eBay Rethinks Its Ways as It Enters Middle Age," accessed via CNN.com, June 18, 2007.

eBay的案例阐明了信息系统如何帮助企业提高竞争力,强化业务流程、信息系统以及组织周边环境之间的相互依赖关系。同时也说明保持竞争优势并非易事。

下面的结构图指出了章节和案例的要点,学习时需要特别注意。eBay充分利用互联网带来的商机。网上拍卖开创了网上个人对个人交易的先河,eBay正是抓住这一机遇成为了行业先驱。eBay的策略使其一跃成为首屈一指的网络零售商。时至今日,eBay仍旧是网上拍卖的代名词。

但是身处瞬息万变的环境之中,如果eBay不能提供更有价值的商品、更加便利的服务,顾客随时可能流失。随着时间推移,eBay的早期战略已经无法维持其盈利并保持增长。此时eBay的市场份额已经开始被亚马逊和其他网络零售商侵占,因为它们能销售明码标价的商品，提供更周到的服务。因此，eBay 不得不陆续调整战略，改善业务流程，以保持竞争优势。其战略调整包括并购网络公司，将重心由拍卖转向 Buy.com 的定价销售业务。如今，eBay 已经成为一个多元化的大型网络平台，让众多不同的企业共同开展电子商务。

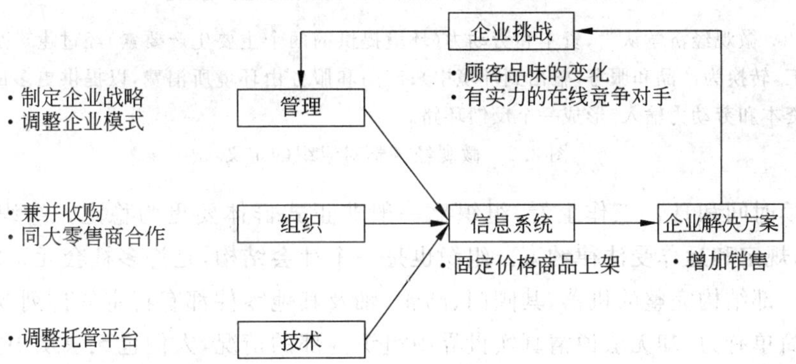

3.1 组织与信息系统

信息系统与组织相互影响。管理者建立信息系统，为企业利益服务。同时，组织必须认识和接受信息系统的影响，才能更好地从中获益。

信息技术和组织之间的相互作用十分复杂，并受到许多中间因素的影响，包括组织结构、业务流程、政治、文化、周边环境和管理决策因素（见图 3.1）。管理者必须了解信息系统如何改变企业的工作方式和生活方式。如果不了解组织，就无法认识既存系统，建立新的系统。

这一复杂的双向关系受许多中间因素影响，管理者的决策是其中一个重要的因素。

图 3.1 组织与信息技术的双向关系

管理者需要决定建立什么样的系统，系统用于什么，如何使其行之有效，等等。决策带来的结果难以预测。管理者可能无法预见这些决策会产生什么后果，信息技术的投资给企业带来的某些变化是无法预料的，其结果有好有坏。这好比在 10 年前，有谁能想到电子邮件和短消息会成为今天企业沟通交流的主要方式？谁能想到今天许多经理每天都要处理 200 多封邮件？

3.1.1 什么是组织

组织(organization)是一种稳定、正式的社会结构，它从环境中获取资源，处理资源，输出成果。这种技术性的定义着眼于组织的三大要素。资本和劳动力是环境提供的主要生产要素，组织（公司）将它们转化为产品和服务。产品和服务被环境所消费，环境再次提供输入（见图 3.2）。

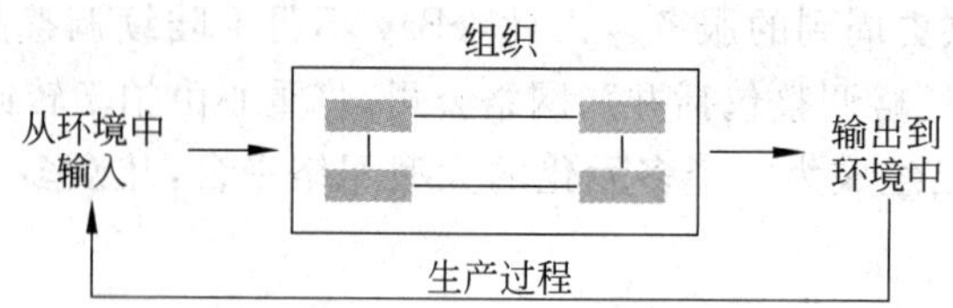

微观经济学认为,资本和劳动力(环境提供的两个主要生产要素)经过生产加工,转换为产品和服务(输出到环境中);产品和服务由环境所消费,以提供更多的资本和劳动力输入,形成一个反馈环路。

图 3.2 微观经济学对组织的定义

从持续时间和日常工作上看,组织比一般非正式群体要更为稳定。组织是正式法人,其内部规定和运作受法律约束。组织也是一个社会结构,是许多社会元素的集合体,它就像是一部结构完整的机器,其阀门、凸轮、轴及其他零件都有特定的排列规则。上述定义虽说简单有力,却无法说清真实世界中组织内部的情况,人们也无法从中推知一二。而行为学对组织的定义更切合实际:组织是一个权利、特权、义务和责任的集合体,各要素经过冲突与调解在一定时期内达到微妙的平衡(见图 3.3)。

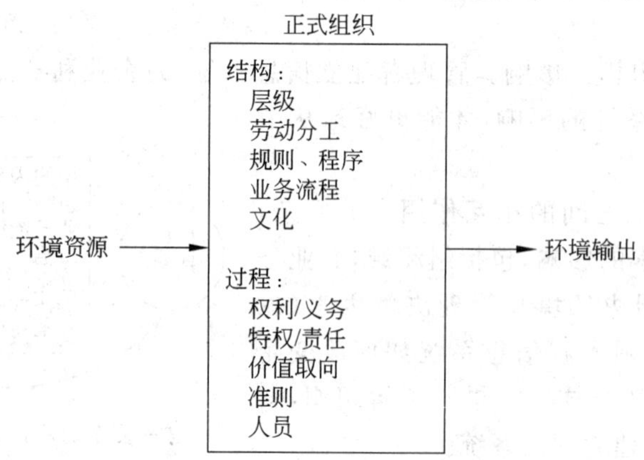

组织的行为学观点强调群体的关系、价值取向和结构。

图 3.3 组织的行为学观点

组织的行为学观点认为,在组织中工作的人们逐渐形成了惯例:他们依附于既存的工作关系,安排上下级之间的工作方式、工作量与工作条件。但大多数的安排和情感因素在正式的规则手册上都不会提及。

上述组织的定义与信息系统又有何关联?技术性的定义引导我们关注的是:在引进新技术时,公司会如何重组输入,创造输出。由于资本和劳动力很容易互相替代,公司可视为具有无限的可塑性。相比之下组织的行为学定义更有实际意义,它表明不管是建立新的信息系统,还是重建旧系统,要做的工作远不止简单地部署机器和员工而已,因为信息系统可能会打破组织内长期运作中业已形成的权利、特权、义务、责任和情感因素之间的平衡。

调整这些因素可能颇费时日，引发大幅变动，而且学习使用和培训员工也要耗费不少资源。譬如说，若要有效实施一套新的信息系统，所需时间通常会远远超过预期，这是因为要想运行一套系统，先得让员工和管理者学会使用，而这中间存在滞后。

技术变革往往会导致一系列改变，包括信息的拥有者和管理者、访问和更新信息的权限以及获取信息的时间、地点、人物、途径。如此复杂的情况迫使我们重新审视既定的工作方式和实现输出的业务流程。

组织的技术性定义和行为学定义并不是相互对立的。实际上两者相辅相成。技术性定义告诉我们在竞争市场中公司如何将资本、劳动力与信息系统相结合，而行为学定义揭示在各公司中技术如何影响组织的内部工作。3.2节将描述这两种组织定义怎样帮助我们理解信息系统与组织的关系。

3.1.2 组织的特征

现代组织有一些显著的特征。它们都是层级制组织，劳动分工明确，专业化程度高。组织按照权限高低来分配专员，安排负责人。专员的职权仅限于特定的工作，而工作必须按照既定的规则和程序来进行。这些规则构建了一个公平的通用决策系统。组织会尽量以技术资格和专业水平(而非私人关系)来决定员工的任用与升迁。这样一来，组织就能专心提高效率，利用有限输入实现最大输出。组织还具有业务流程、组织文化、组织政治行为、周边环境、结构、目标、客户群体和领导风格等特征。一个组织要使用什么样的信息系统，都受到上述因素的影响。

标准程序与业务流程

所有组织(包括公司)经过一段时期的发展，会变得非常有效率，因为组织成员逐渐形成了生产产品和提供服务的标准程序。**标准程序**(routine)也称标准操作程序(standard operating procedure，SOP)，是一些明确的规定、程序和惯例，用来应对几乎所有可预见的状况。员工们学会了标准程序，工作效率就会提高，公司的成本也会降低。比方说，去看医生，前台会有一套完备的标准程序来登记患者的信息；护士有另一套不同的程序为患者就诊做好准备；而医生也有一套完备的程序来诊断病情。本书前两章介绍的业务流程也是标准程序的集合。而公司则是业务流程的集合(见图3.4)。

组织政治行为

组织中的人员有不同的专长、关注点和视角。人员对于资源分配和奖惩的看法自然也存在各种分歧。因此每个组织的内部都存在矛盾，无论是员工还是管理者，都会相互竞争，争夺资源。政治阻力是组织变革的最大阻力之一，尤其是在新信息系统的开发阶段。事实上任何重大的信息系统投资都必然带来企业的重大变化，包括战略、企业目标、业务流程和标准程序，这些事件都带有政治色彩。信息系统的实施过程中，一个成功的管理者知道如何恰当地处理组织的政治行为。贯穿全书将会看到许多例子，其中不乏政

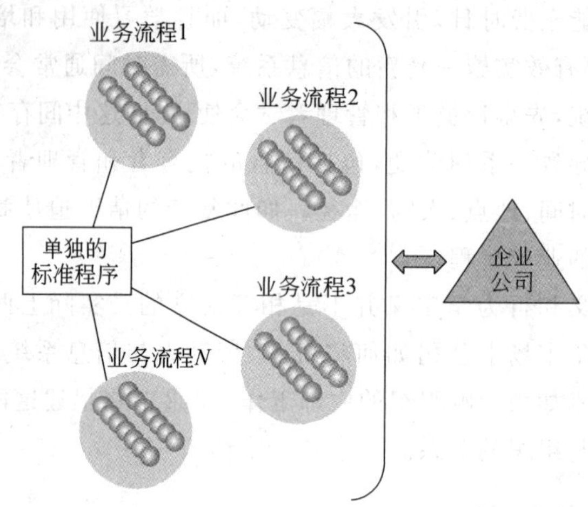

所有组织都有其特有的标准程序和行为方式,都是由业务流程组成的集合。业务流程的集合构成了公司。新信息系统的应用需要改变特有的标准程序和业务流程,以获得高水平的业绩。

图 3.4 标准程序、业务流程和公司

治行为阻碍信息系统运行的例子。

组织文化

组织成员关于目标和产品的理念,通常是确定无疑、无可争议的,这是一个组织的基石。组织文化由一系列理念构成,包括生产什么样的产品,如何生产,在何处生产,为谁生产。通常来说,这些文化设想得到了组织上下的普遍认可,却很少公之于众,为外人所知。业务流程是一个企业创造价值的途径,也常常被纳入组织文化当中。

只需观察你所就读的院校,就不难发现组织文化的影子。在学校里,教授比学生懂得多,学生读书的目的就是学习知识,课程的安排必须遵循进度,这些都是大学生活的基本理念。组织文化具有强大的凝聚力,可以抑制政治冲突,统一认识,协调工作程序和惯例。如果大家都认同相同的文化理念,对待其他事情也更容易达成一致。

另一方面,组织文化也会成为变革的强大阻力,对技术性变革尤其如此。大多数组织都会竭尽全力维护基本理念。因此任何威胁到文化理念的技术变革都会面临强大的阻力。有时新技术会跟一个组织的文化发生直接的冲突,然而公司若想前进,除了引进新技术之外别无他法。一旦出现这种情况,公司唯有慢慢调整组织文化,以适应新技术。

组织环境

组织从所处的环境中获取资源,回馈产品和服务。组织和环境互相影响。一方面,组织依赖周边的社会环境和自然环境,向环境开放。组织的生存有赖于资金和人力资源。人力资源是指组织内的员工,他们为组织尽职尽责,始终如一,他们依靠客户获得固定的工资或收入。组织必须遵守政府的法规和相关要求,也要对客户和竞争对手的行动做出反应。另一方面，组织也可以影响周围的环境。举个例子，公司之间可以通过结盟来影响政治进程；或者通过广告宣传让顾客认可其产品。

图 3.5 展示了信息系统如何帮助组织认清环境变化，如何作用于环境。信息系统是分析环境的重要手段，它让管理者认清外部环境变化，以便及时做出应对。

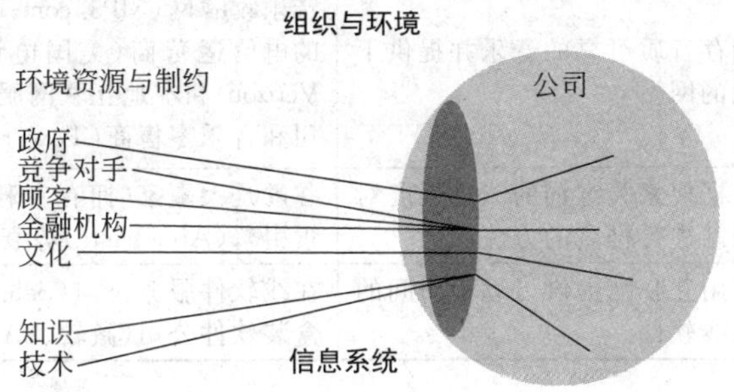

环境决定组织能做些什么，同时组织也能影响环境，改变环境。其中信息技术的作用十分重要，它使组织认清环境的变化，及时做出反应。

图 3.5 环境与组织之间的互惠关系

环境的变化总是快于组织的变化。新技术、新产品、大众品味和价值取向的变化（许多都是由政府规章制度的改变引起的），无一不为组织文化、政治和人员带来压力。面对瞬息万变的环境，组织大多感到难以适应。阻碍组织做出重大变革的因素比比皆是，例如，标准操作程序运行中存在的惯性，改变既有秩序引发的政治冲突，变革对传统文化价值带来的威胁，等等。由于资源有限，刚成立不久的公司即使面对短期的困境也难以应付。1919 年的“财富 500 强”企业能存活到今天的连 10%都不到，这也不足为奇。

颠覆性技术：乘风破浪 技术对于组织的影响值得我们注意，因为它具有颠覆性力量。有时新技术的兴起如同一场海啸，所及之处必破坏殆尽。有的公司正是海啸的发动者，它们乘风破浪，将高额利润收入囊中；另一些公司能够快速跟进，紧随潮流，分一杯羹；还有的公司由于产品、服务和商业模式陈旧过时，为潮流所淘汰。有的公司做得再多，效率再高，尽是些无用功。当然了，有时技术不会给任何企业带来好处，消费者成为唯一的获益者。历史上颠覆性技术的例子数不胜数。表 3.1 展示了过去的和将来可能会出现的一些颠覆性技术。

表 3.1 颠覆性技术的赢家和输家

技术名	描述	赢家与输家
微处理器芯片(1971)	最初在一小片硅片上可以集成几千或几万个晶体管，而现在可以集成数千万个	微处理器公司获益（例如英特尔和德州仪器公司），晶体管公司（通用电气公司）衰落。
个人计算机(1975)	体积小、便宜、功能齐全的台式计算机	个人计算机制造商（惠普、苹果、IBM）和芯片制造商（英特尔）大获成功，大型计算机（IBM 的大型机）和小型计算机公司势衰
个人计算机文字处理软件(1979)	用于文本的编辑和排版，便宜、功能性强	个人计算机制造商和软件商（微软、惠普、苹果）兴盛，打字机行业退出历史舞台

续表

技 术 名	描 述	赢家与输家
万维网(1989)	全球数字文件的数据库,即时可用的页面	网络资源的拥有者和新闻媒体获益,传统发行商(报纸、杂志和广播电视)日趋式微
互联网音乐服务(1998)	储存音质可靠的音乐并提供下载的网站	音乐收藏网(MP3.com;iTunes)、拥有网络中枢的电信运营商(美国电话电报公司〔AT&T〕、Verizon)和本地互联网服务提供商获益,唱片公司和音乐零售商(Tower Records)衰落
网页排名算法	根据搜索关键词的流行程度对网站进行排名的方法	谷歌是大赢家(拥有专利权),传统的关键词搜索引擎(Alta Vista)势衰
网络服务软件	利用互联网提供可远程访问的在线软件	在线软件服务公司(Salesforce.com)获益,传统盒装软件公司(微软、SAP、甲骨文)受损

颠覆性技术实在难以驾驭。开发出颠覆性技术的"先行者"不一定总能从技术中获益,他们可能因为资源有限,难以真正应用技术,而错失良机。比如说 MITS Altair 8800 是公认的第一台个人计算机,但发明者并没有利用好他们的先驱地位。结果让 IBM 和微软这些"快速追随者"后发制人,收割了成功的果实。花旗银行(Citibank)发明了自动柜员机,革新了零售银行业。随后各大银行纷纷效仿,直到最后所有银行都用起了自动柜员机。可从中受益最多的是顾客。谷歌(Google)虽不是搜索引擎的发明者,但也算得上一个富有创新精神的追随者,创造出称为网页排名(PageRank)的强大搜索算法。到目前为止谷歌一直保持领先地位,而其他的搜索引擎不断衰败,只占有极小部分的市场份额。

组织结构

所有组织都有其结构或形态。明兹伯格将组织结构分为五种基本类型,(见表 3.2)(Mintzberg, 1979)。你会发现,一个公司有什么样的信息系统,信息系统会出现什么样的问题,都与组织结构有关。比如在医院这样的专业科层组织中,往往有数套并行的记录系统,有的由行政管理人员使用,有的由医生使用,还有的为护士、护工等专业人员所用。小型创业公司则会采用仓促设计的简易系统,但很快系统就会随着公司的发展而不再适用。在多部门、跨地域的大企业里,企业上下不会通用一套单一的集成系统,相反,每个区域、每个部门都会有各自的信息系统。

表 3.2 组织结构分类

组织类型	特征描述	例 子
创业型结构	年轻、规模小,身处快速变化的环境中;结构简单,由创业者自己经营管理	小型创业企业
机械式层级结构	规模大,身处变化缓慢的环境,生产标准产品;由一个集中式团队管理,实行集中决策	中等规模的制造企业
部门式层级结构	多个机械式层级组合而成,各自生产一种不同的商品,或提供不同的服务;由公司总部集中领导。	"财富 500 强"企业,如通用汽车公司(General Motors)

续表

组织类型	特征描述	例　　子
专业层级结构	以专业知识为基础的组织，产品和服务由专业人员的知识技能决定；由部门领导管理，权力相对分散	律师事务所、教育系统、医院
专案型结构	特别工作组，应对快速变化的环境；由多个领域的专家组成的团队，集中管理较弱	咨询公司，如兰德公司（Rand Corporation）

组织的其他特征

每个组织都有自己的目标，也有各自实现目标的方式。有些组织的目标是强制性的（如监狱）；有些组织的目标是功利性的（如企业）；还有些组织则具有规范化的目标（如大学和宗教团体）。组织还服务于不同的人群，或者说拥有不同的客户群，有的主要为组织成员谋利，有的则为顾客、股东或者大众谋利。不同组织的领导风格相差悬殊，有的比较民主，而有的则比较专制。组织工作方式和技术的差异也会造就结构上的不同。有些组织的基本执行常规的任务，并可简化成正式的规则，工作中不需要多少判断（如生产汽车配件），而另一些组织（如咨询公司）的工作则基本没有标准任务可言。

3.2 信息系统对组织和企业的影响

如今的信息系统已经成为了一种集成的、在线的、交互式的工具，深深影响着各大组织每分每秒的运营和每个决策。在过去的10年里，信息系统已从根本上改变了组织的经济状况，为组织的工作带来了极大的便利。经济学和社会学的理论和概念有助于我们更好地理解信息技术带来的变革。

3.2.1 经济影响

从经济学的观点来看，信息技术改变了资本的相对成本和信息成本。信息系统技术可视为一种生产要素，可以替代传统的资本和劳动力。长期以来，劳动力的成本不断上升，而信息技术作为劳动力的替代者，其成本却在降低。因此，信息技术的使用会导致中层管理人员和文职人员减少。

随着信息技术成本降低，信息系统还会替代其他形式的资本，例如费用昂贵的经营场所和机器。所以我们将看到管理者增加信息技术的投资，因为相比之下它的成本较低。

信息技术同样也影响信息本身的成本和质量，并改变信息经济学。当公司从市场购买自己无法生产的产品时就会产生交易成本，而信息技术可以帮助公司降低交易成本。根据交易成本理论，公司和个人都会想方设法降低交易成本，正如它们竭力降低生产成本一样。市场渠道的花费相当昂贵（Coase，1937；Williamson，1985），因为需要联系异地供应商，监督合同的履行，购买保险，获得产品信息等，所有程序都耗费甚多。一般而言，公司会通过纵向合并、扩大规模、增聘员工及收购供应商和分销商等方式来降低交易成本,正如通用汽车公司和福特(Ford)过去所做的那样。

而信息技术,尤其是网络的应用,可以使公司降低市场参与成本(交易成本),因此公司就更愿意与外部供应商签单,因为这样做要比使用公司内部资源划算得多。如此一来公司的规模就会缩小(雇员减少),因为与其雇更多员工,不如将工作外包给竞争市场。

举个例子,克莱斯勒(Chrysler)公司有70%的零件来自外部供应商。思科系统(Cisco System)和戴尔(Dell)将它们的产品完全外包给伟创力公司(Flextronics),正是信息系统让这种经营方式成为可能。

图3.6显示,交易成本降低会导致公司规模(雇员数量)缩小,因为与其自己生产产品,提供服务,不如将产品和服务外包给市场,不仅方便,而且降低了成本。公司收入保持增长,其规模可能不变,甚至缩小。例如,1994年伊斯曼(Eastman)化学公司由柯达(Kodak)分出时,收入为33亿美元,有2.4万名全职员工。到了2007年收入增长到68亿美元,而员工却减少至1.1万名。

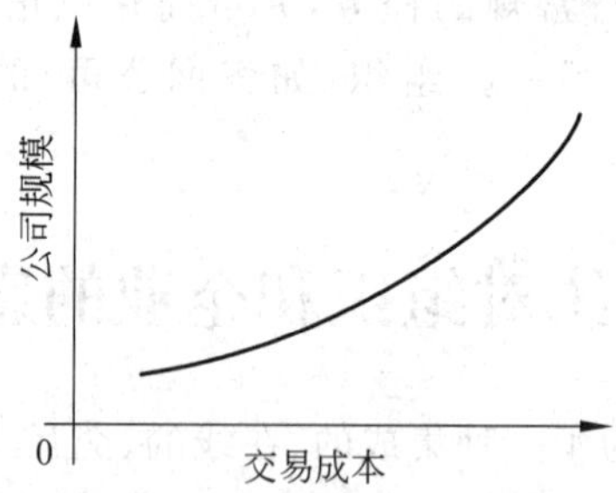

公司一般通过扩大规模来降低交易成本。在信息技术的帮助下,公司可以在维持原规模的情况下降低交易成本,甚至可以在缩小规模的情况下保持收入增长。

图3.6 从交易成本理论视角看信息技术对组织的影响

信息系统也可以降低管理成本。根据代理理论,公司是由自利的个体组成的"契约集合体",而不是统一的利益最大化的实体(Jensen and Meckling,1976)。负责人(雇主)雇用"代理人"(职员)为其工作。然而代理人需要接受监督和管理;否则,他们只会追求自己的利益,忽视雇主的利益。公司随着规模和经营范围的扩大,代理成本会上升,因为雇主必须花更多的精力去监督管理雇员。

信息技术降低获取信息和分析信息的成本,让管理者更容易监督更多的雇员,从而降低代理成本。图3.7显示信息系统从整体上降低了管理成本,公司可以一边保持收入增长,一边裁减中层管理人员和文职人员。在之前的章节里我们见到过这样的例子:信息技术让人员少的小组织得以协调不同的业务,如处理订单和跟踪库存,从而拓展了组织的能力和管理范围。

信息技术降低了公司的交易成本和代理成本,随着更多的资本投入到信息技术当中,公司的规模会缩小。公司经理的人数会减少,而每个员工创造的收入会增多。

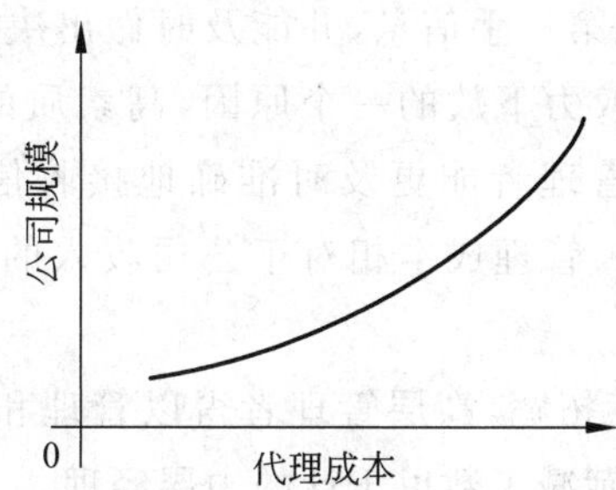

一般来说,随着组织规模的扩大,复杂程度的加深,组织的代理成本会逐渐上升。但是信息技术让每个管理者可以管理更多的员工,从而整体上降低了管理成本(代理成本)。这样一来,公司可以缩减管理队伍,而由于管理效率的提升,公司收入仍会增长。

图 3.7 从代理理论视角看信息技术对组织的影响

3.2.2 组织和行为的影响

信息技术的应用为何及如何引起公司的变革,对此基于复杂组织的社会学理论也提出了一些看法。

信息技术将组织扁平化

与新生的组织相比,先于计算机时代发展起来的庞大层级制组织,通常效率低下,更新缓慢而且缺乏竞争力。部分这样的大组织已经缩小规模,裁减雇员,减少了组织的层级。

行为学研究者认为信息技术通过拓宽信息发布渠道,赋予基层员工更多权力,提高管理效率,从而使组织层级趋于扁平化(见图 3.8)。信息技术推动了组织中权力的

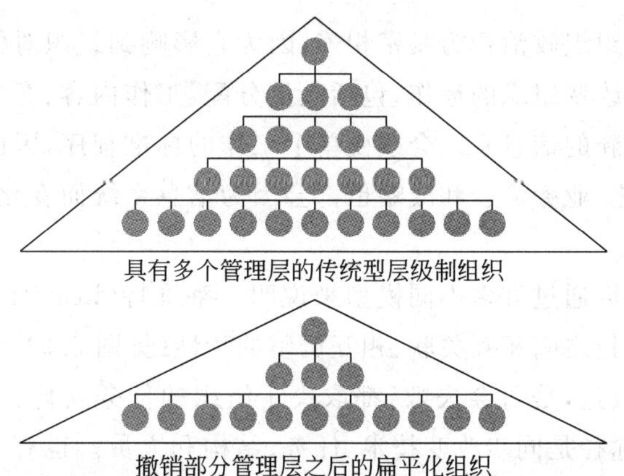

信息系统让管理者可以监管更多的员工,也赋予基层员工更多的决策权,从而减少了组织内的管理层。

图 3.8 扁平化的组织

下放,因为基层员工能接触到第一手信息,并能及时做出决策而无须通过上级。(劳动力教育水平的提高也是促成权力下放的一个原因,高素质的基层员工完全可以自主做出高明的决策。)而且如今的管理者能更及时准确地接收信息,能更快地做出决策,因此组织需要的管理人员减少。管理成本相对于公司收入的比例降低,层级制组织的效率提高。

这些变化意味着管理跨度拓宽,高层管理者得以管理和控制分布更广、距离更远的员工。这样一来,许多大公司裁减了数以千计的中层经理。

后工业化组织

后工业化的理论基础与其说是经济学,不如说是历史学和社会学,该理论也支持信息技术会使组织扁平化的观点。在后工业化社会,管理者的权威越来越来自知识和能力,而不是职位的高低。专业工作者倾向于自我管理,而随着知识和信息在公司中更加普及,决策权也应当分散开来,因此组织的形态趋于扁平化(Drucker,1988)。

信息技术也促进组织内形成网络化的工作组,由专业人员组成,成员或聚在一起工作,或通过电子通信方式互相联系,在短时间内完成指定项目(如设计新车型);一旦任务完成,工作组就会解散,成员加入其他工作组。全球最大的管理咨询公司埃森哲(Accenture)就是一个实例。它没有运营总部,没有正式的分支机构。公司 18.6 万名职员在 49 个国家之间流动,为各地的客户完成不同的项目。

谁来确保自我管理的团队正常运行?谁来分配各成员的任务?当某人频繁转换工作组时,管理者如何考核他的绩效?员工如何了解自己的职业前景?组织需要新的途径去评价、组织和联系员工,而且不是所有公司都能有效率地以虚拟形式运作。

理解组织变革的阻力

信息系统必然与组织政治行为紧密相连,因为它影响到组织对信息这种关键性资源的使用。信息系统会改变组织的运作,包括人员分配、工作内容、客户对象以及工作的时间、地点、方式。许多新的信息系统会改变单个工作的标准程序,因此会令有些人难以适应。组织的结构、文化、业务流程和战略也都会因为信息系统而变化,引进系统的时候总会遇到不少阻力。

对变革的阻力可以通过许多不同模型来说明。莱维特(Leavitt,1965)曾用一个菱形模型来说明组织与科技之间相互关联、相互调整的特性(见图 3.9)。如图所示,科技的变革能否为组织吸收、改造,是否会失败,都取决于组织的任务安排、结构及人员。在模型中,推动变革的唯一途径是同步改变技术、任务、结构和人员。也有一些学者认为在引入一项新技术之前先要将组织“解冻”,快速完成更新之后,将组织“再冻结”,或者说是将变革制度化(Alter and Ginzberg,1978;Kolb,1970)。

组织内阻碍变革的力量非常强大,因此许多信息技术的引进虽几经挣扎,却未能为企业提高生产率。调查研究显示,导致大的项目失败的普遍原因并非技术失误,而是组

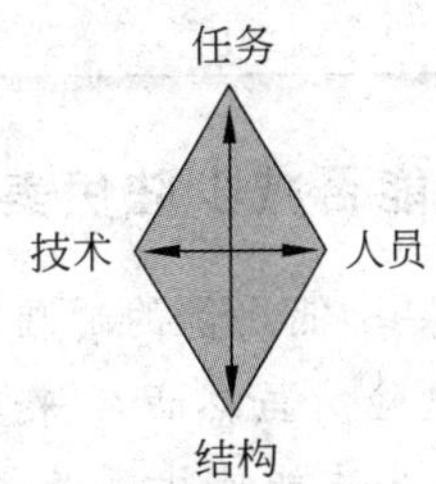

引进信息系统会对组织的任务安排、组织内部结构及人员带来影响。根据此模型所示，若要实施变革，这四个组成部分的改革必须同时进行。

图 3.9 组织变革的阻力及技术和组织间相互调整的关系

资料来源：Leavitt (1965).

织内阻碍变革的力量，详见第 14 章。所以一个管理者若要在信息技术方面投资，必须具备与人打交道和协调组织的能力，这种能力丝毫不亚于专业技术和知识。

3.2.3 互联网与组织

互联网，尤其是万维网，对公司与其外部实体间的关系，乃至业务流程的安排产生了重要影响。互联网增强了组织获取、存储和发布信息的能力。本质上说，互联网能够大幅度地降低组织的交易成本和代理成本。例如纽约的经纪公司和银行已经将其内部工作程序手册放到公司的网站上，供分散在各地的员工参阅，节省了上百万美元的邮递费用。全球各地的业务团队通过互联网就可以即时接收到最新的价格和产品信息，或是上级通过电子邮件发来的指示。大型零售商的供应商则可以访问零售商的网站，获取实时的销售信息，再据此来补充订货。

许多企业利用互联网快速地重塑了主要的业务流程，并让互联网技术成为信息技术基础设施建设的关键组成部分。网络化的指导作用就在于简化业务流程，裁减雇员，使组织趋于扁平化。

3.2.4 信息系统设计与认知的意义

组织在建立信息系统时，首先必须对自身有清晰的认识，才能真正从中获益。从以往的经验来看，一个组织在建立新系统的时候要关注以下核心问题：

- 组织运作的环境
- 组织的结构：层级、专业分工、标准程序和业务流程
- 组织文化及政治行为
- 组织类别和领导风格
- 受系统影响的主要利益群体和系统使用者的态度
- 需要信息系统辅助完成的任务、决策和业务流程的类别

当你阅读“互动讨论：管理领域”时，请思考刚刚所学的内容，回想信息技术和组织间的关系。思考在士兵的战斗中为何新技术并未奏效？组织哪方面的特征说明了这一问题？如何正确理解组织和技术之间的关系，使信息系统行之有效？

互动讨论：管理领域

信息技术能否减少驻伊美军伤亡？

在战争中信息系统显得尤为重要。低质量的通信和低效率的系统轻则浪费金钱，重则置士兵于死地，增加士兵伤亡的风险。虽然近年来美国陆军的科技有了长足发展，但许多技术未能改善部队的安全状况，也未能使战区情报交流更加精准。美军在伊拉克的一系列作战行动是信息技术存在缺陷的最好例证。

在美伊战争中，美军拥有较多的技术优势。美军的数据传输速度是海湾战争时期的42倍；部队装备了运动感应器、热探测器和侦察窃听器等大量传感技术；另外，还拥有一套先进的车辆追踪系统“蓝军跟踪器”，可以定位友军的位置，并支持电子邮件通信。而伊军的技术则相形见绌。

虽然美军在技术上拥有绝对的优势，但它使用的情报通信方式还存在严重的缺陷。尽管技术先进，在很多情况下，敌军动向、敌军规模等情报却未能传达到战地军官手中。

为何会这样？首先，技术本身并没有广告宣传的那样高效。部队行军经常会超出高性能通信中继的覆盖范围，并且移动中通信的下载速度缓慢，软件也有漏洞，有时还会锁死，导致10～12个小时之内通信中断。数据传输时，需要部队停驻，以便发送和接收情报，此时的部队最容易遭受攻击。

美军的组织和指挥系统也存在一定的疏漏。军事专家指出，美军在伊拉克的网络系统无法满足作战之需，因为它是由老式的指挥控制程序移植过来的，而老式的程序原本是为指挥大规模常规部队而设计的。传感器搜集的情报自下而上传到指挥系统。指挥官参阅情报，制定决策，下达命令，相关数据再自上而下传到各部。结果在情报向前线军官传递的过程中会有延迟，甚至会出现中断。

美军的通信策略并不适应伊拉克的作战环境。整个美伊战争和后来对伊拉克的占领过程主要由一系列针对小规模武装分子的军事行动构成。叛军组织没有层级结构，叛军之间的情报沟通都是横向的，因此他们的情报传递快捷高效。叛军的下一步动向完全由同伴提供的情报所决定，而不必经烦琐的上下级指挥系统。分散型的军事组织更适合小规模行动，在前线，有网络连接的战斗小队之间可以自如地交换情报。前线士兵收集情报，共享情报，制定对策，然后发布攻击敌军的指令。美军在阿富汗战争中曾采用这样的策略，并成效显著。

为了在伊拉克更有效地打击敌军，美军最后还是采用了一套相似的策略。横向通信新技术中最引人注目的一项是战术地面报告系统(Tactical Ground Reporting System，简称TIGR)，由美国国防部高级研究计划局(Defense Advanced Research Projects Agency，DARPA)研发，并在美伊战争的后期投入应用。

TIGR可以说是谷歌地图和维基百科(Wikipedia)的结合，能帮助士兵访问和发送关于伊拉克的民情、地域、军事行动等情报。TIGR应用程序围绕地图展开，侦察队队长可以查看和编辑地图上的信息。地图上每个关键位置及相关信息都由图标和列表显示出来，例如地方长官的照片及背景资料，敌占区和安全区的视频资料，及以前的侦察队记录的情报。该程序支持多种媒体格式，包括音频、数码相片以及全球定位系统(GPS)提供的信息。DARPA称，这个程序可以有效跟踪和记录人员、地区及叛军动向等情报。

TIGR的研发主要面临两大难题：首先是要找到一种方法来同步不同地区的数据集，让所有完成侦察任务的队长都可以修改情报；其次是在系统承载范围内为士兵提供多媒体的情报。为了解决上述问题，DARPA开发了能精确控制带宽的网络系统。

DARPA的网站中列举出了TIGR的三条益处。第一，系统通过收集和整理一个地区相关基础设施、地标建筑和地形的情报，加深军队对一个地区的认识。地图既是一个标准界面，又可以辅助导航。侦察队队长可以记录具体事件，例如地方长官会议。第二，TIGR系统适应动态的战时环境，使用户可以轻而易举地更新情报。第三，TIGR也能帮助部队完成交接。在部队交接驻地时，系统能为新部队提供过去资料的简介。而在以前，驻地的交接工作必须借助大量的演示文稿、电子表格以及大量装订成册的资料来完成。

用过该系统的侦察官都称赞它拯救了士兵的性命。侦察兵可以对曾经设置过简易爆炸装置(IED)的地区进行监控，记录大量的数据，以警示将来的驻防部队避开可能有爆炸装置的区域。TIGR应逐渐帮助美军构建一个横向情报系统，通过新的战斗方式有效打击叛军。

资料来源：David Talbot,"A Technology Surges," *Technology Review*, March/April 2008; Walter Pincus,"How Defense Research Is Making Troops More Effective in Wartime," *The Washington Post*, May 12, 2008; "Advanced Soldier Censor Information System and Technology (ASCIST)," DARPA, accessed June 1, 2008; David Talbot, "How Technology Failed in Iraq," *Technology Review*, November 2004.

思考题

1. 请结合组织特征的相关知识解释美伊战争中信息系统的效用。

2. 驻伊美军在使用信息系统时遇到了什么困难？管理、组织和技术层面的哪些因素造成了这些困难？

3. 请描述TIGR系统，解释驻伊美军如何从中受益？

4. 为什么说TIGR系统是横向技术的成功实例？

5. 简述在未来的战役中TIGR对军队有何帮助。

MIS实例

访问DARPA的网站(www.darpa.gov)，回答下列问题：

1. DARPA是什么？DARPA在开发美国军用系统中起到何种作用？

2. 从DARPA的研究项目中选择5项，简要说明每个项目将如何提高美国军队的实力。

如果这些项目完成，会对美国的军事行动有什么样的影响？

3.3 利用信息技术获取竞争优势

每个行业都有出类拔萃的公司。丰田是汽车制造业的佼佼者。亚马逊在网络零售业中一马当先,而沃尔玛是全球离线零售业的先驱。凭借75%的网络音乐下载份额,苹果公司的iTunes在该行业中处于领先位置,而iPod在数码音乐播放器行业拥有领先优势。谷歌则是首屈一指的网络搜索引擎。

上述公司之所以出类拔萃,是因为它们拥有领先优势:它们要么拥有同行没有的特殊资源,要么能够更有效地利用资源——一般来说,优异的知识与信息资产才是成功的关键。不管怎样,这些公司收入增长更快,盈利能力和生产率(效率)更高,最终使得公司的股票估值高过竞争对手。

但为什么这些公司能超越对手,它们又如何取得领先优势?如何分析企业,认清企业的战略优势?如何为自己的公司创造战略优势?信息系统如何帮助组织取得战略优势?要回答这些问题,我们得借助迈克尔·波特(Michael Porter)的五力分析模型。

3.3.1 波特五力分析模型

在分析竞争优势时,迈克尔·波特的五力分析模型应用最广(见图3.10)。该模型描绘了公司、竞争对手和公司所处环境的概况。上文中我们提到过公司环境的重要性,以及公司对于环境的依赖性。波特的模型也描绘了公司的总体商业环境。模型中体现了改变公司命运的五种竞争力量。

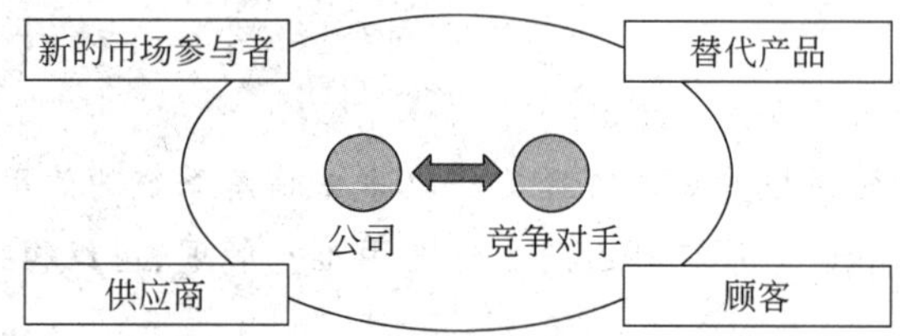

在波特五力分析模型中,公司的战略位置和战略不仅取决于公司老牌竞争对手的策略,也取决于行业大环境中的其他四股力量:新的市场参与者、替代产品、顾客和供应商。

图3.10 波特五力分析模型

老牌竞争对手

每家公司都有竞争对手,为了争夺市场,竞争对手也在不断地开发新产品和新服务,寻求高效率的生产方式,提升品牌效应以吸引顾客,或提高转换成本以留住顾客。

新的市场参与者

在自由经济体中,各种资源可以自由流通,因此不断有新的市场参与者进入市场。

有些行业门槛较低，而有些行业则很难进入。比如卖比萨饼或一些小额零售生意起步都比较容易，但若要进入计算机芯片市场不仅费用昂贵，而且困难重重，因为资金成本高，并且难以获得所需的专业知识技术。新公司有一些潜在的优势：它们不受旧的厂址和设备的束缚，可以雇用薪酬低廉且富有创造力的年轻员工，它们有崭新的品牌名称，而且与行业老牌企业相比它们的进取心更强。然而这些优势也会成为它们的弱点：新公司依靠从外界筹资来建造厂房和购买设备，耗费甚多；员工大多工作经验较少；而且这些公司没什么品牌效应。

替代产品和服务

产品或服务的价格如果太高，顾客总能找到替代品，每个行业都是如此。新技术总在创造新的替代品。就连石油产品也有替代品：酒精可替代汽油用作轿车燃料；植物油可替代柴油用作卡车燃料；而风能、太阳能、水力都可以替代石油燃料用来发电。以此类推，互联网电话是传统电话的替代品，接入家庭的光缆电话线路代替了有线电视线路。提供音乐专辑下载的网络音乐服务是CD音像店的替代品。行业中的替代产品越多，价格就越难掌控，利润率也就越低。

顾客

一家公司要想获利，首先要有能力吸引顾客，留住顾客（同竞争对手争夺顾客），在此基础上收取合适的价格。如果顾客可以随意地更换产品和服务，或者说在一个**产品差异化**（product differentiation）较小的透明市场里，顾客能即时获悉所有产品价格，并能迫使企业间打响价格战，那么顾客就会变得越来越强势。网上的二手教科书市场就是一个很好的例子，学生（顾客）需要任何大学教科书，都能找到很多供应者。这样顾客就可以在不同的卖家之间选择。

供应商

供应商的市场支配力也会影响公司的利益，如公司涨价的速度慢于供应商，这种影响就更为明显。一家公司的供应商越多，公司就更有余地控制进货的价格、质量和配送流程。例如生产笔记本电脑的公司都有多个供应商为它们提供关键零件，如键盘、硬盘、显示器等，而供应商之间则会相互竞争。

3.3.2　信息系统战略与企业竞争力

面对各种竞争力量，公司该如何应对？公司如何用信息系统与这些竞争力量相抗衡？如何避免被替代的命运，如何同新的市场参与者竞争？有四种通用策略，基本都要通过信息技术和信息系统来实现，它们是低成本领先策略、产品差异化策略、补缺市场战略以及亲近顾客和供应商的策略。

低成本领先策略

通过信息系统取得最低的运营成本，把价格降到最低。沃尔玛是一个经典的例子。

沃尔玛之所以能成为美国的头号零售商,全靠一套出众的库存补充系统来保持货品丰富,价格低廉。顾客在沃尔玛的收银台刚付过账,连续性补货系统就会直接给供应商发送订单,预订新货物。每件商品经过付款柜台时销售终端都会记录下商品的条形码,然后将交易记录直接发送给总部的计算机。计算机从各大沃尔玛卖场收集订单,再将订单交给供应商。通过网络技术,供应商也可以访问沃尔玛的销售库存数据库。

整套系统以闪电速度提供货物补给,因此沃尔玛不需要花费过多资金来维持自己仓库中货物的数量。利用这套系统,沃尔玛也可以及时了解顾客需求,对商品做出调整。竞争者如西尔斯公司(Sears)的常规开销一般占销售收入的24.9%。而使用这套库存补给系统,沃尔玛就可将常规开销降低到销售收入的16.6%(平均来说,零售业的运营成本一般占销售收入的20.7%)。

沃尔玛的连续性补货系统也是一个高效的消费者响应系统的例子。高效消费者响应系统将消费行为直接与生产、分销和供应链相连。而沃尔玛的补货系统就可以提供高效的顾客响应。下文将介绍戴尔公司的订单装货系统,该系统是高效消费者响应系统的另一个实例。

产品差异化

通过信息系统推出新的产品和服务,或者使顾客能更便利地获取现有的产品与服务。比如谷歌会不时地推出新颖独特的搜索服务,如谷歌地图。2003年eBay收购了电子支付系统PayPal,不仅方便了顾客付费,而且拓展了自身的拍卖业务。苹果公司开发了一款便携数码随身听iPod,又开发了独特的网络音乐下载服务,花99美分就能购买一首歌曲。接着苹果又开发出iPod视频播放器和多媒体智能手机Smartphone。

利用信息系统,制造商和零售商正向顾客提供更多可定制的、更个性化的产品和服务,以满足每个顾客的具体需求。戴尔公司通过订单装货系统直接为顾客制造产品。无论是个人、企业还是政府部门,都可以直接向戴尔购买计算机,而计算机的属性和配置都可以定制。顾客可以拨打戴尔的免费订购热线或者访问戴尔的网站来订购产品。戴尔的生产部门一旦收到订单,就会下达装配指令,然后根据顾客的要求配置计算机。

而Land's End的顾客可以在网站上根据个人的需求和喜好来裁剪和订购牛仔裤、西装裤、斜纹棉裤和衬衣等衣物。首先顾客需要在网页上填一份表格,输入所需的大小尺寸,这些数据通过网络传输给计算机,计算机再发回顾客定制衣物的电子图样供他们参考。然后每位顾客的电子图样又发往服装厂,由服装厂生产出来。整个生产不占用额外的库房,不会有过量生产,也不会有货物积压,因此大大降低了生产成本,而价格只比批量生产的成衣稍微贵一点点。可定制衣裤的销售额占Land's End销售总额的14%。这种大批量生产个人定制产品或提供个性化服务的能力被称为**大规模产品定制**(mass customization)。

表3.3所列公司都利用信息技术开发出了产品与服务,这些产品与服务是其他公司难以效仿,或者说很长时间内无法达到的。

表 3.3 信息技术让新产品、新服务具有竞争优势

一键式购物：亚马逊	亚马逊拥有一键式购物的专利，它向其他在线零售商授权
网络音乐：苹果的 iPod 和 iTunes	集成型随身播放器和拥有超过 600 万首歌的音乐库
定制高尔夫球杆：Ping	顾客可以从 100 多万种不同的高尔夫球杆中选择自己需要的球杆；按单定制系统会在 48 小时内将定制的商品送到顾客手中
网上缴费：CheckFree. com	仅 2008 年一年就有 6 300 万家庭账单通过 CheckFree. com 支付
网上个人对个人支付：Paypal. com	让不同个人的银行账户之间、银行账户与信用卡账户之间可以自由转账

进军补缺市场

利用信息系统帮助公司转向专门市场，在狭小的目标市场中超过竞争对手。信息系统为这项战略提供强大支撑，可以搜集数据，分析数据，以调整营销策略。信息系统可以细致分析顾客的消费方式、品味和喜好，公司据此来调整广告和营销活动，来适应补缺市场。

数据来源可以多种多样——信用卡交易记录、客户基本资料、从超市收银台和零售店收集来的数据以及网站的访问记录。先进的软件能从海量的数据中找出规律和内在联系，据此指导决策。数据分析结果可以推动基于个人喜好来实现的点对点营销。例如希尔顿(Hilton)酒店的 OnQ 系统可以全方位地分析顾客信息，测定顾客的喜好，确定能从顾客那获取多少收益。根据系统提供的信息，希尔顿酒店可以为最有利可图的顾客提供特权，比如推迟退房时间。如今的客户关系管理系统(customer relationship management system)具有分析密集数据的能力(见第 2 章和第 9 章)。

在“互动讨论：组织领域”里，将介绍 AutoNation 公司如何发掘顾客信息，确定符合顾客喜好的车型和配置，从而优化进货决策。然而不幸的是，汽车制造商在应用 AutoNation 公司收集的数据进行汽车生产时遇到一些麻烦。对信息系统与组织之间关系的认识，会有助于找到问题的原因。

互动讨论：组织领域

底特律能造出顾客想要的车吗？

汉堡王(Burger King)推出让顾客“我选我味”的服务。与之相对，汽车经销商的服务却通常不以顾客为导向。去经销店买车的人，都会对理想的性价比和合适的配置有一个设想。

许多经销店会根据顾客的需求来定制汽车，但这样的订购通常需要等六到八周之后才可交付。大多数顾客则希望当场就能取车，于是只能从停在场地上的车中挑选，而这些车的价格、属性、配置都是制造商设定好的。若不是制造商的促销活动和折扣让一部分顾客动了心，大部分经销商的场地上会停满各种卖不出去的新车，有时甚至好几个月连一辆都卖不出去。长期积压的货存，缓慢的周转，让经销商焦头烂额，它们只好贷款来

购买制造商运来的车。

全美国最大的汽车经销连锁店AutoNation公司也面临着上述困难。AutoNation公司以将近180亿美元的年收入在全国占据领先位置。整个公司在16个州有244家分店，新车销售额占全美的4%。但它也面临着库存积压，销售困难的问题。

油价飞速上涨，美国经济衰退，都使问题进一步恶化。全美的汽车经销商都积压了大量的高油耗皮卡和SUV卖不出去。底特律汽车厂的市场正在萎缩，日本和韩国汽车乘虚而入，抢占市场，因为它们的车更省油。美国汽车厂虽然急忙调整产品结构，却还是为时已晚。

为何汽车厂不能造出顾客真正想要的汽车呢？为何不多造些排量小、油耗低的汽车呢？原因之一是汽车厂的生产过程一直以追求最高效率为目标，无法快速转换生产模式。对汽车厂来说，最重要的是保持工厂的生产不间断，哪怕要支付员工更多医保金和养老金。再则，不管汽车厂的工人是否有活干，厂里总要发给他们工资，这样一来还不如让他们一直工作。汽车厂生产统一规格的汽车能让收入源源不断，因为只要新车交到经销商手中，汽车厂就有钱赚。美国汽车厂通常会提前三年就把未来的车型搭配和技术要求规划好，有专家说，整个美国全天保持运转的汽车厂真的太多了。

长期以来，独立的经销商和品牌专营店手中都没有多少讨价还价的余地。制造商运给它们什么车，它们就卖什么车，哪怕对生意不利。像AutoNation公司一类的连锁店逐渐发展壮大，经销商的力量正在增强。

多年来AutoNation公司的CEO迈克尔·J.杰克逊一直努力说服美国汽车业三巨头(通用、福特、克莱斯勒)削减生产，多造些真正满足顾客需求的车。AutoNation公司在收集处理客户信息方面经验丰富，而且对各大品牌的汽车属性都了如指掌。一开始，AutoNation公司从各分店里收集顾客名单，将信息整合。

借助DME营销公司的专利分析软件，AutoNation公司发送了大量的促销邮件。公司将顾客划分为62个群体，根据群体的不同特点发送特殊定制的促销邮件，广告词和和服务都是精心设计的。如此目标明确的营销手段推动了公司收入的增长。AutoNation公司对数据的应用有自己的独到之处，不是通过数据筛选找到可能会购买产品的顾客，而是通过数据分析，给顾客他们真正想要的产品和服务。

AutoNation公司正努力将这样的营销准则推广到汽车制造中去。通过对数据的研究，杰克逊不仅知道哪种车型是顾客最想要的，还能从千百种可能的配置中精确地找出最受顾客欢迎的类型。如此一来，制造商就能根据数据指示的量来生产某一种配置的车型。

杰克逊将顾客信息同生产环节相结合的做法得到了福特、通用和克莱斯勒的支持，但要使生产与顾客需求相一致，还有很长的路要走。也许4美元1加仑的汽油价和油价上涨的前景最终会驱使汽车生产转变为需求导向型。到目前为止，杰克逊仍然有不少工作要做，才能使市场信息与汽车生产真正和谐并存。

资料来源：Jim Henry,"Can the Auto Industry Still Sell All Its Cars?" *Business Week*, July 16, 2008; Neal E. Boudette and Norihiko Shirouzu, "Car Makers' Boom Years Now Look Like a Bubble," *The Wall Street Journal*, May 20, 2008; Sarah A. Webster, "Detroit 3 Losing Buyers to Rivals," *Detroit*

Free Press, July 15, 2008; Neal E. Boudette, "Big Dealer to Detroit: Fix How You Make Cars," *The Wall Street Journal*, February 9, 2007.

思考题

1. AutoNation 公司的存货积压问题从何而来？为何这个问题也困扰着通用、福特和克莱斯勒？这个问题对 AutoNation 公司及其他经销商的生意有何影响？

2. AutoNation 公司需要哪些数据，以确定配送什么样的车型给各地经销商？如何获取这些数据？

3. AutoNation 公司采取什么样的措施来解决问题？实施过程中又遇到了哪些障碍？这些措施将有什么样的收效？

MIS 实例

访问 AutoNation.com，考察其特点和性能。然后回答下列问题：

1. 该网站如何帮助 AutoNation 公司与顾客或潜在顾客建立稳固的联系。

2. 从该网站上 AutoNation 公司能收集到哪些信息？信息又如何帮助确定潜在顾客想要的品牌和车型？

改善同顾客和供应商的关系

公司必须应用信息系统加强自身与供应商的联系，并与顾客保持密切关系。克莱斯勒汽车公司的信息系统允许供应商直接访问其生产进度，甚至允许供应商决定何时以什么方式为克莱斯勒装运配件。这样一来供应商就有了更充裕的交货时间。亚马逊从顾客的角度出发，记录顾客买书和 CD 的偏好，以便向用客户推荐其他商品。公司与顾客和供应商走的越近，转换成本也就越高(转换成本指顾客由一种产品转向另一种产品所付出的成本)，二者对公司的忠诚度也就越高。

表 3.4 是对上述策略的总结。有的公司偏重这些策略中的某一项，也有公司同时实施好几项策略。例如戴尔一边努力实现低成本运营，一边努力生产可定制个人计算机。

表 3.4　四种提高竞争力的策略

策　略	描　述	实　例
低成本领先	运用信息系统降低产品和服务的价格，提高质量	沃尔玛
产品差异化	运用信息系统将产品差异化，开发新产品和服务	谷歌、eBay、苹果、Land's End
关注补缺市场	运用信息系统聚焦单一的补缺市场；专业化	希尔顿酒店、哈利士酒店(Harrah's)
改善同顾客和供应商的关系	运用信息系统同顾客和供应商建立稳固忠实的关系	克莱斯勒、亚马逊

3.3.3　互联网与企业竞争优势

互联网的出现使有的行业遭到破坏，有的行业受到严重威胁。互联网的出现同时也开辟了一个个崭新的市场,为成千上万新企业的发展奠定了基础。电子商务的第一波浪潮改变了图书、音乐和航空业。面对第二波浪潮,另有八个行业也处在相同的境地,分别是电话、电影、电视、珠宝、房地产、旅店、票据支付和软件。电子商务的范围逐渐扩大,尤其是在旅游、商品资讯、娱乐、服装零售、电器和家居装潢行业。

譬如说相应网络替代品的出现,让纸质百科全书和旅行社几乎销声匿迹。同样,互联网给零售、音乐、图书、经纪和报纸也带来不小的冲击。与此同时,有了eBay、亚马逊、iTunes、谷歌等作为基础,互联网上的新产品、新服务、新商业模式和新行业如同雨后春笋纷纷涌现。如此看来,互联网在所有行业掀起了"转型"的浪潮,迫使它们转变经营策略。

在互联网时代,传统的竞争力量依然存在,而竞争对手的实力也得到了空前的提升(Porter,2001)。互联网技术是基于通用标准开发的,任何公司都可以借用,这使竞争对手可以轻而易举地发动价格战,也为新的竞争者进入市场提供了便利。互联网上的信息对于所有人都是开放的,所以顾客可以很方便地找到价格低廉的商家,顾客也就有了更多讨价还价的余地。商家的利润受到了阻抑。有的行业如旅游业和金融服务业遭受的影响尤为深重。在表3.5中,波特总结了互联网可能为企业带来的负面影响。

表3.5 互联网对竞争力量和行业结构的影响

竞争力量	互联网的影响
替代产品和服务	赋予替代产品满足顾客需求的新途径、新功能
顾客还价的余地	让顾客随时可以了解到全球同类产品的信息和价格
供应商	网络让采购方有余地从不同的供应商之中选择;而供应商进入市场的门槛降低了,因为网络消除了供应商和采购方之间的许多中间因素
新的市场参与者	互联网降低了门槛,市场参与者更容易获取销售人员、渠道和实物资产;互联网技术让业务流程更简便易行
竞争对手	互联网拓展了市场,使竞争对手增多,而对手间的差异减少;如此一来更难以获得竞争优势,于是竞争对手之间不得不打响价格战

波特的评估有些消极,其实互联网也会为企业创造新的机遇,推动品牌建设,赢得忠实的顾客,让顾客心甘情愿地支付品牌溢价。这样的企业有雅虎(Yahoo!)、eBay、蓝色尼罗河(BlueNile)、RedEnvelope、亚马逊、谷歌等。此外,尽管所有企业都能使用信息技术,但有的公司在互联网应用上更为出色,这就为公司的成功创造了新的战略机遇。

3.3.4 企业价值链模型

虽然波特的模型可以帮助我们认识竞争力量,制定通用策略,但是没指明具体如何操作,没提出一套取得竞争优势的方法。要想实现卓越运营,到底应该从何做起?为解决这一问题,需要借助企业价值链模型。

价值链模型能够让企业了解在哪些具体活动中应用竞争策略会有最大收益(Porter,1985),在何处应用信息系统最有可能带来战略影响。该模型可以为公司找准支点,以有效利用信息技术,提升竞争地位。价值链模型将公司视为一串由基本活动构成的链条,每项活动都为产品或服务增值，包括主导性活动和辅助性活动(见图 3.11)。

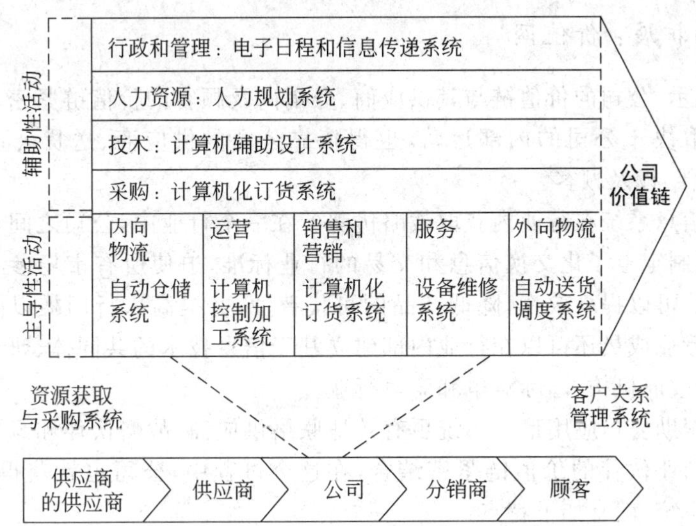

本图列举实例说明分别用于公司及其价值伙伴的主体性活动和辅助性活动的系统，可以为其产品和服务添加边际价值。

图 3.11 价值链模型

主导性活动直接关系到公司产品和服务的生产与销售，即为顾客创造价值的过程。主体性活动包括内向物流、运营、外向物流、销售和营销，以及服务。内向物流包括原料的接收和贮存，为生产做准备。运营环节将输入转化为产成品。外向物流包括产成品的储存和配送。生产和营销包括公司产品的推广与销售。而服务则包括对产品和服务的维护与修理。

辅助性活动支持主导性活动的进行，包括组织的基础架构建设(行政和管理)、人力资源管理(员工招募、培训)、技术开发(改善生产过程、提升产品质量)和采购(采购原料)。

有了价值链模型又该如何借助信息系统来提升运营效率，改善公司与顾客、与供应商的关系？价值链促使人们审视为产品增加价值的各个环节，想方设法改善业务流程。而顾客与供应商处于公司价值链之外，但属于公司的扩展价值链，与公司的成败息息相关，信息系统如何改善公司与此二者的关系？供应链管理系统可以协调输入公司的物资流，顾客关系管理系统可以协调销售人员和服务人员与顾客的关系，两套系统的应用都是对价值链进行分析的结果。我们将在第 9 章详细论述这些企业应用。

公司可以借助价值链模型，对比竞争对手和其他相关行业，对业务流程进行基准测试，以确定行业的最佳运作方式。在基准测试中，企业用严格的标准来比照自身的效率和效益，衡量企业的业绩。而行业最佳运作方式一般由咨询公司、研究机构、政府机构和行业协会制定，作为最成功的解决方案，能够让企业实现商业目标。

一旦分析了企业价值链的各个阶段，就能确定企业需要什么样的信息系统。确定了所需的信息系统，企业就可以启动发展的第一步了。在竞争对手的价值链的薄弱环节加强自身实力就可以降低成本，提高利润率，与顾客和供应商保持良好关系，从而实现卓越运营。如果企业的竞争对手也做出了类似的改进,那至少你也不会处于竞争劣势。

价值链的扩展:价值网

图3.11显示,公司的价值链与其供应商、分销商及顾客的价值链紧密相连。毕竟公司的效益不仅取决于公司的内部运营,也得依靠公司的供应商、送货公司(联邦快递、UPS等物流伙伴)以及顾客。

如何应用信息系统在行业内获取战略优势?在一个行业中,公司之间可以通过信息技术开展合作,制定电子化交换信息和交易的行业标准,迫使所有市场参与者接受这些标准。这些做法可以提高效率,降低产品的可代替性,并提高入行门槛以阻抑新的参与者进入市场。行业成员还可以在行业内部建立基于信息技术的共同体、研讨会和沟通网络,以共同应对政府机构、国际竞争和竞争行业。

价值链能帮助公司应用信息系统更有效地联络供应商、战略伙伴和顾客。公司将自己的价值链与商业伙伴的价值链紧密结合,在这个过程中,公司也就获得了战略优势。比如亚马逊的系统,就有如下特点:

- 使供应商更容易在亚马逊的网站上开设店铺,展示商品。
- 简化顾客的支付手续。
- 开发速递系统,更好地为顾客送递货物。
- 为顾客开发送货跟踪系统。

信息技术造就了价值网,使行业各成员的价值链实现高度同步。价值网是独立公司的集合,各公司使用信息技术协调其行为,为市场生产产品,提供服务。比起传统价值链来说,它多为非线性运作,并且更多的是由顾客驱动。

图3.12显示,不管是一个行业内,还是在相关行业中,价值网可以让公司的价值链

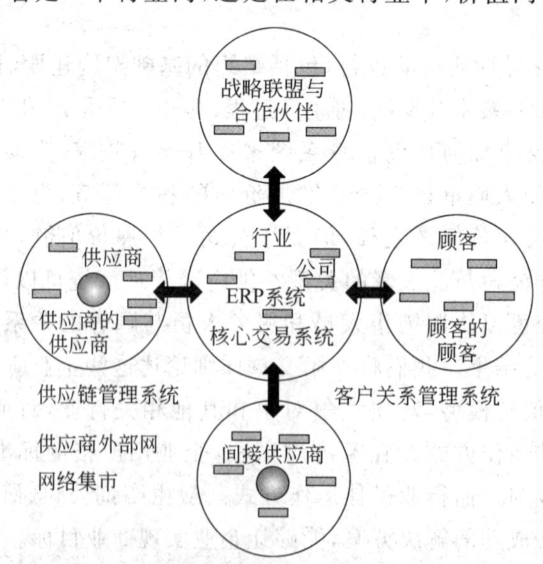

价值网可以同步行业内各商业伙伴的价值链,以应对供需的变化。

图3.12 价值网

与顾客、供应商及合作伙伴的价值链相同步。价值网适应性强,能很快适应供需的变化。价值网中的联系可以快速打破和重组,以适应瞬息万变的市场行情。公司可以优化信息网中的联系,快速确定所需产品和服务的价格、交付方和交接地点,以缩短应对市场和顾客变化的反应时间。

3.3.5 协同作用、核心竞争力和基于网络的战略

典型的大公司一般由数家企业合并而成。总体上看公司就是战略业务单元的集合体,因此公司的盈利与各个单元的业绩息息相关。信息系统可以提升各业务单元的协同作用与核心竞争力,以改善公司的整体效益。

协同作用

所谓协同作用,是指把某些业务单元的输出作为另一些单元的输入,或者两个组织联营某一市场,共用某些专有技术,以降低成本,增加收益。最近JP摩根大通(JP Morgan Chase)和纽约银行(Bank of New York)的合并,美洲银行(Bank of America)和美国国家金融服务公司(Countrywide Financial Corporation)的联合,都是出于这个目的。

信息技术可以将截然不同的业务单元结合起来,实现整体运作。例如与纽约银行的联合为JP摩根大通提供了一个广阔的分支网络,覆盖美国的东北部。信息系统使合并的银行降低零售成本,增加金融产品的交叉营销。

强化核心竞争力

信息系统还能用于强化企业核心竞争力。只要各业务单元发展壮大,形成了企业的核心竞争力,所有单元的整体效益都会有所提升。一家公司若想跻身世界领先地位,必须拥有自己的核心竞争力。设计世界最好的微型部件,或者提供最好的包裹递送服务,或者生产最好的薄膜,这些都能成为一家企业的核心竞争力。总之,核心竞争力的形成需要长年的知识经验积累,领先的研究机构,或拥有熟知世界前沿知识的专业人员。

无论什么信息系统,只要能促进各业务单元之间的知识共享,就有助于提升核心竞争力。这样的系统也能强化现有的竞争力,帮助员工了解最新的外部知识;或者有助于公司以既有竞争力进军新的相关市场。

例如,在品牌管理和产品创新上处于世界领先地位的宝洁公司(Procter&Gamble,P&G),使用一系列系统来强化核心竞争力。宝洁公司拥有一套名为InnovationNet的内部网,用于解决难题,分享概念和技术。该系统提供了一个门户,人们通过浏览器就可以访问文档、报告、图表、视频和其他各种资源,从而将全球从事研发(R&D)、工程设计、采购、营销、法律事务和商业信息等工作的人联系在一起。系统包含一个专家通讯录,在需要合作解决问题和开发产品时都可以得到专家的在线咨询,通过系统还能连接到全世界的外部研究人员和正在寻找创新产品的企业家。

宝洁公司旗下的品牌产品有300多种,包括织物和日用护理、婴儿和家庭护理、美容护理、保健、零食、咖啡以及宠物护理,每项业务都是独立经营。而今,宝洁公司应用了定

制开发的营销管理软件,让旗下所有集团之间可以共享营销理念和数据。该系统支持战略规划、研究、广告、直接邮件和事件,并能分析营销项目给企业带来的影响。

基于网络的战略

互联网和网络技术让公司能够结合自身实力建立网络,或参与网络。基于网络的经营战略包括应用网络经济学、创建虚拟公司模型和建立企业生态系统。

网络经济学 利用网络经济学的知识,建立基于网络的商业模式,对公司的发展战略有所帮助。传统的经济学认为,生产经验对增加企业盈利没多大帮助。生产过程中投入的资源越多,输出产品的边际收益越少,直至在某一时点多余的输入无法收获更多的输出。这就是边际效益递减定律,是许多现代经济学理论的基础。

然而在一些情形下,边际收益递减定律并不适用。例如在网络中,增加一个参与者的边际成本是零,而增加的边际收益却相当可观。电话网络或者互联网的用户越多,用户得到的价值也就多大,因为每位用户可以与更多的人交流互动。一家拥有1 000万用户的电视台和一家只有1 000位用户的电视台相比,其经营成本并不会高多少。群体的规模越大,价值也就越高,增加新成员带来的成本完全可以忽略不计。

从网络经济学的视角看,信息技术对企业实施战略颇有益处。公司可以创建互联网网站,建立用户社区,让志同道合的用户分享各自的经验。这样不仅可以培养忠实的客户群,为他们带来乐趣,也拉近了公司与客户的关系。网上拍卖的巨头eBay和网上女性社区iVillage都是很好的例子。两家公司都在互联网上建立了社区,由数百万用户组成网络,公司的业务基于网络社区开展。在eBay上卖东西的人越多,eBay对用户的价值也就越高,因为它提供的商品增加了,卖家也会竞相降低商品价格。网络经济学也为商业软件供应商带来了战略利益。使用软件及配套产品的顾客越多,软件的价值也就越高,软件的持续使用和供应商后续服务就能创造出更多的利润。

虚拟公司模型 运用虚拟公司的模型来打造竞争力强的业务,是另一种基于网络的战略。一家虚拟公司,或称虚拟组织,通过网络连接人员、资产和观念,与其他公司结盟,从而使生产和分销的产品、提供的服务,都不受传统组织界限和地理位置的限制。一家公司在地理位置上不必靠近另一家公司,却可以自如地使用另一家公司的资源。当一家公司要从外部供应商手中购买更廉价的产品和服务时,或自身缺乏时间和资源以迅速捕捉新的市场机遇时,虚拟公司模型就派上用场了。

像GUESS、安·泰勒(Ann Taylor)、李维斯(Levi Strauss)和锐步(Reebok)等时装公司,都让香港的利丰贸易服务有限公司(Li&Fung)为它们管理时装的生产和运送。利丰负责开发产品,购买布料,规划生产流程,监控质量和货运。利丰自己没有布料,没有机器和工厂,它将这些工作都外包给一个网络,网络拥有超过7 500家供应商,遍及世界37个国家。顾客通过利丰的专有外部网下达订单。然后利丰向特定的原料供应商和服装厂下达指令,生产服装。利丰的外部网跟踪记录每单服装生产的每一个环节。

虚拟公司的运作方式让利丰更灵活、适应性更强,这样它就能在短时间内设计和生产客户需要的产品,紧跟日新月异的时装潮流。

企业生态系统:基石企业和补缺企业 互联网和数字化公司的出现使行业竞争力模

型不得不做出调整。传统的波特模型假设行业的环境是静止的；行业间有明确的界限；有一批稳定的供应商、替代产品和顾客，它们将行业参与者视为对手。今天越来越多的公司意识到它们参与的不是单个的行业，而是几个行业的集合，依赖各行业提供的相关服务和产品（见图 3.13）。企业生态系统也可以指由供应商、分销商、外包公司、物流服务公司和技术开发商组成的结构松散却又相互依赖的网络（Iansiti and Levien 2004）。

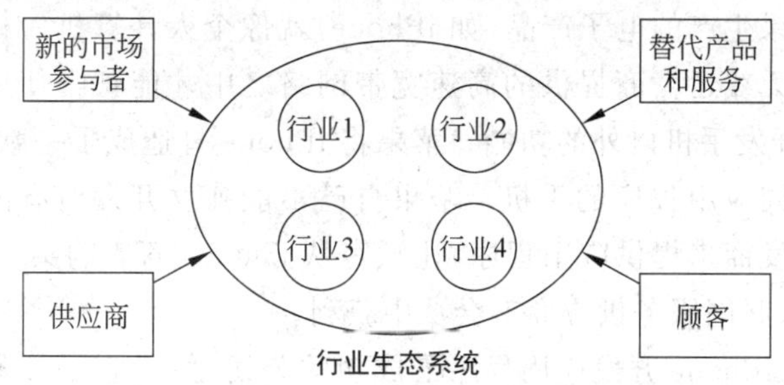

尽管企业生态系统内部的各个行业集群间的竞争无处不在，数字化公司时代要求我们打破行业、公司、顾客和供应商之间的界限。

在生态系统模型里，多个行业协同作用，为顾客创造价值。信息技术促使松散网络中的各公司紧密互动。

图 3.13　生态系统的战略模型

企业生态系统的概念是基于前面所讲述的价值网所提出的，两者的差别在于企业生态系统存在于不同行业之间，而价值网只关系到各个公司。例如微软和沃尔玛都有信息系统、技术和服务的平台，以供身处其他行业的成千上万的公司强化自身实力。据微软估测，有超过 4 万家公司使用 Windows 平台来管理产品运送，它们使用微软的产品的同时，也增加了微软自身的价值。沃尔玛的订单接收系统和库存管理系统为数以万计的供应商所用，以即时获取顾客需求，追踪货运，掌控库存。

企业生态系统具有这样的特征：少数基石企业主宰整个生态系统，它们提供一个平台，供其他补缺企业使用。在微软的生态系统中，微软、英特尔和 IBM 是基石企业。而补缺企业包括上万个应用软件公司、软件开发商、服务公司、咨询公司等所有应用微软产品的公司。

信息技术在建立企业生态系统时起到重要作用。显而易见，在信息系统的帮助下许多公司开发出基于信息技术的平台，因此成为基石企业，而它们开发出的平台又为其他公司所用。在开篇案例中介绍过，eBay 创造了一个拍卖和网上开店的平台，每天有超过 50 万笔小型交易。我们可以预见在数字化公司时代，信息技术将在建设行业生态系统中发挥更重要的作用，因为参与生态系统的成本将会降低，而随着平台的发展公司的收益会迅速增长。

在基石公司创造的生态系统中，各个公司应该仔细考虑下如何应用信息系统在补缺市场中获利。例如在决定生产什么样的产品，提供什么样的服务时，公司应该考察与产品相关的现有生态系统，弄清如何在更广阔的生态系统中应用信息技术。

当今的移动互联网平台就是一个强有力的实例。这个生态系统涉及四个行业：设备制造商(苹果 iPhone、RIM 黑莓、摩托罗拉〔Motorola〕、LG 等)、无线通信公司(美国电话电报公司、Verizon、T-Mobile、Sprint 等)、独立的应用软件供应商(一般是出售游戏、应用程序和铃声的小公司)和互联网服务供应商(为移动平台提供互联网服务的公司)。

每个行业都有自己的历史、利益和驱动力。而在移动数字平台的生态系统中,这些元素时而相互合作,时而相互竞争,形成了一个新兴行业。苹果成功地将这些行业合并到一个体系中。苹果生产的电子产品(如 iPhone)就像个人计算机一样功能强大。这些电子产品只有在由无线运营商提供的高速宽带网络之中才能正常使用。为了吸引更多顾客,iPhone 必须开发手机以外的功能。苹果将 iPhone 打造成了一款"智能手机",一款可以运行千万种不同应用程序的手机。苹果自己不能独立开发所有的应用程序。因此它让小型的独立开发商来提供应用程序,让顾客从 iTunes 商店购买。每当 iPhone 的用户连接上互联网,互联网服务供应商就会从中获利。

Tapulous 是为 iPhone 开发应用程序最成功的公司之一,它是一家硅谷的小型创业公司。Tapulous 开发和发布了两款免费的应用程序:一个是 Tap Tap Revenge,该游戏模仿了一款流行的街机舞蹈游戏;另一个叫 Twinkle,该程序能让用户在 Twitter 上或者 Tapulous 自己的系统上发送消息。Tap Tap Revenge 游戏的下载量将近 120 多万次,而 Twinkle 也拥有超过 10 万余名用户。尽管目前公司并没有从这两款软件中赚到钱,但今后公司将从软件的增值服务中获取收益。与此同时,苹果预计每年可以从 App Store 获取 3.6 亿美元的额外收入。苹果约保留该收入的 30%。

3.4 利用信息系统获取竞争优势:管理问题

战略信息系统常常改变组织的产品、服务和经营流程,促使组织革新行为模式。利用信息系统获取竞争优势是一项颇具挑战的任务,需要技术、组织和管理之间精确的协调。

3.4.1 保持竞争优势

通过战略信息系统获得的竞争优势是不稳定的,谁也无法保证竞争优势能保持长期盈利。竞争优势不是一劳永逸的,再好的战略系统终也会被竞争对手效仿和超越。全球化加速了市场、顾客和技术因素的变化,这些变化也越来越难以预测。互联网使竞争优势越发难以维持,因为技术谁都可以使用。比如美国航空公司(American Airlines)的 SABRE 计算机订票系统、花旗银行(Citibank)的 ATM 系统以及联邦快递的包裹追踪系统,都是经典的战略系统,曾在各自的行业中都处于领先地位,为企业带来丰厚的效益。后来竞争对手开发出与之势均力敌的系统。前面提到的亚马逊曾是电子商务的领军企业,而今不得不面对 eBay、雅虎和谷歌等后起之秀的挑战。想要维持持久的竞争优势,仅凭信息系统是不够的。原先用来获取战略优势的系统后来渐渐沦为企业维系生计的工具,每家公司都在靠它生存,甚至有的系统已经阻碍了企业为未来的发展进行战略调整。

3.4.2 信息技术与企业目标

研究发现，能将信息技术与企业目标相结合的公司往往能取得成功，获得更多盈利，仅有 1/4 的公司能将二者紧密结合。而企业将近一半的盈利都是信息技术与业务相结合的产物。

而大多数的公司都错误地认为：信息技术的发展是独立的，并不是为管理层和股东的利益而服务的。经营者不但不积极地组建企业信息系统，反而对信息技术视而不见，漠不关心，还自称不懂信息技术，对于信息技术领域的失败盲目容忍。成功的公司管理者深知信息技术的重要作用，他们积极地运用信息系统，精心评估信息技术对公司收益和利润的影响。

进行战略系统测试

管理者为了将信息技术和公司经营结合，以有效利用信息系统保持竞争优势，就必须进行战略系统测试。要想确定一个企业需要什么样的系统来获取竞争优势，管理者应当先弄清如下几组问题：

1. 公司所在的行业有怎样的结构？
   - 行业中存在哪几种竞争力量？是否有新的参与者？供应商、顾客及替代产品和服务对价格的影响力如何？
   - 竞争是基于品质、价格还是品牌？
   - 行业内在发生什么样的变化，变化有什么样的趋势？变革的力量从何而来？
   - 行业中信息技术的使用率如何？组织应用信息系统的水平在整个行业中处在什么样的位置？
2. 公司有什么样的业务、公司和行业价值链？
   - 公司如何为顾客创造价值？通过降低价格和交易成本还是提高产品质量？价值链的哪个环节可以为顾客创造更多价值，为公司带来更多收益？
   - 在遵循最佳运作方式的时候公司是否真正理解和管理好自己的业务流程？公司是否发挥了供应链管理、顾客关系管理和企业体制的最大优势？
   - 公司能否充分发挥自己的核心竞争力？
   - 行业供应链和顾客群的变化是否有损公司利益？
   - 公司能否从战略伙伴关系与价值网中获利？
   - 信息系统在价值链的哪个环节可以发挥最大作用，为公司带来最大收益？
3. 公司是否将信息技术与企业战略和目标相结合？
   - 公司的战略和目标是否明确？
   - 在战略实施过程中，信息技术能否改善企业业务流程和经营活动？
   - 公司用来评估对目标的进展情况的标准是否恰当？

3.4.3 管理战略转型

一般来说，采用上文提到的战略系统都会改变企业的目标，同时也会改变公司与顾客和供应商的关系，以及业务流程。这些变化被视为战略转型，即组织的社会技术系统的变迁，会同时影响组织的社会要素与技术要素。

战略转型还会使组织内部和外部的界限都变得更加模糊。供应商和顾客可能会互相分担一些职责，二者的联系会更加紧密。管理者需要策划新的业务流程来协调公司与顾客、供应商和其他组织的活动。信息系统带来的变化至关重要，这点在本书中处处都有体现。本书第14章将详细论述组织变化的问题。

3.5 管理信息系统实践

本节中的实践项目涉及如下方面：了解信息系统如何支撑企业战略，分析影响合并公司的信息系统的组织因素；利用数据库改善企业战略决策；以及利用网络工具进行汽车配置和定价。

3.5.1 管理决策问题

1. 梅西百货(Macy's,Inc.)在全美国拥有超过800多家分店。其零售店出售的商品包括服装、饰品、家具和厨餐用品等。梅西百货的管理高层认为应当调整商品结构，以迎合各地顾客的品味，每家零售店都应该根据当地销售模式调整服装和其他商品的颜色、尺码、品牌及风格。举个例子，相比纽约的分店，得克萨斯州的分店可以进一些尺码更大、颜色更亮丽的服饰，而芝加哥市政街的分店则宜出售各式各样的化妆品以吸引追求时尚的顾客。信息系统会怎样帮助梅西百货的管理层实施这项新战略？为了实施新战略，决定各地销售的商品，系统又应该为管理层收集哪些数据？

2. 如今的全美航空公司(US Airway)是全美航空公司和美国西部航空公司(America West Airline)合并的产物。全美航空公司成立于1939年，合并以前该公司有一套传统的业务流程，层级制结构运作迟缓，其信息系统服务由美国电子数据系统公司(Electronic Data Systems)提供，运行起来也颇为僵化死板。而美国西部航空公司成立于1981年，员工普遍比较年轻，企业文化较为轻松自由，有一套自己管理的信息系统。全美航空公司有丰富的管理经验，在美国的东海岸有发达的交通网，而美国西部航空公司组织结构成本低，信息系统先进，航线遍布美国西部，两家公司的联合会产生强大的协同作用。在两家公司和两套信息系统的合并过程中，管理层应该考察组织的哪些特征？为了使合并战略行之有效，管理层需要做出哪些决策？

3.5.2 优化决策：利用数据库明确企业战略

软件技能：数据库查询和报告；数据库设计

商务技能：预订系统；顾客分析

在此练习中，你将应用数据库分析旅馆预订系统，根据有关信息调整旅馆的企业战略和营销活动。

Presidents' Inn是一家三层小旅馆，坐落于新泽西著名旅游胜地梅角(Cape May)。十间客房临街；十间客房朝向港口，可远眺大海；另外十间是海景房，在旅馆正面。客房的房价根据房间的位置、入住天数和每间房入住的人数而定。若一间房入住一到四人，房价不会变。若入住五到六人，则每增一个人增收 20 美元。客人入住达到或超过一周就能享受九折优惠。

过去十年生意一直稳步发展。而今旅馆装修一新，推出了浪漫周末套餐吸引已婚夫妇，度假套餐吸引新婚夫妇，以及工作日折扣套餐吸引商务旅客。旅馆经营者采用的人工预订和登记系统目前遇到了不少问题。有时两个家庭被安排在了同一间客房。管理者也无法了解到每天的运营收入的即时数据。

Laudon 网站为本章提供了用微软 Access 开发的旅店订房数据库。该数据库如下图所示，在网站上会有更新的版本。

请分析数据，撰写一份报告，帮助管理者提升业务竞争力，增加盈利。报告应该回答如下问题：

- 每种类型的客房平均入住天数是多少？
- 每种类型的客房平均入住几人？
- 在某一段具体时间之内，每间客房的最低收入是多少（即入住天数乘以每天的房价）？
- 稳定的顾客群是哪些人？

弄清这些问题之后，写一份简要报告，描述数据库所揭示的经营情况。哪项具体战略可以增加入住率，提高收入？怎样改善数据库，为战略决策提供更有用的数据信息？

Reservations

I	Guest First Nam	Guest Last Nam	Room	Room Typ	Arrival Da	Departure Da	No of Gues	Daily
1	Barry	Lloyd	Hayes	Bay-window	12/1/2008	12/4/2008	2	$15
2	Michael	Lunsford	Cleveland	Ocean	12/1/2008	12/9/2008	3	$11
3	Kim	Kyuong	Coolidge	Bay-window	12/4/2008	12/7/2008	1	$15
4	Edward	Holt	Washington	Ocean	12/1/2008	12/3/2008	4	$32
5	Thomas	Collins	Lincoln	Ocean	12/9/2008	12/13/2008	2	$30
6	Paul	Bodkin	Coolidge	Bay-window	12/1/2008	12/3/2008	2	$15
7	Randall	Battenburg	Washington	Ocean	12/4/2008	12/12/2008	2	$29
8	Calvin	Nowotney	Lincoln	Ocean	12/2/2008	12/4/2008	1	$30
9	Homer	Gonzalez	Lincoln	Ocean	12/5/2008	12/7/2008	5	$32
10	David	Sanchez	Jefferson	Bay-window	12/5/2008	12/7/2008	2	$17
11	Buster	Whisler	Jackson	Ocean	12/5/2008	12/8/2008	2	$25
12	Julia	Martines	Reagan	Bay-window	12/10/2008	12/15/2008	1	$15
13	Samuel	Kim	Truman	Side	12/20/2008	12/30/2008	3	$11
14	Arthur	Gottfried	Garfield	Side	12/13/2008	12/15/2008	2	$12
15	Darlene	Shore	Arthur	Ocean	12/24/2008	12/31/2008	5	$19
16	Carlyle	Charleston	Quincy Adams	Bay-window	12/3/2008	12/6/2008	2	$15
17	Albert	Goldstone	Johnson	Ocean	12/5/2008	12/7/2008	3	$25
18	Charlene	Tilson	Van Buren	Bay-window	12/5/2008	12/7/2008	1	$15
19	Everett	Chad	Madison	Ocean	12/10/2008	12/14/2008	2	$27
20	Gerald	Pittsfield	Roosevelt	Ocean	12/5/2008	12/7/2008	2	$27

Record: 1 of 30　No Filter　Search

3.5.3　优化决策：利用网络工具为汽车配置和定价

软件技能：网络软件

商务技能：研究产品信息；定价

此练习要求你登录售车网站，选中一款汽车，找到相关的产品信息，然后根据收集的信息做出购车决定。此外在售车网站中任选两个进行评价。

假设你有意购买一辆新的福特福克斯（Focus）汽车。（如果你对另一款汽车感兴趣，也以其作为研究对象,国产的或者进口的都可以。)访问 CarsDirect 网站(www.carsdirect.com)进行调查研究。找到福特的福克斯车型。浏览该车型中各种配置,根据自己喜好确定汽车的配置。考察某一具体车型的各种信息,包括报价、标配和可选项。浏览任意两条评论。美国国家公路交通安全管理局会对车辆进行撞击测试,如果该车型的撞击测试结果在网上可以查到,请根据结果考察该车型的安全性。找出汽车在何处有现货,可直接采购。最后,考察 CarsDirect 网站的其他特性,看是否提供融资。

记录或者打印从 CarsDirect 网站获取的交易信息,然后登录汽车制造商的网站查询,也就是福特公司的网站(www.ford.com)。比较福特网站上和 CarsDirect 上福克斯车型的信息。检验福特网站上的报价和促销政策(特别注意是否与 CarsDirect 上不一致)。然后在福特的网站上找到一个本地的经销店,以便在购买之前去看一下车。探索福特网站的其他特性。

尽量在本地经销店的货存中找到最低价格的福克斯。你更愿意通过哪家网站来购车?为什么?分别为 CarsDirect 和福特的网站提建议。

拓展学习

与本章相关的拓展学习资料如下:

1. 信息技术与变化的商业环境

本章小结

1. 为了建立和应用信息系统,管理者需要了解组织的哪些特征?信息系统对组织有哪些影响?

所有现代组织都是层级制、专业化和公正的,通过标准程序来提高工作效率。所有组织都有自己的文化和利益群体间的政治行为,并受到周边环境的影响。不同的组织有不同的目标、客户群、领导方式、动力、任务和结构。正因为组织的特征各不相同,每个组织应用的信息系统也不相同。

信息系统和组织互相影响、互相制约。引入新的信息系统会改变组织的结构、目标、工作方式、决策和日常业务,而且组织内利益群体间的竞争也会有所变化。反之,信息系统的设计必须满足核心组织的利益需求,而且,组织结构、业务流程、目标、企业文化、政治和管理方式都会对信息系统的构建产生影响。信息技术可以削减交易成本和代理成本,互联网的应用尤其如此。新的信息系统会打破工作和权力间既存的关系,因此引进新技术时会受到一些阻力。

2. 如何借助波特五力分析模型,利用信息系统为公司制定有竞争力的发展战略?

在波特五力分析模型中,虽然公司的战略地位和具体战略是在同对手的竞争中确定的,但很大程度上也受到新的市场参与者、替代产品和服务、供应商和顾客的影响。信息系统从以下几个方面加强企业的竞争力:降低成本,使产品和服务多样化,关注补缺市场,加深同顾客和供应商的联系,通过卓越运营抬高进入市场的门槛。

3. 价值链和价值网络模型如何帮助企业抓住机遇应用战略信息系统?

价值链模型可以帮助企业找准关键环节,实施竞争策略,引进信息系统,以获得最大收益。在这一模型中,公司由一连串的主导性活动和辅助性活动组成,这些活动都为公司的产品和服务增值。主导性活动直接关系到生产和分销,而辅助性活动则辅助主导性活动的实现。公司的价值链与供应商、分销商和顾客的价值链相连接。价值网由不同的信息系统组成,这些信息系统将行业内的企业联系在一起,并结成行业共同体,推广行业标准,这样各企业就能更有效率地同伙伴合作,提升行业整体竞争力。

4. 信息系统如何帮助企业发挥协同作用与核心竞争力,实施基于网络的战略,以获取竞争优势?

每个公司都由多个业务单元组成,信息系统能将截然不同的业务单元紧密相连以提升工作效率,提高服务质量。信息系统能让企业内各业务单元之间共享信息,帮助企业获得核心竞争力。有了信息系统,企业还能根据网络经济学理论,建立更宽广的网络,获得更多的用户。采用虚拟公司战略,一家公司可以利用其他公司的资源为自己生产和销售产品,提供服务。在企业生态系统中,多个行业协同起来,为顾客创造价值。信息系统让各公司间的交流互动更为密切。

5. 战略信息统带来了哪些挑战?如何应对这些挑战?

战略系统会导致组织内部的大幅度变动,这也是组织由一个社会技术层面向另一个层面的过渡。这些变动叫做战略过渡,完成过渡的过程总是伴随着困难和痛苦。此外,不是所有的战略系统都会带来好处,系统的建立可能耗资甚巨。战略优势随时可能失去,因为其他公司会争相效仿优良的信息系统。

复习题

1. 为了建立和应用信息系统,管理者需要了解组织的哪些特征?信息系统对组织有哪些影响?

- 定义什么是组织,比较一下组织的技术定义和行为学定义之间的异同。
- 简述组织的特征,解释为何不同组织使用不同的信息系统。
- 运用经济学理论解释信息系统对组织的影响。
- 运用行为学理论解释信息系统对组织的影响。
- 解释为何在引进信息系统时会遇到组织内的阻力。
- 简述互联网和其他颠覆性技术对组织的影响。

2. 如何借助波特五力分析模型和信息系统为公司制定有竞争力的发展战略?

- 定义并解释波特五力分析模型。
- 简述竞争力模型对竞争优势的解释。
- 简述公司可实施的四种基于信息系统的竞争策略。
- 简述信息系统在这四种竞争策略中发挥的作用,并举例说明。
- 解释为何信息技术和企业目标的结合对策略实施至关重要。

3. 价值链和价值网络模型如何帮助企业抓住机遇应用战略信息系统?

- 定义并简述什么是价值链模型。
- 解释价值链模型如何帮助企业抓住机遇改善信息系统。
- 定义价值网,简述价值网和价值链的联系。
- 解释价值网如何帮助企业抓住机遇,应用战略信息系统。
- 简述互联网如何改变了竞争力量和竞争优势。

4. 信息系统如何帮助企业发挥协同作用与核心竞争力,实施基于网络的战略,以获取竞争优势?

- 解释信息系统如何提升协同作用与核心竞争力。
- 简述协同作用与核心竞争力的提升为何能增强竞争优势。
- 解释网络经济学怎样使企业获益。
- 定义并简述什么是虚拟公司,虚拟公司策略能带来哪些好处。

5. 战略信息统带来了哪些挑战?如何应对这些挑战?

- 列出并简述战略信息系统给管理带来的挑战。
- 解释如何进行战略系统分析。

讨论题

1. 有人说可持续的战略竞争优势是不存在的。你同意该观点吗?为什么?
2. 有人说,对于戴尔和沃尔玛等世界领先的零售商来说,优势不在于技术而在于管理。你同意该观点吗?为什么?

团队项目:抓住机遇引进战略信息系统

三四个学生一组,从《华尔街日报》《财富》《福布斯》或其他出版物上选择一家公司作为研究对象。访问公司的网站,查询公司的详细信息,考察公司对网站的使用情况。根据所得信息,分析公司的经营状况。简述公司的组织特征,例如重要的业务流程、企业文化、组织结构和周边环境,并考察公司的发展战略。为公司某项业务设计合适的战略信息系统,如有可能请结合互联网技术。如有可能,使用谷歌协作平台(Google Sites)链接网页、团队沟通公告和工作任务,集思广益,合作完成项目文档。尝试使用谷歌文档(Google Docs)在课堂上展示成果。

案例研究

Soundbuzz在线音乐的亚太地区战略

Soundbuzz是亚洲最大的在线移动音乐公司之一,提供音乐和视频的下载、数字许可证以及音乐出版商和唱片公司的许可证购买。该公司旗下的各品牌遍及13个市场,并与音乐播放器制造商、宽带运营商和电信运营商开展合作。公司的在线音乐商店通过

soundbuzz.com、创新科技公司(Creative Technology)(和创新的MP3播放器绑定)以及Windows Media Palyer 10来发布音乐。Soundbuzz总部设在新加坡,公司的数据库中拥有超过75万首曲目及50万首移动音乐衍生物,音乐来源于60多家独立的地方唱片公司。这些公司中有主流唱片公司索尼(SONY)、贝塔斯曼(BMG)、华纳唱片(Warner Music)、百代(EMI)和环球(Universal),也有一些美国、欧洲、澳大利亚和亚洲的独立唱片公司。Soundbuzz提供下载的音乐都是安全可靠的,因为公司借助了数字许可证管理技术,并且所有音乐都由公司位于新加坡的后端设施传输,这套基础设施包括网页服务器、许可证服务器、数据库服务器和媒体服务器。

Soundbuzz成立于1999年11月,创立者是来自互联网和金融行业的四位专业人士。提及Soundbuzz门户的创立,网站的建立者夏楠梅瓦妮(Shabnam Melwani)说:"soundbuzz.com不仅会让唱片公司增收,也为民间艺人提供了展示自己的舞台,出售自己的音乐。"soundbuzz.com网站有一个艺人上传界面,音乐家和制作人可以自己将音乐和简介添加到soundbuzz .com的档案库中。

2000年2月,Soundbuzz同门户网站Lycos Asia签订数字协议,此后在新加坡、马来西亚、中国大陆、中国香港、中国台湾和印度等地都可通过Lycos Asia门户网站发售音乐。到2000年3月Soundbuzz已经与13家亚洲唱片公司签订协议,包括马来西亚的Synchronized和The Phiz & Psychic Scream公司,菲律宾的Viva公司,以及印尼的Music Studios公司等。这些协议让唱片公司旗下的艺人可以在soundbuzz.com发售音乐,让人们下载MP3格式的音乐。

2000年10月Soundbuzz与百代唱片(EMI Recorded Music)的亚洲分公司签订了协议,这是Soundbuzz首次与主流唱片公司签订协议。提及与唱片公司建立伙伴关系,公司建立者、现任CEO苏当舒·萨龙瓦拉(Sudhanshu Sarronwala)说:"Soundbuzz成为亚洲唯一与国际唱片公司合作的音乐销售商,并且提供安全可靠、可供下载的数字音乐,这的确是亚洲音乐行业的里程碑。"后来Soundbuzz又与贝塔斯曼亚太地区分公司开展合作。合作协议让Soundbuzz成为亚太地区唯一一家与全球主流唱片公司合作发售数字音乐的公司。后来又与索尼、华纳音乐和环球陆续签订了合作协议。

Soundbuzz又同付费技术供应商Trivnet有限公司合作,为顾客提供多种支付手段。利用Trivnet的支付手段,Soundbuzz可以通过互联服务供应商和移动运营商为顾客提供多种付费方式。

到2000年年底,技术泡沫的出现和对等网络的兴起让音乐产业陷入危机,Soundbuzz的生意也遭受损失。音像店的唱片销量锐减,而通过Napster等软件分享的MP3歌曲逐渐增多。尽管仍有用户通过Soundbuzz来下载音乐,但他们下载的大多都是免费内容。免费内容成了唯一吸引用户的地方。尽管Soundbuzz做出各种努力,不完善的商业模式还是让公司举步维艰。

2001年,Soundbuzz管理层决定放弃B2C商业模式(商家对消费者模式),回到以前同Lycos合作时的B2B模式(商家对商家模式),两家的合作早就在一年以前终结。为了与商业模式变化步调一致,公司建立起新的B2B收入模式。在该模式之下Soundbuzz收集了大量的音乐专辑,为各门户网站提供技术平台和资源管理服务。2001年11月起,

Soundbuzz开始为惠普(HP)的数字音乐服务提供终端对终端的解决方案,包括开发一个用户自定义的在线音乐商店,收集数字音乐资源,以及为惠普的产品应用提供独特的促销方案。此后不久,Soundbuzz同其他本地门户网站解约,不再为其提供数字音乐下载。

2002年,Soundbuzz决定开展多元化发展,进军无线和设备领域。公司着手为移动设备开发一套集成音乐、娱乐、短信和彩信,以及铃声和其他数字服务的软件。论及Soundbuzz的技术重心,萨龙瓦拉说:“我们的技术主要是关于音乐、认证和音乐传输。我们并没有放弃提供音乐下载的消费者模式。如果要回归这个模式,我想应该要等到好几年以后了。”

2004年7月,Soundbuzz决定重新启用B2C模式,在新加坡启动数字音乐服务,并宣布退出亚太数字音乐零售市场。虽有可观的专辑销量,Soundbuzz放弃也一部分B2B模式的业务,将更多业务转交给客户。越来越多的唱片公司开始授权销售商,由销售商再直接向顾客发售音乐,这样一来,Soundbuzz等提供“白标服务”的公司要想获得音乐资源就变得越来越困难。面对种种不确定因素,Soundbuzz决定同时实施B2B模式和B2C模式。

Soundbuzz继续与音乐播放设备制造商结盟,将Soundbuzz商店与播放设备绑定。2005年8月,Soundbuzz同MP3播放器制造商创新科技、Reignocom结成同盟,用户可以通过它们生产的播放器访问Soundbuzz的音乐商店。与ISP的合作为顾客的小额支付提供了新的选择。在新加坡,Soundbuzz又与SingNet和Pacific Net结成合作伙伴,实施零售战略。这样一来SingNet和Pacific Net的计费系统就能为Soundbuzz所用。ISP的注册用户也可以用Soundbuzz网站下载音乐,ISP的专用设备会将购买音乐的费用计入ISP账单之中。

2005年年末,Soundbuzz开始进军美国市场。同年,又推出音乐视频服务。2005年11月和2006年1月,Soundbuzz分别在新加坡和香港创建音乐视频商店。

摩托罗拉在2008年1月6日收购了Soundbuzz,将MOTOMUSIC业务从中国市场拓展到印度、东南亚、澳大利亚和新西兰市场。说到这一收购,Soundbuzz的执行总裁苏当舒·萨龙瓦拉说:“摩托罗拉致力于提升亚洲数字音乐服务质量,这与我们的目标不谋而合,是我们最好的合作伙伴。”

资料来源:“Soundbuzz. com—New Portal Launched to Pioneer Downloadable Music in Asia,” soundbuzz. com, December 10, 1999; “Lycos Asia Signs Digital Music Deal with Soundbuzz,” soundbuzz. com, February, 2000; “Soundbuzz Announces Strategic Partnership with EMI Recorded Music,” soundbuzz. com, October 2000; “Soundbuzz Announces Asia-Pacific Digital Music Rollout,” soundbuzz. com, July 2004; “Soundbuzz Blazes a Trail Through Hong Kong's Music World”, soundbuzz. com, October 2005; “Motorola to Enhance Music Delivery Capabilities in Asia through Acquisition of Soundbuzz,” motorola. com, accessed November 2008.

思考题

1. 用竞争力分析模型分析Soundbuzz和它的企业战略。Soundbuzz实施了什么样的战略应对竞争力量?

2. 在线音乐服务的关键要素是什么?运用价值链模型,分析Soundbuzz的业务流程。

3. 摩托罗拉为何要收购Soundbuzz？两者的联合产生了什么样的协同作用？

4. 访问Soundbuzz的网站（www. soundbuzz. com）。简述它的产品、技术平台、支付手段和收入模式。

5. 你认为Soundbuzz是成功的企业吗？哪些措施可以帮助Soundbuzz改善商业模式？Soundbuzz可以向iTunes学习什么？

第4章

信息系统的伦理与社会议题

学习目标

学习本章，你将了解到：

1. 信息系统引发哪些伦理、社会与政治议题？
2. 有哪些具体的指导原则可以用来引导伦理决策？
3. 为什么当代的信息系统技术带来保护个人隐私权与知识产权的挑战？
4. 信息系统如何影响每天的生活？

用于老年人群体的信息技术引发的伦理议题

信息技术(IT)可以直接或间接地应用于老年人群体的护理，澳大利亚政府对此十分重视。

间接护理包括将信息技术应用于疗养和看护机构的行政事务。毫无疑问，科学技术在未来能够提升老年人生活品质。举例来说，老年人可以通过访问互联网与世界其他地区紧密相连，很多情况下，互联网可以协助老年人的日常生活，如在线采购食品杂货、偿付账单、阅读银行对账单等。但是这些能否在老年人中实现取决于多个因素，包括是否习惯使用计算机，是否具备计算机知识，以及是否信任在线交易。

在对慢性病(如心脏病、糖尿病)的研究与探索过程中产生了许多新的观点。而科技的应用却给医疗保健服务机构和消费者带来不少伦理议题。“智慧居家”(Smart House)采用一系列的“远程护理”(telecare)感应技术，在悉尼首先得到应用，旨在帮助下一代老年人在家中安度晚年。

“智慧居家科技包含被动式红外探测器和门禁系统，允许主人通过电视看到谁在门外，并远程操控开门。这项技术还包括紧急拉线开关，可以通过拉线触发紧急监控系统和床椅的感应系统。未来智慧居家还将纳入中控锁、电控门窗、电控窗帘与百叶窗开启器等。(BCS,2006)”

应用这类科学技术时反复涉及的伦理议题是对老年人隐私的侵犯。尽管这类系统的好处颇多,但还是有很多人不习惯一天24小时生活在监控之下。除此之外,对于搜集到的老年人的信息,还存在着知晓权、同意权、所有权、访问权等权限的问题。与健康相关的数据尤为敏感,因此在没有考虑隐私、安全等因素之前,不得对外公布。从社会和文化的角度来说,这类系统或许不能替代传统的真人看护(多数情况下是亲密的家庭成员),因为后者能提供更加针对个人的服务。澳大利亚有一批专门为少数族裔群体(如中国人和韩国人)提供看护的服务人员。为此类群体提供的科学技术,必须符合其社会习惯与文化,并且可以针对不同群体的社会文化需要而相应调整(譬如,使用对应的语言——声音或文本——界面,科学技术的设计过程中考虑到不同生活习惯的需要和偏好)。

资料来源:BCS (2006). Smart House holds key to future aged care needs, Baptist Community Services NSW & ACT, Media Release, 1st May 2006, http://www.bcs.org.au/resource/R0058Corp.pdf.

开篇案例强调了因老年人的医疗保健而产生的一系列伦理议题。然而,其中一些议题(如隐私和安全)在其他医疗保健领域或一般性的组织内部也频繁出现。譬如,通过监控顾客而产生的数据从商业角度来看是有益的(开篇案例证明其能提升老年人的生活品质、提高对老年人的临床护理水平)。但同时这种行为侵犯了顾客的隐私,从而带来伦理上的挑战。新的信息系统在商业运作中有望提高效率和疗效,但在建立该系统的过程中,则会产生类似的伦理困境。本章提醒人们在关注信息系统积极影响的同时,增强对其负面作用的认识。在许多案例中,管理层需要在系统实施之前,与各个利益攸关方达成合理的政策与标准,建立各方均能接受的折中方案。

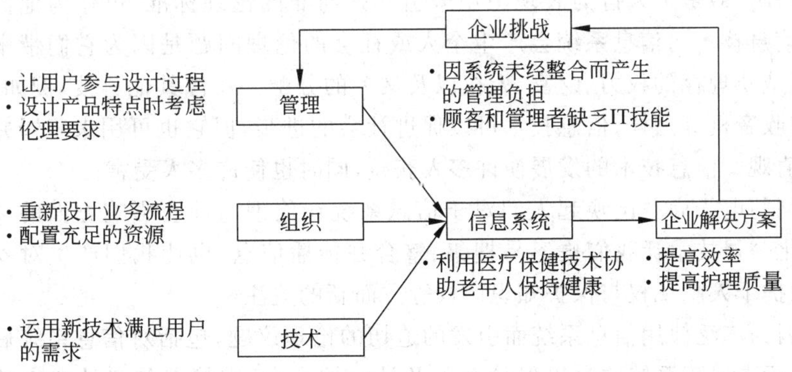

4.1　与信息系统有关的伦理和社会议题

过去十年可以说是美国和全球经济伦理受到严重挑战的时期。表4.1列举了近期几个中高层领导者伦理判断失误的案例。这些管理层伦理缺失与伦理失误的现象横跨各个行业。

在今天新的法律环境下,触犯法律的管理者定罪之后,极有可能面临牢狱之灾。1987年实行的美国联邦量刑指南(U.S. Federal Sentencing Guidelines)规定,对于商业管理者的是否施以重刑基于以下几点考量:涉案金额大;故意隐藏涉案事实;使用复杂金融工具进行交易以掩饰案情;拒绝与检查人员合作(美国判决委员会,2004)。

表4.1 近期管理者伦理判断失误的例子

安然(Enron)	安然的三位高层管理人员因谎报利润而定罪,原因是采用非法会计处理方案和向股东汇报虚假信息。2001年,安然宣布破产。
世通(WorldCom)	世通是美国第二大电信公司。首席执行官利用非法的会计方法夸大利润,浮夸数额高达数十亿美元。世通于2002年7月宣布破产,负债达410亿美元。
Brocade Communications	CEO因为回溯股票期权和向股东隐瞒高达数百万美元的赔付支出而定罪。
帕玛拉特(Parmalat)	帕玛拉特是意大利的第八大工业集团。十名经理人员因在数年间谎报公司的收益、利润和资产而定罪,不实金额超过50亿美元。
百时美施贵宝(Bristol-Myers Squibb)	百时美施贵宝这家药业公司同意支付1.5亿美元的罚金,理由是其多报公司收益15亿美元并抬高公司股价。

过去,企业经常为陷入民事指控与刑事调查的员工支付法律辩护费。而现在,企业倾向于与检查人员合作以避免给企业带来妨碍调查的指控。这些新的情况意味着无论你是管理者还是员工,都要自己判断什么是合法的、合乎伦理的行为。

尽管上述违反伦理与法律的案例并不是由信息系统部门策划的,但是信息系统在这些欺诈行为中却起着推波助澜的作用。在许多案例中,作案者利用财务报告信息系统将决策隐藏,躲避公众监察以期不被抓获。在第8章中,我们将探讨控制信息系统的问题。本章我们将讨论在应用信息系统的行为中所涉及的伦理维度。

伦理(ethics)是个人行为表现中用来引导是与非的伦理标准,可作为他们行为选择的指引。信息技术与信息系统会产生个人或社会的伦理问题是因为它们带来激烈的社会改变,且威胁现存的权力、财富、人权以及义务的分配。就像其他科技,例如蒸汽机、电力、电话与收音机等一样,信息技术可以促进社会的进步,但它也可用来犯罪并威胁宝贵的社会价值观。信息技术的发展使许多人获益,同时也使许多人受害。

互联网与电子商务已唤起人们对于信息系统在伦理与社会影响方面的关切。互联网与数字化公司技术让我们更容易搜集、整合并传播信息,也让我们产生对妥善使用客户信息、保护个人隐私权与保护知识产权等方面新的关注。

其他因为广泛使用信息系统而引发的迫切的伦理议题,包括对信息系统后果的责任机制、建立标准保障系统质量以保护个人及社会的安全、维护对信息社会中的生活质量极为重要的价值观与制度等。利用信息系统时必须要问,"什么才是行为的伦理与社会责任?"

4.1.1 伦理、社会与政治议题的思考模式

伦理、社会与政治议题三者之间的关系相当密切。信息管理者所面临的伦理难题,

通常可由社会与政治的争论上反映出来。图 4.1 可供我们思考这三者之间的关系。想象社会是夏天中一个平静无波的池塘，人、社会体制与政治体制在池塘中构成微妙的生态平衡。池塘中的每个人都应知道如何做才是对的，因为社会体制（家庭、教育及组织）已提供了行为规范，并且通过政治的运作制定成法律来规范人们的行为，并严惩违反社会制度的人。现在向池中央掷入一块大石头。想象新的信息技术与系统就是那块巨石，掷向平静无波的社会，会发生什么呢？毫无疑问，是一串串的涟漪。

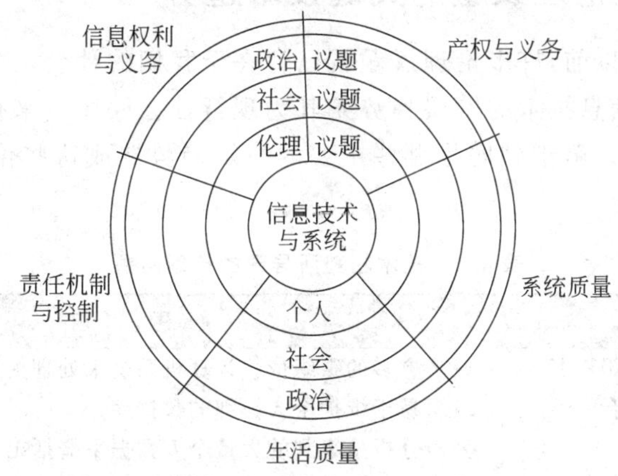

导入信息技术产生的涟漪，涉及新的伦理、社会及政治议题，可以从个人、社会、政治三个方面讨论。这些议题包括五个道德维度，分别是信息权利与义务、产权与义务、系统质量、生活质量，以及责任机制与控制。

图 4.1　信息社会中伦理、社会与政治三个议题间的关系。

信息技术发明以后，个人会面对一些新情况，而社会规则并未涵盖这些情况。而且社会规范也未能迅速地反映信息技术产生的新需求。通常需要数年之后，社会才会慢慢地发展出一套符合人类期望，并足以规范新科技使用的相关礼仪、共同期望、社会责任、“政治性正确”态度或可接受准则。政治的制度在法律条文形成前亦需要时间，其作用通常发生于许多实质伤害造成之后。这时，必须采取行动或被迫去处理这些法律上的“灰色地带”。

我们将利用此模式描述伦理、社会、政治三者之间的动态关系，这个模式对于如何确认“信息社会”的伦理维度相当有用，因为它横跨了三个不同层级的行为：个人、社会、政治。

4.1.2　信息时代的五个伦理维度

信息系统引发的主要的伦理、社会与政治议题包括下面几个伦理维度。

信息的权利与义务：个人或组织对与其相关之信息具有何种信息权利？这些权利该如何保护？对于这些信息，个人或组织有何义务？

产权与义务：在数字化社会中，追溯和确定所有权困难且常被忽视，应该如何保护传统的知识产权？

责任机制与控制：如果个人或团体的信息隐私权或产权遭受侵犯，是否可以证实谁可以或应该负责任?

系统质量:数据及系统需要何种质量标准,以保护个人权利与社会安全?

生活质量:在一个以信息与知识为主轴的社会中,应该维护何种价值观?应该维护何种制度免于受到破坏?信息技术又可以对文化价值观与实践提供怎样的帮助?

我们在4.3节对这些伦理维度将会有更详细的介绍。

4.1.3 产生伦理议题的关键技术趋势

在信息技术发明以前,许多伦理议题就已存在于我们的社会,它们是自由社会中无处不在的关注点,而信息技术的发展趋势尤其为现行社会秩序带来很大压力,并使现存法律过时或严重残缺。至于到底是哪些主要的技术趋势造成这些伦理压力呢?表4.2归纳如下。

表4.2 技术趋势所导致的伦理问题

趋势	影响
计算能力每18个月提升一倍	愈来愈多的组织依赖计算机系统来处理关键任务
数据存储成本快速下降	组织易于维护个人详细的数据库
数据分析技术的进步	公司分析搜集到的大量个人数据来概括出详细的个人行为表现
网络技术进步与互联网	从他处复制数据及从远程存取个人数据变得非常容易

计算机计算能力以每18个月增加一倍的速度发展,使大部分的组织纷纷在核心生产流程中采用信息系统,造成对计算机系统的依赖性增加,而对系统错误与粗劣数据质量的脆弱性亦相对增加。社会规范与法律尚未对此依赖性有所调整,对于如何确保系统的可靠度与正确性的标准,并非普遍地被接受或执行(参阅第8章)。

数据存储技术快速成长,而存储成本快速下跌,因此不论是私人企业或公共部门都大量地使用数据库以储存个体(如员工、客户和潜在客户)的资料。借助数据存储技术,侵犯个人隐私变得既快捷又便宜。海量数据存储系统非常便宜,连区域或地方性的零售商都可以用它们来记录客户的详细数据。

大型数据库的数据分析技术的发展是引起伦理关注的又一科技趋势,让公司和政府机构可以找出更详细的个人信息。利用现代数据管理工具(参阅第6章),公司比以前更容易地搜集和整合个人的大量数据。

你的种种活动都可以在计算机中产生相关的信息:信用卡消费、电话、杂志订阅,录像带租借、邮购、银行记录,以及与地方、州及联邦政府的记录(包括法院与警方的资料)。将这些数据放在一起并且适当地挖掘,除了可得到你的信用信息外,还会有你的驾驶习惯、兴趣、社交行为与政治倾向等信息。

有些想要出售产品的公司会从以上的来源购买相关的消费信息,使得它们可以更准确地制定营销计划。第3章和第6章描述了厂商如何在大量不同来源的数据中,利用数据挖掘技术快速地找出客户的购物风格并提出建议。使用计算机整合多处来源的数据,并将之结合及产生个人详细的电子档案,这项技术称为概况分析(profiling)。

例如,数百个网站允许互联网广告经纪公司DoubleClick(www.doubleclick.net)去追踪它们网站上访客的活动，并利用分析结果来争取广告以增加收入。DoubleClick公司利用获取的信息来产生每一位在线访客的概况，并随着访客参观DoubleClick公司有关联的网站，可在概况中再增加更详尽的数据。随时间的推移，DoubleClick公司能够产生个人在网站上消费及使用计算机习惯的电子档案，并将之卖给厂商，以帮助其更加精准地锁定网络广告。

ChoicePoint搜集数据的途径包括：警察局信息、犯罪记录、机动车驾驶纪录；信用卡信息和就业历史；原居住地址与现今居住地址；职业执照；保险卷宗（搜集并更新几乎所有美国成年人的信息）。它将个人信息出售给公司或政府机构。由于个人信息的需求非常庞大，像ChoicePoint这样的数据经纪公司生意兴隆。

一项称为不明显关联察觉（nonobvious relationship awareness，NORA）的分析技术，同时为政府与私人机构带来更具强大的概况分析能力。NORA可以从不同的来源获取人们的相关信息，如求职申请书、通话记录、客户名单、"通缉"名单等，对其中的关系进行联系，以找出有助于辨识罪犯或恐怖分子的模糊隐藏关联（见图4.2）。

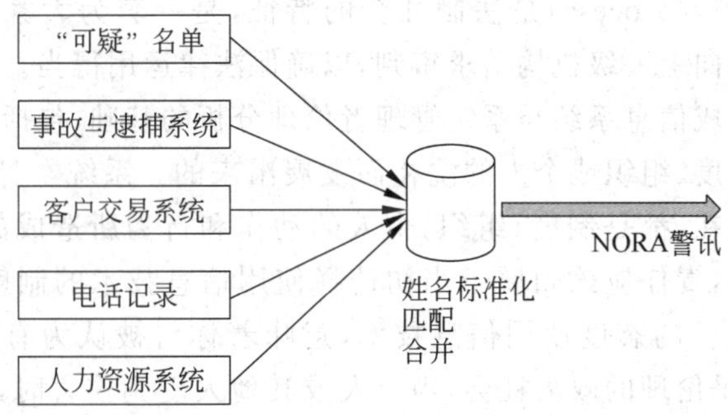

不明显关联察觉技术可以取得人们不同来源的相关信息，并找出模糊、不明显的关系。举例来说，这项技术可以发现一家赌场求职者与一名恶名昭彰的罪犯电话号码相同，从而发出警讯给招聘经理。

图4.2 不明显关联察觉（NORA）

NORA技术可以扫描数据，在数据产生的过程中撷取信息，这样一来它可能会立即发现登机口的某个男人与一个恶名昭彰的恐怖分子电话号码相同，并在登机前及时阻止他。这项技术对保卫国土安全是一个有价值的工具，但会造成隐私权上的争议，因为其泄露太多的个人的行为与社交信息。

最后，包括互联网在内的网络的快速发展大幅降低了数据的移动与获取成本，利用小型台式个人计算机就能从远程挖掘大量数据，从而使对个人隐私侵犯的规模和精准度都超出想象。

个人与企业广泛使用全球性的数字化高速通信网络，引发了更多的伦理与社会议题。谁必须对网络信息流通负责？你查得出你的哪些资料被搜集吗？这些网络对传统的家庭关系、工作或休闲方式造成什么影响？当数百万的员工因为采用移动办公而成为了自付薪水的"次级承包商"时，传统的工作设计要如何应对？

下一节，我们将讨论帮助我们处理伦理与社会议题的伦理观点和分析技术。

4.2 信息社会的伦理

伦理为拥有自由选择权的人们所关注。伦理是关于个人抉择的问题：面临许多不同行为方案时什么才是正确的伦理选择？“伦理的选择”有哪些主要的特征呢？

4.2.1 基本概念：责任、责任机制与法律责任

伦理选择是一种个人的决策，它表示个人必须对其行为结果负责。**责任**(responsibility)是个人承担伦理行为的表征，意味着个人必须负担所做决策的潜在损失、职责及义务。**责任机制**(accountability)是系统与社会制度的特征：它意味着存在决定谁应该负责去做，及谁应该为此负责的机制。如果系统与制度不能明确谁必须做什么事，就不能从事伦理分析或是行动。**法律责任**(liability)更进一步延伸责任的观念到法律的范围，它的特性是由法律构成的政治机制，允许个人对他人、系统或组织的伤害索取赔偿。**正当司法程序**(due process)是法制社会的特征，是一套为大家所知道与明了的程序，可通过上诉方式，向上一级机构请求审判，以确保法律运用得当。

这些基本概念构成信息系统与系统管理者伦理分析的基础，包括以下几点：第一，信息技术是经由社会制度、组织或个人的洗礼而发展出来的。系统本身不会造成冲击。任何信息系统冲击的存在，都是制度、组织、个人的动作和行为所造成的。第二，若信息技术产生任何不良后果，责任应该归属于当初选择使用信息技术的制度、组织或是个人管理者。秉持“社会负责”的态度使用信息技术，意味着你将被认为有能力为所作所为负责。第三，在一个合乎伦理的政治社会，当个人或其他人受到伤害时，都可以通过正当司法程序根据一系列法规求偿。

4.2.2 伦理分析

我们面临会引起伦理议题的情境时该如何分析及推理呢？以下五个分析步骤可以引导你的决策。

1. 清楚地辨认和描述事实：找出是谁损害了别人的利益，以及是何地、何时及如何去损害的。在许多实例中，你常常会惊讶于起初报告的事实中有那么多错误，而更常见的是，只要厘清事实，问题就容易解决了。不仅如此，让伦理冲突中针锋相对的各方确认事实，也是有帮助的。

2. 确认冲突或困境，并辨认隐藏其中的更高层次的价值观：伦理、社会、政治议题总是涉及更高的价值观。争论的双方都会认为他们在追求更崇高的价值观(例如自由、隐私权、财产保障及自由企业体系)。典型情况是，陷入伦理议题的争论的对立双方所支持的价值观均值得信服。例如本章结尾的案例会提到两种相反的价值观：是追求改进健康护理记录还是追求保护个人隐私权？

3. 确认相关的利益攸关方：每一个伦理、社会或是政治议题的发生，都牵涉利益攸关方，包括谁是获利者、谁在该情况下介入、谁表达了意见。找出这些人或团体并确认他们的需求是什么，对于未来设计解决方案会有很大的帮助。

4. 确认各种合理的行动方案：伦理困境的特点是没有一种方案可以满足所有的利益攸关方，但是有些方案会较其他方案好。有时候达成一个好的或合乎伦理的方案，并不一定表示所有利益攸关方都达到平衡。

5. 确认选择方案执行后的可能结果：某些方案可能伦理上是正确的，但从另外一个角度来看可能却是灾难。有些方案只能适用于某些情况，而不适用于其他类似状况。因此必须经常反问自己，"如果我坚持这样做又会怎样呢？"

4.2.3 参考伦理准则

分析完成后，你应该使用哪些伦理准则或规则来制定决策？哪些较高层次的价值观会影响你的判断？虽然你自己是唯一能决定在许多伦理准则中自己遵守何种准则及其优先次序的人，但是参考历史中经过多重文化历练的伦理准则，对你的决定会有帮助。

1. "己所不欲，勿施于人。"黄金法则(Golden Rule)。换位思考，把自己当成决策中的对象，可以帮助你在决策时思及"公平"。

2. "如果每一个人都这么做是不对的，那么不论何种理由，任何人都不能采取这种行动。"伊曼纽尔·康德的绝对命令(Immanuel Kant's Categorical Imperative)。反问自己："如果每个人都执行这个行动，组织、社会是否能继续存在？"

3. "如果某一个行动不能重复执行，则任何时间都不能采取这种行动。"笛卡儿变化规则(Descartes' Rule of Change)。该原则又称为滑梯原则(slippery-slope rule)：一个行动在短期所带来的小改变是被容许的，但经过长期的重复执行则会造成不能接受的改变。简单点说，"一旦某个方案上了滑梯，也就是行动开始以后，类似的方案就很难停止。"

4. 采取受益最大的行动。功利主义原则(Utilitarian Principle)。该理论假定人们可排列价值观的优先级，并知道不同的行动会造成哪些结果。

5. 采取伤害最小或是潜在成本最低的行动。风险规避原则(Risk Aversion Principle)。有些行动具有极高的失败成本但其失败的几率非常低(如在市区兴建核电厂)；或是风险中等但高失败成本(如超速与车祸)。我们应更关注于产生高失败成本的中度到高度可能性，以避免这些高失败成本的行动会发生。

6. "所有有形的或无形的对象，除非有特别的说明，否则都是由某些人所拥有。""没有免费午餐"原则("No Free Lunch" Rule)。若某人创造的某件事物对你有用，它便有价值，并且你应该假设该事物的发明者会向你索求相应的报酬。

以上的六种伦理准则不是行动的所有准则，但是如果有些行为不符合这些原则就应当特别注意并加以警惕，因为这表明这些不合伦理的行动对你及公司可能会造成伤害。

4.2.4 专业人员的操守准则

一旦某个团体声称是专业人员时，就表示他们拥有特定的权利与义务。专业人员代表某一种专业知识、智能与尊重。许多专业团体，例如美国医师协会(American Medical Association，AMA)、美国律师协会(American Bar Association，ABA)、信息技术专业人员协会(Association of Information Technology Professionals，AITP)、美国计算机协会

(Association of Computing Machinery,ACM)都制定各自的专业操守准则。通过决定会员的入会资格与能力,这些专业团体对于部分职业规定负有责任。专业人员遵守这些为大众利益所制定的操守准则,例如在ACM伦理法则与专业行为的一般伦理义务中,论及应避免伤害他人、尊重产权(包括知识产权)、尊重他人的隐私权。

4.2.5 真实世界的伦理困境

信息系统让利益团体之间彼此对立,造成伦理困境。例如在美国,许多大型电话公司开始使用信息技术来减少人力需求。语音识别系统可减少接线员的人数,因为这套系统可以替代接线员回答一系列程式化的问题。许多公司监视员工在互联网上的所作所为,防止他们浪费公司资源从事非工作性质的事情(参阅第7章的"互动讨论:管理领域")。

以上每个例子都表明工作场所中的价值观冲突,争论的双方背后有不同的利益群体。公司宣称它们有权利使用信息系统来提高生产率,减少人力,降低成本以求生存。被信息系统取代的员工宣称雇主有责任照顾他们的生活与福利。企业负责人也许感到他们有监督员工电子邮件与互联网使用的义务,以减少对于生产率的消耗,但员工相信他们可以在上班时使用互联网来代替电话,处理短暂的个人事务。如果同时慎重考虑这些事实,可能会找到一个妥协的方案,双方各退一步。应用先前所描述的准则来分析这些案例,怎样做才是符合伦理规范的呢?

4.3 信息系统的伦理维度

本节将探讨图4.1所描述的信息系统的五个伦理维度,其中每个维度我们分成伦理、社会和政治三种层次来分析,并用实例说明所牵涉的价值观、利益攸关方和所选方案。

4.3.1 信息权:互联网时代的隐私权与自由

隐私权(privacy)是个人要求独处,不受他人或组织甚至政府的监督或干扰的一种权利。在工作场所也常有侵犯隐私权的情形:上百万的员工受到电子或其他形式的高科技的监视(Ball,2001)。利用信息技术与系统侵犯隐私权便宜、有效,有利可图,致使个人隐私权受到更大威胁。

美国、加拿大和德国在宪法中都以不同的方法来保护隐私权,而在其他国家也会通过不同的法令保护隐私权。美国隐私权的保护源于《宪法第一修正案》,它保障国民言论及结社的自由,《第四修正案》保护个人的文档、住宅免受无正当理由的搜索、扣押,并保证正当司法程序。

表4.3描述主要的联邦法令,列出了在处理个人信息上的限制,例如在信用报告、教育、财务记录、报纸刊载与电子通信等各方面的数据。《1974年隐私权法》(Privacy Act of 1974)是这类法律中最重要的一个,规范了联邦政府对于信息的搜集、使用与公开。目前,大多数联邦隐私权法只适用于联邦政府,仅监管私人部门中的极少数领域。

表 4.3 美国的联邦隐私权法

一般的联邦隐私权法	隐私权法对私人机构的影响
《1966 年信息自由法及修正案》(5 USC 552)	《1970 年公平信用报告法》
《1974 年隐私权法及修正案》(5 USC 552a)	《1974 年家庭教育权法与隐私权法》
《1986 年电子通信隐私权法》	《1978 年金融隐私权法》
《1988 年计算机及隐私权保护法》	《1980 年隐私权保护法》
《1987 年计算机安全法》	《1984 年有线通信政策法》
《1982 年联邦管理者财务诚实性法》	《1986 年电子通信隐私权法》
《1994 年机动车驾驶者隐私保护法》	《1988 年视频隐私权保护法》
《2002 年电子政务法》	《1996 年医疗保险携带和责任法案》(HIPAA)
	《1998 年儿童在线隐私保护法》(COPPA)
	《1999 年金融现代化法案》(《格雷姆—里奇—比利雷法案》)

美国和欧洲的大多数隐私权法，是以称为公平信息惯例的制度为基础，该制度第一次出现在 1973 年联邦政府顾问委员会(美国健康、教育及福利部，1973)的书面报告中。公平信息惯例(Fair Information Practices，FIP)是一套规范搜集和使用有关个人信息的原则，FIP 原则的理念是信息持有者和个人彼此尊重双方的利益。个人会因从事交易而获利，而信息持有者(常是企业或政府机构)也需要个人的信息才得以完成此交易行为。信息一经搜集，个人将一直拥有此记录中的权利，非经同意此记录不得另作其他用途。1998 年，联邦贸易委员会(Federal Trade Commission，FTC)重申并扩展既有的 FIP 原则来提供保护在线隐私的方针。表 4.4 描述了 FTC 的公平信息惯例原则。

联邦贸易委员会的 FIP 原则被用来作为促使隐私法改革的指导方针。1998 年 7 月，美国国会通过《儿童在线隐私保护法案》(Children's Online Privacy Protection Act，COPPA)，要求网站在搜集 13 岁以下儿童的信息时需先经过其父母的同意(这条法律有被推翻的危险)。联邦贸易委员会已建议增设其他的法令，来保护在线客户在广告网络的隐私。网站会搜集顾客在网页上活动的记录建立详细档案，让其他公司用来锁定在线广告。其他提议的电子商务隐私法案则包括保护个人识别号码(如社会保障号码)的在线使用；保障处于《儿童在线隐私保护法》(1998)范围之外的个人信息搜集；限制因为保卫国土安全所需要的数据挖掘的使用。

表 4.4 联邦贸易委员会公平信息惯例原则

1. 通知/察觉(核心原则)：网站必须在搜集信息前披露它们是如何运用信息。包括数据搜集者的身份、资料的用途、其他收到信息的人之身份、搜集的性质(主动或被动)、自愿或必要、不当使用的后果，以及保护数据机密、完整性与质量的步骤。
2. 选择/同意(核心原则)：必须有一个适当的选择制度，让顾客决定除了支持交易以外，他们的信息为达到其他目的的使用方式，包括内部使用或传送给其他团体。
3. 访问/参与：顾客应该能通过不耗费时间、不昂贵的流程，来审查与质疑有关他们被搜集的信息的正确性与完整性。
4. 安全：数据搜集者必须采取负责的措施，来确认顾客数据的正确性，并且保障这些数据的安全，避免未经授权就被使用。
5. 执行：必须有一个适当的机制来执行 FIP 原则，这包括自我约束、立法规定顾客在遭受侵权时得到合法的补偿，或制定联邦条例与法规。

现今在放松金融服务监管与保护个人健康信息的维护和传送等方面的法律中，也都加入了隐私权保护。美国1999年通过的《格雷姆—里奇—比利雷法案》，解除了银行、证券公司与保险公司等之间跨行业经营的限制，同时提供对于金融服务顾客的一些隐私权保护。所有的金融机构必须披露它们的政策与惯例，来保护非公开个人信息的隐私权，并允许客户与毫无关系的第三者达成"选择不接受"分享信息的协议。

1996年提出的《医疗保险携带与责任法案》(Health Insurance Portability and Accountability Act，HIPAA)提供有关医疗档案的隐私权保护规范，并在2003年4月14日通过。这项法案让病人可以存取由健康护理机构、医院或健康保险公司等维护的个人医疗档案，并有权决定如何使用或公布其受保护之个人信息。

欧洲数据保护指令

欧洲隐私权保护的规范比美国严谨。和美国不同的是，欧洲国家不允许企业在获得客户同意前使用可用来辨识个人身份的信息。1998年10月25日，欧盟执行委员会的数据保护指令正式生效，扩大数据保护在欧盟国家的规范范围。这项指令要求公司在搜集人们的资料时必须告知当事人，并公布如何来保存与使用这些信息。客户必须表示已被告知且同意后，公司才可以合法地使用有关他们的资料，同时客户有权访问这些信息、进行修改以及要求不被继续搜集资料。知情同意(informed consent)可定义为在知道所有需用来做理性决策的事实后予以同意。欧盟的成员国家必须将这些原则转换纳入其自身的法律当中，而且不能将个人数据传送到如美国等没有类似隐私权保护规范的国家。

美国商业部与欧盟执行委员会一同合作，为美国的企业制定"安全港"协议。美国企业只要制定符合欧盟标准的隐私权保护政策，就可以使用从欧洲传来的个人数据。将利用自我约束、监管与政府实施公平贸易法令等方法，在美国进行执行工作。

互联网对隐私权的挑战

互联网技术的使用对个人隐私权的保护提出了新的挑战。信息在被送到目的地以前，就已经过众多不同的网络和不同的计算机系统，其中每个系统都具备监视、抓取及储存所经过信息的能力。

许多在线的活动都可以记录下来，包括个人进行的搜索内容、浏览过的网站、查看的在线内容以及经由网站所查看和购买的商品。许多这种监视与追踪网站到访者的行为都发生在系统的背后，而用户并不知情。除个体网站外，像DoubleClick这样可以了解上千网站浏览情况的广告网络也在监视与追踪访问者。用来查看访问者在万维网上活动的工具大受青睐，它们帮助组织了解谁正在浏览其网站及如何更加迎合客户的需求。(一些公司甚至利用工具监视员工使用互联网的情形，看他们是如何利用公司的网络资源。)这种针对个人信息的商业需求是永无止境的。

如果网站访问者自愿地在网站登录个人数据，以购买商品、服务或获得免费的服务，则当他们上网站浏览时，网站往往可辨识出访问者的身份。网站也能够在访问者不知情的状况下使用cookie技术，来获取其个人信息。

cookie是一些小文件，当用户浏览某些网站时，该文件便经由网站传送而被储存在用户的计算机硬盘中。当访问者再度访问该网站时，由于其计算机存有该网站的 cookie 文件，故网站的软件便会自动搜寻访问者的计算机，找到它的 cookie 文件，并且获悉该访问者以前在网站上的活动。网站亦可在访问者浏览网站的活动过程中更新其 cookie 文件。以这种方式，网站能根据每位访问者的兴趣设计出他所需的内容。例如，如果你在 amazon. com 网上书店购买了一本书，之后又以相同的浏览器再度光临，则该网站便会称呼你的名字来欢迎你，并根据你过去的购买习惯，推荐你可能感兴趣的书籍。本章前面曾介绍过 DoubleClick 公司，就是使用了 cookie 文件来建立网站访问者的采购、行为方面的详细档案。图 4.3 说明了 cookie 的运作流程。

1. 网络服务器读取用户的网络浏览器信息，确认其操作系统、浏览器名称、版本号、互联网地址以及其他信息。

2. 服务器传回一个 cookie，即包含用户身份信息的小型文本文件，经由用户的浏览器接受之后存储在用户的硬盘上。

3. 当用户再度访问这个网站时，服务器会接收先前存储在用户计算机上的 cookie。

4. 网络服务器读取这个 cookie，确认来访者身份，并调出用户的数据。

cookie 是被网站存于计算机硬盘上的文件。当访问者再度光临该网站，网站服务器将从 cookie 找出识别号码，并找出硬盘中访问者的数据。网站于是利用这些数据来显示个性化的相关信息。

图 4.3 cookie 如何辨识网站访问者

网站使用 cookie 技术并不能直接获得访问者的姓名及地址。然而，如果一个人已经在网站上登录自己的数据，则这些信息将可和 cookie 的数据结合来识别这个访问者的身份。网站所有者可以结合他们从 cookie 中搜集的信息，利用其他的网络监视工具，以及由其他来源，如问卷调查或纸质目录营销所获得的离线数据，概括出网站访问者的详细信息。

现在还有许多监视互联网用户的隐蔽工具。网络臭虫（Web bug，又称为 invisible. GIFs 或 clear. GIFs）是一种放置在电子邮件或网页中的非常小的图片文件。它会将有关用户及其浏览过的网页等相关信息传送给负责监视的计算机。

其他间谍软件隐藏于较大的应用程序之中，偷偷安装在用户的计算机上。一旦安装成功，间谍软件就触发网站发送标语式广告和未经请求的信息，并且将用户在互联网上的一举一动报告到其他计算机上。关于更多网络臭虫、间谍软件和入侵软件的信息参见第 8 章。

现在 Google 根据用户的搜索活动锁定行为目标，有针对性地投放广告。在其中一个项目中，广告商可以根据 Google 用户的搜索历史或 Google 可以网罗到的其他信息，如用户的年龄、人口特征、地区或其他网络行为（如博客）等，有针对性地推出广告。

Google的另一个项目可以让广告商通过设定关键字为不同的细分市场根据搜索历史设计不同的广告,例如帮助服装网站设计并测试针对少女群体的广告。

此外,Google还利用免费邮件服务Gmail获取用户的邮件信息内容。用户读邮件时,看到的广告就与邮件主题相关。基于这些邮件内容,Google建立用户的个人档案。2008年,Google推出Chrome网络浏览器,其"建议"功能可以让用户在键入搜索条目后,自动推荐相关搜索和网站。批评者指出这是一个按键记录器,存储用户的每一次键盘敲击行为。随后Google宣布它将在24小时内隐匿所有数据。

美国允许企业搜集市场中产生的交易信息,并使用这些信息来达到它的营销目的,而无须取得其信息被用户的知情同意。美国的电子商务网站在其网站上都有大量详尽的公告,告知访问者会如何来使用其数据。有些网站会在其信息政策公告之处加入一个选择不接受的选项。知情同意的选择不加入(opt-out)在该名顾客特别要求停止搜集其资料前,允许搜集其个人资料。隐私权保护团体比较希望知情同意的选择加入(opt-in)被广泛应用。这种模式和选择不加入恰恰相反,它在顾客采取某些行动允许其资料被搜集前,禁止企业搜集任何个人资料。

在线产业倾向于采用自我管制的隐私法令来保护顾客。在线产业于1998年成立了在线隐私权联盟(Online Privacy Alliance),鼓励自我管制来为联盟成员建立一套隐私权指导方针。这个团体声称使用如TRUSTe所提供的在线"图章",依据某些隐私权政策来对网站进行验证。包括DoubleClick在内的广告网络产业成员,也另外成立了一个称为网络广告计划(Network Advertising Initiative,NAI)的产业协会,来发展这个产业独有的隐私权政策,帮助顾客选择不加入广告网络计划与提供顾客数据被滥用的补偿。

AOL、Yahoo! 和Google等几家企业针对大众对于在线数据追踪的关切,最近推出了新的政策。AOL推出选择不加入政策,允许用户访问其网站而不被追踪;Yahoo根据网络广告计划,允许用户不被追踪、拒绝网络臭虫;Google也缩短了追踪数据的保留时间。

总的来说,大部分的互联网企业对保护顾客隐私不甚关注,顾客也没有尽力保护自身信息。许多网站没有隐私政策,有些网站即便有隐私政策,五成以上不会监督其是否实施到位。绝大多数的在线顾客声称对隐私权颇感忧虑,可是他们当中会阅读网站的隐私声明的人数还不足一半(Laudon and Traver,2009)。

技术解决方案

除了立法之外,还开发了新的技术来保护在与网站互动时的用户隐私权。这些工具中有许多是用来加密电子邮件、隐匿发送电子邮件或上网活动时的身份,甚至阻止用户的计算机接收"cookie",以便识别和阻止间谍软件。

现在开发出许多工具来帮助用户判断哪些个人数据会被网站撷取。隐私选择平台(Platform for Privacy Preferences),也就是众所皆知的P3P,使电子商务网站与其访问者自动沟通两者间的隐私政策。P3P提供标准,来传达网站隐私政策给互联网用户,并比较该政策与用户偏好或其他标准,如FTC的新FIP方针或欧洲数据保护指令。用户可在与网站互动时,使用P3P来选择其理想中的隐私水准。

P3P标准允许网站以计算机能理解的形式来公布其隐私政策。一旦根据P3P规则编入系统之后,这个隐私政策就变成了网页中软件的一部分(见图4.4)。最新版的微软IE浏览器的用户,可以存取并阅读P3P网站的隐私政策与一份来自网站的所有cookie清单。IE浏览器让用户调整他们的计算机,以过滤掉所有的cookie,或是让某些符合特殊隐私权水准的cookie进入。例如,"中安全性"水准接受由包含选择加入或选择不加入政策的"第一方"网站而来的cookie,但拒绝没有以选择加入政策来使用个人识别信息的第三方cookie。

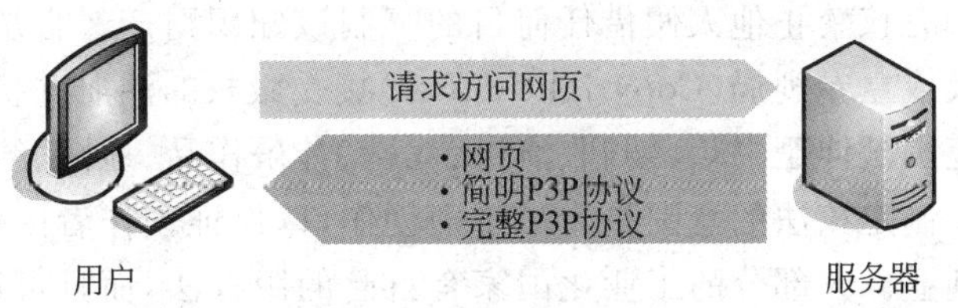

1. 配有P3P网页浏览器的用户请求访问网页

2. 网页服务器传回网页的同时附带简明的网页政策,指向P3P协议。如果网站不兼容P3P协议,则不会传回P3P数据。

3. 用户的网络浏览器软件比较网站反应与用户的隐私偏好。如果网站不兼容P3P协议,或该政策与用户的隐私水准不匹配,浏览器将警告用户,或者拒绝来自该网站的cookie。如果相符的话,网页会正常加载。

P3P标准允许网站以用户浏览器软件能理解的形式来公布其隐私政策。浏览器软件评估网站的隐私政策以判断是否与用户的隐私偏好相匹配。

图4.4 P3P(隐私选择平台)标准

然而,P3P只能在隶属于万维网联盟(World Wide Web Consortium,W3C)成员、将其网站隐私政策转成P3P格式的网站上运行,这项技术对于那些不属于W3C成员的网站依然会显示其cookie,但用户不能获得传送者的信息或是隐私权声明。许多用户尚需学习如何解读公司隐私权声明与P3P隐私水准。

4.3.2 产权:知识产权

当前的信息系统严重挑战现存的保护私人知识产权的法律与社会惯例。**知识产权**(intellectual property)是指个人或公司所创造的无形财产,信息技术让保护知识产权变得很困难,因为计算机化的信息在网络上很容易被复制或传播。知识产权在三种法律惯例之下有许多不同的保护方式:商业机密、版权和专利权。

商业机密

任何知识工作的成果,如果不是由公开方式可以获得的,不管是一个处方、设计、流行样式,或数据的编辑,只要用在商业用途,就可归类为**商业机密**(trade secret)。商业机密的保护在美国各州都不相同。一般来说,商业机密法主要是赋予工作成果背后隐含一个专卖权的观念,尽管有时这专卖权也许也没有什么作用。

软件包含了新奇或独特的单元、程序或编译,因此也算是一种商业机密。商业机密法保护的是工作成品中蕴含的实际想法,而不只是保护外在成品。为了落实这个理念,开发者或拥有者必须与员工及客户达成不公开机密协议,以防止机密外泄。

保护商业机密执行上的限制在于,虽然任何复杂程度的软件程序都有其独特之处,但当软件广泛散布时,很难阻止这些软件开发的想法外泄。

版权

版权(copyright)是法令赐予知识财产创作者终其一生再加上70年内(对公司持有的版权则是95年)有权禁止他人假借任何目的复制该知识财产。自从1790年联邦版权法第一次制定以及成立专利局(Copyright Office)接受版权的注册并执行版权法以来,国会将版权的保护范围延伸至书籍、期刊、演讲、戏剧、音乐作品、地图、绘画、任何形式的艺术品及电影。国会制定该法的意图是为了鼓励创作,以保证创作者因创作物而可得到财务或其他方面的利益。大部分的工业化国家有自己的版权法,而且可通过各种国际公约和双边协议来协调执行。

20世纪60年代中期,专利局开始接受软件程序的注册。1980年国会通过《计算机软件版权法》,其中清楚地规定有关商业用途的软件出售,要对原始程序和目标程序加以保护,并且明确了虽然创作者具有所有权,但购买者有权使用软件。

版权的保护非常清楚:目的就是防止复制整个程序,或其中部分程序;版权被侵害时可立即得到赔偿。版权保护法的缺点则是只保护作品外观的具体成果,背后重要的观念则未受到保护。所以竞争者可以使用你的软件,了解它是如何运作的,援用相同的概念设计一个新的软件,而不会侵犯版权。

"直觉法"(look and feel)版权侵害官司正是想法(idea)和其表现(expression)的分野。例如,在20世纪90年代早期,苹果公司控告微软和惠普侵害其Macintosh界面的表现方式。苹果的指控中有一条说,被告盗用其多重窗口的表现方式,而被告则提出反诉,宣称只有一种方式可以表现多重窗口,因此在版权法的"合并"(merger)条例下,这样的想法是不在保护范围内的,因为当想法和表现方式合并的时候,表现方式就不属于版权的保护范围。一般来说,法庭通常会援用1989年Brown Bag软件公司和Symantec公司的官司判例,在此案例中法庭详细分析软件中原告声称被侵害的部分,结果发现相似的观念、功能、一般功能的特征(例如下拉式菜单)以及颜色皆不在版权的保护范围(Brown Bag vs. Symantec Corp.,1992)。

专利权

专利权(patent)允许发明者具有独家专卖权20年。国会希望专利权能保证发明者可以因其发明新的机器、设计或方法而得到财务或别的报偿,同时希望专利权拥有者提供详细的图表,让取得其使用许可的人使用这一概念,让所发明的产品持续且广泛地被使用。专利权由专利局授予许可,并且受法院的裁决。

专利权的主要概念是原创性、新颖和发明。直到1981年,最高法庭裁定计算机程序可以为专利处理的一部分以后,专利局才接受应用软件专利权的申请。从此以后,有数以百计的软件获得专利，并有数以千计的申请等待审核。

专利权保护的优点是允许软件背后的概念与想法具有专卖权。困难之处在于需要通过严格的标准，即非易见性（例如作品必须要有特殊的巧思和贡献）、原创性和新颖性，同时还得花费几年等待以取得专利权的保护。

对知识产权的挑战

现代信息技术，尤其是软件，对现存知识产权制度造成严重的挑战，产生了重大的伦理、社会、政治问题。数字媒体不同于书籍、期刊或其他媒体，它很容易被复制、传送、变更，很难将软件作品像节目、书籍或者甚至音乐一样区分清楚；它具有密集性，容易被偷窃，且难以证实其独特创新性。

电子网络的扩散，包括互联网在内，使得知识产权的保护更加困难。在网络未普及以前，复制软件、书籍、杂志文章或影片，必须储存至实体的媒介上，例如纸张、计算机硬盘、录像带，因此增加了散布的障碍；但是使用网络及网站以后，信息就可被很容易地广泛复制传播。国际数据公司（International Data Corporation）和商业软件联盟（Business Software Alliance）共同组织的第五届全球盗版软件调查（The Fifth Annual Global Software Piracy Study）显示，2007年安装于个人计算机的软件中38%为盗版软件，全球收益流失高达480亿美元，相当于正版软件每赚2美元，盗版软件就分得1美元（Business Software Alliance，2008）。

互联网在世界各地自由地传送信息，包括有版权的信息在内。尤其是使用万维网后，即使大家使用不同的计算机系统，仍可以轻易地将任何东西复制及传送给全世界成千上万的人。信息可以非法地从一方复制后，再分传至其他的系统及网络，尽管这些机构并不想参与违法行为。

个人在互联网上非法拷贝和传播数字MP3文件已经有数年之久，催生了文件分享服务网站（如最早的Napster、后来的Grokster、Kazaa和Morpheus），这些网站帮助用户查找并交换电子音乐文件（其中包括有版权保护的文件）。非法文件共享愈演愈烈，威胁脆弱的音乐唱片行业。虽然唱片行业打赢了几场官司，关闭了文件分享服务，但是却不能杜绝非法文件共享。随着越来越多的家庭接入高速互联网端口，非法的视频共享对电影行业也造成了相似的冲击（参阅第3章的案例研究）。

现在已经开始发展在互联网上销售书籍、文章等版权商品的机制了。1998年的《数字千年版权法案》（Digital Millennium Copyrights Act，DMCA）提供了一些保护版权的方法。DMCA采用世界知识产权组织的一则条约，明文规定破坏对拥有版权的素材的科技保护为不合法行为。互联网服务供应商（Internet Service Provider，ISP）在有人通报侵权问题后，就必须“拆除”其管理的网站中有侵害他人版权的网站。

软件与信息产业协会（Software and Information Industrial Association，SIIA）代表微软及其他主要软件和信息公司，游说制定新法并强制执行现有法律以保障世界各地的知识产权。SIIA建立一个反盗版热线，让每个人检举盗版行为，拟定教育计划以帮助组织对抗盗版软件，并发布了一套员工软件使用指南。

4.3.3 责任机制、法律责任与控制

随着隐私权法和产权法的制定,新信息技术正挑战着现存的法律责任和社会习惯所认定的个人及机构责任机制问题。如果某人在操控一台部分由软件控制的机器时受伤,那么谁该为此而负责呢?像 America Online 这样的公共电子公告栏或电子服务机构,应该容许传输色情或攻击性的数据吗?或是不管用户传输什么内容,它们都不用负责呢(像电话系统不正是如此吗)?互联网的责任又如何?如果你外包自己的信息处理任务,一旦你的客户受害,你能让承包商负责吗?看看一些真实的例子可能有助于回答这些问题。

计算机相关的法律责任问题

2002 年 3 月 15 日是个周末,美洲银行(Bank of America)在加利福尼亚州、亚利桑那州和内华达州的上万名用户无法通过电子账户兑换支票和社保资金。支票跳票;现金不足无法取款。由于内华达州计算机中心的一个操作失误,导致一批直接存款交易无法处理。银行未能将这些钱打入顾客的账户,几天之后才纠正了这个错误(Carr and Gallagher,2002)。那么在这段期间,个人和企业因无法操作账户而带来的损失应该由谁负责?

这些例子指出了一个信息系统主管所必须面对的困境,他必须为员工开发的系统所带来的伤害负最后的责任。一般来说,计算机软件是机器的一部分,而只要机器造成某人实质上或经济上的损害,软件开发者或操作员必须为其负责。但是软件只要被视同像一本图书般储存和显现信息,法庭通常不太会要求由作者、出版商与销售商为其内容负责(欺诈或毁谤的例子除外),因此法庭也不太会让软件作者为其"像图书般的"软件负责任。

一般来说,不管发生的损坏是物理上的或金钱上的,都不可能或者极难要求软件制作者为其被认为"像图书般的"软件作品负法律责任。一直以来,由于担心赔偿责任会抵触宪法第一修正案所保障的表达自由(freedom of expression)权利,所以出版商、书籍、期刊不需承担法律责任。

"软件就是服务"是什么意思呢?自动柜员机是银行为服务客户所提供的机器,若是这项服务有误,则会给客户造成不便,而且如果客户不能及时使用账户内的钱,可能会对他们造成经济上的损害。是否法律责任应该扩及有缺陷的财务、会计、模拟或营销等系统的软件出版商和操作人员身上?

软件和书籍是非常不同的,软件的用户可能期待所使用的软件毫无失误。软件比书籍更难以检查,而且很难和其他的软件就其质量加以比较。软件的使用实际上是在执行一次任务,而非像书籍只在描绘任务内容。大众逐渐依赖以软件为基础的服务,软件对日常生活已如此重要,因此很有可能将法律责任延伸至软件业,包括提供信息服务的软件。

电话系统并不需要为它们所传递的信息负责,因为它被定位在"一般的传输工具",必须在合理的费率下为所有人提供服务,并达到可接受的可靠度。但是广播和有线电视

系统在内容与设施方面，却受到各式各样的联邦法或地方法的限制。组织也要为在其网站上具有攻击性的内容负责。在线服务组织（如 America Online）也必须为其用户所张贴的内容负责。

网站和网络运营商是否应该为第三方张贴的内容负责，美国法院的判决日益倾向于为网站和网络运营商开脱。尽管如此，法律诉讼对于小公司和个人还是具有激冷效应（chilling effect），因为它们负担不起法律费用。

4.3.4　系统质量：数据质量与系统错误

使用系统所造成的意外后果，到底归咎何方，也形成了一个相关但却独立的伦理维度。什么是在技术上可行且可以接受的系统质量？什么阶段系统管理者可说："停止测试！我们已尽可能地使软件完美了，就这样出货！"个人和组织可能须为可避免及可预见的结果负责，因为他们原本就有职责查出错误，并及时更正。而灰色地带就在于，有些系统的错误是可预见并可更正的，但是要付出很高的费用，以至于实现系统的完美在经济上是不可行的——没有人负担得起这样的产品费用。

例如，虽然软件公司会在把产品卖到市场前尽量除去产品的错误，它们也知道产品有缺陷，但为了找出所有的小错误需花费相当的时间与成本，而这会妨碍产品的出售。假使产品无法上市，是否真的社会整体福利就不能进步，甚至退步？更深一层来看，什么才是计算机服务生产者的责任？它们是应该回收永远不可能完美的产品，还是警告买者小心谨慎，还是忘记风险（让购买者小心使用）？

系统性能很差的主要原因有三个：(1)源于软件的缺陷和错误；(2)硬件或设备因自然因素或其他原因的故障；(3)输入数据质量不佳。第 8 章的拓展学习说明为何复杂的软件程序不可能达到零缺陷以及为何难以估计其余未找出的缺陷的严重性。因此，使软件达到完美必然有技术障碍，而顾客也必须知道，使用软件也许有潜在的意外失败。并且软件产业至今也未发展出一个测试标准来制造可接受但不是表现完美的软件。

虽然软件缺陷和设备灾难很可能会在媒体上大肆报道，到目前为止通常会造成企业系统故障的原因，大多还是数据的质量。几乎很少有公司例行性地评估其数据质量，然而一些私人组织的研究报告指出，数据错误率达 0.5%至 30%。

4.3.5　生活质量：公平、访问与范围

引进信息技术和系统带来力量，但是同时产生负面社会成本。许多负面后果并未侵犯个人权利，也未造成财产犯罪，却对个人、社会和政治造成极大的危害。即使计算机和信息技术会为我们带来利益，但其潜力亦会破坏我们文化和社会有价值的部分。在使用信息系统时，必然存在权衡问题，那么谁须为后果负责呢？接下来，我们从个人、社会、政治的反应维度，简单地考察系统所带来的一些社会负面后果。

权力中心和外围之间的平衡

计算机时代的早期，我们所畏惧的是集中式的大型计算机会让权力集中于公司总部或国家的首都，结果就像乔治·奥威尔（George Orwell）在小说《1984》中所写的，会形成

"老大哥"的社会。因此向高度分散式计算机发展的趋势,加之给员工"授权"(empowerment)的思想以及将决策权延伸至组织内较低的层级,减低了我们对权力过度集中的恐惧。但是一般的商业杂志对"授权"范围的描述是没有意义的,低层员工被授权做些小决策,主要的政策仍如过去般集中在组织内的高层。

快速的改变:缩短反应时间以提高竞争力

信息系统对于创建国内外高效率的市场有相当大的帮助,高效率的全球化市场缩短了企业为应对竞争而进行调整所需的缓冲期。但"基于时间的竞争"其不好的一面是:你所服务的公司也许没有足够的时间对全球的竞争者采取反应措施,因而在一年内被淘汰,你也因此失去工作。此际,我们会面临一个风险:一切只为抢时效;准时的社会,准时的工作,准时的办公室、家庭,甚至休假时都要"准时"。

保持界限:家庭、工作、休闲

本书的一部分是在火车上、飞机上、家庭"度假期"及其他家居休闲时完成的。计算机随处可见,可在"任何地方做任何事"的计算机环境事实上已几乎实现。如此一来,传统上工作与家庭、休闲的分野将逐渐模糊。原本作家就是在任何地方均可工作(可携带的打字机已出现一世纪之久),但信息时代的来临,加上知识性工作职业的增长,将意味着愈来愈多的人将在原本与家人及朋友相处的时间努力工作,"工作伞"早已超出一天八小时的范围了。

花费在计算机上的娱乐时间也威胁着这些亲密的社会关系。用户耗费大量时间在网上娱乐和消遣,疏远了家人和朋友。对于中学阶段的青少年来说,可能会导致反社会行为。传统体系的日趋式微形成了明确的风险。因为对于个人,传统的家庭和朋友提供了强有力的支持机制,并且是维持"私人生活"的平衡点,提供一个可供人们整理思绪、编织个人梦想的场所。

互动讨论:管理领域

WIPRO 的绿色 IT

Wipro Technologies(Wipro)是 Wipro 有限公司的一个分部,提供商业、技术与过程的集成解决方案。在印度,Wipro 是为公司提供 IT 解决方案和服务的市场领军者。Wipro 全球市值高达 100 亿美元,因其行业领导力、社会责任感和对客户的关怀而获得无数奖项。

Wipro 的绿色之旅,起点是利用整合和虚拟技术降低数据中心的能源消耗。Wipro 的服务器数量呈指数增长,已成为严重问题,增加能源费用。IT 小组决定以刀片服务器(blade server)和虚拟技术应对这一难题。首席信息官 Laxman Badiga 在评论此决策时说道,"我们通过整合不同作用的服务器,优化数据中心的空间,此举腾出空间,降低制冷需要。"

然而,数据中心由非绿色向绿色转化并非易事,深受财政问题所限。譬如,虚拟基础设施的初期投资是 600 万卢比，每年随着业务需求还要追加 5%至 10%的投资。数据中心维护数据的方式与组织设计框架的方式相同，即计算每个架构需要多少制冷与电力。因此，整个数据公司的蓝图必须进行审核，电源和制冷系统也须为新的数据中心重新设计。在评论这些挑战时，GM-IT 策划 Jethin Chandran 说道，“重新设计影响巨大，停机期间还要面对挑战。”

2005 年 8 月，ISO14001 认证了 Wipro 的制造体系，便于 Wipro 追踪电子垃圾(E-Waste)。一年后，Wipro 公司宣布了为顾客制定的电子垃圾处理项目，该项目可以搜集客户的废弃系统，发送至污染控制委员会认证的厂商，由其处理零部件。电子垃圾管理项目称为计算机绿色化(Green Computing)，在整个产品周期内实行从头至尾的管理，包括产品的设计、生产、最终处理等。

2007 年 7 月，Wipro 为降低电子垃圾对环境的污染，引入一系列环保台式计算机与笔记本电脑，在印度公司中开创先河。这些新产品名为绿色计算机(GreenWare)，符合欧洲危害物质限用指令(RoHS)要求的标准。欧盟于 2003 年采用该指令，限制六种有害原料在电子产品设备中的使用。新引进的计算机不含溴化难燃剂、聚氯乙烯、重金属(如铅、镉、汞)等有害原料，而上述原料常常用于计算机制造。

绿色电网(Green Grid)是一家致力于提高数据中心能源效率、推广计算机环保系统的全球集团。2008 年 6 月，Wipro 联合绿色电网，致力于提高数据中心及商业计算生态系统的能源效率。当月，Wipro 实行环保眼(EcoEye)计划，在运作中全面提高生态可持续性，鼓励股东参与。

Chandran 评论该计划时说道，“这个计划是顾客、供应商和员工齐心协力的结果。我们还致力于建立符合社会环境责任原则的供应链，并与供应商合作采用环境污染少的材料进行生产。”

如果没有来自上层的支持，这一切都不可能实现。Azim Premji 是 Wipro 的董事长兼首席执行官，他将推动这一变革视为己任。

环保眼计划开始以来，Azim Premji 就一直参与其中，定期监督进度。管理委员会成员包括高层领导，如首席信息官、首席财务官、首席技术官、人力资源总监和首席战略官等。在较低的行政级别，由各单位负责将绿色计划下达至 95 000 多名 Wipro 员工。所有项目都需要从财务视角和生态视角两方面评估，并由管理委员会审批。

采用绿色 IT 做法之后，Wipro 的服务器数目由 400 台降至 100 台，每年节电 100 万千瓦。通过使用电力管理工具，电力消耗降低了 26%。通过虚拟技术和整合，公司计划将服务器数量进一步降低 3%。

资料来源：John Riberiro, “Wipro Goes Green as India's E-Waste Mounts,” www. cio. com, June 2007; “Expanding Green IT,” www. cio. com, November 2008; “Wipro Launches EcoEye Initiative,” www. thehindubusinessline. com, June 2008; Tim Gray, “Wipro Joins the Green Grid,” green. tmcnet. com, June 2008.

思考题

1. Wipro 采取了哪些绿色计划？
2. Wipro 面临哪些挑战？计算机绿色化为 Wipro 带来什么好处？

3. 其他组织能从 Wipro 经验中学到什么?
4. 计算机绿色化应该由谁带领,是 IT 厂商还是公司顾客? 请讨论。

MIS 实例

访问网站 www.wipro.com,搜索互联网尝试回答下列问题:

1. IT 为何会增加碳排放? 估计这个问题的程度有多深? 哪些 IT 惯例是罪魁祸首?
2. Wipro 的碳计算工具是什么? 是如何帮助(其他)公司的?
3. 碳信用(carbon credits)是什么? Wipro 应该如何利用?
4. 其他主要的 IT 厂商(特别是 IBM、微软和 HP)采取了什么绿色计划?

依赖和漏洞

今天,我们的企业、政府、学校与私人团体(例如教会)都非常依赖信息系统,因此,可能会因为过度的依赖而在系统出故障时易遭受伤害。现在这些系统像电话系统一样随处可见,令人吃惊的是竟然没有任何管理或设定标准的单位来负责管理它们,就像对电话、电力、无线电、电视或其他公共设施等技术那样。管理标准的缺失加之一些应用系统的重要性,将会加强对国家标准和监管的需求。

计算机犯罪与滥用

新科技产生了新的犯罪机会,科技包括计算机创造出许多值得偷窃的新事物、新的偷窃方法和新的伤害别人的方法。**计算机犯罪**(computer crime)被定义为使用计算机或对抗计算机系统的非法行为。计算机或计算机系统已成为犯罪的目标(破坏公司的计算机中心或计算机文件)或犯罪的工具(利用家中的计算机窃取计算机目录,非法存取计算机系统的数据)。未经授权轻易使用计算机系统或企图造成损害,即使事出意外,现都已触犯联邦法。

计算机滥用(computer abuse)指的是以计算机从事也许不算犯法,但不合伦理规范的行为。垃圾信息(spamming)是计算机滥用中最常见的形式,互联网和电子邮件的蓬勃发展使得垃圾邮件成为个人和企业面临的严重问题。垃圾邮件(spam)是指组织或个人向大量互联网用户发送产品或服务的营销信息,而不管他们是否愿意接收。垃圾邮件发送者一般推销色情产品、虚假交易与服务、欺诈信息或其他不为文明社会所广泛接受的产品。有些国家已经通过法律禁止或限制垃圾邮件的使用,但在美国,如果垃圾邮件不含欺诈信息,并且发件人与主题明确的话,仍是合法的。

目前垃圾邮件增长迅速,因为只需要几分钱就可以发送数千份广告信息给互联网用户。Sophos 是一家领先的安全软件供应商,据 Sophos 的调查,2008 年第一季度垃圾邮件占邮件总量的 92.3%(Sophos,2008)。企业因垃圾邮件耗费巨大(每年大约 500 亿美元),因为十几亿份不请自来的垃圾邮件占用计算机与网络资源,需要费耗大量时间才能清除。

互联网服务运营商和个人可以通过垃圾邮件过滤软件拦截可疑邮件,禁止垃圾邮件进入收件箱。然而，垃圾邮件过滤程序可能屏蔽合法信息。垃圾邮件发送者躲避过滤程序的手段多样：不停地更改邮箱账户；将垃圾信息嵌于图片中或作为附件发送；伪装成电子问候卡片；利用僵尸网络（botnet）向其他用户发送垃圾邮件（参阅第8章）。许多垃圾信息的发送地是A国，而其网站却设在B国。

欧洲对垃圾信息的监管比美国更加严格。2002年5月30日，欧洲议会通过法律，禁止在未经请求的情况下向用户发送商业信息。电子营销材料只能发送给事先同意的用户。

2003年美国颁布了《控制未经请求的色情和营销材料攻击的法案》（CAN-SPAM ACT），于2004年1月1日生效。此法案并未将垃圾信息列为非法，但是禁止欺骗性质的邮件，要求商业邮件显示确切主题、标明发件人、允许收件人便捷地从群发地址中撤销自己的邮箱地址。此外，该法案还禁止使用虚假的回复地址。在此法律下已有数人受到制裁，但是对于控制垃圾信息的收效甚微。

就业：科技与再造工程造成职位减少

再造工程（reengineering work）（参阅第12章）在信息界被誉为新信息技术的一大好处，但却很少有人提到重新设计业务流程可能会造成上百万中层主管与事务性员工的失业。有位经济学者认为这很可能会造就出一个一小撮高科技专业精英管理的社会，其中充斥了一大群永远失业的人（Rifkin，1993）。

其他经济学家对可能的失业情况多持乐观的看法。他们相信受过高等教育、比较开朗的工作者会因为再造工程而在快速成长的企业中得到更好的工作。这会使得蓝领阶级、年长者、教育程度不高的中层主管从职场中被淘汰。至于这些人能否被再训练而得到更高质量（高薪）的工作就不得而知了。仔细地规划并去感受员工的需求，可协助公司重新设计工作，让失业降至最低。

管理互动讨论了再造工作的另一个影响。在这个案例中，沃尔玛改变其排班安排来提高员工的使用效率，这并未直接造成失业。但是这种做法影响了员工的个人生活质量，强迫他们接受更加灵活的兼职工作。读这个案例时，尝试找出沃尔玛面临的问题，可供管理层选择的其他解决方案，以及所选方案是否是应对问题的最佳答案。

公平与访问：加大不同种族与社会阶级之间的鸿沟

在数字时代，是否每个人都有公平参与的机会？是否在美国或其他国家所存在的社会、经济及文化的鸿沟会因为信息技术而降低？或是这个鸿沟日益扩大，使得富人更加富有？

这些问题的答案到现在都是未知的，信息技术对社会不同阶级所带来的不同冲击，尚未得到彻底研究。目前所知道的是，信息、知识、计算机以及经由教育机构和公立图书馆取得这些资源的渠道在种族与阶级上都分配得很不平均，其他的信息来源亦同。许多研究发现，即使在过去五年中，拥有计算机和上网的人数已激增，美国有些种族与群体对拥有计算机和上网的意愿相当低。每个种族中的高收入家庭，比起低收入家庭更有可能在家中拥有计算机与上网条件。

类似的**数字鸿沟**(digital divide)也同样存在于学校当中,贫民区的学校让学生使用计算机、接受高质量的教育性技术课程或是上网的可能较低。如果我们不去修正这种不公,"数字鸿沟"会带来一个拥有信息、懂计算机、有计算机技能的人们和一大群无信息概念、计算机文盲、技能不熟练者对立的社会。

公共利益团体希望将数字鸿沟缩小,希望使数字信息服务系统(包含互联网)就像现在的电话一样,几乎人人都能使用。

健康风险:RSI、CVS与科技压力征

现在最严重的职业病是重复受压伤害(repetitive stress injury,RSI)。当肌肉群在高冲击负荷使力中(如打网球)或成千上万次低负荷使力下(如敲击键盘)而不断被迫重复收缩使力时,RSI就会出现。

互动讨论:管理领域

沃尔玛的灵活排班制对员工是福还是祸?

沃尔玛在美国有将近140万员工,是美国雇员人数最多的私人公司。沃尔玛销售额全国第一,截至2008年1月31日,2007财年的销售额已达到3 790亿美元。沃尔玛实行库存24小时补给系统,压低商品价格,控制运营成本,因此在业内独占鳌头。

现在沃尔玛试图通过调整员工的排班顺序,进一步降低成本。2007年年初,沃尔玛表示将采用计算机排班系统,此举招致员工利益保护者的一片批评之声,他们称这可能会影响员工的生活。

以往由店面经理负责给员工排班,人工完成。他们根据当前的促销安排,同时参照去年同期的销售数据,耗费大约一天的时间,做出安排。有几家店面,就乘以相应的时间。这种做法浪费了经理们的劳动力,对公司来说收益甚微。

采用计算机排班系统(如沃尔玛采用的Kronos系统)后,仅需几个小时,零售公司便可完成每家店面的排班计划。经理们则能将省下的时间,用来更好地管理各自的部门。

Kronos排班系统记录各个店面的销售信息、交易额、单位产品销售量以及客流量,每隔15分钟更新度量,一周七天从不间断,并与去年同期数据进行比较。Kronos还可以整合其他数据,包括某一时段店内的顾客数目、出售一台电视机花费的平均时间、卸载一辆货车所需的时间等,以便确定在某一时间所需的员工人数。

该类型的排班系统的典型排班表是这样的:早上员工数目寥寥,中午高峰时骤升,下午回落,晚上忙碌时又加派人手。对于沃尔玛这样一个连锁公司来说,24小时营业制度使其饱受劳动纠纷困扰,而今采用计算机排班系统的做法更是引发争议不断。

沃尔玛采用Kronos后生产效率提高、顾客满意度增加。截至2008年1月31日的季度报表显示生产率水平提高了12%。

对于沃尔玛的员工来说——公司内部称其为"帮手"——这项变革可能会减少他们工作的稳定性,甚至可能导致个人财务困难。Kronos制定的排班表有很多不确定因素,

要求员工灵活安排上班时间，做到业务忙时随叫随到，业务闲时下班回家。由于上班时间灵活、收入不稳定，因此员工丧失了对自己生活的掌控，诸如雇用保姆和缴纳账单等事务也变得难以安排。店面经理通过系统的提示功能，缩减员工的工作时间，避免支付加班费或全时工资，进而获取额外利润。而"帮手"们几乎是能接到活就去做的群体。

WakeUpWalMart.com 网站由 United Food and Commercial Workers Union 赞助，其负责人 Paul Blank 声称，"计算机的意图就是减少工资支出，扩大临时工人数，最大限度地减少专职员工数量，丝毫不顾对员工生活的影响。"而沃尔玛的发言人 Sarah Clark 则强调，采用该系统的目的是减少顾客排队时间，更好地为满足顾客需求，提高服务水平。

为协助各个店面实施计算机排班系统，沃尔玛要求员工提交"个人空闲时间表"。表格中说明"如果个人空闲时间有限，可能会相应减少安排工作的时间。"据非官方消息，有些员工的工作时间确实缩短了，轮班也少了。资深员工的工资较高，因此对此忧心忡忡，他们担心在这种系统下，管理者对他们施压，迫使他们辞职。新进员工夜班和周末班的工资费用较低，因此管理者可能借故将资深员工替换下来。对此，Sarah Clark 予以坚决否认。

该系统的批评者援引 1914 年的《克莱顿反托拉斯法》(Clayton Antitrust Act)上面的表述，"人工劳动不是商品或产品。"

目前，计算机排班尚未产生法律纠纷，因此，判断沃尔玛此举是否算是将劳动当做商品有待考证。

与此同时，沃尔玛此举再度在同行内引领科技潮流。Ann Taylor Stores，Limited Brands，Gap，Williams-Sonoma 和 GameStop 相继采用类似的排班系统。

资料来源：Vanessa O'Connell，"Retailers Reprogram Workers in Efficiency Push，" *The Wall Street Journal*，September 10，2008；Kris Maher，"Wal-Mart Seeks New Flexibility in Worker Shifts，" *The Wall Street Journal*，January 3，2007；www.kronos.com，accessed July 15，2008；Bob Evans，"Wal-Mart's Latest 'Orwellian' Technology Move：Get Over It，" *Information Week*，April 6，2007 and "More Opinions on Wal-Mart's Flexible Scheduling，" *Information Week*，April 17，2007.

思考题

1. 这个案例中沃尔玛面对的伦理困境是什么？沃尔玛的员工是否也面对伦理困境？如果是，面对的是什么样的伦理困境？
2. 这个案例中可以应用哪些伦理准则，如何应用？
3. 排班计算机化可能对员工士气产生哪些影响？这对沃尔玛又会产生什么影响？

MIS 实践

访问网站 www.WakeUpWalMart.com，搜索互联网尝试回答下列问题：

1. 此群体对于沃尔玛的主要几个争论点是什么？
2. 网站的宣传作用如何，是帮助还是损害了他们的目标？
3. 为了促进变革，该组织还可以采取什么措施？

利用沃尔玛的网站和 Google 搜索，回答下列问题：

4. 沃尔玛是如何应对像WakeUpWalMart.com这样的组织所提出的问题的？
5. 沃尔玛的方法有效果吗？
6. 如果你是沃尔玛的公关专家，面对这些批评将会给予什么建议？

计算机键盘输入是RSI最大的病源。与计算机相关的最常见的RSI疾病种类是腕管综合征(carpal tunnel syndrome,CTS)，此综合征是经由腕骨结构传至中枢神经的压力所引发的疼痛。压力则是由不断敲击计算机键盘的重复动作所引发。通常一个文书处理者在一个工作日可能敲2.3万次计算机键盘。CTS的症状包括麻木、瞬间疼痛、无法紧握物品与刺痛。到目前为止，已有数百万人被诊断出患有此病症。

RSI是可避免的。设计出让腕关节比较不累的工作台，屏幕高度适中，还有枕脚凳都能有助维持正确的姿势，并降低RSI。符合人体工程学的新键盘也可列入考虑，虽然功效如何有待观察。除了这些措施之外，公司应该让员工多休息，工作岗位也该常轮替。

RSI并不是计算机所引起的唯一职业疾病，背痛、脖子痛、腿的压力与脚痛同样会因为工作台设计不符人体工程学而发生。计算机视力综合征(computer vision syndrome,CVS)是一种过度使用视力注视计算机屏幕所产生的症状，包括头痛、视力模糊、眼睛干燥或不适。

最新的计算机病为科技压力征(technostress)，是由计算机引起的心理压力，症状为易怒、充满敌意、不耐烦及精神衰弱。根据专家所言，这是因为长期与计算机为伍的人，不知不觉中希望别人也能像计算机一样，反应迅速，态度专注，不含情绪。终日与计算机为伍的人打电话时，只要别人叫他稍候片刻，就会变得生气；只要他的个人计算机多用了几秒钟才完成一件工作，便怒火上升。一般认为计算机产业员工的高流动率、许多计算机密集行业的工作者的提早退休、药物与酒精滥用的比例偏高等因素皆与科技压力征有关。

科技压力征的影响范围尚未确定，但我们认为美国约有几百万人有此病症，并快速增长。已有数个工业化国家的健康统计报告指出，与计算机相关职业的压力居各行业之冠。

至今计算机显示器的辐射尚未被证实会造成职业疾病，视频显示器(video display terminal,VDT)会放射出低频的非游离电子与磁场，这些放射线会进入人体，对酵素、分子、染色体与细胞膜所造成的影响尚未可知。长期的研究目前正在调查低阶电磁场与先天缺陷、新生儿体重不足、压力及其他疾病的关系。所有的制造商于20世纪80年代初开始致力于降低显示器辐射量的工作，而欧洲的许多国家如瑞典就制定了严格的辐射强度标准。

不仅在个人而且在社会、文化以及政治方面，计算机都已成为我们生活的一部分，当信息技术持续在改变我们的世界时，这些议题和我们的选择并不会变得越来越容易。互联网和信息经济的成长显示当我们步入数字化的第一个世纪时，我们所讨论过的伦理与社会议题会进一步显现。

4.4 MIS 实践

本节的项目将给你实践机会去分析利用在线数据经纪所带来的隐私影响，为员工网页使用设计公司政策，利用博客创建工具建立简单的博客，以及利用互联网新闻组进行营销。

4.4.1 管理决策问题

1. USAData 的网站链接大型数据库，整合百万人的数据。任何人都可以通过信用卡购买营销名单，这些顾客按照地区、年龄、收入水平和兴趣爱好归类。点击"消费者线索"(Consumer Leads)获取消费者邮件列表，你可以找到在某一特定地区潜在消费者的名称、地址甚至是电话号码，并可以购买这些姓名列表。举例来说，如果能够获取纽约 Peekskill 每个人的信息列表，一年就可以获益 15 万美元。像 USAData 这样的数据经纪公司是否触及隐私问题？为什么？如果你的姓名和其他个人信息也在此数据库中，你希望设立何种访问限制来保护个人隐私？思考时请参照下列数据用户：政府机构；你的雇主；私营企业；其他个人。

2. 你是一家小型保险公司的老板，手下有六名员工，你所关心的问题是公司如何有效地使用网络资源与人力资源。公司预算紧张；员工加班时间长，要支付他们加班费。你认为员工的工作负荷不大，无须加班，而每名员工在工作时间都可以上网，因此想调查他们花费在互联网的时间。你要求信息部门下周提交一份网络使用情况的周报告。

截至 2009 年 1 月 9 日一个工作周的网络使用报告

用户名称	在线时间(分钟)	访问网站
Kelleher, Claire	45	www.doubleclick.net
Kelleher, Claire	107	www.yahoo.com
Kelleher, Claire	96	www.insweb.com
McMahon, Patricia	83	www.itunes.com
McMahon, Patricia	44	www.insweb.com
Milligan, Robert	112	www.youtube.com
Milligan, Robert	43	www.travelocity.com
Olivera, Ernesto	40	www.CNN.com
Talbot, Helen	125	www.etrade.com
Talbot, Helen	27	www.nordstrom.com
Talbot, Helen	35	www.yahoo.com
Talbot, Helen	73	www.ebay.com
Wright, Steven	23	www.facebook.com
Wright, Steven	15	www.autobytel.com

计算每名员工一周的上网时间，统计公司计算机的上网时间总和，将所有员工上网时间排序。

你的调查结果与报告内容是否显示出员工存在伦理问题？而监视员工的互联网使用情况，公司是否引发伦理争议？

请用本章的伦理分析的原则为上述问题提出解决方案。

4.4.2 实现卓越运营：创建简易博客

软件技能：创建博客

商务技能：博客和网站设计

在这个项目中，你将学习如何利用 Blogger.com 提供的在线博客生成软件来创建自己的简易博客。挑选一项运动、爱好或者有趣的话题作为博客的主题；命名你的博客；选择模板；至少发表四篇日志；为每篇日志添加标签；有必要的话编辑帖子；上传图片，既可以来自计算机硬盘，也可以来自网络(Google 建议照片来源为：Open Photo，Flickr：Creative Commons，或 Creative Commons Search)；为注册用户增添权限(如团队成员等)来评论你的博客；简要描述你的博客是如何结合主题推销产品和服务的；列出 Blogger 站内可以使你的博客更加有利于营销的工具(包括小工具)，并介绍每种工具的商业用途；保存博客并向指导老师展示。

4.4.3 优化决策：利用互联网新闻组进行在线营销调研

软件技能：网页浏览器软件和互联网新闻组

商务技能：利用互联网新闻组寻找潜在顾客

通过这个项目，你可以掌握互联网新闻组技术来促进营销。同时你也可以思索将在线讨论组的信息用作商业用途所带来的伦理影响。

你是登山靴的制造商，产品经由几家商店销售。你认为自己的靴子比对手的产品舒适得多，如果扩大生产与销售规模的话，就可以提供更加质优价廉的产品。你希望利用远足、登山、野营等的互联网讨论小组提升产品知名度、扩大销量。访问 groups.google.com，上面存储着成千上万条新闻组的讨论帖。通过这个网站，你可以找到所有相关新闻组，并指定关键字搜索，如作者姓名、论坛、日期和主题等。挑选一条消息认真阅读，标记所有可获得的信息(包括作者信息)。

- 如何利用这些新闻组营销你的靴子？
- 如果你利用这些新闻组推销靴子，可能会违反哪些伦理准则？你认为利用新闻组的方式是否存在伦理问题？请解释你的答案。
- 下次使用 Google 或 Yahoo.com 等搜索引擎查找其他登山靴的网站，这将激发你寻找潜在顾客的灵感。
- 结合你在本章和前些章节所学内容，利用新闻组或其他方式，编写计划吸引游客访问你的网站。

拓展学习

与本章相关的拓展学习资料如下：

1. 为信息系统制定公司的伦理准则
2. 创建网页

本章小结

1. 信息系统引发了哪些伦理、社会与政治的议题?

信息技术引发新的变化,但是还没有法律和规则来规范这些行为。计算机的计算、存储和网络能力不断加强,扩大了个人和组织的能力范围,增加了他们的影响。在线环境中,信息交流、复制和操作简便匿名,给保护隐私权和知识产权带来新的挑战,因为信息系统而产生的伦理、社会和政治议题围绕信息权利与义务、产权和义务、责任机制和控制、系统质量和生活质量。

2. 有哪些特别的管理原则可用来引导有关伦理两难问题的决策?

有六个伦理原则用来判断行为。这些原则分别衍生自数种文化、宗教与知识传统,它们是黄金法则、伊曼纽尔·康德的绝对命令、笛卡儿变化规则、功利主义原则、风险规避原则与"没有免费午餐"原则。这些原则必须和伦理分析联合使用来指导决策制定。

3. 为什么当代的信息系统带来在保护个人隐私权与知识产权上的挑战?

当代信息系统技术(包括互联网技术)在保护个人隐私权和知识产权方面挑战着传统制度。数据存储与数据分析技术允许企业更轻易地从不同来源搜集某人的个人资料,并分析这些资料以建立该个体与其行为详细的数字化概括。互联网上的信息流可以从许多地方来监视,这些网站访问者的活动可使用"cookie"与其他网站监视工具来密切地追踪。并非所有的网站都有良好的隐私保护政策,而且在使用个人数据时,也不一定会考虑到知情同意。传统的版权法不足以保护软件的盗版,因为数字素材可以轻易地被复制。互联网技术也让我们更难以保护知识产权,这是因为数字素材可以轻易地被复制,并瞬时传送到网络上各个不同的地点。

4. 信息系统如何影响每天的生活?

虽然计算机系统是效率与财富的来源,但它也有一些负面的影响。大型系统的错误是不可能完全去除的,计算机的错误会为个人与组织带来严重的伤害,而现有的法律与社会惯例通常无法判定这些问题的义务及责任机制。低劣的数据质量也有可能会造成企业停顿与损失。业务流程的改造会使某些工作由计算机来替代,因而造成一些员工的失业。不同种族团体与社会阶层间拥有计算机的能力,会因其社会经济方面的高度落差而有相当大的差异。计算机的广泛使用会增加计算机犯罪与计算机滥用的机会。计算机也会造成健康上的问题,如重复受压伤害、计算机视力综合征与科技压力征等。

复习题

1. 信息系统带来哪些伦理、社会与政治议题?
   - 解释伦理、社会与政治议题是如何结合在一起的,并举例说明。
   - 列出并描述引发伦理关注的关键科技趋势。

• 区分责任、责任机制和法律责任。

2. 哪些行为准则可以用来指导伦理决策?

• 列出并描述伦理分析的五个步骤。

• 识别并描述六个伦理准则。

3. 当代信息系统科技和互联网对于保护个人隐私权和知识产权带来哪些挑战?

• 定义隐私权和公平信息惯例。解释互联网是如何挑战对个人隐私权和知识产权的保护。

• 解释知情同意、法律、行业自我管制和技术工具是如何保护互联网用户的个人隐私权。

• 列出并定义保护知识产权的三种不同制度。

4. 信息系统是如何改变人们日常生活的?

• 解释为什么追究软件服务失败或损害的法律责任这么困难。

• 列出并描述造成系统质量问题的主要原因。

• 指出并描述计算机和信息系统对生活质量所带来的四种影响。

• 定义并描述科技压力征和RSI,解释它们与信息技术的关系。

讨论题

1. 以软件为基础的服务(如ATM)是否应该为系统失败承担法律责任?
2. 公司是否应该为其信息系统造成的失业负责?为什么?

团队项目:制定企业伦理规范

三四个学生一组,制定一套有关隐私权的企业伦理规范。该规范必须顾虑到员工、顾客与网站用户的隐私权。务必将电子邮件隐私权与工作场所的监控列入考虑范围,也应该考虑公司对员工下班后行为信息(例如生活方式、婚姻状况等)的利用。如有可能,使用谷歌协作平台(Google Sites)链接网页、团队沟通公告和工作任务,集思广益,合作完成项目文档。尝试使用谷歌文档(Google Docs)在课堂上展示成果。

案例研究

Google 应该维护你的个人医疗档案吗?

去医院一趟,你会发现架子上堆满了医疗档案。每次去就诊,档案就会增加或修改,通常情况下,个人档案数目会翻番。现在大部分的医疗档案都是纸质的,造成数据交流和获取的不便。美国人去年就医次数超过10亿人次,每人年均4次,产生数百万计的纸质医疗档案。由于医疗档案分布于全国上千家诊所,因此无法进行系统检视与数据共享。尽管升级这个陈旧的系统任务艰巨,但是如Google这样的公司似乎也要迎难而上。

2008年3月,Google宣布一项新的应用程序,即Google Health,希望可以解决现有的医疗档案存储的低效率问题。顾客通过 Google Health 进入在线存储仓库，访问自己的基本医疗数据，并请医生将其他相关信息的电子版发送至 Google。此服务不向用户收费，基本项目包括健康档案、过敏史、续药提醒、预约提醒、邻近医生通信簿、个性化健康建议等。

此外，该程序还兼容其他数据档案系统技术，便于整合其他医院和机构的数据，简化数据记录。

Google 目标的实用性毋庸置疑，即"整合全球信息，使人人皆可访问并从中受益"。Google 是网络搜索领域无可争议的老大，证明自己术业有专攻。问题在于，如果 Google 要获取你的个人信息，你又该怎么办呢？有些信息你是希望对外保密的，如果 Google 将其公布于众，你可能就不乐意了。

Google 开发的 Google Health 程序，集中体现了 Google 的自我宣扬的目标与大众隐私权利的冲突。政府监管和信息搜集也存在类似争议，信息系统所带来的隐私危机是否严重到需要禁止或限制对有用信息的采集。如果信息采集有必要受到限制，那么什么内容应当受限，又该交由谁来裁断？价值观冲突对 Google 来说是家常便饭，保护隐私权的倡议者向来反对 Google 的信息搜集行为和处理方式，这仅仅是其中一个例子而已。

Google 推出 Google Health，推动全国医疗档案电子化、标准化、便捷化。现在仅有很小一部分(不到 15%)的美国医疗机构在网上记录医疗信息，造成了病人或其他医生获取信息的困难。如果病人要更换医生或是因搬家更换医院，缺少在线医疗档案就会徒增烦恼，不管对于医生还是病人都是件烦心事。有时候医疗档案因局部断电而无法获取，这对于病人来说是生死攸关的事。

医疗档案电子化后可以轻松访问，这种便利仅仅是电子化的好处之一。医疗保健行业现在正面临着预算不断缩减的压力，管理费用也不断减少，如果电子化病人档案，成本就会降低，因此这项措施极有吸引力。尽管许多机构认为采用新系统的成本很高，但是对于整个行业的未来而言潜力巨大。一项调查表明，26%的医疗保健行业技术专家认为，缺少资金支持是阻碍信息记录电子化的最主要因素。一旦机构对新技术进行初步投资，效率提高，节省的成本估计为 800 亿到 2 400 亿美元之间，最终结果是物超所值。

医疗保健行业是美国国内生产总值(GDP)的最大组成部分，提升效率、有序组织已成当务之急，Google Health 以及其他尝试正是向此目标迈进。但是忧虑的大众和隐私权保护者表示，电子健康信息的存储方式增加了侵犯个人隐私的风险。该系统的潜在用户担心，就像 Gmail 用户因邮件内容而收到针对性广告内容那样，Google 同样会将他们的信息出售给广告商。

这些对于隐私的担心并非空穴来风。1996 年颁布的《医疗保险携带和责任法案》(HIPAA)对个人医疗档案的保护非常有限。(该法案主要涵盖在医疗保健提供者、健康保险公司和家政服务中支付过程中流动的信息。)目前，没有任何联邦隐私条款保护病人的在线个人医疗档案。甚至连医院和机构也报出很高的违反安全率，其中 1/4 的医疗保健行业技术专家表示去年至少违反一次安全惯例。2006 年的联邦贸易委员会调查显示，在获取医疗服务与产品的过程中，有 24.9 万名病人的信息遭到滥用。而违约和医疗身份盗窃并不是医疗档案电子化的最大担忧。

大部分人更担心,如果雇主经由网络可以合法获取敏感的个人健康信息,这将导致自己丧失健康保险和工作机会。举例来说,如果雇主知道你患有慢性心脏疾病,还会雇用你么?

医疗保健行业辩解说这些有关隐私权的担忧是杞人忧天,但是有证据表明这些担忧不无道理。诸如 Patricia Galvin 这样的骇人故事更加剧了人们对医疗档案的担忧。Galvin 长期受慢性背痛折磨,希望得到残疾人福利,可是却因为她医生的诊断书而遭到拒绝,而这些信息理应保密。卫生及公共服务部(Department Of Health And Human Services)收到的有关侵犯健康隐私的控诉近些年来逐月上升,从 2003 年的每月 150 起到现在的每月 750 起。人们担心,转为电子化的医疗档案后,违反安全与侵犯隐私事件将愈演愈烈。

电子化医疗信息的倡议者宣称,全面实行电子化之后,隐私保护不会削弱反而会加强。

他们认为,先把系统建立并运行起来,再担心隐私问题也不迟。得克萨斯州议员 Joe Barton 提议加速立法,推动电子化系统的发展。"隐私虽然重要,但是建立一个健康信息系统的意义更加重大。"像 Barton 这样的立法者认为 Google Health 利大于弊,隐私保护条款可以在系统运行后另行添加。

一些专家对此表示质疑,他们主张,电子系统必须开始就有充分的隐私保护,否则将不能得到广泛推广。即使系统的安全控制充足,也必须让顾客知晓这些控制手段,这样他们才能放心地使用系统,无须担心自己的记录被未授权第三方使用。缺乏合理安全控制的电子信息系统注定失败,潜在用户会因为系统的各项要求而拒绝合作。

Google 再三向公众保证,自己对安全工作铁拳出击,业内和大众理应对 Google 的信息存储与保护能力充满信心。据 Google 高级安全经理 Eran Feigenbaum 所言,"我们的安全工作深入彻底、环环相扣。"然而,Google 并未透露太多安全方面的细节,譬如计算机中心的地址、安全部门的员工人数、预防侵入的措施等,以防止黑客攻击。

"医疗保健行业希望 Google 手拿利器,保障基础设施安全,但对于 Google 具体要选何种手段,就心里没底,没有发言权了,"Burton Group 的安全分析师 Randall Gamby 说(Burton Group 是犹他州米德韦尔的一家研究和咨询公司)。Feigenbaum 补充道,Google 依赖于自身的安全系统维持日常运行,足以证明其安全系统的可靠性。

Google 并不是唯一放眼于在线医疗档案的公司。微软以及由 AOL 的共同创始人 Steve Case 建立 Revolution Health Group LLC,也推出相似的网站,用户可以在线维护健康资料。长期来看,这些创举能否成功,现在下定论还为时过早。Revolution Health Group 因为 2007 年的收益低于预期,裁掉 1/4 的员工;微软的项目 Health Vault 和 Google Health 一样,仍处于萌芽期。

负责建立电子医疗档案国家网的联邦机构是健康信息技术协调办公室(Office of the Coordinator of Health Information Technology),该机构宣布将在 2008 年 3 月纳入 Google 和微软的医疗保健数据,同时整合其他数据库内容。它尚未公布具体的细节和时间表。建立标准化、电子化的医疗档案系统是大势所趋,公众的担忧不太可能会逆转这一潮流。尽管如此,还是有很多人认为,这些反对之声会是这一进程的最大阻碍。

资料来源：Ericka Chickowski,"Are Google's Security Practices Up to Snuff?" Baselinemag. com, May 23,2008; Chris Gonsalves,"Google, Microsoft Take Health Care IT Pulse," Baselinemag. com, March 31, 2008 and "Securing, Digitizing Medical Records Remain Priorities in Healthcare IT," Baselinemag. com, February 26, 2008; Bob Brewin,"National Health Records Network to Hook Up With Google, Microsoft," govexec. com, March 27, 2008; Kristen Gerencher,"As More of Our Health Records Move Online, Privacy Concerns Grow," FoxBusiness. com, March 26, 2008; "Preying on Patients," *Market Watch*, June 19, 2008; and "To Trust or Not to Trust Personal Health Records?" *Market Watch*, March 26, 2008; Christopher Lawton and Ben Worthen,"Google to Offer Health Records On The Web," *The Wall Street Journal*, February 28, 2008; and Lissa Harris,"Google Health Heads to the Hospital," *Technology Review*, May 28, 2008.

思考题

1. 这个案例中体现了本章的哪些概念？案例中的利益攸关方是谁？
2. 现行的美国医疗档案记录系统有何问题？电子医疗档案如何解决这些问题？
3. 哪些管理、组织和科技因素对创建电子医疗档案至关重要？
4. 电子医疗档案的利弊是什么？你认为对电子化医疗档案的担忧是合理的吗？为什么？
5. 人们应该信任Google维护其电子医疗档案吗？为什么？
6. 如果你负责设计一个电子医疗档案系统，将纳入哪些特征？又会避免哪些特征？

资料来源：[illegible] "Are Google's Security Features [illegible]," [illegible].com, May 28, [illegible]; Chris Gonsalves, "Google, Microsoft Take Health Care to Public," Baselinemag.com, March 3, [illegible]; [illegible] "Scanning Electronic Medical Records [illegible] Priorities in Healthcare," [illegible] February [illegible], 2008; [illegible] Grossman, "National Health Records Network [illegible] With Google, Microsoft," [illegible] March 27, 2008; Kristen Gerencher, "As More Records Go Online, Privacy Concerns Grow," FoxBusiness.com, March 26, 2008; [illegible] June 10, 2008; and "[illegible] Trust [illegible] Personal Health [illegible]," [illegible] March 26, 2008; Christopher Lawton and Ben Worthen, "Google to [illegible] Health Records On The Web," *The Wall Street Journal*, February 28, 2008; and Jesse Hartman, "Google Health Heads to the Hospital," [illegible] Review, May 28, 2008.

案例问题

1. [illegible]
2. [illegible]
3. [illegible]
4. [illegible]
5. [illegible] Google [illegible]
6. [illegible]

第二篇

信息技术基础设施

通过对硬件、软件、数据库、网络技术以及安全控制技术的学习，进一步了解信息系统技术基础的构成。本篇回答了以下几个问题：现代商业需要借助哪些技术来完成工作任务？我们如何掌握这些技术提高公司业绩？这些技术今后的发展趋势如何？它们需要依托哪些技术和应用程序确保系统的安全性和可靠性？

第 5 章

信息技术基础设施与新兴技术

学习目标

学习本章，你将了解到：

1. 信息技术基础设施的定义是什么？信息技术基础设施由哪些组成部分构成？
2. 信息技术基础设施经历了哪几个发展阶段？在其发展过程中技术因素的推动作用表现在哪几个方面？
3. 当代计算机硬件平台的发展趋势是什么？
4. 当代计算机软件平台的发展趋势是什么？
5. 信息技术基础设施管理当前所面临的挑战有哪些？相应的解决方案是什么？

Cars.com 的信息技术基础设施建设促进业务快速发展

如果你在网上搜索过汽车信息或买过汽车，那么你可能已经接触过 Cars.com 网站了。Cars.com 网站是网上购车一族的首选，因为它拥有比较齐全的价格信息、汽车图片、汽车视频、图片比照工具以及大量新车和二手车的库存信息。购车族通过参照它提供的售车信息，进行反复比较，最终可买到他们称心如意的汽车。

这样看来，公司销售业绩突飞猛涨也在情理之中。2008 年，Cars.com 的销售额创下行业最高纪录，汽车交易量位居行业首位。然而，由于它采用的技术都是随机配置的，而且这些技术已经使用了十几个年头，再也无法承担过多的任务量，因此，信息系统落后使其雄心勃勃的商业策略和扩张需求一度受阻。Cars.com 使用的是 Linux 多个版本的操作系统，甚至包括今天已不再支持的 AGT Linux 版本。同时，日益老化的惠普计算机和装有 BEA Java 程序的太阳微系统处理器都成了公司发展的瓶颈。公司的技术部总管曼尼·蒙蒂拉诺(Manny Montejano)称，“我们不仅从多个卖家那里购买了各样技术，而且还买了他们软件程序的多个版本。”结果，Cars.com的信息系统部门在整合公司遗留系统和程序上花费了大量时间,而并没有去开发业务发展亟需的新程序。

Cars.com的管理层与Perficient信息技术顾问部联手合作,决定更新公司的整个信息技术基础设施,以更好地实现公司未来的业务目标。Cars.com的这个项目于2007年1月开始着手实施,以IBM平台和SOA(面向服务的体系框架)为标准建设公司的信息技术基础设施:IBM Websphere应用程序可在4个IBM Power系列的服务器上运行,同时采用IBM版Unix操作系统,其中IBM Power系列服务器使用的是AIX版的P5芯片套装。由于IBM服务器具有耗能低、冷却快和对空间要求不高的特点,Cars.com极大地降低了建造数据中心的成本。

服务器的Cars.com应用程序是使用Java语言编写的。IBM的信息服务器将商家和用户的数据信息进行汇总,与公司的应用程序整合在一起。Cars.com的存储目录中有几百万条售车信息,客户可按条件进行精确搜索。IBM的推理软件可以帮助Cars.com的程序设计员快速编写、升级和测试Java应用程序。在SOA操作环境下,公司利用即插即用技术可更快地建立和开发新的应用程序与服务项目。

如今,Cars.com在新信息技术基础设施上的投资已经得到了丰厚的回报,公司的系统更新能力加强,信息系统部门承担业务项目增多。例如,新的基础设施使公司有能力加入到美国橄榄球超级碗杯大赛的商业广告行列中,因为它现在的操作系统能够处理比赛中插播2个30秒广告时的点击高峰。新的基础设施还使Cars.com成为雅虎汽车频道上二手车清单和私人卖家列表服务的独家供应商。仅2007年一年,它的零售业务量就增加了40%。另外,它每个月都要处理270万辆的库存汽车,接待数以百万的网络访客,还要和数不清的经销商打交道,这一切表明,新的信息技术基础设施在公司业务发展中发挥着十分重要的作用。

资料来源:Karen D. Schwartz,"Cars.com Firing on All Cylinders," *eWeek*, June 9 2008; IBM, "Cars.com Turns to IBM Software and SOA Expertise to Drive Rapid Business Growth," April 18, 2008.

Cars.com在网络零售业务上有着令人羡慕的业绩。可惜的是技术过时、甚至难以更新升级,使公司的远期发展目标和日常运作无法顺利进行。管理层认为最好的解决方案就是使用新的计算机硬件和软件技术代替过时的计算机基础设施,并且最好使用统一的IBM技术标准。该案例主要强调硬件和软件投资在提高企业效益方面所起的重要作用。

本章的开篇图表已列举出了该案例和本章所涉及的重点和难点。管理层认为,技术因素推动业务目标实现的最佳途径就是更新和规范信息技术基础设施。Cars.com现在使用更强大和高效的服务器、一系列IBM软件工具以及面向服务的体系架构,使得公司开发新的应用程序和服务项目更加便利。基础设施作为一个整体管理起来比较容易,它可以通过适时的自我调整来适应网站的流量高峰、不断增长的交易负荷和新的商机。

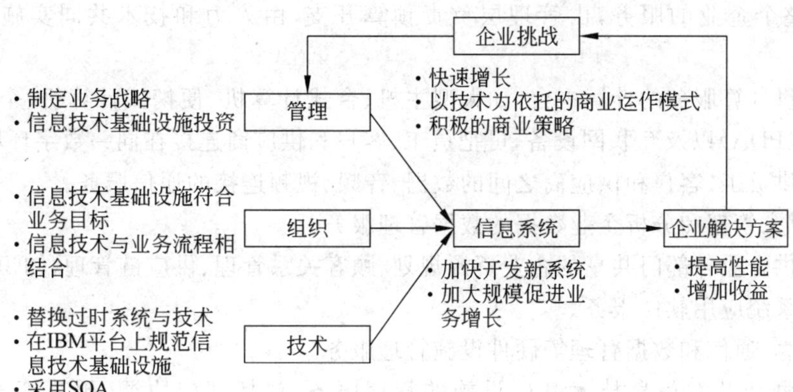

5.1 信息技术基础设施

在第1章中,我们将信息技术基础设施定义为"为企业特定的信息系统应用程序提供平台的共享技术资源"。信息技术基础设施包括在硬件、软件、服务(如咨询、教育和培训)等方面的投资,这些资源可在整个企业或各个业务部门间实现共享。企业的信息技术基础设施为服务客户、联系供应商以及管理企业内部业务流程奠定了基础(见图5.1)。

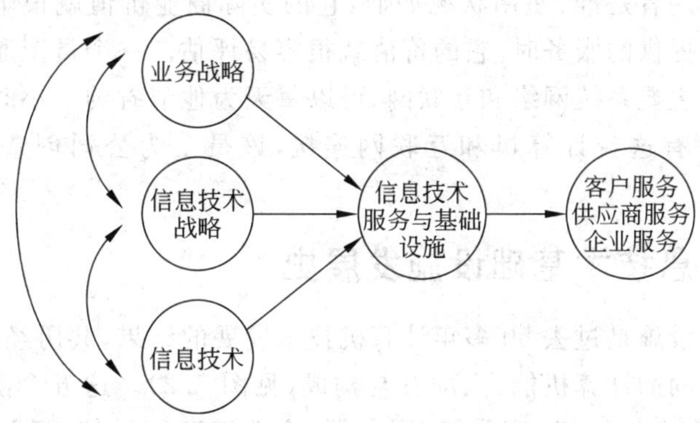

公司为客户、供应商、员工提供的这些服务是多方位的,且都是信息技术基础设施的直接功能。最理想的情况是,这些基础设施还能支持公司的业务与信息系统战略。新的信息技术对业务和信息技术战略以及客户服务的影响巨大。

图5.1 企业间连接,信息技术基础设施,与业务能力

美国企业在信息基础设施上的投资约有1.8万亿美元,其中包括电信、网络设备和通信服务(互联网、电话和数据传输)。大型企业在基础设施上的投资占整个信息技术费用的25%～35%(Weill et al. 2002)。

5.1.1 定义信息技术基础设施

信息技术基础设施包括企业运作所需的一系列硬件设备和软件程序。同时,它又是

一套覆盖整个企业的服务,由管理层负责预算开支,由人力和技术共同实施。它们分别是:

- 提供计算服务的计算平台,如大型主机、台式计算机、便携式计算机、个人数字助理(PDA)以及互联网设备,可把员工、客户和供应商连接在同一数字环境下。
- 提供员工、客户和供应商之间的数据、音频、视频连接的通信服务。
- 存储、管理和分析企业数据的数据管理服务。
- 提供企业各部门共享的企业资源规划、顾客关系管理、供应链管理、知识产权管理等系统应用软件服务。
- 运算、通信和数据管理等硬件设施管理服务。
- 规划和开发信息技术基础设施的管理服务,包括部门协调、预算管理、项目管理等。
- 建立相应的信息技术标准和政策,明确使用相关信息技术的时间及操作流程。
- 提供员工如何使用系统及管理者如何规划和管理信息技术投资的培训服务。
- 提供信息技术研究与开发服务,研究未来可帮助企业增强竞争力的信息技术项目与投资。

从"服务平台"的角度来看,我们更容易理解信息技术基础设施投资所带来的商业价值。例如,一台主频为 3 兆赫的个人计算机,市价约为 1 000 美元,可高速连接互联网。如果不清楚它的使用者是谁、使用状况如何,它的实际商业价值就很难评估。而当我们看到这些应用程序提供的服务时,它的价值就很容易评估。一个员工通过将新的个人计算机连接到公司的主要系统网络和互联网,可以每天为他节省约一小时的等待互联网信息的时间。如果没有这台计算机和互联网连接,该员工为公司创造的价值可能就会减半。

5.1.2 信息技术基础设施发展史

信息技术基础设施是过去 50 多年计算机技术发展的结果,共历经五个发展阶段,每个阶段分别代表不同的计算机能力、配置与构成(见图 5.2)。这五个阶段分别为:通用主机和微机计算、个人计算机、客户机/服务器、企业互联网计算、云计算。需要指出的是,一个新阶段的开始并不意味着之前阶段的完全终结,如一些公司仍在使用传统的通用主机或微机计算系统。如今的主机则主要用于支持大型的 Web 网站和企业应用程序。

通用主机和微机计算阶段:1959 年至今

1959 年,IBM 1401 和 7090 晶体管计算机的出现标志着主机进入了大规模商用阶段。1965 年,IBM 推出了 IBM 360 系列,标志着通用商业主机时代的正式开始。IBM 360 是第一款拥有强大操作系统的商用计算机,拥有分时、多任务、虚拟内存等多种功能。IBM 公司从 1965 年至今一直占据着在这个市场的霸主地位。

主机逐渐发展为可支持多个远程终端的中央主机系统,它通过专用的通信协议和专用的数据线把多个远程终端连接在一起。1959 年,第一个航空订票系统出现,实现了信

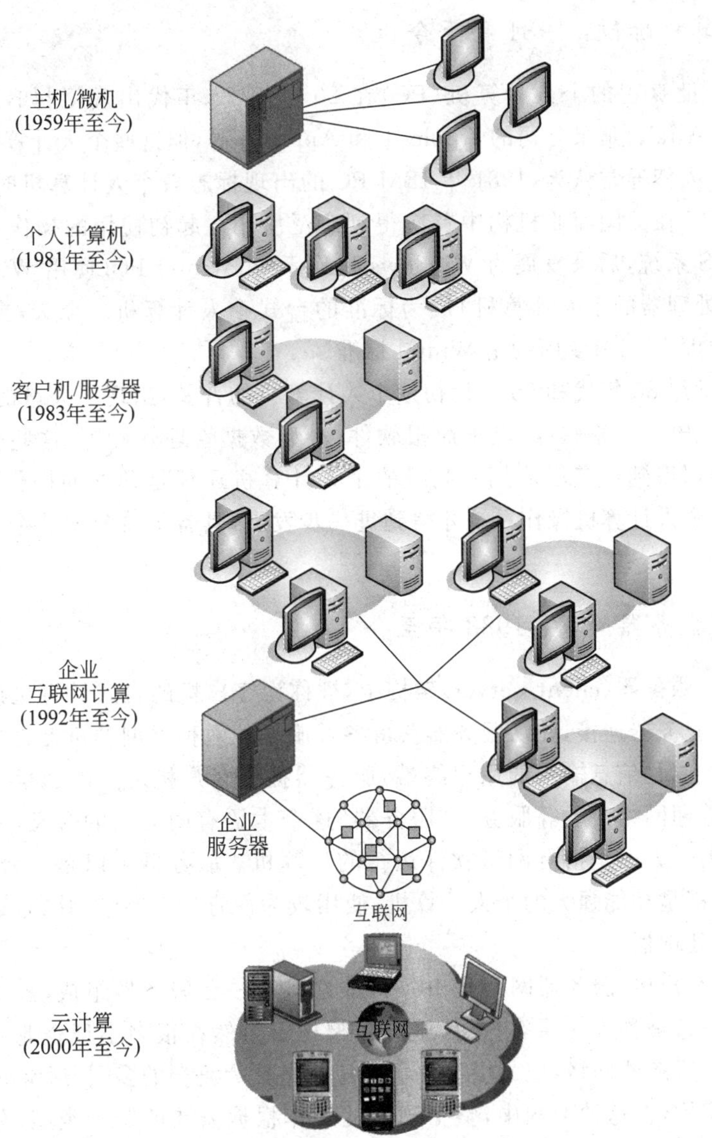

图中列举了信息技术基础设施的五个发展阶段的典型计算配置。

图 5.2　信息技术基础设施的发展阶段

息在线的实时传输，成为大型计算机系统的雏形。

主机时代的计算机系统由专业的程序员和系统操作员高度集中控制，包括硬、软件在内的各个组件几乎无一例外地都由同一生产商提供。这一模式直到 1965 年数据设备公司(DEC)推出小型计算机后才得到改变。DEC 生产的小型计算机(PDP-11 以及后来的 VAX)功能强大，但价格远低于 IBM 主机的价格，这也使非集中式计算成为可能。这种小型计算机是按具体部门或企业单位的特殊需求定做的，而不是分时共用一台大型主机。

个人计算机阶段：1981年至今

尽管第一批真正的个人计算机(PC)在20世纪70年代出现，例如，Xerox公司的Alto、MIT的Altair、苹果公司的Apple Ⅰ和Apple Ⅱ等，但这些个人计算机还没有得到普遍的应用。人们通常认为，1981年IBM PC的出现标志着个人计算机时代的开始，这是因为IBM PC在美国商业机构中首次得到广泛应用。起初使用的操作系统是基于文本命令的DOS系统，后来发展为Windows操作系统，Wintel PC(使用Windows操作系统和Intel微处理器的个人计算机)成为标准的台式个人计算机。今天，在全球大约10亿台计算机中大约95%使用的是Wintel标准。

随着20世纪80年代和90年代初期个人计算机的普及，出现了大量的软件工具，如文字处理软件、电子表格软件、电子简报软件、小型数据管理软件等，这些软件在家用和商用计算机中都得到了广泛应用。此时的个人计算机还都是独立的操作系统，直到20世纪90年代，个人计算机操作系统才得到进一步发展，具备了将分散的个人计算机连接入网的能力。

客户机/服务器阶段：1983年至今

在**客户机/服务器**(client/server)架构中，被称为客户机的台式计算机或便携式计算机通过网络与服务器连接，并从服务器获得各种服务。两种类型的机器处理不同的工作任务，客户机主要是信息输入的用户终端，服务器提供客户机之间的通信、数据处理、存储共享数据、管理网络活动等服务。“服务器”这个术语有两方面的含义，一方面是指软件应用程序，另一方面是指有网络软件运行的计算机。服务器可以是一台主机，但今天大多数服务器都是功能强大的个人计算机，使用较为便宜的Intel芯片，且通常在一个机箱内使用多个处理器。

最简单的客户机/服务器网络是由一台客户机与一台服务器组成，只不过两台计算机的分工不同，这被称为两层客户机/服务器架构。虽然在很多小型企业可以见到简单的两层客户机/服务器网络，但大多数公司采用的是更为复杂的多层(通常称为N-tier)客户机/服务器架构，在这种架构中，整个网络的工作根据需要的服务类型，分布在多层不同的服务器中(见图5.3)。

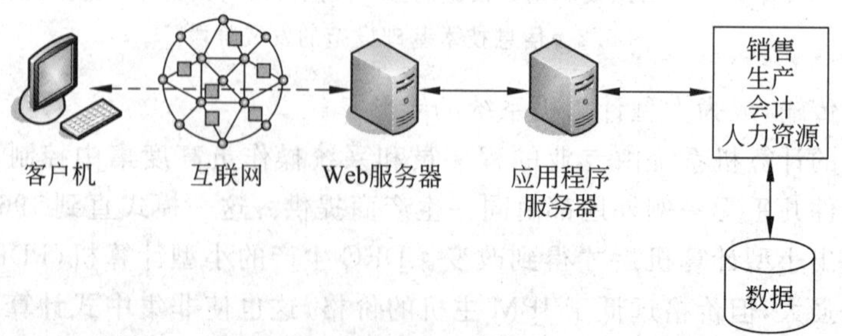

在一个多层客户机/服务器网络中，客户机的服务请求由不同层次的服务器负责处理。

图5.3 多层客户机/服务器网络

例如在第一层，Web服务器负责向客户机提供Web页面服务，Web服务器软件对存储的Web页面进行定位和管理。如果一个客户机要求进入一个系统（如查询产品清单或价格系统），这个请求首先会被引导到应用程序服务器那里。应用程序服务器软件负责用户与企业后台商业系统之间的所有操作，它可以与Web服务器共用一台计算机，也可以单独使用一台计算机。第6章和第7章将会涉及用于电子商务多层客户机/服务器架构的软件的更多内容。

客户机/服务器架构使企业可以将计算任务分散到一些成本较低的小型计算机上，与采用单一的小型计算机或主机系统相比，成本大大降低。客户机/服务器架构的出现使企业的计算能力迅速增长，相应的计算机应用程序也得到飞速发展。

Novell Netware公司是客户机/服务器架构刚出现时的市场引领者，而现在换成了微软。微软公司凭借其Windows操作系统（Windows Server、Windows Vista、Windows XP）成为当今市场的领导者。

企业互联网计算阶段：1992年至今

20世纪90年代初期，企业开始应用一些网络标准和软件工具对分散的网络和应用程序进行整合，形成一个覆盖整个企业的基础设施网络。1995年以后，当互联网发展成为一个可信赖的通信环境时，企业开始使用TCP / IP协议作为连接分散局域网的网络标准。我们将在第7章进一步讨论TCP/IP协议。

随之形成的信息技术基础设施把不同类型、不同品牌的计算机硬件连接成一个覆盖整个企业的网络，使信息可以在公司内部以及不同企业之间自由流动。这一网络连接着不同类型的计算机硬件，如主机、服务器、个人计算机、移动电话以及其他手持电子设备等，它还可以进一步与公共基础设施，如电话系统、互联网和公共网络服务建立连接。企业基础设施还要求软件能够连接不同的应用程序，如企业应用程序（见第2章和第9章）和Web服务（见5.4节），使数据在不同业务部门之间自由传输。

云计算阶段：2000年至今

互联网日益增大的带宽使客户机/服务器模式得到进一步发展，出现了今天的“云计算”。**云计算**（cloud computing）的计算模式是指企业和个人通过互联网获得计算能力和软件应用程序，而不需要自己购买硬件和软件。目前，云计算是增长最快的计算模式，据估计，2009年它的市场规模将达到80亿美元，预计在2012年将达到1 600亿美元。

硬件供应商如IBM、惠普、戴尔正在建设庞大的可扩展云计算中心，可提供计算能力、数据存储和高速的互联网连接服务，使依靠互联网商业应用软件的企业获取信息更加便利。谷歌、微软、SAP、甲骨文和Salesforce.com等软件公司都开通了软件应用程序网上支付服务。例如，2009年，50多万家公司采购了谷歌Apps应用程序系统，该系统是一套以互联网为基础的桌面应用程序，可进行文字处理、电子表格编辑和日历显示。2009年，全球将有43 000多家公司使用Salesforce.com企业的客户关系管理软件，其中有些程序甚至可以安装在他们的iPhone上。

表5.1 列举了信息技术基础设施的各个发展阶段。

表 5.1 信息技术基础设施的发展阶段

基础设施类别	主机时代(1959 年至今)	个人计算机时代(1981 年至今)	客户机/服务器时代(1983 年至今)	企业互联网计算时代(1992 年至今)	云计算时代(现今时代)
代表企业	IBM	微软/英特尔 戴尔 惠普 IBM	网威 微软	SAP 甲骨文 仁科	谷歌 Salesforce. com IBM
硬件平台	中央主机	Wintel 计算机	Wintel 计算机	多种选择: • 主机 • 服务器 • 客户机	远程服务器 客户机(个人计算机、上网本、手机、智能手机)
操作系统	IBM 360 IBM 370 Unix	DOS/Windows Linux IBM 390	Windows 3. 1 Windows Server Linux	多种选择: • Unix/Linux • OS 390 • Windows Server	Linux Windows Mac OS X
应用程序及企业软件	企业广泛使用的应用程序不多;部门应用程序由企业内部程序员编写	企业内部未联网;使用套装软件	企业广泛使用的应用程序不多;为企业量身定做的套装软件出现	企业中广泛使用的应用程序出现: • mySAP 商务套件 • 甲骨文电子商务套件 • 仁科企业软件	谷歌 Apps 应用套件 Salesforce. com
网络/通信	卖家提供: • 系统网络框架(IBM) • DECNET 协议集合(Digital) • 美国电话电报公司的语音电话(AT&T voice)	无或受限	Novell Netware Windows Server Linux 美国电话电报公司的语音电话	局域网 广域网 TCP/IP 协议互联网	互联网 Wi-Fi 宽带无线移动网络
系统集成	卖方提供	无	会计和咨询公司 服务公司	软件制造商 会计和咨询公司 系统集成公司 服务公司	软件即服务(SaaS)公司
数据存储与数据库管理	磁性存储器平面文件关系数据库	DBaseⅡ与 DBaseⅢ Access	带有光感磁性存储器的数据库服务器	企业数据库服务器	远程企业数据库服务器
互联网平台	几乎没有	早期没有后来出现带浏览器功能的客户机	早期没有后来出现: • Apache 服务器 • 微软 IIS 服务器	早期没有后来出现: • 经由企业内部网及互联网实现的企业服务 • 大型服务器群	大型服务器群

5.1.3 信息技术基础设施发展的技术驱动力

上文描述的信息技术基础设施的发展历程源自计算机处理器、存储芯片、存储设备、通信和网络软硬件、软件设计等方面的巨大发展，使计算机的计算能力呈指数形式上升，而成本却呈指数形式下降。下面让我们来看一下信息技术基础设施在技术上的重大发展。

摩尔定律和微处理能力

戈登·摩尔(Gordon Moore)是早期制造集成电路的Fairchild半导体实验室的负责人。1965年，他在《电子学》杂志上发表了一篇文章，指出自1959年微处理器芯片诞生以来，每个芯片中集成元器件(晶体管)的数量每年翻一番。这个论断随后成为著名的摩尔定律。后来摩尔把摩尔定律修订为每两年翻一番。

摩尔定律提出来之后，人们从不同角度对其加以解读。现在至少有三个版本，但没有一个是摩尔本人曾声明过的：(1)微处理器的性能每18个月翻一番；(2)计算机的计算能力每18个月翻一番；(3)计算成本每18个月下降一半。

图5.4阐明微处理器晶体管的数目和每秒数执行指令的百万条数(MIPS)之间的关系。图5.5表明晶体管成本呈指数形式下降与计算性能呈指数形式上升。

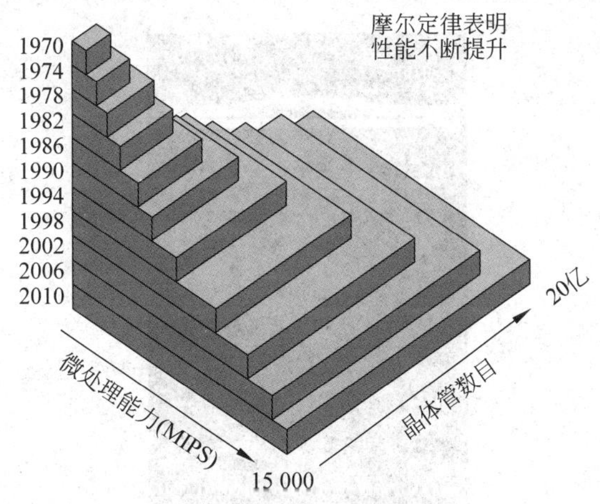

在微处理器中放置更多的晶体管，则其处理能力会呈指数形式上升。

图5.4 摩尔定律和微处理能力

资料来源：Intel，2004，updated by the authors.

晶体管数目和处理器性能呈指数形式增长，计算成本呈指数形式下降，这种趋势将会继续发展下去。芯片制造商将继续制造更微型的晶体管，今天晶体管的大小已不再与人的头发丝进行比较，而可以与最小的生命有机体——病毒相提并论。

芯片制造商借助纳米技术，可将晶体管缩小到几个原子那么大。**纳米技术**(nanotechnology)使用单个的原子和分子群建立计算机芯片和其他装置，可达到当前技术层面所允许的几千分之一。芯片制造商都试图研发一套能够更经济节约生产纳米管处理器

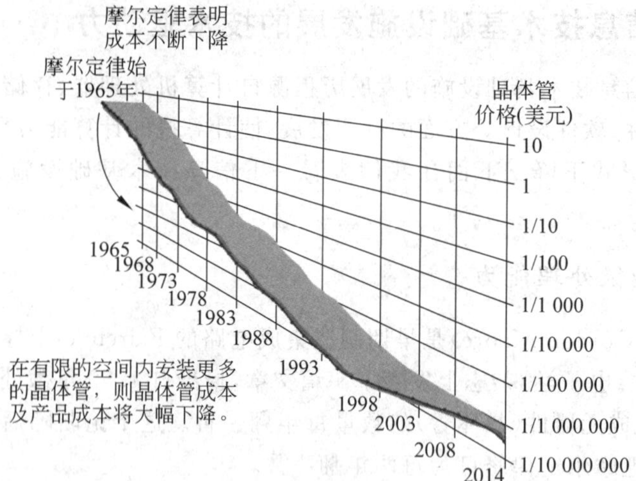

今天的一个英特尔处理器中装有多达10亿个晶体管,每秒数执行指令超过1万条,其成本却不到万分之一美分,甚至比书本上一个字符的印刷费还要少。

图5.5　芯片成本下降曲线图

资料来源：© Intel 2004,updated by the authors.

的流程（见图5.6)。IBM利用这一技术开始在生产中制造微处理器。

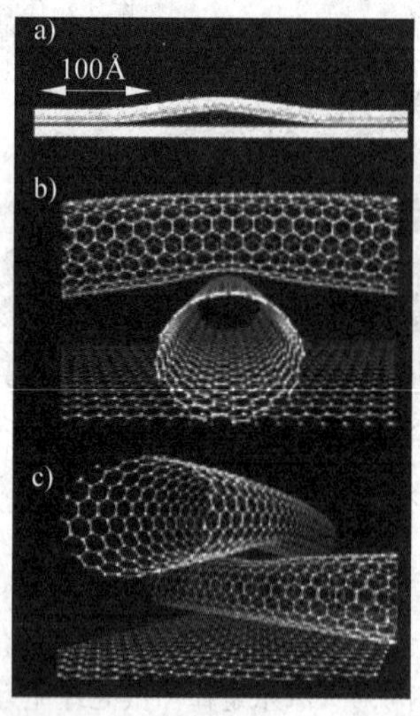

纳米管的径宽只有一根头发的万分之一,由六角形的碳原子构成。1991年,它由NEC的研究人员发现,并被用作极细导线或超细电子设备,具有很强的电流传导能力。

图5.6　纳米管举例

随着处理器速度不断加快,计算机排气扇难以及时散发产生的热量。于是,消费者迫切要求延长电池寿命,降低功耗,减轻笔记本和掌上计算机的重量。因为这个缘故,英特尔和其他芯片制造商正在着力打造新一代芯片：低功耗、轻便小巧、便于携带。其他特点还包括同一个芯片可安放多个处理器(见图5.3)。

大规模数据存储定律

信息技术基础设施发展的第二个驱动力是大规模数据存储定律。目前每年全世界的新增信息大约有 5 艾字节(1 艾字节(EB)等于 10^{18} 字节),数字化的信息量差不多每年翻一番(Lyman and Varian,2003)。几乎所有的信息增量都以数字化形式存储,只有约 0.003%的信息增量是以书面打印文档的方式保存。

幸运的是,存储数字化信息的成本每年以 100%的速率呈指数形式下降。图 5.7 显示,早期个人计算机的硬盘存储量以年均 25%的速度递增,1990 年以后,更是以年均超过 60%的速度递增。今天的个人计算机硬盘存储密度已超过了每英寸 1 吉字节(GB),总存储量也超过了 600 吉字节。

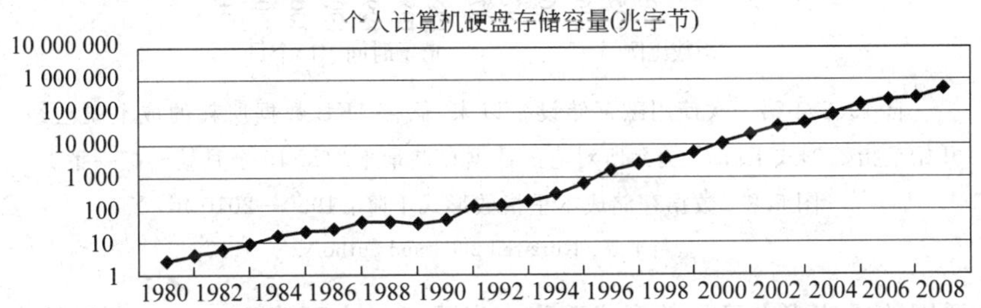

1980 年到 1990 年,个人计算机硬盘存储容量以每年 25%的速度递增;1990 年后,它的年增长率猛增至 65%以上。

图 5.7　硬盘存储容量呈指数形式上升:1980—2008 年

资料来源:Kurzweil 2003,updated by authors.

图 5.8 显示,从 1950 年至今,每一美元磁盘能存储的千字节(KB)数大约每 15 个月翻一番。

梅特卡夫定律与网络经济学

摩尔定律和大规模存储定律表明今天的计算资源非常丰富。可是为什么人们还需要更多的计算资源和存储空间呢?网络经济学和互联网的发展或许会给出答案。

1970 年,以太网技术的发明者罗伯特·梅特卡夫(Robert Metcalf)称,网络价值或网络能力随着网络用户的增加而呈指数形式增长。梅特卡夫等人指出,随着越来越多的人加入到网络中来,将会出现规模收益递增的现象。如果网络成员呈线性增加,整个网络的价值将呈指数形式增长,并且随着网络成员数的增加而持续增长。数字网络的社会价值与商业价值促使人们对信息技术的需求不断增加,网络成员之间的实际链接数与潜在链接数也随之成倍增长。

通信成本递减与互联网

推动信息技术基础设施不断发展的第四个驱动力是通信成本的迅速下降及互联网规模的迅速扩大。据估计,全球范围内目前大约有 15 亿的互联网用户。图 5.9 显示互

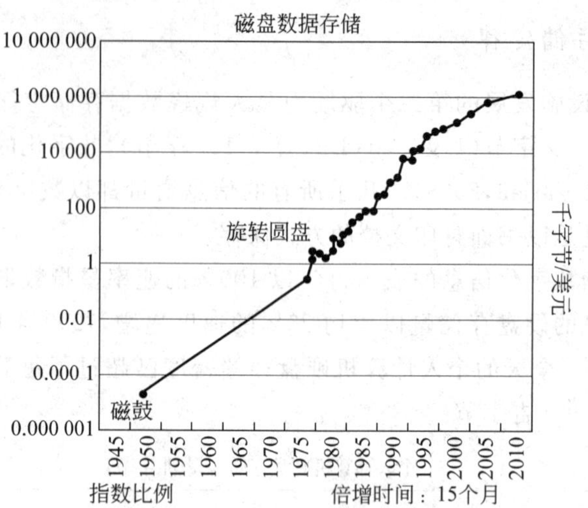

自 1955 年第一次使用磁存储设备以来，储存 1KB 数据所耗的成本就已经开始呈指数形式下降，1 美元所对应的数据存储量平均每 15 个月就会翻一番。

图 5.8　数据存储成本呈指数形式下降：1950—2010 年

资料来源：Kurzweil 2003 and authors.

联网和电话网的通信成本呈指数形式下降。当通信成本下降到一个非常低的水平，甚至接近于“0”的时候，通信设备和计算设备的数量就会急剧增长。

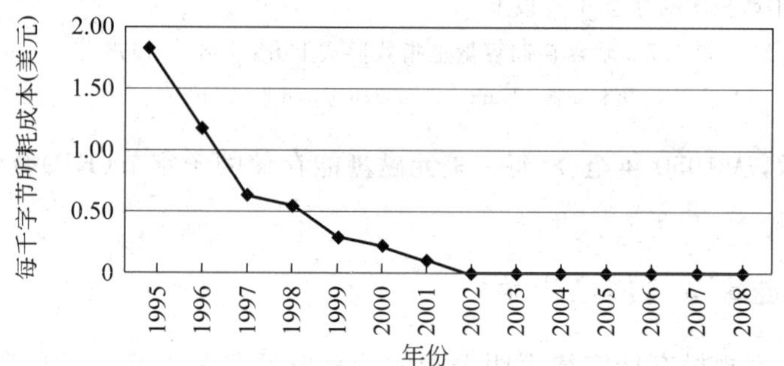

互联网用户迅速增长的原因之一在于它的连接成本和通信成本在不断下降。自 1995 年以来，1KB 网络流量所耗的成本就已经开始呈指数形式下降。现在的数字用户线路(DSL)和电缆调制解调器传输 1KB 流量的零售价仅为 2 美分左右。

图 5.9　互联网通信成本呈指数形式下降

要想通过互联网为公司增加收益，就必须努力增加包括无线网在内的互联网连接，并且不断增强客户机/服务器网络、台式计算机和移动计算设备的性能。我们有充分的理由相信这种趋势将继续发展下去。

标准和网络效应

如果制造商和消费者就普遍采用的技术标准难以达成一致，那么今天的企业基础设施和互联网计算就不会有长足的发展。技术标准是指能够实现产品兼容和网络传输能力的规范标准（Stango,2004）。

由于制造商把目光锁定在单一的技术标准上，从而导致规模经济出现，导致产品价格不断下降。如果没有这些巨大的规模经济，任何一种计算类型的价格都要比现在贵得多。表5.2列举了一些信息技术基础设施的重要标准。

表5.2 计算中的重要标准

标 准	意 义
美国信息互换标准代码(ASCII)(1958)	不同制造商生产的计算机可相互交换数据；之后作为一种通用语言连接计算机的输入和输出设备，如键盘和鼠标。1963年，被美国国家标准研究所采用。
普通商用语言(COBOL)(1959)	一款易于使用的软件编程语言，极大地提高了程序员编写业务相关程序的能力，同时也降低了软件的成本。1959年，由美国国防部研发成功。
Unix (1969—1975)	可同时执行多项任务，由多个用户操作，是一款功能强大且可移植的操作系统。它最初是由贝尔实验室(1969)研制成功的，后来发行供其他用户使用(1975)。它可以在不同供应商制造的各种类型的计算机上操作。20世纪80年代，Unix被太阳、IBM、惠普以及其他公司采用，成为企业层面使用最为广泛的操作系统。
传输控制协议/网际协议(TCP/IP)(1974)	它一系列的通信协议和普通的网络协议，使成千上万的计算机连接到一个全球的大网络(互联网)中。后来，它成为局域网和企业内部网的默认网络协议。20世纪70年代早期，由美国国防部研发成功。
以太网(1973)	把台式计算机连接到局域网的网络标准，使客户机/服务器计算技术和局域网得到广泛应用，从而进一步促进个人计算机的应用。
IBM/微软/英特尔个人计算机(1981)	个人桌面计算的标准Wintel设计基于标准英特尔处理器和其他标准设备，如微软的DOS和之后的Windows系统软件。这一标准的出现与低成本产品的推出奠定了全球企业在计算领域长达25年爆炸式增长的基础。
万维网(1989—1993)	以全球范围内的电子网页存储、检索、排版以及展示信息的标准，网页中可包括文本、图片、音频和视频。截至2004年，已经建成数十亿个网页，供全球用户访问。

20世纪90年代初期，公司开始向标准计算和通信平台方向迈进。使用Windows操作系统的Wintel个人计算机和微软桌面应用程序成为标准的客户计算移动平台和桌面应用程序。广泛采用Unix作为企业服务器的操作系统，替代了原先享有专利权且价格昂贵的主机基础设施。在通信领域，以太网标准使个人计算机可以连接到小型的局域网(LAN，见第7章)，TCP/ IP协议标准允许这些局域网连接到企业的所有网络，最终连接到互联网。

5.2 信息技术基础设施的构成

今天的信息技术基础设施主要由七个部分构成。图5.10列出了这七个组成部分及每个组成部分的主要供应商。这些组成部分相互协调，相互合作，为公司提供统一的基础设施。

在过去，提供这些基础设施的技术供应商通常会彼此竞争，给采购公司提供一些无法兼容、有专利权限且不完整的解决方案。后来越来越多的供应商在大客户们的强烈要

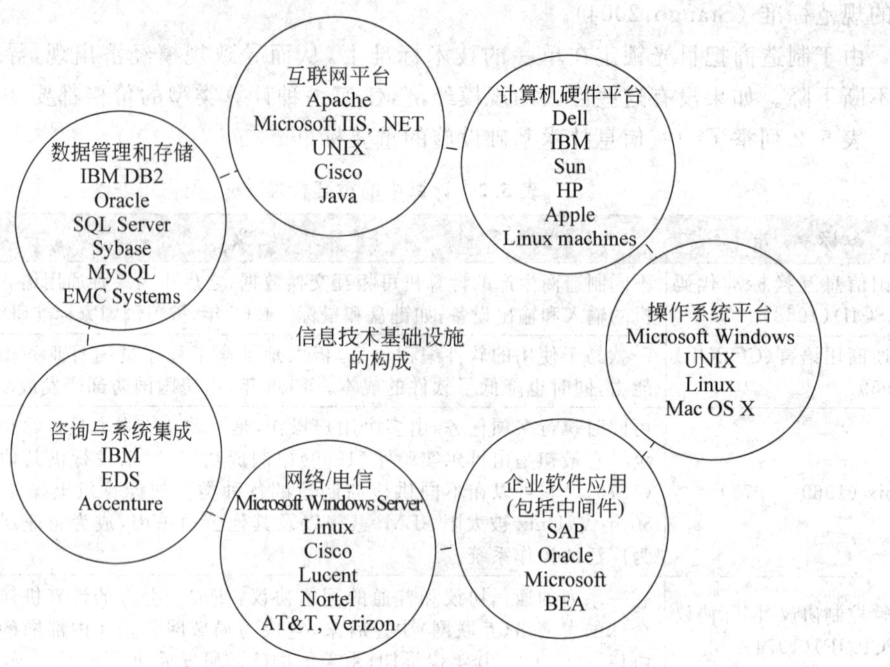

信息技术基础设施主要由七个组成部分构成，它们之间相互协调，相互平衡，为公司提供一个统一的信息技术基础设施。图中列出的是每个组成部分的主要技术及供应商。

图 5.10 信息技术基础设施的组成部分

求下开始进行合作，建立战略伙伴关系。比如硬件服务供应商(如 IBM)与所有主要的企业软件供应商联手合作，与系统集成供应商(通常是会计事务所) 建立战略伙伴关系，并保证只要客户需要，任何数据库产品公司都可能成为它的合作对象(尽管它也在销售自己的数据库管理软件 DB2)。下面让我们来看一下信息技术基础设施各组成部分的所占比例及市场份额。

5.2.1 计算机硬件平台

2008 年，2.85 亿台个人计算机销往世界各地，其市场价值高达 2 530 亿美元。2008 年，美国公司投资于计算机硬件的费用约有 1 500 亿美元。这些计算机硬件平台包括客户端(台式计算机、移动计算设备(如 iPhone 和黑莓手机)、笔记本电脑)与服务器。客户端使用的主要是英特尔或 AMD 公司生产的微处理器(Gartner，2008； Metrics 2.0，2008)。

服务器市场比较复杂，刀片服务器主要使用英特尔或 AMD 生产的处理器，但有些服务器则专门使用太阳公司生产的 SPARC 微处理器和 IBM 生产的 PowerPC 芯片。所谓**刀片服务器**(blade server)是指在标准高度的机架式机箱内可插装多个卡式服务器单元，具有实用性强、密度高的特点。它是由一个带有处理器的电路板、存储器和存储在机箱内的网络连接组成的超薄计算机。与传统的机箱式服务器相比，它占用的空间更小。辅助存储可由每个刀片服务器里的硬盘或外部大型的海量存储硬盘提供。

计算机硬件平台市场日益集中到几个主要的供应商,如IBM、惠普、戴尔、太阳等,而英特尔、AMD和IBM三家成为主要的芯片供应商。计算机行业决定把英特尔作为业内的标准处理器,Unix和Linux的服务器市场除外,它们可以使用太阳或IBM Unix处理器。

虽然客户机/服务器架构占据主导地位,但大型主机并没有完全消失。大型主机的生产商只剩下IBM一家,但在过去的一段时间里,大型主机市场甚至还在不断扩大。这主要是因为IBM把大型主机重新定位为大型企业网络和公司网站的巨型服务器。一台IBM主机运行1.7万个Linux或Windows服务器软件,可以取代成千上万个小型刀片服务器(见5.3节中对虚拟化技术的讨论)。

5.2.2 操作系统平台

在客户机方面,大约95%的个人计算机和45%的手持设备使用的是微软的Windows操作系统(如Windows Vista、Windows XP及Windows Mobile),用于管理计算机的资源和活动。Windows服务器操作系统的市场占有额高达70%,其他30%的企业服务器使用的是某种形式的Unix或Linux操作系统。Linux操作系统是一款与Unix相关的操作系统,且价格低廉、功能强大、源代码开放。微软Windows Server 2008能够提供企业范围的操作系统和网络服务,对那些信息技术基础设施是以Windows系统为基础的公司有很强的吸引力。

Unix和Linux操作系统有扩展性大、可靠性强以及与大型主机操作系统相比价格低廉等优点,它们还可以在不同类型的处理器上运行。Unix操作系统当前的主要供应商有IBM、惠普和太阳,它们的各个版本略有差异,且部分不兼容。

5.2.3 企业应用软件

除了特定组织机构和企业单位使用的应用软件之外,2008年,美国公司在企业应用软件上的投资约有2 500亿美元。企业应用软件被视为信息技术基础设施的重要组成部分。最大的企业应用软件供应商是SAP和甲骨文(2004年甲骨文收购了仁科)。同时,企业应用软件还包括中间件,由BEA(2008年被甲骨文收购)之类的供应商提供,通过连接企业现有的应用系统,实现企业内部系统的全面集成。

微软正试图拓展这个领域,向尚未使用企业应用软件的中小企业市场进军。一般来说,大多数的大型企业已经有了固定的应用软件,并与供应商建立起长期的合作关系。一旦企业决定与某个供应商进行长期合作,中途如果想要更换合作伙伴的话,不是完全不可能,但其难度和代价可想而知。

5.2.4 数据管理与存储

企业数据库管理软件负责组织和管理企业数据,以供公司用户高效访问和使用(第6章将详细介绍软件的具体操作与使用)。企业数据管理软件其实并不多,IBM (DB2)、甲骨文、微软(SQL Server)、赛贝斯(Adaptive Server Enterprise)占据美国数据库市场超过90%的市场份额。由惠普和其他公司支持的一种可在Linux环境下实现开源代码的关系型数据库产品——MySQL是不断发展的新生力量,而且该产品可在互联网上免费下载。

在数据存储市场上,大型数据存储系统的市场几乎被EMC公司垄断,而个人计算机硬盘市场占主导地位的是希捷(Segate)、迈拓(Maxtor)、西部数据(Western Digital)。除了传统的磁盘阵列和磁盘存储之外,大型企业现在开始把目光转向基于网络的存储技术。**存储区域网络**(storage area networks,SAN)通过专用的高速存储网络把多个存储设备连接在一起,使多个服务器可快速访问中央数据存储池。

由于电子商务的不断发展和政府监管的加强,促使公司广泛投资于数据存储和管理设施,全球的数字信息量每三年就翻一番。在过去的5年里,数字数据存储设备市场以每年至少15%的增长率迅速发展壮大。

5.2.5 网络/电信平台

2008年,美国公司在网络和电信硬件上投入了2 100亿美元,在网络服务(主要包括电信和电话公司的语音线路和上网费用;本章暂不讨论这些内容)上投入了8 500亿美元。在之后的第7章中,我们将进一步讲解包括互联网在内的企业网络环境。Windows Server是占主导地位的局域网操作系统,紧随其后的是Linux和Unix。大型企业广域网使用的主要是Unix各种版本的操作系统。几乎所有的局域网和广域企业网络都使用TCP/IP协议作为网标准(详见第7章)。

网络硬件设备的主要供应商有思科(Cisco)、朗讯(Lucent)、北电(Nortel)和瞻博(Juniper)等。电信平台主要由提供语音和数据连接、广域网和互联网服务的电信/电话公司提供。主要的电信服务供应商有美国电话电报公司(AT&T)和Version公司。正如第7章将要提到的,这个市场正在涌现出一大批新的网络通信供应商,提供蜂窝无线、WiFi网络以及网络电话服务等。

5.2.6 互联网平台

互联网平台与企业的通用网络基础设施及软硬件平台息息相关,并有部分重叠。据估算,美国公司2008年在互联网相关基础设施建设方面的投资高达520亿美元,主要集中在硬件、软件、维护公司网站的管理服务(包括虚拟主机服务)以及内部网和外部网上。**虚拟主机服务**(Web hosting service)是指通过一个大型网络服务器或一连串的服务器,向网络用户提供付费空间用于维护其网站。

20世纪90年代末,互联网革命使企业真正进入了服务器计算机时代,许多企业把数千台小型服务器集中在一起,管理自己的互联网业务。此后服务器市场的发展一直都很稳定,并随着服务器计算机规模不断扩大,能力不断增强,其数量逐渐减少。互联网硬件服务器价格急剧下降,导致越来越多的市场份额集中到戴尔、惠普/康柏和IBM等几个少数的大公司手里。

网络应用软件开发工具主要由微软(它的.NET系列开发工具通过使用动态服务器页面创建动态内容的Web网站)、太阳(它的Java程序是当前使用最为广泛的网络工具,用于开发服务器和客户机的交互式网页应用程序)以及其他独立的软件开发商,如

Macromedia 公司(Flash)、媒体软件公司(Real Media)和文本工具公司(Adobe Acrobat)等提供。第7章将详细讨论企业网络平台的组成部分。

5.2.7 咨询与系统集成服务

20年前,一家大型企业可以自己建立一套完整的信息技术基础设施,而今天这已经很难做到了。因为即使是大型企业,也缺乏其所需的专业人才、项目资金和借鉴经验。因此,建立和实施新的基础设施(本书的第13、14章将具体谈到)需要在业务流程、培训教育以及软件集成方面进行大刀阔斧的改革。这也使一些大型咨询公司有机会提供专业知识,如埃森哲(Accenture)、IBM全球服务、电子数据系统(EDS)、惠普技术解决方案、印度印孚瑟斯(Infosys)和惠普罗(Wipro)技术等。

软件集成是指将新的基础设施与旧的企业遗留系统相结合,实现新旧系统的无缝衔接。**遗留系统**(legacy system)通常是指主机计算阶段的处理系统可被继续使用,从而避免因替代和重新设计应用系统所需投入的高额成本。如果这些旧的系统能够被集成到当前的基础设施中,就没有必要替换遗留系统,而且还可以节省成本。

5.3 当代硬件平台的发展趋势

虽然计算成本在迅速下降,但投入信息技术基础设施的成本在公司预算中所占比例却在不断增加。这是因为虽然其他成本有所下降,但计算服务(技术咨询、系统集成)与软件采购的费用在不断攀升,计算和交流强度也在提高。例如,如今公司员工使用的应用程序越来越复杂,因此,需要功能更为强大且价格偏高的多种硬件作为操作平台(如笔记本、台式计算机、掌上电脑等)。

除此之外,公司还面临着一系列的其他挑战。它们需要整合存储在不同应用程序及操作平台(电话、遗留系统、企业内部网、互联网网站、台式机、移动设备)中的各类信息;还需要建立弹性基础设施,能够经受住高负荷量的剧增以及黑客和病毒的常规攻击,同时节省电力;还要不断提高企业自身的服务水平,以满足客户和公司员工日益增长的服务期望。本节我们讨论的硬件和软件平台的发展趋势将解决部分此类挑战。

5.3.1 新兴移动数字平台

随着网络计算使用日益频繁,新的数字计算移动平台应运而生。通信设备,如移动电话、黑莓和iPhone等智能手机,已经具备了手提电脑的许多功能,包括数据传输、上网冲浪、发送电子邮件和即时消息、展示数字化内容以及在企业内部信息系统交换数据等。新的移动平台还包括轻便小巧且成本不高的小型笔记本电脑,也称为上网本(netbook),它优化了无线网络通信与互联网接入,并拥有文字处理之类的核心计算功能;数字化电子阅读器,例如亚马逊的Kindle,它具有一些网络访问能力。越来越多的商业计算开始从个人计算机和台式计算机转向此类的移动设备;企业的管理层也越来越多地利用这些设备协调工作,与员工沟通交流。

5.3.2 网格计算

网格计算(grid computing)是指把多台远程计算机连接成一个计算机网络,并将它们的计算能力集中起来,从而形成一个虚拟的超级计算机。网格计算充分利用了这样一个事实:在美国,大多数计算机CPU的平均使用率只有25%,因此,闲置的资源可供处理其他任务。正是由于高速互联网使企业更加经济地与远程计算机建立连接,并传送大量的数据信息,网格计算才得以实现。

网格计算需要软件程序控制和分配网格中的资源。客户端软件与服务器软件应用程序进行连接。服务器软件先将数据和应用程序代码分割成若干小块,再分给网格系统中的计算机。客户端可在网格应用程序运行的同时,执行其原有任务。

使用网格计算具有节约成本、计算速度快且灵活性强等特点。例如,荷兰皇家/壳牌集团(Royal Dutch/Shell Group)使用的是一个可扩展的网格计算平台,它能够提高其科学建模应用程序的精确度和运行速度,从而找到最佳的储油藏地。这个平台连接着1 024台装有Linux的IBM服务器,实际上,它是世界上最大的商业Linux超级计算机系统之一。该网格能够自行调整,以适应上下波动的数据量,这一点在季节性行业中尤为明显。荷兰皇家/壳牌集团宣称该网格已使公司减少用于处理地震数据的时间,同时提高数据输出的质量,帮助其科学家确认勘探石油藏地时遇到的问题。

5.3.3 云计算与效用计算

在本章的开始,我们就已经提到"云计算"这个概念,其中的硬件和软件功能在互联网上(也被称为"云")作为服务提供。数据被永久地储存在大型数据中心的远程服务器里,并且客户端通过互联网可进行访问和更新,客户端包括台式计算机、笔记本电脑、上网本以及移动设备。例如,谷歌的Apps应用套件在线提供常见的商务应用程序,可以通过Web浏览器进行访问,而软件和用户数据都存储在服务器里。

这是因为使用云计算的公司通常不会自己建造这些基础设施,它们也没有必要去投资建设和开发自己的硬件和软件。相反,它们从远程供应商那里购买计算服务,这样它们只需为实际使用的计算能力付费(或按订阅量付费)。你或许听过与这些服务相关的一些术语,如**按需计算**和**效用计算**。"互动讨论"部分以及本章结尾的亚马逊网站案例都会提及云计算软硬件服务的供应商。

分析人士认为,随着商业计算由私人数据中心向"云"不断转移,云计算表明企业执行计算功能的方式将出现重大变化(Carr,2008)。但这仍处于争论之中。云计算很快引起了中小型企业的关注,因为它们缺乏资金,无法购买自己的软硬件。然而,大公司在复杂的专属系统上投入了大量资金,支持其独特的业务流程,其中的一些业务流程为它们带来了战略优势。最可能出现的情况是混合计算模型,公司既可以在核心活动中使用自己的基础设施,又可以在那些不怎么重要的系统中采用云计算。云计算使企业逐步由拥有固定的基础设施转向采用更加灵活多变的基础设施,这其中有些是属于公司的,有些则是从计算机硬件供应商的大型计算机中心那里租来的。

5.3.4 自主计算

今天的计算机系统变得越来越复杂，一些专家认为，不久它们将会超出人们的操控范围。操作系统软件、企业软件和数据库软件以百万行代码的量级不断扩大，大型系统包含的网络设备已达成千上万，导致系统管理问题变得越来越棘手。

据估计，企业在信息技术方面1/3～1/2的预算都花在了预防或恢复系统的突发事故上。大约40%的系统事故是由于操作人员的疏忽引起的。这并不是他们的专业能力不够扎实或是缺乏训练，而是因为今天的计算机操作系统过于复杂，操控人员很难在几秒钟的时间内迅速做出决定，给出解决方案。

从计算机硬件的角度来看，解决这个问题的途径之一就是采用自主计算。**自主计算**(autonomic computing)是行业范围内集体努力开发出来的计算系统，可实现自我设置、自我优化和自我调整，并且当遭遇外部入侵或自身突发事故时，能够实现自我保护和自我恢复。例如，一台台式计算机遭到病毒侵入时，它不会盲目地让病毒任意侵袭，它会找出病毒所在并将其删除，或在病毒破坏文件之前将其正在执行的任务转移到另一个处理器，然后自行关机。

台式计算机的操作系统也拥有上面所提及的一些功能。例如，病毒防护软件和防火墙保护软件可以检测出个人计算机上的病毒，自动清除病毒并向用户发出警报。由于这些软件程序与病毒防护服务公司(如McAfee)已经联网，因此它们可以自动升级与更新。IBM和其他供应商正在开发大型系统产品的自主计算。

5.3.5 虚拟化技术与多核处理器

随着公司配置的服务器越来越多，甚至达到成百上千，它们发现开启和冷却系统的费用几乎和购买硬件所投入的成本一样多。数据中心所消耗的能源在2000—2008年期间增加了一倍多，美国环境保护署估计，到2011年数据中心所耗电力将超过美国总电力的2%。降低数据中心的能源消耗是现代商业的一个主要挑战。“互动讨论：技术领域”对这一问题进行了调查，当你阅读这个案例时，试着列出几个解决该问题的可行方案及各自的优点与不足。

该互动讨论部分要求企业利用虚拟化技术减少计算机处理器的数目，以减少硬件数量和降低能源消耗。**虚拟化**(virtualization)是指一系列的计算资源(如计算能力或数据存储)实现共享的一个过程，摆脱了机体配置或地理位置的限制，用户可自由访问其中的资源。服务器虚拟化可使企业在一台计算机上同时运行多个操作系统。大多数服务器的使用率只有10%～15%，而虚拟服务器的使用率可达70%甚至更高。较高的使用率意味着处理同等数量工作所需的计算机就相应减少了。

例如，横跨美国西部、南部以及墨西哥境内的Christus Health网络，把所涉及的医院和医疗设施机构连接在一起，它原先负责管理位于8个数据中心的2 000多个服务器，其中70%在圣安东尼奥数据中心。在该区域，97%的系统只使用了20%甚至更低的处理能力，对内存也只使用了29%。医疗卫生机构利用虚拟化技术把824台服务器的工作整合连接到83台刀片服务器上，从而节省了180万美元，其中包括电力消耗降低的成本

(Conklin et al.,2008)。

服务器虚拟化软件在操作系统和计算机硬件之间运行,可以对服务器用户隐藏服务器资源,包括服务器、处理器和操作系统的数量和身份。VMware 是 Windows 和 Linux 系统服务器虚拟化软件的主要供应商。微软也提供自己的虚拟服务器产品,并在最新版本的 Windows Server 中添加了虚拟化功能。

除了可以降低硬件成本和能源消耗之外,虚拟化还允许企业在同一台服务器上运行其原有操作系统的遗留程序,就像运行新的应用程序一样。同时,虚拟化还有利于硬件集中管理。

降低能源消耗和硬件成本的另一种方法就是使用多核处理器。**多核处理器**(multicore processor)是指一个集成电路为提高效率同时连有两个或多个处理器,从而降低能源消耗,更高效地同时处理多个任务。在这项技术下,能耗低且散热快的两台处理器完成任务的效率,要高于只有一个处理核心且资源匮乏的芯片。今天的个人计算机使用的都是双核处理器,服务器使用的是四核处理器。太阳微系统公司生产的用于管理网络应用程序的 UltraSparc T2 芯片有 8 个处理器,不久就会变成拥有 16 核的处理器。

互动讨论:技术领域

绿色计算

当前的计算机机房越来越热得难以处理。以大量数据为依托的任务,如视频点播、音乐下载、互换照片、维护网站等,需要投入越来越多的耗电机器。2000—2007 年间,美国企业数据中心服务器的数量从 560 万台猛增到约 1 200 万台,而全世界总共有 2 900 万台。同期,其电力年度总成本由 13 亿美元飙升至 27 亿美元,全球服务器的用电总额也由 32 亿美元狂涨到 72 亿美元。

另外,服务器产生的过度热量导致机器设备无法正常运转。公司不得不在数据中心冷却上投入更多的成本,要么就寻求其他的解决方案。有些企业投在冷却数据中心上的费用甚至要比它们租赁这些设备的费用还要高。一个 10 万平方英尺大小的数据中心由于冷却成本的增加导致它的年均水电费用也随之攀升,高达 590 万美元。这是一个恶性循环,因为公司必须为服务器运行所耗的能源买单,然后还得为冷却和维护服务器付费。冷却一个服务器与运行一个服务器所需能量的千瓦数大致相同。所有的这些额外能耗不仅给环境带来了负面影响,还增加了企业的运作成本。

位于加利福尼亚州的 Pomona Valley 医疗中心有一个占地面积 6 000 平方英尺的数据中心,里面很多台服务器一同运转,使得房间温度飞涨到几乎 100 华氏度。信息技术经理的目标是让房间的温度保持在六七十华氏度。不断升高的室温经常会引起服务器故障,有时甚至彻底崩溃。为了解决这个问题,医院投资 50 万美元在服务器的上方安置了一套空调制冷系统。现在室内的温度徘徊在 64 华氏度左右。

圣路易斯市的爱默生网络能源公司研发出了一套叫做 Liebert XD 的冷却系统,可直接放置在服务器机架的顶端,依靠管道中的无水冷却液实现制冷。位于美国明尼阿波利斯市的美国互联网公司(一家区域性的互联网服务供应商)在它的一个室温为 90 华氏度的数据中心里安装了 Liebert XD 系列产品。如果没有这样的冷却系统，该公司的特因服务器和存储驱动器时常出现故障而无法正常运行。

另一个冷却系统是由 Degree Controls 公司研制开发出来的，其总部设在新罕布什尔州米尔福德。该系统依靠在地砖上安装功率强大的风扇，直接向服务器吹冷气，从而达到制冷效果。每一片地砖的安装费用高达 1 800 美元。

世界上的一些知名企业正在努力解决其能耗问题，一方面着眼于环保，另一方面侧重于节省资本。像谷歌、微软和汇丰银行都在建设利用水力发电的数据中心。Salesforce.com 计划投资可再生能源及替代能源项目，进而避免产生污染环境的碳足迹。

惠普公司正在研发一系列环保技术，以减少数据中心 75%的碳足迹，用光脉冲取代微处理器上的铜线圈，推出新的用于测定能耗和碳排放量的软件程序和服务项目。通过对服务器和数据中心进行整合，其能耗成本降低了 20%～25%。尽管所有的这些公司都没有宣称所付出的努力将会拯救世界，但它们确实表明了人们对这一问题的重视和绿色计算时代的到来。

信息技术经理们也会考虑使用一些能耗低的硬件和软件。一些企业会选择使用小型的客户端计算机，即最基本的终端机器，它们直接连接到服务器，比一般的台式计算机耗能低。一个由亚利桑那州 Verizon Wireless 公司运作的呼叫中心，使用太阳微系统公司生产的瘦客户机取代了原先的 1 700 台个人计算机，结果能耗下降了 1/3。太阳微系统公司称其瘦客户机使用的电耗平均还不到个人计算机的一半。

两年前，纽约城市大学在它的 20 000 台个人计算机上安装了由 Verdiem 公司生产 Surveyor 软件，它能够帮助信息技术经理在计算机长时间待机情况下自动关机。Surveyor 软件为纽约城市大学节省了 10%的电费，每年节约 32 万美元的开支。威斯康星州的 Quad Graphics 公司也安装了 Surveyor 软件，经试验证明它可以帮助公司节省 35%～50%的能耗，即每年可省 7 万美元的电费。

微软的 Windows Vista 操作系统加强了计算机的睡眠功能，与 Windows 之前版本的待机模式相比，其电耗大大降低。在睡眠模式下，计算机使用的电力仅有 3 到 4 瓦，而一台没有进入睡眠模式的空闲计算机所消耗的电力可达 100 瓦。企业也可以为其服务器选择使用效率更高的芯片。

虚拟化技术是一种更具成本效益、更具绿色计算理念的高效工具，它减少了运行企业应用程序所需服务器的数量。包括匹兹堡大学医学中心和旧金山 Swinerton 建筑公司在内的许多企业都受益于此项技术。Swinerton 公司通过使用虚拟化技术在一年内节省了 14 万美元开支，其中包括能耗降低和冷却成本削减节省出来的 5 万美元以及服务器购买环节省下来的费用。

资料来源：Scott Ferguson，"Cooling the Data Center，" *eWeek*，June 9，2008；Rob Bernard，"Microsoft's Green Growth，" *eWeek*，April 7，2008；Eric Chabrow，"The Wild，Wild Cost of Data Centers，" *CIO Insight*，May 2008；Jim Carlton，"IT Managers Make a Power Play，" *The Wall Street Journal*，March 27，2007，and "IT Managers Find Novel Ways to Cool Powerful Servers，" *The Wall Street Journal*，April 10，2007；and Marianne Kolbasuk McGee，"Data Center Electricity Bills Double，" *Information Week*，February 17，2007.

思考题

1. 数据中心能耗给企业运作带来了什么样的商业问题和社会问题?
2. 如何解决这些问题? 其中哪些方案最环保?
3. 这些解决方案将带给企业什么样的商业收益和成本?
4. 是否所有企业都要走绿色计算的道路? 给出你的理由。

MIS 实例

在互联网上搜索"绿色计算",然后回答下列问题:

1. 你将如何定义"绿色计算"?
2. 谁是绿色计算运动的倡导者? 哪些公司在这一运动中处于领先地位? 哪些环保组织在这一运动中扮演着重要角色?
3. 绿色计算的最新发展趋势是什么? 它将产生怎样的影响?
4. 个人怎样为绿色计算运动贡献一份力量? 绿色计算运动可操作性大吗?

5.4 当代软件平台的发展趋势

当代软件平台主要有以下五个发展趋势:

- Linux 和开源软件
- Java 和 Ajax
- 网络服务和面向服务结构
- 软件聚合和 2.0 网络应用程序
- 软件外包

5.4.1 Linux 和开源软件

开源软件(open source software)是由世界各地数以万计的程序员共同开发的。据开源职业协会(OpenSource.org)的相关人士称,开源软件是免费的,用户可以对其任意更改。初始源代码的获取是免费的,并且在用户中传播不需要额外的许可。虽然目前大多数开源软件都基于 Linux 或者 Unix 操作系统,但从严格意义上来讲,它并不受任何操作系统和硬件技术的限制。

开源软件要优于商业化的专有软件,因为世界各地成千上万的程序员都在不断改进开源软件,从原则上来讲,这种开发方式要比公司个体开发商业软件的效率更高、效果更好。开源技术已有 30 多年的发展历史,经过多年的不懈努力,现在已可以生产出比较实用的高质量商业软件。

现在有数百个网站可提供成千上万种的开源程序。比较受欢迎的开源软件工具有 Linux 操作系统、Apache HTTP 网络服务器、Mozilla Firefox 网络浏览器、Open Office 办公软件套件。开源工具正逐步取代微软办公系统,成为上网本所青睐的低价替代品。主要的硬件和软件供应商,包括 IBM、惠普、戴尔、甲骨文、SAP 的产品都可以兼容 Linux

操作系统。通过对本章的学习，尤其是对开源软件早期状况和发展历史的进一步探讨，你将深入了解开源代码。

Linux

最出名的开源软件要属 Linux 操作系统。它最初是由芬兰程序员莱纳斯·托沃兹(Linus Torvalds)编写，并于 1991 年 8 月在互联网上发布。现在的移动电话、智能手机、上网本以及其他电子设备都装有 Linux 的应用软件。Linux 可以从互联网下载免费版本或购买低价的商务版，其中商务版包括 Red Hat 等供应商提供的使用工具和技术支持。

Linux 操作系统当前在台式计算机的普及程度不高，但正在迅速增长，特别是具有互联网功能的上网本大量使用这一操作系统。它在后台局域网、网络服务器和高性能计算的运行过程中起着非常重要的作用，占有服务器操作系统市场 20%的份额。像 IBM、惠普、英特尔、戴尔以及太阳都把 Linux 操作系统作为企业产品的重要组成部分。亚洲、欧洲和拉丁美洲的 20 多个国家都已采用开源软件与 Linux 操作系统。

开源软件特别是 Linux 和基于 Linux 的应用软件的快速发展，给企业软件平台带来了深远的影响：成本降低、可靠性和适应性增强、集成度加深，因为 Linux 可以运行在大型主机、服务器和客户机等各种硬件平台上。

5.4.2　网络软件：JAVA 和 AJAX

Java 是一种独立于操作系统和处理器的面向对象的编程语言。它已经成为当今最主要的互联网互动编程语言。1992 年，Java 由太阳微系统公司的詹姆斯·格斯林(James Gosling)及其领导的 Green Ram 团队开发推出。

今天，几乎所有的 Web 浏览器都嵌入了 Java 平台，不少移动电话、智能手机、汽车、游戏机、音乐播放器以及付费数字电视等也都开始采用 Java 平台。不管系统使用的是什么类型的微处理器和操作系统，Java 应用软件都可以运行。这是由于在使用 Java 的各种计算环境中，太阳公司都建立了 Java 虚拟机，通过 Java 虚拟机为不同的机器解读 Java 代码。这样，Java 程序编写完成之后，就可以在任何一台安装了 Java 虚拟机的机器上运行。

Java 语言处理文字、数据、图像、音频和视频文件的功能十分强大。以 Java 程序为依托，用户可以通过万维网浏览器处理网络系统数据，从而避免编写专门的应用程序。万维网浏览器(Web browser)是一款使用方便的软件工具，它的图形用户界面可用以显示网页，访问网站和他互联网资源。微软的 Internet Explorer、Mozilla Firefox 和 Netscape 都属此类浏览器。在企业层面，Java 被用于更复杂的电子商务应用程序，负责连接企业后台交易处理系统。

过去，由于太阳微系统公司和微软在 Java 标准上存在意见分歧，导致 Java 普及工作一度受阻。2004 年 4 月，在通用汽车等大客户的强烈要求下，微软同意停止使用为其专有的 Java 版本开发的微软 Java 虚拟机(MSJVM)，携手与太阳共同开发包括 Java 在内的新技术。

Ajax

你是否曾填写过一张网页订单,因为填错只好重新申请,结果需要等待很长时间?或是点击浏览一个地图网站,点击向北走的箭头后,下载新页面仍需一段时间?Ajax(Asynchronous JavaScript and XML)就是又一项万维网开发技术,它可以创建互动的万维网应用程序,解决上面所遇到的问题。

Ajax允许客户机和服务器在后台交换小数据块,因此,当用户想要查看部分内容时,就不需要每次都下载整个网页。如果你在地图网页上点击向北走的箭头,比如谷歌地图,它的服务器所需下载的仅仅是应用程序的一部分,而不需要重新下载整个地图。你还可以利用地图应用程序,用鼠标按住地图朝任意方向翻转,而不需要重新下载整个网页。Ajax通过使用下载到客户端上的JavaScript程序确保与服务器的持续通话,用户操作起来也更加顺畅。

5.4.3 Web服务和面向服务的架构

Web服务(Web services)是指一组松散连接的软件,通过Web通信标准和语言实现信息共享与交流。Web服务不局限于特定的操作系统和编程语言,因此,不同系统之间也可以实现相互通信。它们可以建立开放标准的互联网应用程序,把两个不同的企业系统连接起来,还可以建立把同一公司的几个系统连接起来的应用程序。Web服务不局限于任何操作系统或编程语言,不同的应用程序都可通过建立标准实现信息共享,而不会在解读客户代码上花费太多时间。

Web服务所依托的基础技术是可扩展标记语言(Extensible Markup Language,XML)。它于1996年由万维网联盟(World Wide Web Consortium,W3C,负责监管网络发展的国际组织)研发推出,比超文本标记语言功能更强大、操作更灵活。超文本标记语言(hypertext markup language,HTML)是一个页面描述语言,用于指示如何将文本、图表、音频和视频放在一个网页文件中。HTML只能描述怎样把数据显示在网页上,而XML还可以执行数据的展示、传播和存储。在XML中,数字不仅仅是简单的数字,它们通过相应的标记,可以代表价格、日期或者邮政编码等。表5.3举例说明XML标记。

表5.3 可扩展标记语言举例

简单的英语	XML
Subcompact	<AUTOMOBILETYPE="Subcompact">
4 passenger	<PASSENGERUNIT="PASS">4</PASSENGER>
$16 800	<PRICE CURRENCY="USD">$16 800</PRICE>

通过规定标记内容的具体所指,XML使计算机能够自动操控和处理数据,而不需要人为干预。万维网浏览器和计算机程序,如订单处理软件或企业资源规划(ERP)软件,可以遵循为申请和展示数据而编制的规则。XML为数据交换提供了一个标准格式,使Web服务可以实现处理器之间的数据传输。

Web服务在标准的Web协议下通过XML信息进行通信。简单对象访问协议

(Simple Object Access Protocol,SOAP)是一组信息构造协议,它允许不同应用程序之间进行数据和指令的传输。Web 服务描述语言(Web Services Description Language,WSDL)是一种常用架构,用于描述 Web 服务所执行的任务与所接受的指令和数据,因此,它也可以应用到其他程序。通用描述、发现与集成框架(Universal Description,Discovery,and Integration,UDDI)通过构建一个类似于电话黄页的 Web 服务列表,使企业可以迅速找到所需的 Web 服务。通过这些协议,一个软件应用程序可以免费连接到其他应用程序,而无须额外编写专门的连接程序,以达到信息共享的目的。这样,所有应用程序共享同一个标准。

所有用来构建企业软件系统的 Web 服务组成了面向服务的架构。面向服务的框架(service-oriented architecture,SOA)是一套完备的服务,通过相互交换信息而创建可操作的软件应用程序。通过执行这一系列的服务项目,业务任务才算完成。软件开发人员对这些服务进行重组,建立其他所需的应用程序。

几乎所有主要的软件供应商都提供建设和整合软件应用程序的工具和平台。IBM 在 WebSphere 电子商务软件平台上提供 Web 服务工具,微软的 Microsoft .NET 平台也有 Web 服务工具。

美国的汽车租赁公司 Dollar Rent A Car 通过 Web 服务把企业的在线服务系统与美国西南航空公司的网站连接起来。虽然两家公司系统使用的技术平台不同,但顾客可以在西南航空的网站(SouthwestAir. com)上预订航班,同时,也可以在上面预约 Dollar 公司的汽车,而不需要额外访问它的网站。Dollar 公司使用的是 Microsoft .NET 网络服务技术平台,实现了两个不同技术平台之间的数据交换。西南航空的预订信息首先转换为网络服务协议,之后被转换成 Dollar 公司计算机系统可以识别的格式。

其他的汽车租赁公司曾经也将信息系统与航空公司的网站连接在一起,但是没有 Web 服务,这些连接只能是一次连接一个。Web 服务提供了一个标准,可以使 Dollar 公司与其他公司的信息系统进行"对话",而不需要建立一对一的连接。现在 Dollar 公司正在不断扩大 Web 服务连接,小型旅游操作系统、大型旅游预订系统以及供移动电话和掌上电脑使用的无线网站都是它的合作伙伴。而它不需要为每个新伙伴的信息系统和每个新的无线设备额外编写软件代码(见图 5.11)。

5.4.4　软件聚合与窗口小工具

微软的 Word 和 Adobe 软件过去通常都是按套出售的,而且只能在一台计算机上使用。后来越来越多的软件可以直接从网上下载,并且可以与其他应用程序进行自由整合。为了开发自定义应用程序和实现信息共享,个人用户和企业对这些软件组件进行自由组合,由此产生了**软件聚合**(mashup)。这一理念把不同的软件进行重组,并确保重组后的应用程序比之前简单相加的功能更强大。

Web 2.0(见第 7 章)就是这一理念的产物,在一些音乐软件聚合中,通过网络聚合把两个或两个以上的在线应用程序组合在一起,形成一种新的混合程序,以创造出更大的商业价值。其中的重大创新之举是通过软件聚合把卫星地图软件与当地的具体内容结合起来。例如,ChicagoCrime. org 把谷歌地图与芝加哥城的犯罪数据结合在一起。用户

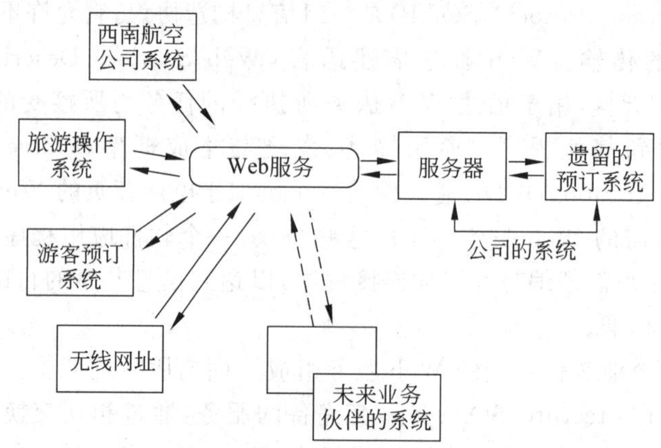

Dollar Rent A Car公司使用Web服务提供一个标准的中间层软件,以此连接到其他公司的信息系统。在不需要与每个公司一一建立连接的情况下,Dollar Rent A Car公司使用这套网络服务就可与其他公司的信息系统建立连接。

图5.11 Dollar Rent A Car公司利用Web服务的运作模式

输入想查的地区进行搜索时,相关的犯罪案件和犯罪类型等搜索结果就会在谷歌地图上以彩色圆点的形式显现出来。谷歌、雅虎和微软现在都提供工具,允许其他应用程序从它们的卫星地图上截取信息。

如果你曾经在Facebook个人页面或博客上进行过个性化设置,使它能够显示图像或播放视频,那么你已经使用过软件聚合了。这些允许用户从一个站点把内容嵌入一个网页或另一个网站的软件代码被称为控件。**窗口小工具**(widgets)是小的软件应用程序,可以添加到网页或放在桌面上提供额外功能。例如,在Facebook个人页面上的Flixter控件使用户可随时关注他们看过电影的收视情况及网友评价,还可以看到他们朋友对此电影的反馈和评论,以及电影院正在上映的新电影。

桌面小工具通常运行在网页或博客上,它可以整合外部资源,为用户提供服务,如计算器、字典和当前天气预报等。苹果Dashboard、微软Windows Vista Sidebar以及谷歌Desktop Gadgets都属于此类的桌面小工具。

小工具软件也提供店面窗口,供刊登广告、出售产品和服务客户等。兰登书屋集团公司有一个网页小工具,访问者通过它可进入网上书店购买新书。亚马逊和沃尔玛也有类似的工具栏控件,可以在搜索网络商店的同时,仍停留在其他网站或个人页面上。网页工具软件已经变得如此强大,以致Facebook和谷歌在不断吸纳网站窗口小工具的开发人员。

5.4.5 软件外包

今天大多数企业仍在使用的遗留系统能够继续满足业务的发展要求,而且如果对其更新换代的话,公司需要投入相当大的一笔开支。但是它们也在不断地从外部购买新的应用软件。图5.12展示了美国企业对外部来源软件需求的急剧增长。

企业从外部来源获得软件程序通常有三个途径:商业软件供应商提供的商用软件

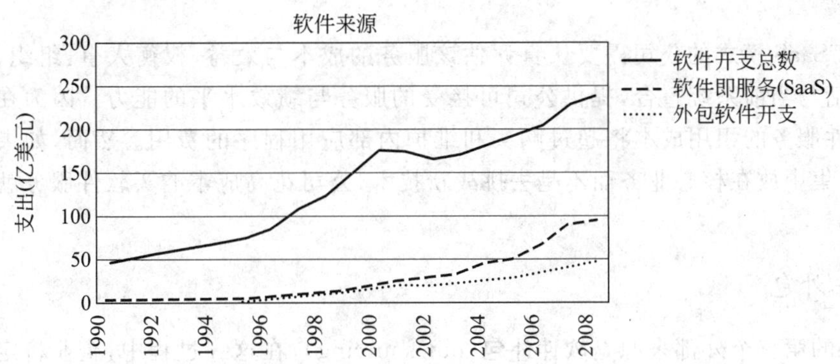

当前，美国公司每年在软件上的投资高达 2 500 亿美元。2008 年，大约有 40％的软件是从公司外部获得，如企业应用程序供应商及软件组件服务供应商等。

图 5.12　公司软件的来源变化

资料来源：BEA National Income and Product Accounts，2008；Gartner Research，2008；and author estimates.

包；在线服务供应商提供的软件服务；外国公司提供的外包定制应用程序，它们通常是劳动力成本较低的海外公司。

商用软件包和企业软件

我们之前已经讲过，企业应用软件是当今企业信息技术基础设施的重要组成部分。**软件包**(software package)是指为企业的业务功能(例如薪酬处理和订单处理)提前编写的软件程序套装，从而避免企业编写自己所需的程序。

企业应用软件供应商，像 SAP、甲骨文等公司都提供功能强大的企业软件包，支持企业的主要业务流程，包括仓储管理、客户关系管理、供应链管理、财务管理和人力资源管理等。企业购买这些一体化商业软件包，要比自行开发相关软件程序节省一大笔成本。在第 9 章，我们将会详细介绍企业系统。

软件即服务(SaaS)

很显然，软件将会被越来越多地当作一种网络服务。在本章的前半部分中，我们已经介绍了云计算，即在互联网上提供作为服务的软件。除了谷歌、雅虎提供给个人和小企业的免费或廉价工具之外，企业软件和其他复杂的业务功能软件均需根据客户的要求量身定制，一些主要的商业软件供应商负责提供这项服务。企业不需自己购买和安装此类软件，它们只需从服务供应商那里租用相同的服务功能，同时支付相应的服务费或按每笔交易明细列单付费。这种传输和提供远程软件的网络服务被称为**软件即服务**(SaaS)。

这方面的一个典型案例是 Salesforce. com 公司，它能够提供关于客户关系管理的随需应变的软件服务，包括销售人员办公自动化、伙伴关系管理、市场营销、客户服务等功能。它还包括定制化工具，可以把其软件与其他公司的应用程序整合在一起，以及集成运行新程序管理公司业务的其他项目。“互动讨论：管理领域”将深入探讨具体的软件服务项目。

考虑SaaS模式的公司需要认真评估该服务的成本与效益,权衡人事、组织、技术等问题,包括与当前系统整合,提供公司可接受的服务与绩效水平的能力。因为在一些情况下,软件服务的租用成本将超过购买和维护内部应用程序的费用。然而,如果公司决定把精力集中放在核心业务而不是去挑战新技术,公司花高成本购买软件服务就有可能是有益的。

软件外包

软件的第三个外部来源是**软件外包**(out sourcing),在这一过程中,企业将定制软件开发或现有遗留程序维护外包给其他公司,并与其签订合同,通常签约公司都是一些工资成本低的海外企业。根据加特纳集团(Gartner Group)统计,2008年,全球软件外包金额总计4 410亿美元,大约每年增长8%(Gartner,2008)。其中最大的金额支付给了美国的本土公司,它们提供中间件、集成服务以及其他软件支持,这都是运行大型企业系统必需的。IBM在全球的市场份额最大(8%),之后是EDS(5%)和ADP(3%)。全球大约50%的软件外包来自金融服务领域。

例如,2008年3月,作为世界第三大石油公司的荷兰皇家壳牌公司(Royal Dutch Shell PLC)与T-Systems国际外包处理公司、美国电话电报公司(AT&T)和电子数据系统公司(EDS)签署了一份为期五年的40亿美元的软件外包合同。该协议分配AT&T负责网络和通信项目,T-Systems负责主机服务与存储工作,EDS负责最终用户计算服务与基础设施服务集成。这项外包工程有助于壳牌公司削减成本,并专注于开发提高其油气市场竞争力的系统。

海外的外包公司主要提供初级维修、数据输入以及呼叫中心操作。但随着海外外包企业的日益发展与成熟,特别是在印度,已开发出越来越多的新软件程序。本书的第13章还将具体讨论海外软件外包问题。

为加强与外包服务商或技术服务提供商的关系,企业需要与它们签订相关的合同,其中包括**服务等级协议**(service level agreement,SLA)。服务等级协议是雇用双方之间的正式合同书,明确规定服务供应商的具体职责与客户对服务的期望标准。SLA通常会明确规定服务的性质与水平、业绩衡量标准,支持选项、安全与灾难恢复条款、硬软件的所有权与升级、客户支持、账单支付、终止协议条件等。

互动讨论:管理领域

Salesforce.com:软件即服务成为主流

Salesforce.com在过去的几年里,曾被认为是最具破坏性的科技公司之一,而现在却凭借其创新的业务模式和非凡成功而震撼软件行业。它通过在互联网上租赁的"软件即服务"模式来提供客户关系管理(CRM)解决方案,从而取代了购买软件并安装在固定机器上的传统模式。公司创建于1999年,由甲骨文前任执行官马克·贝尼奥夫(Marc Benioff)发起,截止到2007年,该公司现已发展到拥有2 600名员工的规模,年收入达

7.48亿美元。

Salesforce.com拥有43 000多家业务客户和超过100万的个人用户。

Salesforce.com将其成功归于网上的软件订购模式。该模式不需要在前期对系统进行大规模投资，也不需要长时间操控公司计算机。对于小规模的营销队伍来说，订阅经简化的集团版每人每月只需9美元的成本，而对于大企业来讲，订阅更为先进的升级版每人每月需65美元左右的成本。

Salesforce.com的软件上线需要0～3个月。用户不需要购买、标识和维护硬件，不需要安装操作系统、数据库服务器及应用程序服务器，不需要技术顾问和员工，也没有昂贵的专利使用费和维护费。该系统只需通过一个标准的网络浏览器即可访问，而且Salesforce.com在后台不断更新其软件。还有一些工具可对软件的具体特性进行定制，以支持公司独特的业务流程。与大型的企业软件供应商相比，Salesforce.com提供兼容性更强的软件解决方案，因为它们减少了管理多层软硬件的成本和难度。

贝尼奥夫相信所有的这些优势都将必然导致"软件时代的终结"，或更恰当地说，一个新的时代即将到来，软件即服务模式将取代当前模式，并成为新典范。然而，下此结论还有点为时过早，这只是对未来发展趋势的预测。Salesforce.com正面临着严峻的挑战，同时也在不断地发展和完善自身业务。

Salesforce.com的第一个挑战来自日益加剧的市场竞争，既有传统的行业领导者，也有模仿其成功模式的挑战者。微软、SAP和甲骨文为回应Salesforce.com，推出了CRM产品订阅版。像NetSuite这样的小竞争对手也在努力争夺它的市场份额。

分析人士预测，微软仅需开发出一款客户能够接受的随需应变的CRM产品，就有机会与Salesforce.com争夺市场，因为普通用户还是比较熟悉微软的应用程序。同时，微软公司决定降低其产品的市价，只有Salesforce.com的一半，之前，它在其他领域的市场中曾采用过这一策略，给其竞争对手制造了巨大的压力，企业运营收到了不错的效果。Salesforce.com要想赶超规模和市场份额都比它大的竞争对手，还需付出更多努力。2007年，SAP的CRM市场份额为25.7%，相比之下，Salesforce.com只有7%。IBM的客户群包括9 000家软件公司，其开发的软件运行的都是IBM的应用程序，它们更倾向于选择IBM提供的解决方案，而不是Salesforce.com。

Salesforce.com的另一挑战是将其商业模式推广到其他领域。它当前的主要用户是销售人员，帮助他们及时更新市场信息与客户名单。公司提供附加功能的方式是与谷歌企业应用套件建立合作伙伴关系。结合Gmail、Google Docs、Google Talk和Google Calendar，Salesforce.com的服务使客户通过网络就可完成更多任务。

Salesforce.com和谷歌之间的合作伙伴关系是对微软的一个联合对抗，它们试图占领微软Office软件的市场。目前，Salesforce.com将这一合作关系形容为"主要经销合约"，但基于企业喜欢在统一操作平台上管理CRM这一观点，所以，它能够变得更强。Salesforce.com和谷歌都希望它们开发的企业应用套件操作平台能够激励随需应变软件业务进一步增长。

Salesforce.com向其他独立的软件开发商开放Force.com应用程序开发平台，并将它们的程序在App Exchange上列出。使用App Exchange，小型企业也可以在线下载超过800个软件应用程序,其中包括Salesforce.com的一些附带产品和与其不相关的产品。"24小时健身中心"是世界上最大的私人健身连锁公司,它使用的就是App Exchange应用程序以及Salesforce.com销售办公自动化和客户服务的企业版本。App Exchange的一个应用程序可以把包含2 100万个企业和2 800万名经理信息的Hoover数据库与Salesforce进行整合,另一个应用程序允许用户轻松创建和分发随需应变的调查表和信息反馈表。

但问题在于App Exchange应用程序平台的用户是否能达到一定数量,以完成Salesforce.com所期待的增长水平。一些分析人士认为这个平台对大公司的吸引力不大。

它还面临第三个挑战。Salesforce.com用户依靠其提供的全天候服务。但偶尔也会发生服务中断情况,使一些公司不得不重新考虑对软件即服务的依赖性。Salesforce.com提供工具向客户确保其系统的稳定性与可靠性,并提供相关的个人计算机应用程序与其服务配合,以便用户离线工作。

资料来源:J. Nicholas Hoover,"Service Outages Force Cloud Adopters to Rethink Tactics," *Information Week*, August 18/25, 2008; Jay Greene,"Google and Salesforce: A Tighter Bond," *Business Week*, April 15, 2008; Mary Hayes Weier,"Salesforce, Google Show Fruits of Their Collaboration," *Information Week*, April 21, 2008; John Pallatto and Clint Boulton,"An On-Demand Partnership," *eWeek*, April 21, 2008; Gary Rivlin,"Software for Rent," *The New York Times*, November 13, 2007; Steve Hamm," A Big Sales Job for Salesforce.com," *Business Week*, September 24, 2007; Mary Hayes Weier,"Salesforce.com" and Marianne Kolbasuk McGee,"Salesforce as B-to-B Broker," *Information Week*, December 10, 2007; Salesforce.com, Report on Form 10-K for the fiscal year ended January 31, 2008, filed with the SEC on 2/29/08.

思考题

1. "软件即服务"模式的优点和缺点是什么?
2. Salesforce.com在发展过程中都面临着哪些挑战?它是如何应对这些挑战的?
3. 哪些类型的企业能够通过使用Salesforce.com从中受益,为什么?
4. 哪些因素会影响你决定是否在你的企业使用Saleforce.com?

MIS实例

访问Salesforce.com网站。浏览网站的App Exchange应用程序选项,并检查每一项所列举出来的应用程序。然后回答下列问题:

1. App Exchange最受欢迎的应用程序是什么?它们支持什么样的流程?
2. 企业可以通过使用Salesforce.com和App Exchange应用程序来运作整个公司吗?请加以解释。
3. 哪些公司最有可能使用App Exchange应用程序?对于Salesforce.com如何被使用,这能揭示什么信息?

5.5 管理问题

建立和管理信息技术基础设施面临着多方面的挑战：平台与技术更新、基础设施管理与引导，以及做出明智的投资决策。

5.5.1 平台与基础设施更新

一旦公司发展壮大，就会迅速超出其基础设施的承载能力；而当公司萎缩时，就会受累于业务景气时购置的大量基础设施。当信息技术基础设施的大部分投资是成本固定的，公司应如何保持灵活性？如何实现其基础设施的可扩展性？可扩展性是指一台计算机、一个产品或一个系统在不中断的前提下，向更多用户提供服务的扩展能力。新应用程序、企业并购以及业务量变化都会影响到计算机的工作负荷，在规划硬件能力时必须加以考虑。

使用移动计算和云计算平台的公司需要新政策和新程序管理这些新平台。它们需要列明在业务中使用的移动设备的清单，并设计相应的政策和工具对其进行跟踪、更新和保护，对在其上运行的数据及应用程序进行控制。采用云计算和软件即服务的公司需要与远程供应商签订新的合同协议，以确保关键应用程序的硬件和软件随时可用。企业管理层负责确定可接受的计算机反应时间和关键任务系统的高可用性，从而达到他们所期望的企业绩效。

5.5.2 管理与引导基础设施

长期困扰企业高级领导层及信息系统管理者的一个问题是，该由谁来管理信息技术基础设施。第2章引入了信息技术管理的概念，并阐述了一些与之相关的问题。关于信息技术管理方面的其他问题还有：是各部门自己负责，还是集中管理；集中的信息系统管理与各部门的信息系统管理之间是怎样的关系；信息技术基础设施的成本在各个业务部门之间应如何分配；每个公司都需要根据自己的实际情况回答上述问题。

5.5.3 做出明智的投资决策

信息技术基础设施是企业的一项主要投资。如果在这方面投资过多，则会导致设备闲置浪费，并有可能影响企业的业绩；而如果在这方面投资过少，则会导致某些业务难以开展(从而在竞争中落后于这方面做得好的竞争对手)。究竟该在信息技术基础设施方面投入多少成本呢？这是一个很难回答的问题。

一个与之相关的问题是，企业是投资建立自己的信息技术基础设施，还是从外部供应商租用？正如本章前面所讨论的那样，不管是硬件还是软件，计算平台的一个主要趋势是软件外包。是自己购买信息技术资产，还是从外部供应商租用，这一决策称为租/买选择决策。

信息技术基础设施投资的竞争力模型

图 5.13 中的竞争力模型可以帮助回答下列问题：我们应该投入多少资本用于建设信息技术基础设施？

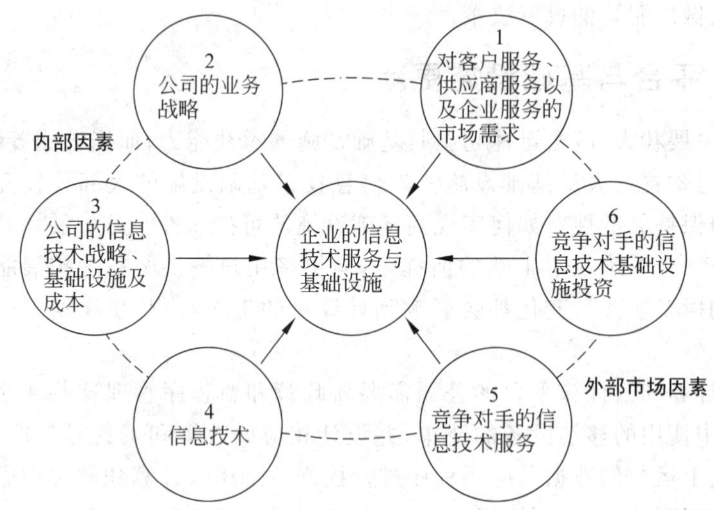

利用以上 6 个因素回答，“我们公司在信息技术基础设施上应投入多少成本？”

图 5.13　信息技术基础设施的竞争力模型

对公司服务的市场需求。将企业当前向客户、供应商以及员工提供的服务列一份清单，进行调查，了解目前企业提供的服务是否能满足他们的需求。例如，是否有客户抱怨在查询数量和价格时很难得到及时答复？是否有员工抱怨难以找到工作中所需的有用信息？是否有供应商抱怨难以了解企业的产品需求？

公司的业务战略。分析企业未来五年的发展战略，找出实现该战略需要提供哪些新服务或具备哪些新能力。

公司的信息技术战略、基础设施及成本。仔细研究企业未来五年的信息技术计划，并分析其与业务战略的匹配程度。列出现有各项信息技术基础设施的成本，然后进行整体分析(稍后会讨论到)。如果企业没有信息技术战略，那么就需要建立相应的信息技术战略，并考虑做好企业未来发展的五年战略规划。

信息技术评估。企业所用的信息技术是否落后或者过于超前？这两种情况都应当避免。人们不愿使用仍处于试验阶段的新技术，因为这些新技术经常不稳定，而且价格还十分昂贵。企业会希望投资在已建立通用标准的技术上，此时信息技术供应商是在价格上而不是在设计上进行竞争，并且会有多个供应商可选择。然而，你也不希望拖延对新技术的投资或让竞争对手研制出立足于新技术的商业模式和竞争力。

竞争对手的信息技术服务。评估竞争对手向客户、供应商和员工提供的服务。对它们进行量性和定性的分析，并与自身相比较。如果信息技术服务水平在某一方面落后于对手，则表明在这方面存在竞争劣势，需找出公司在服务水平上可提升的空间。

竞争对手的信息技术基础设施投资。根据竞争对手在信息技术基础设施上的投资，确立自身信息技术基础设施的投资标准。很多企业在信息技术创新方面的支出都是对外公开的。如果竞争对手对投资保密的话，也可以通过上市公司的财务报告分析，或者通过对相关行业的业务数据分析获得相关的财务支出信息。

企业没有必要投入跟竞争对手同样多，甚至比它们多的成本。也许可以找到提供同样服务水平且价格更优惠的信息技术，这样就会有成本优势。另外，如果企业与竞争对手在投资方面相差很大的话，也会带来诸多问题，如工作效率低下和市场份额不断下降等。

技术资产的整体拥有成本

在对比企业与竞争对手的信息技术基础设施投资标准之前，需要全面考虑相关的投资成本。拥有一项技术资源的实际成本，包括软硬件的购买与安装、升级与维护、技术支持、人员培训、甚至包括运行此技术的房地产成本。**整体拥有成本**（total cost of ownership，TCO）模型可以用来分析这些直接成本与间接成本，帮助企业确定实施某项新技术的实际成本。

图5.4描述了整体拥有成本的重要组成部分。

表5.4　整体拥有成本（TCO）的主要组成部分

基础设施内容	造价构成
硬件	购买计算机硬件，包括计算机、终端、储存设备、打印机等的费用
软件	购买软件或软件使用许可的费用
安装	安装计算机和软件的费用
培训	培训系统管理员和用户的费用
支持	技术支持费用
维护	硬软件升级、维护费用
基础设施	相关基础设施，如网络、专用设备（包括存储备份）等的费用
停机时间	因系统软硬件出现问题导致无法工作的损失费用
空间和能源	房租成本、水电费

如果对各组成部分的成本累计相加的话，一台个人计算机的整体拥有成本相当于其购买成本的三倍。一些隐含的费用，如员工工资、停机成本以及额外的网络管理费等，使客户机/服务器架构的系统（特别是带有手持设备和无线设备的系统）比中央主机结构系统的整体拥有成本要高。

软硬件的购买成本只占整体拥有成本的20%。因此，管理人员必须高度重视管理成本，了解公司软硬件的全部费用。通过加强管理可减少其中的一些成本。许多大公司都担负着一些多余且不可兼容的硬件和软件，因为它们的部门机构允许做出自己的技术采购。

这些公司通过对软硬件的集中化和标准化管理可降低整体拥有成本，就像本章前面谈到的Cars.com案例一样。如果公司能够减少不同计算机型号的数目，减少员工使用软件的种数，那么就可以削减支持基础设施信息系统人员的数量。在一个高度集中的结构中,信息系统可以安置在中心位置,以便管理和检修。

5.6 MIS实践

本节中的项目可为以下方面提供经验:为管理信息技术基础设施和信息技术外包开发解决方案,使用电子表格软件评估桌面系统,以及使用网络调查为销售会议制定预算。

5.6.1 管理决策问题

1. 匹兹堡医疗中心大学(UPMC)依赖其信息系统管理19家医院、一个保健连锁店以及若干国际和商业企业,并且对额外服务和存储技术的需求以每年20%的速度增长。匹兹堡医疗中心大学为每一个应用系统建立了独立的服务器,在它的服务器和其他计算机上运行着多个操作系统,其中包括不同版本的Unix和Windows操作系统。匹兹堡医疗中心大学需要掌握包括惠普、太阳微系统、微软和IBM等不同供应商提供的技术。评估此种情形对公司业绩的影响,以及在解决这个问题时需考虑的因素和管理决策?

2. Quantas是澳大利亚最大的一家航空公司,近期由于油价上涨和乘客减少,该公司面临着巨大的成本压力。如何既能降低成本,又不降低服务水准,是Quantas当前面临的最主要挑战。Quantas决定重建已有30年历史的数据中心。它有两种选择:一是重建一个数据中心;二是把数据中心外包出去。公司管理层在决定是否外包时,需考虑哪些因素?如果Quantas实施外包,列出和描述在服务水平协议中需要注意的要点。

5.6.2 优化决策:使用电子表格软件对计算机的硬件和软件估价

软件技能:电子表格公式

商务技能:技术价格比

在这个练习中,运用电子表格软件计算所选择台式系统的费用。你需要掌握相关价格信息,为一个拥有30名员工的办公室配置计算机软硬件。

在联想、戴尔和惠普的网站上,找30台台式个人计算机(包括显示器、计算机和键盘)的报价(通常报价中会包含预装软件的价格,在本练习中忽略预装软件的价格,即认为其报价就是相关硬件的报价)。再从惠普、佳能和戴尔的网站上,寻找15台桌面打印机的价格。所选择的计算机必须满足下表的规格要求。

处理器速度	双核芯片2GHz
硬盘	250GB
RAM	3GB
DVD-ROM驱动器	16速
显示器	17英寸

所选打印机必须满足下表的最低配置要求。

打印速度(黑白)	每分钟 20 页
打印分辨率	600×600
是否可连接网络	是
最高单价	700 美元

之后,再查询 30 份最新版本的微软 Office 软件、IBM Lotus SmartSuite 软件和太阳 StarOffice 软件的报价,以及 30 份微软 Windows Vista Business 的报价。办公软件要求包括文字处理软件、电子表格软件、数据库软件、演示软件和电子邮件软件等。

最后,以电子表格的形式把你对桌面系统、打印机和软件的调查结果呈现出来。在电子表格中,对各种硬件、软件、打印机进行评估,为员工提供具有最佳性价比的计算机软硬件组合。由于两人合用一台打印机(15 台打印机/30 套系统),假设在表格中每位员工只承担一半的打印机费用。另外,假设你的公司将与各产品供应商签订标准的保修和服务合同。

5.6.3　优化决策:使用网络调查为销售会议制定预算

软件技能:基于互联网的软件

商务技能:调查交通和住宿成本

在本练习中,将有一个大规模的商务团队参加销售会议,你需要运用各个旅游网站查找相关资料,安排会议的交通与住宿事宜。有两个可选地点,你将利用所得信息计算旅游和住宿的总成本,决定选择哪一个地点举行会议。

第一复合材料公司准备于 10 月 15 日至 16 日召开为期两天的销售会议,会务接待从 14 日晚上开始,到时将有 125 名销售代表和 16 名销售经理参加此次会议。你需要为每个销售代表预订一间客房,另外还需预订两间会议室:一间能容纳 200 人,一间能容纳 100 人。公司租房的预算是 10.5 万美元。入住的酒店需要配备计算机、投影仪、商务中心、宴会厅等,还需为代表们提供室内办公设备,以及游泳池、健身房等休闲娱乐场所。公司希望在佛罗里达州的迈阿密或马尔科岛召开此次会议。

该公司通常在希尔顿酒店或万豪酒店召开会议。访问希尔顿和万豪酒店的网站,根据上述要求选定一家酒店作为会议召开地点,同时保证不能超出会议预算。

点击两家酒店的主页,找一家满足上述条件的酒店。选定酒店后,需要为各与会代表预订航班,保证他们在会议的前一天下午到达开会地点,以便提前安排入住与接待工作。

所有与会人员中有 54 人从洛杉矶出发,32 人从旧金山出发,22 人从西雅图出发,19 人从芝加哥出发,14 人从匹兹堡出发,需全部于 10 月 14 下午抵达并入住酒店。预算包括房费、机票费以及每人每天 60 美元的餐费补贴。

- 你的会议总预算是多少?
- 你认为哪家酒店是最合适的会议场所,为什么?

拓展学习

与本章相关的拓展学习资料如下：

1. 计算机硬件和软件如何工作
2. 服务水平协议

本章小结

1. 信息技术基础设施的定义是什么？由什么组成？

信息技术基础设施是为企业特定的信息系统应用程序提供平台的共享技术资源。信息技术基础设施包括整个企业所共享的硬件、软件和服务。主要的信息技术基础设施组件包括计算机硬件平台、操作系统平台、企业软件平台、网络和通信平台、数据库管理软件、互联网平台、咨询和系统集成服务等。

2. 信息技术基础设施发展经过哪些阶段？技术因素对信息技术基础设施发展有何推动？

信息技术基础设施经历了五个发展阶段：通用主机和微机计算时代、个人计算机时代、客户机/服务器时代、企业互联网计算时代和云计算时代。摩尔定律表明计算能力呈指数形式上升，计算成本呈指数形式下降。微处理器的性能每18个月翻一番，而计算成本下降一半。大规模数据存储定律使存储数字化信息的成本以指数形式不断下降，其中一美元磁盘可以储存的数据每15个月差不多翻一番。梅特卡夫定律说明网络的价值随着用户数量的增加而呈指数增长。推动计算机日益普及的动力还有通信成本迅速下降及使用计算与通信标准的技术产业协议不断增加。

3. 现代计算机硬件平台的发展趋势是什么？

移动数据计算平台、网格计算及随需应变的云计算表明计算正转移到网络上。网格计算涉及把不在同一地点的计算机连接到同一网络，从而创造一个计算网格。这个网格可以把网络中所有计算机的计算能力结合在一起来解决较大的计算问题。云计算是公司和个人从网上获得计算能力和软件应用程序的一种计算模型，这种模型不需购买或在自己计算机上安装硬件和软件。自主运算是一种可以自主设置和自我修复的计算系统。

通过虚拟化组织的计算资源不局限于自身配置和地理位置。服务器虚拟化可使企业在同一时间、同一台计算机上运行多个操作系统。多核处理器是指一个微处理器可以连接两个或两个以上的处理器来提高性能、减少能耗以及更高效地同时处理多个任务。

4. 现代计算机软件平台的发展趋势是什么？

软件平台发展的趋势包括不断成长的Linux、开源软件、Java和Ajax、Web服务、软件聚合与窗口小工具以及软件外包。开源软件是由世界各地数以万计的程序员共同开发和维护，而且供免费下载。Linux是一个强大、灵活的开源操作系统，可在多个硬件平台上运行，并可广泛应用于Web服务器上。Java是一种与操作系统和硬件无关的编程语言，而且它是万维网上最主要的交互式编程环境。

Web 服务是基于开放网络标准的松散式软件组件，可以在任何应用软件和操作系统上使用。它们作为网络应用软件的组件，可以连接两个不同的组织机构或连接同一个公司的不同系统。软件聚合与窗口小工具是基于云计算模式的新的软件应用程序和服务的基石。企业从外部采购新的应用软件，包括软件包、外部供应商提供的外包定制应用程序或软件租用服务（软件即服务）。

5. 管理信息技术基础设施的挑战以及相应的解决方案是什么？

当前面临的主要挑战有操作平台与基础设施更新、基础设施管理与引导、做出明智的投资决策等。解决方案包括运用竞争力模型来决定我们应投入多少成本用于建设信息技术设施，以及在哪些方面进行战略投资，确定技术资产的整体拥有成本。整体拥有成本包括：计算机硬件和软件的购买费用、升级和维护费用、技术支持与培训成本。

复习题

1. 什么是信息技术基础设施？信息基础设施的构成部分有哪些？
- 从技术和服务的角度定义信息技术基础设施。
- 列举企业需要管理的信息技术基础设施组成部分。

2. 信息技术基础设施发展的各个阶段及技术因素对信息技术基础设施发展的推动作用是什么？
- 列出信息技术基础设施发展的各个阶段，并描述每个阶段的特征。
- 定义和描述下列概念：Web 服务器、应用程序服务器、多层客户机/服务器架构。
- 描述摩尔定律和大规模数据存储定律。
- 描述网络经济、通信成本的下降及技术标准对信息技术基础设施的影响。

3. 现代计算机硬件平台的发展趋势是什么？
- 描述移动平台、网格计算和云计算的概念。
- 自主计算、虚拟化技术和多核处理器给企业带来怎样的效益？

4. 现代软件平台的发展趋势是什么？
- 定义开源软件及 Linux 并解释它们给企业带来怎样的益处。
- 定义 Java 和 Ajax 并说明其重要性。
- Web 服务的定义及 XML 在 Web 中所起的作用。
- 定义软件聚合与窗口小工具。
- 描述软件的三个外部来源。

5. 信息技术基础设施带来的管理挑战和解决方案是什么？
- 描述信息技术基础设施带来的管理挑战。
- 解释如何通过竞争力模型和整体拥有成本分析信息技术基础设施投资。

讨论题

1. 为什么选择计算机硬件和软件是一项重要决策？在选择计算机软硬件时，需要考虑哪些管理、组织和技术因素？

2. 软件程序供应商能满足企业的所有软件需求吗？并加以解释。在做决策时，需要考虑哪些管理、组织和技术因素？

团队项目：评估服务器操作系统

三四个学生一组。一组从性能和价格方面对Linux和最新的Windows Server操作系统进行比较。另一组从性能和价格上对Unix和Linux进行比较。如有可能，使用谷歌协作平台(Google Sites)链接网页、团队沟通公告和工作任务，集思广益，合作完成项目文档。尝试使用谷歌文档(Google Docs)在课堂上展示成果。

案例研究

亚马逊的新市场：效用计算

《西翼》或《哈利·波特》最新DVD套装的交易平台去哪里找？自1995年网上书店开业以来，亚马逊公司(Amazon.com)已经成为一个可提供家具、珠宝、衣服和食品杂货等36类商品的网络超市。但如果你真正需要的是能存储几TB数据的空间或100个Linux服务器的计算能力，这些也都可以在亚马逊网站上买到。

在公司发展的头12年里，亚马逊投入20亿美元提升信息技术基础设施，旨在使其成为世界上最大的在线零售商。2001年“.com”泡沫破灭以来，亚马逊把重心放在了建造数据中心和软件上，这为其产品增添了许多亮点，如论坛讨论、音频和视频软件等。

2006年，亚马逊引进了几项新服务，创建人杰夫·贝佐斯(Jeff Bezos)希望以此转变未来的业务项目。随着S3服务(Simple Storage Service)和后来的弹性计算云(EC2)的应用，亚马逊进入了云效用计算市场。公司意识到20亿美元的技术投资所带来的好处对其他公司来说也是有价值的。亚马逊拥有惊人的计算能力，但是跟大多数公司一样，仅用了其中的一小部分。此外，亚马逊的基础设施也跻身世界最强劲的行列之中。因此，它通过网络可把整个系统的能力提供给任何开发者。亚马逊开始按每单次使用出售其计算能力，就像电力公司出售电力一样。

S3服务是一种数据存储服务，其设计初衷是为了使万维网规模的计算操作起来更容易，同时也可减轻开发者的负担。客户在亚马逊网络硬盘中存储1GB的数据需要每月支付15美分的租金，传输数据每GB收费20美分。这些服务没有最低收费也没有启动费，客户只需支付他们所用的部分，而没有其他的额外费用。存储数据对象从1B到5GB不等，不限对象数量。使用简单存储服务不需要任何客户端软件，也不要求用户设置任何硬件。亚马逊设计简单存储服务是为了给商家提供一种简便、快捷、廉价的存储服务，把数据存储在一个可扩展的可靠系统中。S3服务通过容错机制可保证99.9%的可用性，这种机制不需要停机就可以纠正错误。

与S3服务共同作业，弹性计算云可使商家利用亚马逊的服务器进行计算任务，比如测试软件。使用弹性计算云每一小时收取10美分。它可为用户提供一个1.75GB内存、160GB硬盘和250Mb网络带宽的1.7GHz×86处理器。这项服务还包括每月每GB 20

美分的进出站数据传输费用和对亚马逊机器镜像(AMI)的标准S3定价,其中后者包括应用程序、图书馆、数据和公司运作程序的配置。

据亚马逊Web服务部门(AWS)的产品管理与开发者关系副总裁亚当·塞利普斯基(Adam Selipsky)表示,亚马逊是一个真正的技术公司,因为它允许亚马逊的计算机系统运行独立开发者和公司的程序,为他们带来强大攻关能力和丰富的经验。同时他还强调AWS的成功不仅仅在于它能够提供大规模的存储空间和长时间的服务器使用。AWS还可避免在处理网络规模问题时犯错误,这些错误亚马逊都曾经犯过,并且还从中汲取了不少教训。简单、易于使用并不是建立网络规模应用程序的普遍术语,但对于AWS来说,这仍是公司的主要卖点。用户通过亚马逊的应用程序编程接口(API)建立服务。

从一开始,用户对S3和EC2的反应就很强烈。贝佐斯把小型公司和网络使用者锁定为AWS的用户,但它的服务也吸引了一些中型企业和在电子商务领域有发展潜力的大客户。

达拉斯创业公司MileMeter的主要业务是按里程销售汽车保险。该公司最初在一个数据中心托管了自己的服务器,但是后来MileMeter将大部分应用程序都转移到亚马逊弹性计算云的虚拟计算机上了。MileMeter首席执行官克里斯·盖伊(Chris Gay)称:"我们不需要有系统管理员或网络管理员,我们也无须担心硬件过时。"

Webmail.us从弗吉尼亚的布莱克斯堡总部为世界范围内成千上万家的公司提供电子邮件服务。当公司需要增加短期存储能力和原始数据备份时,就把S3作为其存储供应商。Webmail每周发送1TB以上的数据到亚马逊,使用其S3进行储存。比尔·波贝尔(Bill Boebel)作为Webmail.us的创始人之一和技术总监感到非常满意,公司能够创建一个简单的接口,亚马逊通过这个接口可以接受由该公司管理的大量小文件。其他备份系统很难处理典型的Webmail.us备份负荷,多数主机托管公司需要一个定制的应用程序来处理这种数据。Webmail.us甚至用EC2来开发存储接口。总裁帕特·马修斯(Pat Matthews)称,亚马逊已降低了其公司75%的数据备份成本。

Powerset是一个很有前途的搜索引擎公司,总部设在旧金山。它计划把时间和筹集的1 250万美元资金投入到自己的核心业务(自然语言搜索技术)上。通过使用S3和EC2,Powerset节省了前端现金支出,而且避免了建造基础设施比预期时间要长的风险。很多传统的计算供应商每一CPU小时收费1美元,是亚马逊的10倍。

Powerset的首席执行官巴尼·佩尔(Barney Pell)说这种随用随付费(pay-as-you-go)模式非常重要,因为你的公司不知道会以怎样的速度发展。他只知道对Powerset的服务需求是爆发式的,试图预测硬件需求是一个很冒险的游戏。如果Powerset高估其峰期的使用能力,公司就会把钱浪费在一些不必要的硬件上。如果公司低估了其峰期的使用能力,它就可能无法满足用户的期望,给公司业绩带来损失。但有AWS在,Powerset无须担心在峰期出现时无法增加计算能力。

SmugMug是一个在线照片分享网站,在亚马逊S3上备份照片的简易性立即吸引了它。把用户的照片储存在亚马逊的存储设备里,这样SmugMug自己就无须购买额外的存储空间,在使用亚马逊服务的第一年里,公司就节省100万美元。

跟任何一个大的业务新举措一样,亚马逊在走向成功之前也面临着不少问题。一些大企业可能更倾向于老牌公司的服务，尤其是愿意与拥有主机托管核心应用程序和数据且经验丰富的企业合作。目前，跟那些依靠合同服务的公司相比，亚马逊这种灵活的随用随付费模式具有一定的竞争优势。

然而，Tier 1机构研究所副所长丹尼尔·戈尔丁(Daniel Golding)称，一些知名公司，如IBM、惠普和太阳微系统，可能会紧跟亚马逊的发展步伐，即使在没有服务等级协议(SLA)的情况下也能够提供效用计算。问题的复杂性在于一些公司对不提供服务等级协议的供应商很谨慎，因为它在时间方面确保了服务高可用性。戈尔丁还表示，亚马逊或许已经在行内引发了一场革命，对其他公司来说这可能是件好事，但对亚马逊来说却不见得如此。

亚马逊的另一个挑战就是AWS本身的可行性。服务能够按计划运转吗？公司新技术项目的跟踪记录混乱不清。亚马逊大张旗鼓地推出了A9.com搜索网站，但是该网站从来没有真正在用户中普及过。另外，如果亚马逊还没有弄清自己的定位，没有处理好基础设施需求的激增问题，AWS的发展就会危害到亚马逊的网络服务线和零售线。AWS用户可能会放弃它们的服务，亚马逊的公司网站也可能衰退。

2007年1月、2008年2月、2008年7月，亚马逊的S3服务器经历了几次比较严重的服务中断，特别是7月份那次，服务中断长达8小时之久。2007年1月的问题是由升级中硬件安装错误引起的，不过很快就得到了解决。2008年7月的服务中断事件仍存在很多疑问。亚马逊报道，组件不能正常运行应归结为“内部系统的通信问题”。亚马逊承诺会提供更充分的解释，找出造成这一问题的根本原因。一些用户对亚马逊能否找出解决方案并推动其存储系统的改良升级表示质疑。

AWS对一些知名客户还是很有吸引力的。微软使用S3提高用户的软件下载速度。在线虚拟世界《第二人生》的创作者，林登实验室(Linden Lab)，利用这一服务减轻由于频繁发布新更软件而对服务器产生的震动。纳斯达克(Nasdaq)证券交易市场使用S3为纳斯达克市场回放程序提供数据，该程序对历史市场数据进行实时回放。然而，纳斯达克不愿对交易数据或安全要求很高的数据使用网上服务。

为了更好地支持大客户，如果S3每月的可用性低于99.99%的话，亚马逊就会采用24小时电话支持和信誉保证。现在，AWS的潜力主要受到有资金支持且热衷于技术的开发者的青睐。37万多个开发者，从个人到大型企业都进行了注册。随着越来越多开发者的努力和服务水平的提升，亚马逊希望有朝一日每个有想法、能上网的人都能开始组建下一个亚马逊公司。

资料来源：Thomas Claburn，“Amazon's S3 Cloud Service Turns into a Puff of Smoke，” *Information Week*，July 28，2008；Chris Preimesberger，“Perils in the Cloud，” *eWeek*，August 4，2008；Jessica Mintz，“Amazon's Hot New Item：Its Data Center，” Associated Press，February 1，2008；J. Nicholas Hoover，“Ahead in the Cloud：Google，Others Expand Online Services，” *Information Week*，April 14，2008；J. Nicholas Hoover and Richard Martin，“Demystifying the Cloud，” *Information Week*，June 23，2008；Edward Cone，“Amazon at Your Service，” *CIO Insight*，January 7，2007；Robert D. Hof；“So You Wanna Be a Web Tycoon? Amazon Can Help，” www. webworkerdaily. com，January 24，2007；and Thomas Claburn，“Open Source Developers Build on Amazon Web Services，” TechWeb. com，January

12,2007.

思考题

1. 亚马逊可以提供什么技术服务？对亚马逊和使用这些服务的客户来说，它的商业优势有哪些？劣势又有哪些？什么样的企业可以从这些服务中受益？

2. 能力规划、企业规模、整体拥有成本(TCO)这些概念在案例中是如何体现的？请把这些概念具体应用在亚马逊和服务用户上。

3. 上网搜索使用效用计算的公司，选择两三家这样的公司与亚马逊进行对比。这些公司提供什么样的服务？它们是如何承诺高可用性的？它们采用何种付款模式？谁是它们的目标客户？如果你正在经营一个刚刚起步的公司，你会选择其中哪家公司的网络服务？为什么？如果你是一家大公司的员工，需要向首席技术官推荐一家网络服务公司，你会改变主意吗？

4. 为一家刚起步的基于网络的公司设计一个发展计划。并解释这家公司应如何使用亚马逊的 S3 和 EC2 服务。

Management Information Systems

第6章

商务智能基础：数据库与信息管理

学习目标

学习本章，你将了解到：

1. 传统文件环境下，管理数据资源会遇到哪些问题？数据库管理系统将如何解决这些问题？
2. 数据库管理系统的主要功能是什么？为什么关系型数据库管理系统这么强大？
3. 数据库设计的重要原则有哪些？
4. 为了提高企业业绩和决策能力，获取数据库信息的主要工具和技术有哪些？
5. 为什么信息政策、数据管理和数据质量对公司的数据资源管理至关重要？

惠普能否从企业数据仓库中挖掘成功？

惠普(Hewlett-Packard)是全球最大的信息技术产品销售商之一，其产品包括个人计算机、服务器和打印机，并提供咨询服务。虽然它出售大量系统软件，但其本身的信息技术也存在问题。惠普有大量的数据，存放在多个应用程序和数据库中，分布于全球各地的不同部门和不同领域。然而，众多的系统和应用程序却无法提供所需要的完整且前后一致的信息。

公司首席执行官马克·赫德对收集和分析不同部门前后一致且及时的信息感到棘手。一些系统根据产品来跟踪销售情况和价格，而其他系统则是根据不同区域来跟踪。一些经常用到的财务信息，如毛利率，不同业务单元各有一套计算方法。管理层要从全公司750多个不同的数据源获取信息。

数据的不一致性降低了销售额和利润。从不同系统中收集信息需要一个星期，因此，管理层只能根据相对过时的信息做出决策。一些很简单的问题，如不同商业项目的市场营销各投入了多少资金，往往都没有答案。对公司的发展历史不了解，导致高层决策者们对一些问题，例如对某些特殊系统该分配销售和服务人力，往往难下决定。显而易见，管理层需要质量更好的信息。

惠普的解决方案是：建立数据仓库，即在全公司建立一个可共享的信息库，用于提供统一而且准确的商业信息。该数据仓库取代了 17 种不同的数据库技术，通过连接目前正在使用的 1.4 万个数据库，使不同地区和部门的员工都可以在第一时间获取所需数据。

2005 年 11 月，惠普首席信息官兰迪·莫特创建了一支团队，建立起企业统一数据库的雏形，该数据库被认为是数据仓库的基础。他们找到了在全公司范围内为数据建模的途径，并且能够保证这些数据的统一性、及时性和完整性。惠普研制出了公司数据仓库的专用平台，该平台包含一套完整的服务器、存储器、操作系统、数据库管理系统以及用于查询和生成报表的软件，最终完善为数据仓库。这个平台获得了巨大成功，惠普决定将此数据仓库应用程序命名为“Neoview”，作为产品销售给其他公司。该数据仓库共包含 400 万亿字节(TB)的信息，可供惠普的 5 万名员工使用。公司所有的财务数据都可以通过这个数据仓库获取。

惠普的努力得到了回报。三个月内，查询、更新数据及其他交易的速度是启用数据仓库之前的 12 倍(一个月的最高交易量接近 500 亿)。惠普可以用数据仓库追踪全球所有事业群的市场营销费用按媒体部门和客户细分市场划分各是多少，也可追踪投入单独一个国家的费用，而之前则做不到这一点。借助这些信息，管理层能够更好地选择投资领域，从而获得最大收益。

资料来源：Doug Henschen，“HP Upgrades Neoview Data Warehouse Appliance，” *Intelligent Enterprise*，June 2008；“HP Neoview Enterprise Data Warehouse，” www.hp.com，accessed June 8，2008；Christopher Lawton，“Data，Data Everywhere，” *The Wall Street Journal*，September 24，2007；and John Foley，“Inside Hewlett-Packard’s Data Warehouse Gamble，” *Information Week*，January 6，2007.

惠普的经验说明了数据管理和数据库系统对企业的重要性。公司之前之所以无法掌握全盘信息以及不能及时进行决策，就是因为大量不同系统和应用程序中数据冗繁、不一致且不完整。各业务部如何存储、组织和管理数据对组织效能产生极大的影响。

本章的重点是数据仓库的重要性，开篇的图表也体现出了这一点。惠普的大量数据原先都存放在不同的数据库中，查询和分析起来都不容易。管理层认为公司上下信息的不一致影响了利润和效率。于是他们任命一个团队，专门开发适用于全公司的信息标准、商业规则，用于定义、组织和存取信息。该团队选择研发自主所有的数据存储技术，用于将不同来源的数据整合到一个综合的数据库中，存储和整理数据，并为广大员工提供工具，方便查询和生成报表。他们从公司的角度建立数据模型，后又建立数据库用于全公司的数据查询和报告，管理层因此能够做出更好的决策，全公司的效率得到了大幅度提高。

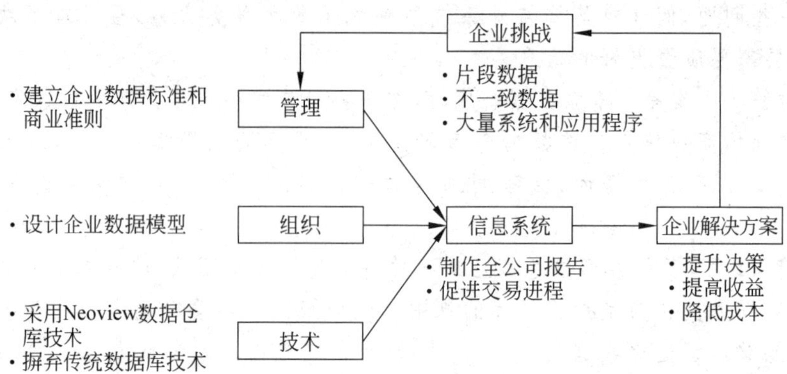

6.1 传统文件环境下的数据整理

高效的信息系统为使用者提供准确、及时且相关的信息。准确的信息是指没有错误的信息。及时是指当决策者需要这些信息的时候随时就可以找到。当信息有用而且恰为工作或决定所必需时,就是相关信息。

你也许会惊奇地发现:许多公司并没有及时、准确和相关的信息,那是因为其信息系统的整理和维护都很混乱。因此,数据的管理至关重要。为了了解这个问题,我们先来看看信息系统是如何在计算机文件中管理数据以及文件管理的传统模式。

6.1.1 文件组织术语和概念

计算机系统以层级系统管理数据,从位、字节,进而到字段、记录、文件和数据库(见图 6.1)。位代表计算机可处理的最小单位数据。一组位称之为一个字节,代表单一字符,可以是字母、数字或其他符号。一组字符组成一个字、一组文字或一套完整的数字(例如人的名字或年龄),称之为一个**字段**(field)。一组相关字段,例如学生姓名、选修课程、日期以及成绩组成一个**记录**(record)。一组相同类型的记录则称为**文件**(file)。

例如,图 6.1 中的学生记录就形成选课文件。一组相关文件则形成一个**数据库**(database)。图 6.1 说明了学生选课文件可以和学生的个人信息及经济状况组合,建立起学生数据库。

一个记录描述一个实体。**实体**(entity)是指一个人物、地点、物体或事件,我们保存与其相关的信息。用以描述一特殊实体的特征或性质称为**属性**(attribute)。例如,学生号码、选修课程、时间、成绩都是课程实体的属性。这些属性特定的值可从描述实体课程的记录的各个字段中找到。

6.1.2 传统文件环境的问题

大多数组织成立之初,各系统都是独立发展,没有整体规划。会计、财务、生产、人力资源以及销售和营销等部门,都开发出各自的系统和数据文件。图 6.2 阐述了信息处理的传统方法。

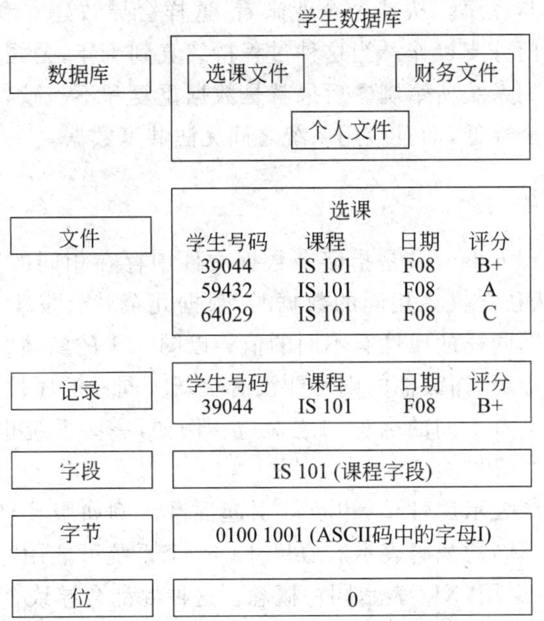

计算机系统以层级方式管理数据，从位开始，位要么是 0，要么是 1。一组位称为一个字节，代表单一字符，可以是字母、数字或其他符号。一组字节称为一个字段，相关字段可以组成一个记录。相关记录组合起来可形成文件，相关文件可整理成数据库。

图 6.1 数据层级结构

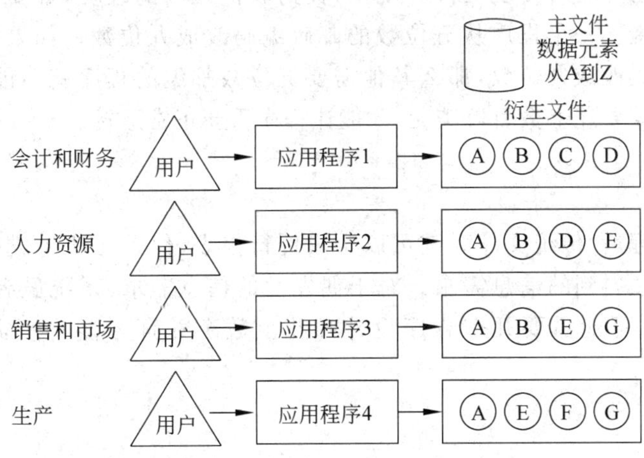

传统文件处理方法鼓励公司的每个业务部门开发各自的应用程序。每个应用程序都要求有独立的数据文件，其实都是主文件的子集，导致数据冗余、不一致、处理不灵活，并浪费了大量存储空间。

图 6.2 传统文件处理

每个应用程序都需要与之匹配的文件，并由相应计算机操作。例如，人力资源部门可能存储着个人数据主文件、薪资文件、医疗保险文件、退休金文件、邮寄清单文件等数十个甚至上百个文件与程序。从整个企业来看,这样会导致建立和维护多个主文件,并且由不同的部门或部门分支操作。当这种过程持续五到十年,公司会被数以百计难以维护和管理的程序与应用系统所牵制。后果就是数据重复和不一致,程序与数据的依赖性强,缺乏弹性,数据安全性低,而且应用系统之间无法共享数据。

数据冗余与混乱

数据冗余(data redundancy)是指多个数据文件中存在相同的数据。当公司的不同部门、工作单位与团队独立收集相同的数据时,数据冗余就会发生。数据冗余会浪费存储空间,导致数据混乱,同样的属性有不同的值。以图 6.1 的实体"选课"为例,一些系统中的"日期"可能已经更新,而其他的则可能没有更新。同样的属性,如"学生号码",在整个组织的不同系统下会有不同的名称与之对应。例如,一些系统也许会用"学生号码",而其他的则可能会用"号码"。

用不同的编码系统表示属性值,也可能引起混乱。例如服装经销商的销售、存货和生产系统可能会使用不同的编码表示衣服尺寸。一个系统可能用"extra large"表示加大号,而另一个系统也许会用"XL"表示同一概念。这种混乱会导致企业难以建立整合了不同来源的数据的客户关系管理系统、供应链管理系统或企业系统。

程序—数据依赖

程序—数据依赖(program-data dependence)是指当文件和程序需要更新与维护时,存储在其中的数据也需要更新与维护,反之亦然。每个传统计算机程序中必须描述所运作数据的位置与特性。在传统文件环境中,任何软件程序的改变,都要求该程序所访问的数据也做出改变。一个程序从五位数的邮政编码改成九位数。如果原先的数据文件由五位数邮政编码改成九位数,那么其他需要五位数邮编的程序就不能再正常运转了。这样的改变可能需要花上数百万美元,才能让程序重新正常运转。

欠缺弹性

经过大量编程后,传统文件系统可以生成例行报表,但是无法生成偶发性要求的报表或及时回应未预料到的信息需求。对于偶发性的信息需求,系统虽有数据,但是检索的费用十分昂贵,可能需要几个程序设计师花上数个礼拜才能将所需数据汇总成新文件。

安全性低

由于缺乏数据管理,数据的存取与发布无法得到控制。管理层几乎无从得知谁正在使用甚至修改组织中的数据。

缺乏数据共享与实用性

由于信息存放在不同的文件和部门中,建立起共享关系并非易事,要做到信息共享或及时获取信息几乎是不可能的。信息也无法在不同领域或不同部门中自由流动。如果用户在两个不同的系统中发现同一信息有不同的值，也许就不会再使用这些系统，因为他们不再相信这些数据的准确性。

6.2 使用数据库管理数据

数据库技术可以避免许多传统文件组织方式所产生的问题。数据库更为严谨的定义是：**数据库**(database)是指通过集中和控制冗余数据，有效地为多方应用程序服务的数据集合。各应用系统的数据不再存放在单个文件中，在用户看来，所有的数据只有一个存储点。一个数据库服务于多个应用系统。例如，公司不再把员工数据存储于为人员、薪资和福利建立的不同信息系统和不同文件中，而是建立单一共享的人力资源数据库。

6.2.1 数据库管理系统

数据库管理系统(database management system，DBMS)是单位或组织用来集中并有效管理数据、可由应用程序存取的软件。DBMS扮演着应用系统与实体数据文件接口的角色。当应用系统需要某个数据项时，例如工资总额，DBMS就会从数据库中调出此项并呈现给应用系统。使用传统数据文件的程序设计师必须详细说明程序中使用的每笔数据的大小、格式，并指示计算机数据存放的地点。

DBMS分开了数据的逻辑观点与实体观点。借助DBMS，程序员或终端用户无须了解数据实际存放的方式与位置。逻辑观点代表终端用户或业务专家所理解的数据组织形态，而实体观点表示数据在实体存储媒介中的组织与构建方式。

借助数据库管理软件，用户可以根据所需的不同逻辑观点来访问到实体数据。例如图6.3中所展示的人力资源数据库，福利专家可能需要包含员工姓名、社保号码和医疗保险覆盖面的通览数据。薪资部门工作人员也许需要如下数据：员工姓名、社保号码、总收入和净收入。所有的数据都存放在一个数据库中，公司更容易管理。

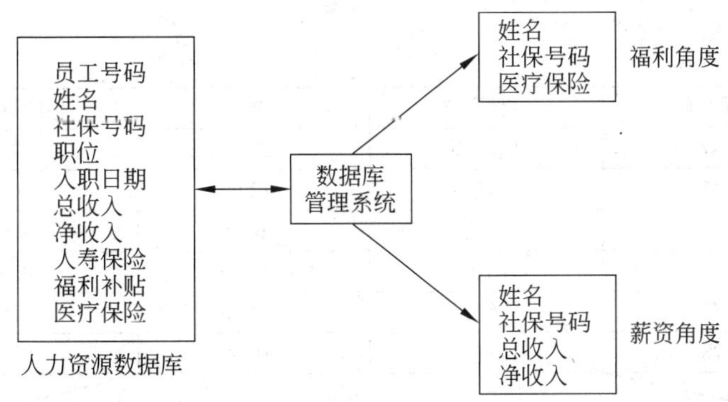

根据用户的信息请求，单一的人力资源数据库可从许多角度查看数据，一个是从福利专家的角度来看，另一个是从薪资部门成员的角度来看。

图6.3 多重角度人力资源数据库

DBMS如何解决传统文件环境带来的问题

DBMS通过最大限度地减少存放重复数据的单独文件,减少了数据的冗余和不一致。虽然冗余还不能完全消除,但得到了控制。即使这类数据仍然存在,由于DBMS能够确保它们具有同样的值,因此,消除了数据的不一致性。DBMS把程序与数据分开,确保数据可以独立存在。访问信息的途径以及信息的实用性都大大增加,程序开发和维护费用则降低了,这些都归功于用户和程序员能够随时快速查询数据库中的数据。通过DBMS,组织可以安全地集中管理数据、使用数据。

关系型数据库管理系统

现代DBMS使用不同的数据库模型记录实体、属性与关系。**关系型DBMS**(relational DBMS)是当今在个人计算机、大型计算机与大型主机上使用最广泛的DBMS类型。关系型数据库用二维表格代表数据。表格也可当做文件。每个表格的数据都包含实体及其属性。Microsoft Access、DB2、Oracle Database和Microsoft SQL服务器都是关系型DBMS,前者适用于台式机系统,后三个则适用于大型计算机和中型计算机。MySQL是非常受欢迎的开源DBMS,Oracle Database则适用于小型掌中计算设备。

我们来看看关系型数据库如何组织供应商和零件的数据(见图6.4)。这个数据库有

供应商　　　　列(属性、字段)

供应商号码	供应商名称	供应商街道	供应商城市	供应商所在州	供应商邮编
8259	CBM公司	5大道74号	达顿	俄亥俄州	45220
8261	B.R.模具	甘道尔街1277号	克利夫兰	俄亥俄州	49345
8263	杰克逊合成	米克林街8233号	勒星顿	肯塔基州	56723
8444	布赖恩特公司	米尔街4315号	罗切斯特	纽约州	1134

关键字段
(主键)

零件

零件号码	零件名称	单价	供应商号码
137	门闩锁	22.00	8259
145	侧视镜	12.00	8444
150	门模	6.00	8263
152	门锁	31.00	8259
155	压缩机	54.00	8261
178	门把手	10.00	8259

主键　　　　外键

关系型数据库以二维表格格式整理数据。本图中的实体为“供应商”和“零件”展示了每个实体及其属性。供应商号码在供应商表格中是主键,在零件表格中是外键。

图6.4 关系型数据库表格

单独的表格表示实体“供应商”，还有一个单独的表格表示实体“零件”。每个表格都包含纵列和横列数据。每个实体中的单个数据都作为独立字段储存，每个字段都代表这个实体的属性。在关系型数据库中，字段也被称为列。对于实体“供应商”，供应商号码、名称、街道、城市、州、邮政编码都作为独立字段储存在供应商表格里，每个字段都代表了该实体的属性。

单个经销商存在表格里的真实信息称为“行”。行指的就是**记录**(record)，或者用专业术语称为**“元组”**(tuple)。实体零件的数据也有独立的表格。

在供应商表格中，字段“供应商号码”与每个记录一一对应，每个记录都可以被检索、更新、分类，这样的字段称为**“关键字段”**(key field)。每个关系型数据库的表格中都有一个字段被指定为**主键**(primary key)。关键字段是表格中每行所有信息唯一的标识符，主键不能被复制。

供应商表格中，供应商号码是主键；零件表格中，零件号码是主键。要注意供应商表格和零件表格中都有供应商号码。在供应商表格中，供应商号码是主键。而在零件表格中，字段“供应商号码”被称为**“外键”**(foreign key)，本质上就是一个查找字段，查询供应商某个具体零件的数据。

关系型 DBMS 操作

只要关系型数据库中的任意两个表格有共同的数据元素，那么就可以很容易地联合，为用户提供所需数据。假设我们想在这个数据库中找出第 137 号和第 150 号零件的供应商名称，我们将需要两个表格的信息：供应商表格和零件表格。注意这两个文件中有一个共同的数据元素：供应商号码。

在关系型数据库中，如图 6.5 所示，获得有用的数据集合需要三项基本操作：选择、连接和投影。“选择”操作可以建立一个子集，包含文件中所有符合标准的记录。也就是说，“选择”操作创建的子集包含了符合指定条件的行。在本例中，我们要从零件表格中选择零件号码为 137 和 150 的记录(行)。与单个表格相比，“连接”操作可以综合关系型表格，为用户提供更多信息。本例中，我们想把已经简化的零件表格(现只包含 137 号和 150 号零件信息)和供应商表格合成一个单独的表格。

“投影”操作创建一个新的子集，包含表格中的列，允许用户建立仅包含所需信息的新表格。本例中，我们想从新表格中仅提取以下列：零件号码、零件名称、供应商号码和供应商名称。

面向对象数据库管理系统

现今与未来的应用软件将要求数据库不仅能够储存和检索结构化数字和字符，也要能够处理图形、影像、照片、声音甚至动态影片。传统的 DBMS 只是按行和列排列数据，并不适用于处理图形或多媒体应用软件，而面向对象数据库则能更好地达到此目的。

面向对象数据库管理系统(OODBMS)把数据和程序作为对象来储存，可以自动检索和共享。因其可用来管理网页上的各种多媒体组件与 Java 程序，尤其可用于整合不同来源的大量信息，逐渐受到欢迎。

零件

零件号码	零件名称	单价	供应商号码
137	门闩锁	22.00	8259
145	侧视镜	12.00	8444
150	门模	6.00	8263
152	门锁	31.00	8259
155	压缩机	54.00	8261
178	门把手	10.00	8259

选择零件号码=137或150

供应商

供应商号码	供应商名称	供应商街道	供应商城市	供应商所在州	供应商邮编
8259	CBM 公司	5大道74号	达顿	俄亥俄州	45220
8261	B.R.模具	甘道尔街1277号	克利夫兰	俄亥俄州	49345
8263	杰克逊合成	米克林街8233号	勒星顿	肯塔基州	56723
8444	布赖恩特公司	米尔街4315号	罗切斯特	纽约州	1134

连接供应商号码

零件号码	零件名称	供应商号码	供应商名称
137	门闩锁	8259	CBM 公司
150	门模	8263	杰克逊合成

投影所选择列

选择、连接和投影三项操作可以从两个不同的表格中结合并只展示选择好的属性。

图 6.5　关系型 DBMS 的三项基本操作

与关系型DBMS相比，面向对象数据库存储的信息类型更复杂，在处理大量交易时，其速度则比关系型DBMS相对较慢。混合的对象—关系DBMS则综合了这两者的优点。

6.2.2 DBMS的优势

DBMS可以组织、管理和访问数据库中的数据，集功能性与工具性于一体。其中最重要的有三部分：数据定义语言、数据字典和数据操纵语言。

DBMS具有**数据定义**(data definition)功能，能够阐述数据库中的内容结构。它可以用来创建数据库表格，并定义表格中字段的特性。数据库中的信息可以以文件形式存储在数据字典中。**数据字典**(data dictionary)是自动化或人工文件，用以储存数据元素的定义与数据特性。

微软的Access具有基本的数据字典功能，可以显示表格中每个字段的如下信息：名称、性质、规格、种类、格式和其他属性(见图6.6)。大型企业的数据字典可以保存更多信息，如用法，所有权(哪位成员应负责维护数据)，授权，安全，以及使用每个数据元素的个人、业务、项目和报告。

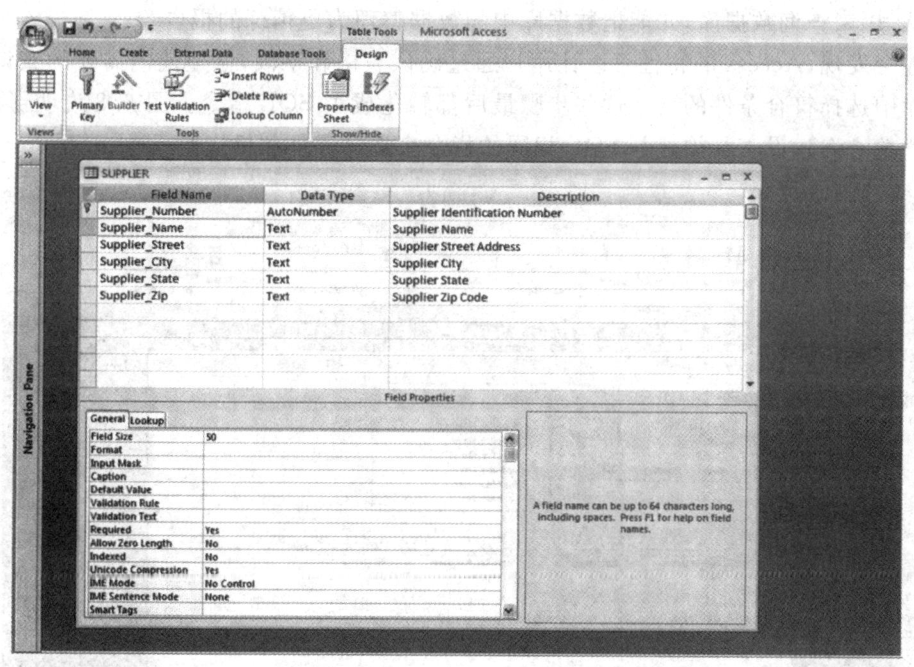

微软Access拥有基本的数据字典功能，可以展示每个数据库里每个字段的大小、格式和其他特征。本图所展示的是供应商表格中的信息，供应商号码左边的小键图标表示这是关键字段。

图6.6 微软访问数据字典特征

查询与报告

大多数DBMS都有专门化的语言，称为**数据操纵语言**(data manipulation language)，用于添加、更改、删除和检索数据库中的数据。这种语言包含很多指令，终端用户和编程专家可以从数据库中提取数据,满足信息需求和开发应用系统。现今最流行的数据操纵语言是结构化查询语言(Structured Query Language,SQL)。图 6.7 表明 SQL 查询可以生成如图 6.5 所示的新的相关表格。随着本章的学习,你可以学到更多 SQL 查询的方法,也可以在 Laudon 网站找到。

```
SELECT PART.Part_Number, PART.Part_Name, SUPPLIER.Supplier_Number,
SUPPLIER.Supplier_Name
FROM PART, SUPPLIER
WHERE PART.Supplier_Number = SUPPLIER.Supplier_Number AND
Part_Number = 137 OR Part_Number = 150;
```

这里展示了结构化查询语言查询提供零件号码为 137 或 150 的供应商。产生的结果如图 6.5 所示。

图 6.7　结构化查询语言(SQL)例子

使用 DBMS 的大中型计算机用户,如 DB2、甲骨文(Oracle)或 SQL Server 等,都是利用 SQL 从数据库中检索信息。微软 Access 也用 SQL,但它提供了自己独有的用户友好工具,用来查询数据库,并能把数据库中的数据整理为更精练的报告。

你会发现,Access 的特性可以让用户通过确认表格和字段,创建他们需要的查询,在数据库中选择符合条件的列。这些步骤最后都转化成了 SQL 指令。图 6.8 说明了如何利用微软查询建设工具构建与 SQL 相同的指令来选择零件和供应商。

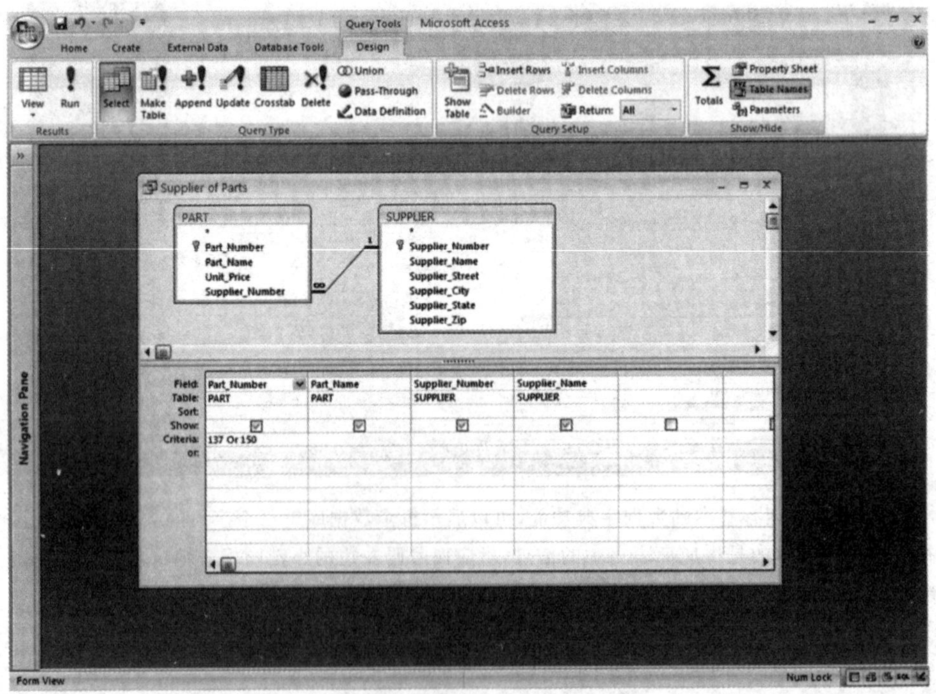

本图所展示的是利用微软 Access 查询建设工具构建如图 6.7 所示的查询。展示了查询中所用到的表格、字段和选择标准。

图 6.8　Access 查询

微软的 Access 和其他 DBMS 都具有报告生成功能，所需数据能够以更加结构化和精练的形式表现出来，而仅仅使用查询功能做不到这一点。对大型企业 DBMS 用户而言，水晶报表(Crystal Reports)是非常受欢迎的报告生成器，虽然它也可以和 Access 一起使用。Access 也有开发桌面系统应用程序的功能，包括创建数据输入屏幕、报表和交易处理逻辑生成等工具。

6.2.3　设计数据库

为了建立数据库，需要了解数据之间的关系、数据库中维护的数据种类、数据如何被使用以及如何从公司全局出发来管理数据。数据库需要两种设计：概念设计和实体设计。数据库的概念或逻辑设计是从企业角度建立的数据库抽象模型，而实体设计则是如何将数据库安装在直接存取的储存设备上。

规范化与实体关系图

概念数据库设计描述数据库中的数据元素如何组合。设计过程将界定数据元素之间的关系，鉴定组合数据元素的最高效方式，以期达到商业信息要求。此过程也将界定重复的数据元素，以及具体应用软件程序的数据元素组合。数据组合经整理、加工和简化，直到数据库中所有数据呈现出整体的逻辑关系。

为了更有效地建立关系型数据库模型，需要把复杂的数据组合进行简化，尽可能减少冗余和多对多的数据关系。将复杂的数据组合简化成小型、稳定、灵活和适应性强的数据结构的过程称为**规范化**(normalization)(见图 6.9 和图 6.10)。

订单(规范化之前)

订单号码	订单日期	零件号码	零件名称	单价	零件数量	供应商号码	供应商名称	供应商街道	供应商城市	供应商所在州	供应商邮编

未规范化的关系里包含了重复的组。比如，每个订单可以有很多个零件和供应商。只有订单号码和订单日期之间是一对一的关系。

图 6.9　订单中的不规范关系

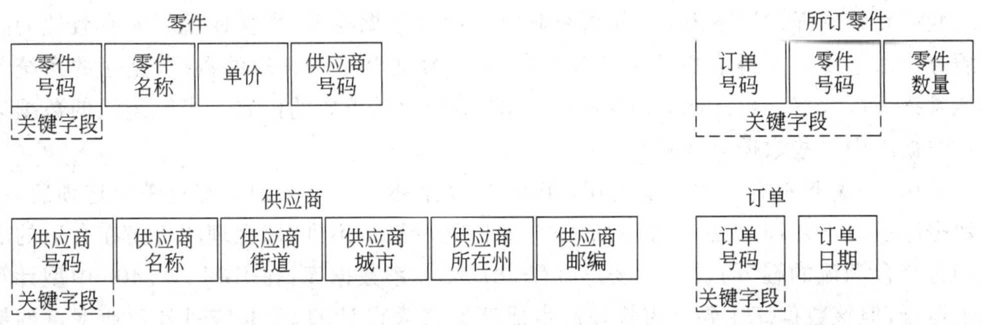

规范化后，原来的关系“订单”已经被分解为更小的关系。关系“订单”只剩下两个属性，关系“所订零件”有整合的或连结的关键字段，由订单号码和零件号码组成。

图 6.10　订单中规范化的表格

这里所展示的业务中,一个订单中可包含有一种以上的零件,但一种零件只能由一个供应商供应。如果我们建立一个关系,命名为订单,包含例子中的所有字段,那么,即使这个订单上的所有零件都来自同一家供应商,我们也不得不在每个订单里都重复输入供应商的名称和地址。这种关系就包含了所谓的重复数据组合,因为单个订单中的许多零件可能只有一个指定供应商。整理数据更为有效的方法是将订单拆散为更小的关系,每一个关系都描述一个实体。如果我们一步步规范化订单的关系,就会显示出图 6.10 说明的关系。随着本章的学习,你可以学到更多关于规范化、实体关系图和数据库设计的知识。

关系数据库系统执行参照完整性(referential integrity)规则,确保两个表格之间的一致性。如果 A 表格中的外键指向 B 表格,除非 B 表格中有该外键的相应记录,否则我们可能无法向 A 表格添加这个外键的新记录。在本章我们先前学习过的数据库中,外键"供应商号码"将零件表格连接至供应商表格。除非供应商表格中有供应商号码为 8266 的记录,否则,我们可能添加不了供应商号码为 8266 的零件新记录到零件表格中。在删除供应商表格中供应商号码为 8266 的记录的同时,我们也必须删除在零件表格中的相应记录。换句话说,我们的零件不应该来自不存在的供应商。

数据库设计者通常使用实体关系图(entity-relationship diagram)表示数据模型(见图 6.11)。该图显示了实体"订单"、"零件"、"所订零件"以及"供应商"之间的关系。矩形框代表实体,连接矩形框的直线代表实体之间的关系。直线末端标注的两条短线表示一对一的关系,直线末端以鸟足符号(crow's foot)标注的表示一对多关系。图 6.11 表示一份"订单"可以有多个"所订零件"(在一份订单中只要有订购的零件,"零件"就可以被多

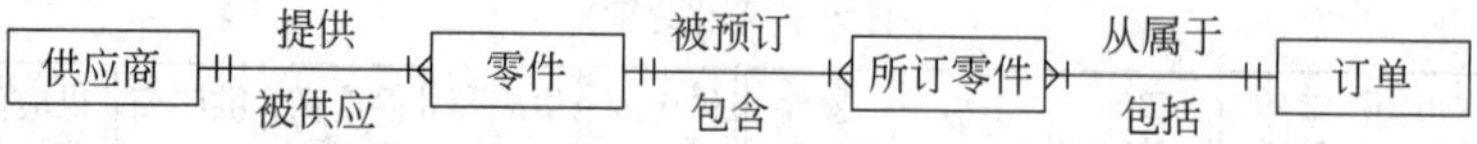

该图显示出实体"订单"、"零件"、"所订零件"和"供应商"之间的关系,可用来作为图 6.10 的数据库模型。

图 6.11 实体关系图

次订购和出现)。每一种零件只能有一个供应商,而一个供应商可以供应多种零件。

我们要特别强调以下内容:如果企业没有做好数据模型,数据库就不能有效地为企业服务。由于可能不得不处理许多不准确、不完整甚至难以处理的数据,企业的系统就不能发挥最高效率。也许从这门课程中,你能学到的最重要的内容是了解组织的数据以及在数据库中这些数据应该如何表示。

例如,一家非常有名的鞋业公司,在美国 49 个州 800 多个地方都有销售连锁店,因为数据库设计不合理,无法快速更新库存,他们就可能达不到"以合理的价格在合适的店面销售符合潮流的鞋"的目标。该公司有 Oracle 关系数据库,在 IBM AS/400 中型计算机上运行,但该数据库主要是为管理层生成标准报表设计的,并非应对各营业网点的销售变化。管理层拿不到各网点每个单品的库存详细数据。为解决这个问题,他们建立了新数据库,使销售和库存数据能更好地进行整理,以便于分析和管理库存。

数据库的分布

数据库设计也必须考虑数据如何分布。设计信息系统时，可以设计一个集中式数据库，供单一中央处理器或客户机/服务器网络中的多个处理器使用。或者，数据库也可以是分布式的。**分布式数据库**(distributed database)实体存储位置不止一个。

数据库的分布主要有两种途径。一种是分区数据库中，数据库的一部分在某地存储和维护，而另一部分则在其他地方存储和维护(见图6.12(a))。这样，每个远程处理器就具有为本地区服务所必需的数据。区域文件改变时，中央数据库可以批量调整，通常是在晚上进行。另一种途径是在所有远程备份中央数据库(见图6.12(b))。

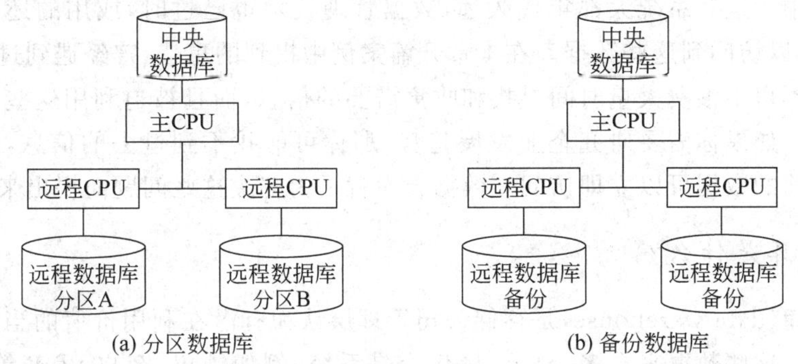

分布式数据库有两种选择。可将中央数据库分区(a)，这样每个远程处理器都可以得到符合当地需求的数据。中央数据库也可备份到所有远程(b)。

图6.12 分布式数据库

例如，德国汉莎航空公司(Lufthansa Airlines)以备份的数据库取代其中央大型主机数据库，飞行调度人员可以更快捷地获取信息。汉莎航空位于法兰克福的DBMS一有任何改变，都会自动备份到纽约和香港。但该种途径也要求在下班时间更新中央数据库。

分布式系统降低了单一大型集中式数据库的脆弱性，提高了对本地用户的服务和响应能力，而且可以在小型、价位较低的计算机上运行。然而，区域数据库有时候会脱离中央数据标准和定义，而且由于访问数据的途径较多，也给敏感数据带来安全隐患。数据库设计者在做决策时需多方衡量。

6.3 利用数据库提升商业运作水平和决策能力

企业利用数据库跟踪基本交易，如付款给供货商、订单处理、追踪客户和支付员工工资等。但他们也需要数据库提供必需数据，借助这些数据，企业才能更加有效地运营，管理层和员工也可以做出最佳决策。如果想知道哪款产品最受欢迎、跟哪个客户合作利润最大，在数据库里都可以找到答案。

例如，位于洛杉矶的餐饮连锁店Louise's Trattoria，通过分析顾客信用卡的消费记录，发现与价格相比，这些顾客更注重质量，他们大都受过高等教育，热衷于高档酒。通过对此信息的分析，餐厅引入素菜，增加了海鲜精品菜肴，出售更加昂贵的酒水，销售额提高了10多个百分点。

大型企业中的大型数据库或系统分管不同的功能,比如生产、销售和财务,因此就需要专门工具和特殊功能来访问多个系统并分析海量数据。这些功能包括数据仓库、数据挖掘和通过万维网访问内部数据库。

6.3.1 数据仓库

假设你需要目前全公司经营、趋势和变化的准确、可靠信息。而如果你在一家大型公司工作的话,要获得这些信息并非易事,因为数据通常存储在分散的数据库中,比如销售、生产或财务数据库中。你需要的一部分信息可能在销售数据库中,而另一部分则在生产数据库中。这些系统大都年代久远,数据管理技术也已过时,或用的还是老式文件系统,用户难以访问到这些数据。在本章开篇案例中提到的惠普,曾经遇到过这些问题。

你大概不得不浪费大量时间寻找和收集需要的信息,而且被迫利用这些不完整的信息做出决策。如果你需要研究企业发展趋势,那你可能找不到过去的信息,因为大部分公司只有当前的数据可以立即访问。数据仓库就是为解决这些问题而提出来的。

数据仓库是什么?

数据仓库(data warehouse)是存储公司管理层认为有潜在利用价值的当前和历史数据的数据库。这些数据来自多个核心操作交易系统,例如销售、客户、生产等系统,也包含了网上交易的数据。经数据仓库合并和统一标准后,可供全公司进行管理分析和决策使用。

图6.13表示数据仓库的操作流程。借助数据仓库,任何人都可以访问相关数据,但不能更改数据。数据仓库系统也提供一系列特制的标准化搜索和分析工具以及图形报告工具。许多企业利用内部网络让数据仓库中的信息在全公司得到广泛使用。

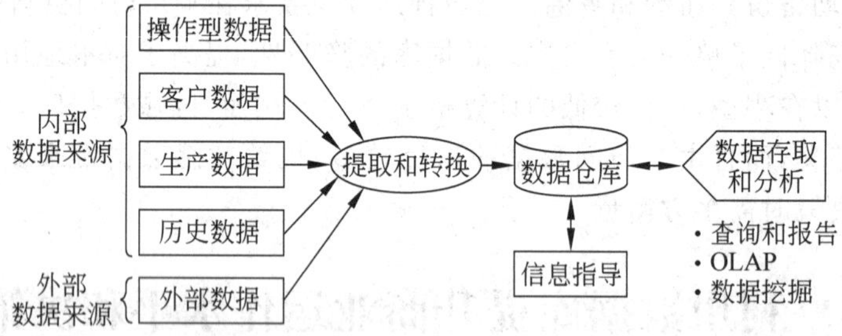

数据仓库从组织内部众多操作系统中提取现有和历史数据。这些数据和外部来源数据组合,重新整理为中央数据库,用来管理分析和报告。信息指导为用户提供数据仓库内可用的数据信息。

图6.13 数据仓库的组成部分

互动讨论环节中解释了美国国内税务署(Internal Revenue Service,IRS)如何利用交互式数据仓库这个强大的武器,提高决策能力和操作效率。由于纳税人的数据都是多年前创建的,支零片碎地存储在众多不同的系统中,IRS无法把这些数据集中起来,因此不能完整而综合地掌握纳税人情况，也不能轻易分析出哪些人最有可能在纳税上做手脚。数据仓库替 IRS 解决了这个问题，因为借助数据仓库，IRS 可以合并和集中纳税人信息，也能更快地回复他们提出的问题。当你读这个案例时，设身处地地想一下 IRS 遇到的问题、管理层是否还有其他解决方案以及提出解决方案时需要哪些技术支持。

互动讨论：管理领域

美国国内税务署利用数据仓库揭露税务诈骗

美国国内税务署(IRS)是征税和执行税法的部门。自 19 世纪 60 年代成立以来，IRS 处理的数据随着人口的增长呈现数量级递增。2006 年，IRS 处理了近 1.34 亿份纳税申报单，税收额高达 1.2 万亿美元。毫无疑问，任何信息系统的管理不善都会给联邦政府的税收造成巨大损失。幸运的是，IRS 和 Sybase 软件公司合作，建立了数据仓库；当然，这对那些不诚实守信的美国人而言并不是什么好事。这种数据仓库也称交互式数据仓库(以下简称为 CDW)，极大地提高了效率，通过追征拖欠税款的纳税人，也提高了税收额。

IRS 需要数据仓库来整理不断增加的信息，这些信息包括纳税人的个人信息和已经存档的纳税申报单。这些数据存储在遗留系统中。遗留系统主要是用来高效处理纳税申报单和整合大量不同数据库格式，包括分层大型计算机数据库、Oracle 关系型数据库和非数据库的一般文件。旧式的分层数据库和一般文件中的数据几乎难以搜索和分析，也不容易和相关数据结合起来。

CDW 可以存储长达七年的个人和企业报税单数据，对这个世界上最大的数据库之一进行快速灵活的检索。每年 4 万亿个人和企业税务数据上传到该系统中。数据仓库中的数据库都是相关的，有数十亿行和 200 多个列，都和关系表以及其他附件有着紧密联系。新数据输入之前，首先必须利用标准定义和格式，重组为关系型结构。IRS 研究人员现在利用准确一致的数据源，可以一次性分析上百万甚至数十亿记录，而如果从大量不一致的信息来源进行分析则做不到这一点。

CDW 的启用极大地提高了 IRS 管理和利用数据的能力。因此，IRS 现在可以收回旧系统下损失的数百亿美元税款。例如，2006 年，经过 140 万次对纳税人少报税款的审查，共为 IRS 增加了 592 亿美元的税收。

CDW 的数据容量从 1990 年创立时的 3 万亿字节增加到现在的 150 万亿字节。用户可以通过多种工具查询数据。CDW 主要包括 Sybase Adaptive Server IQ(用于数据仓库的关系型数据库软件，现被称为 Sybase IQ)，Sybase Powerbuilder(为用户访问和报告数据库内容的应用开发工具)，Sybase Open Client(客户系统与 Sybase 服务器间的界面)，开放式数据库连接应用程序界面，运行 Solaris 2.6 系统的 Dual Sun 企业 6000 服务器(Unix 的 Sun 版本)以及 EMC 磁盘阵列。数据仓库最重要的特性是可以容纳数万亿字节的数据，而且通过大量不同的工具都可以访问到这些数据。而 IRS 所选用的组件使得 CDW 能做到这一切。

CDW 的启用并非一帆风顺。其中最大的挑战之一就是：把遗留数据向新系统转移并没有经过统一的过程。由于税法在数年中已经变更了很多次,IRS的数据结构年年不一致。这导致数据整合十分复杂。此外,CDW预定管理的巨大数据量远非IRS先前处理的数据所能相比。由于政府机构通常会规避风险、避免改变,所以说服他们进行彻底升级,如启用数据仓库,并非易事。数据仓库也需要大量努力和资金支持,以保证跟上时代的发展。

虽然有上面这些困难,CDW的安装启用仍获得了巨大成功,而且仅仅花费了200万美元,在极短时间内实现的投资与回报的比是1∶200。由于CDW能够高速并且毫不费力地检测出纳税申报单中的错误,因此为IRS增加了大量收入。利用数据仓库,分析师可以分析出哪类人最容易在税务上作假,比如离婚的夫妻双方同一年都在申报单里填上孩子抚养,或者一些人滥用劳动收入税收减免,或者滥用小企业税收庇护,还有一些贷款念完大学的毕业生们延期纳税等。数据仓库缩短了追踪错误信息的时间,仅需几个小时就可以分析出六到八个月的数据信息。

最近,IRS升级了向中央数据库传送数据的途径。在数据仓库发展的早期阶段,IRS要用磁带传送数据,每盘磁带的数据存储量是20亿字节。2006年,他们用可存储2万亿字节的网络附带存储设备取代了磁带。虽然该设备和磁带几乎一样大小,但其存储量相当于一盘磁带的1500倍。同时,他们给存储设备编上了密码,确保数据在传送过程中的安全,而磁带存储数据的安全则无法保障,在传送过程中,纳税人的信息得不到保护。据悉,这一改进在五年时间内大约为IRS节约了数百万美元。

IRS的审查结果也表明:CDW运行良好,审查税务诈骗者的次数越来越多,而诚实守信纳税者受审查的次数越来越少。2000年受审查的比例是每377人中有一人受审查,到了2006年,这个数字变成了140∶1。2006年,凡年收入在百万美元以上的人,每11人中有一人受到审查。而在2003年,同样的收入档受审查的比例却是20∶1。但是IRS可以减少对诚实纳税人审查的次数,所以那些增加的次数的对象就是真正在税务上作假的人。

思考题

1. 为什么IRS以前要分析纳税人的数据会特别困难?

2. 启用CDW时,IRS曾遇到哪些挑战?有哪些管理、组织和技术上的问题需要解决?

3. IRS是如何利用CDW提高决策能力和操作水平的?对纳税人有什么好处吗?

4. 你认为数据仓库是否对其他联邦部门有用?如果有,是哪些部门呢?为什么?如果没用,又是为什么?

MIS实例

1. 登录www.irs.gov,下载1040纳税申报单。CDW最有可能包含该申报单中的哪些字段?

2. IRS研究员如何利用这些数据判断是否有人偷税漏税?

数据集市

公司除了可以建立整体数据仓库服务整个机构外，还可以发展另一种规模较小的分布式数据仓库，称为数据集市。**数据集市**(data mart)是数据仓库的子集，可作为单独的数据库，存储已汇总的或特定的数据，供特殊用户使用。例如，公司可以开发营销与销售数据集市，用来处理客户信息。由于数据集市只专注于某一个领域或某一种业务，所以与面向整个企业的数据仓库相比，建设周期更短，成本更低。

6.3.2　商务智能、多维数据分析和数据挖掘

数据一旦经过整理并传入数据仓库和数据集市后，就可供将来分析使用。用户可以借助一系列工具分析这些数据，发现它们之间的模式和关系，指导决策制定。这些可以合并、分析、访问海量数据并帮助用户做出更佳决策的工具通常被称为**商务智能**(business intelligence)。商务智能的主要工具包括：数据库查询和报告软件、多维数据分析工具(网上分析程序)和数据挖掘(data mining)。

提到智能，我们通常会把它和人类联系起来，人类有能力把所学知识和新信息结合起来，改变行为模式，因此就可以完成任务，适应新的形势。同样，借助商务智能，企业可以积累信息，了解客户和竞争对手，把握内部运作规律，改变决策制定模式，达到提高利润和其他商务目的。

例如，美国娱乐业内第二大赌博公司哈拉斯，持续分析客人玩老虎机或在其麾下赌场、宾馆消费时的信息记录。公司的营销部门根据一个特定客人在本公司不间断的消费信息，建立了一个详细的赌博数据图表。这一信息指导公司如何开发最舍得消费的客户，如何鼓励这些客户更多地消费以及如何吸引更多具有消费潜力的客户。商务智能极大地提高了公司的利润，成为公司决策中最重要的一环。

图 6.14 展示商务智能如何运作。公司的操作数据库跟踪商务运营中的交易。数据

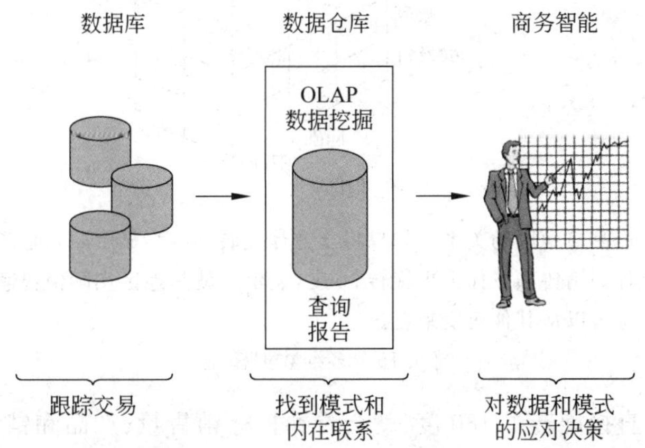

一系列的分析工具对存储在数据库中的数据进行分析，找出模式并发现含义，帮助管理层和员工为提高组织业绩做出更佳决定。

图 6.14　商务智能

库向数据仓库输入这些数据。管理层利用商务智能工具找出这些数据的模式和隐藏在其中的关系,然后根据分析结果做出更加全面和明智的决策。

本部分会重点介绍最重要的商务智能技术和工具。更多商务智能应用的细节会在第12章中讲到。

联机分析处理(OLAP)

假设你们公司向东部、西部和中部三个地区销售四种产品,分别是螺帽、螺栓、垫圈和螺丝钉。如果你需要了解上个季度垫圈的销量,通过搜索销售数据库,很容易就能找到答案。但如果你需要知道每个区域各销售了多少垫圈,并且需要比较实际销售量和目标销售量时,该怎么办?

要解决上述问题,需要**在线分析处理**(OLAP)。OLAP支持多维数据分析,用户可通过多种角度观测同一数据,信息的每个方面——产品、价格、成本、销售区域或时间段等都表示一个不同的维。因此,管理人员可以利用多维数据分析工具,分析出6月份东部垫圈的销售量,并与上个月甚至去年同期的销量进行对比,也可和预期销售目标进行对比。即使数据存放在非常大型的数据库中,比如存放了几年的销售数据,通过OLAP,也可以在很短时间内,在线获得上述问题的答案。

图6.15展示了多维数据模型,表示产品、销售区域、实际销售量和目标销售量等。实际销售量矩阵可以放在目标销售量矩阵之上,形成一个六面立方体。如果你沿着一个方向旋转立方体90度的话,就会呈现不同产品实际销售量与目标销售量那一面。如果你沿着同一个方向再旋转90度的话,呈现的就是不同地区实际销售量与目标销售量那一面。

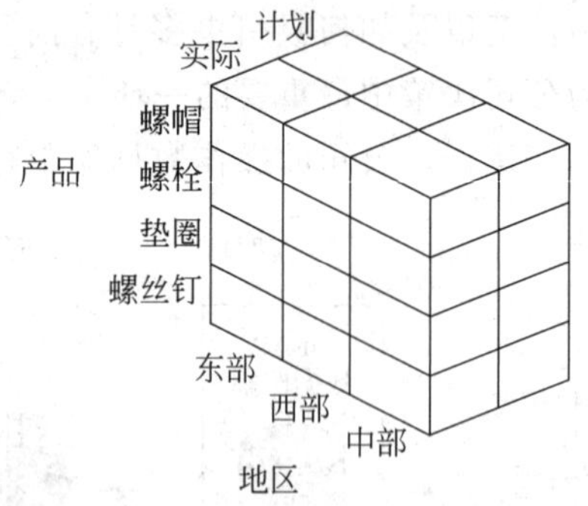

显示产品与地区的关系。如果将立方体旋转90度,显示的就是产品实际销售额与计划销售额。如果再旋转90度,显示的就是地区实际销售额与计划销售额。也可以从其他角度来看。

图6.15 多维数据模型

如果你刚开始直接旋转了180度,就会看到目标销售量、产品和销售区域在一面上。立方体和立方体叠加,看数据的角度就会更加复杂。公司要么采用特定多维数据库,要么采用关系数据库,但关系数据库必须具备可从多个角度观察数据的工具。

数据挖掘

传统的数据库搜索工具回答这样的问题：2007年2月份共运输多少套403号产品？但在线分析处理或多维分析支持和解决的问题复杂的多，如找出403号产品每季度和销售计划的差别以及过去两年的销售区域有哪些。用户通过在线分析处理和基于查询做数据分析时，应当首先十分清楚自己要查找的内容。

数据挖掘(data mining)以探索为导向。通过数据挖掘可深入公司数据内部，发现其隐藏的模式和大型数据库之间的关系，从中找出规律，预测未来走势。而OLAP做不到这一点。这种模式和规则可指导决策并预测这些决策产生的结果。通过数据挖掘获得的信息按性质可分为以下五类：联系、连续、分类、群组和预测。

- 联系性是指所发生的事情与某一事件有关联。例如，超市购买模式调查显示：人们买了爆米花后，有65%的人同时也会购买可乐。而搞促销活动时，这个比例增加到85%。管理层通过该调查，得出了通过促销可获得更高利润的结论。他们通过该结论可做出更好的决策。
- 连续性是指事件都是通过时间联系起来的。例如，如果有人买了房子，此人在两周内买电冰箱的可能性有65%，一个月内买烤炉的可能性有45%。
- 分类是指通过检验现有已分类数据和推断出一套规则，辨析某一项该属于哪一类。一些行业，以信用卡或电话公司为例，担心失去固定客户。通过分类，管理层可以总结出退卡或退出电话网客户的共同特征，然后预测哪些人有这样的迹象并找出对策挽留这些客户。
- 如果还没有任何分组，就可以用到群组功能了。数据挖掘工具可发现数据间不同的分组，比如找出银行卡的相似用户组，也可以根据人口统计学和个人投资差异将数据库分成不同的组。
- 虽然这些应用软件都用到了预测这一手段，预报则用别种预测方法。它利用一系列现有数值预测其他数值。例如，管理层通过预报功能可发现数据的变化模式，预估一些变量，如销售额的变化趋势。

这些系统可对模式或趋势进行高水平分析，也可以深入挖掘更多细节。数据挖掘应用软件应用于所有商务，也用于政府和科研工作中。其中最流行的用法之一就是提供模式细化分析，在进行市场营销活动时一对一分析客户数据，也用于确认可获取利润的客户。

例如，澳大利亚维珍移动(Virgin Mobile Australia)利用数据库和数据挖掘增加客户忠诚度并推出新业务。在海量数据库中，数据仓库整合来自企业系统、客户关系管理系统和客户账单系统的数据。管理层可通过数据挖掘来确定新顾客的特征，并和他们买的手机联系起来，也可以确定每个店面和销售点活动的表现、消费者对新产品和新服务的反馈、顾客流失率以及从每位顾客身上得到的收益。

预测分析(predictive analysis)利用数据挖掘技术、历史数据和对未来情况的假设来预测某些事件的结果，例如顾客对报价或者是否买某一产品的可能性反应。以美体小铺国际有限公司(The Body Shop International plc)美国分部为例，他们根据关于产品目录、网络以及零售店客户的数据库,利用预测分析来确认哪些客户最有可能根据产品宣传册进行购买。公司借助这些信息建立了更加详细和有针对性的邮件发送名单,提高了宣传册电邮的回复率和收益。

文本挖掘和网络数据挖掘

商务智能工具主要处理以数据库和文件格式出现的数据。但是,以文本格式为主的非结构化数据,占各组织有用信息的80%以上。电子邮件、备忘录、电话中心文字记录、调查回馈、法律文本、专利说明书以及服务报告对于发现模式和趋势都十分有价值,员工借此可做出更佳商务决策。现在有了**文本挖掘**(text mining)工具,商务人士就可以分析以上数据。这些工具可以从大量非结构化数据集合中提取关键信息、发现模式和关系并总结这些信息。企务也许会转向文本挖掘,通过分析客服中心的电话文字记录发现主要服务和维修问题。

空气化工产品公司(Air Products and Chemicals)位于美国宾夕法尼亚州亚林镇。该公司使用文本挖掘来帮助确认需要特别记录保存程序的文档,以达到《萨班斯—奥克斯利法案》(Sarbanes-Oxley Act)的要求。公司有9万多亿字节的非结构化数据,这还不包括电子邮件中的数据。Inxight 软件公司的 SmartDiscovery 软件对这些数据进行了分类整理,这样,公司在应用商务规则的时候就可以应用到一类文档而非单个文档。如果发现文档和《萨班斯—奥克斯利法案》有关联,公司就要确保该文档达到法律规定的数据保留要求。

网络是重要信息的另一个丰富来源,其中一部分可用来发掘模式、趋势和观察顾客行为。从万维网发现和分析有用模式和信息称为**网络数据挖掘**(Web mining)。企务也许会转向网络数据发掘,帮助其了解顾客行为,评估特定网址的有效性,或量化营销活动的成功度。例如,商务人士利用谷歌 Trends 和谷歌 Insights for Search 服务追踪在谷歌搜索查询中各种词汇和短语的流行程度,了解人们的兴趣所在和打算购买的产品。

网络数据挖掘主要是通过内容挖掘、结构挖掘和用法挖掘寻找数据中的模式。网络内容挖掘是从可能包含文本、图片、声音和视频数据的网页中提取知识的过程。网络结构挖掘检测与某网址结构有关的数据。例如,指向某文档的链接说明了该文档的流行度,而出自某一文档的链接则说明了在该文档中含有大量的话题或话题的多样性。网络用法挖掘考察用户互动数据,这些数据是网络服务器在接收到对网址资源的请求的每个时刻记录下来的。用法数据记录了用户浏览或在某网址上做交易时的行为。分析这些数据可帮助公司确定特定顾客的价值,制定产品中的交叉营销策略以及提高促销活动的有效性等。

6.3.3 数据库与万维网

你有没有通过网络下订单或者浏览产品目录的经历?如果有,那么你可能通过网址连接了一个公司内部的数据库。许多公司现在都利用万维网,将其内部数据库的部分信息向顾客与合作伙伴开放。

例如,假设客户有网络浏览器,希望通过零售商的网上数据库搜索到价格信息。

图 6.16 就显示了顾客通过万维网会以哪种途径接触到零售商的内部数据库。用户在客户机上利用网络浏览器，通过万维网访问零售商的网址。用户的网络浏览器软件可以通过 HTML 指令与万维网服务器连通，向数据库查询数据。

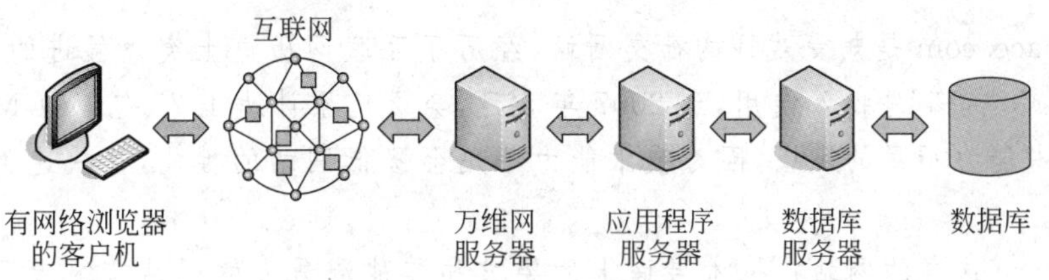

用户利用个人计算机和网络浏览器通过互联网访问组织内部数据库。

图 6.16 连接内部数据库至网络

由于许多后端数据库并不能接受由 HTML 编写的指令，万维网服务器可以将数据查询传送给特定的软件，由该软件将 HTML 指令翻译成 SQL，这样就可以由数据库的管理系统处理。在客户机/服务器环境中，DBMS 通常会放在一台特定的计算机中，称为**数据库服务器**(database server)。DBMS 接收 SQL 查询指令并提供所需要的数据。中间件可以将自己组织内部数据库的信息转回万维网服务器，并以网页形式传送给用户。

图 6.16 描述了万维网服务器与 DBMS 之间的中间件，它是运行在指定计算机上的应用服务器。应用程序服务器(application server)是一种软件程序，介于浏览器端的计算机与公司后端商业应用程序或数据库之间，可以处理所有的应用操作，包括交易处理和数据存取。应用程序服务器读取来自万维网服务器的要求，根据这些要求通过商业逻辑来处理交易，并提供与组织后端系统或数据库的链接。也有另外一种可能：处理这些操作的软件可能是定制软件或者通用网关接口脚本。通用网关接口脚本是利用通用网关接口专门处理万维网服务器数据的程序。

使用万维网访问组织的内部数据库有许多优点。首先，相对于专门的搜索工具，网络浏览器软件使用起来更方便。其次，万维网接口不需要对内部数据库做更改。相对于重新设计和建立一套方便用户访问的系统，在旧系统增加万维网接口的成本更低。

利用万维网访问企业数据库提高了效能，带来了新的机遇并改变了经营模式。Thomasnet.com 在网上提供最新的商品目录，上面有 60 多万家供货商的各种工业用品，如化学制品、金属制品、塑料制品、橡胶、汽车零部件等。该公司以前的名字是 Thomas Register，要派发大量的纸质产品目录。现在通过万维网向用户提供这些信息，公司也变得更加精简。

某些公司甚至由于万维网可访问大型数据库而挖掘了新的商机。其中之一就是社会关系网站 Myspace，帮助用户彼此保持联系或者结识新朋友。Myspace 以音乐、搞笑剧和视频为特色，它的 1.75 亿用户都有个人简介，其中包括他们的年龄、籍贯、择偶标准、婚姻状态和兴趣等。它拥有大量数据库，收藏并管理上述信息。由于网站发展太快，因此不得不改变现有的数据库技术。技术互动部分会继续讨论这一话题。阅读本案例时，指出 MySpace 现在面临的问题：管理层是否还有其他的解决方案？如果使用该方案，需要解决管理、组织和技术上的哪些问题？

互动讨论：技术领域

Myspace 背后的数据库

Myspace.com 是颇受欢迎的社交网站，经历了互联网历史上突飞猛进的发展阶段。该网站 2003 年 11 月投入使用，到 2007 年 5 月，会员已累计达 1.75 亿。但 MySpace 一直面临技术能力不足的挑战，因为技术能力不足会降低网站的性能，让快速膨胀的网络用户失望。

Myspace 这样的网站在技术层面上的要求和其他流量大的网站有很大不同。对一般网站而言，只有一小部分人一天几次更改网站上的内容。网站从内部数据库检索到上千次“只读”要求，而不需要更新数据库。而对于 Myspace，数百万用户持续不断地更新其网页的内容，导致过高比例的数据交换，并且需要更新内部数据库。每次用户在 Myspace 上浏览简介，最后得到的网页都是从数据库查找中拼凑起来的。而这些信息需要从许多服务器上的众多数据库中的大量表格里整理而来。

Myspace 最初运行一个结构化查询语言服务器数据库以及两个万维网服务器。这两个网络服务器与一个数据库服务器相连接。这样的配置对简单的中小型网站比较理想。然而由于用户越来越多，Myspace 的服务器就难以承受。刚开始，Myspace 通过增加万维网服务器来减轻负荷并处理不断增多的用户要求。但到 2004 年，当用户增加到 50 万名，一个数据库服务器已经远远不够。配置额外的网络数据库比增加万维网服务器要复杂，因为数据必要分配到多重数据库中，而且必须保证访问时不能有任何遗漏。MySpace 配置了三个结构化查询语言服务器数据库。一个是总数据库，接收所有新数据并复制到其他两个数据库中。这些数据库主要用来检索用户页面上请求的数据。

当用户达到 200 万时，数据库服务器已接近输入和输出的最大容量(指的是读出和写入数据时的速度)，这使网站在内容更新速度上显得落后。MySpace 转向垂直分区模式，也就是不同的数据库支持网站的不同功能，例如登录界面、用户简介和博客等。

然而，不同的功能也有用到统一数据的情况，当用户达到 300 万时，这一情况也变成了问题。更严重的是，网站的一些功能发展过快，超过了一个数据库服务器的工作量。Myspace 先考虑了按比例增加更强大、更昂贵的服务器，但后来选择了超比例安装更多价位较低的服务器，来分担数据库的负荷。

对于分布式体系结构，更加经济的解决方法是全新设计，这样所有的服务器连接在一起，像一台逻辑计算机一样。在这样的设计下，工作负荷仍需要分散出去，这一步通过将用户按 100 万分为一组来完成，并将所有与这 100 万用户有关的数据放在一个独立的结构化查询语言服务器中。

虽然效率上有所提高，但工作负荷并没有均等分配，某个数据库的存储区仍有超负荷的现象。Myspace 尝试人工解决这一问题，但该做法要求严格，而且对资源不能进行有效利用。所以，MySpace 转向采取虚拟化的存储结构，结束了将磁盘与某些具体应用程序捆绑的情况，支持存储空间对所有应用程序开放。通过这样的安排，数据库可在任何可用的磁盘上写数据，排除了某个应用程序的专用磁盘超负荷的可能。

2005年，Myspace加强了基础设施，在数据库服务器和万维网服务器间安装了一层服务器，存储和服务经常受访问的数据目标，这样网站的万维网服务器就不需要频繁地查询数据库服务器。

即使采取了这些措施，MySpace与其他主要网站相比，还是经常超负荷。用户不能登录或者访问时，也向网站反映所遇到的问题。有时候，登录错误的比例高达20%～40%。网站的活跃度继续挑战科技的能力。到目前为止，网站的持续发展表明用户们愿意忍受这种阶段性的"意外错误"界面。MySpace的开发者们还在继续重新设计网站的数据库、软件和存储系统，旨在与蓬勃发展的势头保持一致，但这项工作一直没能完成。

资料来源：Joel Martinez，"Deconstructing MySpace. com Part 1-Social Networking Database，" www. communityrnx. com，accessed June 2，2008；David F. Carr，"Inside MySpace. com，" *Baseline Magazine*，January 16，2007；Mark Brunelli，"Oracle Database l0g Powers Growing MySpace. com Competitor，" SearchOracle. com，January 31，2007.

思考题

1. MySpace使用哪种数据库和数据库服务器？
2. 为什么数据库技术对Myspace这样的社交网站至关重要？
3. MySpace如何有效地整理和存储网站的数据？
4. Myspace引发了怎样的数据管理问题？MySpace如何解决了或尝试解决这些问题？

MIS实例

登录MySpace. com，考察那些非仅限注册会员使用的工具和其特征，然后回答下列问题。

1. 如果不注册，根据你浏览到的内容判定：MySpace数据库中有哪些实体？
2. 在这些实体中，哪些和个人会员有关？
3. 选择其中一个实体，描述其属性。

6.4　管理数据资源

建立数据库仅仅是个开始。为了确保企业中数据准确、可靠并随时可用，就需要特定的策略和程序进行数据管理。

6.4.1　制定信息政策

公司规模无论大小，都需要信息政策。数据是重要的资源，公司不希望人们对这些数据为所欲为，需要规定这些数据该如何整理和维护、谁有权查看或更改。

信息政策细化了组织对分享、传播、获取、标准化、分类和盘点信息的规定。也设计了特定程序和责任关系，确认哪些用户和组织单位有权分享信息、信息可以向何处传播以及谁负责更新和维护信息。例如，典型的信息政策会规定只有特定在职人员和人力部人员才有权改变和查看敏感的员工数据,比如工资或社保号码,同时这些部门也对这些员工数据的准确性负有责任。

如果是小公司,信息政策一般由所有者或管理层制定和实施。在大型机构中,将信息作为公司资源进行管理和安排经常需要正式的数据管理职能机构。**数据管理**(data administration)负责具体的政策和程序,从而使数据可被作为组织资源管理。这些职责包括发展信息政策、规划数据、监督逻辑数据库设计与数据字典的开发以及监督数据系统专家和终端使用团队的数据使用。

数据管控(data governance)就是用来描述上述这些活动。数据管控由 IBM 推出,处理在管理数据的可靠性、可用性、整体性和安全性的过程中涉及的政策和程序,主要是加强隐私性、安全性、数据质量以及对政府法规的符合性。

大型组织的信息系统部门也会有数据库设计和管理团队,负责规定和整理数据库的结构和内容,并维护数据库。在与用户密切合作后,设计小组建立实体数据库、个体间的逻辑关系以及访问的规则和安全程序。其功能就称为**数据库管理**(database administration)。

6.4.2 确保数据质量

设计良好的数据库和信息政策对确保企业能得到所需要的数据很有帮助。然而,必须采取额外的步骤来确保组织数据库中的数据准确可靠。

如果顾客的电话号码或账户余额不准确怎么办?如果数据库中销售的产品的价格错误或者销售系统和库存系统中对同一产品的价格不一致,会有什么样的影响?不准确、时间不正确或和其他信息来源不一致的数据会导致错误的决定、产品召回和经济损失。刑事司法和国家安全数据库中不准确的数据甚至有可能让你遭受不必要的监视或拘留,本章结束的案例会谈到这一点。

Forrester 研究表明,由于错误的姓名和地址,美国 20%的邮寄品和商业包裹被退回。Gartner 公司报告称,"财富 1 000 强"企业的数据库中,有超过 25%的关键信息不准确、不完整,包括错误的产品编码、产品描述、库存描述、财务数据、供货商信息和员工数据(Gartner,2007)。

回想一下你一天之内收到几份同一地址寄过来的广告邮件。这很有可能是由于一个数据库中存了数次你的名字,或许拼错了你的名字,或者你有时用中间名字的首字母,有时候又不用,也有可能是信息录入时是写在纸上的,但后来没有正确扫描到系统中。由于这些不一致,数据库就会认为你是不同的人。

如果数据库的设计合理,而且建立完整的企业范围数据标准,重复或不一致的数据信息应该最小化。但大多数数据质量问题,如名字拼写错误、数字错位、错误或遗漏的编码,都是在数据输入时造成。特别是如今越来越多的公司将生意转移到互联网上,允许客户和供应商直接在网站上输入数据,类似问题有日益严重的趋势。

建立新的数据库之前,组织需要找出并纠正错误的数据。一旦数据库开始运行,就应该建立更严格的数据录入规则。对数据质量的分析通常从**数据质量审计**(data quality audit)开始。数据质量审计是对信息系统中数据的准确性和完整性的审核,可以审核整个数据文件,也可以抽样审核,还可以调查终端用户对数据质量的感知情况。

数据清洗(data cleansing,data scrubbing)是指发现和纠正数据库中不正确、不完整、格式不对或冗余的数据的过程。数据清洗不但可以纠正错误数据,还可以增强来自不同信息系统的数据的一致性。可以使用专门的数据清洗软件自动检查数据文件,更改数据中的错误,并将所有的数据整合为公司统一的格式。

6.5 MIS实践

本节的项目让读者在以下几个方面学到实践经验：分析数据库质量问题,建立全公司的数据标准,创建库存管理数据库,并利用互联网搜索网上数据库来寻找海外商业资源。

6.5.1 管理决策问题

1. 艾默生过程管理(Emerson Process Management)是一家提供测量、分析、监控仪器和服务的全球供应商,位于得克萨斯州奥斯丁市,拥有一个全新的数据仓库。设计该数据库的最初理念就是为了分析顾客活动,提高服务和营销水平,改善之前数据库里全是不准确、重复的数据的状况。数据仓库内的数据来自欧洲、亚洲和世界其他地方的众多交易处理系统。设计该数据仓库的团队认为无论在哪里,世界各地的销售团队在录入顾客姓名和地址时都会采取同样的格式。但实际情况是,文化差异和艾默生兼并的公司的复杂情况导致在输入报价、账单、装运和其他数据时方式各异。评估这些数据质量问题的潜在商业影响。该做出怎样的决策和采取怎样的措施才能解决这一问题?

2. 一家工业供应公司希望创建数据仓库,管理层可借此掌握全公司的关键销售信息,来判定特定区域最畅销的产品、重要客户和销售趋势。销售和产品信息存在于几个不同的系统中：一个在UNIX服务器上运行的事业部销售系统,一个在IBM大型计算机上运行的公司销售系统。你希望创建一个单独的标准模式来统一两个系统的数据。有人推荐了下面这种模式。

产品号码	产品描述	单价	销量	销售地区	事业部	客户号码

下面例子中的文件来自这两个可向数据仓库提供数据的系统。

公司销售系统

产品号码	产品描述	单位价格	已销售	销售区域	事业部
60231	轴承4号	5.28	900 245	东北	零件
85773	SS装配部件	12.45	902 111	中西	零件

机械零件事业部销售系统

产品编号	产品描述	单价	已销售	销售地区	客户号码
60231	4号钢铁轴承	5.28	900 245	东北	安德森
85773	SS装配部件	12.45	902 111	中西	凯利工业

- 如果不把这些数据统一为标准的数据格式,会产生什么样的商业问题?
- 创建可存储两个系统的数据的单一标准格式数据库,难度有多大?确认需要解决的问题有哪些。
- 这些问题该由数据库专家解决还是由一般的企业管理层解决?请解释。
- 谁应该有权力最终确定数据仓库中某个信息的全公司范围的单一格式?

6.5.2 实现卓越运营:为库存管理建立关系型数据库

软件技能:数据库设计,查询和报告

商务技能:库存管理

今天的企业依赖数据库提供可靠的库存产品信息、需续订的产品信息和库存成本信息。本练习中要求读者利用数据库软件为小型企业设计一个库存管理数据库。

位于加利福尼亚州旧金山的 Sylvester's 自行车店,销售公路、山地、混合型、休闲和儿童自行车。目前,Sylvester's 的供货商有三家,但打算在近期增加新的供货商。由于生意发展迅猛,需要数据库系统来管理这些信息。

使用第6章 Laudon 网站里表格的信息,为 Sylvester's 创建一个简单的关系型数据库。建成后,请操作以下活动。

- 查验五款最贵的自行车信息并写一份报告。报告应按价格从高到低的顺序排列,包括库存信息和每款自行车的毛利。
- 写一份报告,列出每位供货商及其产品、库存数量和相应续订货底线的信息。表格里的供货商按字母顺序排序。在每位供货商一栏里,产品也按字母顺序排列。
- 写一份报告,列出低库存量、需要补货的自行车。该报告需包含已确认产品的供应商信息。
- 写一份简单的报告,说明如何加强数据库来进一步提高企业管理水平。需要添加什么表格或字段?哪些额外报告是有用的?

6.5.3 优化决策:搜索网上数据库寻求海外商业资源

软件技能:网上数据库

商务技能:开展海外运营的研究调查

即使数据库远在千里之外,只要已联网,互联网用户可以就访问这些数据库,获取产品和服务信息。本项目旨在培养搜索网上数据库的能力。

你的公司位于北卡罗来纳州格林斯伯勒,生产各种类型的办公家具。你最近开发了几个澳大利亚的新客户。经过调查研究,你发现去一趟澳大利亚能极大地提高销量。调查还表明:如果在当地进行生产,该产品销量会更高。那么,你首先需要在墨尔本设立办公室,然后开始从美国进口原料,接着就可以着手安排生产。

很快,你要到该地出差,计划设立办公室,需要与能够提供帮助的机构见面,也要和相关人员见面,包括律师、会计、进出口专家、电通信设备和支援,甚至包括很快要为你的员工进行培训的培训师。首先搜索美国商务部对在澳大利亚做生意的有关建议,然后访问下列网上数据库,从而锁定本次出差你希望见到的公司:澳大利亚商业(abr. business.

gov.au/)，澳大利亚今日贸易(australiatradenow.com/)和澳大利亚全国企业名录(www.nationwide.com.au)。如果需要的话，你也可以尝试用雅虎和谷歌搜索引擎，然后完成下列活动。

- 列下本次出差你可能联系并访问的公司名称，并决定它们能否在设立办公室事宜或其他方面提供帮助。
- 评估你访问过的数据库，包括名字的准确性、完整性、易用程度和整体有效性。
- 本次练习在数据库设计方面对你有什么启示？

拓展学习

与本章相关的拓展学习资料如下：

1. 数据库设计，规范化，实体关系图
2. 结构化查询语言简介
3. 分层和网络数据模型

本章小结

1. 传统文件环境下管理数据资源遇到哪些问题？DBMS如何解决了这些问题？

由于传统文件管理技术的种种限制，组织很难系统地跟踪用到的所有数据，也很难对这些数据加以整理，以便用户访问。不同的单位或部门过去可以独立设定自己的文件。长此以往，这种传统的文件管理环境产生了一系列问题，比如数据冗余、数据不一致、程序—数据依赖、不灵活、安全性低，并且不能共享数据和轻松访问数据。数据库管理系统(DBMS)通过软件将数据和数据管理集中化从而解决了这些问题，企业有了单一、持续的数据来源。利用DBMS可将冗余和不一致的文件最少化。

2. DBMS的主要功能是什么？为什么关系型DBMS这么强大？

DBMS的主要功能有：数据定义、数据字典和数据操纵语言。数据定义功能具体阐述数据库的结构和内容。数据字典是在数据库中存储数据信息的自动或人工文件，这些数据包括名称、定义、格式、描述和数据元素。数据操纵语言，如结构化查询语言，是访问和控制数据库中数据的专用语言。

信息系统中，关系型数据库因其灵活性和可存取性，是整理和维护数据的主要手段。它将数据整理在二维表格中，成为行和列的关系。每个表格的数据都包含实体和其属性。每一行代表一个记录，每一列代表一种属性或一个字段。每个表格都包含一个关键字段，能唯一地识别每个记录进行检索或操纵。只要关系型数据库中的任意两个表格有共同的数据元素，那么就可以轻松合并，为用户提供所需数据。

3. 数据库设计有哪些重要原则？

数据库需要两种设计：概念设计和实体设计。概念设计是从商业角度出发为数据库建模。组织的数据模型应当反映关键业务流程和决策要求。在设计关系型数据库时，将复杂的数据组合简化成小型、稳定、灵活和适应性强的数据结构的过程称为规范化。一个设计良好的关系型数据库不会有多对多的关系，特定实体的所有属性都只针对该实体。关系型数据库系统执行参照完整性规则，确保两个表格之间的一致性。实体关系图描绘了关系型数据库中的实体(表格)之间的关系。数据库设计也要考虑到一个完整的数据库或者部分数据库能否分布在多个地方，主要是为了增加响应率并降低脆弱性和费用。分布式数据库主要有两种类型：备份数据库和分区数据库。

4. 为了提高企业业绩和决策能力，从数据库中存取信息的主要工具和技术有哪些？

已有强大的工具来分析和存取数据库中的信息。数据仓库整合中央数据库许多不同的操作型系统中当前和历史的数据，中央数据库主要是用来进行报告和分析。数据仓库支持多维数据分析，这就是众所周知的在线分析处理(OLAP)。在线分析处理可以将数据的关系以多维结构表现出来，并且以立体的形式显示数据，从而进行更复杂的数据分析。数据挖掘分析大量的数据，包括数据仓库的内容，以找出可以预测未来行为的模式和规则，并指导决策。文本挖掘工具帮助企业分析大型非结构化文本数据集合。网络挖掘工具注重互联网上有用的模式和信息，并考察网站结构、用户活跃度以及网页内容。普通数据库可通过中间件连接至网络或网络接口，为用户存取组织内部的数据库提供条件。

5. 为什么信息政策、数据管理和数据质量对公司的数据资源管理非常重要？

开发数据库环境需要管理组织数据的政策和程序，以及良好的数据模型和数据库技术。正式信息政策管理组织信息的维护、分配和使用。大型企业的正式数据管理职能对信息政策、数据规划、数据字典开发和监控公司数据的使用负责。

对企业而言，不准确、不完整、不一致的数据造成了严重的操作问题和经济损失，可能导致产品价格、客户账户、库存数据的不准确性，也会导致企业决策的不准确性。企业必须采取特别措施来保证数据的质量。这些措施包括使用公司通用的数据标准，最大程度地减少数据库中不一致和冗余数据，进行数据质量审核和使用数据清理软件等。

复习题

1. 传统文件环境下，管理数据资源遇到哪些问题？DBMS如何解决这些问题？
   - 列出并描述数据层级结构中的每个组成部分。
   - 定义并解释实体、属性和关键字段的重要性。
   - 列出并描述传统文件环境的问题。
   - 定义数据库和DBMS并描述其如何解决传统文件环境的问题。
2. DBMS的主要功能是什么？为什么关系型DBMS这么强大？
   - 说出DBMS的功能，并简单描述。
   - 定义关系型DBMS，解释其数据组织。
   - 列出并描述关系型DBMS的三项操作。
3. 数据库设计的重要原则有哪些？
   - 定义并描述什么是规范化和参考完整性，解释它们在关系型数据库中的重要性。
   - 定义分布式数据库，描述其分布数据的两种主要途径。

4. 为了提高企业业绩和决策能力，从数据库中存取信息的主要工具和技术有哪些？
- 定义数据仓库，解释它的工作机理及如何使组织受益。
- 定义商务智能，解释它和数据库技术的关系。
- 描述在线分析处理(OLAP)的功能。
- 定义数据挖掘，描述它和 OLAP 有何区别，它提供的信息有哪几种？
- 解释文本挖掘和网络数据挖掘与一般数据挖掘有何不同。
- 描述用户如何通过网络从公司内部数据库存取信息。

5. 为什么信息政策、数据管理和数据质量保证对公司的数据资源管理非常重要？
- 描述信息管理中信息政策和数据管理的作用。
- 解释为什么数据质量审计和数据清理至关重要？

讨论题

1. 据说不需要数据库管理软件来创建数据库环境。请讨论。
2. 终端用户应该在多大程度上参与对数据库管理系统和数据库设计的选择？

团队项目：确认网上数据库中的实体和属性

三四个学生一组，选定一个网上数据库，例如 AOL Music，iGo. com 或者 Internet Movie Database。打开其中一个网站，查找相关信息，列出管理该网站的公司在其数据库中必须记录的实体和属性。画出已经确认的实体之间的关系图。如有可能，使用谷歌协作平台(Google Sites)张贴链接网页、团队沟通公告和工作任务，集思广益，合作完成项目文档。尝试使用谷歌文档(Google Docs)在课堂上展示成果。

案例研究

美国反恐监视名单数据库的难题

“9・11”恐怖袭击事件发生之后不久，对美国情报界所采用的信息系统的批评者以及拥护者们联合起来，一起分析问题到底出现在哪里，以及该如何防止未来的恐怖袭击。为了加强部门之间的交流，联邦调查局的反恐筛选中心(简称 TSC)成立，旨在整理众多政府机构的关于嫌疑恐怖分子的信息，使其符合标准，形成统一的名单。所有的努力终于在 2003 年有了结果，一个关于嫌疑恐怖分子的数据库，也就是反恐监视名单做了出来。这是对众多政府机构维护各自名单、缺少统一程序分享相关信息说法的回应。

反恐筛选中心的数据库中包含了嫌疑恐怖分子的身份信息，如名字、出生日期等，这些信息虽然敏感，但并不机密，其他监视中心可以共享。监视名单中机密的人员信息在其他执法机构和情报中心数据库里维护。监视名单数据库的记录来自两种渠道：一种是由美国国家情报主任办公室监管的国家反恐中心，主要提供已经确认和国际恐怖主义有关的个人信息；还有一种途径是联邦调查局(FBI)提供的仅和国内恐怖主义有关的个人信息。这些机构收集和维护反恐信息,对进入反恐筛选中心统一监视名单的个人进行提名。他们要遵守严格的程序,程序由相关机构负责人设立,并通过美国司法部长审核。输入数据库之前,筛选中心员工必须审查每一条提交的记录。除非提名此人的相关部门或中心认定应当将该人从数据库的名单中删除,否则个人信息必须一直保留在监视名单上。

监视名单数据库每天更新,包括新提名、对现有记录的修改和删除。自创立之日起,该名单的记录已多达75万条,并且从2004年起,每年以20万条记录递增。为了阻止或侦查已知或嫌疑恐怖分子的活动,名单上的信息被分发到各个政府机关,包括联邦调查局、中央情报局、国家安全局(NSA)、运输安全管理局(TSA)、美国国土安全局、国务院、海关和边境保护局、美国特工处、美国法警服务局、白宫等。航空公司利用运输安全管理局提供的禁飞和甄选名单中的数据提前审查旅客信息,而美国海关和边境保护系统利用监视名单信息帮助审查进入美国境内的游客。国务院系统审查申请美国签证的申请人信息以及申请护照的美国居民信息,而联邦和当地执法机构利用联邦调查局系统进行逮捕、拘留和其他刑事审判活动。

每个相关机构都能接收到监视名单中和本部门任务有关的数据子集。例如,美国公民和合法的永久居民的记录不会传送到国务院系统进行签证审查,因为这些人不用申请美国签证。所有这些数据库都要从统一的监视名单中接收信息。

当个人预订飞机票、到达美国入境港、申请美国签证或在美国境内被联邦或地方警察拦下,前线审查机构或航空公司就会在反恐名单数据库中按名字搜索相关信息。当计算机姓名匹配系统在监视名单记录中"匹配"(潜在姓名匹配成功),航空公司或相关机构就会审查每一条潜在匹配记录。它们应当解决突然出现的任何明显不匹配。明显可以肯定的匹配或未确定的绝对匹配(不能肯定或难以辨别)将求助于相关监视机构的情报或运行中心,并上报反恐筛选中心做进一步检验。然后,筛选中心将检查自己的数据库或其他资源,包括由国家反恐中心和联邦调查局维护的机密数据库,来确认这个人与监视名单记录是否匹配。反恐筛选中心建立每日报告,总结所有确定配对上传监视名单,并分发到各个联邦机构。

虽然各种恐怖主义监视名单的统一对锁定和逮捕恐怖分子迈出了积极的一步,整个项目却进展缓慢、艰辛,要求至少整合12个不同的数据库。整合行动两年后,12个数据库中的10个已经处理过了。剩下的两个数据库(美国移民和海关执法局的自动生物身份认证系统及联邦调查局的综合指纹身份认证系统)都是指纹数据库,并不是专门的监视名单。该名单完整有效的数据库要投入使用,还需做大量工作。

考虑到维护和使用与反恐相关数据时信息系统的准确性造成的影响,筛选中心的名单产生了新的问题并引起忧虑。政府问责局和监察长办公室的报告证实名单含有不准确数据,并且各政府部门间提名和删除标准不统一。

由于名单的规模过大,明显不是恐怖分子的人却发现自己在的名字在名单上,这些引起了公众的抗议。

如果要使名单对打击恐怖分子有效,就必须小心保护关于入选程序的信息。一方面,如果名单背后的规则路人皆知,恐怖分子则可以更轻易地避开侦查,名单就失去了意义。另一方面，对于没有必要打扰到的无辜人群，无法追寻他们如何上了名单确实让人很头疼。鉴于名单规模较大，而且不断增长，最主要的批评是进入名单的门槛过低。

然而进入名单的标准并不是人人皆知，政府机构广泛收集旅行者的信息，出现了姓名拼写错误的问题，导致不属于监视人群的人上了名单，这就是众所周知的"错误匹配"。这也导致一些人因姓名拼写错误被数次列进名单，所以75万条记录并不对应75万个不同的人。报告指出由于别名或名字拼写错误，有些人对应名单上的记录居然多达50条。

虽然这些选择标准可以跟踪到尽可能多的潜在恐怖分子，但也导致名单上的更多错误词条，如果在筛选过程中，只有经过认真筛选的信息才能加入名单的话，应该就没有这么多错误了。"错误匹配"最著名的例子是美国海军陆战队士兵丹尼尔·布朗，他因为在伊拉克待了8个月，在机场被拦住，要求额外检查；参议员泰德·肯尼迪由于名字和一个嫌疑恐怖分子的化名相似，所以过去行程总是遭到拖延。而约翰·安德森仅是一名6岁男孩，却在机场遭到拦截，不管他年纪多小，也要求额外检查。与肯尼迪一样，安德森由于名字和一位嫌疑恐怖分子相同或相似，被加到了名单里。

这些意外事件促使人们关注反恐筛选中心统一的监视名单中数据的质量和准确性。2005年6月，国家司法部监察长办公室在数据中发现了不一致的、重复的、缺少字段的和不明来源的记录。虽然筛选中心随后加强了确认和修改不完整和不准确的监视名单记录，监察长还是发现，到2007年9月，筛选中心监视名单管理还存在某些缺陷。

批评者们质疑一个即将超过100万人的名单对抓捕恐怖分子是否真的有用。美国公民自由同盟(ACLU)一直以来都大声喊出对名单规模的批评，他们声称：为了监视明显只是一小群人的活动，侵犯了成千上万人的隐私，没有必要。国土安全委员会主席、参议员乔·利伯曼曾说：如果名单像我们需要的那样有效，还要克服许多困难。对名单增长过快的担忧，引起了人们对名单质量本身的质疑。

以跟踪一些无辜者为代价跟踪所有潜在恐怖分子，还是为了避免跟踪无辜者而放弃跟踪许多恐怖分子，要在这两者之间做个选择，很多人肯定都会选择前者，即使它有很多不足。但对那些被误录入名单而受打扰的人们而言，糟糕的是，目前还没有简单便捷的纠正程序把他们从名单上删除。

从监视名单上删除姓名的请求已多达24 000条(每月大约2 000条)，而只有54%得到了解决。2008年处理一条请求的平均时间是40天，虽然较2007年的44天有了小小的进步，但仍跟不上请求删除的速度。因此，守法的游客对自己出现在监视名单上，而且还没有办法删除，感到很不可思议。

2007年2月，国土安全部制定了游客申诉调查计划(TRIP)，帮助那些被错误加入监视名单的旅行者们删除名字、避免额外检查和询问。约翰·安德森的母亲说，她已经尽了最大努力，仍然无法将她儿子的名字删除。据说肯尼迪参议员只好通过私人关系，将这件事报告给了时任国土安全部主任的汤姆·里奇，才将自己的名字从名单上删除。

安全部官员表示导致安德森和肯尼迪误录入禁飞名单和统一监视名单的原因是航空订票系统和监视名单不准确数据的匹配失误造成的。许多航空公司在预订记录里都不包括性别、中间名字、出生日期等信息，增加了错误匹配的相似度。虽然政府机构已经可以同步将数据录入单一名单，但要整合航空公司、各个州以及其他地区维护的系统并利用更多信息区分个人,还有大量工作要做。运输安全管理局仍在继续更新监视程序,以便政府对旅行者和监视名单进行匹配,而不是各航空公司负责这一工作。

围绕监视名单产生的另一问题就是隐私。加强审查、减少错误录入名单的一条途径是利用更为成熟、包含更多个人信息的系统。安全运输管理局就正在开发这样一套系统,名为“安全飞行”,但由于收集到的数据的敏感性和安全性,出于保护隐私考虑,一再推迟推出时间。其他类似监视计划和监视名单,如国家安全局的嫌疑分子信息收集计划,由于潜在的隐私侵犯,也招来一片批评之声。

此外,名单受到批评也因为它有推进种族定性和歧视之嫌。一些人声称他们被录入名单是由于他们的种族身份,如戴维·法思,他是伊朗后裔,ACLU的一名律师。还有阿思法·伊克巴,是一位有巴基斯坦血统的美国公民,他的名字和关塔那摩扣押者的相同。对美国外交政策直言不讳批评的人,比如一些当选官员和大学教授,发现他们也在名单之列。

2008年3月由美国司法部监察长格伦·A.法恩发布的一份报告和政府问责局发布的报告中指出:联邦调查局在将个人提名至名单、修改信息和把更改的信息转发到其他政府办公室时缺乏标准和一致程序。联邦调查局有时还延迟更新名单信息,延迟将不再构成威胁的人从名单中删除。联邦调查局外地办事处的提名有时不准确、不完整。外地办事处将不是反恐调查对象的人员的名单绕过规定的总部审核,直接提交国家反恐中心,错过了发现错误的机会。联邦调查局的官员们称局里已做了改进,现在也要求驻外地办公室的负责人审查监视名单提名的准确性和完整性。

那些非联邦调查局的办公部门,如药物管理局及酒精、烟草、枪支和爆炸物管理局等报告说,它们认为自己不属于监视名单信息程序的一部分,或者它们对联邦调查局定义的恐怖活动不认可。许多司法部门获得的与恐怖主义有关的信息,可帮助联邦调查局丰富监视名单信息,但它们以非官方途径共享信息,有时甚至不共享。在提高恐怖监视名单的质量和有效性上,联邦调查局和其他情报中心进一步合作还有很长的路要走。

运输安全管理局在采取行动,提高监视名单数据质量和管理这些数据的程序。这些行动越快越好。据传,2008年年初,有20名广为人知的恐怖分子的信息没有正确地列在统一的监视名单里(因此,这些人是否能进入美国仍未可知)。

资料来源:Bob Egelko,“Watch-list Name Confusion Causes Hardship,” *San Francisco Chronicle*, March 20,2008; Siohhan Gorman,“NSA's Domestic Spying Grows as Agency Sweeps Up Data,” *The Wall Street Journal*, March 10,2008; Ellen Nakashitna,“Reports Cite Lack of Uniform Policy for Terrorist Watch List,” *The Washington Post*, March 18,2008; Scott McCartney,“When Your Name is Mud at the Airport,” *The Wall Street Journal*, January 29,2008; Audrey Hudson,“Airport Watch List Now Reviewed Often,” *The Washington Times*, April 11,2008; Mimi Hall,“15,000 Want Off the U.S. Terror Watch List”, *USA Today*, November 8,2007 and “Terror Watch List Swells to More Than 755 000,” *USA Today*, October 23,2007; “Justice Department Report Tells of Flaws in Terrorist Watch List,” CNN.com, September 7,2007; Burt Helm,“The Terror Watch List's Tangle”, Businessweek.com, May 11,2005, Paul Rosenzweig and JeffJonas,“Correcting False Positives: Redress and the Watch List Conundrum,” The Heritage Foundation, June 17,2005.

思考题

1. 本案例中阐明了本章中的哪些概念？

2. 为什么要建立统一的监视名单？监视名单带来哪些好处？

3. 描述监视名单的缺点。哪些管理、组织和技术因素应对这些缺点负责？

4. 如果你负责管理运输安全管理局的监视名单数据库，你会采取什么样的措施来改正这些缺点？

5. 你是否认为监视名单对个人的隐私和宪法权利构成了威胁？为什么？

Management Information Systems

第7章

电信、互联网和无线科技

学习目标

学习本章，你将了解到：

1. 电信网络主要由什么组成？关键的网络技术有哪些？
2. 有哪些主要的电信传输介质和网络类型？
3. 互联网和互联网技术如何发挥作用？它们怎样支持通信和电子商务？
4. 无线网络、通信和互联网接入的主要技术和标准是什么？
5. 为什么无线射频识别技术和无线传感器网络具有很高的商业价值？

Virgin Megastore 音乐零售店一直使用统一通信技术

你去过 Virgin Megastore 商店吗？在那里，你能在货架上找到各种各样的 CD、DVD、图书、电子游戏机，甚至服装，同时，头顶上方的电视播放着视频。在那里，你可以用 Virgin Vault 试听机来听音乐、看电影，还能玩游戏。你还能看到 DJ 坐在试听亭里，他们一边看着售货区，一边播放着最新的音乐，而这些音乐皆为不知名的音乐人所作。Virgin Megastore 音乐零售店体现了介质密集型和技术密集型(media- and technology-intensive)的特点。

目前，Virgin Megastore 精心筹备，以应对日趋激烈的竞争局面，诸如仓储式连锁商店(如沃尔玛)以及在线音乐下载服务网站。公司必须对销售状况反应及时，采取有效措施，才能保持低价。有时，CD 或 DVD 发行后的前几周，销量就达到总销量的一半。通常，商店里待售 CD 过多或者过少都会带来巨大损失。虽然 Virgin Megastore 的库存数据库以微软 SQL Server 数据库软件为基础，能够提供最新的销售额和现有库存数据，但是，面对快速变化的供需状况而采取行动，还需要人与人之间的交流。

Virgin Megastores 在全美有 11 家分店,1 400 多名员工。借助语音信箱、电子邮件和每周的电话会议,洛杉矶总部与零售商共享信息,讨论即将推出的促销活动、产品存库和当前市场走势。因电话会议成本较高,人们改用成本较低而速度较慢的通信方式,比如,群发邮件,其不足在于收件人可能无法立即回应。

为加快通信速度,Virgin Megastores 选择统一通信技术,将语音信箱、电话会议和即时通信三者整合,采用一站式服务,这将成为一种常规且持久的工作方式。2007 年秋,该公司安装了微软办公通信服务器、圆桌电话会议以及其他相关的协作工具。工作中,员工大多使用微软办公软件,它具有实时识别功能,能够显示员工是否空闲以及当前状态(比如,是否在使用电话,是否进入桌面视频系统以及是否正在远程作业)。借助办公通信软件的窗口,用户可以看到其他用户,也可以切换到其他通信方式,就像接电话那样简单自然。

可视电话能帮助员工更快地解决问题,为公司每年节省 50 000 美元的会议支出,同时,公司也配备了内部视频系统、桌面视频系统和音频会议系统。

资料来源: Lauren McKay, "All Talk", *Customer Relationship Management Magazine*, June 2008; John Edwards, "How to Get the Most from Unified Communications," *CIO*, February 8, 2008.

美国 Virgin Megastore 公司的经验表明,现代网络技术为公司的发展赋予新的功能,提供了新机遇。该公司采用统一通信技术,不仅为管理层和员工提供了集成语音、电子邮件和会议功能,而且还实现了两种通信方式的无缝连接。该技术可以加速公司信息共享和决策制定的速度,从而更精确地管理库存。

本章的开篇图表解释了本案例以及本章主要观点。当前,音乐零售业竞争激烈,且时效性强,要想不出局,Virgin Megastores 需要对销售趋势及时做出反应。但是,该公司的网络和语音技术已经过时,所以很难做到这一点。管理层认为采用新技术可以解决该问题,因此,选择了全新的统一通信技术平台。统一通信技术不仅节省时间,而且便于管理者和员工之间、零售网点和公司总部之间共享信息。随着越来越多新信息的出现,公司能对当前销售趋势做出快速反应,并及时调整商品库存。这些变革举措节省了时间,降低了库存成本。针对员工的工作流程和职能,Virgin Megastore 音乐零售店也必须实行改革,以充分利用新科技。

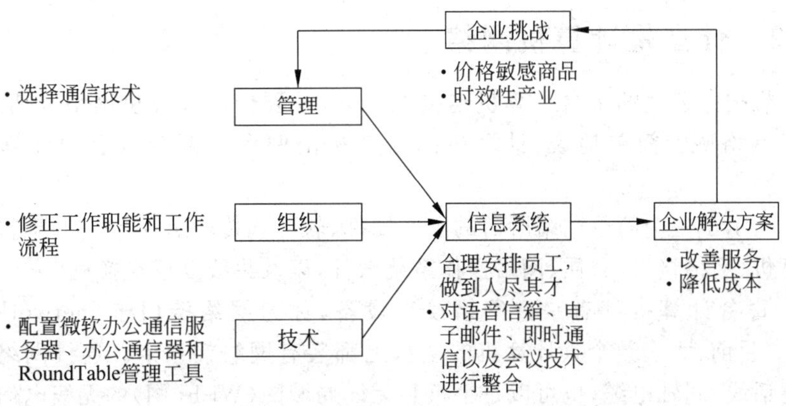

7.1 电信和网络在当今商业领域中的应用

无论自己开公司还是在其他公司工作，你都需要及时与顾客、供应商和员工沟通，没有互联网，就无法工作。直到20世纪90年代，人们在商业往来中使用的是配有语音或传真设备的邮政系统或电话系统。然而，今天，不仅可以使用计算机、电子邮件、互联网和手机，还可以使用连接到无线网络的移动计算机。网络和互联网几乎成为商业往来的同义词。

7.1.1 网络和通信趋势

过去，企业使用两种截然不同的网络：电话网络和计算机网络。很久以前，电话网络处理语音通信，而计算机网络处理数据通信。20世纪以来，电信公司使用语音传输技术(包括软件和硬件)建立了电话网，垄断了全世界的通信业务。而计算机网络最初由计算机公司建立，它实现了异地间的数据传输。

随着电信管制的放宽和信息技术的革新，电话和计算机网络正在逐渐整合成一个数字网，它采用共享的、以互联网为基础的标准和设备。如今，电信运营商，如AT&T和Verizon公司，提供很多业务，诸如数据传输、互联网接入、无线电话服务、电视节目以及语音服务等。而有线电视公司，如Cablevision和Comcast，现在提供语音和互联网接入服务。当前，计算机网络的应用范围不断扩大，包括网络电话和有限的视频服务。随着时间的推移，所有声音、视频和数据通信都将以互联网技术为基础。

当前，语音和数据通信网络体积小，速度快，价格便宜，便于携带。比如，2000年互联网网速平均为56Kbps；如今，美国的电信和有线电视公司提供高速的**宽带**(broad band)连接服务，达到每秒100万位，超过60%的互联网用户享有此项服务。此外，其服务成本也成倍下降，从2000年的每千位25美分下降到现在的不到1美分。

语音和数据通信以及互联网接入正发生在宽带无线平台上，如手机、手持数字设备和使用无线网络的计算机。2008年，移动无线宽带上网接入(例如，7.4节提到的2.5G和3G的蜂窝技术)成为增长最快的互联网接入形式，复合年增长率达96%，固定无线宽带技术(Wi-Fi)的年复合增长率为28%，位列第二。

7.1.2 什么是计算机网络

如果你想把办公室的多台计算机连接在一起，就要使用计算机网络。那么，到底什么是计算机网络呢？简单地说，计算机网络就是由两台或两台以上的计算机组成的网络。

图7.1显示了一个简单网络所需的主要硬件、软件和传输组件：客户端计算机、服务器专用计算机、网络接口、介质、网络操作系统软件，以及集线器或交换机。

网络上每台计算机都有一个网络接口设备，称为**网络接口卡**(network interface card，NIC)。目前，大多数个人计算机的主板上都装有网络接口卡。连接网络组件的介质可以是电话线、同轴电缆，也可以是手机和无线局域网(Wi-Fi网)的无线电信号。

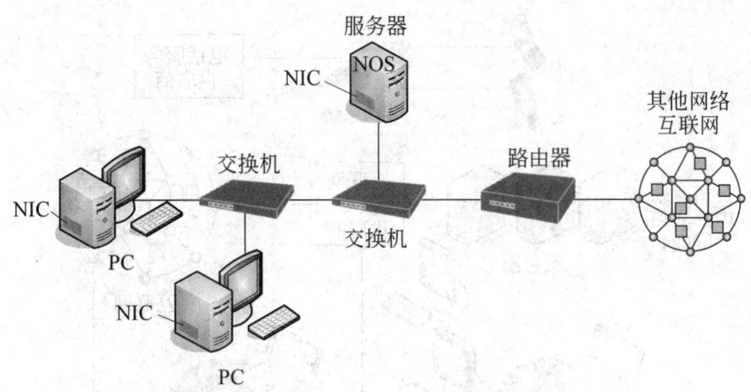

本图所描述的是一个简单的计算机网络，其中包含计算机、安装于专用的服务器计算机上的网络操作系统、传输介质、网络接口卡、交换器和路由器等。

图 7.1　简单计算机网络的组成

网络操作系统(network operating system，NOS)设置并管理网络通信，协调网络资源。它可以安装在网络中的每一台计算机上，也可以安装在网络中应用程序的专用服务器计算机中。服务器计算机为网络中的客户端计算机服务，具有重要作用，比如，注册网页、存储数据和存储网络操作系统(以控制网络)等。微软的 Windows Server、Linux 和 Novell NetWare 等服务器软件，是使用最广泛的网络操作系统。

大多数网络中，还有交换机或集线器，它们在各台计算机之间充当连接点。**集线器**(hub)是非常简单的设备，连接不同的网络组件，并向其他连接的设备发送数据包。**交换机**(switch)比集线器更智能，可以过滤数据，然后把数据转发到网络上的指定地点。

如果你想与另一个网络(比如互联网)进行交流，该怎么办呢？你需要一个路由器。**路由器**(router)是一种通信处理器，用于把数据包的路径设定到不同网络，确保数据到达正确地址。

网络在大型公司的应用

上述网络适用于小型公司，但是，那些有许多分公司、上万员工的大型公司呢？随着公司的壮大，小型局域网达到数百个，这些网络与公司的网络基础设施相连接。大型公司的网络基础设施包括很多小型局域网，它们与其他的局域网及全公司的企业网络相连接。一组强大的服务器能同时支持一个企业网站和一个企业内部网，还可能同时支持一个外部网。其中的一些服务器连接到其他大型计算机，支持后台系统。

图 7.2 展示了一个更复杂、规模更大的企业网络。可以看到，企业网络基础设施能够支持使用手机的处于移动中的销售人员；移动中的员工通过移动无线局域网(Wi-Fi 网)连接到公司网站或内部网络；同时，它还支持处于全球各地的管理层召开国际会议的视频会议系统。除此之外，公司的基础设施还包括一个独立的电话网络，用于处理大多数语音数据。许多公司正在逐步淘汰传统的电话网络，取而代之的是建立在现有数据网络上的网络电话。

从图 7.2 可见，大型公司的网络基础设施应用了多种技术，它包括了普通电话服务、

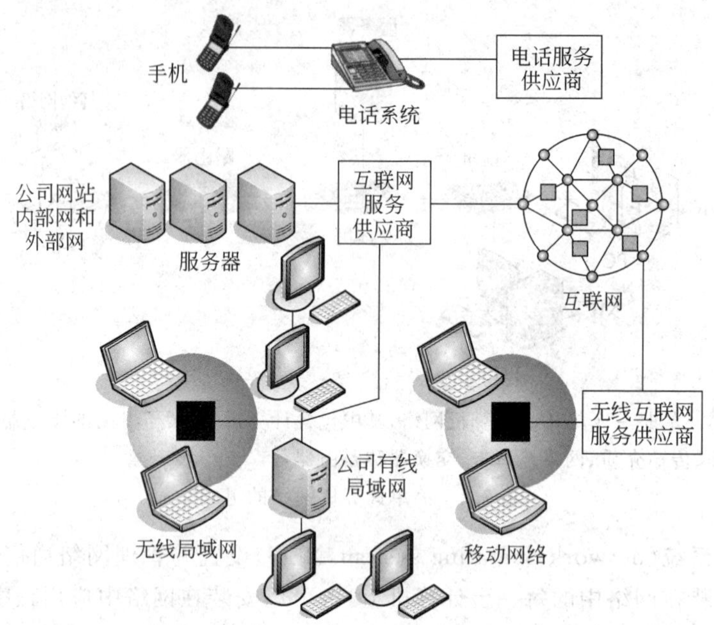

当今，企业网络基础设施是众多网络的集合体，包括公共交换电话网络、互联网，乃至与各工作组、部门或办公楼层相连接的企业局域网等。

图7.2　公司网络基础设施

企业数据网络，乃至互联网、无线互联网和无线手机等。目前，公司所面临的一个重要问题是，如何将不同的通信网络和通信信道整合成一个协调的系统，实现信息在公司部门之间、系统之间的流动。当前，随着越来越多的通信网络实现数字化和以互联网技术为基础，对其进行整合将会变得更加容易。

7.1.3　核心数字化网络技术

现代数字网络和互联网基于以下三个关键技术：客户机/服务器计算；包交换的使用；广泛用于连接独立网络和计算机的通信标准(其中最重要的是传输控制协议/网际协议，即TCP/IP)的开发。

客户机/服务器计算

第5章介绍了客户机/服务器计算。客户机/服务器计算是一种分布式计算模型，它将部分处理能力安装在小型、廉价的客户端计算机中，可直接应用于台式计算机、笔记本或者手持设备。这些强大的客户机借助网络相互连接，由网络服务器控制。同时，服务器为网络通信设置相关规则，并为每台客户机提供一个地址，以便其他客户机在网络上找到它。

很大程度上，客户机/服务器计算已经取代了中央主机计算，后者几乎所有的数据处理都由大型的中央主机来完成。客户机/服务器计算已将计算扩展到各个部门、工作组、工厂车间以及其他集中式架构无法提供服务的业务部门。互联网是最大的客户机/服务器计算实例。

包交换

包交换(packet switching)是一种通信方式。它将有用信息分封在数据包中,通过不同的信道传递,到达目的后,再整合成数据包(见图7.3)。包交换技术出现之前,计算机网络租用专用电话线路,与其他计算机远程连接。电路交换类网络(诸如电话系统)装配了完整的点对点电路,使通信得以进行。但是,专用电路交换技术成本高昂,不论是否发送数据,都要进行电路维护,浪费了可用通信能力。

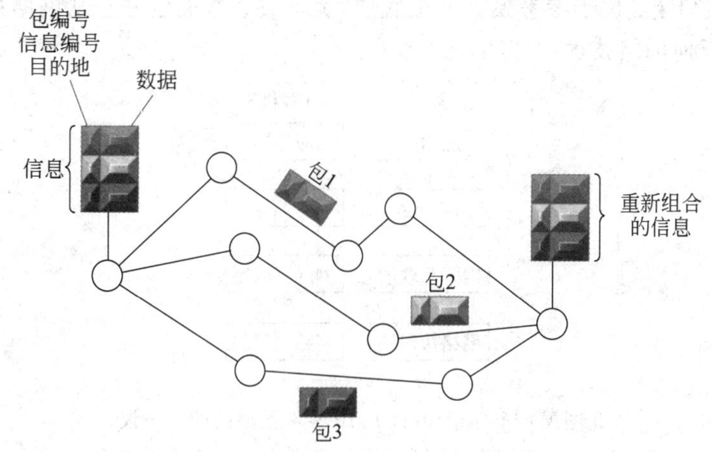

数据进行分组,组合成几个小数据包。然后,数据包通过不同信道传输,最后在终点重新组成在一起。

图7.3　包交换网络和包通信

包交换技术极大地利用了网络通信能力。在包交换网络中,信息首先分解成小的数据集合,称为包,其中包含检查传输错误的信息,它引导数据包传送到正确地址。借助路由器,数据包通过各种信道传递信息,且每个数据包独立运行。到达目的地进行信息整合前,同源的数据包通过不同的路径和网络传送。

TCP/IP协议和连通性

在标准的电信网络中,不同的硬件和软件组件相互协作,传输信息。同一网络中,不同组件在同一套规则下通信,这套规则称为**协议**(protocol),是指网络节点间信息传输的一系列规则和程序。

以前,有许多专属且互不兼容的协议,迫使公司不得不去购买同一供应商的计算和通信设备。而今,企业网络越来越多地使用单一的、共同的、具有全球标准的TCP/IP协议。20世纪70年代初,此协议由美国国防部高级研究计划局(DARPA)开发,旨在帮助科学家在不同类型的计算机间进行远程数据传输。

TCP/IP协议使用一组协议,主要是TCP协议和IP协议。TCP协议即传输控制协议,用于处理计算机之间的数据传输,它在计算机之间建立连接,实现数据包传输序列化,并且确认数据包是否发送。IP协议即网际协议,不但传输数据包,还负责传输过程中数据包的分解和重组。图7.4显示了国防部TCP/IP协议四个层次的参考模型。

1. 应用层:应用层使客户端应用程序能够访问其他层,并且定义应用层用于交换数据的协议。其中的应用协议之一即超文本传输协议(HTTP),用于传输网页文件。

2. 传输层:传输层为应用层提供通信和封包服务。此层包括TCP协议和其他协议。

3. 网际互联层:网际层负责寻址,选择路由以及打包数据包(又称IP数据包)。互联网协议是在该层中使用的协议之一。

4. 网络接口层:位于参考模型的最底层,负责放置数据包并且从网络媒介中接收数据包,可以是任何网络技术。

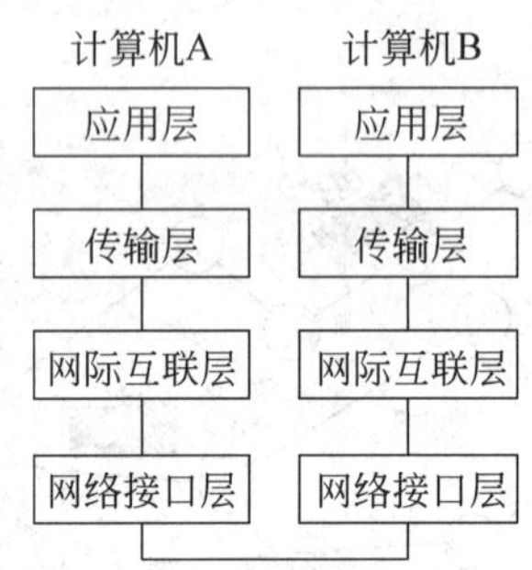

此图展示了通信中TCP/IP参考模型的四层协议。

图7.4 传输控制协议/网际协议(TCP/IP)参考模型

即使两台计算机处于不同的软硬件平台,借助TCP/IP协议,它们仍可通信。数据通过这四个层次,从一台计算机发送到另一台计算机,从上往下向各层传递,首先发送到应用层,通过网络接口层继续传递。数据到达接收方主机后,向上逐层传递,重组成接收计算机可识别的格式。如果接收计算机上发现一个损坏的数据包,它会请求发送计算机重新传送。当接收计算机响应时,这一程序就会重置。

7.2 通信网络

下面,我们将进一步了解用于商业领域的其他类型的网络技术。

7.2.1 信号:数字信号与模拟信号

在网络中,传递信息的方法有两种:模拟信号和数字信号。模拟信号表现为连续波的形式,通过通信介质传递,用于语音通信。最常见的模拟设备是电话听筒、计算机扬声器以及iPod耳机,它们产生人耳可听到的模拟波形。

数字信号是离散的二进制波形,表现为非连续性波形,通过两个离散的串(1和0,即通断的电脉冲)传递信息。计算机使用的是数字信号,如果你想使用模拟电话系统发送数据,就需要一种称为调制解调器的设备把数字信号转化成模拟信号(见图7.5)。调制解调器即为调制器—解调器。

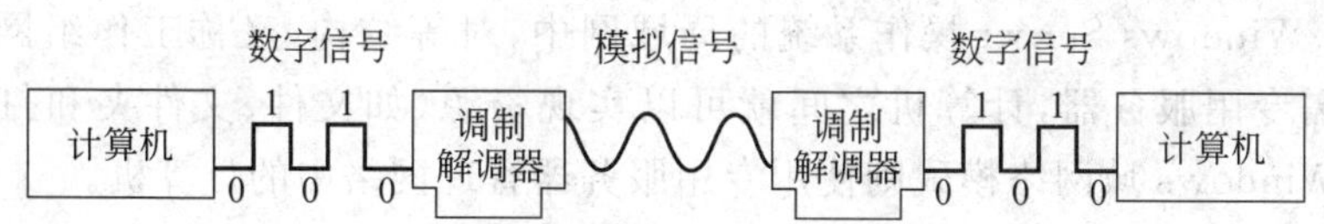

调制解调器把计算机中的数字信号转换成模拟信号，从而使其能通过模拟电话线传输。同时，调制解调器也能将模拟信号转换成数字信号，发回接收计算机。

图 7.5 调制解调器的工作原理

7.2.2 网络类型

网络有多种类型，分类方法也各异。其中有一种按地域范围分类(见表 7.1)。

表 7.1 网络类型

类　型	覆盖区域
局域网(LAN)	小于 500 米的范围；适用于办公室、楼宇内
校园网(CAN)	小于 1 000 米的范围；适用于大学校园或企业工厂
城域网(MAN)	大、中城市
广域网(WAN)	横贯大陆或覆盖全球

局域网

如果你在一家使用网络的企业中工作，那么就有可能通过局域网与其他员工或其他群组连接。**局域网**(local-area network，LAN)可设计成个人计算机和其他数字设备的网络，连接半径为 0.5 英里或 500 米，尤其适用于连接某间办公室的几台计算机，一栋或相邻几栋办公楼的所有计算机，甚至还可以通过互联网，连接到广域网(WAN，本节后将有具体介绍)和其他国际网络。

参见图 7.1，此图可作为办公室小型局域网的模型。一台计算机用做专用的网络文件服务器，用户可通过访问该服务器共享计算资源，包括软件程序和数据文件。服务器决定访问者的权限、访问内容和访问顺序。借助路由器，局域网连接到互联网或者其他公司的网络。这样，局域网就可以与外部网络交换信息。最常见的局域网操作系统有 Windows、Linux 和 Novell。这些操作系统都支持 TCP/IP 协议为默认网络协议。

如今，以太网是居于主导地位的局域网标准。它指定计算机之间传递信号的物理介质；访问控制协议；用于系统间数据传输的标准位设置。最初，以太网的数据传输速率为 10Mbps。更新后，如快速以太网和千兆以太网，传输速率分别可达到 100Mbps 和 1Gbps，多用于网络主干线。

图 7.1 所描述的局域网使用客户机/服务器架构。此架构中，网络操作系统主要位于一个文件服务器中，该服务器可控制网络，并为网络提供很多资源。局域网还可以使用**对等**(peer-to-peer)架构，对等网络平等对待所有的处理器，无主从之分，对等网络主要用于小型网络，即计算机在 10 台以内。网络中的计算机可通过直接访问来交换数据，无须通过独立服务器就可分享外围设备。

在安装 Windows Server 操作系统的局域网中,对等结构,又称工作组网络模式,此模式下,无需专用服务器,计算机之间就可以实现资源(如文件、文件夹和打印机等)共享。相反,Windows 域网络模式则使用专用服务器管理网络中的计算机。

一般而言,大型局域网有多个客户机和服务器,每个服务器提供不同的服务,例如,存储及处理文件和数据库(文件服务器或数据库服务器)、管理打印机(打印服务器)、存储和处理邮件(邮件服务器)以及存储和处理网页(网页服务器)等。

有时,局域网根据组件的连接方式,即**拓扑**(topology)结构命名。主要有三种局域网拓扑结构:环形、星形和总线结构(见图 7.6)。

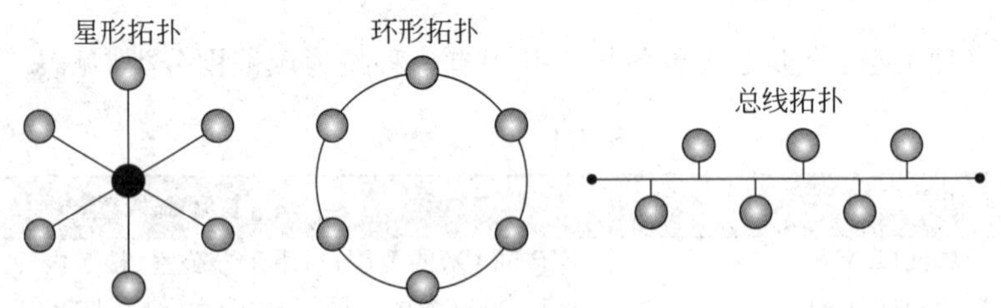

三种基本的网络拓扑结构分别是星形结构、环形结构和总线结构。

图 7.6　网络拓扑

在星形拓扑结构中,网络中所有装置都连接到一个集线器。图 7.6 描述了一个简单的星形拓扑结构,在这种结构中,所有的网络流量都需经过集线器。在扩展星形网络中,多个层或多个集线器形成一个层次结构。

在总线拓扑结构中,数据站用来传输信号,信号沿同一传输段向两个方向传递。所有信号均沿两个方向向整个网络传递。网络上的所有机器都收到同样的信号,安装在客户机的软件使每个客户机都能收到所需信息。总线拓扑结构是最常见的以太网拓扑结构。

环形拓扑是一个封闭的环形结构,各节点直接连接到环上。围绕这个封闭的环,信息沿同一方向从一台计算机传递到另一台计算机,每次只有一个数据站可发送信息。环形拓扑结构主要应用于早期的局域网,这种局域网使用令牌环网络软件。

城域网和广域网

广域网(wide-area network, WAN)覆盖面较广,可以是一个地区、国家或者大陆,甚至整个地球。当前最普遍、最强大的广域网是互联网。计算机通过公用网络(诸如电话系统、私用光缆系统、租用的线路或者卫星)连接到广域网。**城域网**(metropolitan-area network, MAN)主要覆盖一个城市区域,即某个城市及其近郊地带,范围介于广域网和局域网之间。

7.2.3　物理传输介质

网络可以使用不同的物理传输介质,包括双绞线、同轴电缆、光纤以及无线传输介质。它们各有优缺点,同时,由于软硬件配置不同,介质的传输速度也各不相同。

双绞线

双绞线(twisted wire)由两根铜线相互缠绕而成,是一种相对古老的传输介质。建筑物中的很多电话系统都采用双绞线传输模拟信号,但它也可用于传输数字信号。虽然是一种比较古老的物理传输介质,而今用于局域网(例如,CAT5 网)中的双绞线,速度可高达 1Gbps。双绞线的最长推荐范围为 100 米(相当于 328 英尺)。

同轴电缆

同轴电缆(coaxial cable)与有线电视所用介质相类似,由较粗的绝缘铜线组成,传输数据量比双绞线大。电缆曾用于早期的局域网中,目前多用于大型建筑物中的远距离(超过 100 米)传输。同轴电缆的传输速度高达 1Gbps。

光纤与光网络

光缆(fiber-optic cable)由多个透明玻璃光纤芯组成,每根纤维只有头发丝那么细。数据转化成光脉冲,由激光设备通过光缆进行传输。在实验装置中,数据传输速度从每秒 500 千位到每秒数万亿位不等。与有线介质相比,光缆具有速度快、质量轻、耐用久的优点,适用于数据传输量大的网络。然而,光缆比其他物理传输介质昂贵,安装困难。

直到最近,光缆主要是被应用于流量大的高速主干网。目前,电信公司正着手将光纤应用于普通家庭,如超高速互联网接入(5Mbps 到 50Mbps)和视频点播等新型服务项目。

无线传输介质

无线传输是基于不同频率的无线电信号。**微波**(microwave)通信系统通过大气传输高频率的无线电信号,被广泛应用于大批量、远距离的点对点通信。微波信号沿直线传播,而不能沿地球表面绕射。因此,在远距离地面传输系统中,每隔 37 英里就要建一个发射站。将通信卫星作为中继站,接受地面发射站发送的微波信号,也可以实现信号的远距离传输。

通信卫星通常适用于规模较大、分布较分散的组织,它们较难使用电缆或者地面微波等介质传输数据。例如,借助卫星,全球能源巨头英国石油(BP)公司实时传输海底油田的探测数据。利用地球同步卫星,探测船将数据传送到位于美国的中央数据中心,以供在休斯敦、塔尔萨和芝加哥郊区的研究人员使用。其工作原理如图 7.7 所示。

蜂窝系统利用无线电波与相邻区域基站的无线电天线进行通信。通信信息从手机传送到本地基站,接着利用天线传递,从一个基站到另一个基站,最终到达目的地。

无线网络正逐渐取代传统的有线网络。无线网络开发了许多新的应用程序和商业模式,提供了全新的服务。本书 7.4 节详细说明了推动“无线革命”的应用程序和技术标准。

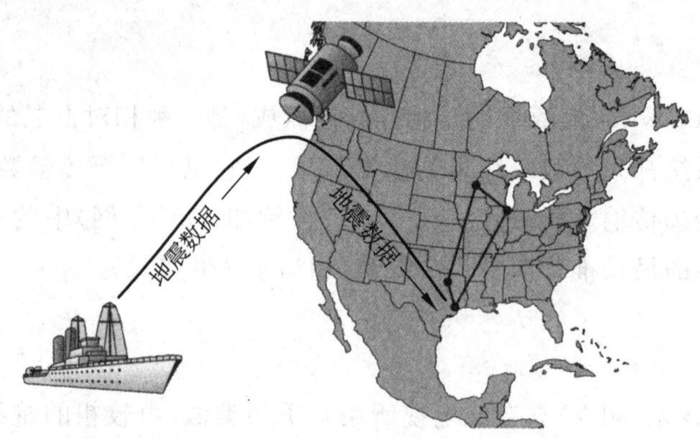

通信卫星可以帮助英国石油公司在石油开采船和美国研究中心之间传输地震数据。

图 7.7 英国石油公司(BP)的卫星传输系统

传输速度

介质传输的数字化信息总量以位/秒(bps)衡量。一次信号转换或一个信号周期,需要传输一个或多个位。因此,每种电信介质的传输能力是由频率决定。每秒通过介质传输的周期数以赫兹衡量,即一赫兹等于一个介质周期。

一般情况下,信道可容纳的频率范围称为**带宽**(band width),指某一信道所能容纳的频率最高值和最低值之差。频率范围越大,带宽越大,信道的传输能力也就越强。表 7.2 中对主要介质的传输速度进行了比较。

表 7.2 电信传输介质的一般速度

介质	速度
双绞线	最大为 1Gbps
微波	最大为 600+Mbps
卫星	最大为 600+Mbps
同轴电缆	最大为 1Gbps
光缆	最大为 6Tbps

Mbps=兆位每秒
Gbps=千兆位每秒(吉位每秒)
Tbps=万亿位每秒(太位每秒)

7.3 全球互联网

如今,互联网已经成为我们生活的一部分,是一种不可或缺的个人和商业工具。但是,究竟什么是互联网,互联网如何运作,以及互联网技术对商业有何贡献。接下来,让我们简单了解一下。

7.3.1 什么是互联网

当前,互联网已经成为世界应用最广泛的公共通信系统,其覆盖范围可与电话相匹敌。互联网是世界最大的客户机/服务器计算和网络互联的典范，连接全世界数百万个体网络。互联网始建于20世纪70年代，最初是美国国防部用于联系全世界科学家和大学教授的网络，堪称'网络之王'。

大多数家庭和小型公司向互联网服务提供商(ISP)支付一定费用，获得网络服务。互联网服务提供商(ISP)是一种可永久接入互联网的商业性组织，向广大用户提供网络接入服务。EarthLink、NetZero、AT&T和Microsoft Network(MSN)均为互联网服务提供商。个人也可通过互联网域名公司、大学或者研究中心接入互联网。

ISP的互联网接入类型多样。传统的电话线和调制解调器连接曾经是最普遍的接入形式，速度达56.6Kbps，但它正逐步被宽带所取代。数字用户线路(DSL)、电缆、卫星接入方式以及T型线也可提供宽带服务。

数字用户线路(DSL)技术通过原有电话线传输音频、数据和视频等，传输速率由385bps一直到9Mbps不等。有线电视供应商提供网络接入，使用同轴数字电缆线传输，为企业和家庭提供高速互联网接入，速度高达10Mbps。尽管有些卫星网络的上传速度比宽带慢，但在没有DSL和有线网络服务的地区可通过卫星接入互联网。

T1和T3是数字通信的国际标准，二者主要由企业或政府机构作为专线租用，需要保证高速率的服务水平。T1线路可保证速率达到1.54Mbps，T3线路则可达45Mbps。

7.3.2 互联网地址与架构

本章前面提到，互联网基于TCP/ICP协议。互联网上的每一个计算机都分配了唯一的IP地址，长32位，由4组数字组成，范围从0到255，由点分割。例如，www.microsoft.com的IP地址为207.46.250.119。

通过互联网，用户给其他用户发送信息。信息首先根据TCP协议分解为数据包，每个数据包都包含各自的目的地地址。数据包再由客户端发送到服务器，经服务器发送到其他服务器，到达已知地址的特定计算机。最后，在目标地址，数据包重新整合成原信息。

域名系统

由于互联网用户很难记牢12个数字，**域名系统**(Domain Name System，DNS)把IP地址转化为域名。域名类似英语名称，每个域名对应连接到互联网的计算机的32位的数字IP地址。DNS服务器包含一个数据库，数据库中包含映射相应域名的IP地址。要访问互联网上的计算机，用户只需知道域名。

DNS是一个层级结构(见图7.8)。DNS层级结构的顶部是根域，根域的子域被称为顶级域名，顶级域名的子域被称为二级域名。顶级域名由两个或三个以上的字母构成，例如，.com，.edu，.gov等，这些均比较常见；还有各种各样的国家代码，例如，.ca代表加拿大，.it代表意大利。二级域由两部分组成，分别为顶级域名和二级域名，如buy.com，nyu.edu或amazon.ca等。层级结构底部指定互联网或专用网络的某台计算机作为主机名。

以下列出的是官方认可的最常见的域名。国家也有域名，比如，.uk(英国)、.au(澳大利亚)和.fr(法国)等。今后，域名列表将扩大到包含更多类型的组织和行业。

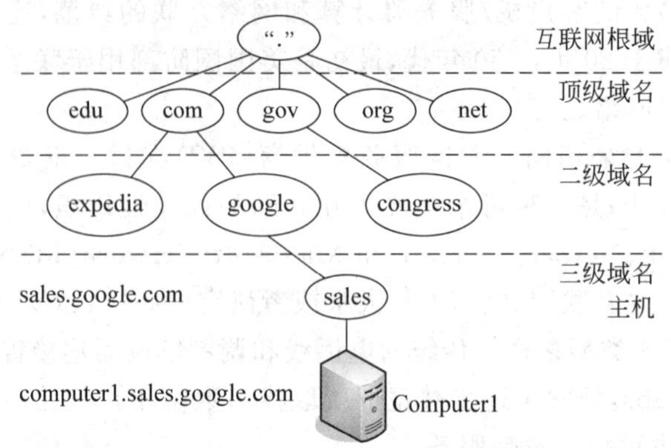

域名系统是一个分层系统,包括根域名、顶级域名、二级域名,第三级才是主机名。

图 7.8 域名系统

.com 商业网站	.edu 教育机构
.gov 政府组织	.mil 军事组织
.net 网络服务公司	.org 非营利性组织和机构
.biz 商业组织	.info 信息提供者

互联网架构和管理

数据通信通过横贯大陆的高速主干网进行传输,速度介于 45Mbps 和 2.5Gbps 之间(见图 7.9)。这些主干线通常属于电信公司(称为网络服务提供商)或者中央一级政府。

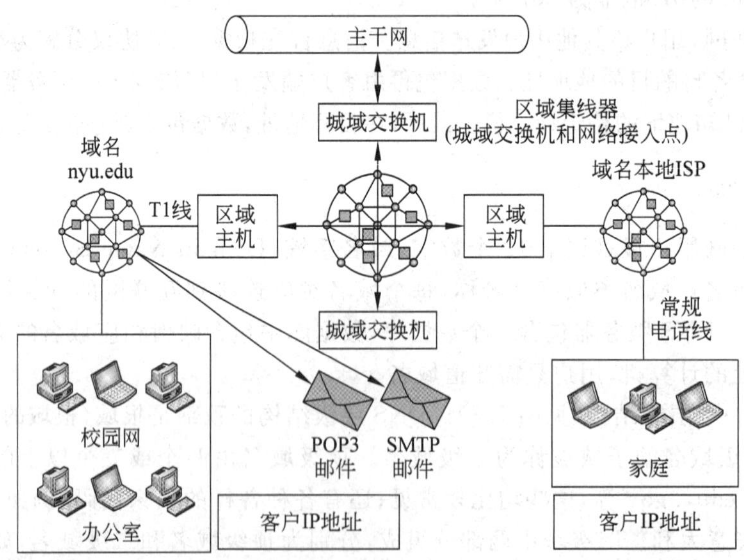

主干网可以连接到区域网,使用户能访问互联网服务提供商、公司和政府机构等。网络接入点(NAP)和城域交换机(MAE)都属于集线器,在那里,主干网可以与区域网和本地网相交,同时主干网之间可以互相连接。

图 7.9 互联网架构

在美国，本地电信和有线电视公司负责当地通信线路，它们将家庭和企业用户连接到互联网。本地通信网向互联网服务供应商、私营公司和政府机构等提供租赁服务，使其获得互联网使用权。

每个组织都需购买网络设备，为本地互联网连接服务支付一定费用，其中一部分支付给远程主干线所有者。个人互联网用户需向互联网服务提供商(ISP)支付一定的费用，获得网络服务。而且，无论用户使用多少流量，都需支付一定数额的开通费。当前，争论的焦点是：继续执行原有规定，还是下载大量影音文件的用户该支付更多费用，因为此类用户消耗更多的带宽。“互动讨论：组织领域”将探讨这个话题，从而比较客观地呈现对网络中立性的正反面意见。

没有人可以“拥有”互联网，互联网也不可能实现正规化管理。然而，专业组织和政府机构建立了全球互联网政策，其中包括：互联网架构委员会(IAB)帮助确定互联网整体架构，互联网域名与编号分配组织(ICANN)负责分配IP地址，以及万维网联盟(W3C)为万维网设置超文本标记语言(HTML)和其他编程标准。

为保持互联网高效运行，上述组织对政府机构、网络所有者、互联网服务提供商(ISP)和软件开发商等产生了一定程度的影响。互联网公司的基础设施和运营也必须遵守所在国家的法律。

互动讨论：组织领域

网络中立是否该继续？

你使用互联网主要做什么？处理邮件和查询电话号码，还是天天看视频、下载音乐或者玩大型网游，如果是后者，那么你消耗了大量带宽，像你这样的人很多，就会使网速变慢。2007年YouTube消耗的带宽，相当于2000年互联网的所有带宽。当前人们争论的一个焦点就是：是否应按传输量进行收费。

某研究公司根据2007年11月的一份报告预测，到2011年，互联网用户的需求可能超过网络容量。如此，尽管互联网的发展不可能突然停下来，但是用户不得不面对网速减慢的状况，到时，用户将不能很顺畅地登录YouTube、Facebook和其他流量较大的网站。其他研究人员相信，互联网数字通信量正以每年50%的速度急速增长，而且处理通信的相关技术也以同样的速度发展。

除了技术问题，计算互联网流量的争论围绕着‘网络中立性’这一概念展开。网络中立性，指无论网络内容的特征或来源，网络服务提供商必须对配置的设备和使用的通信模式保持中立。当前，互联网确实保持中立，互联网主干网所有者都平等地对待所有的网络传输，“先到先得”。互联网是中立的，因为它以电话线为基础，必须遵守“公共传输”法律。相关法律要求电信公司平等地对待所有的呼叫和用户。有些用户愿意为快速且清晰的电话支付更高的额外费用，但电话公司不能提供额外的服务，即不能采用所谓的分层服务模式。

现在，电信公司和有线电视公司都希望能够对互联网内容所消耗的带宽进行区别收费。2008年6月，时代华纳开始在得克萨斯州博蒙特市尝试针对互联网服务计量收费。

根据试点方案,时代华纳规定,用户如果超过包月计划的带宽限制,下载或上传每超过1Gb,每月多收1美元。该公司报称5%的用户占用一半的本地线路,却未支付比低用量用户更多的费用。计量收费是"最公平的方式",它可以补偿网络设施的费用。

但是,这并不是传统的互联网服务方式,也违背了网络中立性的目标。网络中立性的倡导者正推动国会规范行业规则,要求网络服务提供商禁止此类做法。支持网络中立性的团体包括MoveOn.org、基督教联盟、美国图书馆协会、各主要消费者保护群体、众多博主和小企业,还有像谷歌和亚马逊这样的大型网络公司。众议员Ed Markey以及参议员Byron Dorgan和Olympia Snowe对这些问题进行了回应,起草了《互联网自由保护法》和《网络中立法案》,这些法案禁止互联网流量管理的歧视性原则。然而,由于来自互联网服务提供商的巨大阻力,任何关于网络中立性的立法都被认为不可能通过。

互联网服务供应商指出,互联网的盗版活动愈加猖獗。美国第二大互联网服务提供商Comcast报告说,非法共享受版权保护的文件消耗了50%的网络容量。Comcast公司曾放慢了BT文件的传输速度,BT文件广泛用于盗版和非法文件的共享,其中包括视频文件。Comcast公司对BT数据包的处理招致猛烈的批评,随后,公司开始采用"平台无关"的做法。目前,若Comcast公司不能识别出用户在忙时段占据太多带宽的任务,那么公司将对其限速。通过控制盗版和确定带宽用户的优先使用权,Comcast公司声称将为合法使用Web服务的用户提供更好的服务。

网络中立支持者则认为,一旦网络运营商可以有选择地阻止或减缓某些内容的访问速度,就加大了网络审查的风险。互联网服务提供商限制用户访问敏感内容,这样的例子很多。例如,巴基斯坦政府阻止访问反穆斯林网站和YouTube,以回击那些诽谤伊斯兰教的内容。

网络中立的支持者也认为,互联网中立将鼓励每个人去创新,而无须电话公司、有线电视公司或者其他权力机关的许可,这样的竞争环境会催生无数新企业。由于商业和社会的日趋"在线化",允许信息自由流通是自由市场和民主的必要特征。

然而,网络所有者认为,"网络中立"倡导者提出的法案将抑制技术革新而遏制美国的竞争力,并且损害从"歧视性"网络行为中获益的消费者利益。美国互联网服务的速度、成本和服务质量在整体上落后于其他国家,这更让供应商有话可说。

网络中立的支持者反驳说,由于对服务的选择余地较小,美国的供应商拥有太多的权力。缺乏竞争就意味着供应商拥有更多的自由制定价格和政策的权力,消费者别无选择,而且不能通过其他途径获取资源,因而供应商就能坐享其成。即使在一些大都市,宽带用户可选择的服务供应商也很有限。一旦互联网接入有更多选择的余地,网络中立性将可能不再是一个紧迫的问题。那时,不满意当前网络服务的客户或许可以选择那些主张网络中立、允许无限制使用互联网的供应商。

解决这个问题绝非一朝一夕之功,甚至互联网界知名人士也持不同意见,如互联网协议的发明者Vint Cerf和Bob Kahn二人意见相左。Cerf赞成网络中立性,他认为,受限制的访问会削弱互联网继续蓬勃发展的能力,因为允许宽带运营商控制人们在网上的行为会从根本上破坏使互联网取得成功的规范。Kahn的观点则比较谨慎,他认为,网络中立性削弱了网络运营商进行创新、提供新功能以及升级新技术的动力。谁对?谁错?

争论仍在继续。

资料来源：Andy Dornan,"Is Your Network Neutral?" *Information Week*, May 18, 2008; Rob Preston,"Meter is Starting to Tick on Internet Access Pricing," *Information Week*, June 9, 2008; Damian Kulash, Jr. "Beware of the New New Thing," *The New York Times*, April 5, 2008; Steve Lohr, "Video Road Flogs Stir Fear of Internet Traffic Jam," *The New York Times*, March 13, 2008; Peter Burrows,"The FCC, Comcast, and Net Neutrality," *Business Week*, February 26, 2008; S. Derek Rimer, "Give Net Neutrality a Chance," *Business Week*, July 12, 2008; K. C. Jones,"Piracy Becomes Focus of Net Neutrality Debate," *Information Week*, May 6, 2008; Jane Spencer,"How a System Error in Pakistan Shut YouTube," *The Wall Street Journal*, February 26, 2008.

思考题

1. 什么是网络中立？为什么互联网至今一直在网络中立性下运营？
2. 谁赞成网络中立性？谁反对？为什么？
3. 如果互联网运营商采用分层服务模式，对个人用户、企业以及政府会有什么影响？
4. 你赞成网络中立性的相关立法吗？为什么？

MIS 实例

1. 访问开放互联网联盟网站(Open Internet Coalition)，并选择五个会员组织。然后，访问这些组织的网站，或者上网搜索它们的相关信息。写篇论文，解释为什么每个组织支持网络中立性。

2. 计算一下你每天上网所耗费的宽带流量。你每天发送多少封邮件？每封邮件的大小是多少？你每天下载多少音乐和视频文件，大小是多少？如果你经常浏览YouTube，那么上网搜索一个YouTube文件大小。计算一下你每天发送和接收的电子邮件、音频和视频文件的数量。

互联网和万维网原本不受法律或行政干预，但是，这种情况正在改变，互联网在信息和知识传播中发挥着越来越重要的作用，而且，其中不乏有异议的内容。

未来互联网：IPv6(下一代的互联网协议)和第二代互联网

互联网起初的设计目的并非为了传输大量数据和拥有数十亿用户。然而，众多的公司和政府为了适应当前和未来的员工人数，被分配了数百万的IP地址，同时也因为网民人数的急剧增长，世界将会在2012或2013年耗尽可用的IP地址。作为一种新型的IP寻址模式，第6版互联网协议(IPv6)正在研发当中。它包含128位地址空间(2^{128})，即超过1千万亿个各不相同的地址。

第二代互联网(Internet 2)和下一代互联网(NGI)是由美国的200所大学、私营企业和政府机构组成的联盟，它们正在研发一项新的、功能强大的高带宽互联网。它们已经建立了几个新的高性能主干网，带宽介于2.5Gbps到9.6Gbps之间。第二代互联网的研发小组正试验新技术实现更有效的路由，根据传输数据的重要性和类型决定服务层次，以及对分布式计算、虚拟实验室、数字图书馆、分布式学习和运程沉浸等先进技术的应用。上述网络虽不能取代公共互联网,但是它们为高端科技提供了实验平台,最终将会用于公共互联网。

7.3.3 互联网服务及通信工具

互联网以客户机/服务器技术为基础。个人互联网用户通过其计算机上的 Web 浏览器软件等客户端应用程序控制上网行为。电子邮件和网页等数据储存在服务器上。客户端使用互联网从远程计算机的特定 Web 服务器上获取信息,该服务器通过互联网把所需信息发给客户端。第 5 章和第 6 章曾提及,Web 服务器是如何与应用程序服务器和数据库服务器相互协作,从而访问某个组织内部系统的应用程序和相关的数据库信息。如今客户端平台不仅包括个人计算机和其他类型的计算机,还包括手机、小型手持数字设备和其他信息设备。

互联网服务

连接互联网的客户端可以获得各种服务,包括电子邮件、电子讨论组、聊天和即时通信、远程登录、文件传输协议(FTP)和万维网等,表 7.3 对此作了简要描述。

表 7.3 互联网的主要服务

类 型	具体功能
电子邮件	信息传递;信息共享
聊天和即时通信	交互式聊天
新闻组	借助电子公告牌的讨论组
远程登录	登录到计算机,对另外一台计算机进行操作
文件传输协议(FTP)	在计算机之间传输文件
万维网	使用超文本链接检索、格式化和显示信息(包括文字、声音、图像和视频)

互联网服务是通过一个或多个软件程序实现的,所有的服务可由一台服务器提供,或者不同服务由不同的服务器承担。图 7.10 描述了在多层级客户机/服务器架构下如

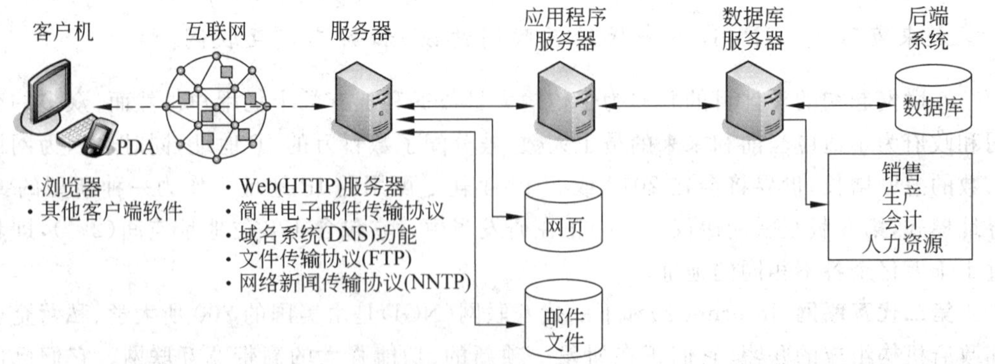

通过浏览器或其他软件,客户端可以通过网络访问主机上的所有服务,这些服务可能在一个或多个专用服务器上。

图 7.10 客户机/服务器的互联网运算

何安排这些服务。

电子邮件(E-mail)可以实现计算机之间的信息流通，邮件可以发送给多人并转发，而且附件可以是文本文件或多媒体文件。尽管一些机构拥有内部电子邮件系统，但大多数邮件仍通过互联网发送。当前，电子邮件的成本远低于类似的语音通话、邮政或隔夜交货快递的成本，它使互联网成为一个非常廉价和快速的通信媒介。大多数电子邮件可在几秒钟到达世界任何地方。

大约90%的美国工作场所鼓励员工使用聊天或即时通信工具沟通。网上聊天使两个或更多同时在线的人可以实时交互对话，可以支持语音和视频聊天，以及文字聊天。许多网上零售企业在其网站上提供即时通信服务吸引顾客，提高了营业额，改善了客户服务。

即时通信(instant messaging)是一种聊天服务，参与者能够建立自己的私人聊天室，只要有好友在线，即时消息系统就会提醒用户，这样用户就可以与对方聊天。当前用户普遍使用的即时通信系统很多，比如雅虎通和AIM，而注重安全的公司会使用专门的即时通信系统，如Lotus Sametime。

新闻组是全球范围的讨论组，张贴在互联网的电子公告牌上。在那里，人们可以分享信息和观点，例如放射学或摇滚乐队等。任何人都可以在公告牌上发布留言以供他人浏览。这里有无数个讨论组，讨论任何可以讨论的话题。

电子邮件、即时通信和互联网的使用按理说提高了人们的工作效率，然而，“互动讨论：管理领域”专栏表明情况并非如此。现在，许多公司的管理者认为，他们需要监控甚至规范员工的上网行为，但是，这样做符合道德规范吗？虽然公司自认为有很多正当的商业理由监控员工的电子邮件和网络活动，但这是否意味着侵犯员工的隐私？

IP语音

互联网已成为普遍使用的语音传输和企业网络平台。**IP语音**(voice over IP，VoIP)技术运用包交换技术，以数字形式传输语音信息，节省了因本地和长途电话网络所收取的费用(见图7.11)。以前电话通过公用电话网络进行传输，而今，电话通过基于网际协

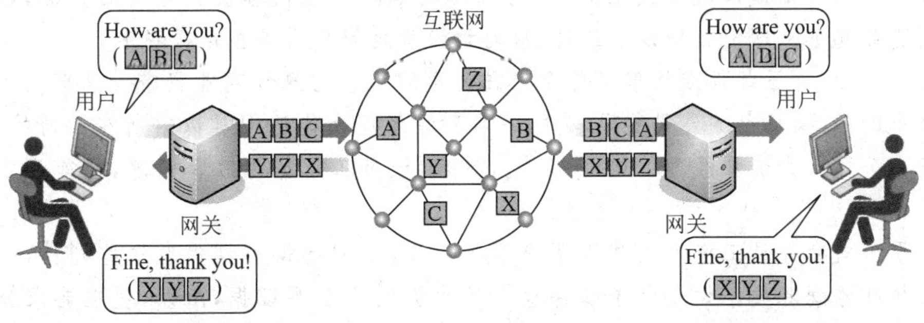

VoIP语音电话实现了数字化，并且可以把语音信息分解成多个数据包，这些数据包在最终目的地重新组合前，将沿着不同的路径进行传输。离通话目的地最近的处理器，称为网关，它以适当的顺序安排数据包，并且把数据包发送到接收器的电话号码，或者接收计算机的IP地址。

图7.11 基于IP的语音的工作原理

议的公司网络或者公共网络进行传输。配有麦克风和话筒的台式计算机或有语音(VoIP)功能的电话都可以进行语音通话。

互动讨论：管理领域

网络监控员工：违背道德原则还是良性商业习惯？

随着互联网在全球范围内广泛使用，电子邮件和万维网也随之普及到各个工作场所，引发了一些管理问题。首先，检查邮件、回复即时消息、浏览YouTube或者Myspace的视频等都在不断地干扰，分散了员工注意力。纽约市的一家商业调查公司Basex的调查结果显示，美国员工平均每天浪费28%的工作时间用在这些事上，导致工作效率低下，每年损失6 500亿美元。

其次，上述事情并不一定与工作有关。许多研究表明，员工花在网上的时间，至少有25%与工作无关，另有近90%的员工在工作时间处理私人邮件。

许多公司已经开始监控员工的电子邮件、博客以及其他上网行为，有时员工并不知情。最近，美国管理协会(AMA)对304家不同规模的公司进行了调查，发现66%的公司监控员工的电子邮件和网络连接。根据法律，尽管美国公司有权在工作时间监督员工的电子邮件等网上活动，但这是有违道德，还是正常的商业管理？

管理人员担心员工专注于私事而非公事会浪费时间，降低工作效率。员工花费太多时间上网或处理个人事情意味着公司效益的损失。有些员工可能把花在网上炒股或者处理私事的时间算到客户身上，从而对客户多收取了费用。

另外，如果个人流量过高，就会阻塞公司的网络，使其无法进行正常业务。内布拉斯加州奥马哈市的建筑设计公司Schemmer Associates和弗吉尼亚州伍德里奇波托马克医院发现，员工使用公司的互联网观看和下载视频，由此导致的带宽不足限制了公司的网络资源。

员工在公司的计算机上收发邮件或者占用网络资源做事情，包括非法行为，均是以公司的名义进行的，因此，雇主可以追踪，并追究员工的法律责任。很多公司的管理人员担心员工访问或传播涉及种族主义、色情或者其他攻击性内容会损害公司声誉，甚至连带公司遭到起诉。即使公司没有违法，应对诉讼也会使公司承担巨额费用。

公司担心，电子邮件或博客可能会泄露公司的机密信息和商业秘密。总部位于加州圣安娜市的Ajax Boiler公司发现，公司一名高级经理人能访问其以前所在公司的网络，并阅读该公司人力资源经理的电子邮件。原来，该员工正努力收集信息，对前雇主提出诉讼。

如果公司允许员工把个人邮件账户用于工作，他们就得长期保留这些邮件，否则将面临法律和监管麻烦。如今电子邮件也可作为诉讼的重要证据，所以，现在要求公司保留电子邮件的时间比原来更长。电子邮件是通过个人账户还是公司账户发送在法庭的诉讼中并无区别，如果不能当庭出示这些电子邮件，公司可能会招致五到六位数的高额罚款。

美国公司有权监管员工使用公司的设备在上班时间做什么，问题是，电子监控是否能有效保证工作人员的积极、高效。一些公司试图禁止员工利用公司网络进行所有个人活动,即“零容忍”制度。有的公司限制员工访问特定网站或者使用软件限制员工的上网时间,IT部门可用这种软件跟踪员工访问的网站,以及花费在这些网站上的时间以及他们下载的文件。譬如,Ajax就使用SpectorSoft公司的软件记录员工访问的所有网站,花在每个网站的时间以及发送的所有邮件等。而Schemmer Associates使用OpenDNS软件对网页内容进行分类,过滤并屏蔽一些不想要的视频。

有些公司已经开除了违反规定的员工。在AMA调查的所有公司中,有1/3的公司曾经解雇过工作中滥用互联网的员工。在因为员工滥用互联网而将其解雇的经理中,有64%这样做是因为员工在电子邮件中使用不适当或者攻击性语言,有25%是因为员工总是使用电子邮件处理私事。

没有什么解决之道是毫无缺陷的,但有许多人认为,公司应该制定使用电子邮件和互联网的相关政策,包括明确基本规则,明确规定哪个级别或层次的员工能使用公司的计算机收发邮件、写博客或者浏览网页等,这些政策也可使员工知晓其网络活动是否被监管以及被监管的原因。

此类制度应以公司的业务需要和组织文化为依据。例如,有些公司可能限制所有员工访问色情网站,但是律师事务所或医院的员工可能因工作需要访问这类网站,投资公司必须允许其员工访问其他投资公司的网站。依赖于广泛的信息共享、创新性和独立性的公司,很可能会发现监管引发的问题比解决的问题要多得多。

资料来源:Nancy Gohring,“Over 50 Percent of Companies Fire Workers for E-Mail, Net Abuse,” *InfoWorld*, February 28, 2008; Bobby White, “The New Workplace Rules: No Video-Watching,” *The Wall Street Journal*, March 4, 2008; Maggie Jackson, “May We Have Your Attention, Please?” *Business Week*, June 23, 2008; Katherine Wegert, “Workers Can Breach Security Knowingly or Not,” Dow Jones News Service, June 24, 2007; Andrew Blackman, “Foul Sents,” *The Wall Street Journal*, March 26, 2007.

思考题

1. 管理者是否该监管员工收发电子邮件和互联网使用?为什么?
2. 为一个公司制定一个有效的电子邮件和Web使用政策。

MIS实例

浏览提供在线员工网络监控软件的网站,如SpectorSoft和SpyTech NetVizor,回答下面的问题。

1. 请问这种软件追踪员工的什么活动?雇主利用这种软件,能了解到员工的哪些信息?
2. 企业如何才能在使用该软件中受益?
3. 如果雇主为了监督你的工作,在你工作的环境中使用该软件,你做何感想?并进一步解释。

电信服务提供商(如Verizon)和有线电视公司(如时代华纳和Cablevision)提供

VoIP服务，Skype(后被eBay收购)使用对等网络在全球范围内提供免费的VoIP服务，谷歌也有独立的免费VoIP服务。

虽然IP电话系统需要前期投资，但是VoIP可以将通信和网络管理成本减少20%至30%。例如，维珍娱乐集团使用VoIP，每年可节省70万美元的长途电话费。除了降低长途费用和对专用线路免月租费，IP网络为电信和计算服务提供了专有的语音数据基础设施。公司不必维护不同的网络，或者为每种不同的网络提供服务和人员支持。

VoIP的另一个优点是灵活性。它与传统的电话网络不同，电话可以安装或者移动到不同的办公室，不需要重新布线或者改装网络。使用VoIP召开电话会议，只需通过点击和拖动计算机屏幕，选择与会者的名字就可以了。同时，语音邮件和电子邮件也可以组合在一个目录里。

统一通信

过去，公司用于有线和无线数据、语音通信和视频会议的网络每一个都是独立运作，并且由信息系统管理部门分开管理。现在，许多公司使用**统一通信**(unified communications)技术，把许多完全不同的通信模式合为一个单一的通信模式。正如本章开篇案例Virgin Mega商店所提到的，统一通信把语音通信、数据通信、即时消息、电子邮件和电子会议等不同的渠道集合到一起，用户可以自如地切换通信方式。上线通知技术显示一个人是否可以接收呼叫，公司需要研究这一技术对工作流程和业务流程产生怎样的影响，以衡量其价值。

虚拟专用网络

假设你有一个营销团队，依靠开发新产品和新服务盈利，成员遍布美国，你会怎么做？你可能希望每个成员都可以使用电子邮件，并且在外界毫无机会截取通信的情况下与总部沟通。过去的方法就是与大型民营网络公司合作，这些公司为顾客提供安全、保密、专用的网络，但成本昂贵。更合算的解决方案就是在公共网络中再创建一个虚拟专用网络。

虚拟专用网络(virtual private network，VPN)是一种配置在公共网络中的安全、加密和专用的网络，其目的是利用互联网等大型网络的规模经济和管理设施，见图7.12。VPN为公司提供了安全、加密的通信方式，成本比同样配置的非互联网供应商更低，后者使用专用网络以确保通信的安全。虚拟专用网络还提供语音和数据网络结合的网络基础设施。

有些竞争协议保护通过公共网络的数据，包括点对点隧道技术协议(FTTP)。在被称为隧道的进程中，数据包被加密并打包进一个IP数据包。公司为隐藏数据包内容，在网络信息外追加封套，创建一个通过公共网络的专用连接。

7.3.4 万维网

你可以使用万维网下载音乐、为学期论文搜索信息或者查看新闻和天气预报等。万维网是最流行的互联网服务，使用客户机/服务器架构体系根据普遍接受的标准存储、检

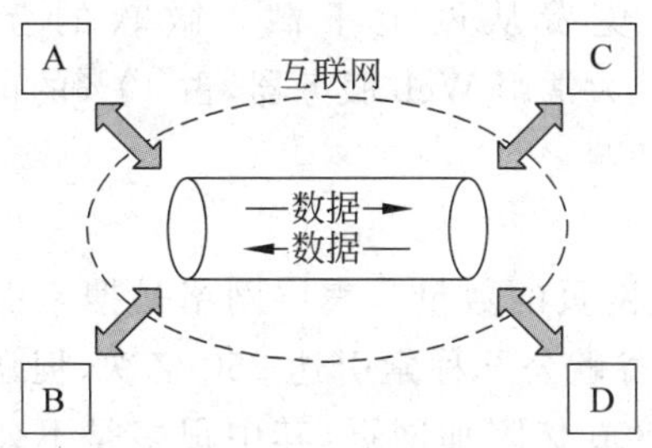

VPN是相连计算机的专用网络，它通过互联网使用安全的“隧道”相连。互联网协议通过对数据进行编码和包装，保护了公共网络上传输的数据。有些公司为隐藏数据包内容，在网络信息周边加上封套，创建了一个通过公共网络输出信息的专用连接。

图7.12　互联网中的虚拟专用网络

索、格式化和显示信息。利用嵌有链接的超文本编排网页格式，超文本链接可以把文档链接到其他文档，同时可以链接到其他对象，如声音、视频或者动画文件等。在你点击一个图片和一个短片时，你就点击了一个超链接。一个典型的Web网站是链接到主页的网页集合。

超文本

网页是基于标准的超文本标记语言(HTML)，它编排文件格式，并对存储在相同或远程计算机中的其他文档和图片建立动态链接(见第5章)。借助互联网访问网页，计算机中的Web浏览器软件可以使用超文本传输协议(HTTP)，请求访问主机服务器上存储的网页。HTTP是网络中用于传输网页的通信标准，比如，当你在浏览器中键入一个网址时，例如www.sec.gov，浏览器会发送一个HTTP请求到sec.gov的服务器，请求访问sec.gov的主页。

HTTP是每个网页地址开始的第一组字母，其次是域名，域名使存储文件的服务器具体化。大多数公司都有一个域名，这些域名和其公司名称一样或相像。目录路径和文档名是网络地址中的另外两个信息，它们帮助浏览器找到请求访问的页面。总之，该地址被称为**统一资源位置**(uniform resource locator，URL)。在浏览器中键入的URL会准确定位浏览器软件搜索信息的地址。例如，在URL http://www.megacorp.com/content/features/082602.html中，http用于识别显示网页的协议，www.megacorp.com是域名，content/features是目录路径，它确定在域名服务器上网页的存储位置，082602.html是文档的名称和格式名(它是一个HTML网页)。

Web服务器

Web服务器是用于定位和管理所存储Web网页的软件。它能查找到用户请求的网页所存储的计算机，然后把网页发送到用户的计算机。服务器应用程序通常在专用计算机中运行。不过有的小公司也会把服务器直接安装在一台独立的计算机中。

目前最常见的Web服务器是Apache HTTP服务器，它控制了将近60%的市场份额。Apache 是开源的,可免费从网上下载。微软的互联网信息服务(Internet Information Services)是第二大常用 Web 服务器,占 40%的市场份额。

在网上搜索信息

没有人能够确切地知道网页的数量。表层网络是搜索引擎访问和其信息被记录的那部分网络。例如,2008 年谷歌公开称索引达 250 亿次,但访问量达 500 亿次。还有一种"深层网络",它包含大约 800 亿附加网页,其中很多是不公开的(如华尔街日报在线,没有访问代码就不能访问其页面),或存储在受保护的企业数据库中。

搜索引擎 很显然,在如此多的网页中,怎样很快地查询到你本人或者公司所需网页?问题是,在数十亿的网页索引中,如何才到找到你要找的那一两个网页?搜索引擎解决了在网络中迅速查找有用信息的问题。可以说,它们是互联网时代"杀手级"的应用程序。今天,**搜索引擎**(search engine)可以在 HTML 文件、微软 Office 应用程序文件和 PDF 文件中进行筛选,搜索到音频、视频和图像文件等。当今世界有数百个搜索引擎,但大量的搜索结果主要由谷歌、雅虎和微软三大供应商提供。

网络搜索引擎的开发始于 20 世纪 90 年代,当时软件程序相对简单,它主要是访问网页和收集关于网页的相关信息。早期的搜索引擎主要是访问网页的关键字索引,它们只能提供给用户可能与其搜索完全不相关的网页列表。

1994 年,斯坦福大学计算机科学专业的学生大卫·费罗和杨致远创建了他们喜爱的网页的清单,并称之为 Yahoo。雅虎起初并不是一个搜索引擎,只是编辑者把自己喜欢的网站收集起来,进行分类。但是,从此雅虎开始了开发搜索引擎的历程。

1998 年,斯坦福大学计算机科学专业的另外两个学生拉里·佩奇和谢尔盖·布林发布了谷歌的第一个版本。这一搜索引擎与其他的有所不同,它不仅对每个网页的文字进行索引,而且按照网页的相关性对搜索结果排名。佩奇取得了**网页排名系统**(PageRank System)的专利权,该系统通过计算连接到网页的网站数量,可以衡量出一个网页的受欢迎程度。布林发明了一种独特的网络爬虫程序,它不仅对页面的关键字进行索引,而且对单词的组合(例如作者与其文章名)进行索引。这两个创意为谷歌搜索引擎奠定了基础。图 7.13 说明了谷歌的工作原理。

使用雅虎、谷歌和 MSN 等网站进行信息查询已经非常普遍,而且操作方便,它们已成为互联网的主要门户网站(见第 10 章)。通过提供搜索引擎营销,它们已经成为主要的购物工具。用户只要在谷歌、MSN、雅虎或者这些搜索引擎提供服务的其他任何一个网站中输入搜索关键词,他们可以获得两种列表:一种为赞助商链接,通常在搜索结果中最先显示,广告商要付费;另一种为非受赞助商支持的"有机"搜索结果。此外,广告商能购买谷歌和 MSN 搜索结果页面两侧的小文本框。这种付费的赞助广告是一种快速发展的互联网广告形式,也是一种强大的新营销工具,它能适时精确匹配客户兴趣和广告信息(详见本章最后的案例研究),因此,搜索引擎营销使搜索过程的价值货币化。

2008 年,美国 7 100 万人使用搜索引擎,每月搜索量达 100 亿次。当前,世界有数百种搜索引擎,但是处于前三位的谷歌、雅虎和 MSN,搜索总量占 90%(见图 7.14)。

虽然搜索引擎起初是为了搜索文本文档,但是在线视频和图像的急剧增多刺激了对

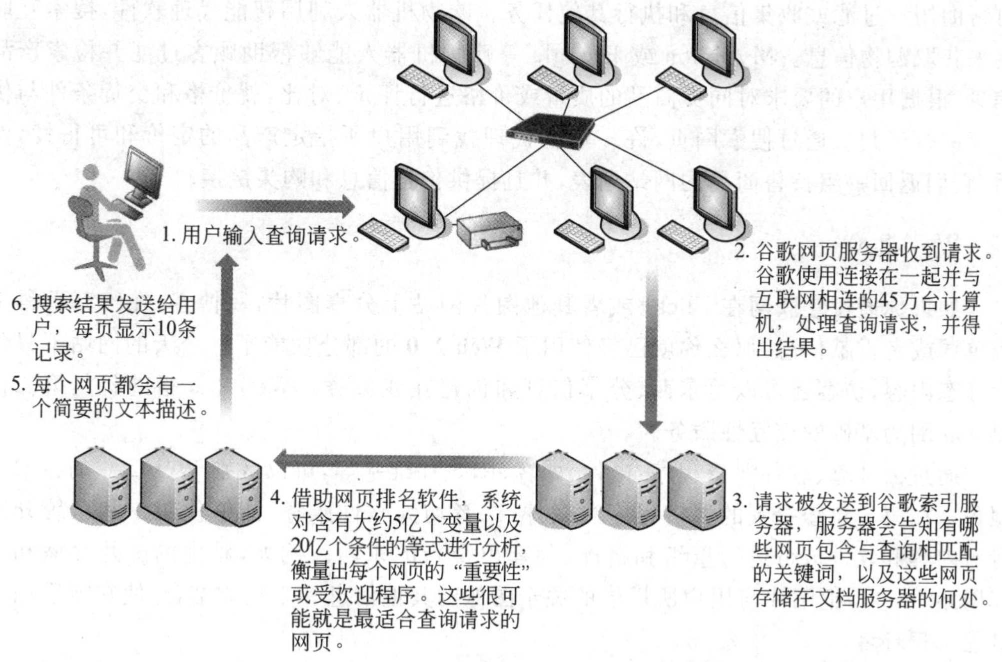

谷歌搜索引擎能不断地抓取网络，并对每个网页的内容进行索引，计算其受欢迎程度以及存储网页等，因此，它可以对用户访问网页的请求做出快速反应。整个过程只需花费半秒钟。

图 7.13 谷歌搜索的工作原理

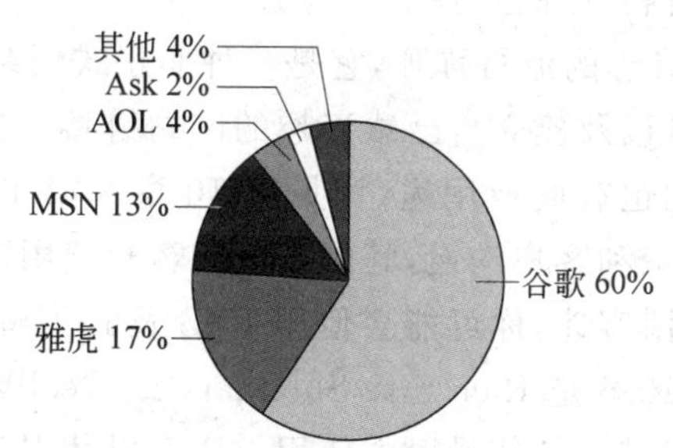

当前，谷歌是最普遍使用的搜索引擎，占所有网页搜索的 60%。

图 7.14 美国领先的网络搜索引擎

资料来源：Nielsen Online and MegaView Search，2008.

搜索引擎的需求。通过搜索引擎，人们能够找到特定的视频文件。在 YouTube 网站的视频名称中，词语“舞”、“爱”、“音乐”和“女孩”都非常受欢迎。即使视频的实际内容可能与搜索词语毫无关系，搜索这些关键词仍会出现很多结果。因为计算机性能不够好或数字图像的识别不是很快，视频搜索具有一定的挑战性。一些搜索引擎已经开始对电影脚本进行索引，通过搜索电影对话找到电影将成为可能。Blinkx. com 是最流行的视频搜索引擎之一，它存储了 1 800 万小时的视频，并且雇用了大量的分选工负责根据上传视频的名称来核对其内容。

智能代理购物机器人 第 11 章描述了具有内置智能的软件代理的功能，软件代理可帮助用户过滤或收集信息和执行其他任务。购物机器人利用智能代理软件,搜索互联网来获取购物信息。MySimon或Froogle等购物机器人能够帮助顾客过滤并检索产品信息,根据用户的要求对同类商品的质量或价格进行评价、对比,就价格和交货条件与供应商进行谈判。通过搜索网页,许多购物代理找到用户所指定产品的定价和可得性,然后,它们返回一组待售商品的网站列表,并且提供价格信息和购买链接。

Web 2.0

如果你通过互联网在Flickr或者其他图片网站上分享图片,写博客,在维基百科上查单词或者贡献信息,那么你就已经使用了**Web 2.0**的部分功能了。今天的网站不只包含静态内容,访客还可以写东西、分享信息和创建在线服务。Web 2.0指的就是第二代以互联网为基础的交互性服务。

通过云计算、软件混搭程序、微件、博客、RSS和维基等,可以区别Web 2.0的技术和服务。在第5章曾提到的混搭程序和微件,二者均为软件服务,能够使用户和系统开发者对内容和软件成分进行重组和搭配,创建出全新的东西。例如,雅虎的图片存储和共享网站Flickr,把图片与用户所提供的关于图像的其他信息和工具相结合,使它能适用于其他编程环境。

这些软件程序在网络上运行,而不是在桌面运行,使基于Web的计算更有可能实现。Web 2.0时代,网络已不再是目标网站的集合,而是数据和服务的来源,它们可以结合起来创建用户所需的程序。Web 2.0的工具和服务促进了社交网络和其他网络通信的产生,这样,人们可以根据自己的选择进行沟通。

博客(blog)是对网络日志的流行称呼,它是一种非正式但结构化的网站。在这里,用户可以发布日志、发表观点以及建立自己感兴趣的网站链接。博客已成为一种非常流行的个人发布工具,但是它们也有商业用途(详见第10章和第11章)。例如,富国银行使用博客帮助管理人员与员工和客户沟通,其中有个博客专门用于学生贷款。

如果你是一个狂热的博客迷,你可能会使用RSS及时了解你喜欢的博客动态,而不用总是查看其是否更新。RSS是Rich Site Summary或Really Simple Syndication的缩写,它综合网站内容以便于其在其他设置中使用。RSS技术从互联网各个网站获取特定的内容,自动传输到用户的计算机中,存储以供日后阅览。

为了接受RSS信息供稿,你需要安装新闻聚合器或者新闻阅读软件,这些都可以从网上下载。微软IE7包含RSS阅读功能。或者,你可以建立一个新闻聚合器账户,定期进行网络搜索,"告诉"聚合器从指定的网页收集更新页面的列表,或者收集与某些主题相关的信息。一经订阅,你的计算机就会自动接收指定网站发布的新闻内容。一些企业在内部使用RSS发布企业的更新信息。如富国银行使用RSS发布新闻,员工能定制并阅读到与工作相关的商业信息。

博客只允许访问者在原来的内容上添加评论,但不允许改变原来发布的内容。相反,**维基**(wiki)属于协作网站,访客在这里可以添加、删除甚至修改网站的内容,包括以前的作者所写的内容。Wiki源于夏威夷单词"quick"。维基百科是当前最知名的维基网站,它是大型的网上开源百科全书,任何人都可以添加内容,进行编辑。但是,维基也可用于商业用途，例如，摩托罗拉的销售代表用维基分享销售信息，他们重复使用在维基上已发布的信息，而不必向每位顾客单独推销。

Web 3.0：互联网的未来

美国每天有7 500万人使用搜索引擎进行3.3亿次查询，这3.3亿次的查询中有多少能产生有意义的结果呢？可以说，不到一半。谷歌、雅虎、微软和亚马逊等都在努力提高搜索引擎查询可用结果的几率。但是面对500多亿个索引页，你查询真正想要的信息的可用方法却十分原始，它们依据页面的文字进行搜索，所得到的只是使用同样术语搜索的人们共同关注的页面，也就是说，不过是在碰运气。

未来的Web技术，很大程度上就是使普通人能够有效地搜索这500亿网页，并得到有意义的搜索结果。Web 1.0解决了访问信息的问题，Web 2.0解决了与他人分享信息的问题，并且建立了新的Web体验，Web 3.0是未来网络的希望。到那时，所有的数字信息和通信都能连接在一起，成为真正有意义的体验。

有时这被称为**语义网**（semantic Web）。如今，大多数的网站内容专供人们阅读和计算机显示而用，而不是用来分析和操作计算机程序。每当一个特殊的术语或关键词出现在Web文档中，搜索引擎就能够发现。但是，搜索引擎不能确切地理解该术语的"语义"，以及在Web中它是如何与其他信息进行关联的。可以通过在谷歌中进行两次搜索弄清这一点。首先，输入"Paris Hilton"，接下来，输入"Hilton in Paris"。谷歌不能明白普通的英语，它不知道在第二次搜索中你对巴黎的希尔顿酒店感兴趣。因为不能理解索引网页的意思，谷歌搜索引擎会返回该查询内容最热门的网页，网页上就有"Hilton"和"Paris"出现。

早在2001年，《美国科学》杂志的一篇文章就提到，语义网是万维网（WWW）联盟协作努力的成果，为了减少在网页搜索和处理信息中的人员参与量，它在现有Web上又加上一层语义（Berners-Lee等，2001）。

虽然人们对未来网络的看法不尽相同，但他们一般都关注如何让网络更加"智能"，通过"机器"理解信息，从而实现更加直观和有效的用户体验。例如，周五晚下班后，你想在当地的餐馆与你的网球好友举办一个晚会，可问题是，你早先已经安排要与一个朋友去看电影。如果处于语义网3.0环境中，你只需向智能手机发出文本或者语音指令，就可以将同网球好友约会与看电影两个计划相互协调，并且预订饭店，可惜我们现在暂时还做不到。

Web走向更加智能化的过程还相对较慢，很大程度上是因为很难使机器或软件程序像人脑那样智能化。但是，也有人对Web的未来存有不同的看法。有些人预见在未来的3D网络环境中，你可以穿行于网页之间。还有些人提出普遍网络的想法：即网络可以控制一切，它能控制客厅里的灯和汽车后视镜，甚至还可以安排你的日程和约会。

未来Web 3.0的主导趋势包括云计算和SaaS商业模式的广泛使用、移动平台和互联网接入设备之间无处不在的连接，以及Web从孤立的应用程序和内容组成的网络向一个更加无缝和相互操作的整体转化。对Web 3.0这些美好愿景很可能在短期内实现。

7.3.5 内部网和外部网

各个组织使用互联网网络标准和Web技术所创建的私有网络,称为内部网。第1章对内部网进行了介绍,企业内部网是一个内部组织网络,它提供对整个企业范围内的数据的访问。内部网使用现有的公司网络基础设施,以及为发展万维网而采用的互联网连接标准和软件。内部网创立了很多网络应用程序,它们能在整个组织内部的许多不同种类的计算机上运行,包括移动手持计算机和无线远程访问设备等。

尽管任何人都可以使用万维网,但企业内部网是不开放的,它受防火墙的保护,防止公众访问。**防火墙**(firewall)是一种由专门软件组成的安全系统,它防止外部人员访问企业内部网。内部网软件所用技术与万维网相同。通过使用TCP/IP网络和防火墙软件,把带有Web浏览器的客户机与带有Web服务器软件的计算机相链接,就创建了一个简单的企业内部网。

外部网

公司创建一个外部网,允许授权商户和顾客访问部分内部企业网。例如,为了获得公司产品的成本和性能等信息,授权访问者从公共网络连接到公司内部网的某个部分。公司使用防火墙,可以限制内部数据的访问,保持安全性;防火墙也可以验证用户身份,确保只有授权用户可以访问该网站。

内部网和外部网所提供的连接性协调了公司内部的不同业务流程,并可以电子化链接客户和供应商,从而降低了运营成本。通常采用外部网与其他公司合作,进行供应链管理、产品设计和开发以及培训工作等。

7.4 无线技术革命

如果有部手机,你会使用它收发短信、图片或者下载音乐片段吗?你会把笔记本带到课堂或者图书馆上网吗?如果这样,那么你就是无线网络通信技术革命的一员。手机、笔记本和小型手持设备已经演变为便携式计算平台,它们可以让你完成一些从前必须坐在办公桌前才能完成的计算任务。

无线通信有助于企业与客户、供货商及员工保持联系,更加灵活地安排工作。无线技术开发了许多新产品、服务和销售渠道,将在第10章有所讨论。

如果你想通过移动通信远程访问公司系统,可借助下列无线设备:手机、个人数字助理和智能手机等。个人计算机也开始在无线传输中采用。

个人数字助理(personal digital assistant,PDA)是一种小型的掌上计算机设备,功能涉及电子调度、地址簿、备忘录和收支明细等。带有数字蜂窝电话功能的手机被称为**智能手机**(smartphone),有电子邮件、无线上网、语音通信和数码相机等功能。

7.4.1 蜂窝系统

手机和智能手机已成为具有数据传输功能的多用途设备。除了打电话,手机可以传输文本，发送短信、电子邮件、数字图片和小短片，同时手机也可以播放音乐、玩游戏、网上冲浪，甚至可以发送和接收企业数据。例如，保险业巨头 Aflac 公司安装了一种程序，可以向公司所有的现场服务人员的智能手机发送下述信息：保单服务问题、索赔的付款状态以及顾客现有或过去的保单情况(Sacco,2008)。

短短数年，新一代移动处理器和更快捷的移动网络使这些设备起到数字计算平台的作用，并完成了个人计算机的许多任务。智能手机将拥有个人计算机所具有的所有存储和处理能力，它能运行所有的主要程序软件和访问所有数字内容。

蜂窝网络的标准和更新换代

数字移动电话业务遵循几个相互竞争的标准。美国以外的欧洲以及其他地方，使用全球移动通信系统(GSM)标准，GSM 的优势在于它的国际漫游能力。美国的 T-Mobile 和 AT&T 等公司也使用 GSM 系统。

美国的主要标准是码分多路(CDMA)，Verizon 和 Sprint 使用这一系统。CDMA 在第二次世界大战期间由军队开发，它通过几个频率传输，占据了整个频谱，并随机分给用户一个频率范围。一般而言，CDMA 更便宜，频谱使用效率更高，语音和数据的输出质量优于 GSM。

早期的蜂窝系统，主要为电话语音以及收发短信而设计。无线运营商正准备推出更加强大的手机网络，一般称为第三代或 3G 网络。其传输速度对移动中的用户(例如，行驶中的汽车)，为 144Kbps，而对固定的用户能达到 2Mbps。这一传输能力足以传送声音、视频、图片以及其他多元媒体，因此 3G 网络很适合接入无线宽带互联网。当今，许多手机都具有 3G 功能，包括最新款的苹果(iPhone)手机。

3G 网络服务在日本、韩国、中国台湾、中国香港、新加坡以及北欧都得到了广泛应用，但是在美国的许多地区还未实现。作为补偿，美国手机运营商升级网络以支持高速传输，这些临时的 2.5G 网络提供了 60Kbps 到 345Kbps 的数据传输率，使手机可以接入网络、下载音乐及享受其他宽带服务，第一代 iPhone 所使用的 AT&T 的 EDGE 网络就是一个例子。个人计算机在配备了一种特殊的卡之后，使用这些宽带移动通信服务，可以接入无处不在的无线互联网。

无线通信的下一次革命，即 4G，将会实现分组交换，速度达到 1Mbps 至 1Gbps，质量高、安全性能好。用户可以随时随地打电话，进行数据传输以及观看高质量的流视频。2012—2015 年，国际电信监管和标准化机构将着手进行 4G 网络的商业化开发。

7.4.2 无线计算机网络和互联网接入

如果你有一台笔记本电脑，你很可能用它来上网，而且可以从一间宿舍搬到另一间宿舍，从图书馆的这个座位换到另一个。一系列的技术促进了计算机、无线手持设备以及手机的高速无线互联网接入，这些新的高速服务已经延伸到传统的有线互联网所不能覆盖的许多地方。

蓝牙

802.15 无线网络标准俗称**蓝牙**(bluetooth)。蓝牙适用于创建小型**个人局域网**(personal-area network, PAN),它利用基于无线电的低功耗通信方式,能在 10 米区域内连接多达 8 台设备,而且在 2.4GHz 频段传输速率达 722Kbps。

配有蓝牙的无线电话、寻呼机、计算机、打印机以及计算机设备等可以互相通信,甚至可以无须用户直接干预就相互操作(参见图 7.15)。比如,可以使用笔记本电脑通过无线方式发送文档文件到打印机。无线状态下,蓝牙可以把无线键盘和鼠标连接到计算机,也可以把手机连接到听筒。蓝牙功耗低,适用于电池供电的手持计算机、手机或个人数字助理等。

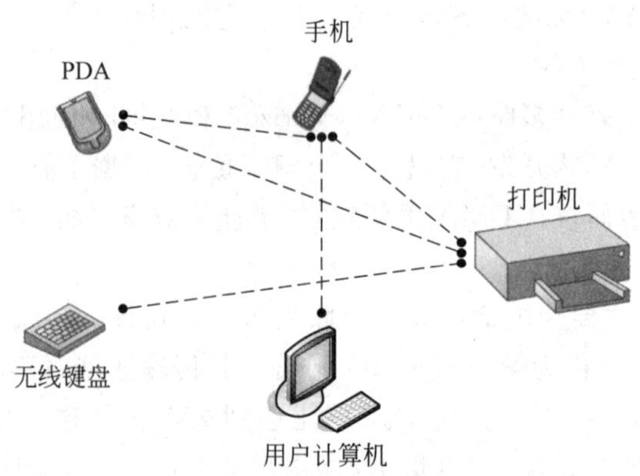

蓝牙将手机、PAD、无线键盘和鼠标、个人计算机、打印机等各种设备在 30 英尺(10 米)的范围内实现无线连接。除了图中所示的连接外,蓝牙还可以连接同类设备,比如可以用蓝牙连接两台个人计算机,实现彼此间的数据传输。

图 7.15 蓝牙网络

虽然蓝牙更适合于个人网络,但在大型企业中也可使用。例如,联邦快递的司机使用蓝牙把便携 PowerPad 计算机获取的交货数据发送到蜂窝式发射器,然后再把数据传输到企业计算机中,司机不再需要花费时间把便携设备接入到发射器上。蓝牙技术每年为联邦快递节省 2 000 万美元。

Wi-Fi

无线局域网的 802.11 标准也被称为 Wi-Fi 技术,它有三个标准:802.11a、802.11b 和 802.11g。802.11n 是一种新兴标准,它可以提高无线网络的速度和容量。

在无牌照的 5GHz 频率范围内,802.11a 标准的传输速率高达 54Mbps,有效传输距离在 10 米至 30 米之间。在无牌照的 2.4GHz 频段,802.11b 标准的传输速率高达 11Mbps,有效传输距离在 30 至 50 米之间。如果使用塔顶天线,其传输范围可延伸至户外更远的范围。在 2.4GHz 范围,802.11g 标准的传输速率高达 54Mbps,802.11n 标准的传输速率则高于 100Mbps。

802.11b 是第一个被广泛用于无线局域网和无线互联网接入的无线标准。802.11g

越来越广泛地应用于此领域，同时，能够处理 802.11b 和 802.11g 标准的双波段系统也可使用。

在大多数 Wi-Fi 通信方式中，无线设备可以利用接入点与有线局域网进行通信。接入点是一个包含无线电接收器/发射器的“盒子”，外带一个连接到有线网络、路由器或集线器的天线。

图 7.16 描述了以基础模型运行的 802.11 无线局域网，它把很多移动设备连接到大型有线局域网。大多数的无线设备是客户端机器，移动客户端所需要使用的服务器安装在有线局域网上。同时，接入点控制着无线站点，并连接着有线局域网和无线局域网。

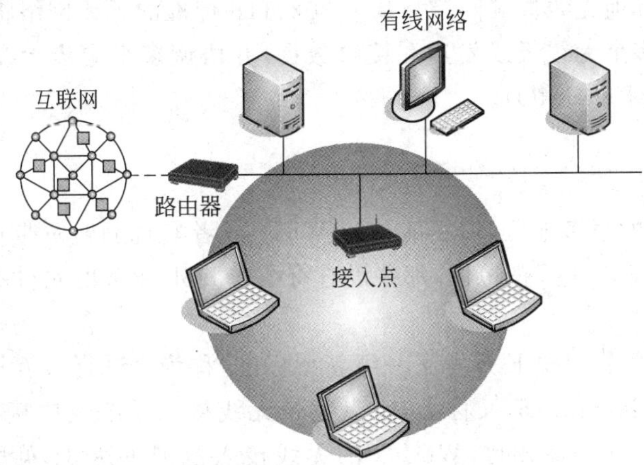

配有无线网卡的移动笔记本通过接入点连接到有线局域网上。接入点使用无线电波把网络信号从有线网络传输到客户端适配器，然后适配器把它们转化成移动设备可以识别的数据。接下来，客户端适配器把数据从移动设备发送回接入点，最后把数据转发到有线网络。

图 7.16　802.11 标准的无线局域网

现在的笔记本都配有接收 Wi-Fi 信号的芯片，旧型号的笔记本电脑则需要安装一个无线网卡。

Wi-Fi 和无线互联网接入

802.11 标准还通过宽带连接提供无线上网。在这种情况下，接入点连接到互联网连接处，可以是有线电视线路或 DSL 电话服务。在接入点范围内，计算机使用无线方式连接到互联网。

各种规模的企业正使用 Wi-Fi 网络实现低成本的无线局域网和互联网接入。为了实现互联网的移动接入，Wi-Fi 热点如雨后春笋般出现，分布在酒店、机场休息室、图书馆、咖啡馆和大学校园等场所。达特茅斯学院就是其中之一，在这里，学生们可以使用 Wi-Fi 进行科研、学习和娱乐。

为了达到占地小、覆盖广的效果，Wi-Fi 热点通常有一个或多个接入点，可安放在公共场所的天花板、墙壁或者其他战略性位置。热点范围内的用户，通过具有 Wi-Fi 功能的笔记本电脑、掌上电脑或者手机(如苹果手机)连接到互联网。有些“热点”是免费的，或者不需要使用别的软件,其他的热点需要激活和通过在Web上提供信用卡号建立一个付费账号。

然而,Wi-Fi技术正面临一些挑战。当前,如果各个热点使用不同的Wi-Fi网络服务,那么用户就不能随意地在热点间漫游。除非服务是免费的,用户需要登录到各自不同的账户,分别付费。

Wi-Fi的主要缺点就是安全性能低,它的无线网络很容易被入侵。在第8章中,我们将讨论更多有关Wi-Fi安全技术的细节。

Wi-Fi网络的另一个缺点就是,它很容易受到附近同一个频谱其他系统的干扰,如无线手机、微波炉或其他无线局域网等。基于802.11n标准的无线网络将有望解决这一问题,它使用串联的多个无线天线发送和接收数据,并协调多个同步无线电信号。这种技术称为多入多出技术(MIMO)。

全球微波互联接入(WiMax)

在美国和全球的很多地区,都不能访问Wi-Fi或者实现固定宽带连接。Wi-Fi系统只能覆盖距离基站300英尺的范围,那些没有有线或DSL服务的农村用户无法无线接入互联网。

为了解决这些问题,IEEE开发了一组新型标准,称为全球微波互联接入(WiMax)。WiMax即IEEE标准802.16,又称为"定点宽带无线接入系统空中接口"。与Wi-Fi的300英尺和蓝牙的30英尺相比,WiMax的无线接入范围可达31英里,传输速率达到75Mbps。802.16标准以良好的安全性能和高质量的服务水平实现了语音和视频传输功能。

WiMax天线功率强大,足可以将数英里外的家庭和公司屋顶的天线连接到高速互联网。Sprint Nextel公司正在建设一个全国性的WiMax网络,以支持视频、视频电话和其他数据密集型的无线服务。此外,英特尔公司开发了一个特殊的芯片,使WiMax能够运用于移动计算机。

7.4.3 无线射频识别(RFID)和无线传感网络

移动技术使整个企业的工作效率大大提高,工作方式全面改观。除了前面提到的无线网络系统,无线射频识别系统和无线传感网络也发挥着重要作用。

无线射频识别(RFID)

无线射频识别(radio frequency identification,RFID)系统为在整个供应链中跟踪商品提供了技术。RFID系统使用带有嵌入式芯片的小标签,其中包含商品的数据和位置,能在短距离内传输无线电信号到RFID阅读器。然后,RFID阅读器通过网络把数据传输给计算机,进行数据处理。与条形码不同,阅读时RFID标签不需要视线接触。

RFID标签对能唯一地识别某商品的信息进行了电子编程,另外加上该商品的其他信息,如商品位置、产地和成分、生产状态等。标签里嵌入了存储数据的微型芯片,标签的其他部分是传输数据给阅读器的天线。

阅读器由连接到固定或手持设备的天线和无线电发射器组成，且具有解码功能。依据阅读器输出功率、无线电频率以及周围的环境条件，它可以在 1 英寸到 100 英尺的范围内发出无线电波。当 RFID 标签在阅读器范围内出现时，标签会被激活并开始发送数据。阅读器捕获这些数据并解码，然后通过无线或者有线网络发送回主机，进一步处理数据(见图 7.17)。RFID 标签和天线的形状和大小各不相同。

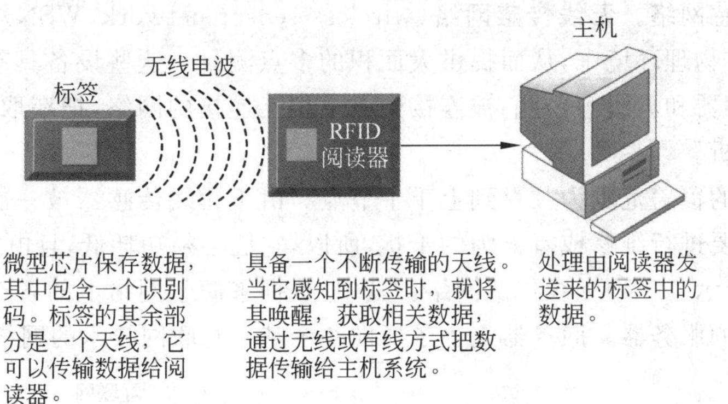

RFID 使用低功率的无线电发射器读取存储在标签里的数据，标签距离在 1 英寸到 100 英尺间。阅读器从标签捕获数据，然后通过网络发送到主机进行数据处理。

图 7.17　RFID 的工作原理

主动式 RFID 标签可以通过内置电池充电，对数据进行重写和修改。激活的标签可以将信息传输至上百英尺，但是每个标签的成本至少要 5 美元。像纽约的 E-ZPass 自动收费系统就使用主动式 RFID 标签。

被动式 RFID 标签没有自带电源，它能从 RFID 阅读器传输的射频获得运行动力。与主动式标签相比，它体积小，重量轻，价格便宜，但传输范围仅能覆盖几英尺。

在存货管理和供应链管理方面，RFID 系统比条形码系统能获得并处理更详细的关于商品库存和生产的信息。如果大量商品一并运输，RFID 系统将追踪装运的每个货舱、批次甚至单个商品的信息。这一技术会改善沃尔玛等公司的收货和仓储流程，更加有效地监管货物的存放，无论是存在仓库还是放在商店货架上。

沃尔玛在商店收货区安装了 RFID 阅读器，记录下所有带有 RFID 标签的商品和货件。货物从仓库进到销售区后，RFID 阅读器将对标签进行第二次读取。软件把来自沃尔玛销售点系统的数据，与运到销售区的货物数量的 RFID 数据综合起来。此程序将显示即将售完的商品，并且在售完前，系统会自动生成货架上需要补充的商品清单。这一信息将有助于沃尔玛降低库存量，增加销售额，降低成本。

以前，RFID 标签的成本较高，而今，在美国每个被动式标签的成本仅 10 美分。随着标签价格的下降，在某些程序中应用 RFID 变得越来越划算。

除了安装 RFID 阅读器和标签系统，公司还需要升级它们的硬件和软件，处理由 RFID 系统产生的大量数据，可能高达数十万亿字节到数百万亿字节。

特殊的软件可用于过滤、汇总并防止 RFID 数据超过公司网络和系统程序的承载量。这些应用程序需要重新设计，以接收 RFID 数据产生的海量数据，并与其他程序分享数据。主要的企业软件厂商,包括SAP和甲骨文,现在都提供能配合RFID使用的供应链管理应用程序版本。

无线传感网络

如果你的公司使用最先进的技术监控大楼安全或检测空气中的有害物质,它可能需要部署无线传感网络。**无线传感网络**(wireless sensor network,WSN)是相互关联的无线设备,嵌入在物理环境中,从而提供大面积的多点测量。这些设备具有内置处理器、存储器、无线传感器和天线等,它们被连接到一个相互连接的网络,把获取的数据发送到计算机并进行分析。

这些网络的覆盖范围为几百到上千个节点。由于无线传感器被一次性放置在某处,很多年都不需要进行维修或者人为的干扰,所以,它们必须功耗低,且电池耐用,寿命长。

图7.18展示了一种无线传感网络。其中,数据来源于网络上的各个节点,流向具有强大处理能力的服务器。服务器充当了通向一个基于互联网技术的网络的网关。

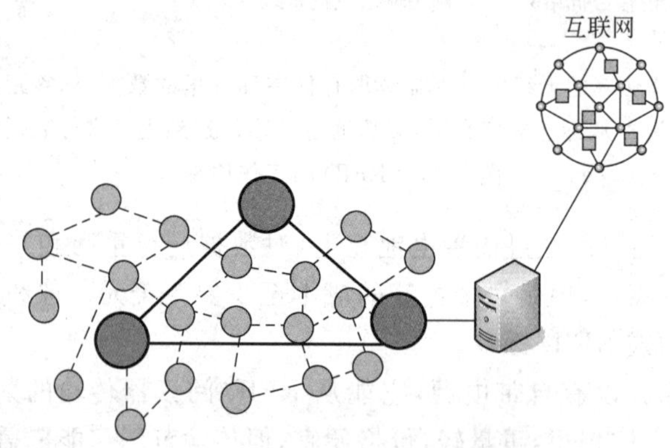

小圆圈代表低级节点,较大的圆圈代表高级节点。低级节点之间进行数据传输,或者传输数据到高一级节点,这样就能够更快地传输数据,加快网络运行速度。

图7.18 无线传感网络

无线传感网络在以下各方面发挥着重要作用:监测环境变化;监视交通和军事活动;保护财产;有效地运行和管理机械和车辆;建立安全周界;监测供应链管理;检测化学、生物或放射性物质。

7.5 MIS实践

本节中,读者将体验评价和选择通信技术的过程,练习如何使用电子表格软件改进对通信服务的选择,以及如何把Web搜索引擎应用于商业研究。

7.5.1 管理决策问题

1. 你所在的公司供应陶瓷地砖给家得宝、劳氏以及其他的家装公司。为帮助客户改善仓库存储商品的管理,需要在装载的瓷砖中使用无线射频识别标签。请你使用Web

技术来确定公司用于RFID系统的硬件、软件以及网络组件的成本。你需要考虑哪些因素？要确定公司是否采用这一技术，需要考虑的关键点是什么？

2. BestMed医疗用品公司销售来自700个不同制造商的医疗和外科产品，主要销往医院、保健诊所以及医疗机构。目前，公司在西部和中西部各州共有7个销售地点，有500名员工，包括客户经理、客户代表和仓库管理人员。借助电话、电子邮件、即时消息以及手机，员工之间相互沟通。管理者考虑是否应该采用统一的通信系统，他们需要考虑的因素是什么？要确定公司是否采用这一技术，做决定的关键点是什么？如果有必要，请上网了解统一通信及其成本的信息。

7.5.2　优化决策：使用电子表格软件评估无线服务

软件技能：电子表格公式以及格式

商务技能：分析电信服务和费用

在此项目中，你使用Web研究若干无线服务，使用电子表格软件为销售队伍计算无线服务成本。

你打算给美国俄亥俄州辛辛那提市的35个销售人员每人配一部手机，而且手机可以打电话、收发短信以及收发图片。请利用网络，在你家附近选择一家售后服务良好、覆盖全国无线业务的运营商。检查这些厂商提供的手机特征，假设你的35个销售人员在上班时间(上午8:00—下午6:00)每人每天打3小时电话，发30条短信，每周发送5张图片。请你使用电子表格软件来确定两年内最划算的无线网络服务和手机服务。在这一练习中，你不必考虑企业的折扣。

7.5.3　实现卓越运营：利用网络搜索引擎进行商业研究

软件技能：网络搜索工具

商务技能：研究新技术

该项目将有助于提高你利用网络搜索引擎技术进行商业研究的网络化技能。

你想了解更多有关用乙醇作为汽车的替代燃料的内容，用下列的搜索引擎获取这些信息，如雅虎、谷歌和MSN等。如果愿意，你也可以使用其他的搜索引擎。请你比较一下不同的搜索引擎所找到的信息的数量和内容，你认为哪个引擎最方便使用？哪个引擎提供了最好的搜索结果？为什么？

拓展学习

与本章相关的拓展学习资料如下：

1. 商业通信运营商提供的计算和通信服务
2. 宽带网络服务和技术
3. 移动电话的更新换代
4. 无线网络系统在客户关系管理、供应链管理以及医疗方面的应用
5. Web 2.0

本章小结

1. 电信网络和核心网络技术主要由哪些部分组成?

一个简单网络包含两个或多个相互连接的计算机。基本的网络包含计算机、网络接口、连接介质、网络操作系统软件以及集线器或交换机等。大型公司的网络基础设施包括传统的电话系统、移动通信系统、无线局域网、视频会议系统、公司网站、企业内部网、外部网以及局域网和广域网(包括互联网)等。

如今,随着客户机/服务器计算技术的兴起,包交换技术的使用以及 TCP/IP 协议(TCP/IP 协议是连接各个网络和计算机的全球通信标准)的采用,网络已经发生变化。协议提供了一种通用的规则,使得不同组件在电信网络中通信。

2. 主要的电信传输介质和网络类型有哪些?

主要的物理传输介质有双绞线、同轴电缆、光纤以及无线传输等。尽管双绞线的传输速度缓慢,但是它使得公司在现有的电话系统布线情况下实现数字通信。光纤和同轴电缆可应用于高容量的数据传输,但安装费用较高。微波和通信卫星应用于远距离无线通信。

局域网(LAN)可以连接 500 米半径内的个人计算机和其他数码设备,用于当前许多企业的计算机信息技术任务中。网络组件可以利用环形、星形或总线拓扑结构连接到一起。广域网(WAN)覆盖面积广阔,是独立管理的专用网络,横跨几十公里到几千公里。城域网(MAN)仅能覆盖一个市区。

数字用户线路(DSL)技术、有线互联网连接以及 T1 线路经常用于高容量的互联网连接。

有线互联网连接可以高速访问万维网或企业内部网,速度可高达 10Mbps。T1 线路可支持 1.544Mbps 的数据传输率。

3. 互联网和互联网技术的运行方式是什么?它们是如何支持通信和电子商务的?

互联网是由众多网络组成的一个全球性网络,它使用客户机/服务器计算模式以及 TCP/IP 网络参考模型。互联网上的每个计算机都会分配唯一的数字 IP 地址,域名服务系统(DNS)把 IP 地址转换成用户易于使用的域名。全球互联网政策大多由各个组织以及政府机构制定,例如互联网架构委员会、万维网联盟等。

主要的互联网服务包括电子邮件、新闻讨论组、聊天、即时通信、远程登录、文件传输协议(FTP)和万维网等。网页是基于超文本标记语言(HTML),可以显示文字、图片、视频以及音频等。网站目录、搜索引擎和 RSS 技术帮助用户在网上找到所需的信息。RSS、博客和维基都是 Web 2.0 的功能。Web 技术和互联网网络标准为专有的内部网和外部网提供了连接和接口,可以由组织内外的不同计算机访问。

公司借助互联网 VoIP 技术进行语音传输,使用低成本的虚拟专用网络(VPN)作为专有 WAN 的替代品,降低了经营成本。

4. 无线网络、通信和互联网接入的主要技术和标准是什么?

移动电话网络正在朝着快速、高带宽、数字分组交换传输的方向发展。3G 宽带网络的数据传输速度介于 144Kbps 与 2Mbps 之间。然而，美国大多地区还没有实现 3G 服务，所以美国移动运营商已经升级了网络用以支持高速传输。这些临时的 2.5G 网络提供了 60Kbps 到 345Kbps 的数据传输率，使手机可以享受网络接入、音乐下载和其他的宽带服务。

主要的移动电话标准，包括主要用于美国的码分多路(CDMA)，以及在欧洲以及世界其他地区广泛应用的全球移动通信系统(GSM)。

无线计算机网络的标准，包括应用于小型个人局域网的蓝牙、应用于广域网的 Wi-Fi 以及应用于城域网的 WiMax。

5. 为什么无线射频识别技术和无线传感网络具有很高的商业价值？

通过使用嵌入了商品数据和位置的标签，无线射频识别(RFID)系统可用于跟踪商品的动向。RFID 阅读器读取标签传输的无线电信号，并且通过网络传输数据到计算机，然后进行数据处理。无线传感网络(WSN)是相互关联的无线设备，它被嵌入到物理环境中，提供大面积的多点测量。

复习题

1. 电信网络和核心网络技术主要由哪些部分组成？
• 请描述简单网络的特征，以及大公司的网络基础设施。
• 说出影响当代通信系统的主要技术和趋势的名称，并对其进行描述。
2. 有哪些主要的通信传输介质和网络类型？
• 说出不同类型的物理传输介质的名称，并比较其速度和成本。
• LAN 的定义；描述其组成部件及各部分的功能。
• 说出主要的网络拓扑结构的名称，并进行描述。
3. 互联网和互联网科技是如何运行的？它们怎样支持通信和电子商务？
• 互联网的定义，描述它的运行原理，说明它在企业中所发挥的作用。
• 解释域名解析系统(DNS)和 IP 地址系统的运行原理。
• 列举并且描述主要的互联网服务。
• 网络电话(VoIP)和虚拟专用网络的定义，说明它们在企业中所发挥的作用。
• 列举并描述在网上查找信息的其他方式。
• 比较 Web 2.0 和 Web 3.0。
• 内部网和外部网的定义，描述两者的不同之处。说明二者在企业中所发挥的作用。
4. 无限网络、通信和互联网接入的主要技术和标准是什么？
• 定义蓝牙、Wi-Fi、WiMax 和 3G 网络。
• 描述以上技术各自所具有的功能以及它们各自最适用的环境。
5. 描述 RFID 和无线传感网络(WSN)在企业发挥重要作用。
• RFID 的定义，解释其运行原理，说明它在企业中所发挥的作用。
• WSN 的定义，解释其运行原理，并对应用它们的程序加以描述。

讨论题

1. 有人说,未来几年,智能手机将成为我们最重要的数字设备,对此你有何看法?
2. 主要的零售商和制造商是否应该使用RFID?为什么?

团队项目:评价智能手机

三四个同学组成一个小组,比较苹果iPhone手机与具有同样功能的其他品牌手机。你需要考虑每个机型的价格、运行的无线网络、服务计划和手机成本、可享受的服务等。你还应该考虑每种机型的其他功能,比如整合现有的企业版和个人版的计算机应用程序的功能。你会选择哪个机型?你用什么标准指导你的选择?如果可能,请使用谷歌把链接发布到网页,包括团队沟通公告,任务分派。集思广益,并协同做好项目文档工作,然后试试使用谷歌文档在课堂上向大家汇报你的研究结果。

案例研究

谷歌Vs.微软:科技巨头的冲突

谷歌和微软,这两家过去几十年崛起的最著名的公司正进行着一场对工作场所、互联网以及技术世界支配权的战争。事实上,这场战争已经全面展开。两家公司已经取得了各自擅长领域的支配权。谷歌已经取得互联网的支配权,而微软也确立了在计算机系统软件的霸主地位。然而,二者都正在努力寻求进入其他核心业务的途径,这两家公司的竞争注定异常激烈。

两家公司战略和商业模式各有不同,这告诉我们为什么它们之间的竞争将会改变我们未来的技术世界。谷歌在创业之初,只是一个搜索引擎公司,但是它的PageRank搜索算法和在线广告服务的有效性,以及吸引本行业最优秀人才的能力,使谷歌一跃成为世界上最著名的公司之一。另外,公司广泛的基础设施使它能提供最快的搜索速度和各种基于Web的产品。

微软发展到现在的霸主地位,完全依赖于Windows操作系统和Office办公软件。当前,全世界的用户量已达到5亿。其间虽不时被指责存在垄断行为,然而,公司和旗下产品已成为企业和消费者希冀提高计算机工作效率的"必需品"。

目前,随着互联网的不断发展和互联网宽带连接日趋普遍,两家公司对未来有着不同的看法。谷歌相信,互联网日渐成熟,更多的计算机信息处理任务通过网络在数据中心的计算机中完成,而不是在计算机桌面,这被称为"云计算",是谷歌商业模式向前发展的核心。而微软的目标是"拥抱"互联网,同时说服消费者保留桌面系统作为计算机信息技术处理的基本形式。

仅有少数公司拥有资金和人力去管理和维护云计算,谷歌和微软就是其中之一。谷歌拥有大量以互联网为基础的产品和工具,如在线搜索、在线广告、数字地图、数码照片管理以及数字无线电广播等功能，成为云计算的先驱。很显然，以互联网为基础的计算技术将取代桌面计算技术，成为大多数人使用计算机的方式。用户将各种链接设备访问存储在远程服务器的数据中心，而不是使用自己的计算机进行本地化操作。

云计算的一个优点是，用户不必使用专门的计算机访问信息或进行相关工作；另一个优点就是谷歌可以负责数据中心的维护工作。但缺点是，需要使用相关设备进行互联网连接，从而保证谷歌运行环境的安全，为了弥补这一缺点，谷歌希望互联网、宽带和 Wi-Fi 等连接方式覆盖到各个角落。

即使云计算像谷歌所宣传的那样好，微软仍然具有显著优势。公司有一套广受消费者好评的软件，每当微软开发出 Office 和 Windows 的新产品，用户就知道如何使用产品，并且可以与其他系统兼容运行。

谷歌声称并非企图取代微软，而是提供与微软软件兼容的产品和服务。谷歌分公司经理 Dave Girouard 说，"人们都在使用这两种产品(谷歌产品和 Office 软件)，选择对某一具体任务适用的软件。"

但是，云计算仍然构成对微软核心业务的威胁，后者一直以桌面作为所有计算任务的核心。如果消费者不从微软购买软件，而是以较低的价格访问而非购买存储在远程服务器上的软件，桌面处理技术将不再占据主要地位。过去，微软的 Windows 操作系统(有 95%的个人计算机使用此操作系统)和 Office 办公软件极受欢迎，微软利用其打败竞争对手，如 Netscape Navigator、Lotus1-2-3 和 WordPerfect 等。但是，谷歌的产品是基于 Web 的，并不依赖 Windows 和 Office。谷歌相信，将近 90%的计算任务可以由云计算完成。微软对此说法表示质疑，称其过于夸大其词。

倘若谷歌是正确的，微软显然希望加强其在互联网的地位。最近，微软试图收购门户网站雅虎的举动说明微软正有此意。除了雅虎，没有其他任何公司能使微软在搜索引擎市场占有更多的份额。在互联网搜索引擎市场，谷歌占 60%的市场份额，雅虎 20%多，微软不到 10%。合并之后，尽管微软—雅虎将仍然落后于谷歌，但至少它会有更大的机会超越谷歌。最初，微软的并购努力遭到了雅虎的重重阻力。

凭借其收购雅虎之势，微软不仅希望证明自己在互联网的存在，还希望以此终止雅虎和谷歌的广告交易。2008 年 6 月，这样的机会变得更加渺茫，因为谷歌和雅虎合作，雅虎将把一部分广告业务外包给谷歌。谷歌计划在雅虎搜索利润率较低的某些领域投放一些广告，因为与任何竞争对手相比，谷歌的技术更加成熟，而且每次搜索会产生更多的收入。雅虎最近推出了被批评者贬为"毒丸"的一揽子隔离政策，使微软的收购不具任何吸引力。为应对这些措施及雅虎的其他行动，占有公司大量股份的身价亿万的投资家卡尔·伊坎煽动对雅虎领导层进行更换，并重开与微软的谈判。但是雅虎和谷歌两家公司的广告业务交易让人们怀疑微软的并购计划是否能成功。

不管有无雅虎，微软的在线信息都将需要进一步的改善。微软在线服务部门的业绩下滑，而谷歌业绩处于上升状态。2007 年，微软损失 7.32 亿美元，2008 年更糟。而 2007 年间，谷歌盈利 42 亿美元。

微软的目标就是"在搜索上创新和突破，在广告上取得领先，重塑门户网站和社会媒体的称号"。微软试图收购雅虎也暗示对自身能力的质疑：公司到底能否独自完成一切。

公司内部规模化发展的难度远远超过对外的收购。为了能够在新领域得以发展,微软面临巨大的挑战。互联网的迅猛发展使任何一个公司都很难在某一领域长期处于支配地位。由于互联网的出现,微软难以保持其增长率。自从互联网出现伊始,微软就再难以保持其持续增长的势头。面对颠覆性的创新技术,即使管理良好的公司也会遭遇困难,微软也不例外。

谷歌在企图染指微软领地时,也同样面临很多困难。谷歌努力的重点是谷歌应用(Google Apps)套件,这是一个基于 Web 的应用程序,包括 Gmail、即时通信、日历、文字处理、演示文稿、电子表格应用程序(谷歌文档)和创建协作网站的相关工具等。这些应用程序是微软 Office 应用程序的简化版本,谷歌免费提供试用版,以低于正常价格的售价出售专业版。订阅谷歌 Google Apps 的专业版,用户每人每年只需花费 50 美元,而微软的 Office 软件,每人每年约为 500 美元。

谷歌相信,大多数 Office 用户不需要 Word、Excel 及其他 Office 应用程序的高级功能,通过使用 Google Apps,用户收益更多。例如,一些小型企业更喜欢价格低、使用简单的版本,诸如文字处理、电子表格、电子演示应用等,因为它们不需要微软 Office 的复杂功能。微软对此辩称,Office 是多年研发的成果,成本高昂,迎合了用户的需要,并且用户对产品都非常满意。许多企业对此表示赞同,它们不愿抛弃 Office 办公软件,因为它是"安全的选择"。这些公司往往担心,它们的数据并非现场存储,而且最终可能违反法律,例如《萨班斯—奥克斯利法案》要求公司保留数据并按规定发送到政府。微软还提供更多的软件功能和基于 Web 的服务,以加强其网上业务。其中包括 SharePoint(基于 Web 的写作和文档管理平台)以及微软的 Office Live。Office Live 提供对电子邮件、项目管理和组织信息的基于 Web 的服务,以及对 Office 的在线扩展等。

谷歌和微软之间的竞争并非只局限于办公软件,两家公司在众多领域存在竞争,包括 Web 浏览器、网络地图、网络视频、手机软件以及在线健康记录工具等。Salesforce.com(参见第 5 章)体现了两巨头之间的另一场竞争。微软试图在由 Salesforce.com 推广的软件即服务模式上有所进展,低于正常的价格出售具有竞争力的 CRM 产品。而谷歌则相反,与 Salesforce 进行合作,把它的 CRM 应用程序与 Google Apps 整合,创造新的销售渠道来向已经采用 Salesforce CRM 软件的企业营销 Google Apps。

此外,两家公司都在试图向开发者开放平台。谷歌推出了自己的谷歌应用程序引擎(Google App Engine),允许外部程序员以最低的成本开发并且推出自己的应用程序。微软宣布,他们将公开之前保密的很多软件细节,此举体现了微软政策的巨大变化。这样,在与微软相关项目的合作建设服务中,程序员将会变得更加得心应手。通过强迫其他公司使用 Windows 而不是开发替代产品,微软的保密政策曾经帮助自己控制市场。但是如果他们不能对 Google Apps 做同样的事,那么使用不同的方法吸引软件开发者,将更有意义。

微软能否抵御谷歌的挑战,保持其在高科技产业的主导地位,我们将拭目以待。有许多知名公司都已沦为模式转换的牺牲品,例如,从大型机到个人计算机,从传统的印刷媒体到互联网发布。如果谷歌成功,就是从个人计算机到云计算的转变。

资料来源:Clint Boulton,"Microsoft Marks the Spot," *eWeek*, May 5, 2008; Andy Kessler, "The

War for the Web," *The Wall Street Journal*, May 6, 2008; John Pallatto and Clint Boulton, "An On-Demand Partnership" and Clint Boulton, "Google Apps Go to School," *eWeek*, April 21, 2008; Miguel Helft, "Ad Accord for Yahoo! and Google," *The New York Times*, June 13, 2008 and "Google and Salesforce Join to Fight Microsoft," *The New York Times*, April 14, 2008; Clint Boulton, "Google Tucks Jotspot into Apps," *eWeek*, March 3, 2008; Robert A. Guth, Ben Worthen, and Charles Forelle, "Microsoft to Allow Software Secrets on Internet," *The Wall Street Journal*, February 22, 2008; J. Nicholas Hoover, "Microsoft-Yahoo! Combo Would Involve Overlap—and Choices," *Information Week*, February 18, 2008; Steve Lohr, "Yahoo! Offer is Strategy Shift for Microsoft," *The New York Times*, February 2, 2008; and John Markoff, "Competing as Software Goes to Web," *The New York Times*, June 5, 2007.

思考题

1. 说明微软和谷歌的商业策略和商业模式，并对二者加以比较。
2. 互联网能否取代 PC 桌面成为主角？为什么？
3. 为什么微软试图收购雅虎？这将如何影响其商业模式？你认为这是一个很好的举措吗？
4. Google Apps 对于谷歌的成功有何重要意义？
5. 你是否会使用 Google Apps 取代微软的 Office 办公软件？为什么？
6. 你认为哪家公司和哪种商业模式会在这场长期的斗争中获胜？请予以说明。

Management Information Systems

第8章

信息系统安全

学习目标

学习本章，你将了解到：

1. 为什么信息系统面对破坏、错误和滥用等问题时如此脆弱？
2. 信息系统安全和控制的商业价值是什么？
3. 信息系统安全和控制的组织框架有哪些要素？
4. 保护信息资源最重要的工具和技术有哪些？

波士顿凯尔特人大败间谍软件

几年前，波士顿凯尔特人在篮球场上争夺季后赛席位的同时，球队后方也打起了信息战。主管技术的副总裁 Jay Wessel 试图帮助球队摆脱间谍软件的困扰。Wessel 带领他的团队管理约 100 台笔记本电脑，分属于教练、球探及销售、市场和财务部门的员工，他们的计算机被植入了许多恶意软件。

篮球与其他体育项目一样，球队在一个赛季的大部分时间征战于各地。每个赛季，教练、后勤人员和其他员工都有 40 场或更多的时间不在球队的大本营，他们用笔记本电脑观看比赛录像，更新球员数据。他们在机场、宾馆等公共场所连接公共网络，也连接凯尔特人的内部网络。Wessel 认为"宾馆的网络是间谍软件活动的温床"。在外面受间谍软件侵害的计算机再带回波士顿球队总部使用，这样就造成网络阻塞。此外，间谍软件也会影响凯尔特人专用统计数据库的进入和使用，数据库是利用微软 SQL 数据库服务器创建的，教练用它为每场比赛做准备。Wessel 和他的团队花费大量时间避免间谍软件的入侵。

有一次，球队去印第安纳打季后赛，当时入住的宾馆网络很差，很多笔记本电脑被植入了间谍软件。Wessel决定要积极采取措施对付间谍软件，可是他所能做的却十分有限，团队规模较小，且公司没有多少资源可用于解决安全问题。凯尔特人一直使用的反间谍软件(Aladdin eSafe Security Gateway和Webroot Spy Sweeper)效果不显著。凯尔特人若想使用视频编辑程序选拔新人，那么他们就要暂时卸载这些软件。

Wessel决定使用Mi5 Networks Webgate的安全应用程序来解决这一问题。该程序安装在凯尔特人公司的防火墙和网络之间，阻止间谍软件侵入公司内部网络，并且阻止已被植入间谍软件的计算机连接外部网络。Webgate还可以阻止被植入间谍软件的计算机将数据传输到间谍软件所连接的另一端。

Wessel的团队成员把被入侵的计算机与其他计算机隔离，清除其中的间谍软件。Webgate会生成一份执行报告，Wessel可以在上面看到被入侵计算机的名单、公司内部的僵尸网络活动、远程攻击以及间谍软件尝试与控制机的联系。为了弥补Webgate的不足之处，凯尔特人使用SurfControl(现在是Websense的一部分)过滤电子邮件和网页浏览，使用Trend Micro杀毒，使用SonicWALL的防火墙和入侵探测系统，使用Aladdin eSafe阻止其他恶意软件。

安装Webgate及其他工具后，凯尔特人的网络就免受间谍软件的侵袭了。清除恶意软件之后，笔记本的速度明显变快，公司网络的速度有所提高，凯尔特人信息技术中心的电话也少了许多。Wessel很快指出，如果不对使用者培训，安全系统的收效不会明显。公司员工需签署"可接受使用策略"，策略明确规定了员工使用办公计算机所从事的工作内容，要求员工最好不要访问可能会向公司内部网络植入恶意软件的网站。

资料来源：Doug Bartholomew, "The Boston Celtics' New Malware Point Guard," *Baseline Magazine*, January 2008 and Bill Brenner, "Boston Celtics Face Off Against Spyware," SearchSecurity.com, accessed June 23, 2008.

间谍软件为波士顿凯尔特人带来很多问题，因此我们要重视商业信息系统的安全问题。教练和员工的笔记本电脑在外出时感染恶意间谍软件，损害公司内部系统，从而导致员工无法获得所需信息，完成工作。

本章的开篇图表概括了本案例及本章的主要观点。波士顿凯尔特人的教练和其他工作人员在随队打比赛的时候，需要使用笔记本电脑访问公司内部系统。他们的笔记本在酒店和机场连接到公共Wi-Fi无线网络，可能会感染恶意间谍软件，在连接到公司内部系统时，就可能将恶意间谍软件植入公司内部系统。公司为摆脱恶意软件对其系统的损害，花费了大量的时间和金钱。管理层决定投资购买新的安全技术，为系统提供额外保护。他们还修订安全程序，隔离被感染的笔记本电脑，使其不能影响企业的系统。凯尔特人的解决方案使公司系统免遭间谍软件的侵害，也提高了系统的运行速度。

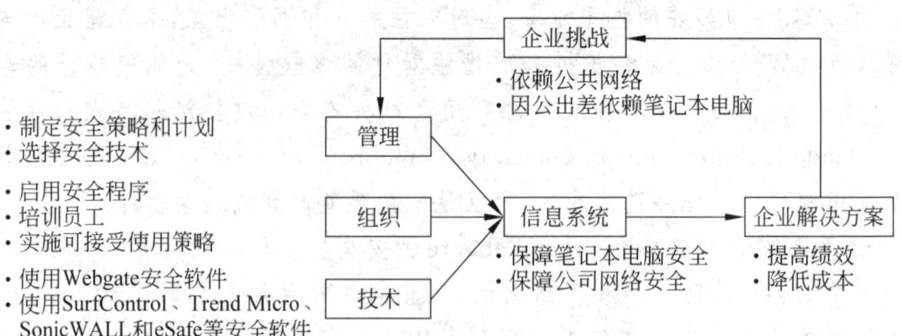

8.1　系统脆弱性与滥用

如果你的计算机在没有防火墙或杀毒软件的情况下连接到互联网，会发生什么情况？计算机可能会在几秒内停止工作，你可能要花上几天的时间使其恢复正常。如果你的生意要用计算机，在它无法正常工作时，你可能无法出售商品或下订单。而且你可能会发现计算机系统已被侵入，数据被盗取或损害，包括客户的信用卡支付记录。如果有过多的数据被损害或泄露，生意也就无法正常运转。

简而言之，如果你想做生意，那么首先要确保信息系统的安全和控制。**安全**(security)是指用来防止非法存取、窜改、偷窃和对信息系统造成伤害的一些政策、程序和技术方法。**控制**(control)包含为了确保组织资产安全、记录正确和可靠，以及作业方法符合管理标准的一切方法、政策和组织秩序。

8.1.1　为什么系统容易遭到破坏

大量的数据以电子形式储存时比以纸质形式储存更易受到破坏。不同位置的信息系统可通过通信网络彼此相连。未经授权的访问、滥用或欺诈的发生可能不局限于某一地点，而是可接入网络的任意点。图8.1显示了现代信息系统可能遭受的最常见威胁。这些威胁可能是技术、组织和环境因素以及不良的管理决策所导致的。本图所显示的多层客户机—服务器计算环境里，漏洞存在于每一层和层之间的通信中。在客户端层，用户导入错误数据或未经授权访问系统均可对系统造成伤害，可能导致通过网络访问数据、在传输过程中窃取有价值的数据或者未经授权擅自改变信息。不同地点的辐射也可能破坏网络。入侵者可以发动拒绝服务攻击或植入恶意软件，从而破坏网站运作。通过以上方式入侵企业系统可以破坏或改变数据库或文件中存储的数据。

计算机硬件发生故障、配置不当以及因使用不当或恶意行为损害硬件均会导致系统故障。编程时出现错误、安装不当或未经授权的修改均会导致计算机软件出现故障。停电、水灾、火灾或其他自然灾害也能破坏计算机系统。

与境内外的公司合作也增加了系统受到破坏的可能性，因为有价值的信息可能会存储在组织控制范围之外的网络和计算机上。如果没有完善的安全保护措施，这些有价值的数据很可能会丢失、损坏或泄露，导致商业机密及个人隐私泄露。

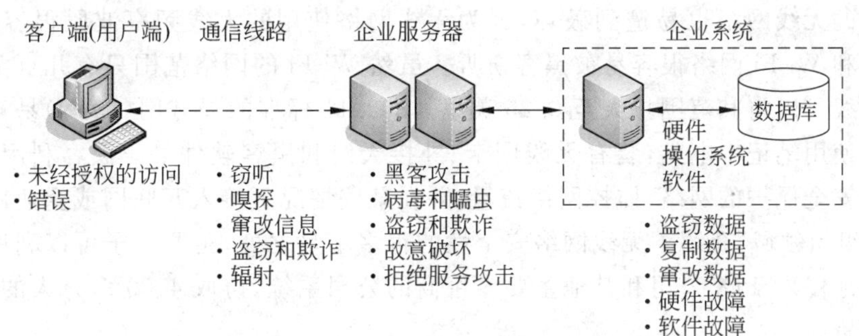

基于 Web 的应用体系结构通常包括 Web 客户端、服务器以及连接到数据库的企业信息系统。每一个组成部分都可能面对安全挑战和漏洞。体系的任一环节都有可能被水灾、火灾、停电或其他电力故障所干扰。

图 8.1 系统面对的安全挑战

商业中移动设备使用频繁也增加了安全风险。普通手机和智能手机携带方便,同时也容易丢失,它们的网络很容易被外界访问。企业主管使用的智能手机可能存有敏感数据,如销售数据、客户姓名、电话号码和电子邮件地址等。入侵者可以通过此类设备访问企业内部网络,未经授权的下载可能会导致软件出现故障。

互联网的脆弱性

因为互联网等大型公共网络对所有人开放,所以它们比内部网络更为脆弱。互联网相当庞大,若出现滥用行为,其影响面非常大。当互联网成为企业网络的一部分时,该组织的信息系统更容易受到外界的破坏。

通过电缆调制解调器或数字用户线路(DSL)接入网络的计算机更易被外界入侵,因为它们使用固定的互联网地址,更容易被识别。(若使用拨号服务,每次会分配一个临时地址。)对于黑客而言,固定的互联网地址是固定的攻击目标。

如果基于互联网技术的电话服务网络不在安全的专用网络上运行,那么它比交换语音网络更易遭受破坏。大多数通过公共互联网的语音(VoIP)是不加密的,因此网络上任何人都可以听到会话内容。黑客可以通过入侵支持 VoIP 的服务器,窃听会话内容或关闭语音服务。

电子邮件、即时通信(IM)和对等文件共享的广泛使用也会使系统易遭破坏。电子邮件附件可能包含恶意软件或者使他人可以非法访问公司内部系统。员工可能利用电子邮件向未经授权的接收方发送商业秘密、财务数据或客户机密信息。广受欢迎的即时通信对文字信息不使用安全层,因此在通过公共互联网传输的过程中,文字信息可能被外界截取或读取。在某些情况下,互联网上的即时通信行为可以做为入侵其他安全网络的一个通道。通过对等(P2P)网络共享文件,如非法音乐共享,也可能传播恶意软件,或让外界获得个人或公司计算机上的信息。

无线网络的安全挑战

在机场、图书馆或其他公共场所登录无线网络安全吗?这取决于你的安全意识。即使是家中的无线网络也易遭到破坏，因为无线网络使用的无线频率波段很容易被扫描到。蓝牙和 Wi-Fi 网络很容易被黑客窃听。虽然 Wi-Fi 的网络范围只有几百英尺，但使用外部天线可以将其范围扩大至 0.25 英里。802.11 标准的局域网(LAN)易被侵入，入侵者一般使用笔记本电脑，装有无线网卡、外接天线和黑客软件等。黑客利用这些工具寻找未受安全保护的网络，监控网络流量，并在某些情况下接入互联网或企业网络。“互动讨论：组织领域”介绍了无线网络安全性的很多不足之处，犯罪分子可以利用这一点，轻而易举地侵入 TJX 公司和其他主要零售商的公司系统，窃取 4100 多万人的个人信息和信用卡资料。

Wi-Fi 无线传输技术的设计使寻找电台和听到对方都更为便捷。服务集标识符(SSID)作为 Wi-Fi 网络的访问点，向外广播频率高，入侵者利用嗅探器程序很容易进入该无线网络(见图 8.2)。无线网络在许多地方不具备对**战争驾驶**(war driving)的基本防御能力，战争驾驶是指有人驾车经过建筑物或将车停在建筑物外，截取无线网络流量。

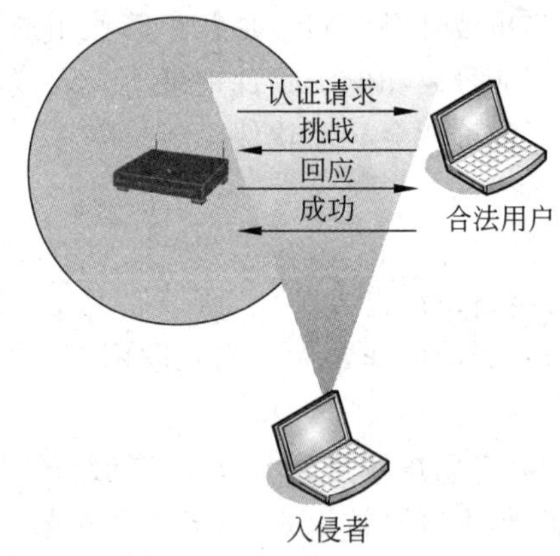

入侵者利用嗅探器程序获取地址，可以不通过认证，轻易入侵 Wi-Fi 网络，访问网络内部资源。

图 8.2　Wi-Fi 所面临的安全挑战

互动讨论：组织领域

最恶劣的数据盗窃案？

2008 年 8 月初，美国联邦检察官指控 5 个国家的 11 名犯罪嫌疑人盗取 4 100 多万个信用卡和借记卡号码，这 5 个国家包括美国、乌克兰。这是迄今为止历史上最大的信用卡号码盗窃案。他们的作案目标集中在大型零售连锁店，如 OfficeMax、Barnes & Noble、RI's Wholesale Club、the Sports Authority 和 T. J. Maxx 等。

这些窃贼在零售店附近驾车，扫描无线网络信号，识别网络漏洞，然后安装从海外同伙处获得的嗅探器程序，把嗅探器程序接入零售商处理信用卡的网络系统，截取客户借记卡和信用卡的卡号和个人密码(PIN)。然后他们把这些信息发送到位于乌克兰、拉脱维亚和美国的计算机中。这些小偷在网上出售所窃取的信用卡号码,把窃取的其他号码写入空白卡的磁条上,这样他们就可以在 ATM 机上提取数千美元。迈阿密的 Albert Gonzalez 是整个作案团伙的主要组织者。

他们规模最大的一次盗窃活动始于 2005 年 7 月。团伙成员发现迈阿密一家名为 Marshall 的百货公司网络很脆弱,他们利用这个网络在其母公司 TJX 的计算机上安装了嗅探器程序,访问 TJX 的中央数据库,该数据库存有美国的 T. J. Maxx、Marshalls、HomeGoods 和 A. J. Wright 商店以及加拿大的 Winners 和 HomeSense 商店的客户交易信息。15 个月之后,TJX 报告入侵者已窃取了 4500 多万个借记卡和信用卡的卡号。

TJX 当时使用的 WEP 加密系统较易为黑客破解。其他公司已转向使用更为安全的 Wi-Fi 网络安全存取(WPA)标准,其加密程度更高,但 TJX 却没有做出改变。

稽核员后来发现,TJX 公司很多使用无线网络的计算机都没有安装防火墙和数据加密软件,也没有正确安装其购买的其他安全软件。在向证券交易委员会递交的文件中,TJX 公司承认向银行传输信用卡数据时没有加密,这违反了信用卡公司的规定。

与 TJX 公司有关的信用卡诈骗案件开始在美国及其他地方浮出水面。路易斯安那州 Fidelity Homestead 储蓄银行的客户发现信用卡账单自 2005 年 11 月起交易记录异常,有人盗用他们的账号在墨西哥的沃尔玛或其他超市以及南加州的一些商店消费。

2007 年 3 月,盖恩斯维尔警察局和佛罗里达州的执法部门拘捕了 6 名犯罪嫌疑人,他们涉嫌使用从 TJX 公司数据中心盗窃的信用卡信息。他们使用非法所得的礼品卡,在佛罗里达 50 个郡的沃尔玛和山姆会员店购物 800 多万美元,所购商品包括纯平电视机、计算机和其他电子产品。

同年 7 月,美国特工处又在佛罗里达州南部逮捕了 4 名犯罪嫌疑人,他们涉嫌使用从 TJX 公司盗窃的客户数据。逮捕行动追回了约 20 万个被盗的信用卡号码,损失金额达 7 500 多万美元。

此案例涉及的问题是 TJX 公司是否严格遵守由 Visa 和 MasterCard 制定的有关数据存储的安全规则,即支付卡行业(PCI)数据安全标准。根据规定,商家的系统中不应存有某些类型的持卡人数据,因为这些数据可能被盗窃,使信用卡盗窃案增加。Visa 和发卡金融机构之间的数据交流显示 TJX 公司确实违反了规则,它长期保存数据,而不是只在需要的情况下短期保存数据。

从书面上看,PCI 标准十分严格,它要求商家执行 12 条账户保护机制,包括加密、漏洞扫描,以及使用防火墙和杀毒软件。但是 PCI 标准的执行情况往往不佳,不遵守标准的商家仍有资格处理电子支付业务,只有一小部分商家被彻底审计。

2008 年 3 月,TJX 公司的管理层同意加强该公司的信息系统安全,它还同意在未来 20 年中,每两年由第三方审计其安全措施。

几个月前,TJX 公司与 Visa 美国达成了一项协议,建立一个 4 090 万美元的基金,补偿受其安全问题影响的银行。银行仅替换被盗用的信用卡和借记卡就可能要耗资 3 亿美元,这还不包括购买欺诈的损失。

TJX 公司报告说处理数据盗窃案已花费 2.02 亿美元,包括诉讼相关费用,预计公司可能在 2009 财政年度再花费 2 300 万美元。Forrester 研究公司估计 TJX 公司 5 年内因数据泄露的损失可能会超过10亿美元，其中包括咨询费、安全软件升级费用、律师费和其他增强客户信任度的营销花费。TJX公司拒绝对这些数字做出评价。

Javelin Strategy & Research的报告显示超过75%的受访消费者不会继续在发生过数据盗窃案的商店消费。同样的研究表明，消费者相信信用卡公司比零售商更能保护他们的数据。

资料来源：Brad Stone,"11 Charged in Theft of 41 Million Card Numbers," *The New York Times*, August 6, 2008; Andrew Corny-Murray, "PCI and the Circle of Blame," *Information Week*, February 25, 2008; Dan Berthiaume, "Data Breaches Cause Concern," *eWeek*, April 7, 2008; Joseph Pereira, Jennifer Levitz, and Jeremy Singer-Vine, "Some Stores Quiet Over Card Breach," *The Wall Street Journal*, August 11, 2008; Robin Sidel, "Giant Retailer Reveals Customer Data Breach," *The Wall Street Journal*, January 18, 2007; "Hack Attack Means Headaches for TJ Maxx," *Information Week*, February 3, 2007, and "T. J. Maxx Probe Reveals Data Breach Worse Than Originally Thought," *Information Week*, February 21, 2007.

思考题

1. 列举并描述TJX公司在安全控制方面的不足之处。
2. 哪些管理、组织及技术上的因素导致这些不足？
3. TJX数据丢失对TJX公司、消费者和银行各有什么商业影响？
4. TJX公司是否有效地处理了这些问题？
5. 本案例中，哪方应承担信用卡盗用所造成的损失？TJX公司？发卡银行？还是消费者？给出答案并说明理由。
6. 为避免再次出现此类问题，你有何建议？

MIS实例

浏览支付卡行业安全标准协会的网站(www.pcisecuritystandards.org)，并阅读支付卡行业(PCI)数据安全标准(PCI DSS)。

1. 此案例中TJX公司是否严格遵守支付卡行业数据安全标准(PCI DSS)？哪些方面没有遵守？
2. 如果遵守这些标准，TJX公司是否可以避免信用卡数据盗窃案的发生？

黑客可以使用802.11分析工具识别服务集标识符(SSID)。(Windows XP和Vista系统都能检测网络中的SSID广播，并可自动使用用户设备配置网络接口卡。)入侵者使用正确的SSID接入访问点，就可以访问该网络的其他资源，利用Windows操作系统还可以知道连接到该网络的其他用户，而且可以访问他们的计算机硬盘，打开或复制文件。

入侵者还使用所搜集的信息在其他信道上设置流氓接入点，迫使与其物理地址接近的用户的网络连接到此流氓接入点。一旦连接成功，黑客就可利用流氓接入点，窃取用户的姓名和密码。

早期的Wi-Fi安全标准称为有线对等保密(WEP)，效果并不理想。WEP被集成于所有 802.11 标准的产品中，但用户可以选择关闭 WEP。许多用户会忽略 WEP 的安全配置，使自己处于未受保护的状态。基本 WEP 规范要求访问点和所有用户使用同样的 40 位加密密码，在流量很小时很容易被黑客解密。现在出现了更强大的加密和认证系统，前提是用户需要安装。

8.1.2　恶意软件：病毒、蠕虫、木马、间谍软件

恶意软件(malware)是指对计算机造成威胁的软件，如计算机病毒、蠕虫和木马。**计算机病毒**(computer virus)是指在用户不知晓或未允许的情况下，在计算机程序或数据文件中插入的可执行的一组计算机指令或者程序代码。大多数计算机病毒都会造成一定后果。有些计算机病毒是相对良性的，比如，在屏幕上显示一句话或一张图片；有些计算机病毒有很强的破坏性，如破坏程序或数据、占用计算机内存、格式化计算机硬盘或者导致程序运行异常。通常，当人们发送电子邮件附件或复制受病毒感染的文件时，病毒才会在计算机之间传播。

如今，计算机多受到**蠕虫**(worms)攻击，蠕虫不需要依赖其他程序，可独立存在，能通过网络在计算机之间实现自我复制和传播。(与计算机病毒不同，它们可以不依附于其他程序自行运行，不需在人们使用计算机时传播，可自行传播。)这就是蠕虫比计算机病毒传播得更快的原因。蠕虫破坏数据和程序，干扰甚至阻塞网络。

蠕虫和计算机病毒通常可通过下载的软件、电子邮件附件、被盗用的电子邮件消息或者即时通信传播。计算机病毒也可通过“被感染”的磁盘或其他被感染的可接入设备侵入计算机信息系统。目前电子邮件蠕虫最难防范。

现在有 200 多种手机病毒和蠕虫，如 CABIR、Comwarrior 和 Frontal A。Frontal A 修改手机的文件，导致系统错误并无法重新开机。可感染移动设备的病毒是企业信息化的一个巨大威胁，因为现在有太多的无线设备可以连接到企业的信息系统中。

博客、维基平台等 Web 2.0 应用以及如 Facebook 和 MySpace 这样的社交网站成为传播恶意软件或间谍软件的新途径。这些应用允许用户在网络上发布含软件代码的内容，一旦有人浏览此网页，该代码便会自动复制到其计算机上。例如，2008 年 8 月，恶意黑客利用 Facebook 的留言板功能，企图攻击无戒心的用户。他们冒充用户的好友留言，要求用户点击一个链接观看视频，这个链接转接到一个流氓网页，告知用户要下载 Adobe Flash Player 的新版本才可观看视频。如果用户同意下载，网站将会在其计算机中安装一个名为 Troj/Dloadr-BPL 的木马程序，这个程序会使计算机自动下载其他恶意代码(Perez，2008)。

表 8.1 描述了到目前为止一些危害性最大的蠕虫和病毒的特点。

过去十年中，蠕虫和病毒对企业网络、电子邮件系统和数据的损害已造成数十亿美元的损失。美国《消费者报告》的“2008 年网络状况调查”(Consumer Reports' State of the Net 2008 survey)表明，美国消费者因恶意软件和在线诈骗的损失高达 85 亿美元，这些损失大部分由于恶意软件造成。

表 8.1 恶意代码案例

名　称	类　型	描　述
Storm	蠕虫/木马	2007年1月首次发现。以垃圾邮件的附件形式传播。感染计算机逾千万,迫使其接入僵尸网络,从事犯罪活动。
Sasser. ftp	蠕虫	2004年5月首次出现。通过随机攻击IP地址传播。导致计算机不断崩溃并重新启动,并使受感染的计算机自动感染其他计算机。在世界范围内感染数百万台计算机,干扰英国航空公司登机手续办理、英国海岸警卫站、中国香港医院、中国台湾邮局和澳大利亚西太平洋银行的运作。Sasser病毒及其变种造成全世界损失约148亿美元至186亿美元。
MyDoom. A	蠕虫	2004年1月26日首次出现。以电子邮件附件的形式传播。从被感染计算机中获取地址,并伪造发件人的地址,发送电子邮件。在高峰期,这种蠕虫可使全球网络性能降低10%,增加50%的网页载入时间。2004年2月12日后该病毒停止蔓延。
Sobig. F	蠕虫	2003年8月19日首次发现。通过电子邮件附件传播,伪造发件人信息,发送大量邮件。感染超过100万台计算机,造成50亿至100亿美元的损失后,于2003年9月10日自动停止运行。
ILOVEYOU	病毒	2000年5月3日首次发现。用Visual Basic脚本语言编写,以主题为ILOVEYOU的电子邮件附件形式传播。可覆写在音乐、图像和其他文件上,造成100亿至150亿美元的损失。
Melissa	宏病毒/蠕虫	1999年5月首次出现。含宏病毒的Word文件会选择用户电子通信簿中最前面的50人发送染有病毒的邮件。15%到29%的商用计算机被感染,造成财产损失总计达3亿至6亿美元。

木马(Trojan horse)表面上没有什么破坏性,但是它所造成的后果会出乎意料。木马不会自我复制,从这个角度来看,它不是病毒,不过它经常把病毒或其他恶意代码带入计算机系统。"木马"一词源于特洛伊战争时期希腊人用来诱骗特洛伊人打开城门的巨型木马,木马进城之后,躲在木马中的希腊士兵钻出来并占领该城。

一个现代木马的例子是Pushdo木马,它发送电子贺卡到他人电子邮箱,诱使Windows用户启动一个可执行程序。一旦该木马被执行,它便伪装成一个Apache服务器,并试图将可执行的恶意程序导入受感染的Windows系统计算机中。

某些类型的**间谍软件**(spyware)也表现为恶意软件。这些小程序自动安装在计算机上,监控用户的上网记录并为广告服务。上千种形式的间谍软件已被记录在案。Harris Interactive公司发现在其Web@Work研究所调查的公司中,92%称在公司系统中曾监测到间谍软件(Mitchell,2006)。

许多用户被此类间谍软件困扰,一些评论家对间谍软件侵犯计算机用户的隐私表示担忧。某些形式的间谍软件极其恶劣。**键盘记录器**(keyloggers)可以记录用户的键盘操作,用以窃取软件序列号、发起互联网攻击、访问电子邮件账户、获取用户的计算机密码或者窃取用户个人信息,如信用卡号码。其他间谍软件程序可重置Web浏览器主页,更改检索要求,或者通过占用过多内存来降低计算机性能。

8.1.3　黑客与计算机犯罪

黑客(hacker)是指在未经授权的情况下,试图进入计算机系统的人。尽管公开报刊经常将黑客和骇客混为一谈,在黑客圈中,骇客一词通常用来指有犯罪意图的黑客。黑客和骇客均利用网站和计算机系统所用的安全保护的弱点,以及开放的互联网,获得未经授权的访问。

黑客活动已不仅仅限于入侵系统,他们的活动范围已扩大到盗窃商品和信息,损坏系统和**破坏网络**(cybervandalism),即故意破坏甚至毁灭网站或公司的信息系统。例如,网络破坏者攻击 MySpace 上的群组,群组是指具有共同兴趣的人创建的小组,如家庭啤酒酿造或动物保护,破坏者在群组的涂鸦墙上贴满攻击性的评论和照片(Kirk,2008)。

欺骗和嗅探

黑客经常通过使用虚假电子邮件地址或伪装成别人进行欺骗,企图掩饰自己的真实身份。把 Web 链接引导到伪装成目的站点的非法站点也是一种欺骗(spoofing)。例如,如果黑客引导顾客进入一个虚假站点,这个虚假站点看起来和目的站点几乎一样,那么黑客就可以收集并处理订单,盗取商业信息和敏感的客户信息。在计算机犯罪活动的部分,我们会详细讨论其他形式的欺骗。

嗅探器(sniffer)是一种可以监控网络中信息传输的窃听程序。嗅探器合法使用时,有助于发现潜在的网络故障点或网络犯罪活动,但在非法使用的情况下,它们的危害巨大并非常难以察觉。黑客可以利用嗅探器在网络上任何位置窃取专有信息,包括电子邮件、公司文件和机密报告。

拒绝服务攻击

拒绝服务(denial-of-service,DoS)攻击是指黑客向网络服务器或 Web 服务器发送大量请求,使服务器来不及响应,从而无法正常工作。**分布式拒绝服务**(DDoS)攻击利用大量计算机从众多发射点发送请求,使网络崩溃。例如,2007 年 3 月初,Bill O'Reilly 的官方网站被大量数据包"轰炸"整整两天,该系统的防火墙不堪重负,网站不得不关闭以保护数据(Schmidt,2007)。

尽管 DoS 攻击不会破坏公司信息系统的信息,也不会访问受限部分,但它们通常会导致网站关闭,使合法用户无法访问该网站。对于业务往来繁忙的电子商务网站,这些攻击的代价昂贵,因为这些网站被关闭的时候,客户无法进行购买。中小型企业的网络更为脆弱,因为它们的保护措施往往不如大型企业。

攻击者往往利用几千台感染了恶意软件的"僵尸"计算机构成**僵尸网络**(botnet),发动拒绝服务攻击,但这些"僵尸"计算机的所有者并不知情。黑客通过在他人计算机中植入恶意程序创建僵尸网络,为攻击者发布指令打开了一个后门。在此之后,受感染的计算机就成为一个奴隶,或是僵尸,为主计算机服务。黑客一旦感染了足够多的计算机,就可以利用僵尸网络所积累的资源发动 DDoS 攻击、网络钓鱼或随意散播"垃圾"邮件。

2007 年上半年,网络安全产品提供商 Symantec 发现僵尸网络至少控制了 500 万台受染的计算机。僵尸程序和僵尸网络是非常严重的威胁,因为它们可以运用多种技术发动大规模攻击。例如,风暴蠕虫,这是过去几年里对电子邮件造成最大攻击的僵尸网络之一,它通过庞大的僵尸网络感染了近200万台计算机。2007年4月攻击爱沙尼亚政府网站和2008年7月攻击格鲁吉亚政府网站的僵尸网络被疑来自俄罗斯。

计算机犯罪

黑客的大多数行为均已构成犯罪,同时系统漏洞也使计算机成为各种形式的计算机犯罪的目标。例如,2007年1月,林永训因在其雇主——新泽西州富兰克林湖的Medco Health Solutions公司的计算机上安装"逻辑炸弹"被指控。林永训的程序可以损毁6 000万美国人的医疗信息(Gaudin,2007)。美国司法部对**计算机犯罪**(computer crime)的定义是"任何利用计算机技术,可以构成犯罪、审查或起诉的违法行为"。表8.2列举了以计算机作为犯罪工具及犯罪目标的例子。

表8.2 计算机犯罪案例

计算机作为犯罪目标
入侵受保护的、保密的计算机数据
未经授权访问计算机系统
蓄意访问受保护的计算机,以进行欺诈
故意访问受保护的计算机,并因过失或故意造成损害
明知传播某程序、程序代码或指令可能对受保护的计算机造成损害,仍实施该行为
威胁对受保护的计算机造成损害
计算机作为犯罪工具
盗窃商业秘密
未经授权复制软件或受版权保护的知识产权,如文章、书籍、音乐和视频等
计划诈骗
利用电子邮件威胁或骚扰
故意拦截电子通信
非法访问已存储的电子通信,包括电子邮件和语音邮件
利用计算机传播或存储儿童色情制品

没有人知道计算机犯罪的问题究竟有多少,如有多少系统被入侵,有多少人参与犯罪,或总的经济损失有多少。根据2007年SCI对近500家企业有关计算机犯罪和安全的调查显示,它们因计算机犯罪和安全攻击年均损失350 424美元(Richardson,2007)。许多公司都不愿举报计算机犯罪,因为可能有本公司的员工涉案,或者担心暴露系统漏洞可能损害公司声誉。计算机犯罪中造成经济损失最大的是DoS攻击、植入病毒、窃取服务和破坏计算机系统。

身份盗窃

随着互联网和电子商务的发展,身份盗窃这一问题愈发引人担忧。**身份盗窃**(identity theft)是一种犯罪行为,冒名者利用所获得的他人的重要个人信息,如社会安全号码、驾驶执照号码或信用卡号码,冒充他人身份。该信息可能被用于以受害人的身份获得信贷、商品或服务，或者提供虚假证明。Javelin Strategy & Research公司的研究报告显示，2007年美国因身份盗窃的受害者人数达840万人，损失总额为493亿美元(Stempel，2007)。

互联网身份盗窃日益猖獗，信用卡文件是网络黑客的主要目标。此外，电子商务网站上有丰富的客户个人信息，如姓名、地址和电话号码等。犯罪分子获得这些信息后，可以利用新的身份，获得信贷。

现在十分流行的一种欺骗形式叫**网络钓鱼**(phishing)。网络钓鱼即假装合法企业、设立虚假网站或发送电子邮件，向用户索取私密的个人资料。电子邮件消息让收件人通过回复电子邮件、在虚假网站上输入信息或打电话的形式，提供社会安全号码、银行和信用卡信息以及其他私密信息。EBay、PayPal、亚马逊、沃尔玛和各类银行机构均为实施欺骗的首选公司。

名为双面恶魔和域欺骗的新钓鱼技术很难被检测到。**双面恶魔**(evil twins)是一种假装提供可靠Wi-Fi连接的无线网络，即在机场休息室、酒店或咖啡厅所使用的网络。伪造的网络看起来与合法的公共网络没有什么不同。如果用户不知情并登录伪造的网络，欺骗者就可以捕捉其密码或信用卡号码。

域欺骗(pharming)可将用户引导至虚假网站，无论用户在浏览器输入框中输入的网址是否正确。互联网服务供应商(ISP)为加快网页浏览器速度，会存储互联网地址信息，如果域欺骗者获取这些信息的访问权，而ISP的服务器的软件又存在缺陷，那么他们便可乘虚而入，破解并更改这些地址，将用户导向虚假网站。

美国国会于1986年颁布了《反计算机欺诈和滥用法》，以应对计算机犯罪所带来的威胁。法案规定未经授权、擅自进入他人计算机系统是违法行为。美国大多数州都制定了类似的法律，欧洲的一些国家也颁布了类似法律。国会还于1996年通过《国家信息基础设施保护法》，把散布病毒和黑客攻击导致网站故障的行为定义为违法行为。美国多个法规对计算机犯罪有相关规定，如《窃听法》、《反电信诈骗法》、《反经济间谍法》、《电子通信隐私法》、《反电子邮件威胁和骚扰法》、《儿童色情保护法》，涉及拦截电子通信、利用电子通信诈骗、盗窃商业秘密、非法获取电子通信记录、使用电子邮件恐吓或骚扰、传播或持有儿童色情物品。

点击欺诈

当你点击搜索引擎上所显示的广告时，广告商通常要为每次点击支付一定费用，因为你被视为其产品的潜在买家。**点击欺诈**(click fraud)是指个人或计算机程序点击网络广告，但不想了解广告商所发布的信息或无购买意向。点击欺诈已经成为谷歌和其他网站所面临的一个严重问题，这些网站的在线广告是按点击次数付费的。

一些公司聘请第三方(通常来自低收入国家)恶意增加竞争对手的广告点击率，抬高其营销成本，从而削弱其竞争力。点击欺诈也可以通过软件程序点击，僵尸网络通常用于这一目的。谷歌等搜索引擎尝试监控点击欺诈，却一直不愿意让外界知道自己正在努力解决这个问题。

全球性威胁：网络恐怖主义和网络战

我们所描述的网络犯罪活动是无国界的，如植入恶意软件、拒绝服务攻击和网络钓鱼。Sophos 安全公司的报告称 2008 年初确定的恶意软件中，42%源于美国，10.3%来自俄罗斯。互联网的全球性使罪犯可能在世界任何地方实施计算机犯罪。

值得关注的是，互联网或其他网络存在的漏洞使数字网络更易受到恐怖分子、外国情报机构或希望造成大范围破坏和损害的其他群体的攻击。这种网络攻击可能针对电网运行所用的软件、空中交通控制系统或主要银行和金融机构的网络。至少有 20 个国家被认为是有能力发展进攻型和防御型网络战的国家。2007 年，美国共有 12 986 项政府单位网络系统受袭的报告，其中美国军用网络被入侵的次数与上年同期相比增加了 55%。美国国防部的承包公司也受到了攻击。

为了应对这一威胁，2008 年 1 月 8 日，时任美国总统的小布什签署了一份关于网络安全的总统令，授权国家安全局监控联邦所有机构的计算机网络并识别网络攻击的来源。美国国土安全部将致力于保护系统的工作，五角大楼将制定策略，对入侵者发起反攻。所有政府机构均被要求减少端口或信道的数量，把网络接口数量从 4 000 多减少到不到 100。

8.1.4 内部威胁：员工

人们总是认为，系统安全威胁都来自企业外部。实际上公司内部员工也会威胁系统安全。员工知晓公司安全系统的运作机制，可以收集机密信息且不留痕迹。

研究发现，用户缺乏相关知识是导致网络安全遭到破坏的最主要原因。许多员工忘记他们进入计算机系统的密码或允许同事使用自己的密码，这些行为均会为系统带来威胁。有些恶意入侵者冒充企业内部员工，以工作需要为由让真实员工提供密码等信息，从而进入企业网络。这被称为**社会工程**(social engineering)。

终端用户和信息系统专家都有可能犯错误，从而威胁系统安全。终端用户可能输入错误数据，或未按正规流程处理数据和使用计算机设备。信息系统专家可能在设计、开发新软件或维护现有程序的过程中犯错误。

8.1.5 软件漏洞

软件错误为信息系统带来的威胁一直存在，对生产造成无法估量的损失。软件程序日趋大型化且复杂化，并需及时迎合市场的需求，这在一定程度上均造成软件缺陷或漏洞增加。例如，2007 年 4 月 17 日和 4 月 18 日期间，一个有缺陷的软件升级，使得北美地区的黑莓电子邮件服务关闭约 12 小时。数以百万计使用黑莓的企业用户在此时间无法工作，人们对黑莓的可靠性提出质疑(Martin，2007)。美国商务部下属的国家标准与技术研究院(NIST)报告称，软件缺陷(包括漏洞、黑客和恶意软件)每年对美国经济造成的损失为 596 亿美元(NIST，2005)。

软件的主要问题是存在隐藏**错误**(bugs)或程序代码缺陷。研究发现，对于大型软件而言，实际上无法完全消除所有程序错误。这是因为大型程序的代码极其复杂，即使是一个小程序也包含几百行代码，数十个判定，指向几千个不同的路径。大多数企业内部的重要程序往往规模更大，通常有数万行甚至数百万行代码，与小程序相比，选择和路径多了很多倍。

因此，大程序无法达到零缺陷。完全测试也不可能实现。完全测试需要包括上千次选择并测试数百万条路径，这可能需要数千年才能完成。即使经过严格测试，也不能确定一个软件产品是否可靠，只能在实践中检验。

商业软件缺陷不仅会影响业绩，所存在的安全漏洞还使入侵者可以进入企业内部网络。安全公司每年可在互联网和个人计算机上发现约5 000个软件漏洞。例如，2007年Symantec发现了微软IE浏览器的39个漏洞，Mozilla浏览器34个，Apple Safari25个，Opera7个。其中一些漏洞非常严重(Symantec，2007)。

软件供应商发现软件缺陷后，往往会发布一些称为补丁(patch)的小程序来修复软件缺陷，同时不影响软件的正常运行。例如，微软于2008年2月发布的Windows Vista Service Pack1中就包括一些提高系统安全性能的程序，以应对恶意软件和黑客。用户需跟踪这些漏洞，测试并应用所有补丁。这个过程被称为补丁管理。

因为公司的信息技术基础设施通常被多个业务部门使用，装有多种操作系统，并且承担其他系统服务，所以为公司所有设备和服务安装补丁既费时又费钱。恶意软件更新速度非常快，在恶意软件利用漏洞与漏洞和补丁被公布之间的那段时间，企业几乎无法应对。

8.2 信息系统安全与控制的商业价值

许多公司都不愿在信息系统安全方面投资，因为它与销售业绩无直接关系。然而，信息系统安全对公司运作而言非常关键，应该得到足够重视。

公司的信息资产非常宝贵，需要保护。公司信息系统内部往往储存如个人所得税、金融资产、医疗记录和工作绩效评价等机密的个人信息，还储存包括商业秘密、新产品开发计划和营销策略等企业运营方面的信息。政府的信息系统中还可能储存武器系统、情报行动和军事目标的相关信息。这些信息资产具有极大价值，如果它们被损坏、丢失或落入不可靠的人手中，则可能导致毁灭性后果。一项研究估计，一个大公司的安全受到威胁时，该公司2天内因安全漏洞所遭受的损失约为其市值的2.1%，折合成股票价格，公司平均每起事件损失约为16.5亿美元(Cavusoglu，Mishra和Raghunathan，2004)。

企业可能因信息系统缺乏安全和控制负法律责任。企业不但要妥善保护自己的信息，也要妥善保护员工、客户和商业伙伴的信息。否则，一旦出现数据泄露或失窃等问题，企业要为此承担高昂的诉讼费用。如果一个组织不能采取适当的防护措施，防止机密资料外泄、数据损坏或隐私受到侵犯，那么该组织可能要为此承担不必要的风险责任并受到损害(见“互动讨论：组织领域”)。例如，BJ's Wholesale Club曾因黑客进入其系统窃取信用卡和借记卡信息用于欺诈交易，被美国联邦贸易委员会起诉。被盗用卡的发卡行要求BJ's Wholesale Club支付1 300万美元，用于赔偿持卡人因欺诈交易所造成的损失(McDougall，2006)。健全的安全和控制框架可以保护企业信息资产，进而获得高投资回报率。

加强安全和控制也可提高员工效率并降低运营成本。例如,位于加拿大亚伯达省卡尔加里市的 Axia NetMedia Corp 公司,主营开放式宽带网络的建立和管理。该公司于2004年安装信息系统的配置和控制系统后,员工的生产率显著提高,运营成本也有所下降。在此之前,Axia 曾因系统安全或其他网络问题造成的系统故障,浪费大量工作时间。2004年至2007年,新的配置和控制系统最大限度减少系统故障,为公司节省了59万美元(Bartholomew,2007)。

8.2.1 电子记录管理的法规与制度要求

最近美国政府出台相关法规要求企业必须加强对安全和控制的重视,防止滥用、暴露和未经授权访问数据。法律规定企业有责任保留和存储电子记录并保密。

如果你在医疗保健行业工作,你所在公司必须遵守1996年颁布的《美国医疗保险携带和责任法案》(HIPAA)。HIPAA 概述医疗保健行业安全和隐私的法规和程序,简化医疗账单管理的自动化程序,实现医疗数据和计划书在医疗保健服务的提供者和付款人之间传递的自动化。它要求医疗保健行业的人员保留病人信息6年,并确保这些记录的保密性。它明确规定了持有病人资料的医疗保健服务提供者应遵循的隐私、安全和电子交易标准,若他们违反了医疗隐私的标准,通过电子邮件或未经授权的访问泄露病历,则会受到处罚。

如果你在金融服务业工作,你所在的公司必须遵守1999年颁布的《金融服务现代化法案》,其更广为人知的名称是以发起者名字命名的《格雷姆—里奇—比利雷法案》(Gramm-Leach-Bliley Act)。此法案要求金融机构确保客户数据的安全性和保密性。数据必须存储在安全的媒介中,应采取特殊的安全措施保护数据存储及传输。

如果你在上市公司工作,你所在公司必须遵守2002年颁布的《公众公司会计和投资者保护法》,又称《萨班斯—奥克斯利法案》(Sarbanes-Oxley Act),是以马里兰州的 Paul Sarbanes 参议员和俄亥俄州的 Michael Oxley 众议员这两位发起者的名字命名的。这项法案在 Enron、WorldCom 等上市公司的财务丑闻曝光后制定,旨在保护投资者的利益。公司和管理层有责任保证财务信息在对内使用和对外公布时的精确性和完整性。本章的拓展学习资料详细讨论了《萨班斯—奥克斯利法案》。

《萨班斯—奥克斯利法案》从根本上确保内部控制可管理财务报表的创建和保存。因为财务报表的数据是通过信息系统生成、存储和传输的,该法案要求企业考虑信息系统安全及其他控制因素,以确保数据的完整性、保密性和准确性。每个与重要财务报告数据有关的应用程序均需控制,以确保数据的准确性。在保护公司网络,防止未经授权访问系统和数据,遇到灾难或服务中断时保证数据的完整性和可用性这些方面,控制是必不可少的。

8.2.2 电子证据与计算机取证

安全、控制和电子记录管理在提起法律诉讼方面十分重要。如今大部分股票诈骗、贪污、盗窃公司商业秘密、计算机犯罪以及许多民事案件的证据均为数字形式。除印刷或打印的信息外，越来越多法律案件的证据以数字形式存在，或存储在软盘、光盘和硬盘中，或以电子邮件、即时信息和网上电子交易记录的形式存在。目前最常见的电子证据类型是电子邮件。

法律诉讼中，在某些信息可能作为证物的情况下，公司有义务响应开示要求，依法生成所需数据。如果公司未能整合数据，或数据已被损坏或损毁，开示要求的成本可能非常大。现在法院对违规破坏电子文档的行为处以严重的经济和刑事处罚。

电子文档保留政策应该保证电子文档、电子邮件和其他电子记录条理分明，方便使用，留存时间适宜。这也表明人们应有保护证据的意识，以备计算机取证。**计算机取证**(computer forensics)是指科学地收集、审查、认证、保存和分析数据，该数据可从计算机存储媒介中获取或恢复，且可在法庭上作为有效证据使用。主要涉及以下问题：

- 恢复计算机数据，同时保证证据的完整性
- 安全存储和处理被恢复的电子数据
- 在大量的电子数据中查找重要信息
- 向法庭提交相关信息

电子证据可能以文件的形式存留在计算机存储介质中，即环境数据，普通用户无法看见这些数据，例如已从计算机硬盘中删除的文件。人们可能通过各种技术恢复已被用户删除的数据。计算机取证专家可试图恢复该类隐藏数据作为证据提交。

公司应有计算机取证的意识，并将其纳入公司应急计划。首席信息官(CIO)、安全专家、信息系统的工作人员和企业的法律顾问应相互协作，制定相关计划，已备诉讼之需。若想更多了解计算机取证，见拓展学习部分。

8.3 建立安全与控制的管理框架

即使拥有最优的安全工具，信息系统也并非完全安全可靠，除非知道如何管理和应用这些安全工具。还需要知道企业信息系统的安全承受着哪些方面的风险，需要采取什么手段确保信息系统安全。同时还应制定一个安全策略和计划，保证信息系统发生故障时企业也可维持正常运转。

8.3.1 信息系统的控制类型

信息系统控制可通过手动和自动两种方式，包含一般控制和应用控制两个部分。**一般控制**(general controls)是指对计算机程序设计、安全和使用的控制以及对整个公司信息技术基础设施中数据文件总体安全的控制。总的来说，一般控制适用于所有计算机应用程序，由硬件、软件和手工流程组成，创造一个整体的控制环境。

一般控制包括软件控制、硬件控制、计算机操作控制、数据安全控制、系统实施流程控制与管理控制。表8.3描述了每一个控制的功能。

表8.3 一般控制

一般控制的类型	描述
软件控制	监控系统软件的使用,阻止未经授权访问软件程序、系统软件和计算机程序。
硬件控制	保证计算机硬件的安全,检查设备是否存在故障。对计算机依赖性强的组织必须有后备计划或持续的运作,以保证服务稳定。
计算机操作控制	监督计算机部门的工作,确保程序在数据存储和处理上的一致性和正确性。包括对计算机程序安装的控制,以及针对异常中断的备份和复原程序。
数据安全控制	确保存储在磁盘或磁带上的有价值的商业数据文件使用或储存时不受未经授权的访问、更改或破坏。
实施控制	在不同时点审计系统开发过程,保证对该过程的适当控制和管理。
管理控制	正规的标准、规则、程序和控制纪律,确保组织的一般及应用控制可正确执行并实施。

应用控制(application controls)则针对特定的计算机应用程序,如薪资程序和订单处理程序。应用控制包括自动和手动两种方式,确保只有经过授权的数据才可完全且准确地通过应用程序处理。应用控制可分为:(1)输入控制;(2)处理控制;(3)输出控制。

输入控制用以检查数据在输入系统时的正确性和完整性,具体可分为输入授权、数据转换、数据编辑和错误处理。处理控制用以保证数据在更新过程中的正确性和完整性。输出控制用以确保计算机处理数据结果的正确性和完整性,且恰当传输处理结果。若想更多了解一般控制和应用控制,见拓展学习部分。

8.3.2 风险评估

企业在对信息系统安全和控制投入资源之前,应该了解企业哪些资产需要保护和保护程度。风险评估可以帮助回答这些问题,协助企业找到性价比最高的安全控制方法。

风险评估(risk assessment)是指在公司的特定活动或过程无适当控制的情况下,确定该活动或过程的风险等级。并非所有的风险都可以预见和测量,但大多数企业都可以在一定程度上认识所面对的风险。企业管理者和信息系统专家共同确定信息资产的价值、易受攻击点、可能出现故障的频率以及潜在的损失。例如,如果某个故障一年发生次数不会超过一次,每次损失不超过1 000美元,那么花费2万美元设计并维护预防其发生的控制程序是不明智的。然而,如果这个故障每天都可能发生,一年可能损失30多万美元,那么花10万美元预防这个故障就非常值得。

表8.4给出了一个日处理3万份订单的在线订单处理系统的风险评估结果。一年中每个威胁的发生概率用百分比表示。第三列给出了每个威胁的损失范围及平均损失,平均损失是损失范围的最高值与最低值相加除以二得出。年损失由威胁可能发生的次数与平均损失相乘得出。

表 8.4 在线订单处理的风险评估

威胁	发生概率(%)	损失范围/平均损失(美元)	预计年损失(美元)
电力故障	30	5 000～200 000 (102 500)	30 750
盗用公款	5	1 000～50 000 (25 500)	1 275
操作失误	98	200～40 000 (20 100)	19 698

在该风险评估中，一年内停电发生概率是30%。每次停电造成的订单交易损失最低为5 000美元，最高可达200 000美元(平均损失为102 500美元)，损失金额多少决定于电力故障的时间长短。每年盗用公款事件发生概率为5%，每次损失约为1 000至50 000美元(平均损失为25 500美元)。每年操作失误发生概率为98%，每次损失从200美元到40 000美元不等(平均损失为20 100美元)。

经过风险评估后，系统创建者就会集中控制最易受攻击和潜在损失最大之处。对于本案例而言，控制应集中在停电和操作失误上，因为这两方面的年损失额最高。

8.3.3 安全政策

企业确定信息系统的主要风险后，就需要制定安全政策保护企业资产。**安全政策**(security policy)包括信息风险排序表、可接受的安全目标和实现安全目标的机制。企业最重要的信息资产是什么？企业中由谁生成和控制这些信息？企业现有哪些安全政策用以保护这些信息？管理层对不同信息资产的可接受风险程度有多高？例如，企业能否接受每10年丢失一次客户信用资料的风险？还是愿意建立能经受百年一遇灾难的信用卡数据安全系统？管理层应评估要达到可接受风险程度的成本有多高。

企业根据安全政策制定企业的信息资源使用政策，规定哪些员工有权访问企业的信息资产。**可接受使用政策**(acceptable use policy，AUP)定义了企业的信息资源和计算设备(包括台式机、笔记本电脑、无线设备、电话和互联网等)可被谁使用。该政策应明确企业在隐私保护、用户责任和个人对计算机和网络使用等方面的规定。完善的AUP应明确规定对每个用户可接受和不可接受的使用行为及违规后果。例如，大型跨国消费品公司联合利华的安全政策中规定，已配备笔记本电脑的每位员工需要使用公司指定的设备，输入密码或通过其他认证方式登录公司内部网络。

授权政策(authorization policies)规定不同级别的用户可访问的信息资产不同。**授权管理系统**(authorization management systems)规定用户可以在何时何地访问某网站或企业数据库的某些部分。根据事先设定的访问规则，用户只能访问其得到授权进入的那部分系统。

如图8.3所示，授权管理系统设置了每个用户的访问权限。本图显示，安全机制允许两组使用者在线存取人事数据库中的敏感人事信息，如薪资、福利、医疗记录等。一组用户是所有从事文书工作(如向系统中录入员工数据)的员工。他们可以更新系统，但不能读取和更新敏感信息，如薪资、医疗记录和收入数据等。另一组用户是部门经理。他们不能更新系统，但可以读取本部门包括医疗记录和薪资在内的员工数据。这些权限根据业务部门提出的访问规则而设定。图8.3所示的安全系统给出了非常细致的安全限制，如已授权的用户可查询员工除薪资和医疗记录等机密字段外的所有信息。

安全配置1	
用户：人事部门员工 部门：部门1 该配置的员工识别码：	00753, 27834, 37665, 44116
数据字段限制	访问类型
仅部门1的所有员工数据 ・医疗记录数据 ・薪资 ・退休金	读取和更新 不可读取或更新 不可读取或更新 不可读取或更新

安全配置2	
用户：部门人事经理 部门：部门1 该配置的员工识别码：	27321
数据字段限制	访问类型
仅部门1的所有员工数据	只可读取

这两个例子的安全配置或数据安全模式常用于人事部门的系统。依照安全配置，用户在访问组织不同系统、部门或数据的时候会有某些限制。

图8.3　人事系统的安全配置

8.3.4　灾害复原计划与业务连续性计划

企业运营过程中，管理者需要制定计划，防止信息系统因事故(如停电、水灾、地震或恐怖袭击)发生故障，阻碍正常业务活动。**灾害复原计划**(disaster recovery planning)是计算机和通信服务中断后的恢复计划。灾害复原计划主要关注维持系统正常运行的技术问题，如备份文件、维护备用计算机系统、灾害复原服务等。

例如，MasterCard在密苏里州的堪萨斯城设有备用数据中心，以备圣路易斯的主计算机中心发生故障时启用。除由公司自己构建备援设备外，许多公司选择与灾害复原公司签约的方式执行灾害复原计划，如位于伊利诺伊州罗斯芒特的Comdisco灾害复原服务公司和总部位于宾夕法尼亚州韦恩的SunGard Availability服务公司。这些灾害复原公司在全美各地设有备用计算机，以便客户在紧急情况下使用这些设备执行重要程序。例如，Champion Technologies是一家供应油田用化学品的公司，该公司可以在两小时内将企业系统从休斯敦总部转到位于亚利桑那州斯科茨代尔的SunGard公司的热站(Duvall，2007)。

业务连续性计划(business continuity planning)侧重于公司在灾害发生后如何恢复正常运营。业务连续性计划确定关键业务，以便在系统发生故障时可及时处理这些业务。例如，德意志银行的投资银行和资产管理业务遍及74个国家，拥有完善的业务连续性计划，并不断更新和改善。德意志银行在新加坡、中国香港、日本、印度和澳大利亚有专业团队，制定计划解决设备、人员或关键系统出现的问题，确保灾难性事件发生时公司仍可正常运转。德意志银行的业务连续性计划区分企业生存和危机支持的关键流程，并与公司的灾害复原计划相协调。

业务经理和信息技术专家通力合作，确定公司最重要的系统和业务流程，据此制定计划。他们必须进行业务影响分析，确定公司最关键的系统以及系统发生故障对业务产生的影响。管理层必须确定系统发生故障后，最多需多长时间可以恢复业务，且哪部分业务应最先恢复。

8.3.5　审计在安全控制中的角色

企业管理层怎样才能知道信息系统的安全和控制是有效的？要回答这个问题，企业必须开展全面系统的审计工作。**管理信息系统审计**(MIS audit)检查公司的整体安全环境以及公司对个人信息系统的管理控制情况。稽核员应抽样跟踪并测试系统的交易流程，在适当条件下，也可使用自动化审计软件。管理信息系统审计还可检查数据质量，这在第 6 章已有说明。

安全审计包括对技术、程序、文档、培训和人员的检查。彻底审计甚至还会模拟攻击或灾难，检测技术、信息系统的工作人员和企业员工的反应情况。

审计结束后，稽核员会列出所有控制弱点，估计它们发生的概率，对其排序，然后评估每种威胁对财务和组织的影响。图 8.4 是一个贷款系统的控制弱点审计样表。其中一栏向管理层报告控制弱点，并请管理层做出回应。管理层应制定计划，应对这些重要的控制弱点。

功能：贷款 地点：Peorla, IL	制表人：J. Ericson 日期：2009年6月16日		接收人：T.Benson 审核日期：2009年6月28日	
控制弱点的特点及后果	发生错误/滥用		上报管理层	
	是/否	原因	报告日期	管理层批复
用户账户无密码	是	未经授权的外部人员或攻击者可进入系统	日期：2009/5/10	删除没有密码的用户
网络配置允许某些系统文件共享	是	重要系统文件接入网络，可能被他人利用	日期：2009/5/10	确保仅共享所需目录，并使用复杂密码保护
程序补丁可不通过标准和控制小组的最终许可，自动更新	否	所有程序升级均需管理层同意；标准和控制小组将这类情况纳入临时状况		

这可能是某稽核员审计当地商业银行贷款系统时的控制弱点列表中的一页。该表记录并评估各控制弱点，展示与管理层讨论的结果及管理层所做的回应。

图 8.4　控制弱点审计样表

8.4　保护信息资源的技术与工具

企业可以应用多种工具和技术保护信息资源。这些工具和技术可保护数据和系统安全、确保系统可用性和确保软件质量等。

8.4.1 访问控制

访问控制(access control)是企业用来防止未经授权的内部访问和外部访问的所有政策和程序。用户须在授权和认证后才可访问系统中的信息。**认证**(authentication)用于确认用户的真实身份。访问控制软件只允许经过认证的授权用户使用系统或访问数据。

通常情况下,用户可通过密码完成认证。终端用户可输入密码登录计算机系统,访问特定的系统和文件。然而,用户有时会忘记密码,与他人共用一个密码,或者密码设置过于简单,这些都会影响系统的安全性。密码系统较为死板,降低企业员工的生产效率。员工必须设置复杂的密码,并频繁更改。他们常常会走捷径,例如选择简单的密码,或将密码写下来,放在工作场所的公共地方。密码在通过网络传输时可被"嗅探器"捕捉到,或通过社会工程攻击被盗。

令牌、智能卡和生物认证等新的认证技术可克服上述一些问题。**令牌**(token)是一种实体装置,与身份证相似,用于单个用户身份的认证。令牌很小,可挂在钥匙圈上,随机产生动态通行码。**智能卡**(smart card)大小与信用卡相近,内嵌包含可控制访问权限和其他数据的芯片。(智能卡也可用于电子支付系统。)智能卡阅读器可读取卡中数据,并决定是否允许访问。

生物认证(biometric authentication)利用系统读取并识别人类的个体特征,如指纹、虹膜和声音等,以决定允许或拒绝访问。生物认证是针对个体身体或行为的独特性而设计的。它将个人指纹、面貌或视网膜等身体特征与系统所存储的个体特征相比对,检查两者是否匹配。如果两者匹配,则允许访问。指纹和面部识别技术刚开始用于安全控制。笔记本电脑现已开始配备指纹识别装置。

8.4.2 防火墙、入侵探测系统与杀毒软件

如果不对恶意软件和入侵者加以防范,互联网连接非常危险。防火墙、入侵探测系统和杀毒软件已经成为重要的商业工具。

防火墙

第7章介绍了如何使用防火墙防止未经授权的用户访问专用网络。防火墙是由软件和硬件设备组合而成,控制进出网络的通信。防火墙一般设置在组织专用的内部网络和外部网络(如互联网)之间,也可用于内部网络,把某个部分与其他部分分隔开来(见图8.5)。

防火墙如同看门人,在允许访问之前,检查每个用户的凭证。防火墙可识别名称、IP地址、应用程序和进入网络通信的其他特征。它根据网络管理员事先设定的访问规则,检查相应信息。防火墙阻止未经授权的通信进出网络。

大型组织的防火墙通常设在专门的计算机中,与网络的其余部分相分离,因此,进入请求无法直接访问专用网络。防火墙过滤技术包括静态包过滤、状态检测、网络地址转换和应用代理过滤等。上述技术经常结合使用提供防火墙保护。

包过滤检查流经可信网络和互联网之间的每一个数据包的包头。一些攻击可能逃

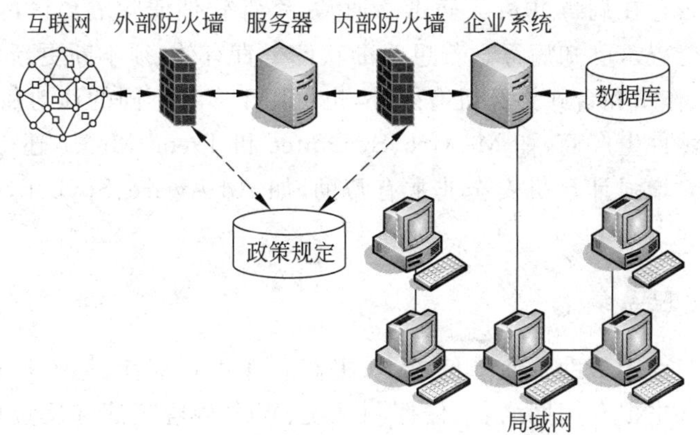

防火墙处于企业专用网络和外部互联网或不可信网络之间，阻挡未经授权的通信。

图 8.5　企业防火墙

脱这种过滤技术。状态检测通过检测数据包是否是发送方和接收方合法会话数据的一部分，进一步加强安全检测。它建立状态表，同时跟踪多个数据包的信息。状态检测通过确定它们是否被授权，或者连接是否合法，进而决定接受或拒绝数据包通过。

网络地址转换（NAT）在静态包过滤和状态检测的基础上，进一步加强安全防护。NAT 通过隐藏组织内部主机的 IP 地址，防止防火墙外部的嗅探器程序探知信息，攻击内部计算机系统。

应用代理过滤用于检查内容为应用程序的数据包。组织外部的数据包进入组织之前，代理服务器要对其进行检查，检查通过后再发给防火墙另一边的代理服务器。如果公司外部的用户要与内部用户交流，外部用户应先与代理程序“对话”，代理程序再与公司内部计算机通信。同样，公司内部的用户与外部计算机通信也要通过代理。

要建立一个好的防火墙，系统管理员必须制定详细的内部规则，规定哪些人员、应用程序或地址可以允许或拒绝通过。防火墙可以阻止外部非法入侵内部网络，但不能完全避免，它应被看作整体安全计划的一个组成部分。

入侵探测系统

安全软件生产商除生产防火墙软件外，现在还提供入侵检测工具和服务，阻止可疑的通信流或入侵者访问文件和数据库。**入侵探测系统**（intrusion detection systems）对公司网络最脆弱的点或“热点”实施不间断的实时监控，及时发现和阻止入侵者。如果系统发现可疑或异常事件，就会生成警报。病毒扫描软件检查是否有与已知攻击类型相似的攻击，如错误口令，也检查重要文件是否已被删除或修改，并发送破坏警告或系统管理错误。监控软件检查正在运行的进程，即时发现安全攻击。入侵检测工具也可在收到未经授权的通信时，自行关闭网络中非常敏感的部分。

杀毒软件和反间谍软件

个人和企业防御技术的计划中必须包括防杀病毒。**杀毒软件**（antivirus software）检查计算机系统是否存在病毒并清除病毒。通常,杀毒软件清除隔离区的病毒。然而,大多数杀毒软件只能查杀已知病毒。若想杀毒软件一直有效,须不断更新。杀毒产品除对服务器、计算机工作站和台式计算机有效外,也可用于多种不同的移动和手提设备。

领先的杀毒软件生产商,如 McAfee、Symantec 和 Trend Micro,还生产反间谍软件。反间谍软件工具对增强计算机安全非常有帮助,如 Ad-Aware、Spybot S&D 和 Spyware Doctor。

统一威胁管理系统

安全软件生产商为帮助企业降低成本,提高企业可管理性,把多种安全工具整合到一起,包括防火墙、虚拟专用网络、入侵探测系统、Web 内容过滤和反垃圾邮件软件。整合的安全管理产品被称为**统一威胁管理**(unified threat management,UTM)系统。尽管 UTM 最初针对中小型企业而设计,如今 UTM 产品可应用于所有规模的网络。领先的 UTM 厂商(如 Crossbeam、Fortinent 和 Secure Computing)以及网络设备生产商(如 Cisco Systems 和 Juniper Networks)可提供有 UTM 功能的设备。

8.4.3 保障无线网络的安全

尽管 WEP 有缺陷,但如果 Wi-Fi 用户激活 WEP,它能提供一定程度的安全保障。阻止黑客最简单的方法是给 SSID 选择一个安全的名字,并隐藏路由器名字以免广播。企业可以在访问内部网络的数据时,同时使用 Wi-Fi 和虚拟专用网络(VPN)连接,进一步保证 Wi-Fi 的安全。

2004 年 6 月,Wi-Fi 联盟制定了 802.11i 规范(又名 Wi-Fi 保护访问或 WPA2),取代 WEP,成为更高的安全标准。WEP 采用的是静态密钥,而新标准所采用的密钥更长且不断变化,更难破解。新标准的认证加密系统还包括中央认证服务器,以确保只有已授权的用户才可访问网络。

8.4.4 加密和公共密钥基础架构

许多企业在存储、传输或通过互联网发送数字信息时,将数字信息加密以保护其安全。**加密**(encryption)即将文本或数据转换成密码文本的过程,除发送方和接收方,其他人无法阅读。数据可通过数字代码进行加密,即密钥,密钥把普通数据转换为密文。信息必须由接收方解密。

网络通信的加密方法有两种:SSL 和 S-HTTP。**安全套接层**(Secure Sockets Layer,SSL)和其改进版传输层安全(TLS)使客户端和服务器通过加密通道协商得到共同的"主密钥",完成加密和解密活动。**安全超文本传输协议**(Secure Hypertext Transfer Protocol,S-HTTP)是另一种在互联网上使用的加密数据流协议,但它仅限于加密信息,而 SSL 和 TLS 可在两台计算机之间建立安全连接。

安全会话功能被构建在互联网客户端浏览器软件和服务器之中。客户端和服务器协商使用什么密钥和采用什么安全级别。客户端和服务器一旦建立安全会话,则会话中所有信息均为加密信息。

加密有两种方法：对称密钥加密和公共密钥加密。对称密钥加密要求发送方和接收方在安全会话之前，商定一个密钥，在会话中双方使用同一密钥。这种密钥的位长越长，安全性越高。现在，典型的对称密钥长度是128位(即128位二进制数字串)。

所有对称加密方案的问题在于发送方和接收方须共享同一密钥，入侵者可能在密钥传输途中拦截和解密该密钥。**公共密钥加密**(public key encryption)更加安全，它采用两个密钥：一个是公钥，一个是私钥，如图8.6所示。这两个密钥之间在数学上有关联，因此由一个密钥加密的信息只能用另一个解密。交流双方在发送和接收信息之前，首先要分别创建公开和私密的密钥对。公钥保存在公开目录下，私钥则须用户秘密保存。信息的发送方用公钥加密信息。接收方收到信息后，使用他的私钥解密。

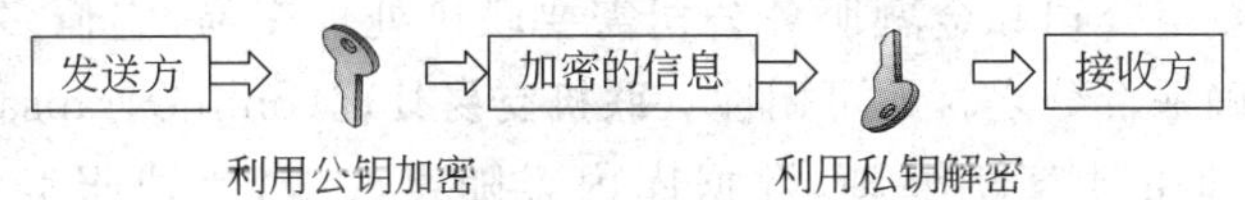

公钥加密系统可以看成一系列公钥和私钥，传输数据时锁定数据，数据收到后解密数据。发送方在目录中找到接收方的公钥，使用该公钥加密信息。加密信息通过互联网或内部网络传送。接收方收到信息后，使用他的私钥解密并读取信息。

图8.6 公共密钥加密

数字证书(digital certificates)是用来确认用户身份的数据文件和用于保护网上交易的电子文档(见图8.7)。数字证书系统委托可信赖的第三方，即证书授权中心(CA)，验证用户身份。美国及世界其他地方有许多CA，如美国的VeriSign、IdenTrust和澳大利亚的KeyPost。

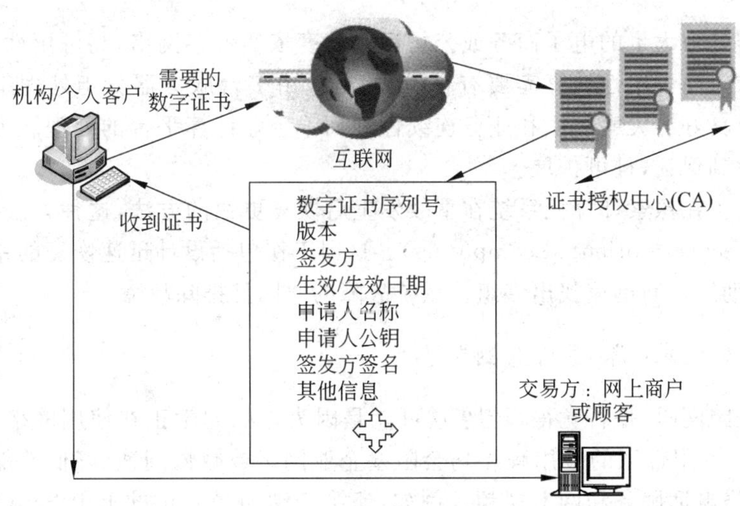

数字证书可以用于确认个人身份或电子资产，通过提供安全、加密的网上交流以保护在线交易的安全。

图8.7 数字证书

CA中心可离线验证用户身份。这些信息被放入CA的一个服务器中，服务器会生成一个加密的数字证书，这个证书包括用户的身份信息和用户公钥的副本。该证书证明公钥属于指定的用户。CA会把自己的公钥在网络上公开或打印出来。加密信息的接收方使用CA的公钥解密信息附加的数字证书,验证其确为CA所发,然后从证书中获得信息发送方的公钥和识别信息。接收方利用这些信息可以发送加密的回复。例如,数字证书系统可以令信用卡用户和商家在交易前确认他们的数字证书是由授权且可信的第三方核发的。**公共密钥基础架构**(public key infrastructure,PKI)将公钥密码系统与数字证书相结合,现已广泛应用于电子商务。

8.4.5 保证系统的可用性

企业的盈利和运作日渐依赖数字网络,它们需要采取更多方式保证系统和应用程序正常运行。例如,航空公司和金融服务公司需要联机处理交易,它们多年来一直使用容错计算机系统,以确保百分之百的可用性。**联机交易处理**(online transaction processing)中,网上交易可立即由计算机处理,数据库内容随之改变,生成报表并实时响应信息需求。

容错计算机系统(fault-tolerant computer systems)包含备用的硬件、软件和电力供应系统,确保系统可提供不间断的服务。容错计算机使用特殊的软件程序或内置的自我检查电路,检测硬件故障并可自动切换到备份设备。即使这些计算机的部件被移除或修复,整个计算机系统也不会停止工作。

虽然容错与**高可用性计算**(high-availability computing)的目的均是为尽量减少停机时间,但二者并不相同。**停机时间**(downtime)是指系统无法运行的时间。然而,高可用性计算是帮助企业从系统崩溃中迅速复原;而容错是维持系统的持续运作,不涉及复原时间的问题。

若公司需处理大量的电子商务或公司运作高度依赖数字网络,高可用性计算环境是最起码的要求。高可用性计算需要有备份服务器、由多台服务器分担处理工作、高容量存储系统以及良好的灾害复原和业务连续性计划。企业计算平台的处理能力、存储空间和带宽必须得到保证,且可扩展。

研究人员正在探索计算机系统在事故发生后恢复更快的方法,这种方法被称为**面向恢复的计算**(recovery-oriented computing)。这项工作包括设计迅速恢复的系统,开发功能和工具,帮助运营商迅速找出多组件系统故障的原因且排除故障。

控制网络流量:深度包检测

你用过校园网吗,是否觉得很慢?这可能是因为你的同学正在使用网络下载音乐或看YouTube。占用带宽的应用程序均会阻塞企业网络或减慢网速,降低性能,包括文件共享程序、网络电话服务和网上视频。例如,印第安纳州曼西市的Ball Sate大学发现其网速慢的原因是少数学生使用对等文件共享程序下载电影和音乐。

一种名为**深度包检测**(deep packet inspection,DPI)的技术可以帮助解决这个问题。DPI检查网络上的数据文件,找出低优先级的文件,把流量分配给高优先级的重要业务文件。根据网络运营商制定的优先级,DPI决定特定数据包是可以继续向目的地传送,还是暂停或阻止传送,以保证其他更重要的传送。Ball State大学使用Allot Communications公司的DPI系统之后，就可以限制文件共享的流量，分配其较低的优先级，并加快高优先级的数据或文件的传送速度(White，2007)。

信息安全外包

许多公司，尤其是小型企业，缺乏资源或专业人员建立安全的高可用性计算环境，它们便将许多安全功能外包给**安全管理服务提供商**(managed security service providers，MSSP)，这些功能包括监控网络活动、执行漏洞检测和入侵检测。Guardent(被VeriSign收购)、BT Counterpane、VeriSign和Symantec都是全球领先的安全管理服务提供商。

互动讨论：技术领域

印度工业信贷投资银行的信息安全

印度工业信贷投资银行(ICICI Bank)是印度第二大银行，截至2007年3月31日，总资产约790亿美元。ICICI银行为公司和零售客户提供一系列的银行产品和金融服务。该银行在印度拥有950个分支机构、3 300个ATM机，并在17个国家设有办事处。

1994年，ICICI银行开始建立自己的安全系统，在此之前该银行没有安全系统。它没有采用传统的基于主机的安全系统，而是使用灵活的信息技术基础架构。ICICI银行将后勤业务集中，分行的工作重点则是为客户提供更优质的服务。同样，信息安全也是采用中央控制的方法管理。

截至2003年6月，该银行已基本完成安全基础设施建设。为完善安全策略，银行于2005年聘请Murli Nambiar为信息安全部门的负责人。Nambiar上任做的第一件事就是找出信息系统脆弱的部分，确定安全漏洞。例如，网络周边安全、内部网络和无线网络是所确定的安全漏洞的一部分。在解决安全漏洞的同时，还增强用户对安全漏洞的警惕性并定期检查用户是否遵循安全政策，以保证银行的安全策略更为完善。

2007年，ICICI银行开发了风险管理框架，在银行数据中心应用程序之前，评估应用该程序的风险。ICICI银行为减少内部风险，制定了严格政策锁定设备，只在必要时提供设施。只允许少数员工使用外部存储设备，如USB闪存盘和CD-R(可写光盘)。

ICICI银行还成立了安全运营中心，利用Security 24/7公司的技术监测系统安全。通常情况下，信息安全部门解决安全问题并向信息安全人员报告，寻求二级支持。信息安全人员包括局域网、广域网、Web和数据库安全领域的专家。信息安全人员进而向管理层报告安全问题，管理层针对问题做出决策。

ICICI银行还设立了灾害复原站点，主站点和二级站点设备相同。业务连续性计划规定了每个系统的恢复时间。

ICICI银行运用多种安全系统保护资产，以免受到来自内部和外部的威胁。防火墙、入侵探测系统、杀毒软件以及路由器用于保护网络周边安全。

台式机、服务器和笔记本电脑均安装了加密软件。该银行还开发了内部通信软件，为用户提供安全的即时通信服务。无线局域网也进行了加密，且对网络打印机禁用不必要的协议。

银行的信息安全团队为确保网络上的每个设备可以及时更新并安装补丁,决定集中并自动更新和安装补丁程序。这是通过使用 Allied Digital 公司的自定义局域网桌面管理器(LANDesk Manager)完成的,这样可以阻止特定程序自动运行,并通过集中控制防止数据泄露。

银行也对信息技术管理员、系统和应用程序的所有者和 Web 开发人员进行培训。Web 开发人员每年都会接受安全编码规范方面的培训,而代码评审则用于检查编码是否符合规范。系统还会定期向终端用户和管理员发送电子邮件,提醒他们注意安全威胁。

2008 年 5 月,银行开发了访问管理系统(Logical Access Management,LAM),该系统可集中控制用户访问银行网站的权限。银行曾使用纸质文件/邮件进行身份和访问管理,这种方式需要保留审计和合规性记录。跨应用程序集中储存用户信息的数据库不可行,而在多个应用程序之间手动审查用户的访问权限又非常浪费时间。LAM 为银行节省了处理访问请求的时间,加强访问控制并降低客户服务成本。

2008 年 9 月,ICICI 银行因创造性地使用 Symantec 产品,更好地保护系统和信息的安全,且加强对系统和信息的管理,被授予 Symantec 远见奖。ICICI 银行使用了一系列 Symantec 的新系统,包括用于端点保护的 Symantec Endpoint,用于集中式安全管理的 Symantec Security Information Manager,以及用于实时威胁报告的 Symantec DeepSight Threat Management System。

资料来源:Anil Patrick R.,"Step by Step," networkmagazineindia. com,accessed November 2008; Vinita Gupta,"ICICI Bank," networkmagazineindia. com, accessed November 2008; "ICICI Bank-Security and Patch Management," www. ciol. com,accessed November 2008; Fakir Balaji "ICICI Bank, TVS Motor Bag Symantec Awards," sify. com, September 2008; "ICICI Bank: Logical Access Management," pcquest. ciol. com,May 2008.

思考题

1. 列举并描述印度工业信贷投资银行所采用的安全控制措施。
2. 每一个安全措施所针对的安全威胁是什么?
3. 你认为这些措施是否有效?银行今后还需采取什么措施保护系统安全?
4. ICICI 银行所采用的安全控制措施与 8.3 节和 8.4 节提到的安全措施有何区别?

MIS 实例

访问 ICICI 银行的网站 www. icicibank. com,然后回答下列关于互联网安全的问题:

1. ICICI 银行是否在网站上表明他们的银行系统是安全的,如果是,怎样表现的?例如,见"网上银行"(和客户服务)。

2. 打开以下链接,阅读其内容。http://www. icicibank. com/Pfsuser/temp/onlinesecurity. htm

3. 网站列出哪些类型的信息技术破坏行为,针对这些破坏,银行给用户提出什么建议?与本章所提的建议做比较。

8.4.6　保证软件质量

企业除实行有效的安全和控制措施外，还可以通过软件量度和严格的软件测试来提高系统质量和可靠性。软件量度是以量化形式客观评估系统。信息系统部门和终端用户可利用量度共同测试系统性能，并找出共有问题。软件量度的例子有很多，如测试单位时间内可处理的交易量、在线反应时间、每小时工资支票的打印量、每一百行程序代码的缺陷个数等。要想量度成功，则需精心设计；量度应正式、客观，且使用量度时应一致。

尽早、定期且彻底的测试对保证系统质量非常有利。许多人认为测试只是证明他们所做工作正确性的一种方式。事实上，所有大型软件都存在很多错误，我们必须通过测试发现这些错误。

好的测试应在编写程序之前开始，即走查，走查是指根据特定测试目的，选择一组人员审查程序规范或设计文书。若开发人员已经开始编写软件程序，代码走查也可以审查程序代码。然而，代码必须通过上机运行测试。发现错误后，找到源头，消除错误的过程称为调试。本书第11章详细介绍了保证信息系统正常运作所需的各阶段测试。程序开发方法同样对提高软件质量有所帮助，可见拓展学习资料。

8.5　MIS实践

本节项目涉及如何分析安全漏洞，使用电子表格软件做风险分析，以及利用网络工具研究安全外包服务。

8.5.1　管理决策问题

1. K2 Network是一家网络游戏开发与运营公司，用户达1 600万人，遍及100多个国家。玩家可以免费玩游戏，但如果他们想不断升级，就需要从K2公司购买虚拟装备，如战斗中所用的剑。游戏可支持世界各地的数百万玩家同时在线。对此类基于网络的业务做安全分析。该类业务可能会面对什么样的安全威胁？安全威胁对业务会有什么影响？公司应采取什么措施来预防网站被损害并维持正常经营？

2. 调查公司信息技术基础设施后，得出以下安全分析统计结果：

平　　台	计算机数	高风险漏洞	中等风险漏洞	低风险漏洞	漏洞总数
Windows Server(企业版)	1	11	37	19	
Windows Vista终结版(高级用户)	3	56	242	87	
Linux(电子邮件和打印服务)	1	3	154	98	
Sun Solaris(UNIX)(电子商务和Web服务器)	2	12	299	78	
Windows Vista终结版，用户的台式机和笔记本电脑安装了Office工具，使用企业应用软件和内部网，可连接至企业网络	195	14	16	1 237	

高风险漏洞包括未经授权的用户访问应用程序、密码过于简单、用户名与密码相同、不需密码就可进入系统、系统中存在未经授权的程序等。

中等风险漏洞包括用户可在未登录的情况下关闭系统、个人计算机未设置密码和屏幕保护程序、存在版本过期的软件等。

低风险漏洞包括用户无法更改密码、用户没有定期更换密码、密码长度小于公司规定的最小长度。

- 计算每个平台的漏洞总数。各计算平台的安全问题可能会对组织产生什么影响?
- 如果只有一个信息系统专家负责安全问题,他应该首先处理哪个平台的安全漏洞?其次、再次、最后处理哪个平台?为什么?
- 列出这些安全漏洞所反映的控制问题,并指出应采取哪些措施解决这些问题。
- 如果对这些安全漏洞不加以重视,公司会面临什么样的风险?

8.5.2 优化决策:利用电子表格软件进行安全风险评估

软件技能:电子表格

商务技能:风险评估

本项目采用电子表格软件预测某小型公司因安全威胁带来的年度损失情况。

Mercer Paints 位于美国阿拉巴马州,是一家外界评价很高的小型油漆生产商。该公司利用网络开展并联系业务。尽管该公司认为已经采取了恰当的安全措施,但它的一个网站最近受到黑客攻击。管理层要求进行风险评估。通过风险评估发现了一些潜在威胁,以及这些威胁的发生概率和平均损失,如下表所示。

威　　胁	发生概率(%)	平均损失(美元)
恶意软件攻击	60	75 000
数据丢失	12	70 000
盗用公款	3	30 000
操作失误	95	25 000
黑客攻击	95	90 000
员工使用不当	5	5 000
停电	15	300 000

- 除了表中所列的威胁,再找出至少三个潜在的威胁,以及这些威胁发生的概率并估算损失范围。
- 使用电子表格软件和风险评估数据计算每次威胁带来的年度损失。
- 以图表的形式展示你的发现。哪个控制点最易受到攻击?你对 Mercer Paints 公司有何建议?写一份书面报告,总结你的研究发现和建议。

8.5.3 优化决策:评估安全外包服务

软件技能:网络浏览器和演示软件

商务技能:评估业务外包服务

当今企业可以选择把信息安全业务外包给其他公司或由企业内部员工维护系统安

全。该项目有助于提高你的网络使用技能和评估安全外包服务的能力。

如果你是公司的信息系统专家，管理层要求你协助决定是否把安全服务外包。你可以在网上搜索信息，以决定是否外包安全服务，并选择专业的公司。

- 总结支持和反对公司安全服务外包双方的意见。
- 选择两家提供安全外包服务的公司，比较这两家公司及其提供的服务。
- 向管理层提交电子报告，总结调查结果。报告应说明公司是否应将安全服务外包。如果你认为应该外包，在报告中说明应该选择哪家公司，并论证可行性。

拓展学习

与本章相关的拓展学习资料如下：

1. 信息安全产业就业前景广阔
2. 《萨班斯—奥克斯利法案》
3. 计算机取证
4. 信息系统的一般控制和应用控制
5. 软件的脆弱性和可靠性
6. 对安全和控制的管理挑战

本章小结

1. 为什么信息系统面对破坏、错误和滥用等问题时如此脆弱？

数字信息非常脆弱，破坏、错误、滥用、欺诈、硬件或软件故障都会对其产生影响。互联网是开放的系统，因此，企业内部系统更容易受到外界攻击。黑客可以发起拒绝服务(DoS)攻击或入侵企业内部网络，造成后果严重的系统中断。入侵者使用嗅探器程序获取地址，可轻易入侵 Wi-Fi 网络，访问网络内部资源。计算机病毒和蠕虫也可以破坏系统和网站。软件也会引起问题，因为软件缺陷难以全部消除，且软件漏洞可能被黑客和恶意软件所利用。终端用户也经常犯错误。

2. 信息系统安全与控制的商业价值？

核心业务依靠计算机系统的企业若缺乏健全的安全和控制制度，销售和生产力也会受影响。如果企业的信息资产（如员工的私密信息、商业秘密或商业计划）被外界所知，那么其价值将大打折扣，企业甚至可能因信息泄露而负相应的法律责任。新法律，如《美国医疗保险携带和责任法案》(HIPAA)、《萨班斯—奥克斯利法案》和《格雷姆—里奇—比利雷法案》，要求公司严格管理电子记录，制定严格的安全、隐私、控制标准。电子证据和计算机取证均被法律认可，这就要求公司重视系统的安全性和电子记录管理。

3. 信息系统安全与控制组织框架的要素有哪些？

企业需要建立一整套严密的一般控制和应用控制措施，保护信息系统。风险评估可评估信息资产，确定控制点和控制弱点，并制定性价比最高的控制措施。企业还必须制定与之相协调的企业安全策略和计划，以保证业务在发生灾难或出现故障时持续运作。

安全策略包括可接受使用策略和授权策略。企业可以综合和系统地审计管理信息系统，了解信息系统的安全和控制措施是否有效。

4. 保护信息资源最重要的工具与技术有哪些?

防火墙可在专用网络连接到互联网时阻止未经授权的用户访问专用网络。入侵探测系统监控试图访问企业系统的可疑网络通信。密码、令牌、智能卡和生物认证可验证系统用户身份。杀毒软件可检测计算机系统是否感染病毒和蠕虫,查杀恶意软件,而反间谍软件可以防止有害的间谍软件入侵系统。加密技术,即信息编码和信息置乱,被广泛应用于在未受保护的网络中安全传输信息。数字证书和公共密钥加密可通过认证用户身份,进一步保障电子交易安全。公司可以利用容错计算机系统或创造高可用性计算环境,确保信息系统的高可用性。软件量度和严格的软件测试有助于提高软件的质量和可靠性。

复习题

1. 为什么信息系统面对破坏、错误和滥用等问题时如此脆弱?
- 举例说明现代信息系统可能遭受的最常见威胁。
- 什么是恶意软件? 说明病毒、蠕虫和木马的不同。
- 什么是黑客? 黑客怎样破坏系统安全,给系统带来哪些安全问题?
- 什么是计算机犯罪? 列举两个计算机作为犯罪目标的例子和计算机作为犯罪工具的例子。
- 什么是身份盗窃和网络钓鱼? 为什么身份盗窃在现代社会是一个大问题?
- 企业内部员工会造成哪些安全问题,影响系统的可靠性?
- 软件缺陷怎样影响系统的安全和可靠性?

2. 信息系统安全和控制的商业价值?
- 信息系统安全和控制与商业价值的关系是什么?
- 信息系统安全和控制与美国政府最近提出的监管要求和计算机取证有什么关系?

3. 信息系统安全和控制组织框架的要素有哪些?
- 什么是一般控制? 一般控制有哪几种类型?
- 什么是应用控制? 应用控制有哪几种类型?
- 风险评估的功能是什么? 它通过什么方式保护信息系统的安全?
- 名词解释:安全策略、可接受使用策略、授权策略。
- 信息系统审计对安全和控制有哪些作用?

4. 保护信息资源最重要的工具和技术有哪些?
- 列举三种认证方法。
- 说明防火墙、入侵探测系统和杀毒软件怎样保护系统安全。
- 加密怎样保护信息安全?
- 在公共密钥基础架构中,加密和数字证书的作用是什么?
- 容错和高可用性计算在灾害复原计划和业务连续性计划中有什么区别?

• 列举提高软件质量和可靠性的方法。

讨论题

1. 安全不仅是技术问题,也是商业问题。

2. 如果你要为公司制定业务连续性计划,第一步应做什么?这个计划要解决企业哪些方面的问题?

团队项目:评估网络安全产品

三四个学生一组,利用网络,研究并评估两个竞争的安全产品供应商的网络安全产品,如杀毒软件、防火墙或反间谍软件。描述每个产品的功能,最适合的企业类型,购买和安装该产品的成本。

哪个厂家的产品最好?为什么?如有可能,使用谷歌协作平台(Google Sites)链接网页、团队沟通公告和工作任务,集思广益,合作完成项目文档。尝试使用谷歌文档(Google Docs)在课堂上展示成果。

案例研究

法国兴业银行"魔鬼交易员"搅动世界金融系统

法国兴业银行是世界知名的投资银行。它是法国历史最悠久、声誉最高的金融机构之一。法国兴业银行由拿破仑三世于1864年创立,现有员工逾13万人,2 250万客户遍布世界各地。银行的三大核心业务是企业和投资银行业务、零售银行业务和金融服务,以及全球投资管理服务。金融服务业内称法国兴业银行为SocGen。2008年年初,兴业银行曝出丑闻,一名期货交易员导致银行损失约50亿欧元(约合72亿美元)。

2008年1月,兴业银行发现31岁的交易员Jerome Kerviel自2007年起从事违规交易,却一直未被银行的安全风险管理系统发现。这是投资银行史上最大的欺诈案,此时世界市场受美国次贷危机影响,已不堪重负。Kerviel成功地逃避了兴业银行的内部控制,使用隐蔽手段累积的未平仓超过730亿美元,造成72亿美元的损失,而银行的总市值仅约530亿美元。

与许多同事相比,Kerviel是一个安静不张扬的普通交易员。Kerviel于2000年毕业于法国里昂大学,获硕士学位。相比之下,银行的高级官员和交易员多毕业于如巴黎综合理工学院(Polytechnique)和国立行政学院(Ecole Nationale d'Administration)这样的名校。Kerviel最初在银行的风险管理办公室工作。他在那里熟悉了银行安全程序和后台管理系统之后,晋升到级别较低的Delta One交易柜台工作。也许是想给教育背景良好的同事留下深刻印象,Kerviel对银行交易系统有了一定的了解后,便开始非法运用所学知识。

Kerviel在Delta柜台的工作是交易指数期货。他受委托买入欧洲股指期货的一个投资组合,并在同一时间卖出一份投资组合相似但价格不同的股指期货作套期保值。目的是通过多笔大型交易,持续获得低风险利润。Kerviel 几乎成功绕开银行信息系统的所有控制,在不被发现且未经授权的情况下,根据当天市场走向或赚或赔数十亿。他的单向交易是合法的,同时用伪造的套期保值抵消合法交易。2005 年年底,Kerviel 的第一笔虚假交易成功。随后的 2006 年和 2007 年,他越陷越深,最终累计涉案金额达 730 亿美元。Kerviel 是怎样逃避所有控制的呢?

Kerviel 首先进行虚拟买卖,以此掩盖自己的真实交易。要达到这一目的,他把虚假交易放入单独的金融组合中,与真实交易区分开来,且选择不要求现金流动的交易。账目检查时,真假金融组合相互抵消,造成他交易风险很小,在可接受额度之内的假象。Kerviel 的所做所为使他的上司看到收支平衡的假象,实际上银行却处于巨大的风险之中。Kerviel 工作所在的 Delta One 交易柜台的交易限额仅为 1.25 亿欧元;Kerviel 通过以上方式,单笔交易额可超过 6 亿欧元。

Kerviel 还需逃避 SocGen 更加全面的内部检查,即对每笔交易账目的检查,这有可能暴露他的虚假金融组合。由于他知道 SocGen 内部控制的时间表,就可以在检查的前几分钟清除系统中的虚假交易,检查结束后再重新输入,因为临时收支失衡不会触发警报。他还用这种手段,在交易确认书发送给其他银行之前,取消和开始交易。据称 Kerviel 为达到目的,还使用其他员工的访问码和用户信息。报道还称 Kerviel“黑掉” SocGen 的系统进行诈骗。但 Kerviel 是否运用复杂的计算机技术避开 SocGen 的控制,目前尚无定论。

最后,Kerviel 需要采取一些手段,向同事和上司隐瞒他的计划。投资银行的员工通常轮流享受带薪假期,一个员工休假时,他的同事就可以检查其金融组合,这增加了 Kerviel 的欺诈行为被他人发现的风险。据报道,Kerviel 经常在其他交易员回家后工作到深夜,2007 年,为防止被别人发现,他只享受了 4 天带薪假期。尽管 Kerviel 的上司发现他账目中有错误,他却可以想方设法掩盖不法行为,及时弥补错误,然后继续诈骗。

Kerviel 的同事和上司对他的欺诈活动知晓多少,目前尚无定论。SocGen 认为 Kerviel 的行为是个人行为,他的上司对此毫不知情,但 Kerviel 对此说法表示怀疑。有报道称,Kerviel 曾在其主管经理 Eric Cordelle 知情的情况下,用经理的计算机执行若干笔欺诈交易。几个银行经纪人涉嫌在知晓 Kerviel 计划的情况下,仍与其交易,警方已介入调查此事。Kerviel 的辩护律师称,Kerviel 的欺诈活动最初很成功,致使 SocGen 盈利超过 20 亿美元,他的上司默许了他的行为。此外,多次警告显示 Kerviel 的行为已涉嫌欺诈,银行却无视这些警告。2005 年,Kerviel 因在 Allianz SE 证券下注时超过交易限额而受到警告,再犯则会被解雇。据报道,在过去的几年中,该银行应该却未对 Kerviel 下达的警告多达 75 次。SocGen 解除了这些警告,并称随着时间的推移,所有交易员应受的警告次数与他相类似。

Kerviel 欺诈活动的两方面非常引人注目:一是他所用方法极其简单;二是他在交易中获利甚少。SocGen 的控制系统可以检测出远比 Kerviel 行为更为复杂的错误和欺诈交易,但最终证实 Kerviel 的简单策略绕过控制系统绰绰有余。SocGen 投资银行部经理认为,“法国兴业银行陷入这起欺诈案,就好像一个人安装了高度复杂的报警系统,却因为忘记关窗而中招。"也许 Kerviel 一直希望通过欺诈交易获得巨额收入,但他似乎更沉迷于"为所在银行赚钱"。

如果 SocGen 抽查其交易记录,则很可能在损失失控之前就发现 Kerviel 的不法行为。同样,如果 SocGen 有跟踪删除或修改交易的系统,Kerviel 的行为也会很快被发现,而不造成任何影响。如果 Kerviel 的上司肯花心思调查为何本职工作是小心投注而赚取小额利润的交易员,实际上却可为银行赚取几十亿元(最终结果是亏损),那么他们也许可能在很大程度上降低损失。Kerviel 本人也表示,他的上司肯定知道他之所以可以赚取巨额利润,一定采取了异乎寻常的策略,但"只要你能赚钱,违规不是太明显,很方便,没有人会说什么"。

然而,SocGen 手上剩下一个烂摊子,并且可能越处理越差。SocGen 在发现 Kerviel 的欺诈行为后不久,在当时市场状况非常差的情况下,仍决定抛售他的仓位。SocGen 在世界市场疲软的情况下倾销 Kerviel 的仓位,这使 2008 年 1 月下旬的下跌更为严重。欺诈行为曝光后的星期一,DAX 指数、FTSE 指数和 CAC-40 指数分别下跌 7.2%、5.5% 和 6.8%,且 DAX 指数之后几天持续下跌。这些指数的突然下跌被认为是美联储随后降低利率的一个重要原因。不久之后,美国证券交易委员会对于 SocGen 在发现 Kerviel 的欺诈行为后暗中平仓是否违反美国证券法,以及内幕消息是否促使 SocGen 在公布欺诈丑闻之前就出售股票这两件事展开了调查。经估测,Kerviel 造成的损失总额接近 20 亿欧元,而银行对其平仓之后,经济损失为 49 亿欧元。

该事件是著名国际金融机构在风险管理控制方面失败最轰动的例子。这些失败也是造成次贷危机的重要原因之一,同时牵连其他投资银行收紧信贷。

那么 SocGen 会采取什么措施避免欺诈交易再次发生呢?我们拭目以待。即便 Kerviel 被 SocGen 称为邪恶天才,他居然可以积累仓位使其总价值超过银行的净资产,这表明该公司的控制系统存在严重缺陷。SocGen 的一位前风险审计师 Maxime Legrand 称银行用于监测交易员行为的控制程序就是一个摆设,管理层"假装检查,以取悦银行业监察委员会"。SocGen 的欺诈案和 Bear Stearns 等投资银行因疏于安全控制而倒闭后,金融机构在改善其风险管理制度和内部控制方面压力很大。

资料来源:Natasha de Teran,"Market Targets Loopholes in Equity Derivatives," Financialnews-US. com,March 28,2008; Brian Cleary,"Employee Role Changes and SocGen: Good Lessons From a Bad Example," SCMagazineUS. com,April 1,2008; Nicola Clark and David Jolly,"French Bank Says Rogue Trader Lost \$7 Billion", *The New York Times*,January 25,2008; Nicolas Parasie,"SocGen Discloses More Detail,Chronology of Alleged Fraud," MarketWatch. com,January 27,2008; Andrew Hurst and Thierry Leveque,"SocGen Under Pressure as Rogue Rader Released," Yahoo! News,January 28,2008; David Gauthier-Villars and Carrick Mollenkamp,"The Loss Where No One Looked," *The Wall Street Journal*,January 28,2008; Randall Smith and Kate Kelly,"Once Again,the Risk Protection Fails," *The Wall Street Journal*,January 25,2008; Adam Sage,"Ex-SocGen Risk Auditor Calls Systems a Sham," *The Times*,February 7,2008; "Trader Says SocGen Bosses Had To Know," *The New York Times*,January 29,2008; David Gauthier-Villars,Carrick Mollenkamp,and Alistair Macdonald,"French Bank Rocked by Rogue Trader," *The Wall Street Journal*,January 25,2008; David Gauthier-Villars and Stacy Meichtry,"Kerviel Felt Out of His League," *The Wall Street Journal*,January 31,2008; Heather

Smith and Gregory Viscusi,"SocGen Threatened to Fire Kerviel in 2005,Court Document Says," Bloomberg.com,March 25,2008.

思考题

1. 本章的哪些概念在此案例中出现?

2. 描述SocGen在安全控制方面的不足之处。哪些管理、组织及技术的因素导致这些不足?

3. 谁应对Kerviel造成的损失负责?SocGen的安全控制系统在其中起什么作用?管理层在其中起什么作用?

4. SocGen可以采取哪些方式预防Kerviel的欺诈行为?

5. 如果你负责重新设计SocGen的安全控制系统,你会采取哪些措施解决他们的控制问题?

第三篇

数字时代主要的系统应用

第三篇主要考察当今世界企业为提高运营效率和决策制定水平而应用的核心信息系统。应用系统包括企业系统、供应链管理系统、客户关系管理系统、合作和知识管理、电子商务应用系统及决策支持系统等。本篇将回答的问题主要包括：企业应用软件如何助企业提高业绩？为扩大经营范围，企业如何应用电子商务？信息系统如何帮助公司提升合作水平和决策制定水平，并更好地利用知识资产？

Management Information Systems

第9章

卓越经营与客户亲善：企业应用软件

学习目标

学习本章，你将了解到：

1. 借助企业软件，企业如何实现卓越经营？
2. 借助供应链管理系统，企业如何协调与供应商之间的生产与物流规划？
3. 借助客户管理系统，企业如何与客户达到亲善？
4. 企业应用软件的挑战有哪些？
5. 企业应用软件如何被应用到新的跨功能服务平台中？

TASTY烘焙公司：企业系统助公司摆脱困境

从公司的名称——Tasty烘焙公司即能看出公司的主营业务。公司旗下的Tasty Cake品牌非常有名，主营杯型蛋糕、馅饼、饼干和油炸圈饼等。产品先在面包房进行生产和预包装，然后送往美国15 500多家便利店和超市销售。

公司总部坐落在费城。公司在1914年第一天营业时，蛋糕销售额仅有28美元；而到了2007年，公司的销售额已经达到1.7亿美元。

Tasty公司规模虽小，但是业务非常成熟。顾客对Tasty公司产品非常满意，但是公司的管理层和股东们却显得忧心忡忡。从20世纪90年代中期开始，公司销售额和所占市场份额一直在下滑。2002年，公司的利润率仅有4.9%，达到了历史最低点。为了挽救公司，Tasty公司新总裁兼CEO查尔斯·皮泽(Charles Pizzi)组建了一支新的管理团队，并制定了一套战略性转型方案。

这套方案包括全新的生产方法和信息应用系统。Tasty公司现有的信息系统在技术上已经僵硬过时，并且隐含着严重的商业风险。许多关键性的生产流程技术保守落后、缺乏创新，并且还严重依赖于手工操作。同时公司也不能及时获得关于生产、库存和货运等方面的信息。Tasty公司每天只能依靠人工清点库存。即便是这样,库存信息也经常出现差错,且常常滞后。由于货运信息不对称所导致的过量库存只能以特价在蛋糕店销售。Tasty公司所占的市场份额在降低,而运营成本却在增加。

Tasty公司大部分产品销售的信息都是从经销商的网络中获得。Tasty公司需要建立更加畅通的联络系统,以便及时获取有价值的信息。

新的Tasty管理团队决定实施一套全新的管理系统。这套软件由SAP公司开发,专门为食品和饮料行业设计。SAP公司和德勤会计事务所的顾问们为公司设计了业务流程,与SAP软件相兼容。在对软件做了些许改变,并应用了更加缜密的项目管理标准之后,公司在财务预算范围内及时安装了全新的企业系统。该系统使用了微软SQL服务器数据库系统和基于互联网的Windows操作系统。

为将企业系统软件的优势发挥到最大化,Tasty公司在其生产流程上进行了大量革新。该系统采用了德勤会计事务所在食品与饮料行业最好的实践应用。

Tasty公司在财务、订单输入、制造资源计划(MRP)和日程安排中也使用了SAP系统。该系统整合了之前由人工操作或处于独立系统中的信息,并为公司提供库存、库房管理、财务和集中采购等方面的实时信息。此系统还可以为管理层提供更准确的顾客需求信息,有助于他们做出更加明智的决定。

自从安装并应用了SAP企业系统后,Tasty公司的财务状况较之以前有了很大改善。库存降低了60%,降价促销商品减少了40%。顾客对公司的满意度也提高了,退货率降低了,订货较以前有所增长。在没有增加雇用员工的情况下,Tasty的销售额提高了11%。

资料来源:"Tasty Baking Company," and "Tasty Baking," www.mysap.com, accessed July 5, 2007 and Tasty Baking Company 10-K Annual Report filed March 12, 2008.

Tasty公司在库存和工作流程中的问题,充分说明了企业应用软件的关键性作用。由于公司不能及时获得管理库存所需的信息,导致了运营成本增加。另外,由于货运过程中的失误而损失了销售。

本章的开篇图表说明了本案例的重要性和本章相关的内容要点。由于Tasty公司新鲜蛋糕等商品的保存时间相当短,而一些关键性的业务流程又是由人工完成,这使得公司不能准确地获悉哪些商品已经运送出去了,哪些商品还存储在库房里。公司的管理层也不能及时地获取数据,这为日常计划和决策带来了挑战。

为解决难题,管理层只能雇用更多员工,或者采用新技术自动处理现有业务流程。但是,为了适应行业标准,管理层决定大量革新业务流程,采用新的企业系统。企业系统整合了财务、订单输入、日程安排和生产信息等,并在公司内部广泛应用。生产输出数据和库房货运数据一旦生成,就会在数据库中立即显示。更加及时准确的信息有助于员工提高工作效率,还可以协助管理层做出更加明智的决定。

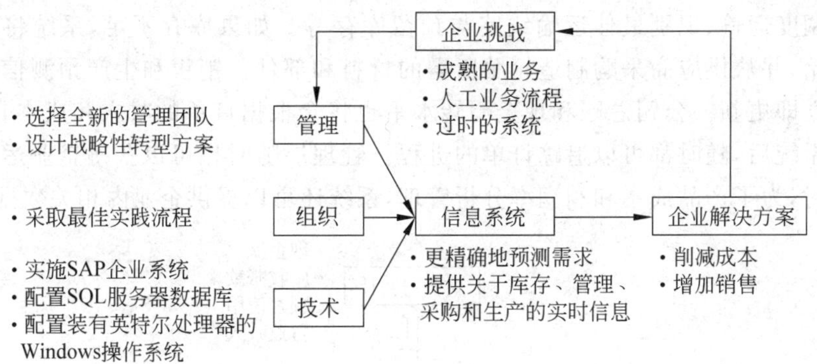

9.1 企业系统

全球范围内，无论是在企业内部还是在企业与企业之间，关联性变得越来越重要。如果你经营着一家企业，客户下了一笔大订单或者供应商的供货延迟，你肯定希望能对此立即做出反应。尤其当你经营一家大型企业时，你还肯定希望及时了解这些事件对企业每个部门产生的影响。如果借助企业系统，你就可以对此了如指掌。那么，企业系统是如何进行工作的？它能为公司创造哪些价值呢？

9.1.1 什么是企业系统

假设你经营一家公司，公司的信息来自数十个或者上百个完全不同的数据库或系统，而且这些数据库或系统间不存在任何联系；假设你的公司拥有10条不同的主要产品线，每条产品线都在独立的工厂里进行生产，并且每家工厂所应用的生产控制系统、库存系统与配送系统互不兼容。

例如，Alcoa公司是世界著名的铝业和铝制品生产公司，在41个国家开展业务，有500个分支机构。这些分支机构最初都是围绕着公司的主营业务所建立起来的，且每个分支都拥有不同的信息系统。但是这些系统大多结构臃肿、工作效率低下。与同行业内其他公司相比，Alcoa公司在处理付款需求以及财务流程的过程中，费用要高的多，并且周期时间(cycle time)也要长(周期时间指的是某一个业务从开始到结束的全部时间)。整个公司不能以单一整体来运营。

此外，决策制定通常是基于人工报告完成的，而人工报告信息常常滞后，所以要从整体上真正了解企业的经营状况就变得十分困难。那么，对企业来说，能够整合信息的企业系统就变得非常重要。

第2章已经介绍了企业系统，企业系统也叫企业资源规划(ERP)系统，基于一套软件集成模型和一个中央数据库。中央数据库的信息来自公司不同的部门和分支，如制造与生产、财务与会计、销售与营销以及人力资源等部门，这些数据在企业应用软件内得到运用，并可以应用到组织内部的经济活动中去。信息一旦进入某一业务流程中，其他的业务流程也可以立即使用它(见图9.1)。

如果一个销售代表下了一个轮胎轮辋的订单，系统将会验证该顾客的信用额度、对轮胎进行调度运输、识别最佳运输线路与预留库存等。如果库存不足,系统将调度生产更多的轮胎,并从供应商采购制造轮胎所需的材料和部件。销售和生产预测信息会根据以上信息立即更新。公司总账和现金周转水平也将会根据订单的收入和成本自动更新。用户进入系统后,随时都可以追踪订单的进程。管理层随时也可以获得企业运行状况的信息。同时,为了产品成本和利润率分析管理,系统还可以提供企业内相关数据。

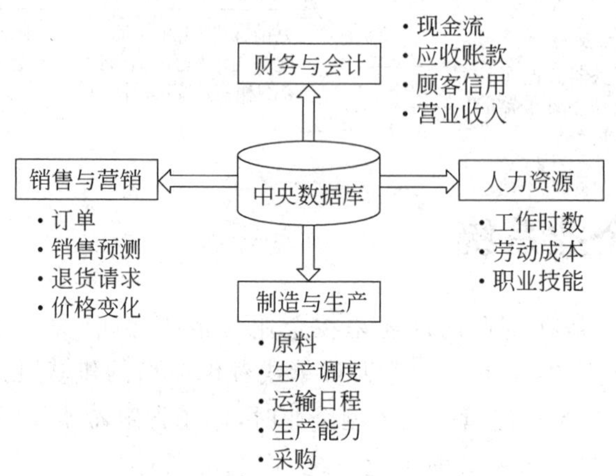

企业系统内含有一套集成的软件模型和中央数据库,可以在公司上下不同的业务流程和功能区域间得到分享。

图 9.1　企业系统如何工作

9.1.2　企业软件

企业软件(enterprise software)是围绕预定义的几千个业务流程创立的,每个业务流程能够反映最佳实践流程。表9.1描述了企业软件主要支持的业务流程。

表9.1　企业系统支持的业务流程

财务与会计流程:包括总账、应付账款、应收账款、固定资产、现金管理和预测、产品成本会计、成本中心会计、资产会计、税务会计、信用管理以及财务报表
人力资源流程:包括人事管理、时间会计、工资账单、人事规划与发展、福利会计、申请人追踪、时间管理、补偿金、人力规划、业绩管理和差旅费报告
制造与生产流程:包括采购、库存管理、采购运输、生产计划、日程安排、原料需求计划安排、质量管理、分配、运输执行、工厂和设备维护
销售与营销流程:包括订单处理、报价、合同、产品结构、定价、账单、信用审核、激励和佣金管理以及销售计划

如果使用此类应用系统,首先公司需要选择希望使用的功能,然后在预定义业务流程中勾画出本公司的业务流程。(我们的拓展学习之一即说明了SAP企业软件如何采购一套新设备。)在本章的开篇案例中,Tasty烘焙公司首先定义了公司现有的业务流程,然后将它们转换并植入到SAP企业资源规划(ERP)软件中去。公司可以通过软件配置表,对系统的某个具体方面进行调整,以适应公司处理业务的方式。例如,公司可以通过配置表选择是否根据产品线、地理位置或者分销渠道跟踪收入。

如果企业软件不支持公司的某些业务处理方式，软件中的某些程序还可以重新编写。企业软件极其复杂，大量的系统定制会降低它的系统性能，损害作为企业系统的主要优点的信息和业务集成。如果公司希望将企业软件的优势发挥到最大化，那么，企业就必须改变原有的业务处理方式，以适应企业软件中的业务流程处理方式。为了确保可以从企业软件中获益，Tasty公司对SAP软件做了极少数的改变，只改变了系统中5%的功能，尽可能多地运用SAP软件自带的工具和功能。SAP企业软件内设置了3 000多个配置表。识别企业业务流程的配置表也包含在企业系统中，而将这些流程写入企业软件中常常需要付出很大的努力。

企业软件开发商主要包括SAP公司、甲骨文(Oracle)公司(包括它收购的仁科)和SSA Global公司。企业软件包括专门为小型企业定制的软件包，通过网络也可以从软件服务商获得相应的软件包版本。尽管最初设计目的是为了使公司内部的后台业务流程自动化，但是现在的企业系统成长得更趋外向型，能与客户、供应商或其他组织进行交流。

9.1.3　企业系统的商业价值

企业系统的价值包括提高公司的运营效率和为公司提供相关信息，协助管理层做出更加明智的决策。大型公司在不同地区的分公司可利用企业系统实施统一的运营标准和数据管理。如此一来，世界各地的公司员工都能够实施同样的业务处理标准。

例如，可口可乐公司安装了SAP企业系统，规范协调在全球200个国家重要的业务流程。如果缺乏统一的标准，公司的业务流程将会限制公司在世界范围内的购买能力，不能以低价购买到原材料，也不能对市场变化做出迅速的反应。出于同样原因的考虑，雀巢食品公司(Nestle SA)安装了SAP企业系统，以确保公司在全球80个国家500多个分支机构确立统一的业务流程标准。

企业系统还可以帮助公司对客户需求变化做出迅速反应，这是得力于系统整合了订单、生产和发货等数据。最好的情形就是企业根据客户的需求量采购原材料、进行生产，尽量缩短原材料和产品的库存周转时间。

应用了Oracle企业软件之后，Alcoa公司消除了大量冗余的业务流程和不必要的系统。这套Oracle企业系统可以核实货物，自动生成付款收据，缩减了从需求到付款的周期时间(需求到付款的周期时间指的是从购买需求到购买付款所花费的全部时间。)Alcoa公司会计的应付款交易处理量下降了89%。Alcoa经济与采购活动的集中处理，帮助公司在全球范围内节省了近20%的开支。

企业系统也可以为管理层的决策制定提供更丰富、更有价值的信息。公司总部可以获取有关销售、库存和生产的及时信息，为销售和生产做出更准确的预测。企业软件包括分析工具，对系统内数据进行分析，提升整体组织性能。企业系统数据有标准的定义与设计，被整个组织所接受。工作业绩数据在公司内也意味着同样的道理。企业系统可以使公司管理层随时轻松地了解某个组织的具体表现，分析出哪种产品利润率最高或最低，或者计算出公司整体的运营费用等。

例如，Alcoa公司的企业系统包括全球人力资源管理功能，该项功能可以显示员工培训与培训质量之间的关系,计算出为员工所提供服务的费用,也可以计算出在员工招聘、薪水发放和培训中的效率等。

9.2 供应链管理系统

如果你经营着一家小公司,只生产少量产品或者提供少量服务,那么你只会有少量的供应商。通过电话或传真,就能同供应商协调订单和运输事宜。但是如果你经营一家大型公司,产品复杂并提供大量的服务,那么你会有上百家的供应商。供应商又会有自己的供应系统。为了公司的产品和服务,你需要协调与上百家甚至上千家公司的业务。我们在第2章所介绍的供应链管理系统,能应对如此复杂程度和规模的供应链管理问题。

9.2.1 供应链

供应链(supply chain)是连接组织和业务流程的网络,它包括采购原材料、转换原材料为半成品或成品、配送产品至客户的整个流程。它联结供应商、制造商、分销中心、零售商和顾客,为他们提供货物和服务(从生产源头到消费点)。经过供应链的材料流、信息流和现金流,都是双向的。

货物的原材料,通过供应链传输进来,然后转换为中间产品(也称为零部件),最后加工为成品。成品被运至分销中心,分销中心再转销至零售商和顾客。退货产品的流向则是相反的,由买主到卖主。

下面看看耐克(Nike)运动鞋的供应链。耐克设计的运动鞋、袜子、运动服装和配饰产品,销售至全世界。它的供应商和合同生产商工厂主要位于中国、泰国、印度尼西亚和巴西等国家。耐克的成品商品即是由合同生产商工厂所生产的。

但是,耐克的合同供应商并不是从零开始生产运动鞋。合同供应商从自己的供应商采购鞋带、鞋孔、鞋帮和鞋底,将它们组装成成品运动鞋。这些供应商又有自己的供应链系统。例如,鞋底供应商有合成橡胶的供应商、用来融化橡胶的化学品的供应商以及用来灌注橡胶的模具的供应商。鞋带供应商有纤维线供应商、染料供应商和塑料花边供应商等。

图9.2简单说明了耐克运动鞋的供应链。该图展示了耐克与耐克分销商、零售商与客户之间信息流和原料流之间的关系。耐克的合同生产商是它的主要供应商。鞋底、鞋孔、鞋帮和鞋带供应商是二级供应商(二层)。而这些供应商的上流供应商就是三级供应商(三层)。

供应链的上游包括耐克供应商、供应商的供应商,以及供应商之间关系处理的流程。下游则包括分发与运输产品至终端消费者的组织及业务流程。像耐克合同供应商这样的制造公司也需要处理其内部的供应链过程,把由供应商提供的原材料、组成部件和服务为顾客转换为产成品或中间产品,并且管理原材料和库存。

图9.2说明的是简化供应链流程。该图只说明了运动鞋的两家合同生产商,即上游的鞋底供应商。耐克拥有上百家的合同生产商,它们为耐克制造运动鞋、袜子和运动服装。每家生产商又有自己的供应商。耐克供应链的上游部分实际由几千家实体组成。

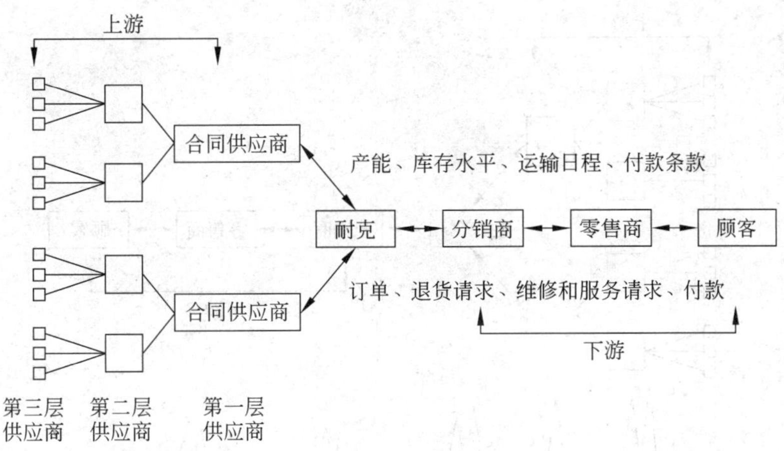

该图说明了为协调诸如购买、生产和销售等活动，耐克供应链中存在的主要实体和上下游的信息流。上图所展示的仅是简化供应链，上游部分主要集中在运动鞋供应商和鞋底供应商。

图 9.2　耐克的供应链

不仅如此，耐克还有大量的分销商和数以千计的零售商销售运动鞋。所以供应链的下游是一个庞大而复杂的系统。

9.2.2　信息系统和供应链管理

供应链中的无效性均由不正确或不及时的信息所造成，如生产原料短缺、工厂产能利用不足、成品库存过剩或运输成本过高等。例如，如果生产商不能够准确地获知供应商的下一批货何时能够到达，生产商就不得不在库存中存放过多的生产原料。由于缺乏足够准确的需求信息，供应商可能会只采购了少量原材料。供应链的无效性可能浪费公司高达 25%的运营成本。

如果能够了解客户需求，以及何时需要及何时生产，生产商就可以实施高效率的**准时制**(just-in-time)**策略**。原料在需要的时刻刚好送达，产品一下线即能被运走。

由于事件的不可预知性，所以供应链中的不确定性总会发生，如产品需求量不确定、供应商的货物运输延迟、原材料出现缺陷或生产过程中断等。为了满足客户的需求，生产商常会存放大量的原料和产品，而客户的需求常被生产商扩大化了。安全库存水平对供应链中的低灵活性起缓冲器作用。尽管超额库存导致成本过高，但是低库存水平的代价也是不菲的，因为企业可能因失去订单而蒙受损失。

在供应链管理中，一个常出现的问题便是**长鞭效应**(bullwhip effect)，即需求信息从供应链的一个环节传递到另一个环节时受到扭曲。一项物品的需求量轻微上升可能引起供应链成员存储大量库存，如分销商、生产商、供应商、二级供应商(供应商的供应商)和三级供应商(供应商的供应商的供应商)，每个成员都在“以防万一”。但是这个变化经过供应链波动被放大，计划订货量的微小变化会导致库存堆积，以及生产、仓储和运输成本过高等(见图 9.3)。

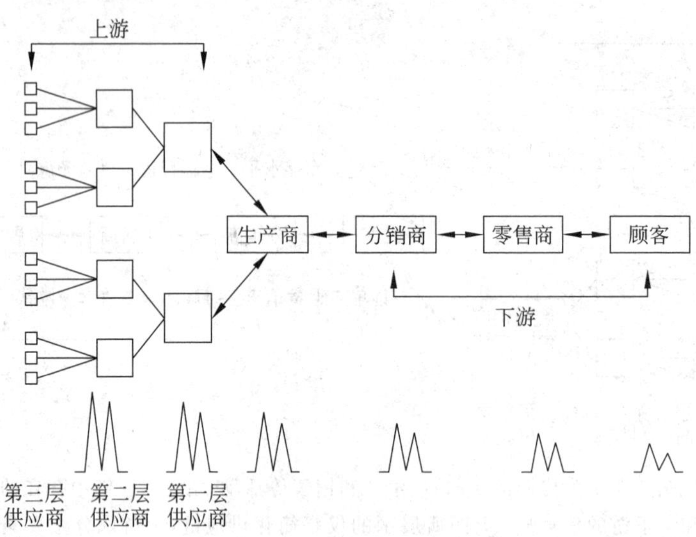

信息不准确可能会导致某产品需求的小幅变动会在供应链中被放大为大幅变动。零售店某产品销售信息的小幅变动会导致分销商、生产商和供应商大量库存堆积。

图 9.3 长鞭效应

例如,宝洁公司(P&G)发现由于信息偏差,帮宝适(Pampers)一次性纸尿布供应链的各个点上均存在超额库存。尽管顾客的购买力是相对稳定的,但当宝洁提供具有诱惑力的价格促销时,从分销处发过来的订单量就会猛增。这样一来,沿着供应链,帮宝适产品和帮宝适原料库存就会猛增,企图满足实际中并不存在的需求量。为了解决这样的问题,宝洁修订了营销计划,更改了供应链的处理流程,并应用了更加精确的需求预测系统(Lee, Padmanabhan, and Wang, 1997)。

当供应链中所有成员能够获得准确及时的信息时,那么客户需求的不确定性也就随之降低了。相应地,长鞭效应也就被克服了。如果库存量、日程安排、数据预测和货运等相关动态信息可以得到共享,那么供应链中所有成员就能根据动态信息及时调整采购、生产与配送安排计划。供应链管理系统为供应链成员提供的这些信息,可以协助它们做出更合理的采购与日程安排计划。表 9.2 即描述了公司如何从供应链系统中获益。

表 9.2 信息系统如何促进供应链管理

来自供应链管理系统的信息帮助公司
决定生产、存储和运送时间
迅速交流订单信息
追踪订单状态
检查库存量和监测库存容量
降低库存、运输和仓库管理费用
追踪货运信息
根据客户实际需求量制定生产计划
快速交流产品设计变更信息

9.2.3 供应链管理软件

供应链软件可以分为供应链计划系统和供应链执行系统。供应链计划系统助企业规划供应链软件，而供应链执行系统则助企业执行供应链流程。通过**供应链计划系统**，公司可以将现有的供应链模型化，预测生成产品需求，开发出最优和最理想的采购与生产计划。该系统可以帮助公司做出更加理想的决策，如在某一特定的时间内生产某一特定商品的数量，确定原材料、中间产品和成品的库存量，存储成品的地点和识别产品交通运输路线等。

例如，如果一位大客户下了一笔大订单或者突然更改了订单的状态，那么这将会对供应链上下产生巨大的影响。这时，企业可能需要从其他供应商采购原生产计划外的原材料或者不同的原材料构成。新生产计划可能要更改工作日程安排。运输承运人则可能需要重新安排运输计划。供应链计划软件可以调整生产计划和分销计划。更改后的信息可以在相关供应链成员间共享，使其工作得到协调。其中一项最重要，同时也是最复杂的供应链计划功能是需求计划。**需求计划**（demand planning）是指确定为满足客户需求，企业所需生产商品的数量。

惠而浦公司（Whirlpool Corporation）主要生产洗衣机、干燥机、冰箱、烤箱等家用电器。为更好地满足客户需求，惠而浦开始使用供应链计划系统管理产品生产。公司安装了I2 Technologies公司开发的供应链计划软件，该软件包含总日程表制定、部署安排和库存管理等模块。惠而浦还安装了I2公司开发的基于网络的协作计划、预测和补给（CPFR）工具，主要用于销售伙伴间的销售预测数据分享。供应链计划软件性能的提升，帮助惠而浦成功地将库存产品的可得率提升到了97%、多余成品库存减少了20%，且市场预测错误率也降低了50%。

供应链执行系统管理分销中心和仓库产品的流向，以最高效率地将产品运输到指定的地点。系统还可以追踪产品的实体状态，管理所有供应链成员的原材料、仓库、运输和财务信息。在第2章，Haworth公司的运输管理系统和仓库管理系统即是此类系统的代表之一。Manugistics公司和I2 Technologies公司（两家公司都被JDA Software公司收购）是供应链管理软件的主要开发商。企业软件供应商SAP公司和甲骨文—仁科公司提供供应链管理模块。

技术互动环节主要介绍宝洁如何运用供应链管理软件提升运营水准和决策制定水平。宝洁系跨国企业巨头，公司全球供应链系统管理旗下300多个品牌，每一品牌产品的供应链配置各不相同。其中供应链系统庞大复杂，供应链管理应用纷繁复杂。下面将介绍的是库存优化应用系统。

互动讨论：技术领域

宝洁致力于优化库存

摆放在塔吉特（Target）超市和沃尔玛（Wal-Mart）超市中过道之间的洗发水和唇膏很难让人联想起“战场”，事实上，这恰恰是日用品生产企业为争夺销售空间而发起无休止的"战争"之地。宝洁在这方面可比任何一家公司都要专业。它是世界上最大的日用品生产公司之一,年营业收入超过760亿美元,在80个国家开展业务,员工13.8万名。

宝洁旗下有300多个品牌,其中包括封面女郎(Cover Girl)化妆品、玉兰油(Olay)护肤品、佳洁士(Crest)、Charmin、汰渍(Tide)、品客(Pringles)和帮宝适(Pampers)等。

宝洁美妆产品的客户需求变动性非常大。一款流行的眼影或者口红产品可能很快就迎合不了潮流。时尚潮流要求源源不断的新型产品。为能以最低价格销售知名品牌产品,诸如塔吉特和沃尔玛这样的大型零售店常会相互竞争。

面对竞争压力,为了在整个生产和分销网络中降低供应链成本,提高运营效率,宝洁不断地寻求解决之道。近来,宝洁实施了多级库存优化系统,使供应链管理更有效率。

像宝洁这样的大型公司的供应链极其复杂,常会涉及成千家供应商、大量生产设备及市场。只要供应链上的某一部分的微小变化,都会对其他部分产生巨大影响。正是因为宝洁供应链涉及范围如此广泛,所以发生错误的风险比紧凑型供应链系统要高得多。在宝洁这样的大型公司中,优化库存将会对公司削减费用、增加收入起到非常关键的作用。宝洁在供应链管理方面享有盛名,通过管理销售活动和运营规划、精确预测市场变化、准时制定发货和供应商库存管理等活动,公司成功地削减了剩余库存。同时多级库存优化系统还为公司提供了一套更高运营效率的管理方案。

多级网络是指位于不同地点的产品将沿着供应链管理路径被运送到分销点,而有些产品则处在企业分销网络中不同的"级"或"层"。例如,大型销售商的分销网络常常包括一个地域分销中心和多个转运分销中心。分销网络中多级的存在让库存管理变得更加棘手,因为每一级都与另一级都是相对独立的,所以由一级造成库存的变动将会给其他级带来不可预知的后果。

多级库存优化管理寻求将公司供应链所有级的库存水平降到最低。由于每一级中存在着额外的订货和交货时间间隔、长鞭效应以及使订单和控制成本同步化的需要,使得多级库存优化比传统系统优化更加复杂。如果供应链如此复杂,公司就必须得沿着供应链将每一个分销点库存填充满之后再进行分发,这与一个分销点或者库存的源头供应商的做法正好相反。除非彼此能即时沟通,由于供应链中的每一个点并不了解其他点的库存量,这就使供应链上下成员间缺乏可见性。

库存的多级管理方法包括以下因素:每一级中独立的预测更新、对订货提前时间及其变化的考虑、长鞭效应管理、需求链上下能见度的建立以及订单同步化策略等。

虽然宝洁更倾向于研发属于自己的分析工具。但在本案例中,它采用了Optiant公司的PowerChain Suite多级库存优化管理方案。当时,宝洁(P&G)正在准备收购吉列(Gillette),而吉列已在使用Optiant软件,且效果非常显著。

PowerChain Suite软件适当定义了库存配置,能够使库存适应不断变动的市场需求。软件方案所运用的数学模型基于麻省理工学院(MIT)的获奖研究,该项研究可以平衡费用、资源和客户服务之间的关系。通过PowerChain Suite工具中的控制库存,能够降低产品、部件和客户所要承受的风险,还可以用来协调不同产品的库存政策。(当这些库存可以同时使用时,它还可以帮助减少前期留下的库存。)

PowerChain可以帮助公司设计新的供应链,并配置端到端(end-to-end)的供应链,然后快速优化供应链成本，提升运营水平，并能做出更好的货物采购选择。Opiant 公司也为其他龙头企业提供供应链管理系统服务，如百得(Black & Decker)、惠普(HP)、宜家(IKEA)、怡敏信(Imation)、英特尔(Intel)、卡夫(Kraft)、微软(Microsoft)和实耐格(Sonoco)等。

作为 Opitiant 软件的试点部门，宝洁美妆部门是公司内最大、结构最复杂的部门，同时也是盈利率最高的部门。宝洁公司相信如果多级库存管理策略可以提高美妆部门的利润率，那么该策略就可以应用在其他所有的部门。

首先，Optiant 软件配置了宝洁原始的化妆品供应链，导入了前 18 个月的市场需求数据和前 3 个月的需求变动性数据。然后软件开始优化供应链内的库存，目的是将目标服务水平提高至 99%。接着第三步是定义备用供应链设计，最后一步是生成经过优化的供应网络设计方案。

结果给人印象深刻。宝洁美妆部的库存水平减少了 3 到 7 个百分点，服务水平也保持在 99%以上。应用软件后的第一个财政年度，美妆部的净利润增长了 13%，销售额增长了 7%。与上一个财政年度相比，存货周转天数减少至 8 天。软件应用带来了成功的喜悦，宝洁开始把多级库存策略应用到不同的生产部门。

资料来源：John Kerr, "Procter & Gamble Takes Inventory Up a Notch," *Supply Chain Management Review*, February 13, 2008. Optiant, "Optiant Announces Multi-Echelon Inventory Optimization Enterprise Agreement with P&G," October 17, 2007; and www. optiant. com accessed July 17, 2008.

思考题

1. 为什么大型供应链更难于管理？
2. 为什么供应链管理对宝洁这样的大型公司如此重要？
3. 库存优化为宝洁的运营管理和决策制定产生了怎样的影响？
4. 为什么小型公司不能像大型公司那样从多级库存管理中获得大量益处？

MIS 实例

1. 通过网络查找宝洁任何一款产品的成分，如佳洁士牙膏或是封面女郎唇膏；或者在零售店这些产品的包装上查找这些产品的成分，并列出成分表。
2. 通过网络，查找每项成分的主要供应商及其所在地。
3. 在宝洁的产品供应链中，你学到了什么？什么因素决定了产品的价格与可用性？

9.2.4 全球供应链和互联网

互联网诞生前，供应链的协调性常受到限制，因为内部供应链系统的采购、材料管理、制造和配送等步骤的分离使得信息在公司内流动不畅。外部供应链伙伴们也同样难以共享信息，这是因为供应商、分销商和物流供应商的系统应用平台互不兼容，执行标准也大不相同。企业系统能够创造企业内部供应链流程的某种整合，但企业系统不能处理外部供应链流程。

利用互联网技术,可以用较低成本实现某种程度的整合。公司可以运用内部网在其供应链流程中提升协作水平,并且利用外部网,协调与业务伙伴共享的供应链流程(见图9.4)。

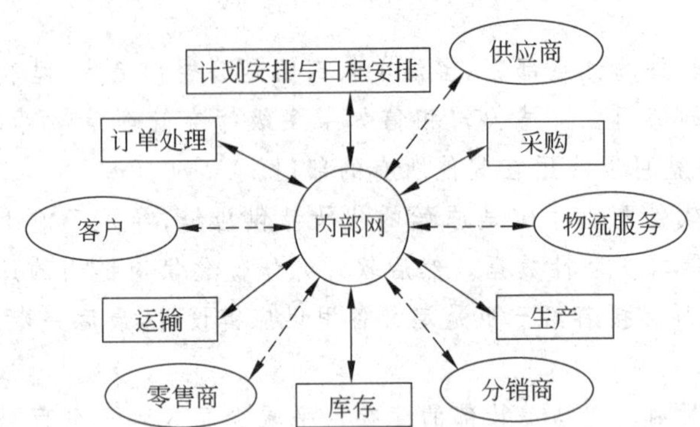

内部网将公司内独立的业务流程信息整合到一起,管理内部供应链系统。为协调并提升外部供应链流程,经过授权的供应商、分销商、物流服务商和零售商(有时)可以进入到内部网。

图9.4 供应链管理的内部网与外部网

通过运用内部网和外部网,供应链中所有成员可以进行彼此即时交流,利用最新信息调整采购计划、物流、生产、包装及日程计划安排等。利用网络接口,管理层可以将系统与原料供应商系统相连接,以确保供应商的库存和生产能力与公司的产品需求相匹配。通过基于网络的供应链管理工具,业务伙伴可以进行在线合作,并做出相关预测。通过查看供应商的生产日程安排和物流信息,销售代表可以追踪客户的订单状态。

全球供应链问题

随着越来越多的公司进入了国际市场,它们开始将业务外包,签订供应商,将产品销售至国外。其供应链也扩展到多个国家和地区,因此全球供应链也变得极其复杂,供应链管理也变得更具挑战性。

全球供应链比国内供应链所跨越的地理范围更广,时间差异更大。而且全球供应链的成员通常来自多个国家。大量产品的海外购买价格尽管较低,但是需要支付额外的运输费、库存费(为了维持安全库存)和地方税费等。地区间或国家间的执行标准并不一致,供应链管理还可能因外国政府的规章制度和国家间的文化差异而受到限制。这些因素都影响了公司在全球市场中接受订单、规划分销、判断仓储规模以及管理入厂和出厂物流的方式。

借助互联网,公司能够管理全球供应链的众多环节,如采购、运输、通信和国际财务等。例如,当今世界的服装行业严重依赖于中国和其他低薪资国家的合同生产商的外包业务。服装类公司开始借助网络管理全球供应链与服装生产问题。

例如,美国加州制衣商Kellwood旗下的Koret公司运用了基于网络的E-SPS软件,在全球供应链中取得了端至端的透明化管理成果。与采购、工作进程跟踪、生产程序路径、产品研发追踪、问题鉴定、合作事项、交货日程预计、产品生产有关的调查和报告都被包含在基于网络的E-SPS软件中。

那么，当产品处于采购、生产和运输过程中时，零售商、生产商、合同商、代理商和物流服务商之间的沟通就显得非常必要。许多公司，尤其是小公司，依然通过电话、邮件或传真共享产品信息。以上沟通方式不仅降低了供应链效率，还增加了供应链可能产生的错误率与不确定性。运用E-SPS软件后，供应链中所有成员通过网络系统都可以进行无障碍交流。如果Koret公司的一家供应商更改了一件产品的状态，那么供应链中所有其他成员都可以看到这一变化。

除合同生产外，全球化不仅催生了诸如仓库管理外包、运输管理，还促进了第三方物流服务商的供应链服务管理，如美国联合包裹服务（UPS）和美国港口服务公司（American Port Services）。通过基于网络的软件，物流服务商可以为消费者提供更加广阔的视角了解全球供应链。为了管理客户的货运与库存，美国港口服务公司对软件进行投资升级，让全球不同区域的货运代理、物流枢纽和库房管理信息得以同步。同时，客户可以登录安全网站点查找库存与货运信息，更有效地管理全球供应链。

需求驱动型供应链：从推式生产模型到拉式生产模型；高效客户响应系统

除能够降低成本之外，供应链管理系统可以提高客户需求的响应速度，从而使业务运营更趋向客户需求型（高效客户响应系统在第3章中已有所介绍）。

早期的供应链管理系统由**推式模型**（push-based model）驱动（又叫按库存生产）。在推式模型中，主生产计划是基于产品需求预测或是最佳猜测之上，然后将产品"推"向客户。网络工具使得新信息流成为可能，供应链管理更易于遵循拉式模型。在**拉式模型**（pull-based model）中（也叫需求驱动模型或者按订单生产），客户的实际需求或购买行为触发供应链中事件发生。基于客户订单情况，产品生产和交货工作相应地开展，沿着供应链向上，从零售商到分销商，再到生产商，最后到供应商。只有按订单生产的产品是沿着供应链向下，一直到达零售商。正如图9.5中描述的那样，生产商只利用实际订单需求信息来制定其生产日程和原材料采购计划。沃尔玛的连续补货系统和戴尔电脑的按订单生产系统都是属于拉式模型，这在第3章中已经有所描述。

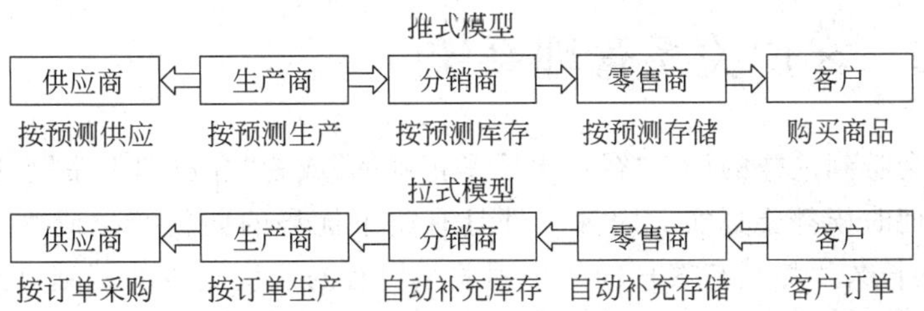

推式模型与拉式模型的不同处可以总结为一句话：制造我们能售出的，而不是售出我们能制造的。

图9.5 推式供应链模型与拉式供应链模型

借助于互联网和互联网技术，顺序供应链可以转换为并行供应链。在顺序供应链中,信息在公司间按顺序地传递,而在并行供应链中,信息在供应链网络成员间同时多方向地传递。根据日程更改或订单变化,供应链网络成员可立即进行相关调整。最后,互联网可以在整个供应链中创造一个"数字物流神经系统"(见图 9.6)。

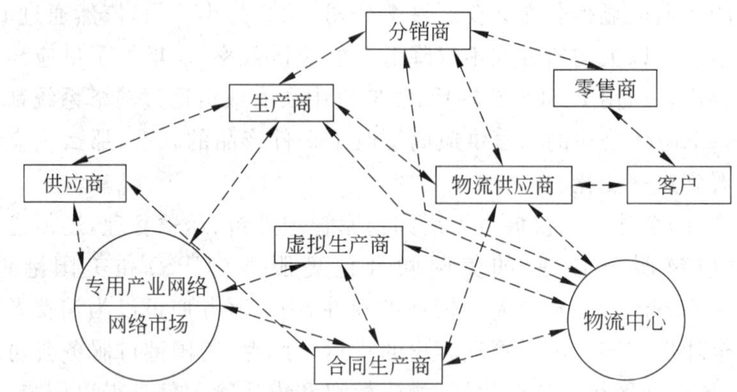

未来的网络驱动的供应链就如同一个数字物流神经系统。它能够为公司、公司网络和电子商务场所提供多方向的交流方式。如此一来,全网络供应链成员可以立即根据信息变化调整库存、订单和库存安排计划等等。

图 9.6 未来的网络驱动供应链

9.2.5 供应链管理系统的商业价值

通过供应链管理系统,公司可以优化内外部的供应链流程,并且向管理层提供更加精确的生产、存储和运输信息。通过应用网络化的、集成的供应链管理系统,公司可以使供需匹配,降低库存,改善配送服务,加快产品上市时间,并更有效地利用公司资源。

企业运营费用大部分都是由供应链费用组成。在一些行业中,供应链运营费用占运营预算近 75%。所以,降低供应链的运营成本将会对公司利润率产生很大影响。借助供应链管理系统,企业不仅可以降低运营成本,还能够提高销售量,增加销售收入。如果顾客需要一件产品,但是该产品正好缺货,那么顾客常会尝试其他企业的产品。但是通过供应链准确无误的运营,公司能够让顾客随时买到自己想要的商品。

9.3 客户关系管理系统

生活中常会听到这样的话:"客户永远是正确的"或者"客户即上帝"。这些话在今天可能比以往任何时候都要真实。因为一件具有竞争优势的创新产品或服务寿命通常很短,公司唯一的长久优势是与客户间的牢固关系。有的人说竞争的基础已经由谁销售最多产品和服务转向谁"拥有"客户了,与客户保持良好关系才是公司最有价值的财产。

9.3.1 什么是客户关系管理

你需要什么样的信息来培养与客户稳固而长久的关系呢?你需要知道你的客户属于哪类消费群体,与他们取得联系的方式,为他们提供服务和商品的成本是否高昂,他们对什么样的产品和服务感兴趣，他们在你公司产品上的消费额为多少，等等。想象你在小镇上经营着一家商店，你需要确保了解每一位客户。你希望让客户感到你的服务很特别。

若是社区商店，店主和经理可以面对面地了解客户。但如果是跨都市、跨区域、跨国家甚至是全球性的企业，以这种亲近方式"了解客户"是不可能的。这些企业的客户众多，企业与客户取得联系的方式也是五花八门(包括网络、电话、传真等方式和面对面交流等)。那么，为了满足大量客户的服务需求，整合来自这些渠道的信息变得异常困难。

大企业的销售、服务与营销被严格地区分开来，处在不同的部门，并且这些部门彼此间不分享重要的客户信息。一位客户的某些信息可能根据其账户被存储在公司中。该客户的其他信息可能根据他所购买的产品进行组织管理。这根本不可能整合所有的信息，所以也就无法为公司提供完整的客户信息。

这正是客户关系管理系统的用武之地。我们在第2章介绍的客户关系管理(CRM)系统可以从组织内部获取客户数据，合并分析数据，然后将分析结果传送到企业内各个系统和顾客接触点。**接触点**(touch point，也叫联络点)是与顾客进行互动的方式，如电话、电子邮件、客户服务台、信件、网站、无线设备或是零售店等。

精心设计的客户关系管理系统可以为企业提供完整的客户信息，助企业提升销售与客户服务质量。同时，无论客户使用何种接触点，系统也可以为客户提供完整的公司信息(见图9.7)。

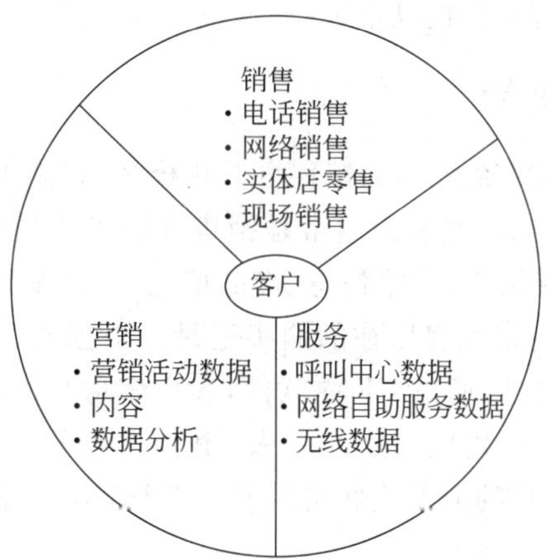

客户关系管理系统可以从多个层面入手分析客户。系统内有一套集成应用方案，可以解决客户关系中的多方面问题，其中包括客户服务、销售和营销。

图9.7　客户关系管理(CRM)

优秀的CRM系统在回答以下问题时可以提供数据支持与分析工具：特定的客户对公司来说具有什么价值？谁才是公司最忠实的客户(向新客户销售的成本常是老客户的6倍)？哪些客户属于最高利润客户？高利润客户想要购买何种产品？通过这些问题的答案，公司可以采取相关销售方案吸引新客户群，为老客户群提供更加优质的服务，同时，为了留住高利润客户，公司会根据他们的喜好提供定制产品和持续价值。

9.3.2 客户关系管理软件

CRM商业软件包从小型工具到大型企业应用软件,应有尽有。小型工具只有某一部分的功能,如为特定的客户群量身打造的网站;而大型企业应用软件可以捕捉与客户的互动,运用复杂的报表工具进行分析,还可以与其他的企业应用软件相链接,如供应链管理系统和企业系统等。更为复杂的客户关系管理软件包包含伙伴关系管理(PRM)和员工关系管理(ERM)模块。

运用与客户关系管理相同的数据、工具和系统,伙伴关系管理可以提升公司与销售伙伴之间的合作。公司如果不直接将产品销售给客户,而是经过分销商或零售商渠道的协作,那么伙伴关系管理有助于上述渠道将产品销售给客户。通过伙伴关系管理,公司可以与销售伙伴交流客户信息和发布销售意向,从而整合销售意向生成、定价、促销、订单配置及产品可得性。伙伴关系管理还能为公司提供评估合作伙伴业绩的工具,当公司想与合作伙伴开展更广泛的合作时,可以确保给予业绩最佳的合作伙伴以援助和支持。

员工关系管理软件能够处理与客户关系管理十分密切的雇员类问题,如设立管理目标、员工绩效管理、绩效薪水管理和员工培训等。客户关系管理应用软件的主要开发商有甲骨文旗下的Siebel Systems和仁科、SAP、Salesforce.com等公司,微软公司也开发客户关系管理解决方案Dynamics CRM。

客户关系管理系统通常包含用于销售、客户服务和营销的软件和在线工具。接下来将简单地描述客户关系管理软件的功能。

销售人员自动化(SFA)

销售人员可以使用CRM系统中的销售自动化模块,提高工作效率,将销售目标更多地锁定在高利润顾客上,因为这些客户通常是销售和服务人员的首选对象。客户关系管理系统包括以下功能:销售预期、联络信息、产品信息、产品配置和功能,以及销售报价生成等。该软件还可以收集特定顾客以往的购买记录。根据购买记录,销售人员可以为他们做出个性化商品推荐。另外,通过CRM软件,客户信息与产品信息能够更简便地在销售、营销和配送部门之间得到共享。如此一来,销售人员的工作效率提升,销售成本降低,获得新客户与挽留老客户的成本也相应降低。CRM软件还有销售预测、区域管理和团队销售等功能。

客户服务

客户关系管理系统中的客户服务模块为呼叫中心、服务台和客户服务人员提供信息与工具辅助,提升工作效率。客户服务模块还具有分配和管理客户服务需求的功能。

其中一项功能就是管理电话预约或电话咨询热线。当一位客户通过热线打来电话时,系统将电话转接到空闲的服务人员,服务人员将该客户的相关信息录入系统。数据一旦录入系统,任何一位客服代表都能够处理该客户的来电。更加详细的数据录入系统之后,呼叫中心每天可以处理更多的服务电话,并且还能够降低通话时间。所以,呼叫中心和客户服务小组的工作效率得到大大提升,服务时间降低,优质服务的成本也相应降低。由于客户不需要花太多时间重述所遇到的问题，客户满意度也相应地提升了。

下面的互动讨论描述了CRM系统的另一项功能，即提升客户服务质量和运营效率。摩根大通（JP Morgan Chase）在使用了Enkata软件之后，首次呼叫成功率提升了，客户首次打入电话时，呼叫中心便能解决客户所遇到的问题。

CRM系统也包括基于网络的自助服务功能：公司利用官方网站为客户的问题提供个性化支持，也有通过电话联系客服人员获得额外支持的选项。

互动讨论：组织领域

客户关系管理系统助摩根大通银行卡服务部管理客户来电

如果你手里有一张信用卡，那么它很可能是由美国大通银行（Chase）发行的。作为JP摩根大通银行的分部，大通银行卡服务部（Chase Card Services）主营信用卡业务，销售各类不同的信用卡产品，如大通回报铂金Visa卡（Chase Rewards Platinum Visa Card）。作为美国最大的信用卡发行商之一，大通公司需要处理大量关于信用卡账户问题的客户来电。大通在全世界共拥有11个呼叫中心，6 000台客服座机，每台座机每天需要处理的客户电话达120个之多。大通约有1 000万位客户，而公司每年所接到的客户电话却接近2 000万个。

如果大通银行的客户来电量降低1%，那么公司将会因此节约数百万美元开支，同时还能够改善大通银行的客户服务。实现此目标，说来容易，做起来难。2006年，通过提升首次呼叫成功率，大通银行卡服务部实现了这一目标。首次呼叫成功率是指客户在打入第一个电话时，呼叫中心的坐席员就能够成功解决问题，客户无须再次来电。

但是公司并没有每个坐席员的首次呼叫成功率记录。之前，大通银行也试着让每位坐席员记录每次通话的内容及其解决方案，得出首次呼叫成功率。但是，完成这项任务需要耗费大量时间，而且也没有统一的标准。坐席员的记录常带有主观性，记录方式也不尽相同。公司回复客户请求的某些政策也不适用于提升首次呼叫成功率。例如，坐席员以前只能为从家中打来电话的客户转移信用卡余额，并且转账收费标准常常变化，这也使得客户不断重复来电。

为提高呼叫中心的工作效率，大通与Enkata公司签订了名为“运用技术实施人才与绩效管理系统”的合同。该系统能够监测并记录每次客服电话的通话主题与通话时间，以及坐席员处理客户来电问题所花费的时间。以上流程均由系统自动完成，坐席员不需要有任何操作。系统还能够根据每个坐席员所输入的内容而自动跟踪电话。

坐席员只需在系统中输入客户来电询问的问题，Enkata系统就会自动查找出对应的答案。利用运算专利技术，系统可以根据来电和问题类型，为每一类电话预先制定出应答时间。

然后，系统会根据每个来电问题追踪电话接听时间的差异。例如，如果客户询问的是银行卡激活的问题，系统就可以精确地追踪到解决银行卡激活和收费争议问题所需的时间。有时，客户会询问不同类型的问题，这在Enkata系统实施之前非常难以追踪。现在Enkata系统将来电问题进行分类，然后将它们按次序排列好，如此一来，询问不同类型问题的客户来电,就可以在合理的时间范围内得到解决。

通过将客户来电问题进行分类,大通银行为特殊来电问题设置了"是否解决"标准。例如,如果客户在几天内没有再次来电询问银行卡激活的问题,那么问题就被认为是已经得到解决了。但是,关于银行卡收费争议的问题需要一直等到客户来电确认,才算该问题得到解决。通过Enkata系统,大通获得了关于首次来电解决方案更加精确的数据。在银行业,解决这类问题通常被认为非常棘手,而该解决方案的诞生则让人振奋。

Enkata系统整合了客户来电数据,并将数据以每周报告的形式转发给大通银行卡服务部,报告内容包括来电类型、通话时间、解决问题时间、重复来电询问率和其他一些数据等。通过这些指标,坐席员和公司管理人员都能够监测自己的工作表现。另外,系统还能够将每周报告与来电记录联系起来,协助管理人员指导坐席员的工作。系统安装之前,Enkata公司就整理了历史来电记录,完成了首份报告。大通银行卡部门的高管们认为在软件实施过程中,最初的数据上传工作耗费的时间最长。安装工作一旦完成,公司就希望信息管理能够上一个台阶,提升坐席员的效率和客户满意度,并能最大限度地留住客户。

结果不言而喻。使用Enkata系统一年之后,大通银行卡服务部的首次呼叫解决率提升到了91%,较上年增长了3%。这意味着为公司节省了8 000万美元的开支。其中2 500万美元是通话时间平均减少了2秒的直接结果。大通银行希望在接下来的几年里,首次呼叫解决率可以提升至95%。达到100%是不切实际的,因为在某些条件下,一些客户的二次来电是可以接受的,如客户回忆起了某笔引起争议的收费等。

3个月内,30%的坐席员将首次呼叫解决率提升到了可接受的范围内。系统实施6个月之后,公司的活跃账户增加了52%,而来电总数却下降了8.3%。

受到以上成果的鼓励,大通银行卡服务部正寻求提升系统的性能,将来电类型划分到更多的类别中去,并将收集的数据应用到市场营销计划当中去,用来预测交叉销售和向上销售(upselling)等。

资料来源:Marshall Lager, "Credit Where Due," *Customer Relationship Management*, April 2008; Michele Heller, "How Chase Got Control of Call-Center Expenses," *American Banker*, February 26, 2008.

思考题

1. 该案例反映了客户关系管理系统的哪些功能?

2. 为什么呼叫中心在大通银行卡服务部如此重要?呼叫中心是如何帮助大通银行卡服务部提升客户满意度的?

3. 描述大通银行卡服务部呼叫中心所面临的难题。管理、组织或者技术中的哪些因素有利于解决该难题?

4. 大通如何运用Enkata软件提升公司的运营效率和决策制定水平?举例说明。

5. 在实施Enkata软件解决方案过程中,哪些管理、组织或技术方面因素需要考虑?

MIS实例

访问Enkata官方网站,了解其产品的特点,然后回答以下问题:

1. 在其他企业商业模式中，Enkata 系统如何被用来做客户分析，如移动电话服务商、服装零售商和网站开发商等？

2. 在客户来电中，客户最常遇到的问题是什么？在解决问题过程中，呼叫中心的坐席员一般会遇到什么难题？Enkata 软件是如何解决这些难题的？

营销

CRM 系统对直销活动的支持是通过以下功能实现的：寻找潜在客户与客户数据，提供产品和服务信息，审核目标市场中的销售意向，安排日程及追踪直销信件或电子邮件等（见图 9.8）。营销模块也包括市场与客户数据分析工具，该工具可以被用来分辨高利润与非高利润客户，为满足特定客户群需求而设计相关产品与服务，并寻找交叉销售的时机。

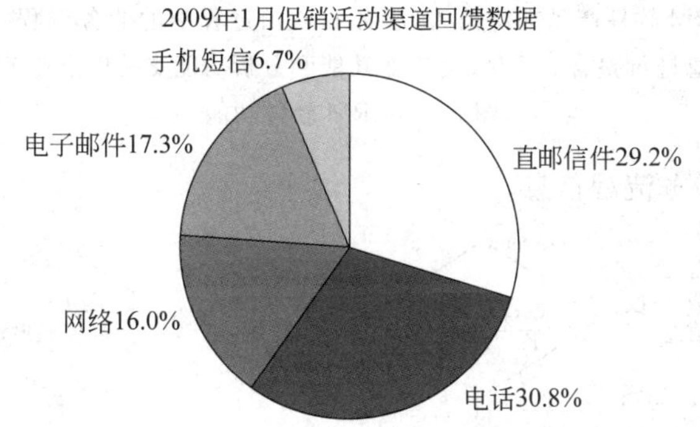

客户关系管理软件为用户提供了单一的点来管理和评价多个渠道的营销活动，其中的渠道包括电子邮件、普通信件、电话、网络和手机短信等。

图 9.8　CRM 系统如何支持营销活动

交叉销售是指销售互补型产品给客户（例如，在金融服务中，可以向拥有支票账户的客户推销货币市场存款或者住宅装修贷款等）。从计划制定到对每次营销活动成功率做出判断，CRM 工具支持任何阶段的市场营销管理。

图 9.9 描述了主要的 CRM 软件产品中对销售、服务和营销流程来说最重要的功能。与企业软件一样，客户关系管理软件也是基于业务流程驱动，其中有几百种业务流程，每一流程都代表了该领域的最佳实践（best practice）。为了实现利益最大化，需要修订业务流程并使其成型，以适应 CRM 软件中的最佳实践流程。

图 9.10 说明了通过客户服务提升客户忠诚度的最佳实践，是如何在 CRM 软件中成型的。直接为客户服务可以使公司挑选出能带来利润的长期客户，这种客户将得到公司的优待，这也是公司提升客户维系度的契机。CRM 软件可以根据每一位客户的个人价值和对公司的忠诚度而给予其评分，然后将这些信息提供给呼叫中心，坐席员可以追踪每一位客户的服务请求，更好地处理客户需求。该系统可以自动为坐席员提供详尽的客户信息，其中包括客户的价值和忠诚度得分。坐席员可以利用这些信息为顾客提供特别优惠的商品或者额外服务，鼓励客户继续与公司交易。在拓展学习中，你将寻找 CRM 系统

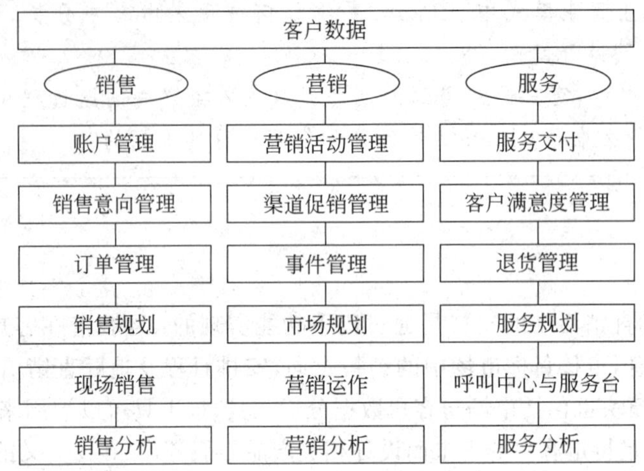

主要的 CRM 软件产品支持销售、服务和营销过程中的业务流程,把从多个渠道收集的客户信息进行整合。CRM 的操作功能和分析功能支持以上业务流程。

图 9.9　CRM 软件功能

中其他的最佳实践业务流程信息。

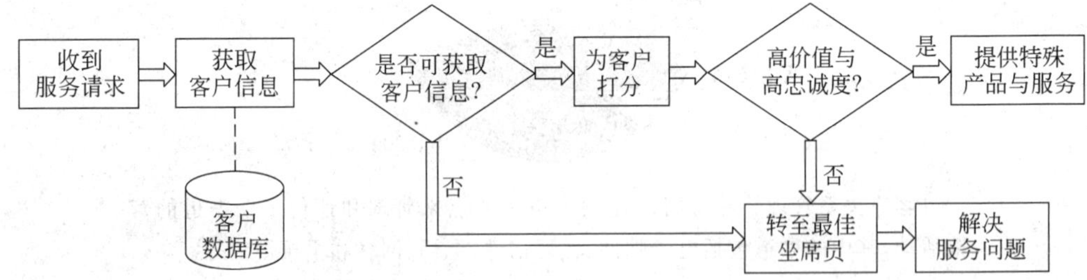

该流程图说明了如何通过最佳实践的客户服务来提升客户忠诚度,客户关系管理软件把最佳实践制作成模型。CRM 软件帮助公司识别最高价值的客户,给予优惠的待遇。

图 9.10　客户忠诚度管理流程图

9.3.3　操作型与分析型 CRM

之前描述的所有应用系统,均在操作或分析方面支持客户关系管理的应用。操作型客户关系管理包括面向客户的应用,如销售人员自动化工具、支持呼叫中心和客户服务的工具以及营销自动化工具等。分析型 CRM 的应用包括分析由操作型 CRM 生成的客户数据,为提升公司业绩出谋划策。

分析型 CRM 应用主要基于数据仓库,合并来自操作型 CRM 系统与顾客接触点的数据,用于在线分析处理(OLAP)、数据挖掘和其他数据分析技术(见第 6 章)。组织收集来的客户数据可能与其他来源的数据相结合,如从其他公司购买,或经人口资料分析后所得到的直销活动客户名单。在对这类数据进行分析后,确定客户购买模式,建立细分市场进行目标营销,识别可盈利客户和非可盈利客户(见图 9.11)。

分析型 CRM 另一项重要的输出是客户对于公司的终身价值。计算客户终身价值

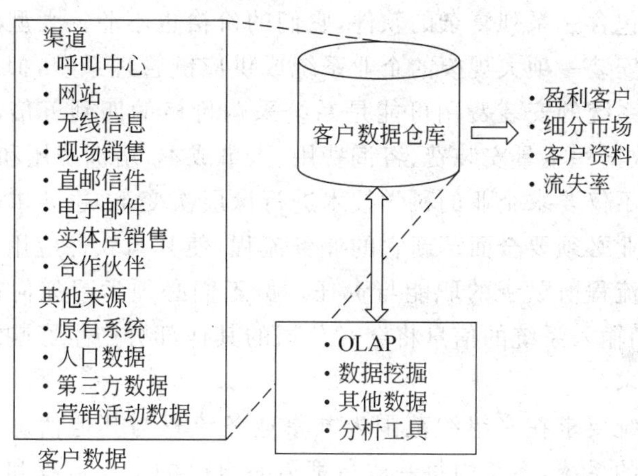

分析型 CRM 运用客户数据仓库与分析工具分析客户数据。客户数据来自公司客户接触点和其他渠道。

图 9.11 分析型 CRM 数据仓库

(CLTV)主要基于客户带来的收入、为获得客户与服务客户而支出的成本、公司与客户保持关系的预期时间长短三方面内容。

9.3.4 客户关系管理系统的商业价值

安装高效客户关系管理系统的公司深知该系统为公司所创造的价值，如提升客户满意度，降低直销成本，提供更有效的营销方案和降低维系客户的成本等。通过 CRM 系统，公司可以有效识别带来最高利润的客户，做出精准的市场营销方案和交叉销售策略。

根据客户需求信息，做出更好的销售服务和市场营销策略，从而降低客户流失率。**顾客流失率**(churn rate)可以反映多少客户停止购买来自一家公司的产品和服务。这是反映该公司客户群是增长还是降低的重要指标。

9.4 企业应用软件：新挑战与新机遇并存

许多公司已经实施了企业系统、供应链管理系统和客户关系管理系统。借助这些系统，公司能够达到卓越运营，并提升公司的决策制定水平。但由于企业应用软件要求改变组织的工作方式与业务流程，这为企业应用软件的实施带来了挑战。下面来了解这些挑战，并了解企业应用软件如何为企业创造价值。

9.4.1 企业应用软件的挑战

库存成本大幅降低、订单到交货时间大幅缩短、消费者回馈更加迅速、产品利润更高、客户利润贡献度提高，以上前景使得企业系统、供应链管理系统和客户关系管理系统变得更加具有吸引力。但是为了获得企业应用软件价值，必须要清醒地意识到公司业务需要转变。

企业应用软件包含一系列复杂的软件,它们的价格也不菲。大型公司可能要花上数年的时间才能完成安装一项大规模的企业系统或供应链管理系统,抑或是客户关系管理系统。一项大型的系统的安装费用可能是系统采购价格的四到五倍,在安装过程中,会产生软件安装费、数据库工具安装费、咨询费用、人事成本、培训费用和硬件成本等。

企业应用软件不仅要求企业的科学技术进行深层次变革,也要求企业的经营方式进行根本性变革。企业必须要全面革新它的业务流程,使其与软件应用相兼容。企业员工也必须接受新业务流程所赋予的职能与责任。员工们必须学习如何在新系统下开展一项新工作,因为他们输入系统的信息将会对公司的其他部分产生影响。这也就对全新的组织学习提出了要求。

供应链管理系统要求在多组织范围内共享业务流程与其他信息。为创造一个能最佳服务整体供应链的系统,系统内每一成员都需对自己的工作流程和信息使用方式做出些许改变。

有些公司在使用企业应用软件之初经历了无数的运营问题和大量经济损失,这是因为它们不了解需要做出怎样的组织性变革。

- 2000年7月,凯玛特(Kmart)安装使用了i2公司研发的供应链管理软件,但凯玛特在商品配售过程中总是麻烦不断。这是因为i2软件没能很好地与凯玛特促销驱动型商业模式相兼容,促销驱动型商业模式常使商品需求产生巨大波动。在软件设计上,i2公司也没有考虑到凯玛特商店有大量的库存需要处理。
- 1999年,在并没有经过软件测试和员工培训的情况下,好时食品(Hershey Foods')公司就匆忙地安装了SAP公司的企业系统、Manugistics公司的供应链管理软件和Siebel Systems公司的客户关系管理软件。但是,好时食品公司的利润率随后却降低了。在万圣节销售档期,货运比预计整整迟了两周,许多经销商的好时糖果库存因此严重短缺。尽管这项新系统最终提高了公司的运营效率,但是好时食品在这期间还是付出了损失销售额和客户源的代价。

企业应用软件也引进了所谓的"转换成本"。公司一旦采用了来自某单一供应商的企业应用软件,如SAP公司、甲骨文公司等,调换供应商的成本会非常高昂。公司也将会依赖于供应商升级软件及安装维护。

企业应用软件是基于全组织范围内的数据定义。你需要了解企业如何运用数据,数据如何被组织应用到客户关系管理、供应链管理和企业系统中的。在客户关系管理系统中,数据清理工作尤其必要。

简单来说,要使企业应用软件正常运行需要做好准备工作。组织内的每一成员都将是参与者。当然,对于已经成功实施了上述系统的公司,结果已经证明之前的努力并非徒劳。

9.4.2 下一代企业应用软件

当今的企业应用软件更具灵活性,可以嵌入网络,并能与其他系统相集成。这些特点让企业应用软件变得更有价值。企业系统、客户关系系统和供应链管理系统单枪匹马作战正成为历史。

人们所称的企业解决方案、企业套件或者是电子商务套件，企业软件开发商已经对其进行了创新。借助创新后的方案或套件，企业的客户关系管理、供应链管理和企业系统不仅在工作中可以联系更加紧密，而且还能与客户及供应商的系统相连接。SAP 商务套件、甲骨文的电子商务套件和微软 Dynamics 商务解决方案（主要是针对中型企业）是其中的佼佼者。以上企业应用软件利用的是网络服务资源和面向服务架构(SOA，见第 5 章)。

SAP 公司的下一代企业应用软件基于企业面向服务架构。它合并了面向服务架构标准，利用 NetWeaver 工具作为整合平台，连接 SAP 自己的应用软件与其他独立软件供应商开发的网络服务，使企业应用软件更便于应用与管理。

例如，时下流行的 SAP 企业软件版本将财务、物流、采购和人力资源管理等关键应用集成为企业资源规划(ERP)中的核心组件模块。企业可对这些应用进行拓展，连接至由 SAP 公司或者其他软件供应商所开发的特定功能网络服务模块，如员工招聘或托收管理等。SAP 在其官网上提供了超过 500 多种类似的网络服务模块。

甲骨文也将面向服务架构(SOA)和业务流程管理功能加入到 Fusion 中间件产品中。企业不需要拆开甲骨文整个软件应用，就可以利用其工具定制甲骨文的应用程序。

下一代企业应用软件还包括开源和随选即用解决方案。与商用企业应用软件相比，开源产品并不是很成熟，如 Compiere、Open for Business 和 Openbravo 等。开源产品中也不包含多种应用支持。尽管如此，许多小型生产企业还是会选择开源产品，因为不需要支付软件许可费（开源产品的应用支持和定制除外）。

基于 SaaS(software as a service，软件即服务)应用的客户关系管理软件销售经历了爆炸性增长。Salesforce. com 公司（参见第 5 章和第 8 章）和甲骨文(Oracle)公司的 Siebel Systems 一直是托管型 CRM 解决方案的领军供应商，而微软公司的 Dynamics CRM 解决方案则是在线随选即用解决方案领域的领头羊。基于 SaaS 的企业系统版本在市场上并不是很受欢迎，甚至在大型企业系统经销商那里也购买不到。

Salesforce. com 公司和甲骨文公司的软件中包含一些 Web2. 0 应用，这些网络应用可以使得组织更快地发掘新想法、新观念，提升团队工作效率并加强与客户间的互动。例如，公司员工、客户和业务伙伴可以通过 Salesforce. com 公司的 Ideas 产品向公司提出建议，并对建议进行投票。戴尔公司(Dell)运用了此项技术，并将它命名为 Dell Ideastorm（见 dellideastorm. com）。通过 Ideastorm，客户可以向戴尔公司提出产品新理念和创新功能，以及对计算机设计的建议。戴尔 1530 笔记本产品中增加的高分辨率屏幕即是 Ideastorm 的功劳。

服务平台

另一种拓展企业应用软件的方法是利用它们为新的或改进的业务流程创建服务平台，该平台可以整合来自多个功能区的信息。并且服务平台比传统的企业应用软件提供更高程度的跨职能整合。**服务平台**(service platform)能够整合来自多个业务职能、业务单元或者业务伙伴的多个应用软件，为客户、员工、管理层或者公司业务伙伴传递无缝体验。

例如，订单到现金流程是指从接受订单一直到收到此项订单款项的全部流程。该流程首先经过销售意向生成、然后到营销活动和订单输入,客户关系管理系统(CRM)支持以上所有流程。企业一旦接到订单,就会安排生产日程,确定零部件供应,企业软件通常支持这些流程。上述步骤完成后,接下来就是分销计划、库存安排、订单履约与送货,供应链管理系统通常支持上述流程。最后,客户收到订单产品,企业财务应用或应收账款应用管理该业务流程。如果该次购买在某点上需要客户服务,那么客户关系管理系统就会再次起用。

诸如订单到现金的服务需要应用来自企业应用软件和财务系统的数据,数据将被进一步整合到全企业范围内复杂的程序中去。为了完成以上步骤,公司需要利用软件工具来使现有的应用软件成为新的跨企业范围的流程的构造组件(见图9.12)。企业应用软件供应商提供使用可扩展标记语言(XML)和网络服务的中间件和工具,把企业应用系统与旧的遗留系统及其他供应商提供的系统进行整合。

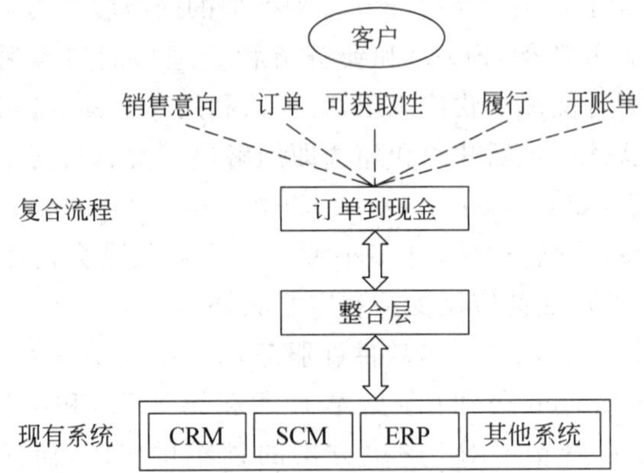

订单到现金属于复合流程。该流程集成来自企业系统和遗留的财务软件的数据。运用系统集成工具,该流程必须被写入程序模型,转换到软件系统中。

图9.12 订单到现金服务

渐渐地,新服务将越来越多地通过门户进行交付。门户软件可以整合来自企业应用软件和其他不同遗留系统的信息,使信息看起来似乎出于同一来源,用户可在网络界面上查看信息。例如,美国北部最大的炼油企业瓦莱罗能源(Valero Energy)使用SAP NetWeaver Portal软件为批发客户提供服务,客户可以立即查看自己账户的全部信息。SAP NetWeaver Portal的用户界面内容包括发票、价格、电子转账和信用卡交易数据等,这些数据被存储在SAP的客户关系管理系统数据库和其他非SAP系统中(Zaino,2007)。

9.5 MIS实践

本节提供第一手的实践经验,包括分析业务流程整合、向供应链管理和客户关系管理应用提出建议、使用数据库软件管理客户服务请求和评价供应链管理中的商业服务等。

9.5.1　决策管理中的问题

1. 梅赛德斯—奔驰加拿大多伦多分公司共有 55 家经销商，各经销商对客户的了解不够深入。经销商会不定期地向公司提供客户数据。梅赛德斯—奔驰并不强迫经销商们上报信息，而且追踪未报告信息的经销商的过程着实烦琐。也没有切实的激励因素促使经销商与公司分享这些信息。那么客户关系管理系统和伙伴关系管理系统能如何帮助公司解决这项难题呢？

2. 欧迪办公(Office Depot)在美国和世界范围内销售各类辅助办公产品与服务，其中包括一般办公用品、计算机相关产品、商业电器(相关用品)与办公家具等。为了提供比其他零售商更具价格竞争力的各类办公用品，公司试着开始使用准时生产供给系统和库存管理系统。利用来自需求预测系统和销售网点的数据信息，公司为 1 600 家零售商店填补库存。说明欧迪办公如何借助上述系统将经营成本降到最低，公司获得哪些利益。识别并描述会对欧迪办公起到特别帮助的供应链管理应用。

9.5.2　优化决策：运用数据库软件管理客户服务请求

软件技能：数据库设计；业务查询与报告功能

商务技能：客户服务

在本练习中，你将使用数据库软件开发一项能够追踪客户服务请求并对客户数据进行分析的应用，目的是确保能够优先服务大客户。

Prime Service 是一家大型服务公司，为纽约、新泽西和康涅狄格州近 1 200 家商业企业提供维护与维修服务。客户包含各类规模的企业。客户可以通过拨打客户服务部电话，确定维修服务请求，是暖气管道问题、玻璃破碎、屋顶漏水、水管破裂还是其他问题。公司为每个服务请求都匹配了一个数字，客户服务部将记下该服务请求数字、客户账户识别码、服务请求发出日、维修设备类型和维修问题的简单描述等。服务基于先到先服务原则。服务工作完成后，公司计算工时费，将费用额输入请求服务函，然后将服务函寄送给客户。

而公司管理层对这样的流程安排很不满意，因为在对待最重要和利润最高的客户(账户额超过 7 万美元)时，其重要性与其他的小额账户客户并无差别。公司想找到一种方法，能够为大客户提供更优质的服务。同时，管理层也希望了解哪一种服务问题最常发生，以确保使用充足的资源解决这些问题。

Prime Service 公司只有一个小型的客户账户信息数据库，这些可以在劳顿网站的第 9 章上找到。网站的下一页内容是公司的抽样调查，网页上还有最新的数据库版本练习。数据库表内容包括账户 ID、公司(账户)名称、街道地址、城市、州名、邮政编码、账户额度(美元)、联系人姓名和联系人电话号码等。联系人是指每个公司内负责与 Prime Service 公司联系维护和维修工作的人员。运用数据库软件设计一项解决方案，使用该方案，Prime Service 公司的客服代表可以确认谁是最重要的客户，确保最重要的客户得到最优质的服务。解决方案中有多个表格。在数据库中至少填入 15 项服务请求。创建几个能使管理层感兴趣的报告，如最高优先权和最低优先权账户名单，或者是汇总最常发生服务问题的报告。创建一份报告,报告中显示在某一具体日期,客服代表应该优先响应哪种服务电话。

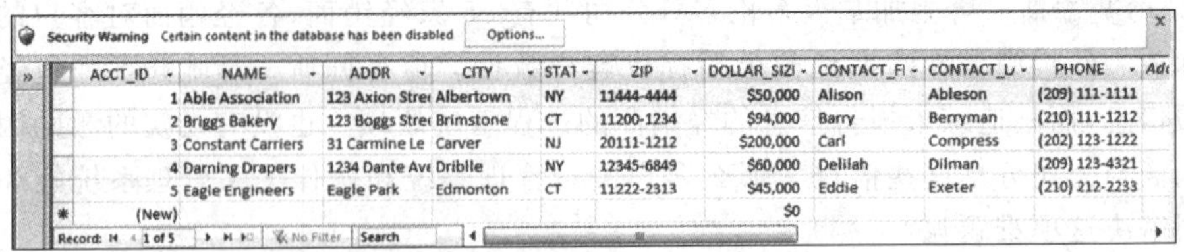

Security Warning Certain content in the database has been disabled Options...

ACCT_ID	NAME	ADDR	CITY	STAT	ZIP	DOLLAR_SIZI	CONTACT_FI	CONTACT_L	PHONE	Ad
1	Able Association	123 Axion Stre	Albertown	NY	11444-4444	$50,000	Alison	Ableson	(209) 111-1111	
2	Briggs Bakery	123 Boggs Stre	Brimstone	CT	11200-1234	$94,000	Barry	Berryman	(210) 111-1212	
3	Constant Carriers	31 Carmine Le	Carver	NJ	20111-1212	$200,000	Carl	Compress	(202) 123-1222	
4	Darning Drapers	1234 Dante Ave	Dribile	NY	12345-6849	$60,000	Delilah	Dilman	(209) 123-4321	
5	Eagle Engineers	Eagle Park	Edmonton	CT	11222-2313	$45,000	Eddie	Exeter	(210) 212-2233	
(New)						$0				

Record: 1 of 5 No Filter Search

9.5.3 实现卓越运营:提升供应链管理服务

软件技能:网页浏览器和演示软件

商务技能:提升供应链管理服务

如今的运输公司已经不仅仅是简单地将货物从一地运输到另一地了。有些运输服务公司也为客户提供供应链管理服务,以使客户对货物信息了如指掌。本节中,你将会利用网络进行调查并评价两家企业的服务。

运用网络调查研究以下两家运输服务公司的信息:J. B Hunt 和 Schneider Logistics。通过研究,了解在公司的业务服务中供应链管理如何得到应用。然后回答下列问题:

1. 两家公司各自都为其客户支持什么样的供应链?
2. 客户应如何利用两家公司网站上的信息,帮助自己进行供应链管理?
3. 对比两家公司提供的供应链管理服务。你更愿意选择哪一家公司?为什么?

拓展学习

以下拓展学习涉及了本章所学内容相关的知识。

1. SAP 业务流程图
2. 供应链管理中的业务流程与供应链评价
3. 客户关系管理(CRM)软件中最佳实践业务流程

本章小结

1. 企业系统如何帮助企业达到卓越运营?

企业软件的设计基于集成软件模块套件和中央数据库。数据库首先收集数据,然后将收集数据输入到应用系统中。数据库基本支持公司组织内部所有的业务活动。当其中某一步流程信息进入系统之后,其他的业务流程也能立即使用该信息。企业系统通过公司内统一的技术平台,实行统一的数据标准和业务流程,支持公司组织集中化管理。由企业系统生成的公司的整体数据能够协助管理层提升公司组织的绩效水平。

2. 借助供应链管理系统，企业如何与供应商协调生产与物流安排？

借助供应链管理系统，信息可以在供应链成员间自动流动，从而使供应链成员做出更佳的决策，如何时采购、何时生产和何时装货运送等。使用供应链管理系统中更加精确的信息可以降低市场带来的不确定性，缩小长鞭效应的影响。供应链管理软件中包括供应链规划软件和供应链执行软件。借助互联网技术，不同国家内的公司组织可以相互连通，更简便地管理全球供应链，供应链信息也能在不同的公司组织之间得到共享。供应链成员间畅通无阻的交流也促进了客户响应，并使公司向需求驱动型（拉式模型）方向迈进。

3. 借助客户关系管理系统，企业如何与客户达到亲善？

客户关系管理（CRM）系统整合了诸如销售、营销和客户服务中面向客户的流程，并使其自动化，这样，CRM 系统提供了全公司范围内对客户的统一认知。当公司欲为客户提供更好的服务或者销售新产品与服务时，这些客户知识就有了用武之地。借助 CRM 系统还可以识别可盈利客户和非可盈利客户，以降低客户流失率。

主要的客户关系管理软件包既提供操作型客户关系管理功能，也提供分析型客户关系管理功能。其中大多包括销售伙伴关系管理（合作伙伴关系管理）模块和员工关系管理模块。

4. 企业应用软件所带来的挑战有哪些？

企业应用软件很难实施。它不仅要求公司对组织进行大幅度变革，还要对软件进行大量投资。另外公司还需要准确评估企业应用软件能为企业业绩带来的提升空间。如果企业应用软件在实施中有缺陷，或者公司不会使用这些系统来衡量业绩改进，那么企业应用软件就不会为公司创造任何价值。为掌握这些新程序，员工需要经过培训。另外，数据管理也是非常重要的。

5. 为实现跨功能服务，企业应用软件如何被应用到服务平台中？

为创造新型的综合业务流程，服务平台不仅整合了多种企业应用软件（客户关系管理、供应链管理和企业系统）的数据和流程，也整合了来自遗留应用系统的数据和流程。通过网络服务，不同的系统可以整合到一起。这些新型服务可以在企业的门户网站上获得，可以用来整合不同应用，以使信息的来源更具有一致性。

复习题

1. 通过企业系统，企业如何达到卓越运营？
   - 对企业系统进行定义，并描述企业软件如何运作。
   - 企业系统可以为企业创造哪些价值？
2. 供应链管理系统如何与供应商协调日程安排、生产和物流？
   - 定义供应链以及供应链的每一个组成部分。
   - 供应链管理系统如何降低长鞭效应？供应链管理系统为公司创造了哪些价值？
   - 定义供应链计划系统和供应链执行系统，比较两个系统有什么不同。
   - 全球供应链面临怎样的挑战？使用网络科技，公司如何将全球供应链管理得更好?

- 区分供应链管理中的推式模型和拉式模型,解释现代供应链管理系统是如何促进拉式模型管理。

3. 客户关系管理系统如何帮助公司达到客户亲善?

- 定义客户关系管理。在当今世界,客户关系管理为什么如此重要?
- 伙伴关系管理(PRM)与员工关系管理(ERM)如何同客户关系管理相关联?
- 描述客户关系管理软件中用于销售、营销和客户服务的工具和功能。
- 区分操作型和分析型客户关系管理。

4. 企业应用软件所带来的挑战有哪些?

- 描述并列举这些挑战。
- 如何应对这些挑战?

5. 为实现新的跨功能服务,如何在平台中使用企业应用软件?

- 对服务平台进行定义,描述可以从多个企业应用软件中整合数据的工具。

讨论题

1. 供应链管理不太关注货物的实际运输管理,而对信息管理关注较多。讨论这句话的含义。

2. 如果一家公司欲实施企业应用软件,那么它应该先做好准备工作。讨论这句话的含义。

团队项目:分析企业应用软件销售商

三四个学生一组,通过网络对两家企业应用软件销售商的产品进行研究和评估。你可以对比SAP公司和甲骨文(Oracle)公司的企业系统,i2公司和SAP公司的供应链管理系统,或者是甲骨文的Siebel Systems和Salesforce.com公司的客户关系管理系统。运用你从这些公司网站所了解到的内容,就业务功能支持、技术平台、成本与易用性对这些软件包进行对比。你会选择哪一家销售商?为什么?对小公司和大公司,你会为它们都选择同一家销售商吗?如有可能,使用谷歌协作平台(Google Sites)链接网页、团队沟通公告和工作任务,集思广益,合作完成项目文件。尝试使用谷歌文档(Google Docs)在课堂上展示成果。

案例研究

赛门铁克的ERP危机

赛门铁克(Symantec)是全球网络安全与信息管理软件的领先开发商。公司旗下的诺顿网络安全产品赫赫有名,除此之外,公司还生产其他各种安全与存储软件。赛门铁克在全球四十多个国家开展业务,员工17 500多名。公司成立于20世纪80年代,对其他公司的收购为公司带来了强劲的增长，被收购公司包括 Norton、Brightmail、Altiris 和其他大量的小型软件开发商。2005 年，赛门铁克做出了其有史以来最大胆的收购计划，即用近 135 亿美元收购 Veritas Software 公司，这成为当时软件行业史上最大的并购行动。

赛门铁克的主营业务集中在客户网络安全和信息管理方面，而 Vertias 则致力于大型存储管理软件的开发。由于这两家公司规模相当，但专注于不同类型软件的开发，以至于许多专家质疑它们是否可以完美地整合到一起。今天看来，这些疑问看起来并非没有根据，主要原因是有关整合企业资源规划(ERP)系统的难题。

2005 年底，即在完成对 Veritas 收购不久，赛门铁克就开始了 ERP 整合计划，欲使赛门铁克和 Veritas 的信息系统能够标准化和统一化，该计划在公司内被称为 Project Oasis。Project Oasis 的目标是建立单一的 ERP 系统。在该 ERP 系统内，公司网络中众多的分销商、集成商、配货商和客户可以以同样的方式订购赛门铁克产品。赛门铁克的产品达 25 万种之多。在并购之前，两家公司使用的都是甲骨文公司的电子商务套件(Oracle E-Business Suite 11d)，但是两公司的软件版本都是高度定制化的，这使得软件整合工作变得异常棘手。

如果要合并且革新两家公司的企业系统，首先需要整合赛门铁克和 Veritas 关键业务流程的数据。统一的企业系统不仅可以减少赛门铁克的 IT 基础设施维护费用，还能够为公司省下一笔企业软件许可费用。

为了创建新系统，赛门铁克决定升级至甲骨文的电子商务套件 lli。该商务套件运行在 Sun 公司开发的 Solaris 服务器之上。该系统的前端运用的是甲骨文公司的 Fusion 中间件门户产品，可以为赛门铁克的所有合作伙伴和客户提供一个单一的联络点。赛门铁克公司的安全系统和 Veritas 公司的备份存储系统可以在同一门户上进行。在系统前端，升级后的新甲骨文系统与 Salesforce.com 公司的随选即用型的客户关系管理系统相链接；在系统后端，新系统与赛门铁克的甲骨文—仁科企业人力资源系统相链接。

但运用新系统的结果却出乎意料。尽管从技术角度来看，系统是合理的，但是用户却要在公司提供的大量信息中苦苦挣扎，为在下订单流程中所增加的种种繁琐步骤而苦恼不已。客户对新系统的使用很不满意，赛门铁克支持团队所接到的客户来电达到创纪录水平。但是公司对突如而来的大量客户服务电话却毫无准备。客户来电等待时间从平均 2 分钟往上激增，客户一旦联络到赛门铁克客服，可能会花上 20 多分钟来说明遇到哪些问题，而且客服们常对客户的问题也表现的束手无策。

同时，赛门铁克疏忽了新 ERP 系统和公司其他分支机构的新产品上市之间的协调，这进一步恶化了客户支持与响应时间问题。例如，新系统刚投入应用时，公司的一款旗舰产品 Symantec Backup Exec 10d 的最新版本也正好上市。这使得客户需要处理突然而来的许多变化。就连长期的合作伙伴也对赛门铁克表示非常不满意客户服务质量的直线下降。

对于赛门铁克调整产品库存量单位(SKU)系统，客户也非常不满意。赛门铁克为它所有的服务创建了一套单一的代码，以提升系统的性能。尽管代码数量减少后，客户下订单变得更加便捷，但是这却使得赛门铁克的许多小型合作伙伴在使用系统时焦头烂额。一些小型的配货商和合作伙伴们没有更新系统,结果它们无法提交电子订单,只能依靠赛门铁克员工来处理这些订单。尽管赛门铁克给合作伙伴们下发了新采购系统调整的最后期限,由于公司的合作伙伴们对使用旧系统非常满意,所以它们对这次系统大调整带来的不便非常不满。

赛门铁克对软件许可程序的更改则又惹恼了客户。在ERP彻底大调整之前,软件许可程序一直运行得非常好。客户输入订单,通常在几天之内,就能收到许可证。但经过这次调整后,客户和合作伙伴要得到赛门铁克授权变得非常困难,常要等上好几个星期。当客户还没收到许可证时,就会打电话来赛门铁克询问,这使已经超负荷工作的客户服务部备受压力。同时,Project Oasis也不能协调因许可证系统变化所带来的调整,这带来了一些不必要的麻烦。

赛门铁克设计的新型企业系统,可以为客户显示现有的许可证。但是一家公司可能会有好几个账户名称,因为其各分支机构自行从赛门铁克购买许可证。

渠道合作伙伴的报告表明,通过Ingram Micro公司等分销商购买赛门铁克产品已经变得异常困难。一位赛门铁克的渠道合作伙伴这样说道:"如果不从许可证服务台那里得到协助,就无法从Ingram Micro公司购买到赛门铁克的许可证。这个过程是非常浪费时间的。"就这个问题,Ingram Micro公司解释道它正在和赛门铁克共同商讨解决。但是许多合作伙伴还是对赛门铁克迟来的回应表示非常不满。

经历这些失误之后,赛门铁克正处在损失忠实客户的边缘。这些都是由于公司在实施Project Oasis中所持的短见造成的。尽管在ERP整合上的花费比预期少了7.5%,但是赛门铁克报告显示第三季度的收入要低于预期,报告认为这是由于不合理的ERP整合所导致的。管理层认为公司需要通过裁员和重组来削减2亿美元的年度开支。赛门铁克的CEO约翰·汤普森(John Thompson)谈到软件低劣的升级时说:"像这样的系统变化当然会给公司带来麻烦。在第三季度,我们失去了市场份额,而公司对系统升级付出的代价比预算的要多,同时,我们也失去了一些合作机会。"

几乎同时,为了弥补Project Oasis工程的错误,公司开始了后续工程,名为Project Nero。Project Nero工程的目标是挽回公司在实施Project Oasis过程中所损失的客户忠诚度。Project Nero将帮助客户解决在使用信息系统中的遇到的问题,缩短系统响应时间,精简系统运作。Project Oasis所设计的系统,虽然技术先进,但是公司却忽视了客户需要的是一个操作简便的ERP系统。Project Nero的目的就是为了表明赛门铁克依然处处考虑客户的利益,重拾客户对赛门铁克的信心。

为应对激增的来电数量,缩短呼叫等待时间,提升客户满意度,赛门铁克首先新增了150多名电话客服代表。公司高管奔赴全国各地,走访怒气未消的客户及合作伙伴,积极改善与他们的关系。在ERP大调整时的同时赛门铁克发布了产品更新,为了纠正这一问题,公司对产品更新列出了一个总清单,该清单易获取。同时,就Project Nero,公司还规范了部门间关于新项目和变革管理的沟通方式。

赛门铁克还运用了Net Promoter技术来提升客户忠诚度。Net Promoter是在收购Veritas之前不久开发出来的,公司运用它来识别客户服务中存在的问题,从而帮助公司加以纠正。通过Net Promoter接收到的客户信息所完成的新产品总清单即是其中的一个例子。

Project Oasis开始之后，客户对赛门铁克的满意度降到了历史最低点，但是，Project Nero帮助公司度过了这场最严重的危机。赛门铁克报告中显示客户如今对公司的满意度已经和同行业其他公司处在同等水平了，避免了一场潜在的危机。尽管如此，公司还是没有发布Net Promoter的调查结果，所以，公司究竟挽回了多少声誉也不得而知。经销商和分销商在报告中说道，赛门铁克的区域代表比以前更关注其发展。另一些报告显示公司CEO约翰·汤普森定期地打来电话询问客户服务质量。尽管赛门铁克已经从最初ERP安装失误的阴影中走了出来，但对将要进行ERP大调整的公司来说，Project Oasis是一个警钟。如果客户不能随心地使用新系统，那么就算经过最精心设计的系统也是错的。

资料来源：Lawrence Walsh，"Symantec's Midnight at the Oasis，" *Baseline Magazine*，March 31. 2008；Kevin Mclaughlin，"Parteners Still Hung Over from Symantec ERP Upgrade，" ChannelWeb，March 2，2007；Marc L. Songini，"ERP Rollout Whacks Symantec's Bottom Line，" *Computerworld*，January 31，2007，"ERP Rollout Continues to Weigh Down Symantec，" *Computerworld*，February 5，2007，and "ERP Rollout Weighs Symantec Down，" *Computerworld*，February 12，2007.

思考题

1. 在本案例中，本章的哪些知识点得到了体现？
2. 管理、组织和技术上的哪些因素是这次赛门铁克ERP系统调整危机的导火索？
3. 赛门铁克对Project Oasis的问题的回应充分吗？为什么？
4. 如果你是赛门铁克的CEO，你会采取何种不同的策略阻止公司中所出现的问题？
5. 如果你是赛门铁克的客户或者合作伙伴，你会因为ERP大调整产生的不便而调换供应商吗？为什么？

Management Information Systems

第 10 章

电子商务：数字化市场和数字化商品

学习目标

学习本章，你将了解到：

1. 电子商务、数字化市场及数字化商品的特点是什么？
2. 互联网技术如何改变企业模式？
3. 电子商务有哪些类型？电子商务如何改变了消费者零售模式和企业—企业的交易模式？
4. 移动商务在商业中扮演着什么样的角色？移动商务最重要的应用是什么？
5. 电子商务的主要支付系统有哪些？

Nexon 游戏：电子商务走向社会化

在线游戏的很多玩家很多都非常喜爱 MapleStory。这是一款角色扮演在线游戏。玩家可以挑选战士、魔术师、飞侠等角色合力与魔兽战斗。虽然该游戏免费，但玩家如果想为自己扮演的角色增添新外套、新发型或者宠物，就需要额外付钱。如果想让游戏中的角色在拉斯维加斯举行盛大的婚礼，并且邀请其他在线玩家参加，那么玩家需要支付 20 至 29 美元。

MapleStory 是 Nexon 控股有限公司最新开发的一款游戏。Nexon 是开发大型多玩家在线角色扮演游戏的全球领军供应商，总部位于韩国，在中国、日本和美国等国家设有办事处。Nexon 是"微交易"商业模式的始创者之一。在这种商业模式中游戏是免费的，但如果玩家需要额外增值服务，Nexon 就会对玩家收费，金额从 30 美分到 30 美元不等。MapleStory 在全球拥有 8500 万用户，其中 590 万在美国。2007 年，全世界的玩家为他们在游戏中的角色购买了 130 多万套服装和 100 多万套发饰。

Nexon 游戏之所以风靡全球是因为它为玩家提供了社交功能。Nexon 美国办事处市场营销副总裁 Min Kim 说："我们销售的不是打包产品，而是社会交际。"过去的十年中，大部分的游戏都是单机游戏。网络和个人计算机的发展，为多元媒体提供了更多的技术支持，在线网游逐渐取代了单机游戏。它结合了即时通信，通过互联网的语音和文本传送技术，为玩家提供多种选择与朋友进行交流。由此，视频游戏吸引了一群新型消费者——想体验社交经历的人群。

Nexon 公司开发的游戏还包括广受玩家欢迎的 Sugar Rush、洛奇、跑跑卡丁车。跑跑卡丁车是一款休闲类赛车竞速游戏，玩家可以定制赛车，与朋友相互交流。Sugar Rush 的玩家可以通过互相之间的打斗获得虚拟币。受凯尔特神话启发，玩家可以在洛奇游戏中参加日常生活事务管理，如耕田、音乐、结婚甚至战争等。这种游戏通过发行补丁不断升级引入新探险以推动故事情节发展。所有 Nexon 开发的游戏都设有论坛，玩家可以邀请朋友一起参加各类社会活动，分享彼此的心声，甚至一起出去"逛逛"。

Nexon 似乎掌握了在线游戏开发的秘诀。2007 年仅在美国一地，公司收入从上一年的 850 万美元飙升到 2930 万美元，涨幅达 300%。用于购买 Nexon 游戏的预付卡成为 Target 商店第二大畅销的娱乐礼品卡(仅次于苹果的 iTunes Store)。

资料来源：Nick Wingfield, "Korea's Nexon Bets on Sales of Virtual Gear for Free Online Games," The. *Wall Street journal*, May 23, 2008; Kara Swisher, "Playing with other," *The Wall Street Journal*, June 9, 2008; and www.nexon.com, accessed May 25, 2008.

Nexon 在线游戏见证了电子商务的新发展。在网上销售实体商品仍然重要，但是电子商务目前的热点和兴奋点已经转向了服务和社会交际——社交网络，照片、音乐和个人观点分享等，以及允许交流与互动的多玩家在线游戏。用户和网站互动功能的出现，掀起了一股以链接和分享为中心的新型商业浪潮。

本章开篇部分的图形提示我们关注本案例和本章阐述的重要观点。Nexon 的商业模式回答了以下问题：现在应如何在万维网上挣钱？如何利用对互联网和新的 Web 2.0 技术的日益普及的宽带访问而获利？作为大型多玩家在线游戏的主要开发商，Nexon 成为微交易商业模式中的领头羊。这家公司开发了可与朋友及其他玩家进行互动的游戏。通过提供在线社交活动和微支付功能支持，Nexon 游戏拥有了巨大的客户群，实现了盈利持续增长。

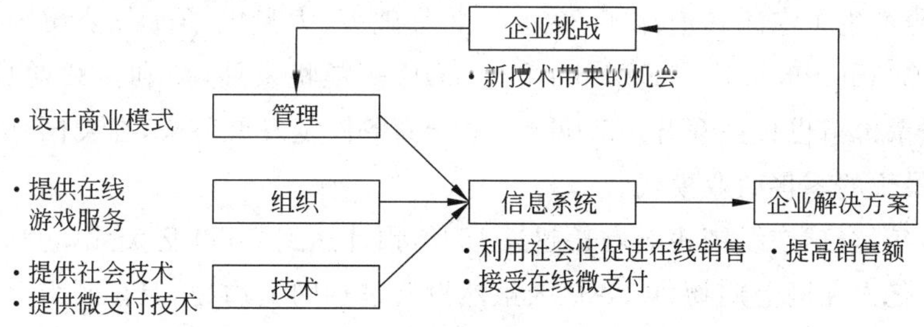

10.1 电子商务和互联网

你在网上购买过音乐吗？在零售商店里购买运动鞋之前，你在网上搜寻过产品的相关信息吗？如果有，那么你已经参与了电子商务。全世界有数以亿计的人参与过电子商务。尽管大部分的购买行为仍然通过传统渠道进行,但电子商务交易持续增长,改变着很多企业的商业模式。

10.1.1 电子商务的发展历史

电子商务是指利用互联网和万维网进行的商业交易。确切地说,电子商务是指个人间、组织间、个人与组织间进行的数字化商业交易,交易通常在互联网和万维网上进行。商业交易是指在个人或在组织范围内用价值(如货币)交换商品或服务。

电子商务始于1995年,当时的互联网门户网站之一Netscape.com接受了第一批来自若干大公司客户的广告。网络可以成为广告和销售新媒介的观点开始流行。当时没有人能够预见电子商务的零售额增长速度如此惊人。早期的电子商务每年都以两倍乃至三倍的速度增长。直到2006年,电子商务的增长速度才"放缓",2008年的年增长率为16%(见图10.1)。

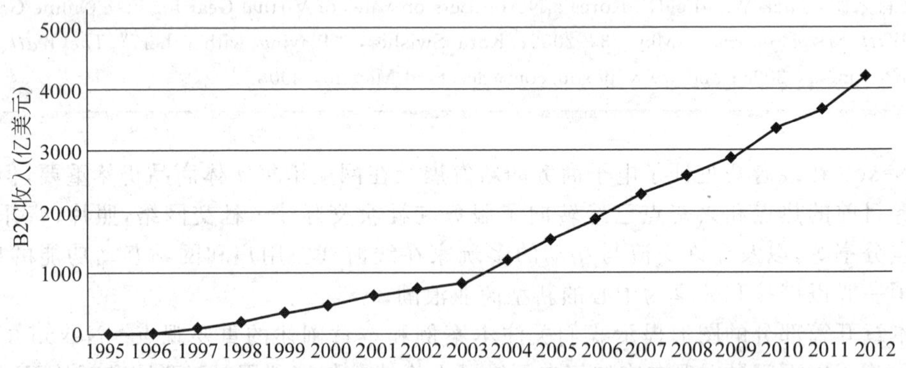

自1995年以来,电子商务零售收入开始成倍地增长。2008年的增长速度放低到16%,这种增长速度预计一直持续到2010年。

图10.1 电子商务的发展

与电话、收音机和电视等众多科技产品的发展轨迹相同,早期电子商务的过快发展在股票市场也产生了泡沫。泡沫于2001年3月破灭,大量电子商务公司因此倒闭。然而很多公司如Amazon、e-Bay、Expedia和Google等趁机发展,盈利持续增长,商业模式逐渐成熟,股票价格也日益攀升。2006年,电子商务恢复发展势头,在美国、欧洲、亚洲成为发展速度最快的零售商业模式。

- 2008年,全球在线销售额增长超过15%,预计达到2 550亿美元(包括旅行服务)。1.17亿人在网上购物,1.38亿人虽然没有进行网上购物,但在网络上搜索过相关的购物信息(eMarketer,2008)。
- 2008年,美国网民达到了1.73亿人,而2004年为1.47亿人。现在全世界有14亿人使用互联网服务,网民数量的增长大大刺激了电子商务的发展。
- 全世界每天平均有1.12亿人上网,9 700万人发送邮件,7 100万人使用搜索引擎,6 700万人阅读博客,1 100万人在博客上发表文章,1 200万人在对等网络上共享音乐，2 800 万人登录社交网站，1 300 万人访问维基百科，300 万人利用网络对产品和服务进行评价(Pew Internet，2008)。

- B2B 电子商务(企业之间使用互联网进行企业对企业的商务与合作)的增长幅度达到 17%，超过 3.6 万亿美元。

电子商务革命仍在继续。随着互联网上商品和服务的增多以及消费者转向宽带电信，更多企业和个人使用互联网进行交易。更多产业因为电子商务而发生改变，如旅游业(旅行预订)、音乐与娱乐业、新闻业、软件业、教育业和金融业等。表 10.1 显示了电子商务的新发展。

表 10.1　电子商务的新发展

商业革命
• 与实体零售业、服务业和娱乐业相比，电子商务仍然是增长最迅速的商业模式。
• 电子商务的第一波浪潮改变了图书、音乐和空中旅行的商业运行模式，第二波浪潮中有八种产业也面临着同样的情况，它们分别是广告业、通信业、电影业、电视业、珠宝业、房地产业、宾馆服务业、账单支付和软件业。
• 电子商务的商品销售范围不断扩大，尤其表现在社交网站、旅行、信息交换、娱乐、服装零售、电器和家居用品等方面。
• 在线购物者的人口统计特征已经与传统购物者类似。
• 纯电子商务商业模式在不断改进，以获取更高水平的盈利。传统的商业零售品牌如 Sears、JC Penny、L. L. Bean 和 Wal-Mart 也已经使用电子商务以保持它们在零售业的领导地位。
• 小型企业继续涌进电子商务市场，它们一般使用产业巨头如 Amazon 和 e-Bay 的核心应用技术。
技术基础
• 无线网络连接(Wi-Fi，Wi-Max 和 3G 智能移动电话)发展迅速。
• 众多手持移动设备支持音乐下载、网络冲浪、娱乐以及声讯交流等。播客成为一种发布音频、视频和用户创建内容的媒介。
• 随着传输成本的下降，网络宽带在家庭和企业中普及率越来越高。2008 年有 7 500 万户家庭拥有宽带电缆或数字用户线路(DSL)来访问互联网——占美国家庭总数的 62%(eMarketer，2008)。
• RSS 在某些应用中成为能与电子邮件匹敌的由用户控制的信息发布的重要形式。
• 基于互联网的新型计算模型，如 Net 和 Web 服务，扩大了 B2B 电子商务。
新型商业模式出现
• 超过一半的互联网用户参与在线社交网站、创建博客、分享照片，这些功能带来了与电视观众数量相等的在线用户，吸引了市场营销者的目光。
• 谷歌和其他运营商如微软、雅虎等寻求主导在线广告业务，同时扩展至电视和报纸的线下广告经纪业务，传统的商业模式被严重瓦解。
• 报纸以及其他传统媒介也使用在线互动模式，虽然赢得了一定的在线读者，但仍然失去了很多广告收入。

10.1.2　电子商务的独特性

电子商务为什么发展如此迅速？答案在于互联网和万维网的独特性。简单来说，互联网和电子商务技术比任何以前的科技革命如电视、收音机和电话的影响力都大，内涵也更丰富。表 10.2 描述了互联网和万维网作为商业媒介的独特性。下面我们详细探讨每个具体特性。

表10.2 电子商务技术的8种独特性

电子商务技术的特点	商业意义
无处不在：互联网技术触手可及——工作中、家中以及任何可以使用移动设备的地点	市场跨越传统的地域限制，市场空间出现：购物行为可以在任何地点发生，大大提高了消费者购物的便利性，并降低了购物成本
全球范围：电子商务技术跨越了国家界限，抵达全球每个角落	商业交易跨越文化和国家的界限。市场空间囊括了全球数十亿的消费者和数百万的企业
全球统一标准：全球有一套通用技术标准，称为互联网标准	通用的技术标准使全球不同的计算机系统可以轻松地交流沟通
丰富程度：视频、音频以及文本信息触手可及	视频、音频以及文本信息在市场营销和消费者消费过程中被大量使用
交互性：电子商务技术允许与用户进行互动	消费者参与到为适应个人需求而进行动态调整的对话中，变成了将商品交付到市场上的共同参与人
信息密度：降低了信息成本，提高了信息质量	信息加工、存储和沟通成本极大地降低，传播速度、精确性及适时性大大提高；信息数量增加，精确性更高，并且价格低廉
个性化/定制化：电子商务技术让个性化的信息传递到个人和群体中	以消费者喜好为基础的营销信息的个性化，以及产品和服务的定制
社会技术：用户内容创建和社交网站	新型的社会和商业模式让用户可以自己创建、发布内容并支持社交网络

无所不在

传统商业中，市场是指一处物理场所，如零售商店等。而电子商务却无所不在。这意味着商业交易可以在任何时间、任何地点发生，因此无论你是在桌前、家中、工作单位里、甚至在车内，都可以进行移动商务。由此产生了市场空间(markets pace)——跨越传统界限、不受时空限制的市场。

电子商务的无所不在降低了**交易成本**(transaction costs)，即参与市场活动的成本。现在要想进行商业交易，已经没有必要花费时间和金钱前往市场，购买行为也不需要花费以前那么多的体力和精力了。

全球范围

电子商务技术使商业交易跨越了文化与国家的界限，较之传统商业更加便捷有效。因此，电子商务经营者的潜在市场规模大致等同于全球在线人口数(超过10亿人，且增长迅速)。

与之相反，大多数传统商业有地域限制，它涉及在区域范围内本地或本国的商业圈。电视、广播和报纸主要是区域性的媒介，在国家范围内可能具有吸引力，然而却不能轻易跨越国家的界限触及全球观众。

全球统一标准

电子商务技术的一个独特之处在于：互联网以及电子商务活动的技术标准是全球统

一的。不管每台计算机的平台是什么，统一标准使得每台计算机都可以与另一台计算机连接。与之相反，国与国之间的传统商业技术是各不相同的。例如，全球的电视和广播标准各不相同，移动电话技术也是如此。

全球统一的技术标准极大降低了市场准入成本，即商人将商品带入市场所支付的成本。同时，对消费者来说，全球统一技术标准也降低了搜索成本，即寻找满意商品所需要花费的成本。

丰富程度

信息的丰富程度(richeness)是指信息的深度和详细程度。传统市场、遍布全国的销售人员以及小型零售商店都拥有丰富的信息。他们在进行销售时，可以提供人性化的、面对面的服务。传统市场的信息丰富程度使其拥有巨大销售能力，成为一种理想的商业环境。在万维网发展之前，丰富程度和可及范围之间存在着一种权衡——信息的丰富程度越高，到达的受众越少。而网络则可以通过文本、视频、音频将丰富的信息同时传送到大量的消费者手中。

交互性

与 20 世纪任何商业技术不同(电话技术除外)，电子商务技术具有交互性，这意味着商人和消费者之间可以进行双向交流。例如，在电视播放过程中，观众不能现场提出问题，也不能参与对话，同时电视也不能要求消费者将信息输入进表格。然而以上这些活动都可以在电子商务网站上进行。交互性使得在线商人与消费者进行类似面对面的交流，不过规模更大、受众面更广。

信息密度

互联网和万维网极大地增加了信息密度(information density)——所有市场参与者如商人、消费者等获取信息的总量和质量。电子商务技术降低了信息收集、存储、加工和交流的费用，同时也提高了信息的传播速度、精确性和适时性。

电子商务市场的信息密度让价格和成本更加透明。价格透明度是指消费者发现市场中不同价格的难易度；成本透明度是指消费者发现商人为商品支付实际成本的难易度。

信息密度的提高对商人也有利处。商人可以从网络上获取更多消费者的信息。这使商人将消费者划分为若干消费群体。不同的消费群体会为商品支付不同的价格，并且允许商人使用价格歧视，即同样或近似的商品在面对不同的消费群体时使用不同的定价。例如在线商人发现有消费者对价格昂贵的国外旅行感兴趣，会为旅行支付额外的费用，就会向其推销高价或高端的旅行计划。同时，在线商人可以将同样的旅行计划以相对低廉的价格推销给另一个对价格更为敏感的消费群体。信息密度让商人以成本、品牌和质量为标准对产品进行细分。

个性化/定制化

电子商务技术具有个性化(personalization)的特点：商人可以根据消费者的名字、兴趣和购买历史来调整营销信息,将其传达到具体的个人消费者。这项技术同时也允许**定制化**(customization),即根据用户的喜好或购买行为习惯而改变所提供的商品或服务。电子商务技术的交互性使消费者在市场中产生消费行为的同时,也透露更多的个人信息。随着信息密度的提高,关于消费者购买历史和购买行为的大量信息被在线商人存储并使用。

由此而产生的结果是：与传统商业相比,电子商务具有前所未有的个性化与定制化水平。例如,你可以通过选择频道来选择在电视上看到的内容,但是频道一旦选定,你就不能改变其播放的内容。然而在线《华尔街日报》可以让你选择你想首先观看的新闻故事类型,并且在某些事件发生时,你可以有机会进行改变。

在"互动讨论：组织领域"中,可以发现电子商务的这些独特性。Turner Sports New Media为NASCAR、NBA和其他体育联盟运营一系列网站。它充分利用了互动性和信息丰富性,将有线电视的可及度与同消费者的深入关系结合起来。

互动讨论：组织领域

Turner Sports New Media 将电视与互联网联姻

Turner Sports New Media 是 Turner Broadcasting System 旗下的一家公司。1975年,Turner Ted 合并了众多电视网络,成立 Turner Broadcasting System,现已发展为拥有众多控股公司如 CNN,TBS,TNT 和 Cartoon Network 的大型传媒企业。集团的体育部主管 David Levy 为适应日益流行的宽带视频而创建了 Turner Sports New Media。Levy 预见到宽带视频会影响 Turner 的电视业务,于是他极力争取各大体育联盟的网络业务,并以创新性的方式将电视与互联网联合。

与其他竞争对手相比,Turner Sports New Media 创新性地将电视和互联网结合,并成为了行业的领军者。集团的广告收入增长,各大体育联盟如 PGA Tour 和 NASCAR 每年也向其支付数百万美元的网络运营费。Turner 的成功模式在于它同时提供了电视的丰富性和互联网的交互性特点,为观众创造不同寻常的观看体验。

2003年,NASCAR. com 是 Turner 唯一拥有的体育联盟网站代理运营项目。2006年,PGA. com 和 PGA Tour. com 加入;2008年上半年,Turner 与 NBA 体育联盟达成合约,共同管理拥有月访问人数达550万人的 NBA. com 网站。Turner 近期的目标是获得美国职业足球大联盟(MLS)的网络运营权,该运营权现在由美国职业棒球大联盟(MLB)管理。Turner Sports New Media 通过网站运营管理获取收入,并与体育联盟分享。它的潜在消费者是在电视和计算机桌面上不断转换频道的体育粉丝。如 PGA Tour. com 的访问者可以在观看比赛时从网站上选择观看某几个进球、某运动员的表现,以及专家的某评论片段。

很多体育联盟并不想将网站的控制权拱手让给 Turner Sports New Media 等机构,

而宁愿自己运营网站，以节省费用。NFL最近就从CBS收回了其网站的经营权。但是Turner Sports New Media向体育联盟递交的提案非常诱人。Turner拥有丰富的网站运营经验，在提高网站访问量和发展创新型互动应用方面也很成功。有多种广告形式供营销者们使用(电视和互联网)。联盟的官方网站会从Turner的触及范围、与消费者的稳定关系中获益。

Turner最早代理运营NASCAR的业务，双方最近的续约显示NASCAR对结果非常满意。NASCAR在过去几年间牢牢占据了体育联盟网站前三甲的位置。自Turner接管联盟的网站运营以来，网站的访问量每年以超过10%的速度增长。过去7年来，月均独立IP访客数量以25%的速度递增。去年网站访问量突破14亿，因此NASCAR将Turner对其网站的运营权延至2014年。双方将在网站内容、电子商务、门票销售等多方面展开合作。同时Turner也会在网站内容、宽带覆盖率、无线平台、视频下载和广告等方面进行监管，为体育粉丝们提供更多的NASCAR商品和信息。

Turner向NASCAR提供了一系列的尖端技术与服务，如互动性极强的TrackPass。TrackPass是一种高端服务，包括若干互动应用，如TrackPass Scanner、TrackPass PitComm和TrackPass RaceView。RaceView从更多角度摄像，为观众提供更多选择观看比赛。用户可以在观看现场比赛时暂停、倒退以及重播，收听任何比赛音频。RaceView还为观众提供定制化，以更好地欣赏体育赛事。

Turner向NASCAR.com提供的其他服务还包括24小时新闻、现场比赛汇总、社交网站“社区”版块、容量庞大的视频图书馆、互动性视频以及商品大型卖场等。

NBA将与Turner的合作扩展到32年，授权Turner Sports New Media使用NBA.com网络，包括其旗舰网站以及WNBA.com和NBADleague.com。合约规定TNT继续进行NBA比赛的电视播放业务，同时提高NBA比赛网络播放的速度和覆盖率，与NBA体育联盟共同经营NBA数字化业务。这些业务包括管理NBATV(24小时数字电视网络)、运营NBA.com和NBA League Pass，广告，以及利用TNT电视直播的优势为NBA.com提供互动性服务。Turner很有可能将TrackPass、RaceView等技术运用到NBA比赛中，为观众提供更好的定制化。

Turner希望能够进一步发展TNT NBA Overtime技术，这是NBA.com的一项宽带特色服务。它将TNT电视播放的比赛、精彩片段、独家专访、专家分析等分组，用户可以在现场直播时或需要时获得这些信息。Turner将会一直运营到NBA2015—2016赛季的网络业务。如果Turner的优秀业绩能够保持，NBA.com将是拥有正确的运营模式，兼具丰富性、互动性的媒体范例。

资料来源：“Turner; NASCAR Announce Extension of Online Rights,” NASCAR.com, January 22, 2008; “Turner Broadcasting and NBA Broaden Partnership with Digital Rights,” NBA.com, January 17, 2008; Tom Lowry, “Turner's Secret WebWeapon,” *Business Week*, December 31, 2007/January 7, 2008; “NASCAR.COM: TrackPass,” NASCAR.com, accessed July 2008.

思考题

1. 描述案例中阐释的电子商务的独特性。
2. 案例中网络怎样促进了企业电视业务的发展？怎样为其增加了价值？

3. NASCAR TrackPass 为什么是成功体现 Turner Sports New Media 对体育联盟网站的价值的范例?

4. 你认为 Turner Sports New Media 的业务会继续增长吗? 为什么?

MIS 实例

访问 PGA. com,PGATour. com 或 NASCAR. com 网站,回答下列问题:

1. 这些网站中的电子技术的特点有哪些? 它们的用途是什么?

2. 这些网站如何促进电视收视率? 如何为公司创造价值?

社会技术:用户内容创建与社交网络

与先前的技术相比,互联网与电子商务技术允许用户以文本、音频、音乐或照片的形式创建内容,并在一个更大的全球性社区与朋友一起分享,参与更多的社会活动。通过这些交流形式,用户可以在加强原有社交网络的同时,建立起新的社交网络。

所有的现代大众媒体包括印刷出版业都在使用同一种“广播”模式(一对多)。在这种模式中,行业专家们(职业作家、编辑、导演和生产商)创建内容,受众们则集中消费同一标准的产品。互联网和电子商务让用户们自己创建和发布内容,允许用户自行计划观看何种内容。因此互联网提供了多对多的大众沟通模式。

10.1.3 电子商务中的重要概念:全球市场中的数字化市场和数字化商品

企业的地理位置、时间安排和收入模式在某些方面取决于信息的成本和传播方式。互联网创造了数字化市场,全世界成千上万的人可以直接、迅速、免费地交换大量信息。因此互联网改变了企业运营模式,提高了产品的全球可及范围。

互联网的使用减少了信息不对称(information asymmetry)。信息不对称是指交易的一方比另一方拥有更多重要的信息。这些信息是决定他们讨价还价能力的因素之一。在数字化市场中,消费者和供应商可以“看见”商品的价格,从这种意义上来说数字化市场比传统市场更加“透明”。

例如,在汽车零售网站出现以前,汽车经销商和顾客之间存在着明显的信息不对称。只有经销商了解制造商的价格,消费者很难以最优惠的价格购买到汽车。汽车经销商的利润幅度取决于信息不对称的程度。而今天的消费者可以通过网站获取大量的汽车价格信息,3/4 的美国汽车购买者通过网站的信息以最优惠的价格购买到了汽车。因此,网络减少了汽车购买中的信息不对称。互联网也帮助企业从其他企业购买产品时减少了信息不对称,以优惠的价格和条件达成交易。

数字化市场由于搜索成本、交易成本和菜单成本(menu costs,商人改变价格的成本)降低,价格歧视减少,以及基于市场状况而动态地改变价格,因而更具灵活性和高效性。在动态定价(dynamic pricing)中,产品的价格取决于消费者的需求和供应商的供给情况。

依据所售产品或服务的性质不同,数字化市场可能会减少或增加转换成本,并且在某种程度上造成顾客满足感的延迟。与实体市场不同，通过网络购买产品（如衣服）后不能立即消费（尽管数字化音乐和其他数字化商品是可以立即消费的）。

数字化市场提供了更多机会将商品销售给消费者，省去了中介机构的参与，如分销商或零售商等。在分销渠道里取消中介机构，极大地降低了购买过程的交易成本。传统分销渠道要为这些环节支付很大一笔费用。一件产品的售价最终可能高达到其制造成本的 135%。

图 10.2 描述了通过减少分销过程中的中介机构参与而节约的成本。通过直接向消费者销售或减少中介机构的数量，企业以低价获得高利润。在价值链中去除负责中间环节的组织或业务流程层叫做去中介化（disintermediation）。

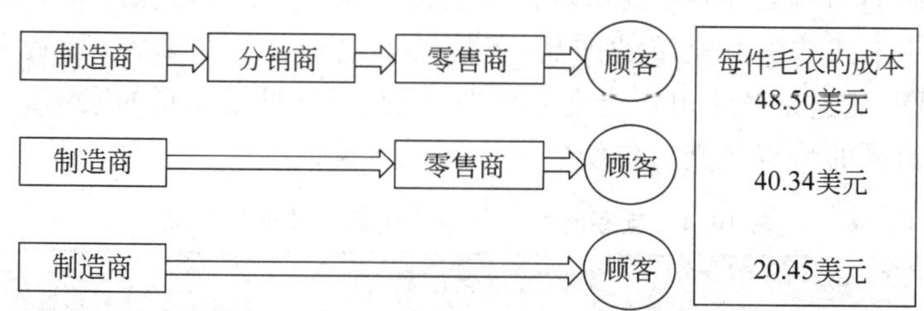

传统分销渠道有几层中介机构，每一层都增加了产品（如毛衣）的最终成本。取消中间层降低了产品到达消费者的最终成本。

图 10.2 去中介化给消费者带来的好处

去中介化影响了服务市场。航空公司和酒店通过自己的预订网站在线售票省去了旅行代理商，从每张票中获取更多利润。表 10.3 总结了数字化市场和传统市场的不同。

表 10.3 数字化市场与传统市场的比较

项 目	数字化市场	传 统 市 场
信息不对称	程度低	程度高
搜索成本	低	高
交易成本	低（有时实质为零）	高（时间，运输）
延迟满足感	高（数字化商品较低）	低：立即购买
菜单成本	低	高
动态定价	低成本，即刻	高成本，延迟
价格歧视	低成本，即刻	高成本，延迟
市场细分	低成本，精确度较高	高成本，精确度较低
转换成本	更高/更低（取决于产品特点）	高
网络效应	强	较弱
去中介化	可能性高	可能性低

数字化商品

数字化市场极大地扩大了数字化商品（digital goods）的销售。数字化商品是指可以通过数字化网络传送的商品。音乐、视频、软件、报纸、杂志都可以作为数字化商品进行生产、存储、传送和销售。之前，它们大部分都以实体商品形式进行销售，如 CD、DVD 和硬皮书。互联网的出现为传输数字化产品提供了可能。

对于数字化商品来说,多生产一件的边际成本通常为零(复制一份音乐文档无须任何花费)。然而,生产第一件产品的成本较高——事实上接近于产品的总成本,因为库存和分销几乎没有花费。互联网传输的成本非常低,市场营销的成本也是如此,产品定价也具有灵活性(商人在网络上因为菜单成本降低而可以随心所欲地改变产品价格)。

互联网数字化商品对市场产生的影响是革命性的,我们每天都能体会到这种影响。依赖于实体商品销售的商家,如书店、图书出版商、音乐唱片公司和电影工作室,面临着商品销售量下降甚至崩溃的危险。由于网络的出现,报纸和杂志失去了很多读者和广告商;唱片公司的销售量下降,唱片行逐渐退出市场。录像带租赁公司,如基于实体 DVD 市场和实体商店的 Blockbuster,其市场份额已被使用互联网模式的 NetFlix 所抢占。网络盗版以数字串形式传输好莱坞的产品,置好莱坞电影公司在 DVD 租赁和销售方面的垄断权力于不顾,而这是整个电影行业一半收入的来源(见第 3 章的案例研究)。表 10.4 描述了数字化商品的特点及其与传统实体商品的不同。

表 10.4 互联网如何为数字化商品改变了市场

	数字化商品	传统商品
单位边际成本	零	大于零,高
生产成本	高(成本中的大部分)	可变
复制成本	接近于 0	大于零,高
分销交付	低	高
库存成本	低	高
市场营销成本	可变	可变
定价	更加多变(打包,随意定价)	基于单位成本,固定

10.1.4 互联网商业模式

信息经济引起了一场商业革命,诞生了很多新型商业模式,与此同时很多旧的商业模式也不复存在。表 10.5 列出了几种重要的新型互联网商业模式。它们以各种方式利用互联网为传统产品和服务增加附加值,或为新产品或服务提供基础。

表 10.5 互联网商业模式

类型	说　明	例　子
虚拟店面	将实物产品直接销售给消费者或企业	Amazon. com RedEnvelope. com
信息经纪	为个人和企业提供广告、价格信息和其他可交易信息,通过广告和交易介绍获得收入	Edmunds. com,Kbb. com, Insweb. com,Realtor. com
交易经纪	通过处理在线销售交易为顾客节省时间和金钱;交易产生时收费;也提供关于费用和交易条款的信息。	Etrade. com Expedia. com
在线市集	为买卖双方提供数字化环境,使其能碰面,查找和展示产品,并为这些产品定价;提供在线拍卖和反向拍卖服务,买家可多方投标,以买家规定、双方协商或固定价格购买产品或服务	eBay. com Priceline. com ChemConnect. com

续表

类型	说 明	例 子
内容供应商	提供数字化内容，如数字化新闻、音乐、照片或视频；通过顾客购买数字化内容和广告费获得收入	WSJ. com GettyImages. com iTunes. com Games. com
社交网络	提供在线聚会场所，兴趣相投的人可以互相沟通，发现有用信息；通过广告获利	Linkedin. com MySpace. com iVillage. com
门户网站	提供进入万维网的入口，有专门化的内容和多种服务；通过广告获利	Yahoo. com MSN. com StarMedia. com
在线服务供应商	提供 Web 2.0 技术应用服务，如照片分享、视频分享以及用户生成内容（在博客和社交网站上）；提供在线数据存储和备份等服务；通过订购或广告获利	Google Maps Photobucket. com YouTube. com Xdrive. com

沟通和社交网络

有些新型商业模式充分利用了互联网丰富的沟通能力。在第 3 章开篇案例中我们已经提到过，eBay 是一处利用电子邮件和其他网络互动功能在线招投标的场所。这个系统接受输入互联网的投标、进行评估并通知最高出价者。eBay 从每次登录和销售中收取小额费用。eBay 得到了广泛应用，成为企业间交易的平台，拥有了数以万计的“虚拟店面”。

B2B 的拍卖也快速增长。例如，GoIndustry 的特点就是为工业设备和机器提供 B2B 网络拍卖销售服务。

利用网络创建在线社区，来自不同地区的拥有相同兴趣的人可以互相交流。这些社区的主要收入来源包括为企业提供瞄准目标顾客的途径，在网站上登载旗帜广告和弹出式广告。**旗帜广告**（banner ad）是网页上的图形广告，连接到广告商的网站。访问者点击旗帜广告，就会直接转到广告商网站，从而得到更多的广告信息。**弹出式广告**（pop-up ad）正好相反，当顾客访问某个网站时，广告自动弹出，顾客点击关闭按钮后，广告消失。

社交网站是一种在线社区，如今应用越来越普遍。社交网络是指通过个人间的联系来扩大某人的商务或社会联系数量。社交网站通过相互的商业或个人关系联系人群，帮助他们发现朋友（以及朋友的朋友），以寻找销售意向、求职或结识新朋友。MySpace、Facebook 和 Friendster 网站吸引了意图扩大交际圈的人群，而 LinkedIn. com 的主要业务则是建立工作关系网。

社交网站用户每天花数小时访问网页、查找其他成员、交流信息，由此透露了大量的个人信息。企业利用这些信息进行目标明确的市场推广，效果远远超出了网络上常见的文本和展示广告。企业还利用这些网站与潜在顾客互动。例如，宝洁公司为佳洁士牙膏在 MySpace 上创建了一个网页,为虚拟人物"Miss Irresistable"征集朋友。

这些受欢迎的网站吸引了大量访问者,成为重要的市场营销工具。本章结篇案例研究了 Facebook 是如何运作这种商业模式的。

社交网络的特点刺激了一种新型电子商务模式,即社会化购物(social shopping)。社会化购物网站如 Kaboodle、ThisNext 和 Stylehive.com 为人们提供在线聚会场所来交换购物想法。网站为用户提供工具创建网页。网页内容包括用户希望其他购物者了解的购物信息、数字化内容、娱乐和服务等。

数字化内容、娱乐和服务

2008年,互联网为娱乐产业带来了巨大变革,其中包括电视、电影、音乐、广播和文本内容。网络传播数字化商品和数字化内容的能力为传统的印刷业和广播传媒注入了新的活力。提供印刷出版物电子化版本的网站开始出现,例如 New York Times 和 Wall Street Journal 等;也有网站提供全新的电子杂志,如 Salon.com 等。

一些受欢迎的网站以数字化形式提供娱乐。在线游戏吸引了大量的用户。开篇案例中的 Nexon 游戏即拥有数百万用户。

你也可以在网上收听一些喜爱的广播频道,如 Classic Rock、BBC 以及其他众多独立频道。由于广播信号可以通过网络传递,你可以在世界的任何地方收听到这些广播。某些服务网站如 Yahoo's Lauchcast 甚至把一些个人广播频道放在了网站上供听众收听。

宽带连接技术让网站可以播放整部电影和电视视频。Netflix、Apple、Amazon、Movielink 和 CinemaNow 拥有未删节电影下载服务。MLB.com 隶属于美国职业棒球大联盟,为付费用户提供 MLB 棒球比赛的现场流视频。一些在线电视和视频服务网站,如 IVillage Live 等,提供即时信息功能以供用户在观看时讨论剧情。

很多用户通过网站试听音乐和下载音乐。尽管某些网站提供免费音乐下载服务,但 Apple iTunes 和其他网站通过对用户下载音乐或专辑实行收费而获得收入。Apple iTunes 音乐服务以及 iPod 便携式音乐播放器的流行催生了一种新型的数字化内容播放模式:播客。**播客**(podcasting)是通过网络发布音频广播,允许订阅用户将音频文件下载到个人计算机或便携式音乐播放器的方法。用于便携式播放器下载和观看的视频片段称为 Vcast。

播客允许独立制作人自行发布个人音频文件,并且使广播传媒有了全新的传播方式。播客也可以拥有内部用户,企业可以将信息以音频文件的形式传播给内部职员。网络安全公司 SonicWALL 使用播客向顾客展示其专业技术,并为分销商提供新的产品信息。

网络信息资源如此丰富广泛,门户网站已成为一种商业模式,以帮助个人和组织更有效地寻找信息。在第2章,我们将门户网站定义为一个网络接口,以整合并发布从各种来源得到的信息。作为一种电子商务商业模式,门户网站是一个"超级网站",为互联网上丰富的资源和服务提供一个综合入口。

雅虎即是一个例子。它提供的功能除了新闻、体育、天气、电话名录、地图、游戏、购物、邮件、聊天、论坛以及与其他网站的链接之外,还包括在互联网上定位信息。一些根据用户的特殊兴趣而创建的特色门户网站也同时出现。如StarMedia是专门为拉美裔的网络用户而创建的门户网站。

雅虎等门户网站与网络内容网站常常整合来自不同来源和服务供应商的信息和应用程序。其他互联网商业模式也通过企业联合来增加附加值。例如，折扣网络交易网站E*TRADE的大部分内容是从外部来源如Reuters(新闻)和BigCharts.com(图表)处购买。在线辛迪加(syndicator)汇总多种来源的内容及应用模块，打包后卖给第三方网站，这成为另一种在线内容供应商商业模式。网络的应用使得企业汇总、打包、分发信息和信息服务越来越容易。

Photobucket使用了Web 2.0应用技术，提供在线照片分享服务。有的在线服务供应商提供，远程数据存储之类的服务(如Xdrive.com)。在线服务供应商通过订阅费或者广告费获得收入。

表10.5所描述的大多数商业模式因为纯粹基于互联网而称为“纯网”(pure play)商业模式。这些企业在设计互联网业务时，不存在“砖加水泥”业务。然而，很多企业，如L. L. Bean、Office Depot，R. E. I和*Wall Street Journal*等网站业务是其传统的“砖加水泥”业务的延伸，代表了一种混合的“鼠标加水泥”(clicks-and-mortar)的商业模式。

“互动讨论：技术领域”描述了“鼠标加水泥”商业模式。J&R电子公司通过多种渠道——位于纽约市的大型零售实体商店、产品邮购目录和网站——销售音乐、办公设备、摄影器材、计算机、电影和游戏等。阅读本案例时，请你找出互联网在该公司的商业模式和商业战略中所扮演的角色。

互动讨论：技术领域

J&R电子可以通过电子商务获得发展吗？

J&R电子是一家现代“夫妻”店。1971年，Joe Friedman和Rachelle Friedman成立了这家音频设备销售企业。今天J&R电子拥有一家盈利颇丰的产品目录邮购公司和10家电子产品专营店，占据了纽约市公园大道30万平方英尺的销售面积。其中最著名的两家专营店是J&R Music World和J&R Computer World。

在J&R电子，你可以找到任何能想象到的电子产品。然而，Friedman夫妇一直拒绝成立连锁商店。而这是诸多产品供应商如唱片公司等所认为的J&R电子与其他大型电子产品销售商店竞争的唯一途径。Rachelle Friedman对此解释说：“我们可以通过这种模式保持控制权，而连锁商店做不到。”

在沃尔玛、百思买等占统治地位的行业中，J&R生存的秘诀之一就是找到了与它的“砖加水泥”商店同样受欢迎的商业模式——电子商务。

J&R于1998年开始从事电子商务。当时使用的是InterWorld公司的电子商务软件。2000年，InterWorld公司因网络泡沫破灭而倒闭，J&R不得不独立支撑在线业务。公司的信息系统员工成功地开发出一个电子商务应用软件，以处理J&R销售的40万种产品。然而，该软件不支持某些服务，如收集和展示顾客评论、提供存货清单以及运送时间等，而其他在线零售商则为消费者提供这些服务。

当时,J&R4亿美元的年收入中,有30%来自JR.com,公司需要为网站发展另辟蹊径。J&R为新网站选择了Blue Martini电子商务平台和由Loyalty Lab开发的CRM软件包。除此之外,管理层计划在网站提供视频和评论功能。这些功能都非常具有价值。顾客可以在决定购买前比较同一产品在不同商店的信息。

2006年5月,J&R推出了一款回馈在线忠实消费者活动,以鼓励消费者直接访问J&R网站,而不是通过其他网站(例如价格比较搜索引擎)上的链接来访问。

该项活动意在提高网站独立访问者的数量,同时正如Jason Friedman所说,使J&R从与竞争者锱铢必较的竞争中解脱出来。只要消费者参与此活动,就可以收到相当于购买额2%的礼物卡。如果该活动达到预期效果,就会阻止老顾客去其他同类商店中购买商品,同时吸引新顾客加入J&R社区。该项活动也同样适用于产品目录订购者。

Loyalty Lab的首席执行官Mark H. Goldstein指出,J&R因其一流的客户服务和对建立客户关系的关注而拥有了一大批忠实顾客。Loyalty Lab的CRM软件包通过支持J&R消费者登录账户、管理账户、兑换奖励等填补了技术空白。该软件同时也降低了J&R向Google等网站所需支付的费用。当访问者通过其他网站链接访问J&R网站时,J&R需要向搜索网站付费。当购物者直接访问JR.com时,J&R就避免了该项付费。

J&R选择Blue Martini作为新电子商务平台的原因在于Blue Martini与J&R的ERP软件协作良好,两套系统可以彼此间自如地交换数据。Blue Martini为在线分享J&R的“砖加水泥”渠道优势提供了更好的机会。

J&R的柜台展示拥有优势和独特性。除了保持价格的竞争优势,J&R的库存品种十分丰富,很少让顾客失望。J&R因拥有领先的尖端技术产品而享有盛名。它一直致力于成为新产品或产品最新版本的第一个零售商,在其他零售商采取行动前,捷足先登,迎合电子产品最新的消费趋势。除了价格优势外,J&R吸引顾客的最重要因素之一就是销售人员的服务。每一位进入J&R的消费者都知道,这儿的工作人员了解丰富的产品信息。即使是最新颖最尖端的产品,他们也能够熟练、专业地向顾客介绍产品相关的信息及特色。

J&R通过Blue Martini电子商务平台把销售团队的专业知识也用到了网上。该平台提供“Guided Selling”申请表,收集顾客输入的信息,根据顾客的需求和偏好,生成范围更具体的产品目录。消费者可以通过品牌、价格、受欢迎度、尺寸和优惠度等信息浏览产品。通过互动评价,J&R为消费者提供了更多的产品信息,使购物更加舒适便捷。

全面的产品说明、由消费者及其他渠道提供的产品评论和比较表格让消费者更容易地了解和挑选产品。Blue Martini通过视频功能使J&R扩大了网站版面内容,例如以销售人员介绍具体产品使用为内容的视频片段。视频功能为在线购买提供了一般只能在“砖加水泥”商店中才可体验到的个性化服务。J&R甚至在其实体商店中也播放这些视频。

新的JR.com于2007年3月投入运行,为消费者购买产品提供了更多便利。如果消费者购买的产品暂时缺货,网站会提供相似产品的名单。网站还与商店的存货清单即时整合。因此,在线购买可以参考在线商品是否可得而进行。J&R也提高了结账效率,购买者可以快速完成商品购买。物流环节也进行了调整,运输日期和费用的准确性得到提高。

Jason Friedman 指出，即使拥有了 Blue Martini 提供的多项功能，公司的发展仍然受实体商店经营模式的限制。连锁商店可以为消费者提供在线订购，并于当天在距离最近的商店提取商品。而 J&R 只能为纽约地区的消费者提供该服务。尽管如此，他感到电子商务业务为公司的发展注入了活力，代表了公司未来的发展方向。

2008 年 8 月，J&R 与 Toy 广告公司签订合约，后者为 J&R 协调在电视、报刊、广播、体育赛事、店面等领域的推广活动。这是 J&R 第一次与广告商合作，尽管它每年在各种渠道上支付上百万美元的广告费用。Toy 会在质量、客户服务和尖端技术产品方面进一步塑造 J&R 在日新月异的零售市场中的品牌形象。

资料来源："J&R Music Turns to Toy," *Adweek*, August 19, 2008; www.jr.com, accessed August 28, 2008; Laton McCartney, "Mid-Market Case: J&R Electronics Pumps Up the Volume," *Baseline Magazine*, March 13, 2007; "J&R Electronics Taps Loyalty Lab's On-Demand Suite for First Shopper Loyalty Program," Rtmilestones.com, accessed May 1, 2007; and "J&R Electronics Migrating to Blue Martini E-Commerce Platform," *Internetretailer.com*, November 8, 2006.

思考题

1. 使用竞争力和价值链模型分析 J&R 电子的商业模式和商业战略是什么？它如何为 J&R 带来价值？

2. 互联网在 J&R 的商业战略中扮演怎样的角色？它为 J&R 的发展找到解决办法了吗？为什么？

3. 与全国连锁品牌相比，J&R 只是一个地方品牌。它能在竞争中发展下去吗？如果能，你怎样评价？

MIS 实例

访问 JR.com 的 J&R 在线商店，回答下列问题：

1. 你在网站上找到了案例中提到的哪些特色？

2. 这些特色有用吗？它们帮助 J&R 实现了既定目标吗？

3. 比较 JR.com 与 Circuit City 或 Best Buy。从产品选择性和可得性、产品信息详细度、顾客服务以及易用程度方面评估以上网站。如果你要购买一个 MP3，你会从哪个网站购买？为什么？

10.2　电子商务

尽管大部分商业交易仍然通过传统零售渠道实现，越来越多的消费者和企业正在使用互联网进行电子商务。今天，电子商务销售额占美国零售总额的 5%，并且上升势头迅猛。

10.2.1　电子商务的类型

电子商务的分类方法有多种。一种是按照电子商务参与者的性质来分，分为三种：

企业对消费者电子商务、消费者对消费者电子商务、企业对企业电子商务。

- 企业对消费者电子商务(B2C):指企业向个人消费者销售商品和服务。BarnsandNoble.com通过互联网向个人消费者销售书、软件和音乐,就是一个例子。
- 企业对企业电子商务(B2B):指在企业间进行产品和服务的销售。ChemConnect通过其网站购买和销售液化天然气、精炼和中级燃油、化学品及塑料,就是一个例子。
- 消费者对消费者电子商务(C2C):指消费者之间直接进行产品和服务的销售。在大型网络拍卖网站eBay上,人们可以将商品拍卖给出价最高者,从而将商品销售给其他消费者。

电子商务分类的另一种方法是按参与者与网络的物理连接来划分。过去大部分电子商务业务通过有线网络实现。现在,移动电话和其他无线便携式数字设备都具有互联网功能,可以发送文本、信息、电子邮件,访问网页,进行交易。企业现在也为这些无线设备提供了基于网络的新型产品和服务。这种使用便携式无线设备购买产品和服务的活动称为**移动商务**(mobile commerce,m-commerce)。企业对企业电子商务和企业对消费者电子商务都可以通过移动商务技术实现。我们会在10.3节详细讨论。

10.2.2 建立与顾客的紧密关系:互动营销、个性化和自我服务

我们刚刚描述的电子商务的独特性为市场营销和销售提供了更多的可能性。互联网为企业提供了更多的沟通渠道,与顾客在销售、营销和顾客支持方面建立更加紧密、性价比更高的关系。

互动营销和个性化

互联网和电子商务帮助一些商人们实现了市场营销的理想:为数以百万计的消费者生产个性化商品。这在传统市场中是不可能实现的任务。Lands' End(衬衫和裤子)、耐克(运动鞋)和VistaPrint(名片、便条和标签)等的网站以向顾客提供个性化产品为特色。还有一些网站鼓励消费者参与产品设计。

网站掌握着消费者购买行为、偏好、需求、购买模式等丰富的信息资源。企业可以利用这些资源来定制促销、生产、服务和定价等活动。某些消费者信息通过要求访问者在线登录和提供个人信息而获得,但很多企业也通过软件跟踪访问者的活动收集顾客信息。

点击流跟踪(clickstream tracking)工具收集顾客在网站活动的数据,保存在记事簿里。这个工具记录用户之前访问过的网站、何时离开、再前往哪里去,它同时记录用户在特定网站访问过的网页、每页花费的时间、网页的类型以及顾客买了何种商品等信息(见图10.3)。企业通过分析这些顾客喜好和行为,研究出现有顾客和潜在顾客的准确特征。

这些信息可以帮助企业创建独特的个性化的网页,根据每个用户的个人喜好,将产品或服务的内容和广告呈现给顾客,在改进顾客的购物体验的同时创造附加值(见图10.4)。利用个性化网页技术修改网页设计并呈现给顾客,市场营销者以明显更低的成本实现了

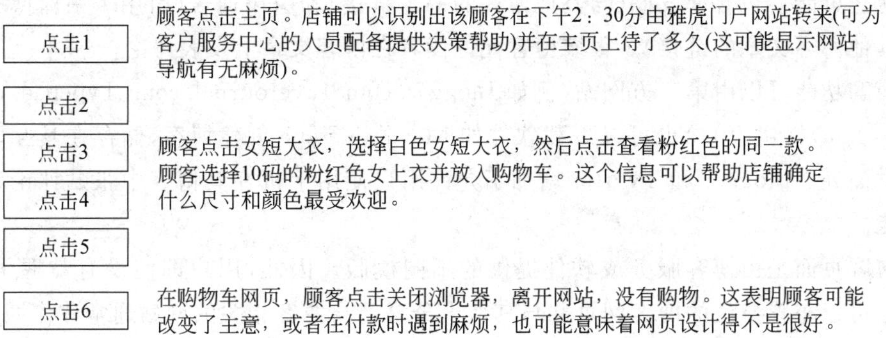

点击1
顾客点击主页。店铺可以识别出该顾客在下午2：30分由雅虎门户网站转来(可为客户服务中心的人员配备提供决策帮助)并在主页上待了多久(这可能显示网站导航有无麻烦)。
点击2
点击3
顾客点击女短大衣，选择白色女短大衣，然后点击查看粉红色的同一款。
点击4
顾客选择10码的粉红色女上衣并放入购物车。这个信息可以帮助店铺确定什么尺寸和颜色最受欢迎。
点击5
点击6
在购物车网页，顾客点击关闭浏览器，离开网站，没有购物。这表明顾客可能改变了主意，或者在付款时遇到麻烦，也可能意味着网页设计得不是很好。

电子商务网站的工具可以追踪顾客在在线商店的每一行为。通过对女装销售网站中顾客行为的仔细研究，商店可以了解顾客的消费信息以及为提高销售而应采取的行为。

图 10.3 网站访问者追踪

采用单个销售人员才能实现的收益。

用户
网站
基于你的投资组合和最近的市场趋势，给出如下建议。
欢迎回来，Steve P.Munson，请查看所推荐的下述图书：《一分钟经理》《领导变革》《基于结果的领导》
Sarah，这里是你想要购买的物品：铁质卷轴台灯、闪光海滩芭比娃娃、披头士丝领带

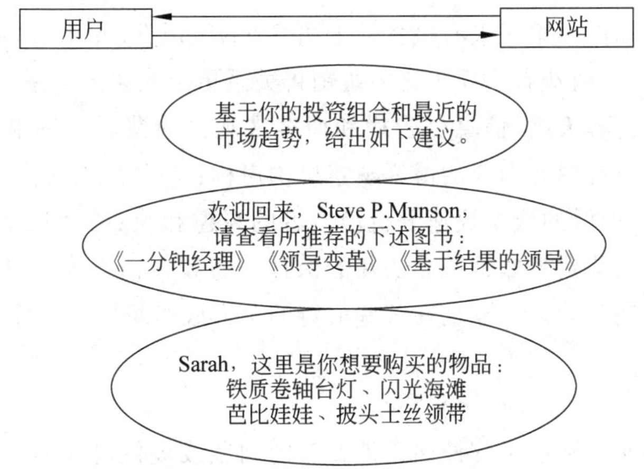

企业创建独特的个性化网页，根据每个用户的个人喜好，将产品或服务的内容和广告呈现给顾客，在改进顾客的购物体验的同时创造附加值。

图 10.4 网站个性化

网页个性化的一种技术是**协同过滤**(collaborative filtering)。它通过把关于网站的某用户行为的信息与具有相似兴趣的其他顾客的信息进行比较，预测该用户下一步愿意看什么。该软件按其假设的喜好给出建议。如 Amazon.com 和 BarnesandNoble.com 使用协同过滤软件提供个性化的图书推荐："购买过该书的顾客也购买……"这些建议在购买行为发生时提供，这是吸引消费者购买相关产品的理想时机。

博客和维基

我们在第 7 章中已经介绍过博客，这是一种有发展前途的网络营销工具。博客是网络日志的流行称呼，是一个个性化网页。作者可以按照时间顺序(倒序)发布作品，并且与其他网页实现链接。

博客可能会包含博友圈(与其他博客的一组链接)和引用通告(引用了一篇博文后撰写的其他博客文章的链接)。很多博客允许读者在博客文章上发表评论。

博客功能可以由第三方网站(例如 Blogger. com、LiveJournal. com、Typepad. com 和 Xanga. com)提供,用户也可以下载软件如 Movable Type 创建博客,储存在其互联网服务提供商处。Blogger 和 Twitter 增加了允许用户使用手机在其博客中张贴评论和照片等功能。

博客页面是由博客服务或软件提供的不同模版。因此,用户即使没有掌握 HTML 技术也可以布置自己的博客网页并与其他人分享。与博客相关的网站通常称作博客圈。

博客的内容从个人娱乐到企业业务往来,无所不包。博客还会对政治事件产生重要影响,并在新闻的挖掘和制作方面得到越来越多的关注。博客已经非常流行。现在万维网上至少有 7 000 万博客,并且每天以 10 万的数量递增。

拥有向公众开放的博客的企业将博客作为与客户沟通的渠道。这些企业博客为企业提供了与消费者的个人对话,向公众和目标消费者展示新产品和服务的信息,读者经常受邀发表评论。如世界第三大有机食品公司 Stonyfield Farm Inc. ,拥有关于育婴和有机乳品农场的博客,与消费者建立了比传统销售关系更个人化的关系。

营销者通过分析聊天组、信息公告栏和博客来观察消费者在网上最近关注的产品、品牌和广告。追踪流行博客内容的博客观察机构声称:与传统的焦点小组或焦点调查相比,博客观察能够以更低的成本快速分析消费者的兴趣和观点。例如,宝丽来(Polaroid)从博客中了解到在线消费者非常关心照片的保存寿命和存档方式,这促使其在产品开发中更加注重照片长期存储。企业也在某些流行的个人或组织博客上投放广告。

顾客自助服务

很多企业利用网站和电子邮件回答消费者的问题或提供对顾客有用的信息,以降低使用人工客户服务的成本。例如,美国航空、西北航空和其他主要的航空公司建立了网站,顾客可以在网站上查看航班的起飞和抵达时间、座位表及机场后勤支持,核对飞行常客里程数额,以及在线购票。第 1 章描述了 UPS(美国联合包裹)的顾客如何利用网站来追踪货运、计算货运成本、决定运送时间及安排包裹领取。FedEx 等其他货运公司也提供类似的服务。与使用人工服务代表进行电话服务的费用相比,自动化的顾客自助服务或其他基于网络的响应顾客提问的方式要成本低廉得多。

新软件产品甚至整合了网络与呼叫中心服务。传统上客户问题的服务是通过电话进行的。**呼叫中心**(call center)是以电话或其他方式响应客户问题的部门。例如,Lands' End 网站的访问者可以通过输入本人电话号码,要求呼叫中心提供客户服务电话。然后呼叫中心将安排一名客户服务代表拨通用户电话,解决客户的问题。

10.2.3 企业对企业电子商务:新的效率和关系

今天,大约 80%的公司使用专属系统进行 B2B 电子商务的电子数据交换(EDI)。**电**

子数据交换(electronic data interchange,EDI)可以通过计算机进行两家公司之间标准业务信息的交换,如发票、提货单、运输计划、采购订单等。业务通过网络由一个信息系统自动传至另一个信息系统,省掉了一端的纸面打印和处理时间及另一端的数据输入时间。美国的所有行业、其他国家和地区的很多行业都设有EDI标准,这些标准制定了行业电子文档的结构和信息项。

EDI最初自动地交换文档,如采购订单、发票、运输通知等。虽然现在还有公司用EDI进行文档自动化,但是很多公司采用了准时库存补充和连续生产,把EDI作为连续补货的系统。供应商无须采购代理的介入,可以在线访问购买企业的生产和运输安排表的某些部分,自动运输材料和物品以达到预定的目标(见图10.5)。

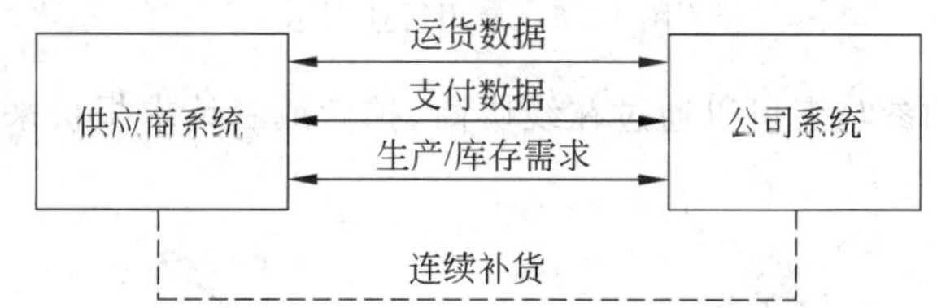

企业使用EDI自动进行B2B电子商务交易并且连续补货。供应商可以自动将运货数据传送到购买商。购买商可以使用EDI向供应商提供生产和库存要求以及支付数据。

图10.5 电子数据交换(EDI)

虽然很多公司仍然使用专用网络进行电子数据交换,但是转至互联网的公司越来越多。互联网为企业提供了一个更灵活和成本更低的平台与其他企业进行连接。通过互联网,企业可以在更广泛的活动范围内发展数字化技术,以拓展贸易伙伴圈。

以**采购**(procurement)为例。采购不只是采购物品和原料,还包括寻找货源、与供应商谈判、支付货款、安排货运等,企业现在可以应用网络选择低成本的供应商,找到供应商的在线产品目录,和供应商谈判,投放订单,支付货款,并安排运输。

互联网和网络技术具有与B2C电子商务相似的多媒体显示和互动特性,使企业能创造新的电子化店面,向其他企业推销。同样地,企业可以利用互联网技术建立外部网或电子化市场,与其他企业建立连接以便进行采购和销售业务。

专用行业网络(private industrial network)通常由一个大公司用外部网与它的供应商和其他关键的合作伙伴建立连接(见图10.6)。这个网络为买家所拥有,它允许公司及其供应商、分销商和其他企业伙伴共享产品设计和开发、市场营销、生产调度、库存管理和非结构化通信,包括图片和电子邮件。

专用行业网络的一个例子是VW Group Supply。这个网站将大众集团(VW Group)与供应商建立连接。VW Group Supply处理了大众集团全球90%的销售业务,包括汽车和零部件销售。

网络市集(net marketplace),有时称为电子商务中心(e-hub)。它利用互联网技术为众多买家和卖家提供一个单一的在线市场(见图10.7)。它们由某行业拥有,或作为买方与卖方之间独立的中间机构来运营。网络市集由购销交易及提供给客户的其他服务创

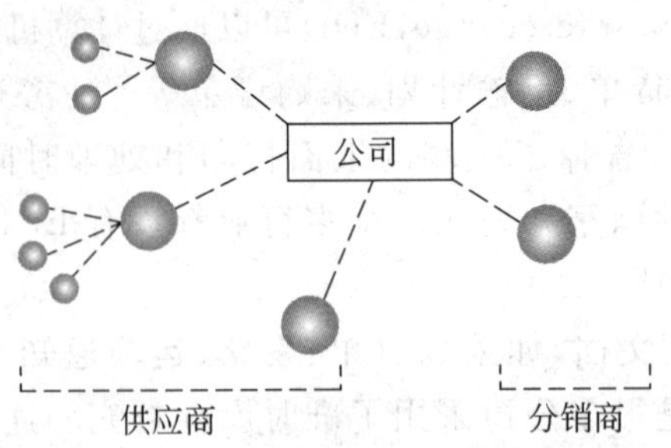

专用行业网络,将企业与供应商、分销商及其他企业伙伴连接起来,进行有效的供应链管理和其他合作性的商业活动。

图 10.6 专用行业网络

造收入。网络市集的参与者可以通过在线协商、拍卖或者请求报价来确定价格或者使用固定价格。

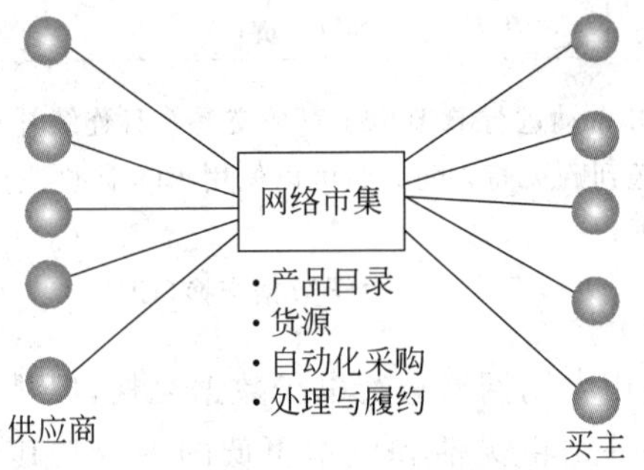

网络市集是利用互联网技术为众多买家和卖家提供的在线市场。

图 10.7 网络市集

网络市集有许多不同的形式和分类方法。有些网络市集销售直接产品,有些则销售间接产品。直接产品是在生产流程中使用的产品,如用于汽车车身制造的钢板。间接产品是其他所有未直接在生产流程中使用的产品,如办公室用品或用来维护与维修的零件。有些网络市集支持建立在与特定供货商长期关系上的契约式采购;其他则支持短期的现货采购,货品是根据即时的需要来采购,通常是从不同的供货商购买。

有些网络市集为特定产业的垂直市场提供服务,如汽车业、电信业或机械工具产业等;其他则提供水平市场的产品与服务交易,我们可在不同产业如办公设备或运输业发现这类应用。

Exostar 是行业拥有的网络市集,主要提供长期合同采购业务,并共享通用网络和计算平台来减少供应链中的低效率现象。这个由航空和国防业发起成立的网络市集由 BAE Systems, Boeing, Lockheed Martin, Raytheon 和 Rolls-Royce plc 等公司合作创建,使这些公司及其供应商建立连接,为彼此间的合作提供便利。大约有 1.6 万家来自商业、军事和政府部门的贸易伙伴应用 Exostar 的货源、电子采购和合作工具购买直接或间接产品。

交易所(exchange)是一个独立的第三方网络市集,成千上万的买主与供货商互相连接进行现货采购。许多交易所对单一产业，如食品业、电子业或工业设备产业，提供垂直的市场交易，它们通常处理直接输入。例如，FoodTrader.com为全世界来自180多个国家的食品和农产品的买家和卖家提供自动化现货采购业务。

交易所在电子商务开始的最初几年间迅速扩张，但有许多交易所业已倒闭。由于交易所鼓励竞争性的价格竞标，使价格直线滑落，而且不提供与买方的长期关系或服务使降价物有所值，因此供应商不愿意加入。许多重要的直接采购并不是以现货方式来进行，需要对运送时间、定制化和产品质量等问题在签订合同前进行考虑。

10.3　移动商务

无线移动设备之前用于传送信息，现在也开始应用于购买商品和服务。在美国，移动商务的发展刚刚起步，但因3G手机的普及而获得发展。在亚洲和欧洲，移动商务应用非常普遍。尽管只占电子商务交易的一小部分，其收入却稳步增长（见图10.8）。2008年，全球大约有30亿手机用户，其中中国就有5亿用户，美国大约有2.55亿用户。

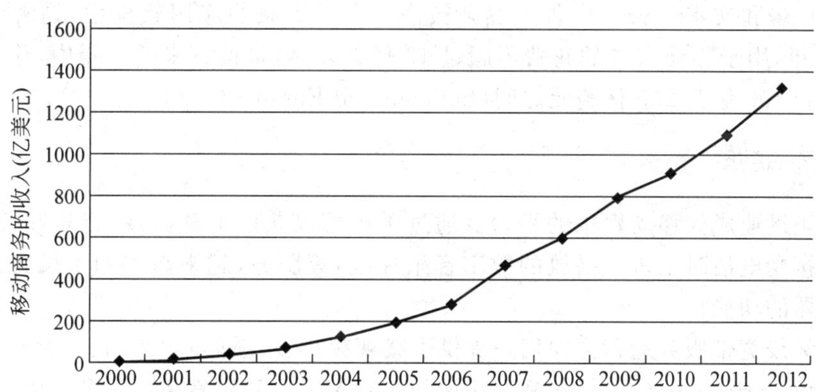

移动商务只占据电子商务销售总额的一小部分，但是这个比例在不断增长。

图10.8　全球移动商务的收入（2000—2012年）

资料来源：eMarketer，2008；Gartner，2008；author estimates.

10.3.1　移动商务服务及其应用

与其他方法相比，移动商务完成任务的速度更快、效率更高，吸引了经常需要四处奔波者的青睐。在互联网使用费用高昂的国家，如欧洲、日本、韩国等，移动商务非常受欢迎。以下是移动商务应用的一些例子。

定位服务

借助Verizon的VZ Navigator等服务，用户可以寻找到附近的餐馆、ATM取款机和加油站、当地的娱乐场所等信息，并与其他用户互相发送。MeetMoi提供了约会服务，帮助用户确认约会对象和时间。借助Smarter Agent，装有全球定位系统（GPS）的手机用户能够找到附近空闲的旅馆。

银行和金融服务

银行现在推出了可以让顾客通过手机或其他移动设备管理自己银行账户的服务。花旗银行(Citibank)和美洲银行(Bank of America)推出了可以让顾客查询账户余额、转账及支付账单的服务。

无线广告

手机服务提供商拥有大量的用户信息,如居住地、收看广告时的位置、年龄及其在手机下载的游戏、音乐或其他服务。这对广告商来说非常有价值。广告商需要平衡顾客隐私和对广告反应的关系。如果取得成功,这些移动广告在提高顾客参与度的同时会带来高额回报。

雅虎在主页上播放百事、宝洁、希尔顿、尼桑和英特尔等公司产品的广告。新闻集团(News Corporation)策划了移动广告活动,鼓励用户为其电视选秀节目"美国偶像"的参赛者投票。谷歌在其移动版本的搜索引擎上投放广告,微软在美国的MSN门户网站上投放旗帜广告和文本广告。广告也逐渐被嵌入在可下载的应用软件中,如游戏和视频等。2007年,用于移动广告的花费不超过10亿美元,但是接下来的5年中,移动广告的收入会达到100亿至200亿美元之间(Bellman and Engineer, 2008)。

游戏和娱乐

手机正迅速成为移动娱乐的平台。通过手机可以获取下载游戏、音乐和铃声(当用户拨打或接受电话时手机上播放的数字音乐片段)等服务,越来越多的手机具备了移动音乐播放器的功能。

几大无线宽带服务运营商向用户提供下载视频片段、新闻片段和收听天气预报等点播服务。由Sprint and Cingular Wireless创立的MobiTV以直播电视节目为特色,包括MSNBC和Fox Sports。电影公司也开始生产专门在手机上播放的短片。新闻集团创建了商标"mobisodes",用于在手机上播放的短片。

用户自创内容也以移动播放形式吸引了很多人的关注。Youtube向Vcast的订阅用户提供视频服务。MySpace与Vodafone Group PLC和AT&T合作,为欧美用户提供用手机在MySpace上张贴评论、照片和视频的服务。

10.3.2 通过无线网络获取信息

尽管手机、掌上电脑和其他手持移动设备可以随时、随地与网络建立连接,但它们能同时处理的信息量有限。这些设备并不能发送和接收大量数据,直到3G宽带服务得到广泛的应用,这些问题才得以解决。而且,信息必须适合显示在小型屏幕上。

主流搜索引擎运营商谷歌、雅虎和微软也引进了手机搜索引擎服务,用户只需最少的输入就可获取所需信息。它们的**无线门户网站**(wireless portal),也称为移动门户网站,以向用户提供其经过优化的信息和服务为特色。谷歌的移动服务存储了搜索中最新的地名,用户使用搜索引擎搜索"电影"信息时,引擎会自动跳出当地正在播放的电影名单，用户可以轻松地查询电影播放时间并购买电影票。微软的 Tellme 服务允许用户直接对着手机说话，要求查询电影、股价、新闻及其他信息，结果将显示在手机屏幕上。

10.4　电子商务支付系统

已经开发了几套电子支付系统来处理互联网上的电子化支付。互联网电子支付系统包含信用卡付款、电子钱包系统、累计余额数字支付系统、在线储值支付系统、电子支票系统及电子账单呈递与支付系统。

10.4.1　电子支付系统的类型

在美国，高达 90%的在线付款是通过信用卡或借助信用卡系统而实现的。企业还可以与金融服务机构签订协约，延伸现有信用卡付款系统的功能。**电子钱包**（digital wallet）的网上支付效率更高，它节省了消费者每次购买时重复输入他们的地址和信用卡信息的时间。电子钱包安全地存储信用卡及持卡人识别信息，交易完成时，电子钱包便自动地输入购买者姓名、信用卡号码并传送信息。Google Checkout 就是这样的一套电子支付系统。

微支付（micropayment）系统用来购买 10 美元以下的商品，如下载一篇文章或一段音乐，而对于传统信用卡支付而言，10 美元太少了。顾客可以使用**累计余额数字支付系统**（accumulated balance digital payment system）在网站上进行采购，累计的欠款余额定期通过信用卡或电话账单来支付。AOL、Vodafone 和 NTT DoCoMO 所使用的 Valista 的 PaymentPlus，以及广泛用于在线报纸和出版行业的 Clickshare，就是例子。

在线储值支付系统（online stored value payment systems）让消费者得以使用存储在电子账户中的金额，来实时支付购买的商品或付清欠款。如 Valista 这样的在线储值支付系统是商户平台。有的则关注对等支付，如 PayPal。PayPal 归 eBay 所有，解决付款者与无法接受信用卡的厂商或个人之间的支付问题。

数字支票系统（digital checking system）如 PayByCheck 增加现有支票账户的功能，使其能用于在线购物付款。数字支票的处理速度比传统的纸质支票更快。

电子账单呈递与支付系统（digital billing presentment and payment systems）用来支付每月固定的账单。用户可以进行电子查账，并通过银行账户或信用卡账户的电子转账，付清账单。系统会通知购物者有快到期的账单，呈递这些账单，并进行付款处理。其中一些服务系统（如 CheckFree）会整合订购者不同来源的账单，用户可以一次付清所有欠款。表 10.6 总结了这些电子商务支付系统的特征。

表 10.6　电子商务支付系统范例

支付系统	描　述	商业范例
信用卡支付系统	保护使用者、购物网站与收单银行之间传递的信息	Visa Mastercard American Express

续表

支付系统	描　　述	商业范例
电子钱包	存储信用卡和其他信息的一种软件,为网上支付货款带来便利	Google Checkout
累计余额数字支付系统	一种类似赊账的累计微付款购买方式,必须以信用卡或电话账单定期支付	Valista PaymentPlus Clickshare
储值支付系统	使消费者得以使用储存在数字账户中的金额来立即支付货款	PayPal,Valista
数字支票	带有安全数字签名的电子支票	PayByCheck
电子账单呈递与支付系统	支持在网上和实体店面购买商品或服务后的电子付款	Yahoo! Bill Pay CheckFree

10.4.2 移动商务的电子支付系统

使用手机进行电子支付已经在欧洲、日本和韩国得以实现。日本有三种移动商务支付系统,也代表了美国移动支付的未来发展趋势。日本的手机支持由信用卡或银行账户绑定的储值支付系统、移动借记卡(与个人银行账户绑定)和移动信用卡。手机就像移动钱包,进行各种各样的支付。消费者在付款时只须在可接受付款的商户付款设备上"刷"手机。日本最大的电信公司 NTT DoCoMo 于 2004 年引进无线 RFID 手机和相关支付系统(Felica)。日本现在大约有 1 000 万电子钱包手机用户。

美国的手机移动商务支付系统尚未发展成熟。手机服务提供商设置了壁垒,用户无法与金融服务机构的网络实现连接。在欧洲和亚洲,手机用户与金融服务机构的网络已经实现了连接,可以为多种商品和服务付款。

10.5 MIS 实践

本节的实践项目包括:为企业制定电子商务战略,使用电子表格调研电子商务公司的盈利性,以及使用网络工具研究和评估电子商务的主机服务。

10.5.1 管理决策问题

1. Columbiana 是位于加勒比海的一个小岛,政府欲吸引更多的游客,发展旅游业。小岛古迹众多,还拥有迷人的雨林和巍峨的群山。沿着漂亮的白色沙滩是一流的宾馆和价格合理的酒店。主要航空公司和一些小航空公司都有飞往小岛的航班。Columbiana 政府想要增加旅游业收入,同时为当地的热带农产品开拓新市场。网络怎样帮助他们实现这些目标?他们适合使用哪种互联网商业模式?网站在其中发挥着什么功能?

2. 访问以下公司的网站:Blue Nile、J. Crew、Circuit City、Black&Decker、Peet's Coffee &Tea 和 Priceline。如果在以上网站中增加公司的博客,哪一家受益最多?请列举博客产生的商业效益。详细说明博客的读者群,判断公司应该由谁创建博客,并为这些博客选择一些话题。

10.5.2 优化决策：使用电子表格分析一家网络公司

软件技能：下载电子表格，格式化，公式

商务技能：财务报表分析

美国的上市公司(包括电子商务公司)需要向美国证券交易委员会递交财务数据。通过分析这些信息，你可以判断电子商务公司的利润及其商业模式的可行性。

在互联网上找一家电子商务公司，如 Ashford.com、Buy.com 或 Priceline.com 公司，分析这些公司的网页，说明它的用途和结构。在网站上找一篇评论该公司的文章。然后访问美国证券交易委员会的网站 www.sec.gov，选择“Filings&Forms”，获取包含该公司年度损益表和资产负债表的10-K表。只选择10-K表中你考察财务状况所要求的部分，下载到电子报表中(Laudon网站中为第10章给出了如何下载10-K表的详细说明)。创建公司过去三年的资产负债表和损益表的简化电子报表。

- 该公司是一个成功的网络公司，还是失败的公司，抑或介于两者之间？你的根据是什么？回答这些问题时，请特别注意公司近三年在收入、销售成本、毛利、运营费用和净利方面的发展趋势。
- 准备一份PPT，最少5张幻灯片，包含相关的电子报表和图形，向你的教授和同学进行展示。

10.5.3 实现卓越运营：评估电子商务的服务

软件技能：网络浏览软件

商务技能：评估电子商务的主机服务

本项目通过经营一家小型公司的电子商务网站，培养在商业服务方面的互联网应用技能。

你要成立一家网站，销售葡萄牙的毛巾、亚麻布、陶器和餐具，并考察运营小型互联网店面所需的主机服务。你的网站需进行安全的信用卡支付，计算运输费用和税费。首先你应该展示40种不同产品的照片和说明。访问 Yahoo! Small Business、GoDaddy 和 Volusion，比较它们给小企业提供的电子商务主机服务的范围、功能和成本。同时分析它们为建立电子商务网站提供的工具。比较这些服务，如果你要建立一家网络商店，你会决定使用哪一个？写一份简短报告，阐述你的选择，说明每一种服务的长处和不足。

拓展学习

与本章有关的拓展学习资料如下：

1. 电子商务的挑战：在线零售商店的经历
2. 制定电子商务商业计划
3. 电子商务中的新热门职业

本章小结

1. 电子商务、数字化市场和数字化商品的独特性。

电子商务是指个人间、组织间、个人与组织间进行的数字化商业交易。电子商务的独特性包括无所不在、全球范围、全球统一标准、丰富程度、交互性、信息密度、个性化和定制化以及社会技术。

与传统市场相比,数字化市场更加透明,信息不对称、搜索成本、交易成本和菜单成本降低,并拥有基于市场状况的动态定价。数字化商品,如音乐、视频、软件和书籍可以通过网络传送。一旦数字化商品投入生产,电子传送产品的成本几乎为零。

2. 互联网技术如何改变商业模式?

互联网帮助公司提高现有商品或服务的价值,或创造新的产品和服务。互联网上出现了很多电子商务商业模式,包括虚拟店面、信息经纪、交易经纪、在线市集、内容提供商、社交网站、相关服务供应商和门户网站等。能够充分利用互联网进行沟通、建立社区和分销数字化商品的商业模式越来越突出。

3. 电子商务有哪些类型?电子商务如何改变了消费者零售和企业对企业交易模式?

电子商务主要有三种类型:企业对消费者电子商务(B2C),企业对企业电子商务(B2B),消费者对消费者电子商务(C2C)。移动商务通过使用无线设备购买商品和服务。

互联网为市场营销、产品销售和为消费者提供支持创建了新渠道,减少了买卖业务中的中介参与。网络的交互性可以使企业在市场营销和客户支持方面与客户建立紧密联系。网页个性化技术向用户提供符合其具体喜好的网页。网站和电子邮件的使用降低了下订单和交易的成本。

B2B电子商务使公司通过电子方式确定供应商,吸引投标,下订单,跟踪运输,提高了运营效率。网络市集为买卖双方提供了单一的数字化市场。专用行业网络将企业与供应商以及其他战略商业伙伴连接起来,开发更加高效灵活的供应链。

4. 移动商务在商业中扮演着什么样的角色?最重要的移动商务应用是什么?

移动商务特别适合于定位应用,如寻找当地旅馆和餐厅、管理当地交通和查询天气、提供基于个性化定位的市场营销。手机和其他手持移动设备可以用来支付账单,查询银行账户信息,进行证券交易,更新交通时间表,以及下载诸如音乐、游戏和视频片段等电子化内容。移动商务要求无线接口和进行微支付的电子支付系统。

5. 电子商务的主要支付系统有哪些?

电子商务的主要支付系统有信用卡支付系统、电子钱包系统、累计余额数字支付系统、数字支票系统及电子账单呈递与支付系统。

复习题

1. 电子商务、数字化市场和数字化商品的独特性有哪些?

- 列举并描述电子商务发展的四种商业趋势和三种技术趋势。

- 列举并描述电子商务的七种独特性。
- 定义数字化市场和数字化商品，描述它们的独特性。

2. 互联网技术如何改变商业模式?

- 解释互联网如何改变了信息经济和商业模式。
- 列举并描述电子商务应用的六种互联网商业模式。区分“纯网”商业模式和“鼠标加水泥”商业模式的不同。

3. 电子商务有哪些类型? 电子商务如何改变了消费者零售模式和企业对企业交易模式?

- 列举并描述电子商务的不同种类。
- 解释互联网如何为市场营销和产品销售提供便利。描述网页个性化产生的作用。
- 解释互联网如何提升了消费者服务。
- 定义并描述网络市集。解释它与专用行业网络的不同。

4. 移动商务在商业中扮演着什么样的角色? 最重要的移动商务应用是什么?

- 列举并描述移动商务和应用的主要类型。
- 解释无线门户网站如何帮助用户处理无线网络的信息。
- 描述移动商务发展所面临的障碍。

5. 电子商务的主要支付系统有哪些?

- 列举并描述在互联网上使用的主要电子支付系统。
- 描述移动商务中使用的支付系统。

讨论题

1. 互联网如何改变企业与消费者及供应商的关系?

2. 互联网不会使企业退化，但企业必须改变自己的商业模式。你同意这种说法吗? 为什么?

团队项目：分析电子商务网站间的竞争

三四个学生一组。选择两家企业，它们是同行业的竞争对手，应用它们的网站进行电子商务。访问它们的网站。例如，你可以比较 iTunes 和 Napster 网站、Amazon. com 和 BarnesandNoble. com 网站，或者由 E * TRADE 和 Scottrade 成立的网站。根据其功能、用户友好性和支持企业战略的功能，对每一个网站进行评价。哪个网站做得较好? 为什么? 你能为这些网站改进服务提供一些建议吗? 如有可能，使用谷歌协作平台 (Google Sites) 链接网页、团队沟通公告和工作任务，集思广益，合作完成项目文档。尝试使用谷歌文档(Google Docs)在课堂上展示成果。

案例研究

Facebook 的困境

Facebook是世界上最大的社交网站之一,最近超越MySpace占据了社交网络头把交椅的位置。该网站由Mark Zuckerberg于2004年创建。据2008年6月的数据统计,Facebook在全世界已拥有1.18亿用户。Facebook允许用户创建个人网页并加入各种各样的独立网络,如院校、工作单位和区域网络等。网站提供大量工具,允许用户与其他用户建立连接进行交流,包括信息传送、照片分享和用户自创应用。

网站最初只向一部分高等院校开放。在向所有高等院校学生及最终向公众敞开大门后,它获得了井喷式的发展。Facebook现在是网络上最有名的网站之一。与它的竞争对手MySpace相比,Facebook的界面更加简洁清新,吸引了那些寻找网页简洁、网络环境更结构化的网民的目光。

Facebook拥有用户的个人资料、爱好、个人偏好、居住地区等详细信息,拥有目标高度清晰的受众群。这对于广告商来说,是巨大的商机。企业可以在网站的主要特色网页上投放广告,如News Feed,这是显示用户的朋友们在Facebook上的活动消息的持续更新列表。企业可以创建自己的Facebook网页,使用户了解企业的近况并与企业沟通。例如,一家餐厅可以通过News Feed,以广告的形式发布新闻向消费者说明最近有哪些人在这家餐厅就餐。Blockbuster用同样方式发布最新流行的电影的评论和影碟的出租信息。许多公司,如eBay、Sony Pictures、The New York Times和Verizon一直与Facebook网站建立连接,使用户可以了解企业和产品的情况。

在广告商看来,Facebook拥有用户大量的信息和丰富的社交网络,可以为他们带来巨大的收益。Facebook是社交网络市场的第一发起人,拥有大量不愿离开自己的交友圈的忠实用户。这都是网站经营的优势。

尽管如此,Facebook的盈利之路却并不顺利。在寻找盈利模式的过程中,公司遇到了相当多的争议,很多人关心它怎样处理和使用用户的个人信息。尽管将个人信息提供给Facebook是出于自愿,然而网站会怎样保护他们的隐私并进行监管是大部分用户关心的问题。

Facebook的矛盾在于找到一种合适的方式,既可以利用用户自愿提供的信息增加收入,同时又不侵犯他们的隐私。迄今为止,这方面的努力还不能称之为成功。Facebook的用户数量持续稳定增长,2007年公司的销售额达到了1.5亿美元,但仍收不抵支。为了真正利用巨大的用户群和独特的网络环境,Facebook需要创新,寻找新途径提高收入,并且不会使公司赖以生存的用户产生疏离感。网站所拥有的用户信息对广告商来说是经济收益的源泉,但如果用户不愿意或者没有受到充分的激励去分享这些信息,这些信息仍处于未开发状态。

Facebook推出的Beacon广告服务是公司错误估计了用户保护隐私需求的例子。最初Beacon向用户提供他们的朋友最近一段时间的购物信息及在Facebook外的其他活动。麻烦在于它分享了用户本来没有打算或不同意分享的个人信息。这项服务是选择性退出，意味着用户需要主动关闭 Beacon，否则它将会在 Facebook 已经得到用户同意的假设下分享个人信息。不仅如此，即使用户选择了退出服务，不管用户当时是否在使用 Facebook，Beacon 还是会持续向他发送信息。Facebook 很快发现，这种假设是错误的。

民间团体 Moveon. org 在 Facebook 上组建了一个群，抗议 Beacon 服务，并在 10 天内获得了 5 万用户的支持。为回应这场传媒风暴，Facebook 将 Beacon 设为选择性加入，让用户自行决定是否使用该项服务。Beacon 案例表明，Facebook 希望通过向广告商提供用户信息而盈利，然而却侵犯了用户的隐私，并产生了负面影响。在这种情况下，可口可乐以及 Overstock. com 退出使用此项服务。Beacon 服务造成的尴尬处境破坏了 Facebook 为用户提供安全网络环境的声誉。Facebook 最终不得不改善其服务，加强网站其他部分的隐私控制，使其变得更加透明。

News Feed 网页的创建和处理是 Facebook 错误地估计用户保护隐私需求的另一个例子。当用户在 Facebook 上有新活动时，如个人资料更新、添加好友和新应用等，News Feed 会向用户的朋友提供这些最新消息。服务一推出便遭到了 Facebook 用户的强烈反对。他们认为这个网页对他们的隐私太具入侵性。和 Beacon 的遭遇一样，用户们通过在网络上建立群，抗议此项服务，大约有 500 个群为此成立，其中"Students Against Facebook News Feed"的成员在顶峰时超过了 70 万人。

在写给 Facebook 用户的公开信中，Zuckerberg 为该功能的唐突推出而道歉，但是他辩称这个网页的创立是积极的，用户能够决定什么样的信息可以公布、什么人可以浏览，并且 News Feed 不会提供用户没有准备分享的额外信息。它列出好友更新的动态，这样你就无须转来转去检查朋友主页的更新了。在信中，Zuckerberg 这样介绍 News Feed："过去人们需要每天不停地访问朋友的主页才能了解到他们的动态，而现在 News Feed 为他们汇总了这些信息，使人们能够了解他们关心的人的情况。"现在 News Feed 是网站上最受欢迎的页面，并被 MySpace 和其他的社交网站竞争对手所采用。

一些用户想要从网站上删除某些资料时，Facebook 对这些资料的处理也遭到了用户的猛烈抨击。Facebook 为用户提供自动解除账户的功能，但是公司的服务器却无限期地保留了这些账户信息的副本。公司对此的解释是 Facebook 保留这些资料内容和其他个人信息会使重启个人账户更加容易。但由此造成用户想要删除账户还需要外部监督团体的援助。Facebook 用户 Nipon Das 是曼哈顿区的一名商业顾问，在两个月的时间里一直不停地删除资料，却总是收到网站更新的新闻和消息。现在 Facebook 和 MySpace，Friendster 以及其他的社交网站为用户提供了永久删除账户和个人信息的简易服务。

当前 Facebook 最具盈利前景的模式是开发通过 Facebook Platform 使用的应用程序。2007 年，Facebook 推出了开放平台 Facebook Platform，把自己的应用编程接口向公司外的第三方软件开发者开放，允许第三方开发者将开发的产品在 Facebook 平台上推广。这些应用通常指微件，包含游戏、网页插件和其他工具，它们都能在 Facebook 上运行。到 2008 年年中，Facebook 大约有 2.4 万个应用程序。

Facebook Platform 不仅给创建应用程序的开发者带来了利润，也给 Facebook 带来了利润：Facebook 的网络环境变得更加舒适和自给自足。开发者因为开发的应用程序而获得了前所未有的曝光度。这其中一部分小公司已经发展壮大。它们通过 Facebook

上的应用程序吸引了大量企业用户,开始销售产品和服务,发布广告。例如,每天大约有200万用户使用FunSpace在朋友的个人信息页面张贴信息、视频或卡片。大约有160万用户使用Top Friends在自己Facebook页面上突出最亲密的朋友。每天拥有40万用户的Scrabulous允许Facebook的用户玩改编版的Scrabble游戏。所有这些应用程序都带来了广告收益。

其他的应用程序利用在Facebook的曝光作为提升商业价值的工具。Flixer是影迷的在线社区,在Facebook上拥有一款应用程序Movies。它允许用户告诉Facebook上的朋友最近观看的电影并互相分享影评。Flixer发布的报告称,每天大约有48.2万名用户使用该应用程序,这极大地扩展了其客户群和商业机会。

这些应用程序是否产生了巨大的收益,现在还不明朗。有些人相信Facebook的应用程序是"下一个伟大的技术",传统广告商会转向Facebook以吸引目标清晰的受众群。但另外一些人认为Facebook自身的受欢迎程度会损害广告商在网站上投放广告的兴趣,舒适的网站环境会让用户不愿点击广告。批评家也认为一些应用程序只是通过其他程序上的广告推荐得到曝光,缺少外部广告的支持,这种发展模式不会长久。到目前为止,只有200个Facebook应用程序的日均用户超过1万位,60%的应用程序每天的用户不超过100位。

毫无疑问,Facebook应用程序会使Facebook得到用户更坚定的支持,因为他们无须离开Facebook就可以做很多想做的事情。但这并不意味着可以为Facebook带来盈利。

2007年,微软购买了Facebook 1.6%的股份,价值2.46亿美元。此次投资使Facebook的市值达到150亿美元。公司是否能将巨大的用户群和个人信息转化成收益,仍需拭目以待。News Feed最初引起的骚动和用户最终的认可证明:Facebook用户对其隐私保护的立场可以改变,很多用户对个人信息的传播并不清楚甚至并不在意。成为Facebook的一名用户、拥有大量的读者、炫目的网页、丰富的内容可能比保护隐私更加重要。但还是有大量用户关心他们的隐私,并阻止像Beacon这样的服务侵犯其隐私。

2008年3月,Facebook发行了一系列隐私保护服务,增加用户将朋友分组,并将相册或部分资料只向特定朋友群开放的功能。例如,用户可以在网站上发布与家人共度假期的照片,只与家人一起分享;用户也可以只允许向特定人群开放夜晚狂欢的尴尬照片的浏览权限。这些策略是正确的,但Facebook最艰巨的任务仍然是在利用用户的信息盈利和保护用户的隐私间取得平衡。在这些服务推出后不久,加拿大的一个计算机技术人员发现了Facebook的安全漏洞,这个漏洞使Facebook的任何用户都能浏览一些相册和个人信息,包括Paris Hilton的聚会照片和Zuckerberg的个人相册。尽管Facebook迅速地纠正了这个安全漏洞,该事件进一步损害了网站在用户隐私保护上已经动摇的声誉。Facebook能否利用巨大的潜力实现收入增长,尚无定论。但有一点确定无疑:用户对隐私的关注在Facebook的盈利之路上发挥重要作用。

资料来源:Riva Richmond, "Some Facebook Applications Thrive, Others Flop," *The Wall Street Journal*, June 16, 2008; Jim Carr, "Facebook Privacy Flap Should Spark Concern for Business," SCMagazineUS.com, March 26, 2008; Thomas Claburn, "Social Networks Find Ways to Monetize User Data," *InformationWeek*, November 10, 2007; Vauhini Vara, "Facebook CEO Seeks Help as Site

Grows Up," *The Wall Street Journal*, March 5, 2008; Adam Cohen, "One Friend Facebook Hasn't Made Yet: Privacy Rights," *The New York Times*, February 18, 2008; Alan Krauss, "Piggybacking on Facebook," *The New York Times*, February 20, 2008; Maria Aspan, "How Sticky Is Membership on Facebook? Just Try Breaking Free," *The New York Times*, February 11, 2008; Maria Aspan, "Quitting Facebook Gets Easier," *The New York Times*, February 13, 2008; Brad Stone, "In Facebook, Investing in a Theory," *The New York Times*, October 4, 2007; and Randall Rothenberg, "Facebook's Flop," *The Wall Street Journal*, December 14, 2007.

思考题

1. 案例阐述了本章的哪些概念？

2. 电子商务和 Web 2.0 技术在 Facebook 广泛流行的过程中扮演着什么样的角色？请描述 Facebook 隐私保护策略和其本身固有的缺点。哪些管理、组织和技术因素导致了这些缺点的产生？

3. Facebook 的商业模式可行吗？为什么？

4. 如果你负责 Facebook 的广告业务，你怎样平衡提高利润与用户保护隐私的关系？

Management Information Systems

第11章

管理知识与协作

学习目标

学习本章，你将了解到：

1. 在企业中，知识管理和知识管理程序扮演怎样的角色？
2. 何种系统适用于企业范围内的知识管理，它们如何为企业创造价值？
3. 知识工作系统的主要类型有哪些，它们如何为公司创造价值？
4. 应用智能技术进行知识管理有何商业利益？

宝洁的知识管理迈入无纸化电子时代

宝洁公司是全球开发主流消费品和卫生保健产品的领头羊。宝洁拥有300多个品牌，包括佳洁士(Crest)、汰渍(Tide)、福爵咖啡(Folgers)以及帮宝适(Pampers)，2007年其销售额达765亿美元。但很多人不知道，宝洁也是世界领先的研究机构之一，拥有众多国际专利。它的研发机构遍布9个国家，拥有20个研究中心、7 000余名科研工作者。宝洁之所以能够保持行业领先地位，源于其产品的持续创新。在宝洁，知识共享是生存与成功的关键。

宝洁的企业文化非常注重知识共享。它有很多实践团体，各个部门从事相似工作的研究人员保持相互联系。研究人员就各自的项目发表月报。另外，宝洁还采取很多知识共享举措，联合其全球知识社团。InnovationNet (INet) 企业内部网以数字格式存储了500万余份调研文档，用户可以通过基于浏览器的网络门户获取这些文档。MyInet帮助研究者找到公司内从事相关工作的同事，追踪本公司其他部门的相关创新研究。用户只要设定感兴趣的主题，MyInet就会为其提供最新的相关信息。

即便使用这些前沿的知识管理技术，宝洁仍被大量纸质文件淹没。对于研发处方药和非处方药物的公司，有关监管事宜、药品研发以及潜在诉讼的文件堆积成山。研究者、临床医师、质量控制人员、营销专员、其他宝洁内部人员以及合作伙伴都需要交流、共享这些文件。过去,这些文件填满文件柜,公司要制作缩微胶片、制定索引,并租用仓库存储它们。要在这些文书记录中找到一个文件更是耗时费力,会延缓研发进度。

最近,为了存储这类信息,宝洁推出了电子文档管理系统——eLab Notebook。它应用 Adobe LiveCycle 软件创建了可搜索的 PDF 文件档案,并开发了一套全球通用的工具。研究员集齐所有数据后,LiveCycle PDF 生成器会创建一个 PDF 文件,提示文件创建者标明数字签名。然后,LiveCycle Reader Extensions 会将使用权限嵌入其中,规定公司哪些人可以使用这个文件。

宝洁的工作流程因 eLab Notebook 的出现而改变。公司必须培训员工使用 eLab 应用程序,告别与纸张打交道的工作方式。

使用 eLab Notebook 软件可以节省时间和金钱。宝洁的研究员再也不用每星期花好几个小时存档实验文件,其他员工也可以快速检索到政府监管人员、合作伙伴或采购员所需的大批数据。初步研究结果显示使用该软件后,工作效率提高了 5 至 10 个百分点。

资料来源:Samuel Greengard, "A Document Management Case Study: Procter & Gamble," *Baseline Magazine*, September 2008 and Intel Corporation, "Enhancing Innovation: Intel Solution Services Helps Procter & Gamble Connect Its Global Knowledge Community," www. intel. com, accessed September 12, 2008.

宝洁的经验展示了企业绩效是如何因知识的高度共享而提高。与专业人员合作和沟通,广泛共享知识,以及应用知识进行业务流程优化和创新,是企业生存与成功的关键。

本章的开篇图表概括了本案例及本章的主要观点。知识高度密集的宝洁公司是典型的创新驱动型企业。许多重要的研发信息和知识不易获取,是因为它们存放在众多纸质文件中。若获取研发文件及其他关键信息不及时,宝洁的企业绩效便会因此受损。要想从文件管理技术中获益,宝洁必须改变现有工作流程,培训员工使用新系统。新系统可帮助员工快速获取研发文件,宝洁的效率因此大大提高。

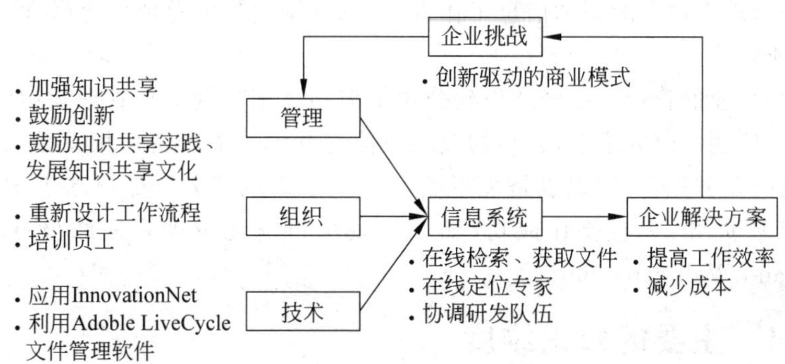

11.1 知识管理概论

知识管理与协作系统是公司和政府软件投资增长最快的领域之一。图 11.1 显示，到 2012 年，用于知识管理的企业内容管理软件销售额有望每年增长 15%。过去 10 年，在经济、管理和信息系统领域，有关知识与知识管理的研究已经呈现了爆发性的增长趋势。

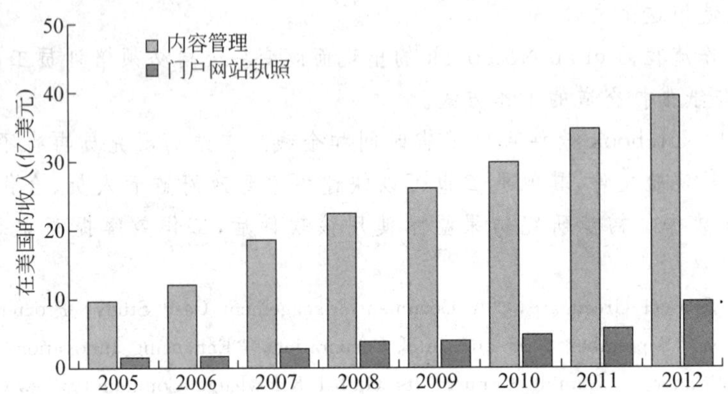

企业知识管理软件收入包括内容管理和门户网站执照两项销售额，此数据正以每年 15%的比例增长。企业知识管理软件因此成为发展最快的应用软件。数据来源于业内消息和作者估算。

图 11.1　美国企业知识管理软件收入(2005—2012 年)

知识管理与协作密切相关。如果无法用于交流和分享，知识几乎没有任何用处。知识只有被全公司共享，才能发挥功效，并被付诸实践。第 2 章已经提到，协作系统包括基于互联网的协作环境(如 Google Sites 和 IBM 的 Lotus Notes)、社交网站、电子邮件和即时通信、移动电话及无线手持设备、维基平台以及虚拟世界。鉴于知识的交流和共享日渐重要，本章将重点阐述知识管理系统。

我们生活在信息经济时代之中，财富和繁荣主要来自信息和知识的生产与分配。在美国，55%的劳动人口是知识和信息工作者，60%的国内生产总值由金融业、出版业等知识和信息行业创造。

很多大型企业的管理者已经意识到公司价值高度依赖创造和管理知识的能力，知识管理成为重要议题。研究表明，公司的股票市值与其无形资产密切相关，而除了品牌、声誉、独具特色的业务流程，知识也是无形资产的重要组成部分。尽管基于知识的投资难以计算，但众所周知，一旦操作成功，知识投资项目就能带来超额回报(Gu and Lev，2001；Blair and Wallman，2001)。

11.1.1 主要的知识维度

数据、信息、知识和智慧之间有重要区别。第 1 章将**数据**(data)定义为组织系统所捕捉的一系列事件或交易。但除了办理业务，数据本身的用途并不大。要将数据转化为有用信息(information),公司需要调动人力、财力、物力,把数据分门别类,以便理解,比如,总销售额可以以时间(日、月等)、地区或店铺为单位分类汇报。要将信息转化为**知识**(knowledge),还需再调用资源,去开发适用于知识运作的模式、规则和环境。而**智慧**(wisdom)是集体和个人应用知识解决问题时所积累的经验。智慧就是能适时、适地且得法地运用知识。

知识既具备个人属性,也具备公司的集体属性。知识是在人脑中进行的认知活动、甚至生理活动。另外,知识存储于图书和档案之中,传播于课堂之上;而公司存储的知识是其业务流程和员工技能。存在于员工脑中、未形成文件的知识称为**隐型知识**(tacit knowledge),已形成文件的知识称为**显型知识**(explicit knowledge)。知识可以存在于电子邮件、语音邮件、图表中,它既可以存在于结构化文档中,也可存在于非结构化文档中。通常,知识应当有一个位置,或是在人的思想里,或是在具体业务流程中。知识具有"黏性",不是普遍适用的,也不会轻易改变。另外,知识的存在是有条件、有语境的。例如,清楚何时执行程序与如何执行程序同等重要。表 11.1 总结了这些知识维度。

表 11.1　主要的知识维度

知识是一种公司资产
知识是一种无形资产。
将数据转化为有用的信息和知识要花费组织资源。
与实物资产不同,知识不遵循边际效益递减定律。相反,它遵循经验网络效应,分享的人增多,知识的价值也随之增长。
知识有不同形式
知识可以是隐型的或显型的(编码化的)。
知识包含技能、工艺和技巧。
知识包括懂得如何遵循程序。
知识不仅包括事件何时发生,还包括事件为何发生(因果关系)。
知识有自己的定位
知识是一种认知结果,与个人的思维模式和图谱有关。
知识涉及社会和个人两个方面。
知识是有"黏性"的(难于移动),受环境影响的(与公司文化融合在一起),和情境相关的(只在一定情况下才起作用)。
知识与环境相关
知识是与条件相关的:知道何时使用程序与了解这个程序同等重要(条件性)。
知识是与情境相关的:你必须知道在何种情况下如何使用某种工具。

我们可以看到,知识与其他资产(如建筑资产和金融资产)不同,知识是一种复杂的现象,管理知识的过程涉及众多方面。我们要承认,公司基于知识的核心竞争力,即公司最擅长的两三件事,是重要的组织资产。懂得如何以其他组织无法效仿的高效率、高效益方式工作,是获取利润和竞争优势的主要途径,是竞争对手花钱也买不到的。

例如,独特的按订单生产系统就是一种知识,也是其他公司难以效仿的特殊资产。应用知识,公司可以更加高效率、高效益地使用稀缺资源。没有知识,公司使用资源的效率和效益都会下降,并导致最终的失败。

组织学习与知识管理

同人类一样,组织也会使用一系列组织学习机制来创造、收集知识。从数据收集、活动总结、反复试验、顾客反馈、大环境各方面,组织都能获得经验。组织会根据学到的经验调整自己的行为,或是创造新的业务流程,或是改变决策管理方式。这种改变的过程叫做**组织学习**(organizational learning)。显然,能够感知环境变化并迅速调整的组织要比学习机制薄弱的组织更具活力。

11.1.2 知识管理价值链

知识管理(knowledge management)是指一个组织为创造、存储、转换和应用知识而开发的一系列业务流程的集合。知识管理可以提高组织向外界学习并将知识运用于业务流程的能力。图 11.2 展示了知识管理价值链中的 5 个增值阶段。在每一阶段,随着原始数据和信息转化为有用知识,其价值逐渐增加。

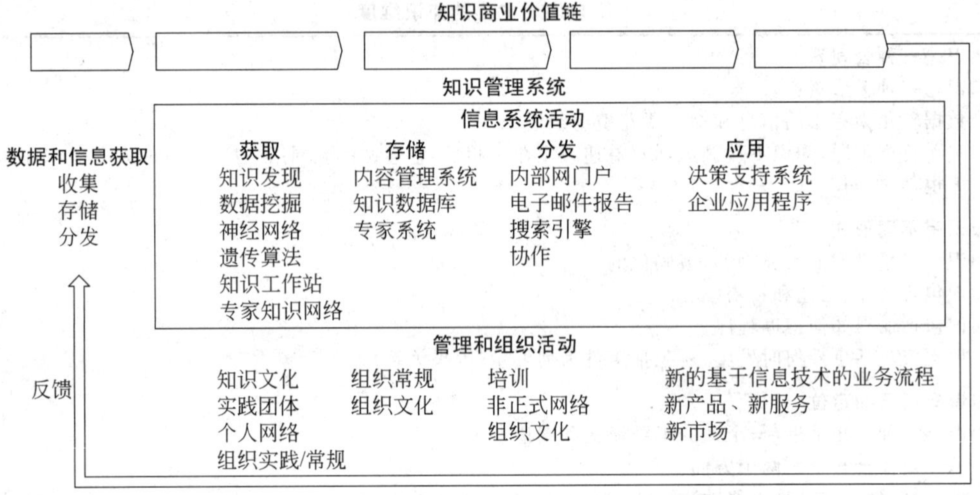

如今,知识管理既包括信息系统活动,也包括大量支持性的管理和组织活动。

图 11.2 知识管理价值链

图 11.2 用图框区分了信息系统活动与相关的管理、组织活动,信息系统活动在上,组织、管理活动在下。知识管理领域有句名言,“有效的知识管理由 80%的管理和组织与 20%的技术组成。”

在第 1 章,我们将组织和管理资本(organizational and management capital)定义为要从信息系统的投资中获益所必需的业务流程、文化和行为的集合。与其他信息系统投资一样,要想在知识管理项目投资中得到最大收益,就要建立有利的价值观、结构和行为模式。如图 11.2 所示,要想在信息技术投资和图表上半部分的信息系统中得到显著回报,就必须在组织资本上投资,也就是要开展图表下半部分所列举的管理和组织活动。

知识获取

组织获取知识的方式很多，这取决于它们寻求的知识类型。最初的知识管理系统致力于储存公司的文件、报告、演讲和最佳案例，以及后来的非结构化文件(如电子邮件)。另一种获取知识的方式是建立在线专家网络，通过该网络，员工可以找到公司中掌握特定知识的专家。

还有一些情况是，公司需要创造新知识，这或者是通过在公司数据中探索新模式，或者是通过使用知识工作站，工程师可在其中发现新知识。本章将会介绍以上各种知识获取方式。一个连贯、有序的知识系统需要事务处理系统的数据支持，包括销售、支付、存货、顾客和其他关键信息的系统数据，以及行业新闻、行业报告、法律观点、科学研究、政府统计等外部数据。

知识存储

文件、模式、特定规则等信息应当在发现后立即存储，以便员工检索使用。创建数据库是知识存储的一个常规手段。文件管理系统依照连贯的规程对文件进行数字化、索引及标签处理，而这种文件管理系统就是用于存储大量文件的大型数据库。另外，专家系统以将知识融入组织流程和组织文化的方式来保存知识。本章及下一章都将讨论这些问题。

管理层必须详细规划、开发知识存储系统，开展公司范围内的文件索引工作，还应奖励储存、更新文件的员工。例如，那些向公司数据库上传潜在客户名单、方便销售人员查看与使用的员工，就应受到奖励。

知识传播

近年来，网络门户、电子邮件、即时通信、维基平台、社交网站、搜索引擎等协作技术和办公系统已成功应用到日程表、文件、数据、图表等信息共享中(见第 7 章)。当代技术创造了信息与知识的洪流。然而，在信息和知识的海洋里，经理与员工怎样才能抓住决策和工作的重点呢？答案就是开展培训项目，开通非正式沟通网络，并且通过积极的企业文化交流，分享管理经验，促使管理者集中关注重要的知识和信息。

知识应用

任何知识管理系统，若不能有效共享和应用知识，解决公司和管理者面临的实际问题，就没有商业价值。要得到投资回报，组织的知识就必须成为管理决策系统的一部分，并融入决策支持系统(见第 12 章)。最终，新的知识必须融入公司的业务流程和主要应用系统，包括管理关键的内部流程以及与顾客和供应商关系的企业应用系统。为达到这一目标，管理层会在新知识的基础上，创造新的商务实践、新产品和服务以及新市场。

建立组织和管理资本：协作、实践团体与办公环境

除了上述活动，管理层还可以开设负责获取知识的组织角色，如设立首席知识官

(CKO)职位、专职人员职位(如知识经理人)和实践团体。**实践团体**(communities of practice, COP)是由公司内外工作活动相似和兴趣相投的专家和雇员组成的非正式社交网络。其活动包括自我教育、团体教育、会议、线上新闻,以及日常分享解决具体工作问题的经验和技术。IBM、美国联邦公路管理局(U. S. Federal Highway Administration)及世界银行等组织已经建立了数以千计的在线实践团体,它们高度依赖支持交流与合作的软件环境。

实践团体便于成员重复使用知识,成员可以创建文件储存库,锁定相关文件,为新成员过滤信息。实践团体成员充当协作者,鼓励集体讨论,欢迎个人观点。实践团体还能缩短新雇员的学习曲线,它引导新雇员与主题专家沟通,帮助他们使用业内公认的成熟方法和工具。另外,实践团体可以成为新思想、新技术、新决策行为的孵化器。

11.1.3 知识管理系统的类型

知识管理系统有三种基本类型:企业范围内的知识管理系统、知识工作系统和智能技术。图11.3展示了三种知识管理系统类型的主要应用。

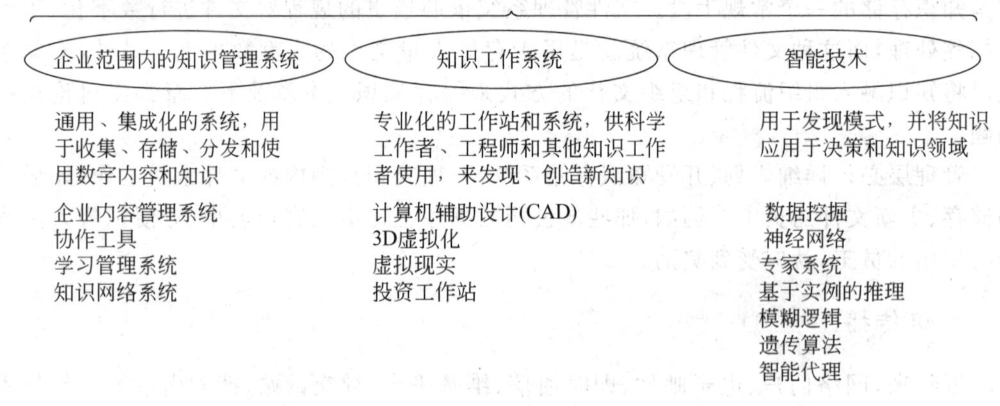

知识管理系统有三种主要类型,每个类型又有很多分支。

图 11.3 知识管理系统的主要类型

企业范围内的知识管理系统(enterprise-wide knowledge management system)是一种公司范围内的通用系统,用于收集、存储、分发和使用数字内容与知识。该系统能查询信息、存储结构化和非结构化数据、定位公司内的专家。另外,它还包括一些基础技术,如网络门户、搜索引擎、协作工具(电子邮件、即时通信、维基平台、博客和社交书签)及学习管理系统。

为辅助工程师和科学工作者发现新知识,网络工作站和网络软件快速发展,计算机辅助设计(computer-aided design, CAD)、虚拟化、仿真、虚拟现实系统等知识工作系统应运而生。**知识工作系统**(knowledge work system, KWS)是为公司内负责发现和创造新知识的工程师、科学工作者及其他知识工作者创建的专门系统。11.3节将讨论知识工作应用系统。

知识管理还涉及各种**智能技术**(intelligent techniques),如数据挖掘、专家系统、神经网络、模糊逻辑、遗传算法和智能代理。这些技术目标不同,有些集中于发现知识(数据挖掘和神经网络），有些将知识转换成适用于计算机程序的形式（专家系统和模糊逻辑），还有些用于发现解决问题的最佳方案（遗传算法）。11.4 节会更详细地介绍这些智能技术。

11.2 企业范围内的知识管理系统

公司要处理至少三种知识。有些知识以结构化文本文档（报告和演讲）的形式存在。决策者还会用到半结构化知识（semistructured knowledge），如电子邮件、语音邮件、聊天室沟通、录像、手册或公告板。另外，有些知识存在于雇员脑中，是非正式的或非数字化的信息。这种知识大多是隐型知识，很少有文本记录。企业范围内的知识管理系统要处理所有这三种知识。

11.2.1 企业内容管理系统

当今企业要组织、管理结构化和半结构化两种知识资产。**结构化知识**（structured knowledge）是显型知识，存在于正式文件和正式规则中，这些规则是组织通过观察专家和他们的决策行为获得的。但据专家所言，组织中至少 80%的业务内容是半结构化或非结构化的，例如，文件夹、消息、备忘、提案、电子邮件、图表、报告幻灯片以及录像等形式不同、位置各异的媒介所包含的信息。

组织可以使用**企业内容管理系统**（enterprise content management systems）管理这两种信息。它们通过知识获取、存储、检索、分发和保存，来帮助公司优化业务流程和决策。这些系统能存储企业文件、报告、演讲和最佳实践，还能收集、组织电子邮件这样的半结构化知识（见图 11.4）。在大多数企业内容管理系统中，用户可以访问外部资源，如新闻和调查，还能使用电子邮件、聊天/即时通信、讨论组和电视会议进行交流。Open Text Corporation、EMC (Documentum)、IBM 和甲骨文是企业内容管理软件的主要供应商。

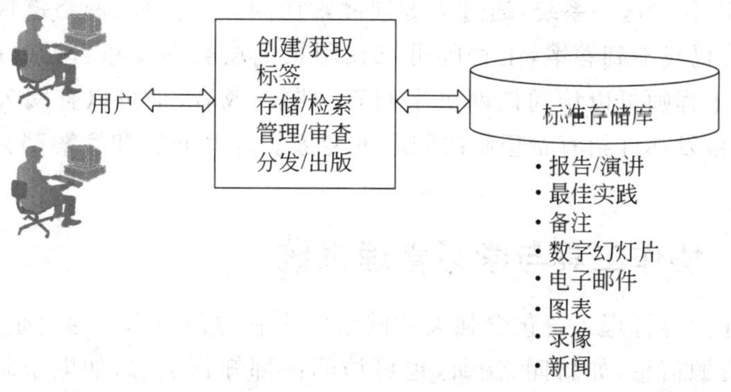

企业内容管理系统能够分类、组织和管理结构化知识与半结构化知识，并供全公司使用。

图 11.4 企业内容管理系统

Central Vermont Public Service 向美国佛蒙特州将近16万人提供能源及相关服务，它就在使用 Open Text LiveLink 企业内容管理工具管理大量重要信息。该系统能储存和组织结构化及非结构化两种内容，包括电子邮件、电子表格、文书处理文件以及 PDF 文件。从文件创建之初，到最后一次更新，系统会全程处理。另外，该系统还能确保公司遵守联邦和州所制定的信息管理规章，并使信息的商业价值最大化(Open Text,2008)。

管理知识的一个关键是要制定合适的分类方案，又称**分类法**(taxonomy)，将各种信息整理到不同类别中以便查找使用。确定知识分类方案后，每个知识对象都应贴以相应的"标签"或被分类，便于快速检索访问。企业内容管理系统可以将知识分类，连接存储文件的公司数据库，并创造可供雇员搜索企业知识的企业门户环境。

出版、广告、广播和娱乐行业的企业尤其需要存储和管理非结构化数字资料，如照片、图像、录像、音频等内容。例如，可口可乐必须跟踪其在世界各地每个时期使用过的品牌形象，避免冗余工作，并防止其偏离标准的品牌形象(见章末的案例研究)。**数字资产管理系统**(digital asset management systems)就能帮助公司分类、储存和分发这些数字化对象。

11.2.2 知识网络系统

知识网络系统(knowledge network systems)，也称专家定位与管理系统(expertise location and management systems)，主要处理当知识不是以数字文件形式存在，而是储存在专家个人头脑中时的问题。知识网络系统会提供一个公司专家的在线索引簿，根据专家所在的不同领域进行分类；另外，通过通信技术，员工可以轻而易举地找到公司内的相关专家。有些知识网络系统做得更完善，它们将专家提出的解决方案系统化，存入知识数据库，使其成为最佳实践或常见问题(FAQ)的存储库(见图11.5)。AskMe 和 Tacit Software 是知识网络系统的主要供应商。

Intec Engineering Partnership 是一个项目管理公司，其麾下的500名员工为全球的石油和天然气行业提供服务。它所使用的就是 AskMe 企业知识网络系统。有疑问的 Intec 工程师可以利用这一系统，通过关键词搜索访问相关文件、网络链接以及相关问题的历史记录。若仍找不到答案，工程师可以在网页上按类别发布自己的问题，如管道或海底类别，其他工程师可以访问该网页来回答问题。或者，他可以查阅公司所有相关专业工程师的资料，发邮件给有希望解决问题的专家。这些问题和答案都会自动存入知识数据库。

11.2.3 协作工具与学习管理系统

主流的企业内容管理系统包含强大的网络门户和协作技术。通过企业知识门户，既可以访问外部资源信息，如新闻、调研，也可访问内部知识资源，如电子邮件、聊天/即时通信、讨论组、电视会议等。

企业已经开始在内部使用博客、维基平台、社交书签等消费者网络技术，来促进个人与团队之间的合作与信息交流。博客和维基平台能帮助公司捕捉、巩固和集中知识。微软 SharePoint 和 Lotus Connections 等商业软件供应商所提供的协作工具也能完成这些

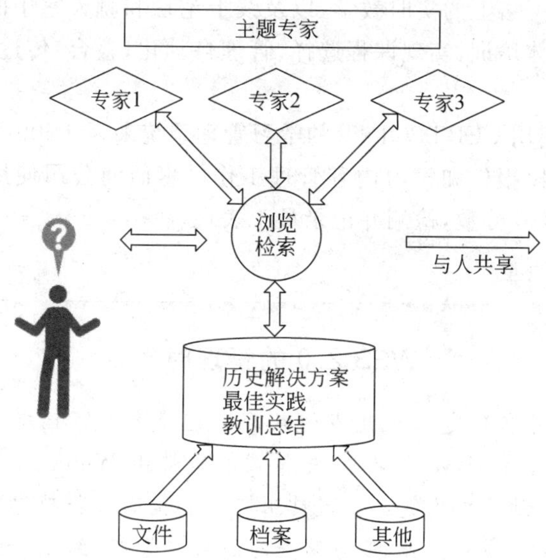

知识网络可以维护一个囊括企业专家和已知问题解决方案的数据库，促进寻找知识的员工与拥有知识的专家之间的交流。交流中产生的解决方案会以常见问题、最佳实践或其他文件形式加入解决方案数据库。

图 11.5　企业知识网络系统

工作，另外，它们还能提供安全的在线协同工作环境。

第 2 章和第 7 章已介绍过维基平台，它经济实惠且易于操作。维基平台提供了一个中央储存器，可储存能在网络浏览器中展示的各类公司数据，包括电子文件、电子表格、幻灯片，还能插入电子邮件和即时通信。用户可以修改他人创建的维基平台内容，但维基平台能跟踪到内容的变化，并能将其恢复到较早的版本。维基平台最适合管理频繁被修改并长期开放的信息。

"互动讨论：管理领域"阐述了 Web 2.0 工具的企业用途。读该案例时，请思考这些公司面临着怎样的问题，管理层还有哪些其他解决方法，以及他们所选择的方法收效如何。

使用**社交书签**(social bookmarking)，用户可以在公共网站上将网页保存为书签，并用关键词标记书签，使搜索信息和共享信息更快捷。这些标签可以用来整理和搜索文件。而与他人共享标签列表，便于用户寻找感兴趣的信息。用户为分享书签创建的分类法叫做**通俗分类**(folksonomies)。Delicious 和 Digg 是两个流行的社交书签站点。

假设，你所在的企业小组正在研究风力。你在网上寻找与风力相关的网页，你可以点击社交书签站点上的书签按钮，为每个与风力相关的网络文件配上标签。点击社交网站的"标签"按钮，就能看到你创建的标签列表，选择所需文件。

公司需要跟踪、管理员工的学习情况，并将其更好地整合到公司的知识管理及其他系统中去。**学习管理系统**(learning management system, LMS)是对各类员工的学习和培训信息进行管理、传送、跟踪和评估的工具。

当代学习管理系统支持多种学习模式，包括只读光盘存储器(CD-ROM)、可下载视频、网络课堂、教室或网络上的实时教学,以及线上论坛和聊天室中的小组学习。学习管理系统可加强混合媒体培训,实现课程选择、管理自动化,整合、传达学习内容,并检测学习效率。

例如,惠而浦公司用CERTPOINT的学习管理系统来为3 500个销售人员进行培训项目的注册、日程安排、报告和学习内容管理工作。惠而浦公司使用它为参与者量身定做课程,跟踪参与者及其分数,检测并记录员工表现。

互动讨论:管理领域

WEB 2.0的管理时代

谁在使用博客?不仅仅是二十几岁的年轻人在博客上写日志、抱怨消费品、发表政治观点。现在很多博主是IBM、英特尔、宝洁或其他应用Web 2.0工具的公司员工。博客、维基平台和社交网站已成为促进公司员工交流和提高工作效率的新兴工具。据麦肯锡公司(McKinsy&Co.)顾问报告,参与调查的高层主管中,约1/3的人在使用Web 2.0工具或正准备使用Web 2.0工具。

支持Web 2.0工具的软件大多经济实惠、界面友好,方便用户使用,正因如此,Web 2.0工具的出现对商界产生了巨大影响。经理可以通过博客与团队交流,也可以将项目进展情况记录在维基平台上。他们可以轻松使用这些技术,无需信息技术(IT)部门的帮助,上级也不必担忧高成本问题。

在太阳微系统公司,管理层要求工程师创建维基平台页面阐述自己的项目。一旦工程师适应了这种技术,就可以将维基平台应用于公司的正式软件文档。维基平台还可用于会议记录、项目计划和软件报告,如今,太阳微系统的文档化信息数量已增长到从前的四倍。

在IBM,2.6万多位员工在公司网络上创建了博客,发表有关技术或自己所做工作的文章。项目组成员通过维基平台存储信息、分享备忘。IBM的Wiki Central管理2万余个公司维基平台,其中,参与者达到12.5万人。IBM创建了一个维基平台账户,帮助50位法律、经济、政府和科技行业的专家合作研究一份知识产权声明,它会成为IBM新专利政策的基础。

对于IBM,Web 2.0工具尤其重要。42%的员工在家或客户办公室远程工作。Brian Goodman是一个软件开发团队的经理,他在康涅狄格州工作,而团队成员分布在纽约和马萨诸塞州。他不用每天给成员发送即时消息,维基平台就可以让他随时了解各成员的项目进展情况。

IBM的员工可以通过公司号码簿BluePages进行内部网络在线交流,它由员工编辑,就像是公司内部的MySpace。号码簿包含40万名员工的基本信息,日访问量达600万人次。员工可控制个人主页上的大多数信息,可将自己的照片和简历上传到公司"档案"中去。

IBM通过IBM Lotus Connections软件向其他公司提供社交网络服务。Lotus Connections支持用户档案、博客、社交书签和实践团体等功能。美国联邦航空管理局(FAA)

使用名为Activities的软件做灾难应急工作。一旦紧急情况发生，这个软件可以应用简易资讯聚合(RSS)将内部博客、相关文件和计划导入Activities页面供员工阅读和讨论。

在美联银行，这个被美国富国银行收购的金融服务巨头，Web 2.0技术覆盖了世界各地10万余位员工的办公室网络。美联银行已经使用了微软的SharePoint Server提供的维基平台、博客、即时通信、个人档案和其他协作工具。管理层认为，协作环境是吸引并留住精力充沛的年轻员工的必要条件，因为他们喜欢使用Web 2.0工具工作。上述社交网络工具和电视会议降低了旅行消费，也使得公司能够保存退休的知识工作者的经验。

尽管有些企业对员工屏蔽了Facebook和其他公共社交网站，仍有大量企业在某些方面利用这些网站。微软和星巴克的招聘人员使用LinkedIn搜索求职候选人。宝洁员工用Facebook与实习生保持联络，与共同参与公司活动的同事分享信息。

使用Web 2.0技术的公司面临两大挑战：一是说服员工接纳这些工具，二是监督员工的使用情况。IBM要求员工时刻铭记企业行为规范中保护个人隐私、相互尊重和保密等规定，而且不允许任何匿名的在线交流。由于很多时候要与公司外部交流，使用公共社交网站的公司应当更多考虑安全和遵守法规的问题，因为员工谈论工作时可能会泄露敏感信息。

诺基亚和位于法兰克福的投资银行Dresdner Kleinwort等公司最开始只在小部分员工中推行维基平台或博客。其他管理者和员工发现这项技术可以带来商业收益、使用方便、功能多样后，也很快地采用了该技术。

资料来源：Paul McDougall, "The 'TLA Wiki' and Other Tips to Spark Enterprise 2.0 Efforts," *Information Week*, June 16, 2008; Judith Lamont, "Social Networking: KM and Beyond," KM World, June 2008; Michael Totty, "Social Studies," *The Wall Street Journal*, June 18, 2007; William M. Bulkeley, "Playing Well with Others," *The Wall Street Journal*, June 18, 2007; Vauhini Vara, "Wikis at Work," *The Wall Street Journal*, June 18, 2007; and Dan Carlin, "Corporate Wikis Go Viral," *Business Week*, March 12, 2007.

思考题

1. Web 2.0工具是如何帮助公司管理知识、协调工作、优化决策的？
2. 博客、维基平台和其他社交网络工具能帮助解决哪些业务问题？
3. 描述沃尔玛或宝洁等公司如何因在内部使用Web 2.0工具而获益。
4. 在普及使用Web 2.0的过程中，公司面临怎样的挑战？经理应该关注什么问题？

MIS实例

请查看太阳微系统公司的博客首页http://blogs.sun.com，点击Blog Directory标签。从人名列表中选择一个博客，然后回答下列问题：

1. 你选择的博客名字是什么？
2. 这个博客的目标观众是谁？
3. 这个博客的主题是什么？
4. 访问太阳微系统公司人名列表中的其他一些博客。如果你是太阳微系统公司的员工,你觉得这些博客有帮助吗?为什么?你认为讲述博主个人生活而不是工作相关事宜的博客有价值吗?

11.3 知识工作系统

11.2 节介绍的企业范围内的知识系统提供了大量功能,可被组织内很多员工和团体使用。公司也会向知识工作者提供专门系统,帮助他们创造新知识,并确保这些知识恰当地应用到公司业务中去。

11.3.1 知识工作者与知识工作

我们在第 1 章提到,知识工作者包括研究者、设计者、建筑师、科学家和工程师,他们是组织中知识和信息的主要创造者。他们通常受教育程度很高,是专业化组织的一员,而且,在工作中,他们通常需要进行独立判断。例如,知识工作者要开发新产品或优化现有产品。对于组织及其管理者来说,知识工作者在以下三个方面起着重要作用:

- 保证组织跟上外界知识的发展——在技术、科学、社会思想和艺术方面;
- 作为公司内部的顾问,提供知识、形势变化和商业机会等信息;
- 充当变革力量,评估、发起和推进变革项目。

11.3.2 知识工作系统的要求

大多数知识工作者都依赖于为提高办公效率而设计的办公系统,如文字处理、语音邮件、电子邮件、电视会议和日程系统等。然而,他们也需要高度专门化的知识工作系统,来提供强大的图形工具、分析工具、沟通和文档管理工具。

这些系统要有强大的计算能力来处理复杂的图形或计算,以满足科研工作者、产品设计者和财务分析师的需求。知识工作者是如此专注于外部世界的知识,因此这些系统也必须能快捷地连接到外部数据库。它们通常界面友好,用户不需要花费大量时间学习,就可以使用系统执行任务。知识工作者是高薪员工,浪费他们的时间代价惨重。图 11.6 总结了知识工作系统的要求。

知识工作站通常是为执行特定任务而设计和优化的。例如,设计工程师与财务分析师对工作站的需求是不同的。设计工程师需要的工作站要有强大的图形处理能力,能处理三维计算机辅助设计(CAD)系统。而财务分析师对众多外部数据库和光盘技术更感兴趣,以存储、访问大量财务数据。

11.3.3 知识工作系统实例

主要的知识工作应用系统包括计算机辅助设计(CAD)系统、模拟和建模用的虚拟现实系统,以及财务工作站。**计算机辅助设计**(computer-aided design, CAD)利用计算机和复杂的图形软件实现了设计和修改的自动化。使用传统的实体设计方法时,每次设计

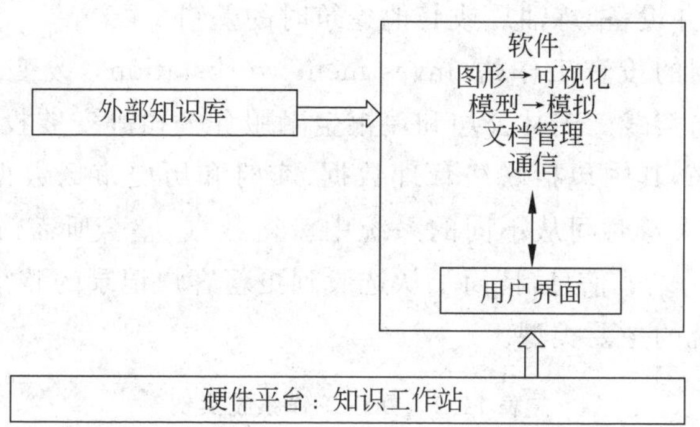

除了要有专门的硬件和软件支持，知识工作系统还要有连接外部知识库的强大能力。

图 11.6 知识工作系统的要求

修改都需要建造一个新模型，并实际测试一个新原型。这个过程要重复多次，十分耗财、费时。通过使用计算机辅助设计工作站，设计者可以轻松地用计算机测试和改变设计，只需在设计接近尾声时制作一个实体原型。计算机辅助设计所提供的加工和生产流程的设计规格也可以解决很多生产过程中的问题，节省大量时间和金钱。

例如，来自 Skidmore，Owings & Merrill LLP 的建筑师用名为 Revit 的三维设计程序，设计了在原世贸中心旧址建造的自由塔的设计创意和技术细节。使用这个软件，建筑师可以透过建筑外层，塑造内部的各楼层。任何改变都会立即体现在整体模型上，软件也会自动在蓝图上重新计算新方案的各个技术细节。

在可视化、渲染和模拟能力方面，**虚拟现实系统**(virtual reality systems)都远远超过了传统的计算机辅助设计系统。它能应用交互性图形软件创造出计算机特技的模拟场景，这种模拟十分接近现实，用户几乎会相信他们参与的就是现实生活场景。在多数虚拟现实系统中，根据不同的应用程序，用户身着特殊服装，头戴帽盔，携带不同的设备。服装内装有传感器，记录用户的一举一动，并迅速将信息传送到计算机中。例如，在虚拟现实系统模拟的一间房子中行走，你要穿着特殊服装，来记录手、脚、头的每一个动作。你还需要佩戴含有视频扫描和音频附件的护目镜，以及使你清晰感受计算机反馈的感知手套。

虚拟现实系统正开始在教育、科学和企业工作中发挥重要作用。例如，纽约 Beth Israel 医疗中心的神经放射学医师使用西门子医疗系统的三维 Virtuoso 系统观察细小血管的相互作用，快速查看主动脉。纽约大学医学院的外科医生用三维模型更精准地定位脑瘤，以减少手术过程中的出血和创伤。

针对网络开发的虚拟现实应用程序采用**虚拟现实建模语言**(Virtual Reality Modeling Language，VRML)标准。VRML 是一组基于万维网的互动性三维模型规范，它利用动画、图像、声音等多媒体形式使用户置身于模拟的真实世界环境中。VRML 独立于平台，运行于台式机，只需要流量很小的带宽。

特拉华州威尔明顿市的杜邦公司创建了一种叫做 HyperPlant 的 VRML 应用程序，通过它，用户可以使用网络浏览器软件在互联网上访问三维数据。工程师可以身临其境般行走在工厂的三维模型中，亲眼看到各种物体，仔细检查三维模型。这种对细节的关注,可以减少建造油井设备、炼油厂或其他建筑时的差错。

金融业使用专门的**投资工作站**(investment workstations)改变经纪人、贸易商和投资组合经理的知识与实践。美林公司和瑞银金融服务公司等安装投资工作站,将广泛的内外部资源整合起来,其中包括联络管理数据、实时和历史市场数据以及研究报告。从前,金融专家们要花大量时间从不同的系统中获得数据,整合所需信息。现在,工作站可以提供更快、更准的一站式信息,精简了从选股到更新客户记录的整个投资过程。表11.2总结了知识工作系统的主要类型。

表11.2 知识工作系统实例

知识工作系统	在组织中的作用
计算机辅助设计(CAD)/计算机辅助制造(CAM)	帮助工程师、设计者和工厂管理者精确控制工业设计和制造
虚拟现实系统	为药物设计者、建筑师、工程师及医疗工作者提供如实物般精确、真实的影像模拟
投资工作站	金融行业中使用的高端计算机,可实时分析交易情况,协助投资组合管理

11.4 智能技术

人工智能和数据库技术提供了很多智能技术,组织可以用其获取个人和集体知识,不断扩展知识库。专家系统、实例推理和模糊逻辑可用来捕捉隐型知识。而神经网络和数据挖掘可做**知识探索**(knowledge discovery)之用。它们能够发现大型数据集合中的潜在模式、类别和行为,这些是单靠管理者自己或简单的实验无法实现的。遗传算法用于解决人类无法分析的大规模复杂问题。智能代理能自动处理常规任务,帮助公司搜索、过滤在电子商务、供应链管理等活动中需要的信息。

第6章介绍的数据挖掘可以帮助组织捕捉大型数据库中未被发现的知识,拓宽管理者视野,提高公司业绩。数据挖掘已成为管理决策的重要工具,第12章会详细探讨数据挖掘对管理决策的支持作用。

本章所讨论的其他智能技术都是以**人工智能**(artificial intelligence,AI)技术为基础的,人工智能技术由基于计算机的系统(硬件和软件)组成,力图效仿人类行为。这种系统可以学习语言,完成体力活动,使用感知型工具,以及效仿人类的技能和决策。尽管人工智能应用程序在广泛性、复杂性、独创性和普遍性方面都不及人类智慧,它们还是在当代知识管理中扮演着非常重要的角色。

11.4.1 捕捉知识:专家系统

专家系统(expert systems)是一种智能技术,可在十分有限的特定领域人类技能中捕捉隐型知识。它们捕捉熟练雇员的知识,将其转化为软件系统中的一系列规则,供组织中的其他人使用。这些专家系统中的规则会被储存到公司的记忆库或学习库中去。

专家系统不像真正的专家那样涉猎广泛的知识，或理解事物的基本原理。通常，它们专门处理专业人员可用几分钟或几小时完成的有限范围内的任务，例如诊断机器故障、决定是否批准贷款等。在同样短的时间内，专家无法解决的问题，专家系统也无法解决。然而，通过捕捉专家的某些知识，专家系统可以帮助组织用较少的人力做出高质量的决策。如今，专家系统已被广泛应用于企业的离散型、高结构化的决策制定中。

专家系统如何工作

人类的知识必须被转换成模型或其他计算机可以处理的形式。专家系统将人类知识整合成一系列规则的集合，称为知识库(knowledge base)。根据问题的复杂程度，专家系统包含 200 至成千上万条规则不等。这些规则之间的联系比在传统软件程序中紧密得多(见图 11.7)。

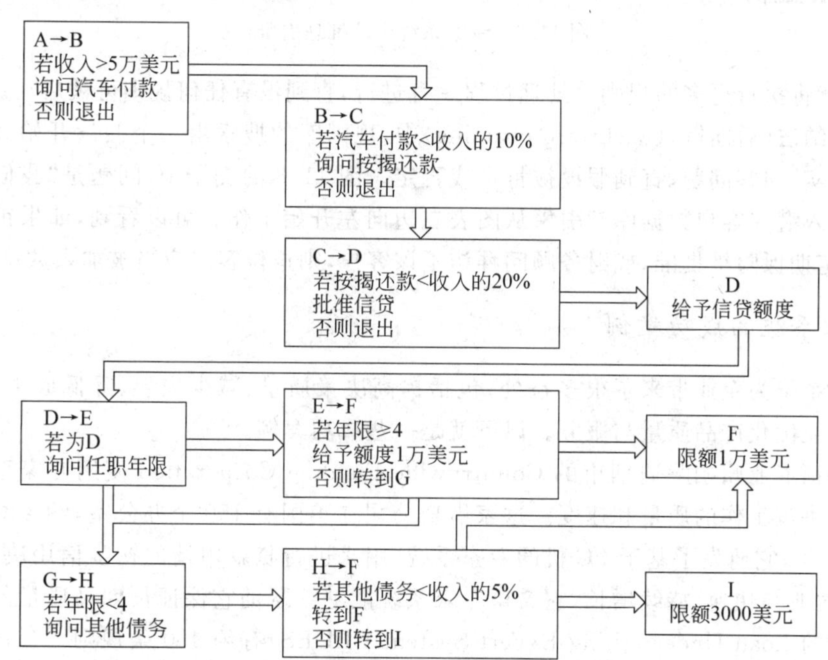

一个专家系统包含很多需要遵守的规则。这些规则有紧密的联系，结果的数量是已知和有限的；有多条路径通向同一结果；系统可以同时考虑多条规则。上图显示的是简单的信贷授予专家系统所使用的规则。

图 11.7　专家系统中的规则

搜索知识库所用的策略叫做**推理引擎**(inference engine)。两个常用策略是演绎法(前向链)和归纳法(后向链)(见图 11.8)。

在**演绎法**(前向链)(forward chaining)中，推理引擎在用户输入信息后开始工作，搜索规则库、得出结论。当条件为真，系统就会启动或执行规则。图 11.8 中，从左边开始，如果用户输入的客户名字所对应的收入超过 10 万美元，引擎就会从左到右按顺序启动所有规则。如果用户再次输入信息，指出此客户拥有不动产，规则库中的另一条通路会

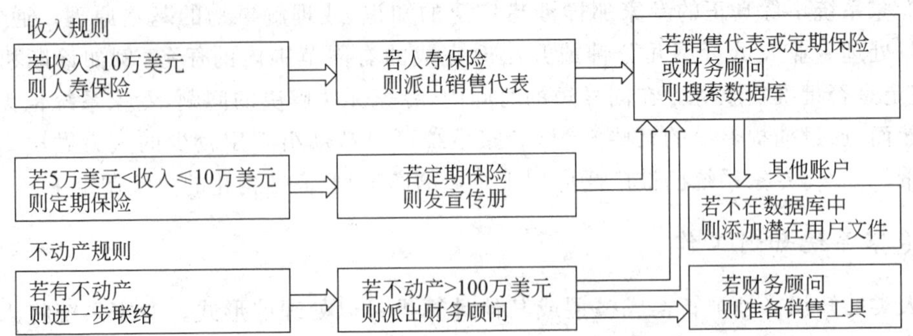

推理引擎搜索所有规则,启动那些被用户获得并输入的事实激活的规则。基本上,这些规则与传统软件中嵌套的一系列 IF 声明类似,但是,专家系统中声明的大小和嵌套的程度要远远高于传统软件。

图 11.8　专家系统中的推理引擎

被激活,就将执行更多的规则。处理过程一直进行,直到没有任何规则可被启动。

在**归纳法**(后向链)(backward chaining)中,规则库的搜索由一个假设开始,随后,用户选择事实、回答问题,直到假设被肯定或否定。图 11.8 的例子中,问题是"我们是否应将此人加入潜在客户数据库?"引擎从图表右边向左开始工作。可以看到,如果销售代表被派出,定期保险被批准,或财务顾问拜访了该客户,则这位客户应当被加入数据库。

专家系统的成功案例

专家系统为企业带来了很多益处,包括提高决策质量、减少失误、降低成本、缩减培训时间以及优化产品质量与服务。以下就是一些成功案例。

加利福尼亚州帕萨迪纳市的 Countrywide Funding Corporation 使用专家系统提高贷款批准决策工作的质量和速度。这家借贷公司在美国有 150 个办公室,约 400 位批贷人。1992 年,它研发了基于 PC 机的专家系统,用来进行贷款申请的初步信用决策工作。之后,公司业绩快速、持续增长,它希望专家系统能继续帮助它保证长期高质量的贷款决策。公司的 Loan Underwriting Expert System(CLUES)有约 400 条规则。公司将每项人工处理过的贷款请求发给 CLUES,检测其工作成果。系统不断完善,最后能够与批贷人在 95%的案例中观点一致。

该公司不使用 CLUES 拒批贷款,原因是专家系统很难处理特殊情况,如个体经营者和复杂的财务模式。批贷人必须复查所有被拒绝的贷款申请,做出最终决定。另外,使用 CLUES 还有其他益处。使用传统工作模式时,一个批贷人一天可处理 6 或 7 份申请;而使用 CLUES,同一个批贷人每天可以评估至少 16 份申请。Countrywide 说明了使用专家系统时管理者的关键角色和基本常识的重要作用。2007 年,Countrywide 批准了百万项有问题的次级抵押贷款,但其原因不在 CLUES 系统,而是管理者放宽了合适的抵押贷款的标准。

Con-Way 运输公司创建了名为 Line-haul 的专家系统,以实现其全国货运隔夜运输路线规划的自动化和优化。专家系统捕捉一些业务规则——每晚在分配司机、卡车、吊车将 5 万船重质货物运送到美国 25 个州和加拿大时，以及计划路线时，调度员所遵守的规则。Line-haul 基于 Sun 平台运行，使用甲骨文数据库中的众多数据，包括每天的客户装运申请书、可用司机、卡车、拖车空间以及存储重量等。专家系统使用上千条规则和 10 万行 C++ 语言程序代码，快速处理大量数字，并为每天 95％的货物运输制定最佳路线。Con-Way 的调度员将专家系统提供的计划稍作调整，再把路线细节传达给负责夜间装车的现场工作人员。通过减少司机人数，增加拖车负载、降低换装损失，Con-Way 两年就收回了花费于专家系统的 300 万美元投资。另外，这个系统也减轻了调度员的夜间工作负担。

专家系统缺乏人类的健全智力，但只要人们充分理解它的局限性，组织还是能从中获益。专家系统只能解决特定类别的问题。事实上，成功的专家系统只处理有限领域的问题，这种问题的可能结果较少，而且这些可能性通常可以预知。至于管理者遇到的非结构化问题，专家系统的用途就没有那么大了。

专家系统的发展需要长期大量、高成本的投入。雇用或培训更多专家也许要比建立专家系统更经济。特别是专家系统的运行环境持续改变，专家系统也必须随之变化。有些专家系统十分复杂，多年来其维护成本甚至不逊于开发成本，大型的专家系统尤其如此。

11.4.2　组织智能：实例推理

专家系统主要捕捉专家个人的隐型知识，除此之外，组织还拥有长年积累下来的集体知识和技能。实例推理可以捕捉、存储这种组织知识。在**实例推理**（case-based reasoning，CBR）中，专业人员的经验以案例形式存储于数据库中，便于用户在遇到拥有相似参数的新案例时检索使用。系统搜索与新问题特点相近的案例，找到最贴切的那个，将其解决方案应用于新案例。成功的解决方案会与新案例标记在一起，并与其他案例一同存入知识库。不成功的解决方案也会存入案例数据库，并附上此方案不成功的原因（见图 11.9）。

专家系统应用专家总结出的一系列 IF-THEN-ELSE 规则进行工作。而实例推理以案例形式体现知识，用户会不断扩充、改进知识库。你可以在医药或客户支持的诊断系统中发现实例推理，用户能够查询与新案例特征相似的过往案例。该系统会根据检索到的最佳匹配案例提供解决方案。

11.4.3　模糊逻辑系统

大多数人不会以传统的 IF-THEN 规则或精确数字的方式思考问题，而是应用决策规则，粗略地给事物分类，这就可能产生很多隐含意义。例如，一个男人或女人可能强壮或聪明；一家公司可能是大型、中等或小型规模的；气温可能热、冷、凉或温。这些分类体现了价值观。

模糊逻辑（fuzzy logic）是一种以规则为基础的技术，可创造出使用近似价值或主观价值的规则，来表达不精确性。它能以语言形式描述一个特定现象或过程，然后将此描述用少量灵活规则表达出来。组织可以用模糊逻辑创建软件系统，捕捉语义含糊的隐型知识。

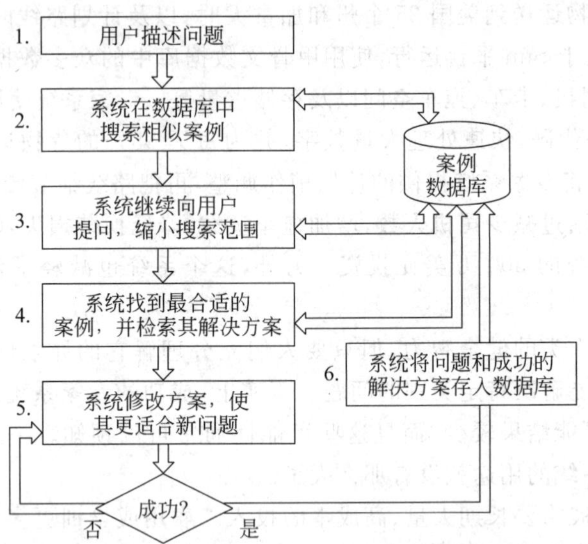

实例推理应用涵盖过去案例及其解决方案的数据库来呈现知识。系统分 6 步为用户遇到的新问题提供解决方案。

图 11.9　实例推理如何工作

下面我们来看看一个计算机程序要自动控制房间温度时，模糊逻辑如何呈现不同的温度。术语(或称隶属函数)的定义不精确，例如，图 11.10 中，尽管华氏 60 度到 67 度之间的温度最符合凉的定义，但华氏 45 度到 70 度都可称为凉。注意凉的定义与冷或温重叠。要使用模糊逻辑控制房间环境，程序员还要为湿度、户外风速和气温等其他因素作相似的不精确定义。系统中可能会出现这样的规则："如果温度凉或冷，湿度低，而且户外风速大，气温低，则升高房间的温度和湿度。"计算机会用加权的方法组合隶属函数，应用所有规则，升高或降低温度和湿度。

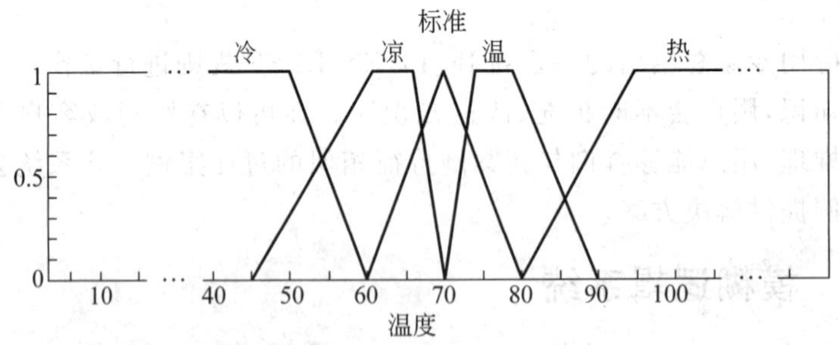

名为"温度"的隶属函数已存在于恒温器的逻辑中。隶属函数将"温"等语言转化成计算机可以操作的数字。

图 11.10　模糊逻辑用于温度控制

模糊逻辑可以解决其所需专业知识很难以简单的 IF-THEN 规则表达的问题。在日本，模糊逻辑帮助仙台的地铁平稳加速，站立的乘客甚至不需要扶手。东京的三菱重工通过运行模糊逻辑的控制软件，将空调耗电量减少了 20%。另外，相机的自动对焦功能也应用了模糊逻辑系统。在这些例子中,模糊逻辑允许输入的增量变化产生输出的平滑变化,而不是跳变,这对消费类电子和工程应用意义重大。

另外,管理层还发现模糊逻辑有利于决策制定和组织控制。华尔街的一家公司创建了一个系统,用股票交易商能懂的语言,选择潜在收购目标。在美国各地,有一种模糊逻辑系统被用于监察医疗服务机构提交的医疗声明中可能存在的欺诈行为。

11.4.4　神经网络

神经网络(neural networks)用于解决复杂、难以理解的问题,需要收集大量数据。它们从大量数据中发现规律和数据间的相关性,因为这些规律和相关性太过复杂,是人类难以分析的。神经网络使用模拟生物大脑或人类大脑处理模式的硬件和软件来发现知识。神经网络通过筛选数据、搜索关联、建立模型和一次又一次纠正模型错误的方法从大量数据中"学习"其模式。

一个神经网络有大量传感节点和处理节点,它们持续地互相作用、互相影响。图11.11展示了一种神经网络,它由一个输入层、一个输出层和一个隐藏处理层构成。为了"训练"此网络,人们会输入一组训练数据,其中,输入会生成一系列已知的输出或结论。这样,计算机可以参照实例学习正确方案。输入越来越多的数据,每个案例都要与已知结果相比较。如果不同,系统会在计算后修正隐藏处理层的节点。这些步骤会一直重复,直到网络达到某一标准,如修正数量低于某一数字。图11.11的神经网络已学会了如何识别信用卡赊购的欺诈行为。另外,自组织的神经网络可通过接触大量数据进行训练,它们会从数据中发现规律和相关性。

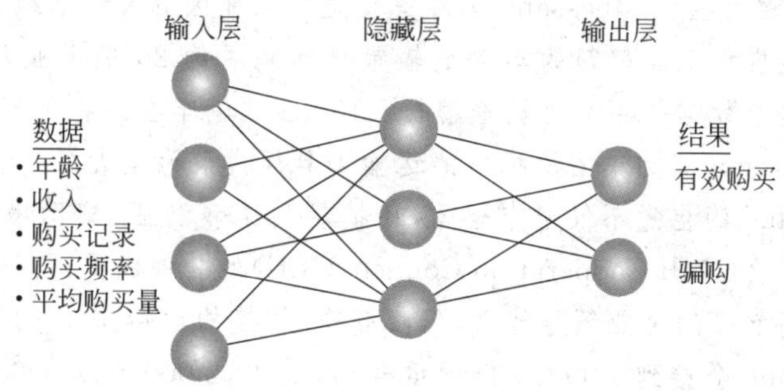

神经网络应用从数据模式中学习的规则构建逻辑隐藏层。然后隐藏层会处理输入,根据模型的经验将其分类。本例中,神经网络经过训练,能够区分有效信用卡赊购和欺诈性信用卡赊购。

图11.11　神经网络如何工作

专家系统力图模拟人类专家解决问题的方式,而神经网络的创建者声称,他们不会通过编程提供解决方案,他们的目标也不是解决具体问题。神经网络设计者试图实现硬件智能化,使其拥有全面的学习能力。相反,专家系统面对的是高度具体化的特定领域问题,很难对其进行再培训。

在医学、科学和商业领域,神经网络已用于解决模式分类、预测、财务分析、控制及最优化等问题。在医学方面,神经网络可以为病人检查冠状动脉疾病,诊断癫痫症和阿尔茨海默病(老年痴呆症),识别病理影像的模式等。金融行业使用神经网络从大批数据中识别模式,帮助预测股票业绩、公司债券评级或企业破产等问题。Visa International 使用神经网络监视所有 Visa 卡交易,识别持卡人消费模式的突变,监察信用卡欺诈行为。

神经网络有很多难解的问题。专家系统能为其解决方案提供解释,但神经网络有时却无法说明它们为什么会得到这样的解决方案。它们甚至不能保证得到一个确定的答案,不能保证每当输入相同,就会得到相同的答案,也不能保证得到的总是最佳解决方案。它们非常敏感,培训涵盖过多或过少数据,都可能影响其表现。现阶段,神经网络最适于辅助人类决策者做出决定,而非取而代之。

神经网络在其他方面的应用都得益于模式识别技术。这些应用的基础是**机器学习**(machine learning),它是一种人工智能技术,其核心算法和技术允许计算机使用计算和统计方法以摘取信息的方式学习。归纳性的机器学习方法可以从大量数据集中摘取规则和模式。神经网络和机器学习技术都被用于数据挖掘。

互动讨论:组织领域

信息技术——ALBASSAMI 经营之必需

如果你生活在像沙特阿拉伯(面积 210 万平方公里)这样的国家,地理环境迥异,气候恶劣,温差极大,四处是干旱的沙漠,而要从一个城市搬到另一个城市,距离长达几千公里,你有两种选择:开车;或是通过车辆运输公司将你的车空运或海运到目的地。大多数沙特人会选择第二种。正因如此,沙特成为中东地区最大的车辆运输市场。Albassami 由此应运而生。Albassami 国际集团是中东地区最大的陆地运输商之一。

沙特阿拉伯境内加上其邻邦的车辆运输市场达到了约 20 亿里亚尔(沙特阿拉伯的货币单位),而且这个数据每年都有显著增长。100 多万辆车在沙特王国内外被运送。而在中东地区,Albassami 国际集团所拥有的运输工具规模最为庞大。

如今,Albassami 的生意不仅遍布全国,还扩展到了叙利亚、黎巴嫩和约旦等海湾阿拉伯国家合作委员会(Gulf Cooperation Council,GCC)的其他成员国。这些年来,公司都专注于如何保持高水平的企业领导能力,保障安全、快捷的运输。

每天,Albassami 会接到 1 000 多份货运合同,其中,2 000 至 2 500 份提货单在主要分支之间传送。自 2003 年其快运部门成立以来,公司为上门速递服务分配了 170 辆各种类型的重型、中型、轻型车辆,此服务遍布全国,覆盖 45 处网点。因此,强大的计算机系统成了完美处理和掌控无数日常工作和订单的必需条件。系统除了要向整个集团提供信息,还需要设备为组织内的特定部门服务。

该系统的基础是集群的 Dell 服务器,它们运行 Windows 2003,并与 270 余个 Windows XP 客户机相连。系统的支柱——数据库管理系统是 Sybase Adaptive 服务器,而客户机使用 SQL Anywhere。总部的服务器与客户机分支相互复制。通过复制,分支的数据会被传送到服务器中,整合成最新的数据库版本,再被传送回分支中去。这样,每个分支都有最新版本的客户清单、可用车辆情况、最新货运合同等信息,任意分部在任何时间都有能力为所有客户服务。

某客户来到某分部，要将自己的车运送到服务范围内的目的地，业务流程开始。该分部据此创建一份货运协议。每隔30分钟，各个分支的数据库会被传送到总部汇总，然后再返回给各分部。接收分部会在车辆到达时在系统中创建入库信息，并发送短消息通知客户到目的地分部取车。

Albassami的货运信息系统会保存客户车辆、货车号、发送分部和接收分部等全部运送信息，并发送短消息告知顾客车辆已到达。系统还会记录顾客数据及车辆维护信息。将车辆维护中心的数据与运输服务连接起来，可以提高公司业绩以及客户服务质量。该系统还能向最高管理层和高级部门提交关于每个分部工作效率的标准报告，以便精确识别各地区的需求，合理分配预算。另外，通过该系统提供的车辆跟踪信息，公司可以更好地审查所有司机的表现。合理的业绩检查会得到称职员工的支持，还有助培养忠诚雇员。

货运系统推动了所有业务流程的高效进展，而从中心数据库获取的知识有助于管理队伍做出稳妥的投资和经营决策，成就了Albassami在沙特阿拉伯长期的成功和领导地位。

资料来源：Michael Fitzgerald，"Predicting Where You'll Go and What You'll Like，" *The New York Times*，June 22，2008；Erick Schonfeld，"Location-Tracking Startup Sense Networks Emerges from Stealth to Answer the Question：Where Is Everybody?" TechCrunch. com，June 9，2008；"Macrosense，" sensenetworks. com，accessed July 2008；Caroline McCarthy，"Meet Sense Networks，the Latest Player in the Hot 'Geo' Market，" news. cnet. com，June 9，2008.

思考题

1. 本文描述了什么系统？它创造了哪些有价值的信息？
2. 投资信息技术(IT)或信息系统(IS)为Albassami创造了哪些价值？
3. 应用货运信息系统是如何解决Albassami的商业需求和信息要求的？

MIS 实例

请访问IBM的网站(www. ibm. com)，阅读IBM企业资产管理(Enterprise Asset Management)软件的相关内容，回答下列问题：

1. 你认为IBM企业资产管理软件对Albassami有用吗？为什么？
2. 如果Albassami决定使用IBM的软件，它还需要哪些投资才能使其可行？
3. IBM是否为各领域提供专门的企业资产管理软件？如果是，运输业是不是其中之一？

11.4.5 遗传算法

遗传算法(genetic algorithms)可以为解决某一特定问题考察大量可能方案，以寻求最优方案。其基础是一些受进化生物学启发的技术，如继承、变异、选择和交叉(重组)等。

遗传算法以一串0和1来表达信息。它从大量随机生成的二进制数字串中搜索代表问题最优解的一串数字。随着方案不断改变和组合,最差的方案被丢弃,较好的方案存留下来,继续生成更好的解决方案。

图 11.12 中,每串数字都对应着一组变量。这是一个测试适合度的实验,将各数字串按其成为最优解的可能性排序。最初的一代数字串被检验后,遗传算法会生成下一代数字串,由在适合度测试中幸存的第一代数字串及第一代数字串相互组合生成的第二代数字串组成,继续检查它们的适合情况。这个过程一直继续下去,直到找到一个最优解。

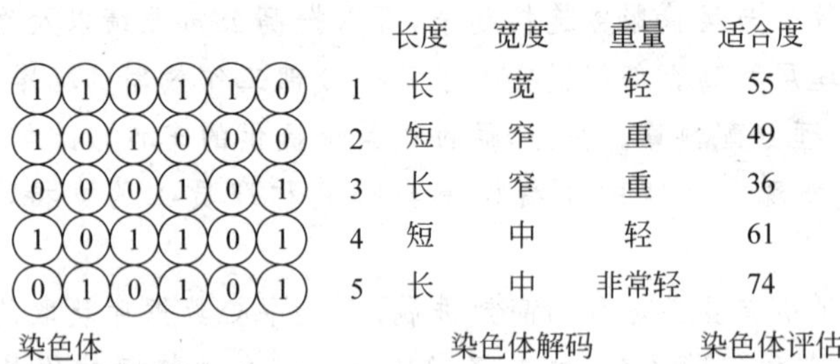

该图演示了最初的一些"染色体",每个代表一种不同的解决方案。遗传算法不断重复一个过程,优化解决方案,创造适合度更高、更好的方案,最后找到最优解。

图 11.12 遗传算法的组成部分

遗传算法用于解决涉及成百上千个变量或公式的非常复杂的动态问题。这个问题的一系列可能方案必须能够以遗传形式表达出来,并且必须能建立用于评估适合度的标准。遗传算法能快速评估许多候选方案,找到最优方案,加快寻找最优解。例如,通用电气的工程师应用遗传算法优化喷气式涡轮飞机发动机的设计,其中,每次设计变化都要更改多达 100 个变量。i2 科技公司的供应链管理软件使用遗传算法优化生产日程模型,此模型涵盖了客户订单、可用材料和资源、生产和配送能力以及交货日期等几十万个细节。

11.4.6 混合人工智能系统

遗传算法、模糊逻辑、神经网络以及专家系统可以集成于同一应用程序中,充分利用各自优势。这种系统叫做**混合人工智能系统**(hybrid AI system)。企业正在逐渐采用这种混合应用程序。在日本,日立、三菱、理光、三洋等公司已开始将混合人工智能系统应用于家用电器、工厂机械、办公设备等产品中。三菱开发了一种结合模糊逻辑和神经网络两种技术的"神经模糊"洗衣机。日兴证券正在研发神经模糊系统,以预测可转换债券评级。

11.4.7 智能代理

智能代理技术可以帮助企业在大量数据中定位、处理重要信息。**智能代理**(intelligent agent)是在无人直接干预的情况下,为个人用户、业务流程或应用软件,处理特定、重复、可预测性工作的软件程序。代理使用有限的内嵌或习得的知识库代替用户完成任务或制定决策,如删除垃圾邮件、安排约会,或在互联网寻找去加利福尼亚的最便宜机票等。

如今,智能代理应用程序为操作系统、应用软件、电子邮件系统、移动计算软件以及网络工具等广泛使用。譬如，微软 Office 软件包工具内的向导(wizard)，可以提示用户如何完成文档排版、图表创建等任务，并预测用户何时需要协助。

企业特别感兴趣的是使用智能代理在包括互联网在内的网络上巡游，搜索信息。第7章介绍了"购物机器人"如何帮助消费者找到想要的商品，并协助他们比较商品价格及其他性能。

许多复杂现象可模拟成遵循少量交互规则的自主代理系统。**基于代理的建模**(agent-based modeling)已被应用于模拟消费者行为、股票市场和供应链，还可用于预测流行病传播(Samuelson and Macal, 2006)。

宝洁公司应用基于主题的建模提高供应链各成员的协调性，快速应对变化的行业状况(见图 11.13)。它用一组半自主"代理"模拟复杂的供应链，"代理"代表了供应链的每个环节，如货车、生产设备、分销商、零售商等。经过编程，每个代理都会遵守一些规则，这些规则模拟了实际的行为，如"无现货时订货"。这些应用代理的模拟使公司实现了在存货水平、缺货、运输成本方面的"如果—则"分析。

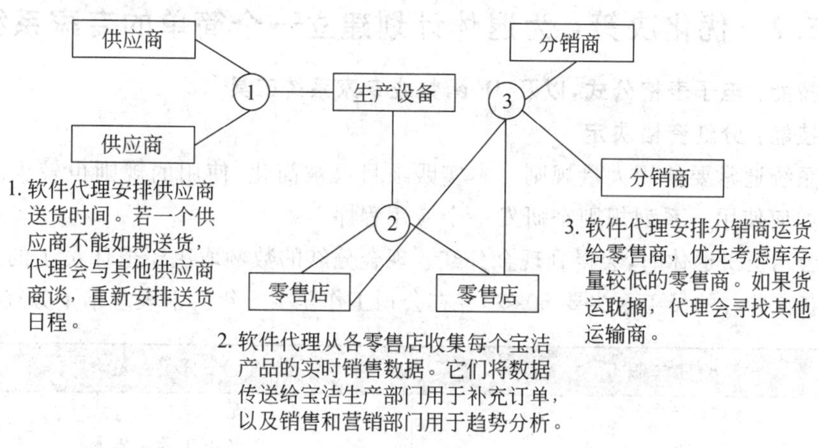

智能代理帮助宝洁公司缩短产品(如一盒汰渍洗衣粉)的补货周期。

图 11.13 宝洁公司供应链网络的智能代理

使用智能代理模型，宝洁公司发现应该在满载之前就将货车派遣出去。货车未满载会增加运输成本，但模拟实验证明，这样会降低零售商缺货的可能性，减少销量损失，远远弥补了增加的运输成本。基于代理的建模每年为宝洁公司节省3亿美元，而其投资还不到这个数字的1%(Anthes, 2003)。

11.5 MIS 实践

本节的项目包括如下实践：设计一个知识门户，应用协作工具解决客户维系问题，使用专家系统或电子表格工具创建一个简单的专家系统，并利用智能代理在网络上搜索待售产品。

11.5.1 管理决策问题

1. U.S. Pharma 公司总部在新泽西，但它在德国、法国、英国、瑞士和澳大利亚都有研究所。新药品的研发是实现利润增长的关键,U.S. Pharma研究并测试成千上万的药品。公司的研究员需要与公司内外的其他人员或组织分享信息,其中包括美国食品药品监督管理局、世界卫生组织以及国际药品制造商协会联合会。另外,参与行业会议、阅读专业期刊以及访问美国国立医学图书馆这样的健康信息站点也非常重要。

任务:请你为U.S. Pharma的研究员设计一个知识门户。设计中应包含相关的内部系统和数据库、外部信息资源以及内外交流与协作工具。此外为该门户设计主页。

2. Sprint Nextel公司的客户流失率(终止一项服务的客户数量)高达2.45%,是美国移动电话行业中最高的。仅在2008年第一季度,就有110万客户从该公司流失到了其他移动电话供应商。管理层想知道为什么这么多客户离开,他们怎样做才能赢回这些客户。客户流失是因为客户服务低劣、网络覆盖不均、还是因为移动套餐昂贵?公司应如何应用在线协作与交流工具来找到答案?通过从这些资源获得的信息,管理层又会做出怎样的决策?

11.5.2 优化决策:为退休计划建立一个简单的专家系统

软件技能:电子表格公式,以及IF函数或专家系统工具

商务技能:分红资格决定

专家系统通常要使用大量规则。本实践项目已被简化,使用的规则也较少。但你仍能体验到如何使用一系列规则来研发一个应用程序。

你的公司员工退休时,会得到现金分红。现金分红的数额取决于退休员工的受雇年限和年龄。获得分红的员工至少要50岁,并在公司工作至少5年。下表总结了分红标准。

受雇年限	分　　红
<5年	无
5~10	当年年薪×20%
11~15年	当年年薪×30%
16~20年	当年年薪×40%
20~25年	当年年薪×50%
≥26年	当年年薪×100%

任务:使用以上信息,建立一个简单的专家系统。在网上寻找可下载的专家系统软件工具的演示副本,或使用电子表格软件建立专家系统。(如果你使用电子表格软件,建议应用IF函数,你就可以看到规则是怎样被创建的。)

11.5.3 优化决策:应用智能代理工具进行比较购物

软件技能:网络浏览器和"购物机器人"软件

商务技能:产品评估与选择

通过该项目实践,你将体验如何使用"购物机器人"在线搜索产品,寻找产品信息,找到最优价格和卖家。

你要购买一部新的数码相机。选择一部你想要购买的数码相机,如Canon

PowerShot SD 950 或 Olympus Stylus 1200。为了尽可能低价购入相机，你需要尝试各种提供价格比较服务的“购物机器人”网站。访问 My Simon（www. mysimon. com）、BizRate. com（www. bizrate. com）以及 Google Product Search 等网站。从易用性、搜索结果数量、搜索速度、产品和卖家信息完整性以及价格选择等各个方面比较这些购物站点。你会使用哪些站点？为什么？你会选择哪部相机？为什么？这些站点对你的决策帮助大吗？

拓展学习

与本章相关的拓展学习资料如下：

1. 知识管理系统的挑战

本章小结

1. 知识管理和知识管理程序在企业中扮演怎样的角色？

知识管理是组织创造、储存、转换和应用知识的一系列过程的集合。企业价值高度依赖其创造和管理知识的能力。知识管理可以推进组织学习，它能提升组织从周围环境学习，并将知识整合于业务流程中的能力。三种主要的知识管理系统包括企业范围内的知识管理系统、知识工作系统以及智能技术。

2. 企业内部的知识管理使用哪些系统？它们如何为企业创造价值？

公司利用企业范围内的知识管理系统收集、存储、分发、应用数字内容与知识。企业内容管理系统不仅为公司提供了数据库，还有用于组织和存储结构化文件以及电子邮件、富媒体等半结构化知识的工具。知识网络系统提供了人员名录及相关工具，可用于定位掌握专业技能的公司员工，他们是隐型知识的重要来源。这些系统通常包括团体协作工具(包括维基平台和社交书签)、快捷访问信息的门户、搜索工具，以及按照合适的分类法将信息予以分类的工具。如果企业范围内的知识管理系统设计完善，能帮助员工更高效地定位、共享和使用知识，它们将为企业创造巨大价值。

3. 知识工作系统有哪些主要类型？它们怎样为公司创造价值？

知识工作系统(KWS)支持创造新知识，并将其整合到组织中。知识工作系统要能够便捷访问外部知识库，拥有支持有绘图、分析、文件管理和交流能力的软件的强大的计算机硬件，以及友好的用户界面。计算机辅助设计(CAD)系统和虚拟现实系统可以创造近似真实世界的交互性模拟场景，这需要强大的绘图和建模能力。财务人员使用的知识工作系统要能访问外部数据库，并快速分析大量财务数据。

4. 企业在知识管理中使用智能技术可获得什么利益？

人工智能缺乏人类智能的灵活性、广泛性和普遍性，但可用于捕捉、扩展组织知识。专家系统从有限领域的人类技能中捕获隐型知识，并以规则的形式将其表达出来。专家系统在分类或诊断问题方面最为实用。实例推理以案例数据库的方式表达组织知识，可以不断扩展和优化。

模糊逻辑是一种软件技术,它以使用近似价值或主观价值规则的形式表达知识。模糊逻辑已被用于控制实体装置,并开始用于部分决策应用中。

神经网络由试图模仿人类大脑思维过程的硬件和软件组成。神经网络能在没有程序设计的情况下进行学习,识别人类难以描述的模式。在科学、医药和商业领域,神经网络可用于在大量数据中区分各种模式。

遗传算法使用诸如适合度、基因转换、变异等以基因为基础的过程,为特定问题研发解决方案。遗传算法正被应用于最优化方案设计和产品设计等问题;还可监测工业体系,评估各种选择或变量以生成最优方案。

智能代理是拥有内嵌或习得知识库的软件程序,它可以为个人用户、业务流程或应用软件执行特定的重复性、可预测性任务。通过编程,智能代理可在大量数据中定位有用信息,有时还能代表用户处理信息。

复习题

1. 在企业中,知识管理和知识管理程序扮演怎样的角色?
   - 定义知识管理,并阐述它对企业的价值。
   - 描述知识的主要维度。
   - 区分数据、知识和智慧,区分隐型知识与显型知识。
   - 描述知识管理价值链的各阶段。
2. 企业范围内的知识管理使用哪些系统?它们怎样为企业创造价值?
   - 定义并描述企业范围内知识管理的各种类型,阐述它们如何为企业创造价值。
   - 描述网络门户、维基平台、社交书签和学习管理系统在帮助知识管理上所扮演的角色。
3. 知识工作系统有哪些主要类型?它们如何为企业创造价值?
   - 定义知识工作系统,描述知识工作系统所需的遗传要求。
   - 描述以下系统是如何支持知识工作的:计算机辅助设计,虚拟现实系统,投资工作站。
4. 企业在知识管理中使用智能技术,可以获得什么利益?
   - 定义一个专家系统,描述它如何工作,阐述它对企业的价值。
   - 定义实例推理,阐述它与专家系统有何不同。
   - 定义一个神经网络,描述它如何工作,及企业如何从中获益。
   - 定义并描述模糊逻辑、遗传算法以及智能代理。分别阐述它们如何工作,以及它们能够解决的问题。

讨论题

1. 知识管理是一种业务流程,不是一种技术。请讨论。
2. 阐述知识管理系统如何为公司的销售与营销或制造与生产提供多方面的帮助。

团队项目：评估知识网络系统

与你的同学一起选择两个知识网络系统产品，如 AskMe Enterprise 和 Tacit ActiveNet™。比较它们的特点和性能。通过阅读知识网络软件供应商的计算机杂志和网站上的文章，准备分析问题。如果条件允许，在课堂上使用电子演示软件展示你的成果。如有可能，使用谷歌协作平台(Google Sites)链接网页、团队沟通公告和工作任务，集思广益，合作完成项目文件。尝试使用谷歌文档(Google Docs)在课堂上展示成果。

案例研究

塔塔咨询服务公司的知识管理与协作

塔塔咨询服务公司(Tata Consulting Services，TCS)是一个提供信息技术服务、企业解决方案和业务流程外包的组织，它向全球提供信息技术及以信息技术为基础的服务组合。TCS 隶属于印度最大的集团公司塔塔集团，它在 47 个国家拥有 10.8 万名信息技术(IT)顾问。

1995 年，TCS 引入了知识管理(KM)理念，并于 1998 年成立了名为"Corporate Groupware"的专门知识管理团队。该团队于 1999 年年中发布了 KM 向导，随后为指导委员会、公司群件组建者、分部拥护者、程序主管和基础设施组构成的小组所启用。

TCS 的 KM 几乎具备了从质量保证到人力资源管理等的所有功能。TCS 在印度的 50 个办公室由专属通信线路联结起来，海外办公室则是通过 Net 和 Lotus Notes Domino Servers 联结。员工可以在内部网通过前端浏览器或 Notes 客户端访问储存在公司或分部服务器中的知识库。知识库，也叫做 KBases，包含了大量关于业务流程、业务范围、技术范围和项目的信息。

20 世纪 90 年代末期，TCS 才正式开发 KM，但早在 80 年代，TCS 仅有约 1 000 名员工时，与 KM 紧密相关的实践团体就已存在。最初的"团体"是以技术移民为基础的。之后，又出现了主机、Unix 以及数据库相关的团队。这些团队包括一至两名行业专家，他们与记录最佳实践的成员一同研发正式的文件管理规范。回忆起最初的团队实践，当时的技术顾问 K Ananth Krishnan 说，"80 年代中期，我们开始记载问题及其解决方案。仅是关于主机的案例研究就多达 1 500 余起……同样，早在 1993 年，产品质量方面就有大约 40 份已修订的案例研究文件。"

后来，TCS 研发的 Process Asset Libraries(PALs)为项目领导者提供了技术、流程及案例研究相关的信息，而所有开发中心都可以通过内部网访问这些信息。

随后，公司又开发了 Ultimatix，一个基于网络的电子知识管理门户，它支持全球范围内的知识共享。Ultimatix 兼并了原来在内部网运行的 PAL 和 KBases，它拥有质量管理系统、软件工作效率优化、培训材料和工具信息等子门户。每个实践和科目组别都配有专门的电子知识管理员，每个组别分工明确，如编辑文档、审核出版等。谈到实践团体的成功，Krishnan 说，"从 2003 年 1 月到 6 月，通过 Ultimatix，实践团体成员共办理了大约

1万份与行业实例相关的文件业务,以及2.1万个服务实践。仅是电信实践团体就有6 000笔业务。这还不包括基于内部网的社团活动。”

为了鼓励员工之间的交流,TCS十分重视它在全国各地发展中心的建筑风格。谈及在金奈Sholinganallur发展中心的新设计,首席财务官S Mahalingam说,“该中心由许多模块组成,每个模块属于一个特定的技术、客户或行业团体。这个结构通向庭园露台,休息时员工们可在那里相聚,活跃、轻松地交谈。……与同事交谈时,困扰他们的问题通常会迎刃而解。”

同时,TCS还开发了一系列培训项目,如为新员工准备的入门项目、资深员工的继续学习项目,以及以资历超过五年的员工为对象的领导能力开发项目等。在TCS全球的所有分部,综合素质与学习管理系统(iCALMS)发扬了学习和成长的组织文化。这些系统涵盖素质定义、角色定义以及在线/课堂学习目标等数据,量身帮助员工提高个人技能。另外,为寻求跨行业经验,TCS经常让员工在不同部门或在塔塔集团的其他公司轮岗。公司还鼓励员工加入IEEE(电气与电子工程师协会)等外部组织,参加证书考试等。

2007年,TCS应用微软Sharepoint门户服务器开发了知识管理系统Knowmax。TCS把近40年的经验和最佳实践按参与类型、应用的技术以及顾客需求等标准分类,供公司员工访问使用。它支持超过60项知识资产,所有TCS伙伴都可通过Ultimatix访问。任何公司伙伴都可以帮助完善K-Bank,知识主管负责保证其内容的质量。

为帮助员工平衡工作与生活,TCS发起了员工激励活动,将兴趣爱好相似的员工聚集到一起,进行读书等活动。之后,又将其发展成了每季度一次的会议和野营活动,促进了员工间的知识交流。项目层面的知识共享是通过LiveMeeting应用程序完成的,所有的项目会议都被录音,并存储在项目仓库中。错过会议的小组成员或新成员可以听录音赶上其他成员的进度。另外,每周“主题专家”发起的知识转移会议可以帮助团队学习专家的经验。公司上上下下的员工几乎每天都能分享到包含了有关技术、概念或人际关系技能方面意见的“今日妙招”邮件。

尽管2002年发布的Ultimatix已将整个组织彻底数字化,也提高了业务流程效率,但却未能有效地开发员工的知识。为了优化员工之间的合作,Project Infinity于2007年应运而生。它涵盖了IBM的Sametime、QuickPlace、Lotus Domino Collaboration工具、Avaya IP语音电话通信以及Polycom IP电视会议等一系列技术。

采用Infinity后,及时通信(IM)摆脱了电话通信中的文化、发音差异,从而大大提高了海外和本地办公的合作成效。

另外,企业通信可以24小时向TCS世界各地的所有办公室广播公司新闻。旅行和电子通信费用也分别下降了40%和6%。

除了上述渠道,公司还使用了JustAsk系统(嵌入于KM中)、博客平台、点子风暴、TIP以及My Site。自2006年首次出现,博客就迅速流行起来。4万至5万名TCS工作人员在内部网使用博客。尽管员工可以通过JustAsk系统贴出问题,让其他人解答,公司每年还举办一次“点子风暴”(Idea Storm)的活动。在该活动中,公司团队贴出2至3个主题,员工们各抒己见。TIP是一个为产品创新和创意服务而发布的开放门户,鼓励员工分享“点子”。在嵌入KM门户的MySite,每个公司伙伴都可以创建如Facebook或

Orkut一样的个人页面。

资料来源：Sankaranarayanan G，“Building Communities，the TCS way，” expressitpeople. com，September 2003；Kavita Kaur，“Give and Take，” India-today. com，January 2000；Sunil Shah，“Network Wonder：Collaborative Tools Help TCS Grow，” cio. com，July 2007；Shivani Shinde，“TCS Sees Synergy in Gen X Tools，” rediff. com，July 2008.

思考题

1. 使用知识管理价值链模型分析TCS在知识管理方面的工作。哪些工具或活动是用来管理隐型知识的？哪些是用来管理显型知识的？

2. 描述TCS在知识管理系统方面的进步。这些系统如何提高了TCS的业务水平？

3. 描述TCS使用的合作工具。TCS从中收获了哪些好处？

4. Web 2.0工具是如何帮助TCS在员工间进行知识管理与合作管理的？

5. 你认为知识管理工具如何改变了TCS关键的操作流程，例如为新项目投标、项目开发和实施、客户服务等？

第 12 章

Management Information Systems

提高决策水平

学习目标

学习本章，你将了解到：

1. 决策有哪些不同类型？决策过程是怎样的？
2. 信息系统如何支持管理者的工作，帮助他们制定管理决策？
3. 决策支持系统(DSS)与管理信息系统(MIS)有什么不同？它们如何给公司的业务带来利润？
4. 主管支持系统(ESS)如何帮助高层管理人员更好地决策？
5. 信息系统如何帮助团队更有效地决策？

美国东山户外有限公司探索出更优的决策方法

美国东山户外有限公司(简称 EMS)于 1967 年由两位登山队员创建。如今它已经发展成为美国主要的专业户外用品零售商之一，在全美 16 个州拥有 80 家零售店，每季度推出一份商品目录，网上业务也在不断增长。EMS 还为户外运动发烧友设计了各种装备和服装。

然而，最近公司的管理报告信息系统显得过时而笨拙。由于信息储存在传统营销系统、财务系统和零售点等不同地方，高层管理人员很难了解顾客的购买模式和公司的运营状况。员工手工完成大部分报告，因此在收集信息而非分析信息上面浪费了宝贵的人力资源。

评估了数种领先的商务智能产品后，EMS 选择了由 Information Builders Inc. 提供的 WebFOCUS 和 iWay 软件。EMS 认为，与其他软件工具相比，WebFOCUS 无论在从多渠道整合数据方面，还是在以用户友好的界面呈现结果方面都更加优秀，而且它通过网站运行，易于使用。仅仅花了 90 天，新系统就建立并投入使用。

EMS 在一台 IBM 的 AS/400 中型计算机上运行传统营销系统，iWay 从中获取销售点的信息，并将它们加载到微软的 SQL Server 数据库管理系统。之后 WebFOCUS 创建一系列执行仪表板，200多个用户可以通过Web浏览器看到其中的信息，无论他们在总部还是在零售店。

这些仪表板不仅帮助用户纵览诸如销售、库存和利润率等关键绩效指标，还能使他们详细了解特定交易的细节。营销管理者监控库存量和货物的周转率。电子商务管理者监控每小时的网上销售量、访问量和订单转换率。仪表板上不同的颜色显示了这些度量与计划的符合度。

EMS还使用维基平台和博客，让管理者和员工分享观点、谈论核心数据。例如，在寻找最畅销产品和销售额最高的店铺时，EMS销售管理者发现在专卖店中，鞋垫的销售非常好。这些店完善了多步骤的销售技巧，加入了推销特殊用途的(如跑步或徒步旅行)袜子和量身定做的鞋垫的环节。管理者们可以通过维基平台和博客讨论这样的销售技巧，并与其他的销售店分享。

EMS的长期计划是加强与供货商的沟通。在与供货商共享库存和销售等数据之后，EMS就能快速补充库存，满足顾客需求，同时，供货商也可获知何时增加产量。

资料来源："Eastern Mountain Sports Forges a Trail to Merchandising Visibility," www.informationbuilders.com, accessed September 21, 2008; Jeffrey Neville, "X-treme Web 2.0," *Optimize Magazine*, January 2007; and "Web 2.0's Wild Blue Yonder," *Information Week*, January 1/8, 2007.

信息系统可以大大提高决策水平，美国东山户外有限公司的执行仪表板就是最好的例证。此前，选择补货地点和方式对管理层来说是件难事，因为他们所需的数据或者分散在不同的系统里，或者很难得到。管理报告大部分是由手工完成。而在补货和仓库位置等方面的决策失误增加了EMS的运营成本，并且使它无法对顾客的需要迅速作出反应。

EMS既可以继续使用过时的管理报告系统，也可以使用昂贵又费时的大规模全面数据库。然而，它选择了采用商务智能方案，从传统系统中提取、重构和分析销售和营销数据。之所以选择Information Builders的平台，是因为这个工具易于操作，而且能够从多个不同的信息源整合数据。

按照这种方案，首先要输入大量由销售店和传统系统提供的数据，聚集成数据集市，然后其中的信息被转移到一系列的执行仪表板中，使公司中有权限的用户能够看到这些信息。决策者可以快速浏览整合起来的关键绩效指标，例如销售、库存和利润率，或者仔细了解特定交易的细节。由于能够更加容易地得到信息，EMS的管理者在增加销售量、分配资源和推广最优的做法等方面做出了最佳选择。

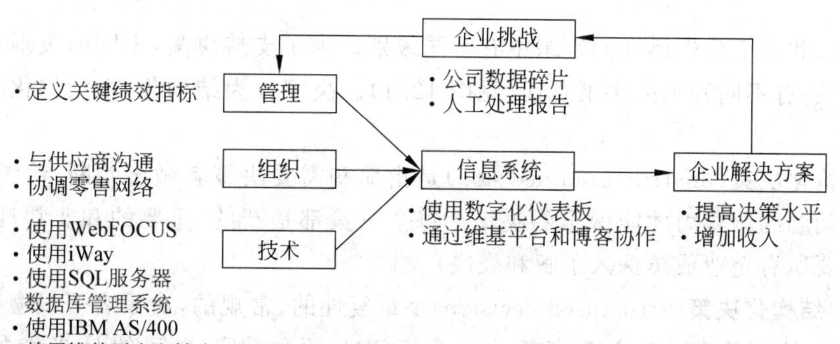

12.1 决策和信息系统

过去只有管理层才有权做出商业决策。现在由于信息系统使中层和操作层员工可以得到更多信息,他们也有了一定的决策权。但是我们所讲的更高的决策水平是什么呢?在企业和其他组织中,决策是怎样做出的呢?让我们深入探究一下。

12.1.1 决策优化的商业价值

对企业来说,做出更好的决策意味着什么?提高决策水平的货币价值是什么?表12.1展示了提高决策水平与货币价值的关系。以一家小规模的美国制造公司为例,它的年收入为2.8亿美元,有140个员工。该公司认识到,投资新系统可能大幅提高重要决策的水平。表格显示的是因某些方面的决策水平提高而产生的年均价值(节省的开支或增加的收入)。

表12.1 决策优化的商业价值

决策范例	决策人	年均决策数量	每个水平提高的决策给公司带来的价值(美元)	年均价值(美元)
为最有价值的客户提供帮助	财务经理	12	100 000	1 200 000
预测呼叫中心每日的需求	呼叫中心管理层	4	150 000	600 000
决定每日的库存水平	库存经理	365	5 000	1 825 000
识别主要供货商的有竞争力的报价	高级主管	1	2 000 000	2 000 000
安排生产调度以完成订单	生产经理	150	10 000	1 500 000
安排人力完成工作	生产车间管理者	100	4 000	400 000

从表12.1我们可以看出,公司各级都需要做出决策,而且这些决策是经常性的、常规的而且是大量的。虽然提高单个决策水平的价值不高,但是改进数以万计的"小"决策就可以为企业带来高额的年均价值。

12.1.2 决策的种类

第1章和第2章告诉我们组织中有不同级别。为了支持决策,不同的级别有不同的信息需求,还有不同种类的决策责任(见图12.1)。决策分为结构化、半结构化和非结构化三种。

非结构化决策(unstructured decision)是指那些需要决策者做出判断,给予评价,并拥有解决问题的洞察力才能做出的决策。每个决策都是新的、重要的和非常规的,决策过程不需要所有企业成员深入了解和表决。

相反,**结构化决策**(structured decision)是重复性的、常规的,决策者可以遵循一个明确的步骤去处理它们,以实现高效率。介于以上两种决策之间的是**半结构化决策**

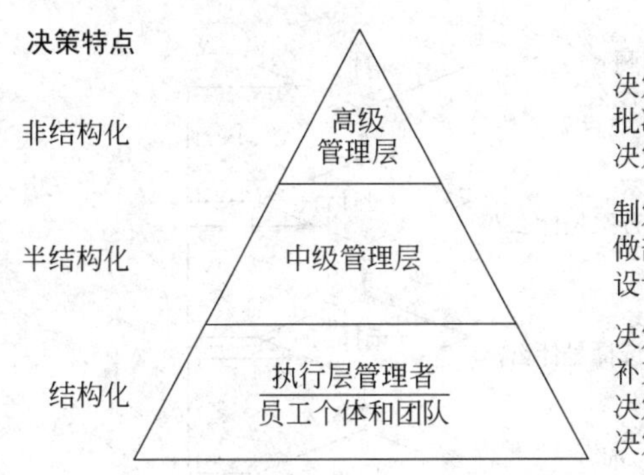

高级管理者、中级管理者、执行层管理者和普通员工有不同的决策类型和信息要求。

图 12.1　公司中制定关键决策的团队的信息需求

(semistructured decision)。这种决策需要解决的问题中只有一部分可由通常采用的程序提供清晰的答案。总之,结构化决策出现在组织的中层和运作层,而非结构化决策在公司的高层更常见。

高层主管常面对许多非结构化的决策问题,例如设定公司的 5 年或 10 年目标,或者决定开发新市场等。要回答"我们是否应该进入新市场",需要很多信息,包括新闻、政府报告、行业观点以及公司高层对业绩的总结。然而,回答这个问题还需高层管理者自己的判断,以及其他管理者的意见。

中层管理人员遇到更多的是结构化决策,但是也可能包括非结构化成分。典型的中层管理人员决策可能是"订单完成报告显示,最近半年明尼阿波利斯分销中心的业绩下降,原因是什么?"这位中层管理者将会从公司的企业系统或者分销管理系统中得到明尼阿波利斯分销中心的预订情况和运行效率报告。这是决策的结构化部分。但是在得到答案之前,这位中层管理者需要与员工交谈,收集地区经济条件和销售趋势等外部信息,这是非结构化的部分。

执行层管理人员和基层员工更多的是做出结构化决策。例如,装配线主管需要决定是否给按时计酬的工人支付加班工资。如果员工在某一天工作超过 8 小时,主管就要依据规定和上班卡上的时间支付加班工资。

销售客户代表常常需要根据公司顾客数据库中的信用信息来决定是否为顾客扩大信用额度。如果顾客符合公司给予信用的特定标准,这位客户代表就会给予客户完成交易的信用额。在上面的两个例子中,决策都是高度结构化和常规的。在大部分大型公司中,这样的决策每天都会发生上万次。决策方案已经由公司的工资表和应收账款系统预先编制好了。

12.1.3　决策过程

制定决策是一个多步骤过程。西蒙(Simon,1960)认为制定决策有 4 个不同的阶段:情报、设计、选择和实施(见图 12.2)。

情报是指发现、识别和理解组织中发生的问题,回答存在什么问题,哪里有问题和问题对公司有什么影响。

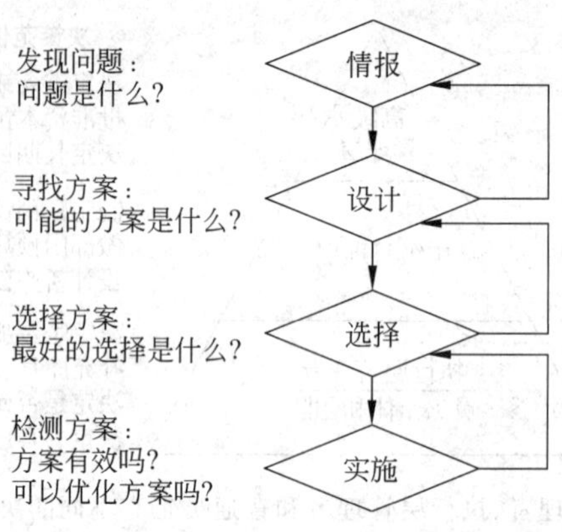

图 12.2 决策的阶段

设计包括识别和探索问题的各种解决方案。选择则是在各种解决方案中做出选择。实施是指使用所选的方法，并且继续监控方案的效果如何。

如果选择的方案不能解决问题，你会如何做？图 12.2 显示，你可以回到决策过程的前一阶段，并且如果需要，还可以重复这一过程。例如，面对销量下降，销售管理者团队可能决定给销售人员更高的佣金，以期促进销售。如果这个方法没能奏效，管理者就需要调查问题是不是出在产品设计、客户服务或者其他方面，并且提出不同的解决方案。

12.1.4 现实中的管理者与决策

本书和本章的观点是，决策支持系统能够让管理者和员工做出更好的决策，采用此系统的收益大于投资。然而，信息系统不能提高组织中所有种类决策的水平。让我们来研究一下管理者的角色和组织中的决策，看看这到底是什么原因。

管理者的角色

管理者在组织中扮演了关键的角色。他们的职责从制定决策，撰写报告，参加会议，到组织生日聚会，无所不包。通过研究古典和现代的管理者行为模型，我们可以更好地理解他们的作用。

古典管理模型一般用于描述管理者的工作，在 20 世纪 20 年代以来的 70 多年中，很少受到质疑。亨利·法约尔(Henri Fayol)和其他早期作家最早将管理者的工作描述为 5 个经典部分：计划、组织、协调、决定和控制。这种对管理活动的描述长期主导管理思想，直至今日还非常流行。

古典模型描述了正规的管理者工作职责，但是没有考虑到在计划、决策和控制其他人工作时，管理者的具体做法。要解决这个问题，我们必须求助于研究管理者日常行为的现代行为科学家。行为模型显示，与我们相信的古典行为模型相比，管理者的实际行为既不系统，也不正规，深思熟虑的时候少于与人互动的时间，而且也没有那么有条理。

观察者还发现，与古典模型的描述不同，管理者的行为实际上有五种特质。首先，管理者的工作繁多，几乎无暇停歇，有研究显示他们每天要参与600多个不同的活动，中间没有任何休息。第二，管理者的工作非常琐碎，大部分活动不超过9分钟，只有10%的活动持续超过1小时。第三，管理者喜欢当下的、具体的、随机的信息（打印出来的信息已经太老了）。第四，他们喜欢口头，而不是书面交流，因为口头交流弹性更大，需要的精力更少，而且可以收到迅速的回答。第五，管理者非常重视维护多元、复杂的关系网，这种关系网是非正式的信息系统，可以帮助他们处理个人日程，制定长、短期目标。

明茨伯格通过分析管理者的日常行为，发现他们的管理角色可以分为10种。管理角色是指管理者在组织中所应该从事的活动。明茨伯格发现管理角色分为三类：人际关系角色、资讯角色和决策角色。

人际关系角色 管理者作为组织名义上的领袖，代表公司形象，行使权力，比如给员工奖励等。管理者是领导，他们激励、支持下属，提供建议。他们还是不同组织级别之间和各个级别内部成员间的联络人。管理者为此花费时间，提供支持，并且希望得到回报。

资讯角色 在扮演资讯角色的时候，管理者就是组织的神经中枢，接收具体的新信息，并把这些信息传送到需要它们的地方去。管理者也因此成为信息的传播者和组织的发言人。

决策角色 管理者制定决策。扮演决策角色时，管理者就是企业家，他发起新活动，处理组织中的不稳定状况，分配资源，解决矛盾，并调解不同团体间的冲突。

基于明茨伯格的角色分类，表12.2展示了系统哪些部分可以帮助管理者，哪些不能。表格还显示了信息系统尚不能帮助管理层完成的部分重要工作。

表12.2 管理角色和提供支持的信息系统

角色	行为	支持系统
人际关系角色		
名义上的领导者		不存在
领袖	人际	不存在
联系		电子通信系统
资讯角色		
信息中心		管理信息系统，主管支持系统
信息传播者	信息	邮件，办公系统
发言人	处理	办公和专业系统，工作站
决策角色		
企业家	决策	不存在
处理不稳定因素者	决策	不存在
资源分配者		决策支持系统
谈判者		不存在

资料来源：Kenneth C. Landon and Jane P. Laudon; and Mintzberg, 1971.

真实世界中的决策

我们现在知道了，信息系统不能帮助管理者扮演所有工作角色。即便在系统可以起到作用的时候，对它的投资也不总是能收到良好的效果。这其中有三个主要原因：信息质量、管理层过滤和组织文化(参见第3章)。

信息质量 高水平的决策需要高质量的信息。表12.3描述了几个影响决策水平的信息质量维度。

表12.3 信息质量维度

质量维度	描　述
准确性	数据是否代表实际情况?
整体性	实体和属性的数据结构和关系是否连贯一致?
连贯性	数据项定义是否一致?
完整性	所有必要的数据是否都出现了?
有效性	是否所有数据的值都在定义范围内?
及时性	在需要的时候是否能使用相关数据?
易用性	数据是否易用、易懂和可用?

如果信息系统的输出达不到这些质量标准,那么决策水平就可能受到影响。第6章我们讲到,公司数据库和文档中有各种不准确和不完整的情况,决策的水平会因此下降。

管理层过滤 即使有了及时、准确的信息,有些管理者还是做出错误决策。像所有人一样,管理者通过一系列过滤机制获得信息,了解他们周围的情况。管理者有选择性地将注意力集中在某些特定的问题及其解决方法上,与此同时,各种先入为主的观念让他们拒绝接受那些不符合"常理"的信息。

比如,华尔街很多公司在2008年突然垮掉,如贝尔斯登和雷曼兄弟公司,原因是它们低估了投资按揭抵押的复杂性和风险性。很多按揭证券以次级房贷为基础,很有可能无法偿付。这些公司以及其他金融机构使用计算机模型进行风险管理,但计算机模型的推断过于乐观,数据过于简单化,无法预见哪里会出差错。管理层更愿意确保让公司的资本作为投资产生利润而不仅仅是作为风险投资的缓冲。在他们的影响下,风险管理系统设计者大大降低了系统的敏感性。一些交易平台也过度简化了有关按揭证券的信息,使它们看起来只不过是级别被高估的债券而已(Hansell,2008)。

组织惯性和政治 组织就是能力受限,不能决断的官僚机构。在环境变化、公司需要采取新的经营模式以保证生存时,其组织内部就会出现强大的阻力,阻止变革。因此公司的决策常常是各个利益集团互相妥协的结果,而非解决问题的最佳方案。

有关企业重组的研究发现,直到面临外部收购者的威胁,大部分公司才能正视本身的不良业绩,但又惯于将其归咎于不能控制的外部力量,诸如经济环境、国际竞争和成本增加等,而非中高层管理人员拙劣的商业判断。

12.2 决策支持系统

正如12.1节所述,有4种不同级别和种类的决策支持系统。我们在第2章中已经介绍过一些这样的系统。管理信息系统(MIS)提供定期报告,总结各级别数据,为中层和基层管理人员提供信息,解决结构化和半结构化决策中的问题。决策支持系统(DSS)提供分析模型或工具,帮助中层管理人员分析大量数据,解决结构化决策问题。主管支持系统(ESS)提供外部信息(新闻、股票分析和行业走向)和公司业绩的高层次汇总,从而帮助高层管理人员制定非结构化决策。

在本章中,你还将了解到帮助决策者制定群体决策的系统。**群体决策支持系统**(GDSS)是为群体决策特别设计的系统,在这个电子环境中,管理者和工作团队可以一起制定非结构化和半结构化决策,以及设计解决方案。

12.2.1 管理信息系统(MIS)

我们在第 2 章中介绍过管理信息系统,它通过为管理者提供公司运营的信息,帮助他们监控公司的状况。这个系统根据从公司的事务处理系统(TPS)中提取和总结的数据,在规定时间生成固定格式的报告。有时候系统提供的是例外报告,仅强调例外情况,比如某个区域的销售额低于预期水平,或者某个员工的牙科保健的保险费用超额。现在,公司局域网上有很多这样的报告,而且越来越多的报告是按需设计的。表 12.4 展示了几种管理信息系统的应用。

表 12.4 信息管理系统(MIS)应用实例

公 司 名	信息管理系统
加州比萨厨房	"库存快线"应用软件记录餐厅的订单模式,并比较不同菜品的用料,预定义由管理层建立的用量方案;系统识别与标准不一致的用量,并通知相关管理者采取措施
PharMark	外部网信息管理系统识别病人可能危及健康的不良用药模式
Black & Veatch	内部网信息管理系统追踪遍及全美的各工程的费用情况
Taco Bell	全自动公司运营系统(TACO)为每个餐厅提供有关食品、人员和时间段的信息

12.2.2 决策支持系统(DSS)

管理信息系统(MIS)主要解决结构化问题,而决策支持系统(DSS)所支持的是半结构化和非结构化问题的分析。早期的决策支持系统根据模型建立,使用模型建立假设条件以及其他种类的分析。这些分析基于有力的理论或者模型,界面友好,易于使用。在第 2 章中出现的航线预测决策支持系统和加拿大航空的维护系统都是模型导向决策支持系统。

"互动讨论:管理领域"描述了另外一种模型导向决策支持系统。在该特殊情况下,系统的表现不尽如人意,这是因为驱动模型的假设和用户对系统的使用出现问题。阅读案例时,找出这个公司面临的问题、管理层的可选方案,以及被选方案的实施效果。

互动讨论:管理领域

太多机位被挤掉的乘客:原因何在?

过去,事情没有那么复杂,人们也不那么忙碌,航班超售对旅客来说不是件坏事。经常出差的旅客一般都很乐于选择放弃座位,等候几个小时搭乘另一个航班,以获取免费机票。

而现在,愿意这样做的人少了,因为时间相近的航班越来越少。为了生存,航空公司尽可能减少开支。于是航班变少,客机变得拥挤。如果接受免费机票,旅客不是要等几个小时,而是几天,才能等到下一班飞机。所以更多旅客是非自愿改乘的。

航空公司通常超售机票,以此补偿因乘客误机而产生的损失。超售的目的不是让乘客无座,而是尽可能地订满每一个航班。比起给予没有座位的乘客补偿,空座的损失要更高。如今,航空公司的空座率是有史以来最低的。但问题是,热门航线的机票常常售罄,以至非自愿改签的乘客可能要被困几天之久。

航空公司采取超售做法并非草率之举。他们聘请聪明的年轻人做分析师,他们都具有数学和经济学背景。这些分析师用计算机模型预测不能搭乘航班的乘客人数,并根据软件产生的数字建议航班超售的座位数量。

美国航空公司使用的软件就是如此。它分析乘客误机历史记录,并研究每个舱位的未乘机率。低价舱位都是不可退票的,因此这些舱位的乘客一般都会按时搭乘。但是搭乘高价舱位的商务乘客则经常不搭乘已订航班。这个软件检查近期航班的舱位,并参考一些其他数据,诸如航班的始发地的未乘机率等。分析师于是根据预订,预测某个航班的不搭乘已订航班的乘客数量,据此超售座位。

当然,分析师的猜测并不总是准确的,因为他们可能受到很多因素的影响,如票务代理商所使用的计算机规则系统出错,导致运算失误,或天气变化导致未预料的重量管制。有时候,实际出航的飞机还可能比原定飞机的客容量小。虽然乘客的数量并没有变化,但是所有这些情况都会导致座位不足,更何况原定的乘客量本来就很多。

不管公司管理层多么支持分析师,登机口的地勤人员还是满腹牢骚,因为只有他们要面对那些有票无座、满腔怒火的乘客。为了避免处理超售航班,很多地勤甚至装病请假,这已为业内所共知。

有些地勤甚至会制造假预订,有时候还会用航空公司老总或者米奇老鼠之类的卡通人物的名字来预订机位,就是为了阻止分析师超售。这些手段在短期可能为地勤省却麻烦,但从长期来看,这常常导致他们的噩梦成真。模型处理软件将这些假预订当作未乘机,因此分析师在此后提高了超售量。美国航空公司的收益管理副总裁托马斯·特伦加称这种两败俱伤的做法为"死亡螺旋"。因此美国航空公司一直不鼓励这种假订座的行为。

然而由于愿意接受免费机票的乘客越来越少,紧张气氛逐步升级。非自愿被转签其他航班的乘客数量在2006年上升了23%,而这一数字还在不断上升。令人感到欣慰的是,统计数字表明,2006年乘飞机出行的5.55亿乘客中,只有676 408人是因为超售被转签的,其中有自愿的,也有非自愿的。

美国航空公司的首席执行官W.道格拉斯·派克说,只要航空公司不处罚未乘机的乘客,超售就不会停止。美航的未乘机率在7%到8%,他们称在2006年的115.6亿美元收入中,超售就创收10亿美元之多。鉴于公司利润只有3.04亿美元,超售所创造的收入对公司至关重要。有些航空公司,比如美国捷蓝航空公司,通过出售不可退机票避免了超售所带来的问题。未乘机的乘客无法退票,因此未乘机率大大降低。然而商务乘客购买最贵的舱位,就是因为可退机票的便利,因此捷蓝正在考虑修改公司规定。

航空公司本应建立分析师问责机制,但是现在,分析师们很少受到责备。一些分析师试图考虑地勤人员的想法,找到折中超售率的方式。可惜的是,很多分析师在精通超售后就会为寻找新机会而离职。

资料来源：Dean Foust and Justin Bachman，"You Think Flying Is Bad Now...，" *Business Week*，May 28，2008；"The Unfriendly Skies，" *USA Today*，June 4，2008；Jeff Bailey，"Bumped Fliers and Plan B，" *The New York Times*，May 30，2007；and Alice LaPlante，"Travel Problems? Blame Technology，" *Information Week.com*，June 11，2007.

思考题

1. 航空公司用于超售的决策支持系统运行良好吗？请从航空公司和顾客的角度分别回答。

2. 如果航空公司因为超售转签过量乘客，会产生什么影响？

3. 决策支持系统(DSS)系统的输入、处理和输出是怎样的？

4. 哪些人、组织和科技因素应该为过量乘客因超售而被转签负责？

5. 这其中有多少是"人为"问题？请详细论述。

MIS 实例

访问美国航空公司、美国捷蓝航空公司和大陆航空公司网站。找到回答下列问题的网页：

1. 这些公司有关非自愿退票(因超售导致)的规定是什么？(提示：这些内容一般可以在运输合同部分找到)

2. 你认为哪个航空公司的规定最好？与其他公司的规定相比，它好在哪里？

3. 这些规定中的哪些部分是为顾客的利益设计的？而它们对航空公司有什么好处？

现在有些决策支持系统属于数据导向型，它使用在线分析处理(OLAP)和数据挖掘来分析大量的数据。第 6 章讲到的商业智能应用就是这种数据导向决策支持系统的例子，本节讲到的电子表格数据透视表也是这样。有用的信息先前被埋在大量数据中，而数据导向决策支持系统帮助用户提取它们，从而制定决策。下面将出现的"互动讨论：技术领域"中就有一个很好的例子。

决策支持系统(DSS)的组成要件

图 12.3 体现了决策支持系统的组成要件。其中包括用于查找和分析数据的数据库，一个包含模型、数据挖掘和其他分析工具的软件系统，以及一个用户接口。

决策支持系统数据库(DSS database)是多个应用程序或团队的当前和历史数据集合。它可能是一个存于个人计算机的小型数据库，包含一组已经下载且与外部数据整合的企业数据。它也可能是一个庞大的数据仓库，由大型企业的事务处理系统(包括企业系统和网络业务产生的数据)不断更新。决策支持系统数据库中的数据通常从生产数据库提取或者拷贝，因此使用决策支持系统不会干扰关键的操作系统。

决策支持系统的用户界面友好，使用这个系统和其软件工具的用户可以很方便地互动。现在很多决策支持系统都拥有网页界面，以此进行图形显示和交互活动，使其更方便使用。

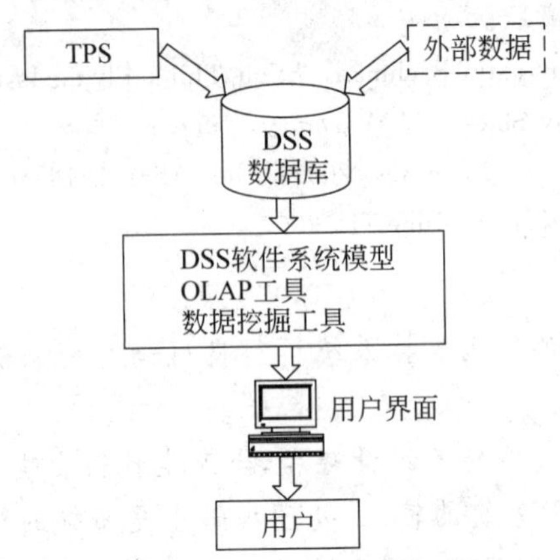

决策支持系统(DSS)的主要构成是DSS数据库、用户界面和DSS软件系统。DSS数据库可能是存在于个人计算机中的小型数据库,也有可能是大型数据仓库。

图12.3 决策支持系统概览

决策支持系统的软件系统包括用来分析数据的软件工具。其中可能包含了各种在线分析处理工具、数据挖掘工具,或者数学模型和分析模型,可供系统用户使用。**模型**(model)是一种抽象表达,用来表示一个现象的组成要件和关系。它可能是实物(比如飞机模型)、数学模型(如方程式)或语言模型(如对订单填写过程的描述)。

互动讨论:技术领域

商务智能使迪克运动产品公司成为赢家

迪克运动用品公司是一家出色的零售公司,最初以美国东部为基地销售运动服装和机械。公司始于1948年,创始人是当时年仅18岁的迪克·斯塔克(Dick Stack)。斯塔克的店铺最初只出售渔具,后来其经营范围逐渐扩展到体育用品。20世纪90年代,在斯塔克的儿子埃德(Ed)的经营下,这家零售店迅速发展成为全国性的运动产品连锁店。到如今,迪克公司下属300家店铺,分布在美国34个州,年收入将近40亿美元。公司还拥有高尔夫产品专营店Golf Galaxy。2008年,迪克公司计划新开44家店。即使在经济最困难的时候,它也在市场中保持了强势地位。

迪克公司致力于成为专业可靠的运动产品零售商,为顾客提供多种类、高质量和低价格的品牌运动器械、服装和鞋袜,使他们在体育运动中的表现更佳,乐趣更多。这就是其茁壮成长的原因。不过,迪克公司一直有管理存货清单和制定各店铺存货决策方面的问题。这些问题源于过时的商品管理软件,阻碍了公司未来的远大发展。

公司最初使用STS商务系统作为基本的报告工具。但是这个系统不能很好地满足他们的需要。它可以汇集运动装备和服装的销售额,但是不能分析某个特定产品,比如威尔森n4网球拍在特定地区或者店铺的销售情况,它只会自动合计所有店铺的数字,并把计算结果放入报告里。从数据库检索数据耗时且低效,有时候需要一个多小时才能完成,而且检索出的数据不能满足综合问题分析的需要。

而且由于公司没有储存信息的中心数据库，很难判断某个报告是否准确。公司没有各部门统一的、标准化的销售和存货清单报告，也没有所有员工都能访问的总数据库。员工在个人计算机上保存着自己部门的销售和存货分析报告。有时他们忘记了文件夹名字，这些报告就找不到了。认识到这些问题后，迪克公司引进了新工具，以升级公司的数据储存和信息检索程序。但是员工不愿意改变，与商务智能软件公司——Cognos 公司提供的新工具相比，他们更喜欢已经适应的老方法。

2003 年，迪克公司决定为数据储存系统大换血。新系统主要使用 MicroStrategy 公司的软件和甲骨文公司(Oracle)的数据库。被选中的数据库是甲骨文 8i 数据库，具有特别定制的提取数据和转换能力，可以适应不同的商务需要。之后系统又升级到更先进的 10g 型。新系统能够跟踪每家店铺和每个地区的服装和器材销售情况。

新系统还配备方便用户的培训程序，因此员工们也不再坚持使用惯用的老系统。但是即便有了培训系统，员工的使用进展依旧缓慢。于是公司提出新系统使用奖励计划，逐渐淘汰了旧系统。只有完全停止使用旧系统，员工才会尽量使用新系统。迪克公司之前也使用过一些信息系统，但是都失败了，原因就是缺少降低使用新系统难度的培训项目。这次公司确保了相关项目到位，新系统才顺利投入使用。

MicroStrategy 软件是迪克公司大变革的关键一环。该软件的过人之处在于，它能通过关系型在线分析处理(ROLAP)建立关系型数据库。多维在线分析处理程序使用多维数据库进行分析(见第 6 章)，而关系型在线分析处理直接从数据仓库访问数据。它不停地集合数据，支持决策和临时决定。它采取大量的商务分析视角(维度)，而多维在线分析处理程序一般最多采取 10 个维度。因此这个系统可以让迪克公司的员工对跟踪得到的销售状况和存货量进行细致的分析。

MicroStrategy 还能帮迪克的员工创建不同种类的报告。例如，“罐装”报告是指使用其他员工已经设置好的格式的报告。如果员工需要完成通用格式的报告，罐装报告可以省去设置格式的时间和精力。另外，“自助”报告格式化了输入和输出，大大方便了信息查询。由于系统能够与包含百万兆字节的主数据库互动，曾经花费几个小时的过程现在只需要几分钟。

最新结果显示，迪克公司的这项投资回报丰厚，因为自从新系统使用之后，公司收入翻番，运营利润也增加到竞争者的近一倍。2008 年第一季度的销售额上升 11%，达到 9.12 亿美元。虽然不能避免不良经济状况的影响，但是公司的表现优于竞争者，并计划趁此机会增加市场占有率。虽然最近几年公司的股票没有上涨到预期水平，但是前景看好。这很大程度上得益于新的信息管理系统的成功应用。

资料来源：MicroStrategy，“Success Story：Dick's Sporting Goods Inc.，” 2008；Brian P. Watson，“Business Intelligence：Will It Improve Inventory?” www.baselinemag.com，May 14，2007；“Dick's Sporting Goods Form 10-K Annual Report，” March 27，2008；“Dick's Sporting Goods Inc.，Q1 2008 Earnings Call Transcript，” www.seekingalpha.com，May 22，2008.

思考题

1. 迪克公司的数据跟踪和报告有什么问题？这对他们的决策制定和公司表现有什么影响？

2. 迪克公司是如何解决这些问题的?

3. MicroStrategy 是迪克公司的最佳选择吗? 为什么?

4. 经过改进的报告系统是否解决了公司的所有问题? 请详细论述。

MIS 实例

浏览 MicroStrategy 网站,然后回答下列问题:

1. 描述 MicroStrategy 软件的功能。列出能帮助迪克公司做出存货决策的最有用的功能。解释这个软件是如何帮助迪克员工制定决策的。

2. 参考 MicroStrategy 的动态企业仪表板的部分,然后为迪克公司的存货管理人员设计一个仪表板。

统计模型能够建立关系模式,例如,将产品的销售量与不同区域之间由于年龄、收入或其他因素造成的差异联系起来。优化模型能够优化资源配置,最大化或者最小化某种变量,例如成本或者时间。优化模型的经典应用,是市场利润最大化的前提下决定产品的最优组合。

预测模型一般用于预测销售量。使用此模型可以根据一系列历史数据,预测未来的情况以及该情况下可能的销售量。决策制定者可以改变预测中的未来情况(例如原料价格上升,或遇到新的强劲竞争对手),找出这些新情况对销售的影响。

敏感性分析模型通过反复回答假定疑问,发现某一方面或多个方面变化后的结果。假定分析从已知或者推断的条件出发,使用户可以看到某些值的多种可能,之后检测这些可能,并预测这些值变化的后果。如果把产品价格提高5%,或者把广告预算提高到10万美元,将会发生什么? 如果保持同样的价格和广告预算,会发生什么? 桌面电子制表软件,如微软 Excel,常用来解决这个问题(见图12.4)。倒推敏感性分析软件能够帮助决策制定者找到目标:如果希望在明年卖出100万个产品,我需要降价多少?

总固定费用	19 000					
单位可变成本	3					
平均销售价格	17					
边际收益	14					
盈亏平衡点	1 357					
		单位可变成本				
销售	1 357	2	3	4	5	6
价格	14	1 583	1 727	1 900	2 111	2 375
	15	1 462	1 583	1 727	1 900	2 111
	16	1 357	1 462	1 583	1 727	1 900
	17	1 267	1 357	1 462	1 583	1 727
	18	1 188	1 267	1 357	1 462	1 583

此图展示了敏感性分析的结果:领带的销售价格和单位成本的变化对盈亏平衡点所带来的影响。它回答了如下问题:"如果销售价格和单位生产成本变化,盈亏平衡点有什么变化?"

图12.4 敏感性分析

使用电子表格数据透视表辅助决策制定

管理者还使用电子表格，以界定和了解商业信息的模式。我们可以用互联网公司Online Management Training (OMT. Inc.)的一天为例。OMT 向公司和个人出售在线管理培训视频和书籍，帮助他们提高管理水平。公司一天处理 517 个订单。图 12.5 显示的是当日前 25 个网上订单的记录，其中删掉了顾客的姓名和其他信息。

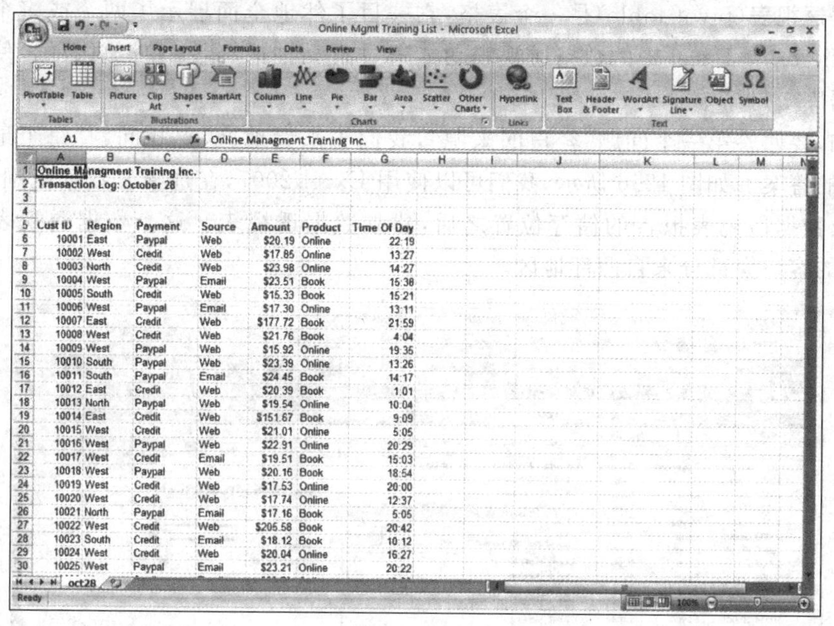

Online Managment Training Inc.

Transaction Log: October 28

Cust ID	Region	Payment	Source	Amount	Product	Time Of Day
10001	East	Paypal	Web	$20.19	Online	22:19
10002	West	Credit	Web	$17.85	Online	13:27
10003	North	Credit	Web	$23.98	Online	14:27
10004	West	Paypal	Email	$23.51	Book	15:38
10005	South	Credit	Web	$15.33	Book	15:21
10006	West	Paypal	Email	$17.30	Online	13:11
10007	East	Credit	Web	$177.72	Book	21:59
10008	West	Credit	Web	$21.76	Book	4:04
10009	West	Paypal	Web	$15.92	Online	19:35
10010	South	Paypal	Web	$23.39	Online	13:26
10011	South	Paypal	Email	$24.45	Book	14:17
10012	East	Credit	Web	$20.39	Book	1:01
10013	North	Paypal	Web	$19.54	Online	10:04
10014	East	Credit	Web	$151.67	Book	9:09
10015	West	Credit	Web	$21.01	Online	5:05
10016	West	Paypal	Web	$22.91	Online	20:29
10017	West	Credit	Email	$19.51	Book	15:03
10018	West	Paypal	Web	$20.16	Book	18:54
10019	West	Credit	Web	$17.53	Online	20:00
10020	West	Credit	Web	$17.74	Online	12:37
10021	North	Paypal	Email	$17.16	Book	5:05
10022	West	Credit	Web	$205.58	Book	20:42
10023	South	Credit	Email	$18.12	Book	10:12
10024	West	Credit	Web	$20.04	Online	16:27
10025	West	Paypal	Email	$23.21	Online	20:22

该列表显示了 2008 年 10 月 28 日 Online Management Training 公司(OMT Inc.)的交易订单。

图 12.5　Online Management Training 有限公司交易列表范例

这个名单可以说是由交易记录(行)组成的一个数据库。每个顾客记录的字段(在列标题中)包括：顾客编号、所在地区、付款方式、顾客获取来源(电子邮件或网站旗帜广告)、总价、产品(在线培训或书籍)和交易时间(24 小时制)。

这张交易单上有很多宝贵信息，可以帮助管理者回答重要问题，制定关键决策：

- 客户的来源。答案可以告诉管理者，哪个地方需要更多推广活动，或哪里的市场需要开拓。
- 客户的地区分布情况是否不均？电子邮件在一些地区可能是更有效的推广手段，而在其他地方，网站广告可能更好。这个问题很复杂，其答案可帮助管理者制定不同区域的市场策略。
- 哪里的销售量较高？答案可以让管理者知道，集中推广和销售力量到哪些地区，或在各个地区开展什么样的推广活动。
- 最常用的支付方式是哪种？可以据此推广最受欢迎的支付方式。
- 销售量最好的时段是哪些？人们是在工作场所(白天)还是在家(晚上)购买产品？
- 一般购买量有地区差异吗？如果某一个地区盈利很好，管理者可加大该地区的营销力度。

请注意,这些问题往往涉及多个维度:地区和平均购买情况,支付方式和一般支付,地区、客户来源和购买情况。同样的,有些维度是绝对的,比如支付方式、地区和客户来源。如果名单不长,只要检查单子就可以找到数据中隐含的模式。但是如果名单中有超过 500 笔交易的话,这就不太可能了。

幸好电子表格数据透视表是一个非常强大的工具,它使用大量数据组回答了上述问题。**数据透视表**(pivot table)是一个表格,它一目了然地全面展示了两个或多个维度的数据。Microsoft Excel 中的数据透视表功能通过自动抽取、组织和汇总数据,使分析名单和数据库变得简单。

例如,要回答第一个问题"客户的来源",我们先来看地区,寻找问题"每个地区的客户数量"的答案。如图 12.6 所示,我们可以使用 Excel 2007,在选择好数据范围、想分析的领域及数据透视表报告的储存位置之后,建立数据透视表。这个数据透视表报告显示,我们的客户大部分来自西部地区。

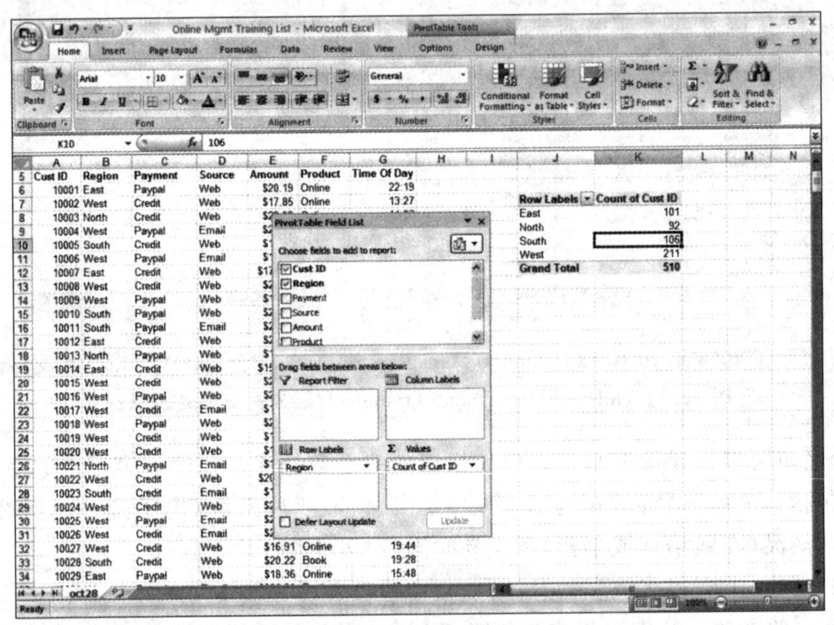

该数据透视表报告使用 Excel2007 制作,展示了地区和客户数量的关系。

图 12.6 判断客户地区性分布的数据透视表

除了地区,客户的获取来源是否也有影响?我们有两个客户获取来源:电子邮件推销和网站旗帜广告。通过图 12.7,答案很快就能找到。数据透视表显示,在所有地区,大部分客户都是受网站旗帜广告吸引而来的。

可以使用数据透视表解答有关 OMT 公司数据的问题。本书的网站上提供了这些例子的完整 Excel 文件。本章的一个 MIS 实践项目要求你找到与这个数据文件有关的其他问题的答案。

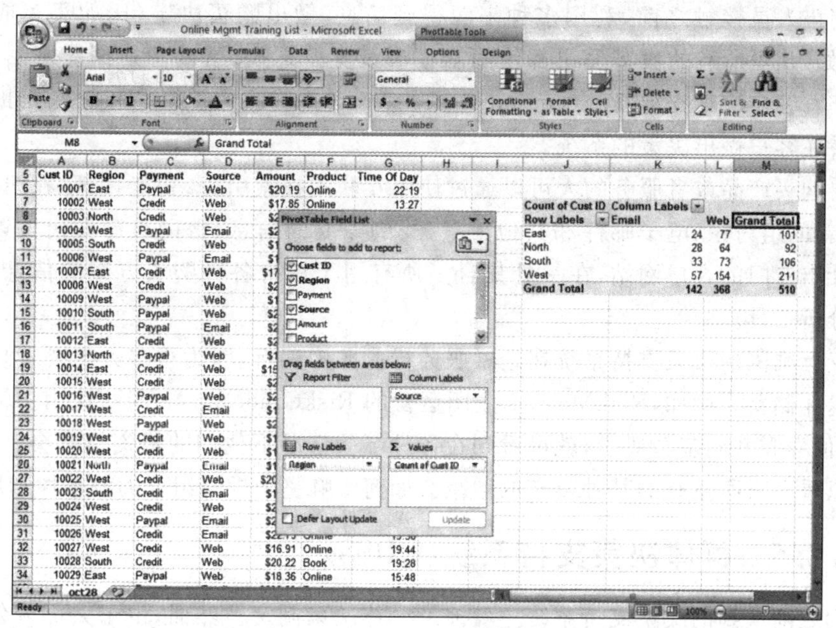

在该数据透视表中，我们看到客户的地区来源和广告来源。可以看出近 30%的顾客对电子邮件广告做出响应，并且存在地区差异。

图 12.7　使用数据透视表检验客户地区分布和广告来源

12.2.3　数据可视化与地理信息系统

来自信息系统的数据可以通过使用图形、表格、地图、数字化图像、三维影像和动画以及其他数据可视化技术，令用户易于消化和利用。**数据可视化**(data visualization)工具用图表展示数据，帮助用户在大量数据中发现其中的模式和关系。如果仅仅使用传统的文本列表，就很难达到这个目的。有些数据可视化工具具有交互性，客户可以操控数据，并看到数据变化后图表的相应改变。

地理信息系统(geographic information systems，GIS)是一种特殊的决策支持系统，它使用数据可视化技术分析和展示数据，以数字化的地图形式出现，供计划和决策使用。软件收集、储存、操纵和显示与地理相关的信息，将数据记录为地图上的点、线及地区。地理信息系统具有建模功能，管理者可改变数据，自动修改商业场景，寻找更好的方案。

在各地区分配人力或其他资源需要大量信息，这个系统可以帮助人们做出相关决策。比如，地理信息系统可以帮助州政府或者地方政府计算自然灾害应急所需时间，帮助零售商找到可获利的新店址，或帮助银行找到建立新支行或者自动柜员机终端的最佳地点。

12.2.4　基于万维网的客户决策支持系统

电子商务蓬勃发展，很多公司因此积极开发针对网上客户信息资源的决策支持系统，这些系统具有交互性并且个性化，能够帮助用户挑选产品和服务。如今人们在与产品或者销售人员接触之前，利用多种来源得到信息，做出购买决定(比如买车或者计算机)。例如，几乎所有的汽车公司都使用客户决策支持系统，帮助客户浏览网站，找到喜爱的汽车。**客户决策支持系统**(customer decision-support system，CDSS)是帮助现有客户或者潜在客户做出决策的系统。

想要购买产品或者服务的人可以通过使用互联网搜索引擎、智能代理、在线目录、网页索引、新闻组讨论、电子邮件和其他工具，找到需要的信息，帮助自己做出决策。各个公司设计出专门的客户网站，在一处集合了所有用于评价各种购买方案的信息、模型或者其他分析工具。

基于万维网的决策支持系统在金融服务行业尤为盛行，因为很多人想要管理自己的资产和退休储蓄。例如，RiskMetrics 集团运营的 RiskGrades. com 网站让用户输入自己的股票、债券和共同基金股份，就可看到在各种不同情况下他们的投资组合会下降多少。用户可以看到对所持有的某种资产的增减会如何影响整个投资组合的波动性和风险。

12.2.5 群体决策支持系统(GDSS)

我们之前谈到的决策支持系统主要涉及个体决策制定。然而，由于大部分公司内部的工作是由团队完成的，群体决策支持系统(GDSS)应运而生，帮助团队和组织制定决策。

帮助一群决策者(无论他们是否在一个地点)解决非结构化决策的交互性计算机系统，就是群体决策支持系统。本章中提到的群件和电视会议都是帮助团体决策的手段，但是它们的主要目的是完成沟通。而群体决策支持系统则为团体决策提供了专门的工具及技术。

要举行由群体决策支持系统支持的会议，其会议室需要配备专门的硬件和软件工具，以帮助团体完成决策。硬件包括计算机、网络设备、顶上放映机和投影屏。专门的电子会议软件被用来收集、记载、排列、编辑和储存想法，并将其在决策会议上提出。群体决策支持系统比以往的工具更加复杂，需要专业的协同和支持人员。协同人员挑选软件工具，帮助组织和举办会议。

精密的群体决策支持系统为每个与会者提供了高级的笔记本计算机，由他们自己控制。在准备好交流信息之前，没有人能看到其他人在计算机上的操作。他们输入的信息通过网络传送到存储会议所有信息的中央服务器上，并展示给所有与会人员。人们还可以在会议室的大投影屏上看到数据。

群体决策支持系统既扩大了会议规模，又提高了会议效率，原因是与会的每个人可以同时提交信息，而非循序而行。建议的提供者可以是匿名的，群体决策支持系统用这种方法推进了会议的协作性，因为在这种情况下与会者可以集中精力在想法上，而不用担心个人遭到批评或是建议由于提供者的身份而遭到否决。群体决策支持系统软件工具使用结构化方法组织和评价建议和想法，并在会后保存结果，没有参加会议的人也可以找到所需信息。群体决策支持系统的效率取决于问题和团队的类型，以及会议的规划及举办情况。

12.3 主管支持系统(ESS)与平衡计分卡架构

我们在第2章介绍过主管支持系统,它的目的是帮助管理层集中精力在真正重要的、影响公司盈利能力和成功的信息上。建立主管支持系统需要两方面。第一,你需要有一套方法,能够确切了解在某一个公司中什么是"真正重要的业绩信息"。第二,你需要建立一个系统,将这些信息及时传达给相应人员。

目前,**平衡计分卡法**(balanced scorecard method)是让公司高层辨别真正重要信息的主流方法(Kaplan and Norton,2004;Kaplan and Norton,1992)。平衡计分卡着眼于4个维度来测量公司的业绩,包括财务、业务流程、客户以及学习和成长(见图12.8),以此为标准运作公司的战略计划。每个方面的业绩由关键绩效指标(KPI)来衡量,这些指标是由高层管理人员提出,旨在了解公司在各个方面的表现。比如说,对于网上零售公司来说,将包裹送达客户所需的平均时间就是其客户满意度指标之一。如果你的公司是一家银行,业务流程表现的关键绩效指标之一就是办理基本业务,比如开户所需的时间。

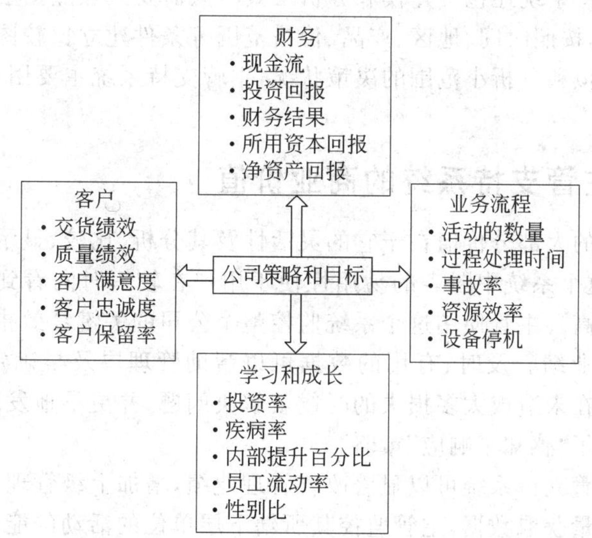

在平衡计分卡框架下,公司的战略目标沿4个维度展开运作:财务、业务流程、客户及学习和成长。每一个维度都由若干关键绩效指标衡量。

图12.8 平衡积分卡框架

平衡计分卡架构应该是"平衡的",因为它使管理者在财务表现之外看到更多。从此观点来看,财务业绩已经是过去时了,因为它是过去行动的结果,而管理者应该注意那些当下可改变的部分,比如业务流程效率、客户满意度和员工培训。

一旦顾问和高管建立起平衡计分卡,下一步就是针对每个关键绩效指标自动地把信息流传送给行政人员和其他管理者。不夸张地说,有成百上千的咨询和软件公司可以提供这些功能。一旦系统开始运行,它们就被称为"主管支持系统"。

12.3.1 主管支持系统在公司中的角色

无论是管理人员还是其下属都可以使用主管支持系统,这样他们就可以用同样的方式看到同样的数据。如今的系统通过过滤数据、使用图表或仪表板展示数据来避免数据超载问题。主管支持系统具有深挖功能,即从汇总数据获得更深层次细节的能力。这种功能不仅对高层主管有用,还能帮助操作级的员工分析数据。分析大型数据库的在线分析处理工具就具备这种能力。

从设计用途迥异的系统中集成数据,使高层主管能从公司的全局视角评价组织业绩,这是建立主管支持系统的主要挑战。如今大部分的主管支持系统都依靠公司已有的企业应用(企业资源规划、供应链管理和客户关系管理),而不是全新的信息流和系统。

平衡计分卡架构主要衡量公司内部的业绩,除此之外主管还需要大量的外部数据,包括最新的股票市场新闻、竞争者的信息、行业趋势,甚至正在计划中的立法行动。主管支持系统让很多管理者能够接收新闻、金融市场数据、经济信息和他们所需要的任何其他公共数据。

当代的主管支持系统还包括建模和分析工具。只需要一点点接触,大部分管理者就可以使用这些工具,按照时间、地区、产品、价格范围等条件建立比较图表。(决策支持系统利用这些工具模拟和分析小范围的决策状况,主管支持系统主要用它们提供组织业绩的状态信息。)

12.3.2 主管支持系统的商业价值

主管支持系统的大部分价值在于它的灵活性及其分析、比较、显示重点趋势的能力。与纸媒系统相比,这个系统中图表的易用性便于用户在较短时间看到更多数据,而且其清晰度和深度都更高。主管使用这个系统监控整个公司的关键绩效指标,并在变化的外部环境下衡量公司业绩。及时、有用的数据可以帮助管理层及早确定和实施所需的对策。公司员工可以在未造成太多损失的时候就解决问题,并更早地发现机会。这些系统从而帮助企业实践了"感知—响应"策略。

设计良好的主管支持系统可以显著改善管理业绩,增加上级管理层的控制幅度。因为可在短时间内大量获取数据,主管监控其所辖下层单位的活动的能力增强了。这样的监控能力使得主管可以将决策权放到下层单位。只要可以确保一切顺利,主管一般都很愿意将决策权尽量下放。同时,主管支持系统在企业内部广泛获取数据的能力潜在地加强了管理层的集权,使高层主管能够全面监管下属的业绩,并在情况有变的时候指导他们采取适当行动。

为了阐明主管支持系统优化决策的各种方式,我们将阐述收集商业信息和监控公司业绩的几种重要应用。

国民生活公司:用于商业情报的主管支持系统

总部位于加拿大多伦多的国民生活公司的业务是面向个人和团体销售人寿保险、健康保险以及退休、投资产品。公司在多伦多和各地办公地点有370多名员工。公司使用的是基于Information Builders公司的WebFOCUS的主管信息系统,它可以让高层管理人员通过网络界面访问公司的数据库。这个系统提供统计报告,并可以从组织好的销售人员业绩排名中深挖近期的销售信息。经授权的用户可以深挖这些数据,看到每次销售的产品、代理和客户情况。他们还可以用多种方法检查数据——可以根据地区,根据产品,根据经纪人,按月、按季度或按年获取数据。

罗门哈斯和法玛西亚公司:利用数字仪表板和平衡计分卡监控公司业绩

主管支持系统越来越多地使用数字仪表板或者"主管仪表板"的形式向高层主管汇总和报告关键绩效指标。仪表板将关键的测量数据显示在一个屏幕上,为公司导航,就像飞机的驾驶舱或汽车的仪表盘。这个仪表板以图形或图表的形式显示关键绩效指标,用网络浏览器提供所有关键测量数据的概况,满足重要决策需求。

罗门哈斯公司(Rohm and Haas)是一家总部位于费城的化工和特种材料公司,拥有13 个业务单元,每个都独立运作,使用 300 多个迥然不同的信息系统。为了纵览整个公司的绩效,它采用了一系列的网络仪表板。这些仪表板都使用 SAP 公司的工具,以及企业系统和企业数据仓库。

管理层确定少量关键绩效指标,提供高水平的测量数据,并且把信息发布到仪表板。关键绩效指标可以分解为几个部分。比如,毛利润的指标就可以分解为销售额及销售成本。管理者可以深挖数据,看到销售成本是基于生产和原材料成本产生的。如果原材料成本有问题,那么系统可以帮助管理者进一步深挖,找到每种原材料的成本。

仪表板是为各个层面的管理所设计的。主管仪表板的对象是 CEO、CFO 和其他高层管理人员,包括了所有主要关键绩效指标的企业财务信息。Pulse 的目标用户范围更大,所显示的只有三个关键绩效指标:销售、标准毛利润和批量。其报告和分析工具包为管理者和公司分析人员提供了一组分析工具,让他们可以深挖细节,回答诸如"为什么原材料的成本高于预期"等问题。分析加速器主要关注标准销售情况和毛利润分析,用户可以借此深挖到个体顾客水平。最流行的仪表板是每日的销售报告与计划的对比。

罗门哈斯公司称仪表板使得公司的管理决策更有预见性。管理者能够预见发生的问题,并采取纠正措施。例如,虽然用于提炼石油化学产品的原材料最近几年成本逐步增加,但是公司通过改变定价和销售技巧保持了高利润率。

位于新泽西州皮帕克的法玛西亚公司(Pharmacia)是一家全球性的制药企业。它使用甲骨文公司的平衡计分卡软件和数据仓库,以确保整个组织运行的步调一致。法玛西亚每年的研发费用约 20 亿美元,它想要这笔研究资金得到更有效的使用。例如,平衡计分卡报告可以显示其美国或欧洲的医药运营部门的业绩,如能否达到公司目标,以及与其他部门间的事务。法玛西亚使用仪表板系统追踪研究中的化合物损耗率,监控医疗试验所得到的专利数量,并检查分配给研究项目的资金花销情况。

12.4　MIS 实践

本节实践项目如下:分析决策支持系统,使用电子表格数据透视表分析销售数据,使用在线退休计划工具制定财务计划。

12.4.1 管理决策问题

1. 苹果蜂(Applebee)是世界上最大的休闲食品连锁餐厅,在美国有1 970家,在其他20个国家有分店。连锁餐厅的菜单主要有牛肉、鸡肉和猪肉菜肴,还有汉堡、意大利面和海鲜。虽然汽油和农产品成本增加,但是苹果蜂的CEO想要升级菜单,增加更美味和更受顾客欢迎的菜品,并增加利润。信息系统要如何帮助管理层实施这个策略呢?苹果蜂需要收集什么数据?要帮助管理层制定决策、优化菜单、增加利润,需要什么样的报告?

2. 在20世纪90年代,加拿大太平洋铁路公司采用的是吨位运营模式,为了节省开支,只有在有足够货物的时候才发货车。这个模式主要是为了尽量减少货车的总数,并使每辆车的承载量达到最大。然而,由于没有有效利用人员、机车和设备,导致运输时间和班次不一致。公路运输公司抢走了加拿大太平洋铁路公司和其他铁路公司的生意,因为它们可以提供更灵活的、更适应顾客需要的运输时间。决策支持系统如何帮助加拿大太平洋铁路和其他铁路公司增加效率,与公路运输公司竞争?

12.4.2 优化决策:使用数据透视表分析销售数据

软件技能:数据透视表

商务技能:分析销售数据

这个项目可以让你学会如何使用Excel的PivotTable功能,分析数据库或者数据列表。

使用本章前面提到的OMT公司的数据列表。这是OMT公司一天之内的销售交易清单。你可以在为本书所建的网站中找到本章的这一电子表格文件。

使用Excel的PivotTable帮助自己回答下列问题:

- 平均购买的高点出现在哪里?这个问题的答案可以帮助管理者了解如何分配市场和销售资源,以及在不同的地区传送不同的信息。
- 最常用的支付方式是哪种?可以用广告推广最常用的支付方式。
- 哪个时段是购买高峰期?人们是在工作时间(白天)还是非工作时间(晚上)购买产品?
- 地区、所售产品和平均销售价格之间有什么联系?

12.4.3 优化决策:使用基于万维网的决策支持系统进行退休规划

软件技能:互联网软件

商务技能:财务规划

这个项目可以帮助你提高使用基于万维网的决策支持系统进行财务规划的技能。

CNN Money和MSN Money Magazine网站共有的特色是,使用基于万维网的决策支持系统,进行财务规划和决策制定。选择其中任何一个进行退休规划。判断你需要存多少钱,才能支持退休后的生活。假定你现在50岁,计划在16年后退休。你有一个需要抚养的人和10万美元存款。你目前的年收入是8.5万美元。你的目标是退休后能有

6万美元年收入，包括社会保障福利费用。

- 可使用社会保障管理局网站上的快捷计算器来计算社会保障福利的预估值。
- 使用你选择的网站，算出要达到退休目标，需要存多少钱。
- 从以下几个方面评价这个网站——易用性、清晰度、所得结论的价值，以及帮助投资者了解本身财务需求和金融市场的深入程度。

拓展学习

与本章相关的拓展学习资料如下：

1. 建立和使用数据透视表

本章小结

1. 决策的种类有哪些？决策过程是怎样的？

组织中不同层面（战略、管理、运营）有不同的决策需要。决策分为结构化、半结构化或非结构化，结构化的决策集中于运营层，非结构化则在战略层。决策可由个人或团体制定，无论是运营层、中层还是高层的员工都可以参与到决策中。决策有四个阶段：信息、设计、选择和实施。由于信息质量、管理层过滤和组织惯性的问题，辅助决策系统无法保证产生可以提升公司业绩的优质决策。

2. 信息系统如何支持管理者和管理层的决策活动？

早期经典管理模型强调计划、组织、协调、决策和控制功能。现代研究通过观察管理者的实际行为，发现他们的实际活动非常琐碎、多样，过程又极为短暂，并且他们尽量不做影响大的重大决策。

信息技术为管理者承担传统角色和新角色提供了新工具，使他们监控、计划和预测的精确度和速度前所未有地提高，对瞬息万变的商务环境的反应也加快了。信息系统对管理者最大的帮助是，它可以发布信息，在组织各层级之间建立联系，并且分配资源。不过，信息系统在支持非结构化决策方面就不那么奏效了。在信息系统可支持的决策过程中，信息质量、管理层过滤和企业文化都可能降低决策的质量。

3. 决策支持系统与管理信息系统有什么不同？它们又如何为商业企业提供价值？

管理信息系统（MIS）提供公司业绩信息，根据公司事务处理系统总结的数据，定期发出固定格式报告，以此帮助管理者监控企业状况。管理信息系统可以支持结构化决策和部分半结构化决策。

决策支持系统（DSS）结合了数据、复杂的分析模型和工具以及便于用户使用的软件，是一个能够支持半结构化或非结构化决策的强大系统。决策支持系统由决策支持系统数据库、用户界面和决策支持系统软件系统组成，有两种不同类型：模型导向决策支持系统和数据导向决策支持系统。决策支持系统可支持定价、供应链管理、顾客关系管理方面的决策，并且可为不同的商业场景建模。在网络上已经出现面向顾客和管理者的决策支持系统。地理信息系统（GIS）是决策支持系统的一个特别分支，它使用数据可视化技术分析和显示数据,以支持数字地图规划和决策。

4. 主管支持系统(ESS)如何帮助高层管理人员做出更好的决策?

主管支持系统通过提供从内部和外寻找到的数据,帮助高层管理人员处理战略层的非结构化问题。它帮助高层监视公司业绩、发现问题、识别机会和预测趋势。这个系统可以为高层管理人员滤除不相干的细节数据,必要时可以提供深挖的详细业务数据。平衡计分卡是最主要的帮助公司管理层了解最重要信息的方法。

主管支持系统帮助高层管理人员分析、比较和辨别趋势,方便他们监视组织业绩,或识别战略问题和机会。在分析环境方面它也很有用,可以提供商业情报,帮助管理层在组织所处的环境中发现战略威胁或机会。主管支持系统可以扩大高层管理人员的控制范围,使其在占用较少资源的情况下管理更多员工。

5. 信息系统如何帮助团队更加有效地制定决策?

群体决策支持系统(GDSS)可以帮助团队更有效地制定决策。群体决策支持系统拥有特殊的会议室功能,与会者可以通过联网的计算机和软件工具提出建议,汇总想法,收集信息,给议题排序和记录会议内容。

复习题

1. 决策有哪些不同类型,决策制定的过程是怎样的?
   - 列出并详述决策制定的不同层级,以及组织中制定决策的人员。说明他们制定决策的过程有什么不同。
   - 非结构化、半结构化和结构化决策有什么不同?
   - 列出并详述决策中的阶段。
2. 信息系统如何支持管理人员和管理层制定决策?
   - 比较古典模型和行为模型中对管理行为的不同描述。
   - 信息系统可以支持哪些管理角色?
3. 决策支持系统(DSS)和管理信息系统(MIS)的不同之处在哪里?它们如何为企业提供价值?
   - 区分决策支持系统和管理信息系统。
   - 比较数据导向决策支持系统和模型导向决策支持系统。举例说明。
   - 识别并描述决策支持系统的三个基本组成部分。
   - 什么是地理信息系统(GIS)?它如何支持决策制定?
   - 什么是客户决策支持系统?互联网如何为之所用?
4. 主管支持系统(ESS)如何帮助高层管理人员制定更高水平的决策?
   - 主管支持系统的功能是什么?
   - 平衡计分卡如何帮助管理人员识别重要的信息需求?
   - 主管支持系统如何优化管理决策,并为企业提供价值?
5. 信息系统如何帮助团队更加有效地制定决策?
   - 什么是群体决策支持系统(GDSS)?它与决策支持系统(DSS)有什么不同?

• 群体决策支持系统如何工作？它怎样为企业提供价值？

讨论题

1. 如果你是信息系统的管理者或使用者，要参与设计和使用决策支持系统或主管支持系统，你需要了解什么？为什么？

2. 如果企业更广泛地使用决策支持系统、群体决策支持系统和主管支持系统，管理者和员工能否制定更好的决策？为什么？

团队项目：为大学设计群体决策支持系统

与三四名同学一起找出几个你们学校中可以受益于群体决策支持系统的团体。为其中一个团体设计一个群体决策支持系统，详述它的硬件、软件和人力构成。如有可能，使用谷歌协作平台(Google Sites)链接网页、团队沟通公告和工作任务，集思广益，合作完成项目文档。尝试使用谷歌文档(Google Docs)在课堂上展示成果。

案例研究

通过支出可视化软件改善商务智能

ITWorx在其网站上说，“ITWorx是埃及最大的专业软件服务公司，为全球2000强公司提供门户、商业智能、服务导向架构和应用研发的外包服务。ITWorx为北美、欧洲和中东的金融服务公司、教育院校、电子通信运营商和独立软件公司提供服务。”自1994年以来，公司已经为包括美国联合技术公司、微软、沃达丰和梅隆银行在内的行业领先的世界500强公司提供长期服务。

鉴于管理公司的支出和采购数据一直是个难题，ITWorx的目标是帮助决策者依靠软件系统有效管理支出数据。管理支出数据对公司意义重大，因为管理滞后而造成的损失是无法估量的。积累并管理供应商人脉和支出信息的首要问题是传播消息。大多数公司将支出数据储存在不同地方、不一样的信息库里，因此制作分析报告难度大，耗时长，这项繁杂的工作不能经常进行。这样的状况导致公司的分析报告不足，日常运营损失惨重，出现资源和供应商管理、库存管理以及产品管理等方面的问题。运营问题包括浪费资金、客户跟踪和报告不力、库存过量和重复订单。

要保持竞争力，保持公司与信息技术的同步发展是十分重要的。新商务智能(BI)的应用使各个公司能够节约上百万美元，更不用说在市场中占有领先地位了。在今日竞争激烈的世界上生存，公司持续更新信息技术和信息系统的基础设施，并紧跟商务智能领域的发展方向，都至关重要。

最近几年，支出管理软件越来越受欢迎。统计数据显示，好的支出可视化软件可以帮助公司提高效率和业绩。支出可视化软件为高管提供三方面信息：通过分析过去的支出，实现支出可视化；通过分析流程提供流程可视化，以识别缺陷或瓶颈；以及跟踪供应商的质量和数量业绩指标,即业绩可视化。

由支出可视化引发的运营效率的提升对公司的利润产生了巨大影响。统计数据显示公司因此节省了数百万美元。专业支出管理系统提升了采购的可靠性,节约了大笔资金。无需赘言,将采购转变为利润中心为很多公司赢得了独特的竞争优势。

支出管理系统一般有6步,随组织和系统发展程度的不同而不同。第一步,所有的组织数据被提取出来,资料来源包括内部(企业资源规划(ERP),电子采购)和外部(合作伙伴系统,信用和采购卡)。之后验证数据以保证其准确性和完整性。验证后的数据经过清理,减少错误和矛盾。数据被收集、验证和整理之后,根据标准分类。分类是依据内部规定,或公认的综合性更强的行业标准。完成分类的数据利用商业信息进行丰富和提升,其中可能包括了供应商的财务状态和业绩信息。这种方法能帮助公司将数字与信息联系起来,更好地使用现存数据。现在已经可以用高级和多维分析手段来处理信息了。不过,为了最大程度地进行利用,应该尽可能多地给公司员工配备分析工具,并允许他们使用这些信息。

进行支出管理的方法有很多,并不存在最好的一种方法,因为各种方法能在不同方面满足公司的需要。

最基本的方法是人工处理。通过人力收集信息,输入基础的电子表格应用软件,然后开始分析。内部员工或外聘的顾问都可以完成这个方法。虽然该方法是最初级的,但对有限的数据来说是个快捷便宜的方法。不过有些问题它无法解决,其中最重要的问题是缺少有意义的数据,究其原因,是由于分类信息的人不同,主观的分类标准不同,或是收集的信息不完整,导致不同的数据组合中及各个时间段内的分类标准不连贯。另外一个问题是缺乏对数据的测量标准。

托管式服务法是将支出分析项目整体交予咨询公司或服务商。公司为服务商提供协定格式的数据。这个方法可以让公司集中精力在保持核心竞争力上,而不必因其他事务占用属于核心业务的资源。除此之外,这个方法的持有总成本(TCO)更低,因为服务商的效率和专业性远比公司高。然而,这个方法也有缺点,比如失去数据所有权和丧失主动操作数据的能力。服务商提供的软件被已有的基础设施所限,定制和整合的灵活性极小,而且,从长期来看,周期性订购和维护的费用远高于采用自服务法的费用。最后关键的一点就是安全性,因为采用这种方法,公司的数据实际在另外一个实体的控制之下。

第三种是自服务法。公司购买专业支出管理软件。这种方法的优点之一是,公司可以根据自己的需要和要求,定制支出管理软件,此外,公司还能将支出管理软件与已有的应用软件和技术进行整合。然而,这种做法需要投入大规模的人力物力。自服务法要想成功,取得相关各部门和高管的支持和合作至关重要。并且,这种方法所需的实施时间和实现投资回报率的周期最长。

混合法是上述几种方法的综合。它同时使用几种方法或采用分阶段转化法,即项目计划包括从一种方法转换到另一种方法。

因为能协助解决多种采购问题,支出管理已经成为商业智能最重要的议题之一。这个系统投入低,投资回报率高,是公司的极佳投资对象。

资料来源:www.itworx.com.

思考题

1. 支出管理不佳所导致的问题有哪些？
2. 商务智能和支出管理的关系是什么？
3. 支出管理软件能为高层管理者提供什么价值？
4. 讨论实施支出管理的几种不同方法。

第四篇

系统构建与管理

第四篇主要讲解组织中系统的建设与管理。本篇将回答以下问题：建立一个新的系统需要哪些活动？建立系统解决方案有哪些方法？如何管理信息系统项目才能确保新系统可以提供真正的商业价值，并且在组织中成功运作？建立和管理全球系统时，必须注意哪些问题？

Management Information Systems

第13章

构建信息系统

学习目标

学习本章你将了解到：

1. 新系统的建立如何产生组织上的变化？
2. 系统开发过程中的核心活动是什么？
3. 模拟和设计系统的主要方法是什么？
4. 建立信息系统还有哪些其他方法？
5. 数字化公司时代，构建系统有哪些新方法？

Al-Mansour 汽车：信息技术引领成功

Al-Mansour 汽车公司(MAC)是埃及最大的机动车进口商、经销商和零售商之一，同时也是2006—2007年通用汽车公司在全球最大的经销商。MAC现有750多名员工，12家分店遍布全埃及，拥有超过35项特许经销权，年营业额约10亿美元。

MAC的管理层坚信，信息技术是大公司成功的支柱。MAC在机构内部建立起了强大的应用系统开发团队，它对一般性的业务很熟悉，对汽车行业尤为如此。2005年，信息技术团队一直致力于将信息技术与企业战略和计划相结合。团队逐渐发觉商业应用程序(第三代)即将达到使用寿命的极限，并且很难有效地、物有所值地、及时地支撑公司未来的发展计划。随着全球化日益深入，世界已步入信息时代，正经历风云变幻，为此，团队需要开发新一代软件，担负起企业未来发展的重任。

信息技术统筹委员会(ITSC)发起了一项企业资源规划(ERP)评估项目。研究结果表明，SAP公司的企业资源规划非常适合企业的发展，它能有效地支持公司目前和未来的计划。

项目执行始于2006年中期，目标是将SAP商务套件的核心模块与汽车行业解决方案(ISAutomotive)相结合,建立新技术基础。未来组件的连续运转和功能的成功执行都会逐渐从此项新技术中获益,同时,一旦业务流程和战略计划达到最优化并且得到有力支撑,新技术即可完全与企业相融。

任何新系统的使用都会带来相应变革,包括职务和责任、授权、工作流程及过程,当然还有数据和信息显示方法的变化。鉴于公司的历史、结构和规模以及业务性质,团队不得不维持其报告标准,移植多个数据以满足业务单位的需求。

2008年1月初,团队开展了一项72小时演练活动,它把数据从遗留系统中调出,输入SAP,关闭公司遗留系统,然后打开SAP使之运行。整个过程需要计划周详、协调一致、纪律严明、严守时间、通力合作。使用任何新系统,用户前几周或前几个月的工作效率都不会太高。然而,多数用户会在较短时期内恢复其工作效率,并有望超越前期纪录。

信息技术部经理Khaled Ismail说:"组织引进ERP标志着公司新时代的开端,也为每位员工丰富其经验提供了机会。"他还补充道,"成功的关键因素之一是管理层的支持。没有它,我们基本上不可能处于今天的领先地位。"

资料来源:www. almansourauto. com, accessed December 2008; www. mansourgroup. com, accessed December 2008.

建立一套信息系统时,Al-Mansour的经验至少反映出两个重复出现的主题。第一,把战略经营目标的需求与构建系统相结合。上述事例中,Al-Mansour内部结构能力强大,因此,最初主要考虑的便是选择合适的技术。第二个主题是,在ERP系统建立过程中,应将人员、组织、技术元素相结合,因为该项目是一项变革管理中的挑战,为了获得成功,必须根据周围的环境对方方面面进行平衡。

因此,ERP的建立不只是一个技术性的挑战。执行团队必须保证企业的持续运行以及在新系统构建完成后的成功过渡。

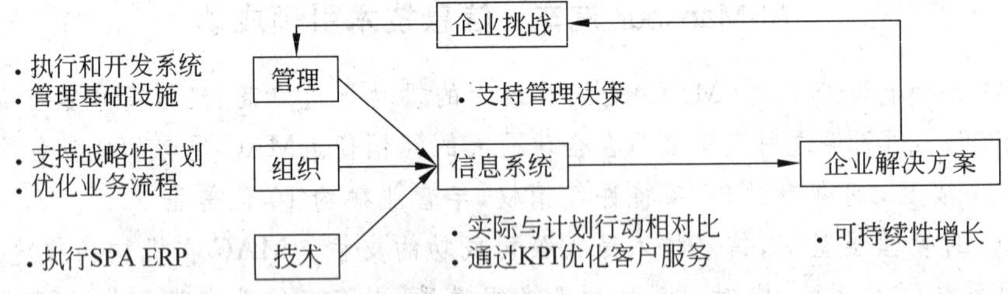

13.1 作为有计划的组织变革的系统

建立新信息系统可以说是一种有计划的组织变革。导入一套新系统不仅仅是引入新的软硬件,它还包括工作岗位、技能、管理和组织的变化。我们设计一套新的信息系统时,也在重新设计组织。系统建立者必须了解一套系统在整体上如何影响具体业务流程和组织整体。

13.1.1　系统开发与组织变革

信息技术能够促成不同程度的组织变革，从小幅变动到影响深远的变化。图13.1给出了信息技术带来的四种组织结构变化：(1)自动化；(2)合理化；(3)再造工程；(4)范式转换。每种变化都有不同的回报和风险。

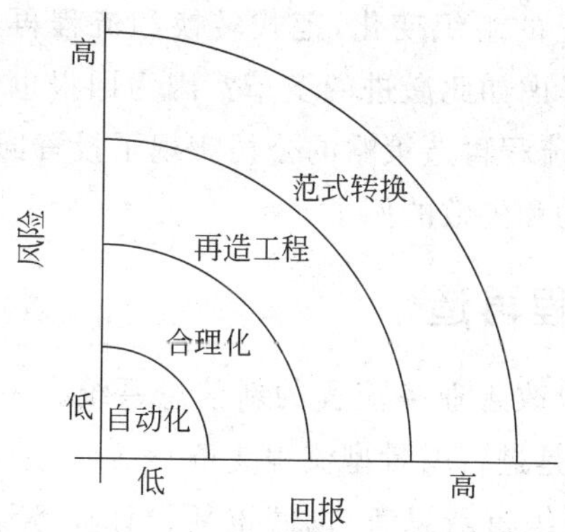

最常见的组织变革是自动化和合理化，其行动相对缓慢，变化不大，同时回报和风险都较低。再造工程和范式转换的改变快速且更全面，会带来较高回报，但失败几率也相当高。

图13.1　组织变革带来的风险和回报

自动化(automation)是信息技术推动的最常见的组织变革形式。信息技术最早的应用就是协助员工更有效地完成任务。计算薪资和工资登记、帮助银行职员即时查询客户存款记录、为航空服务代理开发一个全国范围的航空订票终端网络等，都是自动化的例子。

紧随自动化之后的更深一层的组织变革是**程序合理化**(rationalization of procedures)。自动化经常引发新的生产瓶颈，并使现行程序及结构显得笨拙。程序合理化使标准作业程序更合理。没有程序合理化，新的网络服务软件和相关技术也无从发挥。

业务流程再造(business process reengineering，BPR)是更强有力的组织变革，此时要分析、简化、重新设计业务流程。通过使用信息技术，组织可以重新思考并理顺它们的业务流程以提高速度、服务和质量。业务流程再造重新组织工作流程，整合步骤以避免浪费，消除重复及大量纸张作业(有时这种新改变也会取消一些职位)。比起程序合理化，业务流程再造更具挑战性，要求对流程应如何组织有新构想。

福特汽车公司(Ford Motor Company)的无发票处理是被广泛引用的业务流程再造的例子，它将由500人组成的福特北美应付账款部门的规模缩减了75%。过去应付账款处理职员要花大量时间来解决采购订单、收货文件和发票之间的不符问题。福特对应付账款流程进行了再造。采购部门将一个订单输入在线数据库。接到订货，收货部门即可用此数据库来校核。如果数据符合，系统会自动生成一张支票给供应商，没必要让供应商送发票。

程序合理化和业务流程再造均限于企业的具体部分。新的信息系统能从根本上影响整个组织的设计,转变企业经营方式甚至企业性质。例如,长途卡车和运输公司美国施奈德物流公司(Schneider National)利用新信息系统改变了它的业务模式。施奈德创建了一个新业务,管理其他企业的物流。这种更彻底的企业变革,称为**范式转换**(paradigm shift),它包括重新思考组织的业务和性质。

由于难以协调过于广泛的组织变化,范式转换和流程再造往往失败(见第14章)。为什么有这么多的企业在考虑如此激进的变革?因为回报也相应很高(见图13.1)。许多情况下,追求范式转换和流程再造策略的公司实现了投资回报率(或生产率)的大幅增加。本书中会涉及许多成功和失败的例子。

13.1.2 业务流程再造

许多公司都在建立可以改善业务流程的新信息系统。一些系统项目反映了业务流程的彻底重构,而其他的则是进行增量型流程变革。

使用计算机前,如果组织重新思考、彻底重新设计业务流程,那么将能从信息技术投资中获得很大的回报。让我们看一看,美国房屋抵押贷款行业是如何完成这一流程的。

房屋抵押贷款申请过程现在大约需要6~8周,花费成本约3 000美元。许多主要的抵押贷款银行,例如富国银行(Wells Fargo)、美洲银行(Bank of America)和摩根大通(JP Morgan Chase),重新设计了抵押贷款申请流程,以将成本减少至1 000美元,将获得贷款所需的时间缩短为1周(见图13.2)。

过去,抵押贷款申请者要填写申请表,银行再将申请表数据输入计算机系统。信用分析专家和承贷专家可能来自8个不同的部门,分别对申请进行评估。如果贷款申请被批准,则评价结束。保险与基金方面的银行专家随后将提供此种信贷服务。这种"桌到桌"的装配线方法大约需要17天才能完成一个流程。

银行用较敏捷的"工作间"或团队合作模式替代了连续的桌对桌模式。贷款申请人现在可以在现场将抵押贷款申请直接输入到笔记本电脑。通过软件校核申请业务,确保所有信息正确且完整。贷款申请人将贷款申请通过网络传输到区域营业中心。信用分析员、贷款承保人和其他专家进行电子会议,摒弃单独作业,以团队方式共同完成抵押贷款申请的审批程序。

申请结束后,另一组专家组织提供贷款服务。整个贷款申请过程只需两天。以往贷款申请的办理涉及八九个不同部门,现在贷款信息的存取更容易了。贷款申请人还能进入银行的网络获得关于抵押贷款成本的信息,或为顾客校核贷款状态。

抵押贷款银行重新思考抵押贷款审批的方法,获得了可观的效益。他们不是只关注设计单个业务流程,而是再次核查获得抵押贷款申请的整个合理衔接过程。

银行为了支持新的申请程序,需要应用工作流和文档管理软件。**工作流管理**(work flow management)是理顺业务程序的过程,从而使文档能容易且高效地移动。工作流和

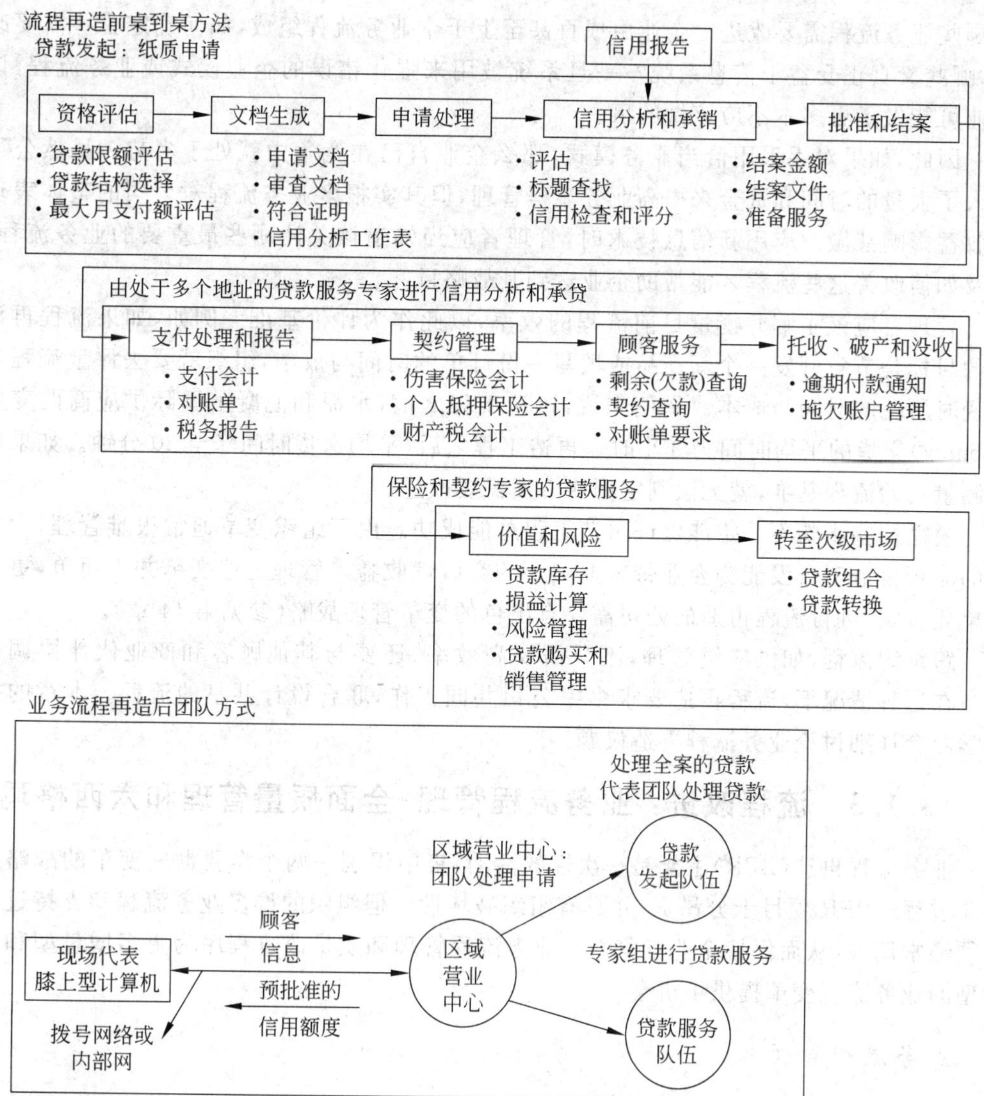

通过重新设计抵押贷款处理系统和申请贷款的流程，抵押银行的每项申请处理成本从 3 000 美元减少到 1 000 美元，核准贷款时间可以由 6 周降到 1 周或更短。有些银行甚至可以在申请贷款当天完成事前核准和锁定利率的工作。

图 13.2　美国抵押贷款流程再造

文档管理软件使许多过程实现了自动化，例如递交文档至各处、获准审批、调度和生成报告。两个以上的人员可同时处理同一份文档，从而较快地完成任务。工作不会因为一个文档送出或是正在传送而延误。通过正确设计的索引系统，用户可以根据文档的内容，用多种不同方式检索文件。

实现有效流程再造的途径

公司做出的最重要战略决策之一不是确定如何利用信息系统改进业务流程，而是确定哪些业务流程需要改进。企业由成百甚至上千个业务流程组成,如何确定哪些需要改变,哪些又真正受益于信息系统?一旦系统被用来强化错误的企业模式或业务流程,该企业可能做了更多本不应该做的事。

因此,如果对手采用恰当业务模式,那么企业自己在竞争中就处于劣势。虽然公司投入了大量的时间和资金来提高业务流程管理,但其实很多业务流程对公司的整体表现和收益影响甚微。应用新信息技术时,管理者应当知道该关注哪些最重要的业务流程,以及如何改善这些流程才能帮助企业达到其战略目标。

管理者应该了解并衡量目前流程的效率,以此作为评价基准。例如,如果流程再设计的目标是节省开发一个新产品或填写一份订单的时间与成本,组织就要去评量流程未改变时所花的时间与成本。举例来说,再造工程之前,水泥和混凝土国际供应商西麦斯(Cemex)交货的平均时间为3小时。再造工程之后,平均送货时间降至20分钟。如果没有测量初始流程基准,就无法判定哪些方面需要改进。

遵循这些步骤不一定能保证再造工程总能成功。由于组织变革通常很难管理,大多数的流程再造项目没能为企业带来业绩上的突破性收益。管理这些变革并不简单,更不能单凭直觉,进行流程再造的公司需要有出色的变革管理战略(参见第14章)。

跨组织流程,如供应链管理,不只需要高效率,还要与其他顾客和商业伙伴协调合作。在这种情况下,流程再造要求多家公司共同工作,联合设计共享的流程。本章的拓展学习会详细讨论业务流程再造议题。

13.1.3 流程改进:业务流程管理、全面质量管理和六西格玛

业务流程再造(BPR)主要是一次性的活动,集中识别一两个需要彻底变革的战略性企业过程。BPR项目十分昂贵,并具有组织破坏性。但组织的许多业务流程和支持过程必须经常调整,从而保持企业竞争力。业务流程管理和质量改进程序为更多增量型和持续型的业务流程变革提供了机会。

业务流程管理

兼并和收购、企业模式的改变、新行业要求以及变化的顾客需求都会令组织始终面临着多重流程相关问题。**业务流程管理**(business process management,BPM)使组织得以管理增量型流程变革,企业的许多领域同时需要这种变革。它提供方法和工具,持续满足组织的需要,修正其众多内部业务流程以及与其他企业共享的业务流程,力求实现最优化。它能使组织同时持续改进众多业务流程,并把流程视为企业信息系统的基本构建模块。

BPM包括工作流管理、业务流程建模、质量管理、变革管理以及将公司业务流程转为标准化模式的工具,业务流程在此种模式下可以被持续地控制。公司利用过程图工具完成业务流程管理,识别和记录现有流程,创造改进流程的模型,然后转换为软件系统。这个过程模型可能需要全新的系统,也可以基于现存系统和数据。BPM软件工具自动管理业务流程,从各种资料来源和数据库中提取数据,在多个相关系统内进行作业。

BPM还包括过程监控和分析。组织必须能验证流程绩效的改进状况，并能测量出过程变化对关键绩效指标的影响。许多商业软件供应商（包括IBM、甲骨文BEA系统、麒麟远创（Vitria）和TIBCO）都提供业务流程管理产品。

美国国家保险公司提供人寿保险、医疗保险、财产意外灾害保险和投资服务，它利用BPM在四个业务部门中精简客户服务流程。BMP所建立的规则，通过在多重系统中对同一顾客的信息采取一致的视角来引导客户服务代表。由于不再需要同时应对多个主机应用系统来处理客户和销售代理的服务请求，BPM使客服代表的工作负荷能力增长了192%（Cooper，2006）。

全面质量管理和六西格玛

质量管理是另一个持续流程改进的领域。除了提高组织效率，公司还必须调整业务流程以改进其产品、服务和运营的质量。许多企业应用全面质量管理（TQM）的理念，使组织内所有职能部门和人员都以质量为先。TQM以质量控制的实现为其终极目的。每个人都希望为总的质量改进做出贡献——工程师避免设计错误，生产工人挑出不合格品，销售代表给潜在顾客正确地介绍产品，甚至秘书也要避免打错字。TQM源于质量管理的概念，W. 爱德华兹·戴明（W. Edwards Deming）和约瑟夫·朱兰（Joseph Juran）等美国质量专家提出的这些概念在日本得到广泛应用。

另一个质量概念就是目前正广泛应用的六西格玛。**六西格玛**（six sigma）是质量的一个具体量度，代表每100万份产品中可能存在3.4个不合格产品。多数公司达不到这个质量标准，但可以以此为目标，应用整套方法和技术改善质量，降低成本。研究多次表明，业务周期中出现的问题越早解决，其花费的成本越低。因此，质量改进不仅提升了产品和服务的质量水平，还可以降低成本。

信息系统如何支持质量改进

人们认为TQM和六西格玛比业务流程再造更具增量性。TQM的工作重点在于做出一系列的改进，而不是产生突变。六西格玛用统计分析工具检测现在流程执行中的瑕疵并做微调。有时，流程需要完全再造以达到一个指定的质量水平。信息系统可以帮助公司通过简化产品或流程实现其质量目标，基于客户需求做出改进，缩短周期时间，改进设计和生产的质量和精度，从而满足标杆标准。

标杆管理（benchmarking）是指严格设定产品、服务和其他活动的标准，并依照标准评量绩效。公司可以采用外界行业标准、其他公司的标准、内部开发的高标准，或将三者结合来用。位于缅因州弗里波特的L. L. Bean户外服装公司利用标杆管理使订单发货的准确率达到99.9%。由于其旧的订单实现系统不能处理日益增加的货物数量和品种，因此在研究了德国和北欧公司先进的订单执行作业后，L. L. Bean仔细重新设计了其订单执行流程和信息系统，从而使收到订单后能及时处理并在24小时内出货。你可在本书找到其他的促进质量改进的系统的例子。

13.2 系统开发概论

解决组织问题过程中形成了新的信息系统。若组织遇到某类问题,其解决办法可能就是建立一套新的信息系统。这类问题可能是管理者和雇员认为组织的绩效低于预期,或是组织应利用新的机会取得更优异的业绩。

系统开发(systems development)指产生信息系统方案,以便解决组织问题或提供可能性的一切活动。系统开发是一种结构化解决问题的形式,它包含不同的活动:系统分析、系统设计、编程、系统测试、系统切换、运行及系统维护。

图13.3展示了系统开发的过程。这里描述的系统开发活动通常按顺序进行。但某些活动可能重复或同时进行,这取决于所用的系统建设方法(见13.4节)。

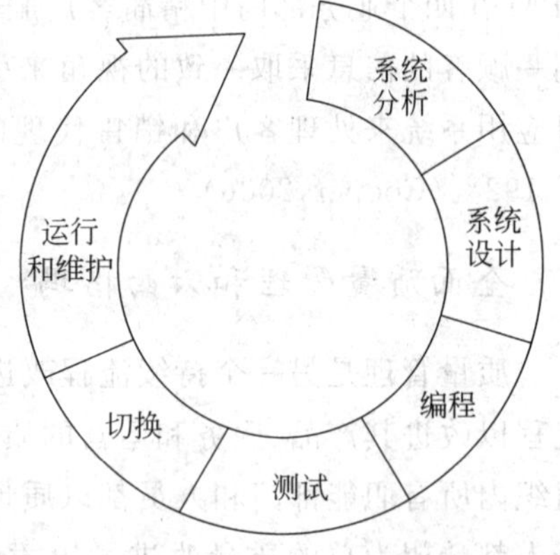

建立一个系统可分为六项核心活动。

图13.3 系统开发过程

13.2.1 系统分析

系统分析(systems analysis)是指分析组织要利用信息系统来解决的问题。它包括定义问题,确定原因,确认解决方案,以及识别满足系统解决方案的信息需求。

系统分析师建造一个现有组织和系统路线图,识别主要的数据所有者和用户,以及现有的硬件和软件,然后细化现有系统的问题。通过考察文件、工作底稿和程序,观察系统运行,与系统的主要用户访谈,系统分析员就可识别问题领域和解决方案可实现的目标。

解决方案通常要求建立一个新的信息系统或改进现有系统。

系统分析应包括**可行性研究**(feasibility study),它从财务、技术和组织视角确定解决方案是否可行,或能否达到目标。通过可行性研究分析,可看清是否值得对意向系统进行投资,系统所需的技术是否可以应用且能被公司的信息系统专家所掌握,以及组织是否能应对系统引发的变革。

通常的做法是,系统分析过程要确定几个可供组织采用的解决方案,然后评价每一个方案的可行性。书面的系统建议报告说明了每个方案的成本、收益和优缺点。由管理层综合判断成本、收益、技术特性和组织影响,以选择最优方案。

建立信息需求

或许系统分析中最具挑战性的任务就是界定所选信息系统解决方案必须满足的具体信息需求。就基本层面而言,一个新系统的**信息需求**(information requirements)包括确认何人、何时、何地需要何种信息。需求分析谨慎地定义了新系统或修改后系统的目标，详细说明了新系统应具备的功能。有缺陷的需求分析是导致系统失败和开发成本高的主要原因(见第14章)。围绕一组错误的需求设计的系统要么因表现不佳遭淘汰，要么需要大幅修改。13.3节我们将讲述提取需求的备选方法，以最大限度地减少该问题的影响。

有些问题并不需要信息系统解决方案，它们可以通过管理的调整、额外的培训或完善现有组织流程得到解决。如果问题与信息系统相关，系统分析师就要诊断这个问题，并找到适当的解决方案。

13.2.2 系统设计

系统分析描述了一个系统应怎样满足信息需求，而**系统设计**(systems design)说明系统如何完成这个目标。信息系统设计是系统的整体规划或模型。像一栋建筑物或房子的设计图一样，它包括对系统形式与架构的所有说明。

系统设计师详细描述了系统的规格，以此实现系统分析所确定的功能。它们应当阐述系统解决方案中管理、组织、技术方面的所有问题。表13.1给出了系统设计期间产生的规格类型。

表13.1 设计规格

输出 媒介内容 时间 **输入** 起点 数据流 数据输入 **用户接口** 简单性 效率 逻辑 反馈 错误 **数据库设计** 逻辑数据模型 容量和速度要求 文件组织和设计 记录说明	**处理** 计算 程序模块 所需报告 **操作程序** 活动内容 操作人员 时间 步骤 地点 **控制** 输入控制(字符、限制、合理性) 处理控制(一致性、记录数量) 输出控制(总数、输出范例) 过程控制(密码、特殊格式) **安全** 存取控制 灾难计划 审计途径	**文档编制** 运行文档 系统文档 用户文档 输出时机 **切换** 转换文件 启动新程序 选择测试方法 切至新系统 **培训** 选择培训技术 开发培训模块 确认培训设施 **组织变革** 任务再设计 岗位再设计 流程设计 组织结构设计 汇报关系

正如房子或建筑物，信息系统也可有多种设计。每种设计都代表着科技与组织元素的独特融合。易用性和效率决定了设计的优劣，优良的设计满足了用户对技术、组织、财务及时间的一套具体的要求。

最终用户的作用

用户信息需求驱动整个系统的构建。用户必须有足够的能力控制设计过程,以保证系统反映他们的业务优先性和信息需求,不至于偏听于信息技术人员。参与设计工作能增加用户对系统的了解,利于他们接受系统。如第 14 章所述,用户对系统设计参与不足是系统失败的主要原因。然而,有些系统要求更多的用户参与,13.3 节将展示各种系统开发方法中用户的参与问题。

"互动讨论:组织领域"表明用户参与设计以及开发成功解决方案的重要性。多尔夫曼太平洋公司(Dorfman Pacific)是帽饰和手袋的制造商,由于落后的仓储系统且严重依赖人工作业,以致无法有效拓展业务。公司决定应用新的无线仓储系统,改变其工作方式。阅读本案时,找出这个组织面临的问题,有哪些可行的解决方案,以及所选方案是如何良好运行的。

互动讨论:组织领域

多尔夫曼太平洋公司推出新型无线仓储系统

你或许没听过多尔夫曼太平洋公司,但你很可能在《人物》和《型时代》杂志上注意到各界名流佩戴的帽子。总部位于加利福尼亚州斯托克顿市的多尔夫曼太平洋公司,生产、行销帽饰和手提包超过 85 年。公司的理念是与时尚潮流同步、为用户提供高质量产品和服务、及时配送、价格合理。

多尔夫曼太平洋公司过去一直是零售市场夫妻店(即小型杂货店)的供货商,公司的仓储流程也是按这个标准运作的:一张纸、一支笔,凭大脑记忆仓库存货情况和客户信息进行进货出货。

20 世纪 80 至 90 年代,多尔夫曼太平洋公司开始把量贩式超市(如沃尔玛和杰西潘尼(JC Penney))列入其客户名单。这些商家很快占据了公司一半的业务量。更重要的是,大型零售商对上千种不同商品和盒子型号都有很大需求。

在 9 290 平方米的仓库里,公司以纸张订单采购的方式,为沃尔玛这样的大型零售商服务,既没效率压力又大。遇到需求高峰期,为满足需要,公司不得不雇用外部人员,还要支付一大笔加班费。每年此类开支要 25 万美元。公司的信息技术系统分布在各职能部门,无法提供一份明晰的存货清单。

最后,多尔夫曼太平洋公司将其仓库扩建到 25 547.5 平方米,但空间仍不足以克服业务流程上的缺陷。公司的高层管理人员意识到如果公司继续扩展运营,就必须进行改革。2001 年,公司 CEO 道格拉斯 · 海史密斯(Donglass Highsmith)对仓库进行了彻底的技术变革。他希望用无线技术代替纸张作业系统。

公司传统的订单执行流程始于仓库中的拣选工,他从主管那里获取纸质拣选票据。拣选工随后开着叉车来到仓库,在那里他找出票据上所指定的存放货品的箱子。工人手工把箱子搬下货架,然后带到负责包装的地方进行装箱、贴标签,再装上卡车。仓库仅用来货物拣选,订单执行的其余流程在此无法执行。

箱子上人工制作的标签很难读懂，盒子里有时不只装一种产品，这些都让流程变得混乱不堪。此外，每个拣选工都用自己喜欢的方式完成货品采集工作。特殊订货会使这种流程更加低效。公司的ERP系统因为没能与其他系统很好地融合，也无法提供帮助。公司的信息技术服务主管马克·杜勒(Mark Dulle)发现在业务不断扩展的阶段，按订单拣选货物的方式效果不好。

公司把变革当作企业项目而不是信息技术项目来处理，建立了一个多功能团队，项目经理是一位外聘顾问，其他团员是来自分销部门、采购部门、客服部门和销售部门的经理。信息技术部门负责挑选硬件，为无线仓储安装软硬件，并指派一个行政官员负责新的仓库管理系统。

海史密斯的目标是降低劳动力成本，找到最行之有效的方法，提高仓库员工拣选货物的效率，把错误率降到最低。一次成功的执行需要许多步骤。首先，项目团队要尽可能多地了解公司是如何接收、补充、拣选、包装和装运2.5万种产品。此项研究包括测量每种产品的尺寸和重量，每个集装箱和货架的尺寸，并确定产品是否存放在正确位置。

接下来，公司引入Texas条码系统，用它验证仓库中无线系统的可行性。如果仓库水泥墙壁上、钢铁门上、金属货架上的无线信号不能正常运行，项目就是无效的。测试还可以帮助确定无线接入点安置的最佳位置。由于近几年地面空间的扩展造成了不规则的布局，而且布满存货，仓库需要数量较多的接入点(15)。

杜勒努力翻新公司的信息技术基础设施，包括用现有最先进的网络技术代替所有旧的网线和交换机。他还重新配置ERP系统，从HighJump软件上安装了一个新的仓储管理系统，完善无线功能及仓储和装运数据分类功能。对于这个基于无线局域网的系统，杜勒又添加了来自Zebra技术公司的条码设备、整合软件、耐用移动计算机以及固定在叉车上的外接计算机。

有了这些设备，就不再需要纸张做记录。新的ERP系统和仓储管理系统用软件来管理拣选、包装和装运程序。拣选工携带移动设备接收数据，从中得知目的地、拣选对象以及如何从最便捷的路径取回货品。

公司员工必须改变工作方式。新的仓储管理系统需要不同的仓库地面布局，并以新方式进行产品拣选、包装和装运。公司非常认真地向员工宣传新系统，说服员工相信无线仓储系统将会提高他们的生活质量和工作绩效。

采用新仓储系统后，佩戴无线扫描装置的拣选工即可确定其前往的每个贴有条码的集装箱内只装有一类产品，库存跟踪从而准确无误。根据杜勒所言，公司现在可以在高峰期处理以前两倍的订单，劳动力成本降低了30%。减少对临时工和加班的需求量为企业总共节省了25万美元。

资料来源：Thomas Wailgum, "How to Take Your Warehouse Wireless, "and "Wireless—Five Steps to a Successful Wireless Rollout," CIO Magazine, February 1, 2007; Jim Fulcher, "Rise of User-Friendly Devices Propels Strategic Use of Wireless Technology," *Manufacturing Business Technology*, February 18, 2007; Lisa M. Kempfer, "Hats Off to Wireless," Material Handling Management, January 2007; and "Hats-Off: Dorfman Pacific Implements Symbol Enterprise Mobility Solution for Paperless Warehouse Operations," www.symbol.com, September 13, 2006.

思考题

1. 比较多尔夫曼太平洋公司的新旧两种订单拣选过程。绘出过程图。

2. 最终用户在公司无线仓储系统开发过程中扮演什么角色？如果用户参与不足会怎样？理由是什么？

3. 为了建造无线仓储系统，公司采用了哪几种系统构建方法和工具？

4. 新系统如何改变公司的运行方式？

5. 新系统解决了哪些问题？是否成功？

MIS 实例

应用你的网络搜索功能回答下列问题：

1. 一个无线仓储系统由哪些部件组成？

2. 哪些公司生产这些部件？

3. 还有哪些公司或组织采用了无线仓储系统？

4. 如果你采用一个无线仓储系统，有哪些最令你担忧的潜在问题？

13.2.3 完成系统开发流程

系统开发流程其余的步骤，便是将系统分析及设计后的规格转换成完全运行的信息系统。这些步骤包括编程、测试、转换、运行与维护。

编程

在**编程**(programming)阶段，设计阶段准备的系统规格被转换成软件程序代码。许多组织现在很少自行为新系统编程，而是从外部来源购买符合新系统要求的软件，例如可能来自商业软件供应商的软件包、应用服务供应商的软件服务或为顾客开发定制应用软件的外包公司。

测试

必须进行周详彻底的**测试**(testing)以确定系统是否产生了理想的结果。测试可以回答"系统是否产生了在已知条件下要求的结果?"

在系统项目规划中，回答该问题所需的时间经常被低估(见第14章)。测试很费时：必须细心准备测试数据，核查结果，校正系统。有时部分系统有必要重新设计。省略这个步骤风险巨大。

系统的测试活动可分为3种：单元测试、系统测试和验收测试。**单元测试**(unit testing)或程序测试，分别测试系统中的每个程序。一般认为，此测试的目的是保证程序没有错误，但实际上是无法达到的。测试的目的是找出程序中的错误，着重发现任何导致程序失效的可能性。一旦找出，问题即可解决。

系统测试(system testing)从整体上测试信息系统的功能，确定离散的模块是否会按计划共同运作，并确定系统的实际工作方式与设想的方式之间是否存在矛盾。检测范围包括执行时间、文件储存能力和最大负荷承载力、恢复和重启能力以及人工操作过程。

验收测试(acceptance testing)提供最终的认证,确保该系统可用于生产环境。系统测试由用户评估,管理层复审。当有关各方均认为新系统符合其标准时,便可安装。

系统开发团队与用户共同设计系统测试计划。**测试计划**(test plan)包括我们刚刚描述的一系列测试准备工作。

图 13.4 是一个测试计划实例。所要测试的是修改一笔记录。该文档包括存储在一个数据库内(可能是个人计算机数据库)的一系列测试计划目录,它们很好地契合此类应用程序。

程序	请求与维护的“连续修改记录”		第二段测试		
		负责人:	日期:	版本:	
测试参考	测试的状态	特殊需求	期望结果	输出开启	下一界面
2.0	修改记录				
2.1	更新目前记录	关键字段	不许可		
2.2	更新不存在的记录	其他字段	“无效”指令		
2.3	更新已删除记录	已删除记录必须可用	“删除”信息		
2.4	备份	改变上述 2.1	有效	交易文件	V45
2.5	加入记录		有效	交易文件	V45
2.6	放弃更新	放弃 2.5	不改变	交易文件	V45

开发一项测试计划时,必须测试各种可能发生的情况、每一个测试条件的需求以及测试期望的结果。测试计划必须有最终用户和信息系统专家的共同参与。

图 13.4 修改一项记录的测试计划例子

切换(conversion)指由旧系统转化成新系统的过程。四项主要的切换策略是:并行策略、直接切换策略、试点研究策略和阶段性策略。

并行策略(parallel strategy)是指旧系统及其潜在替代者共同运行一段时间,直至每人都确信新系统的各项功能均正确无误。这是最安全的切换过程,因为当新系统有错误或无法运行时,旧系统会作为一个后备系统继续作业。然而,这种方法成本过高,因为新增的系统需要额外的人员或资源来运作。

直接切换(direct cutover)是由新系统在指定日期内完全取代旧系统。这是一个很冒险的计划。如果在新系统中发现严重问题,潜在的危险和需要的花费可能比并行策略更大。因为没有备用系统,可能会出现系统错乱、系统停机,修正成本也会变得十分高昂。

试点研究(pilot study)策略中,引入新系统仅限于组织的某个有限领域,如一个单一部门或操作单元。当这个试点模型完成或系统运作顺畅时,同时或分阶段再对组织的其余部分进行安装。

阶段性策略(phased approach)中,新系统按职能或按组织单位分阶段引入。例如,如果系统按功能引入一个新的工资系统,应先应用于按周计算工资的小时工,6 个月之后再将固定员工(按月发工资)纳入其中。若以组织单位引入,公司总部可能先进行切换,

4个月后其他营运单位再切换。

从旧系统移至新系统需要培训最终用户,以配合使用新系统。从技术和最终用户两个角度说明系统如何运作的详细文档编制在切换期定稿,以用于培训和日常运作。培训不足或**文档编制**(documentation)不详尽会导致系统运作失败,因而此部分在系统开发流程中十分重要。

运行和维护

新系统安装并完成切换后,该系统即被认为投入运行。此阶段用户和技术专家分别评审系统,并确定其预期目标的实现情况,从而决定是否要安排修改或修正。有时需准备一份**实施后审计**(postimplementation audit)文档。系统经过微调后,在运行时必须对它进行维护,以校正错误、满足要求、提高处理效率。所谓**维护**(maintenance),便是更改所实施系统的软硬件、文档和程序,从而修正错误、满足新要求或提高工作效率。

维护中约20%的时间用于调试或校正紧急运行问题。另外20%用来更改数据、文件、报告及系统软硬件,剩余的60%用于提高用户能力、改进文档和记录系统组件,从而达到更高的处理效率。通过更好的系统分析和设计,第三类维护的工作量可显著减少。表13.2综述了系统开发活动。

表13.2 系统开发

核心活动	描述
系统分析	识别问题
	提出解决方案
	确定信息需求
系统设计	创建设计规格
编程	将设计规格转换为程序代码
测试	单元测试
	系统测试
	验收测试
切换	计划切换
	准备文档
	培训用户和技术人员
运行和维护	系统运行
	系统评估
	系统修正

13.2.4　系统建模与设计：结构化方法与面向对象的方法

系统建模型和设计有多种方法，其中，最著名的是结构化方法和面向对象开发的方法。

结构化方法

20 世纪 70 年代以来，结构化方法开始用于验证、分析和设计信息系统。**结构化**（structured）是指，技术是一步步进行的，每一步总是建立在前一步的基础上。结构化是自上而下的运行模式，由最高、最抽象的层级到最低、最详细的层级，也就是由一般到具体。

结构化开发方法是基于过程的，主要集中于为信息流经系统时收集、存储、加工和分配信息的流程或活动建模。这些方法从过程中分离出数据。每次想对一段特殊的数据采取行动，必须编写一段分离的程序。这些程序作用于数据。

描述系统的组成过程和它们之间数据流的主要工具是**数据流程图**（data flow diagram，DFD）。数据流程图提供了信息流的一个逻辑图解模型，将一个系统分解为具有可管理的详细程度的模块，严格地指明在每一模块内和接口处发生的处理和转换。

图 13.5 给出了一个简单的数据流程图，用于大学课程的邮件注册系统。圆角的方块表示流程，负责数据的转换。直角方块表示一个外部实体，它是一个数据的发起者或接收者，位于模拟系统的边界外。开口虚线矩形表示数据存储，它可以是手工的或自动的数据仓库。箭头线表示数据流，它们显示数据在流程、外部实体和数据存储之间的流动。它们含有数据包，每个数据流的名字和内容标注在了箭头旁边。

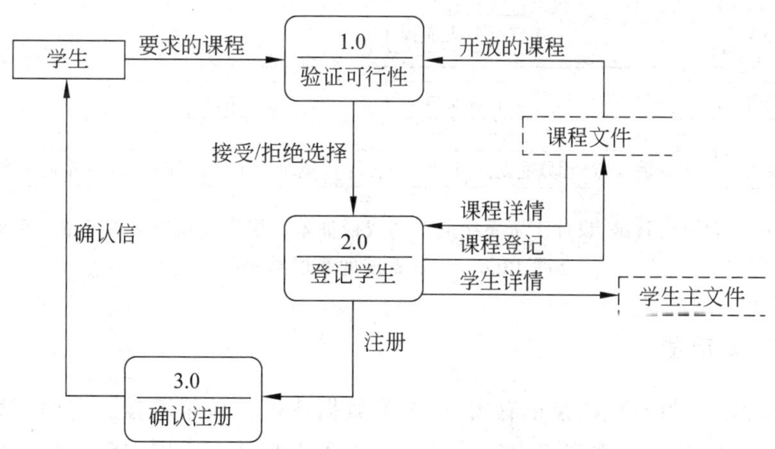

系统分 3 个流程：验证可选性（1.0）、登记学生（2.0）以及确认注册（3.0）。每个数据流的名称和内容会标注在每个箭头旁。系统中有一个外部实体：学生。有两个数据储备：学生主文件和课程文件。

图 13.5　大学课程的邮件注册系统数据流程图

这个数据流程图展示了学生提交的申请登记表，表中填有学生的名字、学号和想要学的课程号码。在流程模块 1.0 中，系统用大学的课程文件验证是否所选的每一门课仍处于开放状态。此文件区分开放课程和被取消或选满的课程。然后处理模块1.0确定接受或拒绝学生所选的某些课程。流程模块2.0登记学生成功选择的课程。它用学生的姓名和学号更新大学的课程文件,并计算班级人数。如果登记人数已达最大值,开放课程就会显示关闭。处理模块2.0还会根据新生或地址变更的信息更新学生主文件。然后流程模块3.0发给候选生选课确认信,列出其选上的课程,同时告知其未能选上的课程。

此图既可用于描述高层处理,也可用于描述低层细节。通过分层数据流程图,一个复杂的问题可以分解成一系列不断细化的层次图。整个系统可通过高层数据流程图分解为子系统。一个子系统可通过第二层数据流程图将其分解为附加子系统,较低层的子系统仍可以再细分,直至达到最细最低的层次。

结构化分析的另一个工具是数据字典,它包括一个系统中数据或数据组的单个片段的信息(见第6章)。数据字典定义数据流和数据存储的内容,因而,系统建造者能准确地了解它们包含哪些数据片段。**流程规格**(process specifications)描述了发生在数据流程图最低层的转换,说明每一个程序的逻辑。

在结构化方法中,软件设计利用层次结构图实现模型化。**结构图**(structure chart)是自上而下的图表,显示设计的每一层、该层和其他层的关系以及该层在总体设计中的位置。该设计首先考虑一个程序或系统的主要功能,然后将该功能分解为子功能,再分解子功能直至达到最细、最低的层次。图13.6显示了一个工资系统的高层结构图。如果一个设计有很多层要填入一张结构图,它可以进一步分解成更细的结构图。一个结构图可以记载一个程序、一个系统(即一个程序的集合)或一个程序的一部分。

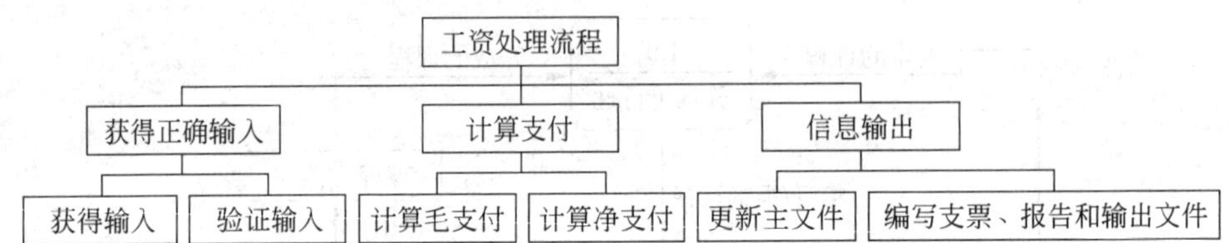

从结构图中我们可以看出,设计工资系统的最高或最抽象的层次为我们提供了整个系统的概况。

图13.6 工资系统的高层结构图

面向对象开发

结构化方法对为流程建模很有用,但对为数据建模的效果不佳。它们把数据和流程看作逻辑上分开的实体,而现实中这种区分似乎不太自然。不同的建模规则应用于分析(数据流程图)和设计(结构图)。

面向对象开发(object-oriented development)试图解决上述问题。它把**对象**(object)作为系统分析和设计的基本单位。一个对象把数据和作用在这些数据上的特定流程结合在一起,对象中囊括的数据仅能通过与对象相关联的操作或方法存取和修改。程序会发送一个消息给对象去执行一个已包含于其中的操作,而不是将数据传输到作业程序。建模后的系统类似于对象和它们的关系组成的一个集合。由于对象中存有处理逻辑,而分开的软件程序并没有，因此对象必须相互合作推动系统工作。

面向对象建模是基于类和继承的概念。属于某种类或相似对象的总体范畴的对象，拥有该类的特性。对象类可以依次继承所有较上层类的结构和行为，并添加独特的变量和行为至每一个对象。通过选用一个现有的类并明确新的类是如何不同于现有的类，可以创建由对象组成的新的类，而不用每次都从头做起。

从图13.7中，我们可以看出类和继承如何工作，它显示了与员工及其如何支付薪资相关的类之间的关系。对于其他三种类来说，“员工”是常见的原型或超类。“薪金制”、“小时制”、“临时制”为“员工”的三个子类。类名在图块的顶部，属性在中间，操作在每块的底层。所有员工共享的特性(员工号、姓名、地址、雇用日期、职位和工资)存储于“员工”超类，而每一子类都保有本类的特性。例如对小时制员工而言，小时工资率和加班工资率是其特性。由子类到顶类的一根实线是一个通用化路径，指出“薪金制”、“小时制”和“临时制”等子类有共同的特性，可以归纳至“员工”超类。

面向对象开发较传统的结构化开发更具迭代性和增量性。在系统分析阶段，系统建造者记录系统的功能需求，指出它最重要的性质并向建议系统发出指令。对系统和用户的交互活动进行分析，识别包括数据和流程的对象。面向对象的设计阶段描述了对象将如何行动以及它们将如何交互。相似的对象被分在一起，形成一个类，多个类划分成组，形成层次，子类继承了超类的特性。

通过将设计转换为程序码，重新使用在可重复使用软件对象库中已有的类，并加入面向对象设计阶段中新创建的类，信息系统得以实施。实施可能还包含创建一个面向对象数据库。最后开发的系统必须经过测试和评估。

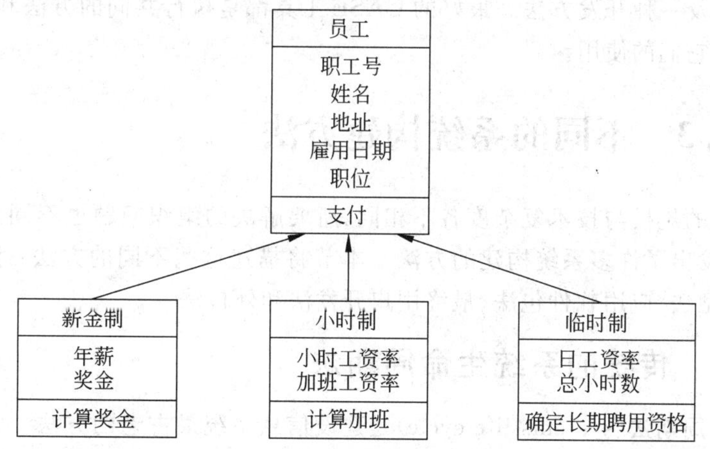

此图显示了类如何继承超类的普通特性。

图13.7 类与继承

由于对象可重复使用，面向对象开发能潜在地减少编程的时间和成本，因为组织可以重新应用其他系统已建造的模块。创建新系统时可以使用一些现存对象，改变某些对象，并加入少量新的对象。面向对象的框架一旦开发出来，就可用以提供可重复使用的、部分完成的应用系统，组织可把它们进一步定制为成品应用系统。

计算机辅助软件工程

计算机辅助软件工程(computer-aided software engineering,CASE),有时也称为计算机辅助系统工程,它提供软件工具,自动化我们已描述的方法,以减少开发者所需要做的重复性工作。CASE工具也利于创建清晰的文档,以及协调团队开发进度。通过交换各自的文件来评阅和修改已做的工作,队员可以轻松共享他们的工作。如果工具应用得当,生产率可适度提高。

CASE工具提供了自动化图形设备,支持产生图表和图形、屏幕界面和报告生成器、数据字典、扩展报告设备、分析和校验工具、代码生成器以及文档生成器。一般而言,CASE工具试图通过采取以下方式来提高生产率和质量:

- 强化标准开发方法和设计规则
- 改善用户和技术专家之间的沟通
- 组织和协调设计部门,利用设计资料档案库提供快速存取
- 对于分析与设计中单调、易错的部分,将其自动化
- 自动化代码的生成和测试,并控制其展示

CASE工具还包括验证设计图和设计规格。通过自动进行修改和变更以及提供原型化设施,CASE工具可以支持迭代设计。CASE信息档案库储存着分析师在项目中定义的所有信息,包括数据流程图、结构图、实体关系图、数据定义、流程规格、屏幕和报告格式、注解和注释以及测试结果。

为有效使用CASE工具,需要组织纪律。开发项目的每个成员必须坚持同一套命名惯例和标准以及一种开发方法。最好的CASE工具都是执行共同的方法和标准,缺乏组织纪律会影响它们的使用。

13.3 不同的系统构建方法

每个系统的规模与技术复杂度各不相同,所要解决的组织问题也不同。为了应对这些不同点,开发出了许多系统构建的方法。本节将描述这些不同的方法:传统的系统生命周期法、原型法、应用软件包法、最终用户开发法和外包法。

13.3.1 传统的系统生命周期法

系统生命周期法(systems life cycle)是建设信息系统最古老的方法。它是分阶段建设一个系统的方法,即将系统开发划分为多个正式阶段。系统开发专家对如何划分系统建设阶段有不同看法,但他们基本一致同意我们刚刚在前面介绍的几个阶段。

生命周期法在最终用户与信息系统专家之间划分正式的劳动分工。技术专家,如系统分析师和程序员,更多地负责系统分析、设计和实施工作;最终用户限于提供需求和评审技术人员的工作。生命周期法还强调正式的规格和日常文书工作,所以在系统项目进行过程中会产生很多文档。

系统生命周期法目前仍常用于开发大型而复杂的系统,需要严格和正式的需求分

析、预先定义清楚的规范以及对系统建设过程的紧密控制。然而系统生命周期法的成本昂贵、耗时长且缺乏弹性。虽然系统建造人员可以在系统生命周期的不同阶段来回调整，然而它仍以“瀑布”开发方式为主，也就是在下一阶段工作开始前，本阶段的任务应该完成。活动可以重复，但若需修改要求与说明，则必须生成大量新的文档，并要重新经历各个步骤。因此应尽量在开发过程的早期就促使规格冻结。生命周期法不适合于许多小型的桌面系统，因为它们欠结构化且更强调个性化。

13.3.2 原型法

原型法(prototyping)快速建立低成本的实验性系统供最终用户评估。通过与系统原型互动，用户更加熟悉信息需求。用户认可的原型可作为创建最终系统的一个模板。

原型(prototype)是信息系统或其某一部分的一个可用版本，但它只是一个初步的模型。一旦运行，它将进一步完善，直至完全与用户需求相一致。设计最终确定后，原型将转换成正常操作的系统。

设计初步系统、尝试并评估此原型、改善原型并再次评估，这样的系统开发循环称为**迭代**(iterative)过程，因为系统建置的数个步骤可以不断重复进行。原型法的重复性较生命周期法高得多，而且它积极地促进系统设计变化。也就是说原型法通过有计划的反复作业取代无规划的重复设计，使得每个版本都能更准确地反映用户真正的需求。

原型法的步骤

图13.8给出了原型法的4步模型，具体步骤如下：

步骤1：确认用户基本需求。系统设计者(通常为一个信息系统专家)与用户共同工作，以采集用户的基本信息需求。

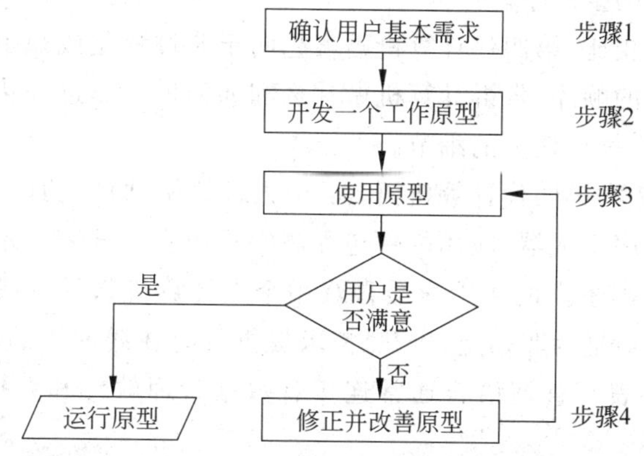

开发一个原型的过程可分为4个步骤。由于原型可以快速且低成本地开发出来，开发者可以重复数次同样的步骤，步骤3和步骤4可以重复用来修正及强化原型的功能，从而得到可以最终运作的系统。

图13.8 原型法的流程

步骤2：开发一个初始原型。系统开发者利用快速生成软件工具，快速创建一个工作原型。

步骤3：使用原型。鼓励用户利用系统，以判断原型是否切合其需求，并提出改善建议。

步骤4：修正并改善原型。系统建置者根据用户提出的要求来修改原型系统，在修改完成后，返回到步骤3。重复步骤3和4，直到用户满意为止。

没有进一步迭代要求时，被认可的原型就会转换为运行原型，提供应用程序的最终规格说明。有时这个原型被采用为系统的完成版本。

原型法的优缺点

当需求或设计方案不确定时，原型法最有用，尤其在设计最终用户的接口(系统的一部分，用它可以和用户交互，如在线展示和数据输入界面、报告、网页)时。由于原型法鼓励最终用户参与整个系统开发生命周期，因此，开发的系统更可能符合用户的需求。

然而，快速原型法可能掩盖系统开发的重要步骤。如果完成的系统运行良好，管理层可能会感觉没有必要为了建立一个完善的运行系统去重新编程、重新设计或进行充分的文档编制和测试。一些仓促构建的系统，可能不容易适应拥有大量数据或众多用户的真实环境。

13.3.3 最终用户开发

某些类型的信息系统可由最终用户自行开发，很少或无需技术专家的正式协助。这种现象称为**最终用户开发**(end-user development)。一系列第四代计算机语言类的软件工具皆有此功能。**第四代计算机语言**(Fourth-generation languages)是软件工具，它使用户能以最少或无须技术帮助即可创建报告或开发软件应用程序。某些第四代软件工具还能提高专业程序员的生产率。

与传统程序语言相比，第四代计算机语言趋向于非过程化或缺少过程。过程化语言要求说明步骤或过程的顺序，告诉计算机做什么和如何做。非过程化语言仅指出必须完成什么，而不提供如何执行任务的细节。

表13.3给出了7类第四代计算机语言：个人计算机软件工具、查询语言、报告生成器、图形语言、应用程序生成器、应用软件包和高编程语言。该表显示的工具按照非编程类最终用户的易用性排序。最终用户最喜欢用个人计算机软件工具和查询语言。**查询语言**(query languages)是为非预定义信息需求提供及时在线回答的软件工具，例如，“谁是业绩最高的销售代表?”查询语言通常连接着数据管理软件和数据库管理系统(参阅第6章)。

总体来说，最终用户开发的系统完成速度比传统的生命周期法开发的系统更快。允许用户确定自己的业务需求，改善了需求采集工作，并带动用户更多地参与其中，提高了对系统的满意度。然而，第四代工具在某些应用上仍不能代替传统工具，因为它们不易进行大量业务的处理，也难以应付带有大量过程逻辑和更新需求的应用程序。

表 13.3　第四代计算机语言的类别

第四代计算机语言工具	描　述	例　子	
个人计算机软件工具	个人计算机通用应用软件包	WordPerfect Microsoft Access	面向最终用户
查询语言	检索数据库和文件中存储的数据的语言,支持未予定义的信息需求	SQL	↑
报告生成器	从文件或数据库中抽取数据,创建多种格式的定制化报告,而不是由信息系统常规产生报告;与查询语言相比,它提供对数据的形成、组织和显示方式的更强控制力	Crystal Reports	
图形语言	检索文件和数据库中的数据,并以图形形式显示;某些图形软件也可对数据执行算术和逻辑运算	SAS Graph Systat	
应用程序生成器	包括预编程的模块,可以生成整个应用程序,包括网站,大大加速了开发速度;用户规定需要做什么,应用程序生成器就可以生成输入、核准、更新、处理和报告的应用程序码	WebFOCUS QuickBase	
应用软件包	由供应商销售或出租的软件程序,省去了编写定制的内部软件的需要	Oracle PeopleSoft HCM mySAP ERP	↓
高级编程语言	与传统语言(如 COBOL 或 FORTRAN)相比,用更少的指令生成程序代码,主要充当专业程序员的生产率工具	APL Nomad2	面向信息系统专业人士

最终用户计算还具有组织风险,因为它处于信息系统管理和控制的传统机制之外。当系统快速创建时,因为没有正式的开发方法,测试和文档编制可能不够充分。对传统信息部门之外的系统,可能会失去数据控制力。为了帮助组织实现最终用户应用开发的收益最大化,管理层应当对最终用户信息系统项目进行成本评议,并为最终用户开发应用程序建立硬件、软件和质量标准,从而控制最终用户应用程序的开发。

13.3.4　应用软件包和外包

第 5 章指出,今天多数系统的软件不是企业自行开发的,而是从外部来源购买的。公司可以从软件服务供应商处租用软件,也可以从商业供应商处购买软件包,或是使用外包公司开发的定制应用软件。

应用软件包

过去几十年里,许多系统都建立在应用软件包的基础上。许多应用程序普遍应用于所有企业组织,如工资、应收账款、总账和库存控制等。这些具有标准流程的通用功能很长时间内都不会改变,一个通用化的系统可以满足许多组织的要求。

如果一个软件包可以满足组织的多数需求,公司就没必要编写自己的软件,可以通过重写、重新设计和重新测试软件程序来节省时间和金钱。软件包供应商提供系统售后的维护和服务,包括改进系统使其与技术和业务发展相一致。

如果一个组织有该软件包不能满足的特殊要求,则还有许多软件包拥有客户定制的功能。客户定制(customization)特性允许修改一个软件包以适应组织的特殊需求,却不破坏软件包的整体性。如果需要大量客户定制,附加的编程和定制化工作可能会成本高昂且耗时,以致否定了软件包的许多优势。

使用应用软件包开发系统时,系统分析工作将涉及对软件包的评估。最重要的评价标准包括软件包所提供的功能、灵活性、用户友好性、硬件和软件资源、数据库需求、安装和维护难易度、文档编制、供应商资质以及成本等。软件包的评价过程通常基于一个**征询建议书**(PRF),它是提供给软件包供应商的一份详细问题列表。

软件包解决方案选定后,组织不再对系统设计过程进行全面控制。设计活动不是修正系统设计规格来满足用户的要求,而是影响用户需求以符合软件包的特性。如果组织的需求和软件包的工作方式之间存在矛盾,而软件包又不能定制,组织必须适应软件包并改变其作业流程。

外包

如果一个公司不想应用内部资源建造或运行信息系统,它可以将这项工作外包给一个擅长提供此类服务的外部组织。第5章提到的云计算和软件即服务(SaaS)供应商都是外包的一种,发包公司使用软件和计算机硬件作为系统的技术平台。另一种外包的形式:公司可聘请外部供应商来设计和创建系统软件,但该公司会在自己的计算机上运行系统。外包供应商可以来自国内或国外。

国内外包的首要驱动力是外包公司拥有客户所没有的技术、资源和资产。大型公司安装一套新的供应链管理系统或许需要额外雇用30～50人,他们必须对由i2或其他供应商许可的供应链管理软件具有专长。将这项工作外包出去12个月完成是更为合理和低成本的方法,而不必雇用新员工,因为还要对他们进行软件包方面的广泛培训,并且新系统建完后又人员冗余了。

离岸外包(offshore outsourcing)情况下,决策更加趋向于成本驱动型。一个来自印度或俄罗斯的技术娴熟的程序员每年约挣9 000美元,而在美国同样的程序员能挣6.5万美元。互联网和低成本通信技术大大降低了远距离全球团队相互协助的成本和困难。除了节约成本,许多离岸外包公司还可以提供世界级的技术资产和技能。近期美国本土外的工资上涨某种程度上削弱了这些优势,因此一些岗位又重新回到美国。

不过,你仍然很可能在某些时候需要跟离岸外包商和全球团队一起工作。如果有足够时间评估所有风险,确定外包适合其特殊需求,公司很有可能从外包中获益。任何使用外包的公司必须彻底了解该项目,包括其需求、实施方法、预期收益、开支和测量绩效的标准。

很多公司低估了下列活动的相关费用:确认和评估信息技术服务供应商、转换至新的服务供应商、监控厂商以确保其履行合约义务。公司需要为以下活动分配资源:为需求编制文档说明,发布征询建议书,旅行开支,洽谈合同,以及管理项目。专家声称,将任务完全转给外包伙伴并确保供应商完全了解公司业务需要3个月到1年。

应付会消耗生产力的文化差异及处理人力资源问题(例如辞退或调派国内员工),都会增加离岸外包的额外成本。所有这些隐性成本都会削减外包带来的部分预期收益。

雇用外包人员开发或操作有某种竞争优势的应用程序时，公司应十分谨慎。

图13.9说明了一个离岸外包项目总成本的最佳和最差情况。从中可以看出，隐性成本在多大程度上影响项目总成本。最佳情况反映了额外成本的最低估值，而最差情况则反映了这些成本的最高估值。如图所示，隐性成本使一项离岸外包项目的总成本增长了15%～57%。然而，即使产生了额外成本，很多公司仍会在离岸外包中获益。就算在最差情况下，一个公司仍能节省约15%的总成本。

离岸外包总成本 外包合同成本				1 000万美元
隐性成本	最佳情况	额外成本(美元)	最差情况	额外成本(美元)
1. 选择供应商	0	2万	2%	20万
2. 过渡成本	2%	20万	3%	30万
3. 解雇和保留	3%	30万	5%	50万
4. 生产率降低/文化差异	3%	30万	27%	270万
5. 改善开发流程	1%	10万	10%	100万
6. 管理合同	6%	60万	10%	100万
额外成本总计		152万		570万
	未完成的合同(美元)	额外成本(美元)	总成本(美元)	额外成本
最佳情况下的外包总成本(TCO)	1 000万	152万	1 152万	15.2%
最差情况下的外包总成本(TCO)	1 000万	570万	1 570万	57.0%

如果一个公司在离岸外包合同上花费1 000万美元，那么即使在最佳情况下，此公司仍会额外消耗15.2%的成本。在最差情况下，生产率显著下降，而过渡成本和解雇成本都格外高昂，公司在离岸外包合同1 000万美元支出的基础上额外支付57%的成本。

图13.9 离岸外包的总成本

“互动环节：管理领域”讨论描述了克莱斯勒(Chrysler LLC)和塔塔咨询服务公司(Tata Consultancy Services)(TCS)(总部位于印度的全球信息技术和商业服务供应商)之间最近一次外包安排。读完这个案例，用所学知识解释此案例。外包给TCS是正确选择吗？

互动讨论：管理领域

克莱斯勒的外包决定正确吗？

2008年4月，处于全球领军地位的信息技术服务供应商塔塔咨询服务公司(TCS)宣布，他们已与克莱斯勒签订了价值数百万美元的长期外包合同，为其提供全面的整套信息技术服务。此举是否有益于克莱斯勒？

塔塔咨询服务公司是塔塔集团的一个部门，也是塔塔汽车的姊妹部门，后者在印度甚至世界各地与克莱斯勒展开竞争。最近,塔塔汽车从福特汽车公司收购了捷豹和路虎。TCS的主要市场之一便是汽车行业。TCS为北美、欧洲和日本的主要汽车制造商和供应商提供产品开发、制造、供应链和客服等方面的服务。TCS的年收入为43亿美元,其中超过15%来自为汽车制造商提供的服务。

协议的初始版本于2月初发布。塔塔同意接管克莱斯勒的应用系统维护和支持服务,特别是销售、营销、产品开发、共享服务和售后服务等职能。

提供以上服务,TCS可以发挥其全球网络交付模式的影响力,即应用TCS的工具、方法和产品,提供人员、过程和基础设施的一项最佳合作框架,帮助顾客缩短实施时间和实现企业效益。全球网络交付模式被认为是软件开发的范例。TCS在包括美国在内的47个国家拥有10.8万名顾问。

根据TCS的执行主管兼首席运营官N. Chandrasekaran所言,"对汽车产业和克莱斯勒业务的深入了解和专长,配合我们准确输出结果的能力,会为克莱斯勒带来持久的价值。"

克莱斯勒拒绝透露合同成本,但塔塔官员指出,大约需要1亿美元。他们并未说明合同有效期。

克莱斯勒副总裁兼首席信息官Jan Bertsch说,"接下来我们要继续努力……实现更有效的运作……我们渴望大量削减成本,实现公司未来效益的增长。"Bertsch拒绝透露这项外包计划到底可以节省多少成本。

美国汽车工人联合会第412支部第三副总裁Dennis Greathouse表示,克莱斯勒的成本评估师(有技术背景的员工,他们负责考察零部件工作中的价格竞争力问题)深信,他们的岗位最终会被塔塔接管。在美国,每年发给一个成本评估师的薪酬约为7万~8万美元。Greathouse说,他得知塔塔能用相同的价格雇用2~3名此类人员。

克莱斯勒的信息技术工作者质疑,与在公司工作数年的员工相比,外部公司的人员怎么可能跟他们同样高效?但是Bertsch确定变革会改进公司的信息技术运作。克莱斯勒的新管理层发现公司在系统核心维护上花费了太多预算,用于企业再投资的资金已经不足。

克莱斯勒约有2 100人在做信息系统工作,其中1 000人为公司全职员工,其余为合同工。Bertsch表示大约200人,也就是20%的全职员工会因为新的外包计划而失业。

由于燃油费增长和房产业不景气阻碍了小型货车和运动型多功能车的销售,底特律的汽车制造商在过去几年一直在苦苦挣扎。2007年,克莱斯勒在经营和重组方面损失了29亿美元。当时,风险投资公司Cerberus资本管理公司从戴姆勒(Daimler)以接近70亿美元的价格收购了克莱斯勒,而克莱斯勒也转型为私有公司。从那时起,四种产品停止生产,数千岗位遭到裁减,同时也指派了新的管理者。

Cerberus绝不会重蹈覆辙。作为底特律三大汽车制造商之一,克莱斯勒是第一个在信用紧缩市场中重做汽车出租业务的公司。Cerberus坚信,通过克服运作问题和削减成本,公司可以回到盈亏平衡点。根据McTevia咨询公司的管理人员Jim Mclbvia所说,"他们只有少数几个办法可以扭转公司状态,并且在此种经济状态下,他们必须不断削减开支。"

资料来源：Lawrence Walsh，"Tata Will Drive Chrysler's IT，"*Baseline Magazine*，February 21，2008；Patrick Thibodeau，"Chrysler Moves More IT Work to Offshore Giant Tata，"*Computerworld*，February 21，2008；"Tata Scores Again with Chrysler IT Outsourcing，"*Detroit Free Press*，April 4，2008；"Tata Consultancy Services Wins Multi-Year Deal with Chrysler LLC，"*PR Newswire*，February 20，2008.

思考题

1. 在决定是否要把业务外包给 TCS 时，克莱斯勒应该研究管理、组织和技术方面的哪些问题？
2. 与 TCS 的外包合同中，克莱斯勒应注意哪些问题？
3. 塔塔咨询服务公司是克莱斯勒正确的选择吗？说明理由。

MIS 实践

访问塔塔咨询服务公司的网站，回答下列问题：

1. TCS 为客户提供哪几种服务？
2. 选择 TCS 提供的一种服务，描述此种服务如何给克莱斯勒带来利益。

13.4　数字化公司的应用系统开发

数字化公司环境中，组织需要快速追加、改变和汰换技术，以迅速抓住新机遇。公司开始采用步骤少、非正式的开发流程，使问题得到快速解决。除了应用软件包和外部服务供应商外，企业正在越来越依赖快速周期技术，如快速应用系统开发(RAD)、联合应用系统设计(JAD)、敏捷开发以及可重复使用的标准化软件组件(这些组件可以装入一套完整的电子商务与电子化企业服务系统中)。

13.4.1　快速应用系统开发(RAD)

使用面向对象软件工具、可重复使用软件、原型法及第四代计算机语言工具，能帮助系统开发者比使用传统系统建置方法与软件工具更快地构建系统。**快速应用系统开发**(rapid application development，RAD)描述在非常短的时间内建造可运行的系统的过程。RAD 包括使用可视化编程及其他工具来建立图形用户界面、主要系统组件的迭代原型、自动化生成程序代码及用户与信息系统专家间的密切合作。简单的系统经常由事先建造的组件组装而成。流程无须按序进行，并且开发的关键部分可同时进行。

一种称为**联合应用系统设计**(joint application design，JAD)的方法有时可用来加速信息需求的生成和开发初始的信息设计。JAD 把最终端用户和信息系统专家聚集起来，互动地讨论系统设计。只要有适当的准备和良好的协助，JAD 会议就可以明显加速设计阶段并使用户积极地参与其中。

敏捷开发(agile development)主要指通过将一个大项目拆成一系列利用迭代和持续反馈在短时间内完成的小型子项目，实现工作软件的快速交付。每个迷你项目都由一个团队开发,就像一个包含规划、需求分析、设计、编码、测试和文档编制的完整项目。开发人员明确需求后,下一次迭代会对项目进行改进或增添新的功能。这样一来,总风险可以降到最低,项目也可更快适应变化。敏捷方法强调通过书面文档进行面对面交流,鼓励人们快速有效地合作并做出决定。

13.4.2 基于组件的开发与网络服务

我们已经介绍了为建设系统而进行的面向对象开发所带来的好处,比如可以快速响应变化的企业环境,包括网络应用程序。为了进一步促进软件的创建,汇总分组对象并提供拥有共同功能的软件部件,如图形用户界面或在线订单能力,可进一步组合生成大规模的企业应用软件。这种软件开发的方法称为**基于组件的开发**(component-based development),它通过汇总和集成现有软件组件的方法来创建系统。企业在利用基于组件的开发创建电子商务应用程序时,是通过把购物车、用户验证、搜索引擎和目录等可买到的组件与满足自身独特业务需求的软件相结合。

网络服务与面向服务的计算

第5章介绍了网络服务是松散的可重复使用的软件组件,它们利用可扩展标记语言(XML)和其他开放协议及标准传送,实现应用软件之间的沟通,无须编写定制程序即可共享数据和服务。除支持系统内部和外部集成外,如我们在开篇案例中所提到的,网络服务还可以作为建造新信息系统应用程序或提高现有系统能力的工具。由于这些软件服务应用一套通用的标准,它们比专用的组件更便宜且更容易结合在一起。

网络服务不仅能自己执行一定的功能,还能与其他网络服务一道完成更复杂的业务,如校核信用、采购或订购产品。通过创建可在各种操作系统、编程语言和客户设备情况下传输和共享数据的软件组件,网络服务在系统构建中可以节约大量成本,并找到与其他公司合作的新机会。

13.5 MIS实践

本节的实践项目包括,分析业务流程问题,给汽车销售设计并建设一套顾客系统,以及为有意网购的企业重新设计业务流程。

13.5.1 管理决策问题

1. 只要付出一笔额外费用,购买了西尔斯罗巴克(Sears Roebuck)电器(例如洗衣机)的顾客,即可获得一份3年的服务合同。合同提供免费维修服务和部件,由西尔斯的授权服务供应商来完成。持有西尔斯服务合同的人,在需要维修电器时,他可打电话给西尔斯维修和部件部门,预约维修时间。由部门确定具体日期和时间并通知顾客。维修技师按时到达维修地点并诊断问题。如果问题是由部件故障引起的,技师会更换部件(如果他随身携带的话)或从西尔斯预订此部件。如果部件在西尔斯没有存货,西尔斯会订购此部件,并在到货时通知顾客。部件会直接送到顾客手中,然后顾客必须致电西尔斯让其为维修技师安排第2次预约，替换故障部件。这样的流程实在过长。

预约第1次上门维修需要2周，预订接收维修部件需要2周，预订部件到达后再次预约上门还需1周。

- 绘出现有流程图。
- 现有流程对西尔斯的运作效率和与顾客之间的关系有何影响？
- 若要使流程更加有效，应做出哪些变革？信息系统如何支持这些变革？绘出改进后的流程图。

2. 某农药公司管理层对生产规划并不满意。生产规划是通过对每种产品需求量的最佳推测来制定，这种方法是基于以前的订货量。现有订单确定后，如果顾客改变订单或需求，公司就无法调整生产规划。公司可能不得不告知顾客无法满足其需求，或只能追加额外的成本来增加库存从而避免缺货。

每月末，公司都会计算所有订单并人工将其输入生产规划系统。从上月生产和库存系统中调出的数据由人工输入公司订单管理系统。销售部门和生产部门的分析师分析来自各自系统的数据，决定下个月的销售和生产目标。通常，评估结果不尽相同。分析师齐聚高级规划会议，修订销售和生产目标，以便把管理高层对市场份额、收益和利润的目标考虑在内。会议生成最终的生产主时间表。

完成整个生产规划的流程需要17个企业工作日。其中，9天用来输入、核准数据，其余时间则用来制定与调整生产和销售目标，确定最终的生产主时间表。

- 绘制现有生产规划流程图。
- 分析此流程给公司带来的问题。
- 一个企业系统如何解决这些问题？怎样降低成本？如果公司执行企业软件，生产规划流程会是怎样的？绘出图形。

13.5.2 优化决策：应用数据库软件设计一套汽车销售客户系统

软件技能：数据库设计、查询、报告、表格

商务技能：销售意向和顾客分析

本项目需要你进行一次系统分析，然后用数据库软件设计一个系统解决方案。

Ace汽车代理商专门销售斯巴鲁(Subaru)新车。公司在当地投放广告，并且作为授权经销商出现在了斯巴鲁网站和主要的售车网站上。这家公司受惠于在当地广为人知的好口碑，成为俄勒冈州波特兰的斯巴鲁汽车主要供货商。

当一位潜在用户进入样车展厅时，他会受到Ace业务代表的热切欢迎。业务代表需要填一张表格，信息包括潜在客户的姓名、地址、电话号码、来访日期及顾客感兴趣的车型。代表还要询问客户通过何种渠道获知Ace——报纸广告、网络还是朋友介绍，这些信息也要填入表格。如果客户决定购买一辆汽车，业务代表要填一份销货单。

Ace认为自己还没有完全了解客户。它不能轻易判断哪些潜在客户已经买过汽车，也不能分辨哪一个客户接触点带来最多的销售意向或实际销售量，从而可以把广告和营销集中在带来最多利润的地方。是报纸广告带来了购买行为吗？还是口碑或网络呢？

准备一份系统分析报告,详细列出Ace存在的问题和可利用个人计算机数据库管理软件实施的系统解决方案。然后用数据库软件开发一个简单的系统解决方案。你的系统分析报告需要有以下内容:

- 描述存在的问题以及它对组织和业务的影响。
- 提出建议解决方案、解决方案的目标以及方案可行性。
- 列出所选解决方案的成本和效益。公司配有可以访问互联网的个人计算机以及整套微软办公软件。
- 解决方案中要处理的信息需求。
- 说明该解决方案在管理、组织和技术方面需要处理的问题,包括业务流程的改变。

在你所识别的需求的基础上,设计了数据库,并且在每个表中至少填充10条记录。考虑一下,你的设计能否应用或修改Ace现有的顾客数据库。你可以在第13章的网站指南上找到这个数据库。打印数据库设计,然后运用你创建的数据库生成令管理层最感兴趣的查询和报告。为系统创建几个原型数据输入形式,与你的导师一起对它们进行修改,然后校审原型。

13.5.3 实现卓越运营:为网络采购重新设计业务流程

软件技能:网络浏览器软件

商务技能:采购

此项目要求你考虑当业务转向网络之后,应该如何重新设计业务流程。

你负责公司的采购,希望利用Grainger.com(www.grainger.com)的B2B(企业对企业)电子商务网站完成这项工作。通过该网站的目录、订单表格和维修部件订单向供应商发一份涂料订单。不要在网站注册。你的公司需要利用该系统,在线发出30加仑的绘画涂料订单,描述所有这些步骤。绘制一张图表,说明你所设想的公司的采购流程以及其中所需信息项。

传统采购流程中,任何负责采购的人员都要填写购买申请单且按照公司的规定在提交之后等待批准。请购批准后,每份采购单都会生成唯一的采购单号,再送至供应商。采购人员或许想要浏览供应商的产品目录,从而可以在发出订单前对比价格和性能。采购人员或许也会确定所采购产品是否有货供应。如果请购公司是经过核准的老顾客,那么它可以赊购,在货物发出后收到记有购买和运输货物的全部成本的账单。或者,采购公司必须提前支付订货款,或用信用卡付款。可以选择多种支付方式。应如何改变此流程才能实现从Grainger网站的电子化采购?

拓展学习

与本章相关的拓展学习资料如下:

1. 统一建模语言(UML)
2. 业务流程设计和文档编制的基础模型

本章小结

1. 新系统的建立如何产生组织上的变化？

建立新的信息系统是一种有计划的组织变革。技术带来的改变有四种：(1)自动化；(2)过程的合理化；(3)业务流程再造；(4)范式转换，最后一种深远的变革会带来极高的风险与报酬。许多组织借由业务流程再造来重新设计工作流与业务流程，希望显著提高生产率。信息系统也可以用来支持业务流程管理、全面质量管理(TQM)、六西格玛和其他逐步改善流程的创新方法。

2. 系统开发过程中的核心活动是什么？

系统开发的核心活动是系统分析、系统设计、程序设计、测试、转换、使用和维护。系统分析是指研究和分析现存系统的问题，并确定其解决方法的信息需求。系统设计则是详述信息系统解决方案的规格，显示如何使技术要素和组织要素互相契合。

3. 信息系统建模和设计的主要方法是什么？

信息系统建模和设计的两种主要方法分别是结构化方法和面向对象开发的方法。结构化方法主要是分别为流程和数据建模。数据流程图是结构化分析的主要方法，而结构图是展示结构化软件设计的主要工具。面向对象开发把一个系统建模为连接流程和数据的对象的集合。面向对象建模是基于类和继承的概念。

4. 建立信息系统还有哪些其他方法？

系统生命周期法是最古老的系统建置方法，其信息系统在多个正式阶段中开发，这些阶段必须循序渐进，各自有定义好的输出；并且在下一个阶段开始前，需要获得正式的认可。系统生命周期法适用于大型项目，在系统建置每一阶段都要求规格正式、管理严谨，然而这种方法非常死板且昂贵。

原型法可以快速、低成本地建立实验系统，供最终用户与其互动和评估。原型法鼓励最终用户参与系统开发与设计的迭代，直到规格得到准确确认。原型法的快速开发导致无法完整地测试系统、进行文档编制，或使系统与实际作业环境有技术上的落差。

使用软件包开发系统，减少了建立系统所需的设计、编程、测试、安装和维护工作。应用软件包对于缺乏内部信息系统技术人员或是缺乏财务资源开发系统的公司很有帮助。为满足组织独特的需求，软件包可能需要大量修改，导致开发成本明显上升。

最终用户开发是由最终用户自行开发信息系统，或在最少的专家协助下完成系统开发。第四代语言工具有助于快速地、非正式地开发出最终用户系统。然而，最终用户开发会产生无法确定质量标准且难以用传统方法控制的系统。

外包则引入了外部承包商来建置(或运作)公司的信息系统，不再由组织内部信息系统人员来完成。外包可以节省应用程序开发成本，使企业不依靠内部信息系统人员就可以开发应用程序。然而，风险在于企业丧失了对信息系统的控制，且过于依赖外部厂商。外包还产生了“隐性”成本，在离岸外包中尤为明显。

5. 数字化公司时代，系统建立有哪些新方法？

公司依赖快速应用系统开发、联合应用系统设计(JAD)、敏捷开发和可重复使用的软件组件来加快系统开发的过程。快速应用系统开发(RAD)将面向对象的软件、可视化程序设计、原型法与第四代语言工具应用于快速系统开发上。敏捷开发将一个大项目拆成一系列小型子项目,运用迭代和不断反馈,在短时间内完成开发。基于组件的开发可以加快应用程序的开发,通过把对象分组为可以相互结合的成套软件部件,创建大规模的企业应用软件。网络服务提供一组通用标准,允许组织以即插即用的方式来连接它们的系统,而无须考虑所用的技术平台。

复习题

1. 新系统的建立如何产生组织上的变化?
   - 分别描述四种可以由信息技术进行改进的组织变革。
   - 什么是业务流程再造,解释它与业务流程管理有何区别。描述有效再造所需的步骤。
   - 解释信息系统如何支持组织内为提高质量采取的流程变革。
2. 系统开发过程中的核心活动是什么?
   - 系统分析和系统设计的区别是什么?分别对其进行描述。
   - 什么是信息需求,并解释其难以准确定义的原因。
   - 解释系统开发的测试阶段之所以重要的原因。列举并描述信息系统测试的三个阶段。
   - 描述系统开发过程中程序设计、转换、使用、维护的作用。
3. 系统建模和设计的主要方法是什么?
   - 对比系统建模和设计时所采用的面向对象方法和传统的结构化方法。
4. 建立信息系统还有哪些其他方法?
   - 什么是传统系统生命周期法?叙述其步骤,及对系统建置的益处与不利之处。
   - 什么是信息系统原型法?描述它带来的好处和存在的局限。列出并描述原型法流程的步骤。
   - 什么是应用软件包?基于软件包的信息系统开发有何优势和劣势?
   - 什么是最终用户开发?说明其优势和劣势。列举一些管理最终用户开发的策略和程序。
   - 建置信息系统时,使用外包的所带来的好处和不利各是什么。
5. 数字化公司时代,系统建立有哪些新方法?
   - 快速应用系统开发(RAD)和敏捷开发是什么?解释它们可以加速系统建置的原因。
   - 基于组件的开发和网络服务如何帮助企业建立和完善信息系统?

讨论题

1. 为什么选择系统开发方法是企业的一项重要决策?谁应当参与这个选择过程?
2. 有人说,降低系统开发成本的方法是采用应用软件包或第四代语言工具。你同意吗？说明理由。

团队项目：编写网站设计说明

三四个学生一组，在本书中选择一个使用万维网的系统。浏览所选系统的网站。利用你从网站所得信息及从本书中所学知识，编写一份报告，对你所选系统进行设计说明。如有可能，使用谷歌协作平台(Google Sites)链接网页、团队沟通公告和工作任务，集思广益，合作完成项目文件。尝试使用谷歌文档(Google Docs)在课堂上展示成果。

案例研究

得克萨斯州社区银行寻求系统解决方案

总部位于得克萨斯州沃克西哈奇的得克萨斯州社区银行拥有200名员工，是一家提供全方位服务的私人银行。1868年起，银行已开始独立运行。得克萨斯州社区银行为埃利斯县及其他附近县的企业和客户服务，主要集中在2.5万人以下的社区。银行总资产达4亿美元，且每年以12%的速度增长。1999年起，该银行的分行从4家增长至15家，遍布10个城市。在达拉斯-沃尔斯堡地区的南部，得克萨斯州社区银行希望将其8个县的市场份额至少增加到50%。

得克萨斯州社区银行效益实现持续增长的主要原因之一是引进客户关系管理(CRM)软件。CRM的目标直指银行与顾客的两个主要接触点：银行呼叫中心及其销售人员。呼叫中心每天大约要接4 000个电话，由10～20名客服代表处理。销售人员有16名代表，也就是所谓的客服专员，由他们为得克萨斯州社区银行跑业务。他们与顾客之间形成了贷款销售和存款业务关系，银行则因此获取利润。

2001年，银行CEO马克・辛德尔顿亲自监督了银行安装西贝尔系统CRM软件包的整个实施过程。系统实施的主要目标是通过增加客服专员与客户的联系次数，改进对这些活动的跟踪调查使银行从中获取经验，最终提高销售额。CRM软件包还会带来其他好处。银行可以更快地批准信贷申请。最后，它还可将客服专员与顾客之间的互动记录存成电子版。

两方面的原因足以说明电子记录的关键性。在旧的纸张作业系统中，销售人员离开得克萨斯州社区银行时可以随身带走顾客互动记录，使得银行无法保留任何信息来维持以往的客户关系。纸张作业系统也产生了过多信息，使辛德尔顿及其分行经理无法有效处理。

对辛德尔顿而言，决定采用CRM系统不是轻而易举的事。他注意到了自动化系统带给企业的巨大价值，而且在客服专员和顾客互动方面所体现的价值更大。但他担心过度使用CRM系统可能会干扰这些互动，削弱客服专员与顾客之间的联系。用以往的方式所进行的追踪记录使人印象深刻。对于零售顾客，银行的交叉销售率在2～2.5之间，这说明每个顾客至少在使用银行的两种产品。高级商务私人顾客一般使用6～7种产品。

考虑到这种优势,辛德尔顿坚持要求CRM在得克萨斯州社区银行的任何应用都应巩固客服专员对顾客和潜在顾客的了解,其中包括他们之前与银行的互动记录。标价15万美元的西贝尔软件包应该可以完成这个目标。银行与一家当地咨询公司——The Small Business Solution——签订了合约,来完成软件包的安装。老式银行迟缓的运行模式很难适应功能强大的企业软件包。从跟踪用户意向到生成相关报告,得克萨斯州社区银行对几乎所有业务职能所采取的方法都是最基础的。西贝尔软件对它来说是性能过于丰富了。银行花费了大量时间来关闭妨碍生产率的性能。

例如,西贝尔有一个处理客户服务案例的复杂模型。它包括对投诉的细化管理功能,从客户的初次电话到随后的电话一直到解决问题的各种办法。得克萨斯州社区银行的顾客投诉流程很少会走这么远,因为呼叫中心的代表会即刻解决。如果第二次互动是必要的,代表也只需发一封邮件给负责执行的员工。

吉姆·戴维斯(Jim Davis)是来自德勤咨询公司(Deloitte Consulting)的CRM专家,他如此描述得克萨斯州社区银行的情况,"西贝尔软件的问题是它无所不能。"软件包超大的规模不是得克萨斯州社区银行唯一的问题。员工还发现软件过度复杂化了。例如,他们惊奇地发现系统不能为指定顾客自动生成潜在的商机。因此,他们不得不向顾客指定潜在业务。此外,推销员无法在同一个界面上查看顾客与银行间的多重关系。其他的缺点还有:内容不清晰和效率低下。因此,客服专员抵制新系统也不足为奇。对他们来说,仅仅因为新软件要求改变就变更经过检验且可靠的方法,这样做毫无道理。

戴维斯认为,客服专员与新系统之间的脱节是系统实施失败的症结所在。客服专员是重要员工;系统的目的是帮助他们,同时给银行带来价值。然而由于他们的薪酬是基于销售额,而销售额又难以达到有效突破,因此他们毫无动力使用西贝尔软件。

得克萨斯州社区银行还面临着西贝尔的数据库格式与银行使用的核心应用程序(由Kirchman开发)之间的兼容性问题。Kirchman软件把顾客的姓和名归入同一字段,而西贝尔则将它们分别放置。结果,两个系统很难恰当交换信息。银行被迫花费相当长的时间修整这些兼容性问题,不然就会对银行服务客户的能力产生负面影响。

得克萨斯州社区银行花了3年时间试图使西贝尔的CRM投入运营。2004年,由于未获得实质性进展,银行最终决定减少损失。除了最初的15万美元用来购买系统,银行还在解决兼容性问题上花费了35万美元。辛德尔顿认为这个过程相当于"一笔50万美元的学费"。

The Small Business Solution的总裁兼CEO大卫·弗尼(David Furney)开始为得克萨斯州社区银行寻求其他CRM解决方案。弗尼从Intuit发现了一个叫QuickBase的在线数据库系统,它的服务对象是小型公司和企业工作组。它特别适合快速建立简单数据库应用程序,同时员工无须接受过多培训即可使用。Intuit最著名的是其财务管理应用软件,例如Quicken和QuickBooks,而在CRM市场没有太大作为。

Quickbase包括数据库、电子表格和销售管理模块,所有这些都易于操作来发挥银行职能。Quickbase意在供公司的团队成员组织、追踪和分享信息,通过对更新的文件、新分配的任务和临近的截止日期自动生成电子邮件,通知员工,促进程序推进。Intuit产品提供现成的通用应用程序,例如项目管理、销售管理和市场管理,也为专业领域提供程序，如医疗信息技术、法律和房地产。

弗尼认为 Quickbase 是“应用程序快速开发的极致”，也是一种“DIY 应用程序”。包括辛德尔顿在内的得克萨斯州社区银行人员将能够独自定制软件包，而不是求助于制造商和信息技术专家。为了调整西贝尔系统，银行不得不请求西贝尔的帮助。由于 Quickbase 不是依照具体企业应用软件进行编程，因此企业必须调整其数据库结构，使之适应具体业务职能的需求。得克萨斯州社区银行的员工可以自己调整 Quickbase，因此保有和维护的费用较低。

Quickbase 为得克萨斯州社区银行提供了它以前所不具备的灵活性。由于系统基于网络，客服专员可以在任何拥有网络浏览器的地方使用这个系统。除节省保有成本外，得克萨斯州社区银行使用 Quickbase 的成本也较低，也就是前 10 个用户需要交纳 249 美元的一次性费用，额外增加的每位用户每月要交纳 3 美元（此费用目前为每月 249 美元加上每 5 位新增用户每月所缴的 15 美元）。

对于有些客服专员选择完全放弃使用新技术，辛德尔顿也必须去处理。为使系统尽可能运作成功，辛德尔顿允许这些专员将任务分给行政助理去做，助理再将信息输入 Quickbase。戴维斯评论说这或许不是最佳的做法却很常见，更重要的是如果专员把时间花在为银行盈利而不是死抠技术上，这样做便很值得。从呼叫中心开始，分阶段地实施 Quickbase，使得克萨斯州社区银行轻松完成了过渡。

对 QuickBase 在得克萨斯州社区银行的成功实施很重要的，还有弗尼把该系统与 Kirchman 核心银行应用系统相整合的能力。弗尼使 QuickBase 通过 XML 接口每晚向核心系统上传新的客户信息。客服专员和管理层每天都能获取更新后的互动和交易信息，使他们能以以前不可能实现的方式跟踪业务。银行第一次能完全地跟踪销售机会，并且正如辛德尔顿所说，“知道我们在哪些地方丢了业务，需要付出更多的销售努力。”

资料来源：Doug Bartholomew，“A Banker's ＄500，000 Lesson in CRM，” *Baseline Magazine*，February 26，2007；www. cnbwax. com，accessed september 23，2008；www. quickbase. intuit. com，accessed September 21，2008；Mark Singleton，as told to Colin Beasty，“Secret of My Success：Getting More for the Money，” www. destinationcrm. com，March 1，2006. and “Siebel Costomer Relationslip Management Applications，”www. oraele. com，March 30，2007.

思考题

1．马克·辛德尔顿最初试图在得克萨斯州社区银行解决什么问题？

2．实施新系统的业务理由是什么？有哪些可见的好处？有哪些不可见的好处？

3．西贝尔 CRM 解决方案的实施为什么不成功？最大的因素是什么？你如何把这些因素按组织、技术和管理方面来分类？

4．QuickBase 对该银行是更好的解决方案吗？为什么？哪些因素表明该银行最后采取了正确的方法、选择了合适的产品？

5．根据本案例，你认为哪类组织适宜采用西贝尔 CRM 软件包？举出这类组织的一个例子，证明你的选择。你可以利用网络进行调研，包括访问甲骨文公司的网站。

6．该银行本来能够第一次就为其 CRM 系统选择合适的软件吗？解释你的答案。

第14章

Management Information Systems

项目管理

学习目标

学习本章,你将了解到:

1. 项目管理的目标是什么?为什么说它对于信息系统的开发至关重要?
2. 如何筛选和评估信息系统项目并把它们同企业的业务目标结合起来?
3. 企业怎样评估信息系统项目的商业价值?
4. 信息系统项目面临的主要风险是什么?
5. 应采用何种策略来应对项目的风险?怎样实施系统?

麦克森公司的项目管理解决方案

美国最大的药品批发商麦克森公司(McKesson Corporation)是利用信息技术的先驱,以此来提高运营效率和医疗保健服务水平。然而直到最近,各渠道提供的数据互不联系且时断时续,导致公司运营效率降低,难以在订单处理和库存管理上做出正确的决断。麦克森公司只好派物流和财务人员从各分销商那里获取公司全局性的库存信息。在这样一家高价值产品以低利润率销售的公司,由于库存产品过期而造成的微小损失,都会给财务带来极大的影响。

鉴于这种情况,管理层决定,把多个数据库和汇报系统换成常见的商务智能设备,该设备在企业一体化的单一数据库里工作,并借助 SAP NetWeaver 商务智能工具,来生成分析性报告。该系统集中存储和管理公司的重要数据,利用一系列基于网络的计分卡、仪表板和商务智能工具,能快速访问这些数据并加以分析,以便于作业小组和财务团队跟踪库存变化并做出相应决断。

此项目规模庞大,目标宏伟。每日来源于各类遗留系统和新的 SAP 企业系统的交易记录估计可达 1 500 万条之多,这些记录将存入数据仓库。使用该系统的商务用户经验丰富，要求苛刻，需要精心设计的用户界面，方便分析和撰写报告。由于SAP商务智能软件功能繁多，操作复杂，麦克森公司内部专职信息系统的员工经验不足，加上有多达30个业务部门，要应用该软件，显然困难重重。但令人难以置信的是，麦克森公司在不到两年的时间内，就成功运行该软件，这种情况在历史上也不多见。它是怎样做到的呢？

麦克森成功的一个显而易见的原因是采用了良好的项目管理方法。此项目的最高领导层决定采用何种策略来满足不同业务的需求，并界定该项目的作用范围。领导层同管理人员一道促进新系统的采用，培训用户，在分析人员中举办深度研讨会。

麦克森商务智能团队除了利用自有的资源外，还从SAP和其他公司请来了顾问。执行小组由麦克森人员领导，负责公司运营的每个环节，如采购、销售、财务、利润率测算、法律保障。公司也给每个执行小组配备了从公司内部技术资源中选拔的架构师和外聘的开发人员充当顾问。

这些各有所长的顾问能熟练运用SAP商务智能软件，负责给麦克森公司的员工传授此软件的使用方法。所有的小组和团队都隶属于程序管理办公室，它给公司各部门提供信息，协调各部门的开发周期，监督标准的执行情况。

资料来源：Ben Worthen，"Prescription：Technology，" *The Wall Street Journal*，June 9，2008；"McKesson，"www.mysap.com. accessed September 22，2008；Michael Nadeau，"Keys to McKesson's Rapid BI Transformation，" *SAP NetWeaver Magazine*，Spring 2005.

信息系统带来的主要挑战之一是，会让人们想当然地认为它们能带来实实在在的收益。基于信息系统的项目成功率很低，或是因公司没有正确评估自己的商业价值，或是因没有围绕着新技术的采用而进行相应的组织改革。

麦克森制药的管理层在商务智能项目一事上就意识到了这点。虽然该项目规模庞大，目标宏伟，但得益于良好的项目管理方法，麦克森公司还是成功了。

本章开篇的图表给出了本案例和本章的要点。麦克森公司处于一个竞争激烈的行业，高价值的产品以较低的利润率销售。库存处理不善导致公司运营成本上升，影响了利润。为了提升库存管理水平，麦克森建立了庞大的公司全局性的数据仓库，利用功能强大的分析和商务智能工具。尽管此类项目规模巨大且复杂，但管理层仔细地制定了项目目标，界定了项目作用域，弄清楚了完成项目所需的条件和执行小组的职责。最为重要的是，公司管理层具备良好的领导能力，信息系统专家和最终用户能相互交流和沟通。

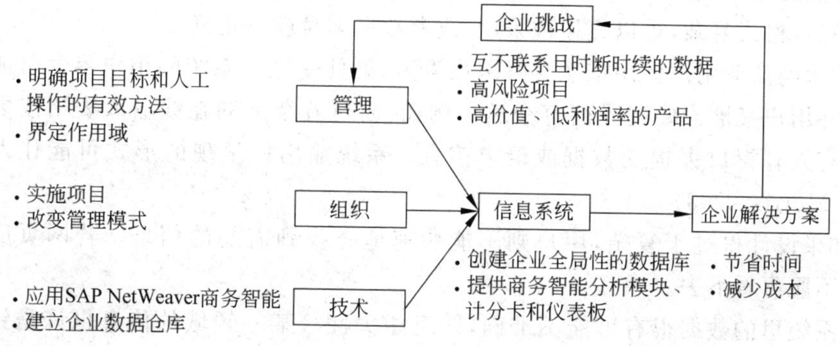

14.1 项目管理的重要性

信息系统项目成功率都很低。几乎任何一家公司的信息系统项目所花费的时间和资金都会比预期高得多,或者会出现系统完成后不能正常工作的情况。当某个信息系统不能正常工作,或使用成本过高,那么买主会觉得它不能给公司带来任何收益,不能解决它本应能处理的问题。对于引进的新系统,必须悉心管理,最佳利用,如何运用信息系统项目决定了它的产出。所以,了解一些管理信息系统的知识及成败的经验与教训十分必要。

14.1.1 项目失控,系统失败

项目管理的现状有多糟糕呢?一般情况下,私人企业对信息系统的财务和时间的预算只及应投入的一半,导致许多项目缺失了应有的功能(承诺在出新版本时实现这些功能)。Standish 咨询公司专注于跟踪项目的成功率,发现所有技术投资中只有 29%能按时完成,且不超出预算,拥有所有的预期功能和特点(Levinson,2006)。30%～40%的软件项目的完成时间和成本大大超出预期,且功能大打折扣。

正如图 14.1 所显示的那样,管理不善的信息系统项目最有可能出现下列问题:

- 成本严重超出预算
- 时间延迟
- 技术缺陷影响性能
- 未能获得预期的收益

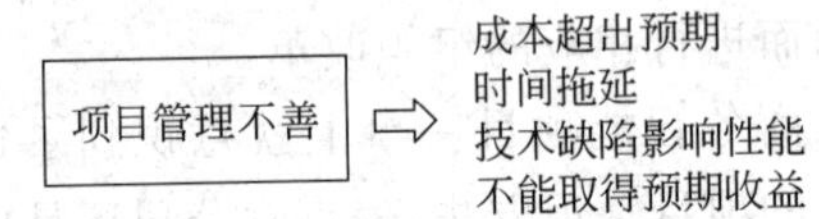

若管理不善,需要花更多的时间去完成系统实施计划,且成本很有可能会超出预算。计划完成后,信息系统也很有可能出现技术故障,不能带来任何收益。

图 14.1 项目管理不善的后果

这些失败多是由于使用方法不当,或是根本没用上信息系统项目具有的功能。用户常常不得不配以并行的人工系统来协调系统工作。

事实可能是,系统的设计存在缺陷,不能满足商务所需和提高公司的收益。系统提供的信息滞后,格式复杂,难以直接被采用,或者数据本身就不正确。

不懂技术的商业用户使用该系统时困难重重,处处受挫。系统的用户界面可能不大友好,而最终用户又恰恰要同界面打交道。例如,面对着杂乱的在线输入表格或数据提交界面,没有人有胃口去提交数据或请求信息。系统输出所呈现的形式可能让人费解(Spier and Morris,2003)。

网页如果设计得过于复杂,用户则不能快速地查找到需要的信息。若网页反应过慢,人们就不愿再看下去。

此外,系统里的数据很有可能不准确,缺乏相关性。某一领域的信息也许是错的或

让人费解，或因管理不当，而难以实现业务目标。特定商务功能所需的信息可能因数据不全而无法访问。

“互动讨论：管理领域”提供了一个项目失败的例子。美国最大的健康护理公司之一凯萨医疗的肾脏移植中心以失败告终，主要原因就是对信息和信息系统的管理不到位。所以，2004 年开办的移植中心不到两年就关闭了。

互动讨论：管理领域

凯萨医疗的肾脏移植中心项目功败垂成

凯萨医疗(Kaiser Permanente)是美国最大的保健组织(HMO)之一，实行一体化管理，由同 HMO 签约的医院和医生提供服务。虽然凯萨是非营利性组织，但其 2007 年的收入达344 亿美元。它的总部位于加州奥克兰市，拥有 17 万名雇员，1.3 万多名医生，为 9 个州的 870 万名会员提供服务。

凯萨因有世界上规模最大的医疗电子记录存储系统而出名，一直稳居保健组织消费者满意度之首。然而，2004 年凯萨成立了肾脏移植中心开始实施肾脏移植，这却成为公共关系和信息技术的灾难。凯萨没有做好充足准备，就让该项目匆匆上马，强迫其会员转入它的肾脏移植中心进行治疗。

2004 年，凯萨在加州北部实施肾脏移植项目，患者可在其移植中心完成手术。此前，在加州，保健组织和周边大学的附属医院(如加州大学旧金山分校和戴维斯分校)签有协议，协议规定此类手术在那儿进行。刚起步的移植中心仅在两年后就被迫关闭，因为在文书、技术和程序规划上出现了一系列问题。在该项目的存续期内，在等待移植时死亡的人数是成功接受肾脏移植的患者的两倍。现在人们重新寻求地方医院的帮助。

凯萨在创建肾脏移植项目时犯了许多错误。把患者转至新的移植中心时，凯萨丢失了许多记录。1 500 份病历中超过 1 000 份都数据不完整或不准确，例如社保号码错误，或身体检查结果的记录不知去向。尽管凯萨很早就开始做医疗电子记录，经验丰富，但在新移植中心里，多数病历却只是记在了纸上，没有完整的总清单和数据库。许多别的移植项目都有众多的 IT 专业人员作支撑，他们负责维护移植项目所需的复杂的数据库。凯萨却在没有此类人才协助的情况下，上马这么一个项目。凯萨员工把过多的精力花在处理患者的信息上，每天工作 10～16 小时更新堆积成山的患者信息。凯萨未能准确预计到办好这么一个项目所需的人力。

但是，凯萨犯下的错误还远不止这些。在把先前患者的信息转至美国联合器官共享网络(United Network for Organ Sharing)时，它没有制定具体的实施步骤。联合器官共享网络负责监管全国的等待移植患者名单。凯萨也没能提出系统的方案来处理好患者的抱怨和要求。凯萨员工缺乏有关工作要求方面的指导和培训以及器官移植所需的经验。项目启动后就立刻出现了程序问题，对此，凯萨的管理层都没能认识到并及时处理。凯萨似乎没有努力去弄清楚运作一个项目应有的程序，以确保先前在别处等待手术的患者能顺利地转到凯萨移植中心做手术。

凯萨有时会把此前已在其他医院排队许久的患者列至名单的底部。与别的公司不同的是，医疗机构若在 IT 方面管理不善，后果非常严重，会危及性命。针对凯萨的诉讼中,许多原告要求凯萨赔偿,坚信移植中心正犯下了此类严重的错误。

把患者从其他医院转至移植中心时,凯萨给他们发送了同意书,但并未告知患者,拿到同意书后具体应该做些什么。许多患者没有回复此邮件,或不知道该如何填写表格,或把它提交给了错误的机构。有的患者则不知如何更正不准确的信息,导致美国联合器官共享网络没有批准把他们列入新的肾脏移植名单。

尽管凯萨的IT系统存在诸多问题,但移植项目在医疗技术上非常成功。第一年全年所有接受了肾脏移植的56位患者一年后仍然健在,很好地证明了手术的高质量。但随着管理上的问题越积越多,2006年凯萨被迫关闭了移植中心,蒙受了巨大的损失,支付了高额的法律赔偿费用。

凯萨在创建移植中心时,没有遵守联邦和加州的法规,加州医疗保健管理部门对其处以200万美元的罚金。同时,凯萨出于压力,拿出300万美元用于慈善事业。

许多在凯萨等待肾脏移植时死亡的病人的家属以医疗事故和非正常死亡为由,将凯萨告上了法庭。有些还活着的患者,如伯纳德·伯克斯,基于相同理由起诉了凯萨。2008年3月,伯克斯争取到了由陪审团对其案件来审理(而不是请私人律师或法官来做出仲裁)的权利。审理在公开法庭里举行。按惯例,审理患者与凯萨争端的多数案件时会关上门,这样一方面可以最大限度地维护凯萨的声誉,另一方面可增加原告诉讼的成功率。一百多名等待凯萨肾脏移植未果的患者中,伯克斯是赢得由陪审团来审判的权利的第一人。

资料来源:Marie-Anne Hogarth,"Kidney Patient Beats Kaiser Arbitration Rule," *East Bay Business Times*, March 21, 2008 and Kim S. Nash, "We Really Did Screw Up," *Baseline Magazine*, May 2007.

思考题

1. 描述凯萨建立移植中心过程中所面临的问题并加以分类。信息系统和信息管理在应对这些问题时发挥了怎样的作用?
2. 哪些管理、组织和技术方面的因素导致了这些问题?
3. 你会用何种方法来增加移植中心项目成功的几率?
4. 这个失败的项目引发了伦理问题吗?如果有,是什么?并做出解释。

MIS实例

登录TeleResults网站(www.teleresults.com),上面提供了最先进的电子医疗信息记录解决方案和辅助器官移植的软件,然后回答以下问题:

1. 假设采用了TeleResults的产品,凯萨医疗能在管理移植信息上获得怎样的帮助?

14.1.2 项目管理目标

一个项目包含一系列安排有序的相关活动,着眼于实现特定的业务目标。信息系统项目包含开发新的信息系统,强化现有系统,升级或更换公司的IT设备。

项目管理(project management),即应用知识、能力、工具和科技,在预期的时间和财务预算范围内实现特定的目标。项目管理的具体活动包括安排工作、评估风险、估计完成工作所需的资源、组织工作、获取人力和物力、分配任务、指导活动、控制项目的实施、汇报进度以及分析结果。同其他领域一样，信息系统的项目管理必须把握五个方面：作用域、时间、成本、质量和风险。

作用域规定了项目包含的工作。例如，一个新的订单管理系统可能包括新的订单模块，并要能把订单信息传送给生产和财务部门，且不影响后续财务信息的接收，也不影响以后生产、分销、库存控制系统的正常运作。项目管理中包含的所有工作，是实现目标的必要条件，必须确保项目的作用域不会超出最初的界定。

时间，即完成项目所需的时间。项目管理规定了完成一个项目所含的主要工作需要的时间，每项工作都进一步分解成了不同的活动和任务。项目管理同时也规定了完成每个任务所需的时间，给出了完成工作的计划表。

成本的多少取决于完成项目所花的时间和所需要的人力资源。信息系统项目的成本也涵盖了软硬件和工作场所的开销。项目管理规定了预算并跟踪项目的运行花费。

质量，即一个项目的最终成果满足公司管理需要的程度。信息系统项目的质量可以通过组织业绩和决策力的改进来衡量。新系统提供的信息越准确，越及时，易用性越高，则说明该项目的质量越好。

风险，即影响项目成功的潜在问题。这些潜在问题可能导致时间的拖延和成本的上升，降低项目产出的质量，不利于完成目标，或使项目的细化目标不能一块实现。14.3 节描述了信息系统面临的最大风险因素。

14.2　项目筛选

虽然对信息系统项目有许多设想，但资源是有限的。公司需要筛选其中能带来最大利益的项目。显然，这应由公司整体的发展战略来决定。

14.2.1　信息系统项目的管理架构

图 14.2 展示了一个大型企业里信息系统项目的管理架构是怎么样的，它有助于确保最重要的系统项目能得到优先考虑。

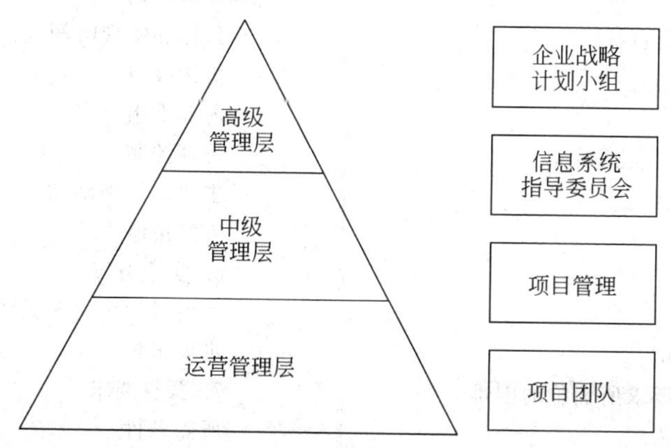

金字塔中的各级管理层负责各自特定的系统项目，这种结构能保证企业中最为重要的项目得到优先考虑。

图 14.2　系统项目的管理控制

企业战略计划小组和信息系统指导委员会居于这类架构的最顶端。前者制定公司的战略计划,计划中可能会提到要采用新的系统。

后者由资深管理人员组成,包括来自最终用户和信息系统领域的部门经理,主管系统的开发和运行。该委员会负责审批各部门的信息系统计划,致力于协调各系统的工作并加以整合,有时也参与筛选特定的信息系统项目。

项目管理组监管项目团队,后者由信息系统和最终用户管理人员组成,负责监督具体的项目。项目团队则对单个系统项目直接负责。该团队成员包括系统分析师、相关业务领域的最终用户和专家及应用程序员,有时候数据库专家也会加入进来。系统解决方案的特性决定了项目的规模和人才的选用。

14.2.2 关联系统项目和业务规划

思考何种信息系统项目能带来最大化的商业利益时,各公司应制定信息系统规划,来支撑全局业务计划。在全局计划中,公司高层应考虑战略性系统的采用。这个计划如同交通地图,指引着系统的未来应用(这也是计划的目的所在),解释采用的理由,说明现行系统的状况、未来的发展态势、管理策略、新系统的实施方案,并给出预算(见表14.1)。

表14.1 信息系统规划

1. 规划的目的	发展业务的依据
规划内容概要	应用系统在战略中的角色
目前企业组织状况和未来组织规划	需要的新设施的性能
核心业务流程	硬件
管理策略	软件
2. 战略性业务规划制定的依据	数据库
现在的形势	电信和互联网
眼下的组织情况	5. 管理策略
变化的环境	并购计划
业务规划的主要目标	目标和实现时间
公司的战略计划	机构改组
3. 现行系统	内部重组
支撑业务运转的主要系统	管理控制
现有设施的性能	主要的培训活动
硬件	人员策略
软件	6. 实施方案
数据库	实施过程中可预见的困难
电信和互联网	进展报告
满足业务发展要求所面临的困难	7. 预算要求
未来市场预期需求	所需条件
4. 新发展	可能节省的资金
新系统项目	融资
项目描述	并购周期

这样一个规划中,应包含企业目标和信息技术帮助企业实现目标的方法。这个报告显示了全局性目标如何在具体的系统项目中得以实现。它规定了实现目标的期限和方法,方便后期对计划进展(如在规定的时间内实现了多少目标)的评估。计划中列出了诸如硬件购买、通信设备的采用、集权和分权的方式、数据的处理、硬件的分配等问题的重要管理决定。通常也涉及机构改革事项,包括培训管理人员和普通员工、招募人才,变更业务流程、权力、结构或管理行为。

为了让计划得以有效实施,公司需要清查所有的信息系统应用程序和 IT 设备,并把结果记录下来。对于能改进决策方式的项目,经理们应选择能带来最大附加价值的项目,并制定一种尺度来量化更及时和准确的信息给决策带来的价值(更多内容详见第 12 章)。

14.2.3 关键成功因素

要制定行之有效的信息系统规划,公司必须充分了解自己短期和长期的信息需求。战略分析法或关键成功因素分析法认为,公司的信息需求由为数不多的管理层**关键成功因素**(critical success factors,CSF)决定。如果能实现这些目标,公司的成功就有保障(Rockart,1979;Rockart and Treacy,1982)。关键成功因素对不同的公司而言不同,主要受主营业务、经理领导能力和更广阔的外部环境影响。例如,汽车行业的关键成功因素可能包括款式、质量以及扩大市场占有率和提升利润的成本。新的信息系统应致力于给公司提供能帮助其实现这些目标的解决方案。

关键成功因素分析中主要的研究方法是个人访谈,即采访公司的多位高管,让他们说出各自的目标和关键成功因素。这些因素叠加到一块,便形成了一家公司的关键成功因素。然后,基于这些因素,来决定采用何种信息系统。对企业关键成功因素的分析方法,见图 14.3。

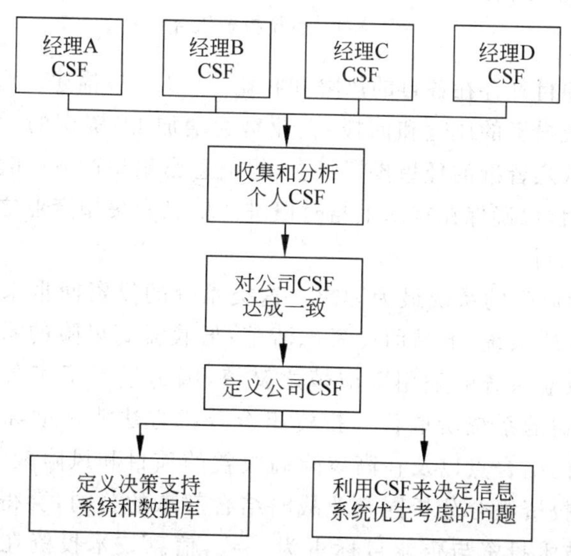

关键成功因素(CSF)分析方法通过采访主要经理,把他们的关键成功因素叠加到一起,便形成了公司的关键成功因素。基于这些,可开发系统。

图 14.3 利用 CSF 来开发系统

采访只针对企业高管,而没有广泛地去探讨企业里所采用的信息。此类采访尤其适用于高层管理人员,可用于开发决策支持系统和主管决策系统。关键成功因素分析方法侧重于关注企业应如何处理信息。

该方法的主要不足是,没有特别准确的方法来把个人关键成功因素综合成一个明确的企业成功模式。此外,受访者和采访者常常不能区分个人和企业关键成功因素。这两类因素不一定等同。对经理至关重要的因素可能对企业整体而言并不重要。关键成功因素分析方法显然侧重于企业的高管,虽然这种分析方法得出的结果可以启发中低层管理人员和员工,助力产生关于引进何种系统的好主意(Peffers and Gengler,2003)。

14.2.4 投资组合分析

战略分析决定好了引进系统的总体方向后,投资组合便可用于评估候选的系统项目。投资组合清查企业所有的信息系统项目和资产,包括基础设施、外包合同和许可证。信息系统的投资组合如金融投资组合一样,有一定的风险,但同时能带来一定的收益(见图14.4)。

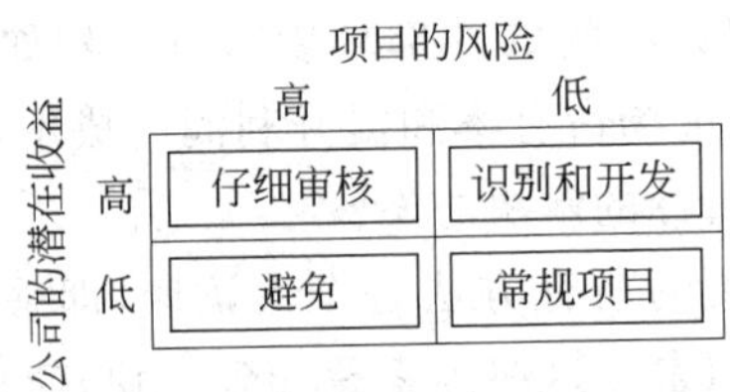

公司应从潜在收益和风险方面去仔细审核项目投资组合。有些项目应完全不予考虑,而有些越早上马越好。难以有完全理想的组合。不同行业的公司情况不同。

图14.4 系统投资组合

任何信息系统项目都存在各自的风险和收益。(14.4节描述了增加系统项目风险的因素。)通过权衡系统投资的风险和回报,企业努力增加IT资产的投资组合回报率。虽然没有对所有企业放之皆准的理想投资组合,但信息密集型产业(如金融业)应采用一些高风险高收益的项目,以确保在技术上与时俱进。信息密集型产业之外的其他企业应注重高收益低风险的项目。

当然,高收益低风险的系统最为理想。这类系统的投资回报来得很快。退而求次的是,高收益高风险的系统,上马前应考虑清楚;低收益高风险的系统则应完全不予考虑;至于低风险低收益系统的采用则应慎之又慎,因为过不了多久就可能需要更新或会被能带来更高收益的系统所取代。投资组合分析方法能帮助经理在投资风险和投资回报中找到最佳的结合点以及在高风险高收益的项目和风险较低、收益也较低的项目中做出选择。把投资组合分析同企业战略结合起来的公司,会得到更高的信息技术资产回报率,信息技术投资与企业目标更为一致,信息技术投资在组织范围内也更为协调。

14.2.5　计分模型

项目的选择需要考虑许多因素，而**计分模型**(scoring model)有助于做出选择。它能考虑到一个系统的多种性能，并加以综合。表14.2中，企业必须在两类企业资源规划系统中做出选择。第一栏列出了决策者在评估系统时要考虑的准则。决策群体通过讨论，制定好这些准则。计分模型的最重要作用，不是用来算分，而是得出一致认定的准则，用于评估一个系统。

从表14.2可以看出，该企业最重视订单处理、库存和仓储管理能力。第二列列出了决策者对每项决策标准的重视程度。第三列和第五列列出了候选的企业资源规划系统所提供的每种功能满足需求的百分比。把每一功能所能满足需求的百分比和对该项功能的重视程度相乘，便得到了卖方的分数。企业资源规划系统B总得分最高。

表14.2　ERP系统计分模型的案例

判断依据	权重	系统A(%)	系统A得分	系统B(%)	系统B得分
1.0订单处理					
1.1在线订单输入	4	67	268	73	292
1.2在线定价	4	81	324	87	348
1.3库存校验	4	72	288	81	324
1.4顾客信用校核	3	66	198	59	177
1.5开发票	4	73	292	82	328
订单处理总计			1 370		1 469
2.0库存管理					
2.1生产预测	3	72	216	76	228
2.2生产计划	4	79	316	81	324
2.3库存控制	4	68	272	80	320
2.4报告	3	71	213	69	207
库存管理总计			1 017		1 079
3.0仓储					
3.1收货	2	71	142	75	150
3.2挑拣/包装	3	77	231	82	246
3.3运货	4	92	368	89	356
仓储总计			741		752
总计			3 128		3 300

与所有"客观的"技术一样，使用计分模型时还有许多定性判断。这就需要已掌握这种方法和技术的专家来帮忙。为了了解评估结果对准则的合理变动有多敏感，需要反复利用计分模型，期间应用不同的准则并改变对它们的重视程度。计分模型常常用于帮助决策并证明其合理性，而不决定系统的最终选择。

14.3 明确信息系统的商业价值

系统项目除了要能满足一家企业的战略目标和用户的信息需求之外,还要能给企业的投资带来回报。从财务角度看,系统的价值由资本投资回报率决定。某个信息系统所带来的收益回报能抵消对该系统的投资吗?

14.3.1 信息系统成本与收益

表14.3给出了系统的一般性花费和能带来的收益。有形收益可被量化,折算成金钱收入。无形收益,如更有效的客户服务或改进的决策方式,虽不能即刻以量化形式显现出来,但从长远看,能转换成可量化的收益。交易系统和文书系统能替代人力,节约空间,总是比管理信息系统、决策支持系统和计算机支持协同工作系统能带来更多有形的、可衡量的收益(见第2章和第11章)。

表14.3 信息系统的成本及其能带来的效益

成本	**无形效益**
硬件	资产利用率的提高
电信	资源控制的改进
软件	组织计划的改进
服务	组织灵活性的提高
人员	更及时的信息
有形效益(成本的节省)	更丰富的信息
生产率的提升	组织学习风气的形成
运营成本的降低	达到法规要求
人员的削减	员工信誉的增强
计算机开销的降低	工作满意度的提高
外部供应商成本的降低	决策方式的改进
文书和专业人员成本的降低	运营效率的提升
开销增长率的降低	客户满意度的提高
设备成本的降低	更好的企业形象

第5章介绍了整体拥有成本的概念,它可用于计算购买和安装软硬件的最初成本以外的花费。然而,整体拥有成本只提供了用于评估信息技术投资的部分信息,并不完整,因为它通常没有涉及收益、成本类别(如复杂性成本)及“软性”因素和战略性因素(这些将在本章后面加以讨论)。

信息系统的资本预算

要了解某个项目能带来的收益,需计算出总收益和总成本。显然,人们不会采纳成本超出收益的项目。但即便收益超出成本,仍有必要从财务角度来进行分析,看看该项目能否给企业带来较好的投资回报率。有许多手段可衡量长期资本投资项目的价值。

资本预算方法依赖于对进出公司的现金流数额的测算，而资本项目生成这些现金流。信息系统项目的投资成本会引发企业瞬间的现金流出，这些钱花在了软硬件的购买和人员配备上。随后几年，这些投资可能会导致额外的现金流出，但会被投资所带来的现金流入所抵消。现金流入表现在：产品的销量上升（归因于新产品的推出、质量的提高和市场份额的增加）或企业运营成本的降低。现金流出和流入的差额可用于计算一项投资的财务价值。一旦确定了现金流，就有一些候选办法可用于比较不同的项目，从而帮助投资决策。

评估信息技术项目的主要资本预算模型有回收年限法、投资会计回报率法、净现值法和内部回报率法。在本章的拓展学习里，你能找到利用资本预算模型评估信息系统投资的更多方法。

14.3.2　实物期权定价模型

某些信息系统项目具有很高的不确定性，特别是对信息技术基础设施的投资。它未来的收入流不明确，预付成本较高。设想一家企业正考虑投资 2 000 万美元，来升级信息技术基础设施、软硬件、数据管理工具和网络技术。如果该计划得以实施，该企业便有了技术上的保障来更轻松地应对未来的问题并能更好地把握未来的机遇。虽然该投资的成本可以计算出来，但不能预知投资可带来的收益。然而如果该企业先不投资，等上几年，直至原计划投资项目能带来的收入潜能越来越清晰时才行动的话，则为时已晚。在这种情况下，经理可利用**实物期权定价模型**（real options pricing model，ROPM）来评估信息技术投资的价值。

实物期权定价模型借用金融业的期权价值的概念。期权本质上是一种权利，而不是义务，这种权利将在以后某日实现。通常所说的买入期权，是一种金融期权，个人有权利（而不是义务）在未来某个给定日期（或之前）以固定价格（执行价格）购买某基础资产（通常是股票）。

例如，2008 年 10 月 28 日，你可以花 11.3 美元购买一份买入期权，到 2009 年 1 月底可以以 50 美元购买宝洁公司普通股一股。如果到 2009 年 1 月底，宝洁的股票没有上升至 50 美元，你就可以不执行这个权利，这个期权的价值在执行日将降为零。但是如果宝洁一股升至 100 美元，你可以以执行价格 50 美元购买该股票，减去期权购买成本后，就是获得的收益。（如果你这一笔买了 100 份期权，成本将是 100×11.30＝1 130 美元，你能获得宝洁 100 股的收益）。股票期权使所有者可从上涨的潜在机会获利，而又限制了下跌的风险。

实物期权定价模型对信息系统项目的价值评定类似于股票期权，技术上的一个初始消耗创造一种权利，但不是义务，它能获得与未来技术开发和部署相联系的利益，同时管理者还可自由地取消、延迟、重启、扩展这个项目。ROPM 使管理者能灵活地筹划信息技术投资，或用小型的实验性项目先尝试一下，以在整个项目实施之前，获得更多关于项目风险的知识，这个模型的缺点主要在于预估所有重要的变量，尤其是来自基础资产的预期现金流与实施成本的变动额。现在正在开发确定信息技术平台的期权价值的模型（Fichman，2004；McGrath and MacMillan，2000）。

14.3.3 财务模型的局限性

传统做法只注重信息系统的财务和技术维度,而忽视了其可能影响到投资的真实成本和收益的社会和组织维度。许多公司的信息系统投资并未充分考虑到新系统的采用会引发组织上的断层,要使组织重新有条不紊地运转,需要付出代价,如培训最终用户的成本、新系统的员工学习曲线对生产率的影响及管理人员监管与新系统相关的变化所需的时间。同时,传统的财务分析方法也会忽视新系统能使决策更加及时和提高员工专业技能,这些都能给企业带来收益的提升(Ryan,Harrison and Schkade,2002)。

14.4 管理项目风险

我们在第8章介绍了信息系统的风险及风险评估。本章我们将描述信息系统项目的具体风险和有效掌控它们的具体方法。

14.4.1 项目风险的维度

不同的系统,其规模、范围、复杂程度、组织和技术组成差别很大。一些系统开发项目更有可能产生我们前面谈及的问题或不能按时完成,因为它们的风险程度要高出许多。项目的风险程度受项目规模、项目结构以及信息系统人员和项目团队的技能高低的影响。

- 项目规模。从费用支出、实施人员的数目、实施的时间长短和受影响的组织单位的数量可看出项目的规模。项目的规模越大,风险也越大。规模巨大的系统项目非常复杂,不易掌控,失败率比其他项目高出50%~75%。系统的行为特性(有多少单位和团体使用系统及系统如何影响业务流程),会使大型系统的复杂度增加;技术特性,如程序代码行数、项目起止时间和预算,也会增加系统复杂度(Xia and Lee,2004;Concours Group,2000;Laudon,1989)。此外,很难找到可靠的方式来估算研发大规模信息系统的时间和成本。
- 项目结构。一些项目具有高度的结构化。完成这些项目所需要的条件清晰可见,所以能预测项目的产出,把握其运作流程。用户十分清楚地知道他们想得到什么及为实现这一目标系统应怎样运行。用户几乎不会改变他们的想法。此类项目风险较小,而那些界定不明、捉摸不透和不断改变所需条件的项目,它们的产出因用户翻来覆去地改变主意或各有所求而难以预测。
- 技术经验。项目团队和信息系统工作人员若缺乏技术知识,项目风险就会增加。若团队对项目所需的硬件、系统软件、应用软件或数据库管理系统的使用不甚熟悉,则该项目很有可能会遭遇技术困难或因需要掌握新的技能而延期完成。

技术上的困难是信息系统项目的风险因素之一。管理不善、没把握好信息需求的复杂性和项目的作用域以及弄清楚新信息系统的采用会影响机构的哪些部门,都会给信息系统项目带来风险。

14.4.2　变革管理和实施理念

引进或变更信息系统项目会产生巨大的行为和组织影响。定义、访问和使用信息方式的改变以及管理组织资源方式的改变，会带来职责和权力的重新分配。这种内部组织上的变革会遭受阻力和反对，有可能导致一个在其他方面表现出色的系统停止使用。

相当多的信息系统项目，由于没有处理好与系统建设相关的组织变革，而进展得磕磕绊绊。成功的系统建设需要谨慎的变革管理。

实施理念

为了有效地应对因新信息系统的采用而带来的组织上的变革，必须审查实施过程。实施过程涵盖所有导向一项创新（如新的信息系统）的采用、管理和常规化的组织活动。实施过程中，系统分析师是变革推动者。他们不仅解决技术难题，还重新定义不同组织团队间的配置、交互、岗位活动和权力关系。他们是整个变革的催化剂，负责确保所有参与方能应对新系统带来的挑战。分析师同用户交流，协调不同利益群体的关系，确保为应对这些变革而做的组织上的调整工作能顺利完成。

最终用户的角色

一般而言，系统实施的顺利进行得益于用户的热切参与和管理层的鼎力支持。用户参与信息系统的设计和运作能带来几个好的结果：第一，让用户参与进来，他们便有更多的机会根据自己的战略重点和业务需求来塑造系统，从而更好地控制结果；第二，他们自身积极地参与了变革，因而更有可能对完工的系统做出积极的回应。把用户的知识同专家的技能结合起来，可以更好地解决问题。

一直以来，人们认为用户与信息系统专家的关系是信息系统的实施容易出现问题之处。用户和信息系统专家有着不同的背景、利益和优先考虑的问题。这被称为用户—设计者鸿沟。这些不同点导致了各方对组织的忠诚程度、解决问题的方式和沟通语言的差异。

例如，信息系统专家在解决问题方面，往往着眼于技术或设备。他们寻求高深的、复杂的技术手段，在这种方式中，软硬件工作效率得以优化，但牺牲了易用性和组织的有效性。而用户偏好着眼于解决商业问题或协助完成组织任务的系统。很多时候，用户和专家的着眼点不同，所以各执己见。

表 14.4 描述了这些差异，即在一个新信息系统开发中最终用户及技术专家（信息系统的设计者）的主要关注点。最终用户和设计者的交流障碍，是为什么用户的需求没有在开发信息系统时加以考虑及用户不积极参与实施过程的主要原因。

如果用户和技术专家都各行其是，追逐自身的目标，系统开发项目则很有可能会失败。遇到此类情况，用户常常会脱离项目，因为他们不明白技术专家的意思，于是用户会得出结论：整个项目交给专家最好不过了。

表 14.4 用户与设计者的沟通鸿沟

用户关心的问题	设计者关心的问题
系统能传递我工作所需要的信息吗?	主文件需要多少存储空间?
我能多快地获取数据?	为执行某一功能需要多少行程序码?
我检索数据是否方便?	如何减少运行某一系统的CPU调用时间?
把数据输入系统,我需要多少文书支持?	最有效地存储这些数据的方式是什么?
系统的运行能满足我的日常业务计划吗?	应该采用哪种数据库管理系统?

管理层的支持和许诺

如果一个信息系统项目能得到各级管理层的支持,那么用户和信息技术服务人员则都会认同此项目。双方都会相信,他们参与到开发过程中来,会得到高层的关注和优先考虑,在执行过程中所做出的努力和花费的时间会得到认可和回报。管理层的支持同时也能确保系统项目得到充足的经费和资源支持。此外,为了实施起来更加有效,在工作习惯和程序以及同新系统相联系的组织协调中发生的所有变革,都需要管理层的支持。如果一名经理把某一新系统看成是需要优先考虑的事项,那么下属也会这么看。

企业业务流程重组、企业应用软件和并购中因变革管理而面临的挑战

创新和实施系统要面临许多挑战,企业软件应用项目和流程重组的失败率很高也不足为奇。要想成功,需要大范围的组织变革,更新技术,更换深植于许多互相联系的业务流程中的遗留系统。大量研究表明,70%的业务流程再造不能产生预期的收益。同样,很多的企业应用软件的使用没能取得完整意义上的成功,甚至三年后也难以实现用户的目标。

如果系统实施情况和变革管理处理不当,没能解决好雇员关切的问题,就会导致许多企业软件应用和再造项目运转状况不佳。应对组织上下的担忧,顶着高级管理人员的反对,加上工作职能、职业轨迹和招聘及培养方式的改变,再造项目面临更大的考验,这比企业努力在业务流程中取得突破要棘手得多。所有的企业软件应用项目要求职能不同的部门加强协作,呼唤更广泛的变革(见第9章)。

与并购有关的项目的失败率也不相上下。并购深受并购公司的组织特征和IT基础设施的影响。要把两家公司的信息系统加以整合,需要管理好许多复杂的系统项目并大力改革组织。如果整合不当,不同企业的系统叠加到一块,会使得遗留系统杂乱无章。整合一旦失败,对并购的收益期望就不能实现,甚至更糟糕的是,并购后的企业不能有效地从事商业活动。

14.4.3 控制风险因素

针对特定种类的系统实施问题,各种不同的项目管理、条件分析和策划方法已经应运而生。为了确保用户在实施的时候能始终起到适当的作用并管理好组织变革活动,需制定相关战略。当然并不是执行活动的方方面面都能轻易掌控或策划。但预测潜在的执行问题,使用恰当的解决方法,能提高系统的成功率。

管理项目风险的第一步，是认识风险的性质和程度(Schmidt et al，2001)。执行人员可用与不同风险程度相适应的工具和风险管理方法来应对(Iversen，Mathiassen，and Nielsen，2004；Barki，Rivard，and Talbot，2001；McFarlan，1981)。

管理技术的复杂性

内部整合工具(internal integration tool)帮助用户掌控技术上有挑战性且复杂的项目，从而确保收益。这类项目能否成功，取决于人们对其复杂技术的掌握程度。项目领导需要有娴熟的技术和丰富的管理经验。他们必须能预测可能发生的问题，确保技术团队中的每位成员保持良好的工作关系。该团队应由具备深厚技术背景和项目管理经验的员工组成，团队成员应常常开会碰头，相互交流。如果企业没有基本的技术经验和专业知识，则应寻求外援。

正式规划工具和控制工具

利用正式规划工具和控制工具来计划和监控项目，大型项目可从中获益。甘特图和PERT 图是两类把项目计划形成文件的常用方法。**甘特图**(Gantt chart)显示了项目的各种活动和相应的起止时间。从甘特图中，可以看到开发一个项目的起止时间和完成不同任务所需的时间及人力资源需求(见图 14.5)。图中，水平条越长，每项任务所需的时间就越多。

尽管甘特图显示了项目活动的起止日期，但没给出完成任务所需的条件，一项任务延期对另一任务的影响，以及该怎样为任务排序。要解决这些问题，就要用到 **PERT 图**(PERT chart)了。PERT，即计划评审技术，由美国海军在 20 世纪 50 年代开发，用于管理北极星潜艇导弹项目。PERT 图以图表的形式描绘了项目任务和不同任务间的相互联系，以及一个项目包括的各种活动和某一特定活动开始前要完成的另一活动(见图 14.6)。

PERT 图把一个项目描述成由带标号的节点(用圆圈或长方形标示，代表项目任务)组成的网状图。每个节点都能看出对应的任务和完成任务的时限。线上的箭头方向指明了完成任务的先后顺序，新的活动开始前要完成前面的活动。图 14.6 中，节点 2、3 和 4 并不互相依赖，可以同时进行，但都要在完成第一个任务后才能开始。复杂项目的PERT 图难以弄懂，项目经理常常双管齐下。

这些项目管理技术可帮助经理们识别瓶颈和确定其对项目完成时间的影响，还能帮助系统开发人员把项目细分成易于管理的小块，便于定义和量化产出。根据预算和目标日期，标准控制技术可成功地画出项目的进展，从而指出项目的偏差。

增加用户的介入和克服用户的阻力

结构化程度低并具有许多未定义的要求的项目需要用户的全程介入。用户必须被动员起来，以支持许多可能设计方案中的一个，并进行一个单一的设计。外部集成工具由在所有组织层次上连接系统实施团队和用户的方式组成。例如，用户可以成为实施团队的积极成员，担任领导角色，负责安装和培训。实施团队要对用户迅速响应，及时答疑，综合用户的反馈，让用户了解实施团队乐于助人的一面(Gefen and Ridings，2002)。

人力资源整合计划	Da	Who
数据管理安全性		
QMF 安全检查/设定	20	EF TP
安全导向	2	EF JV
QMF 安全维护	35	TP GL
数据输入部门简表	4	EF TP
数据输入部门检视预估	12	EF TP
数据输入安全简表	65	EF TP
数据字典		
定向会议	1	EF
数据字典设计	32	EF WV
数据字典产生、协调与查询	20	GL
数据字典产生、协调与使用	40	EF GL
数据字典删除	35	EF GL
数据字典维护	35	EF GL
程序修正设计准备		
工作流程(旧的)	10	PK JL
新资数据流	31	JL PK
HRIS 程序修正模型	11	PK JL
程序修正接口导引会议	6	PK JL
程序修正接口协调 1	15	PK
程序修正接口协调 2	8	PK
福利接口(旧的)	5	JL
福利接口新流程	8	JL
福利沟通策略	3	PK JL
新工作流程模型	15	PK JL
规定数据输入流程	14	WV JL

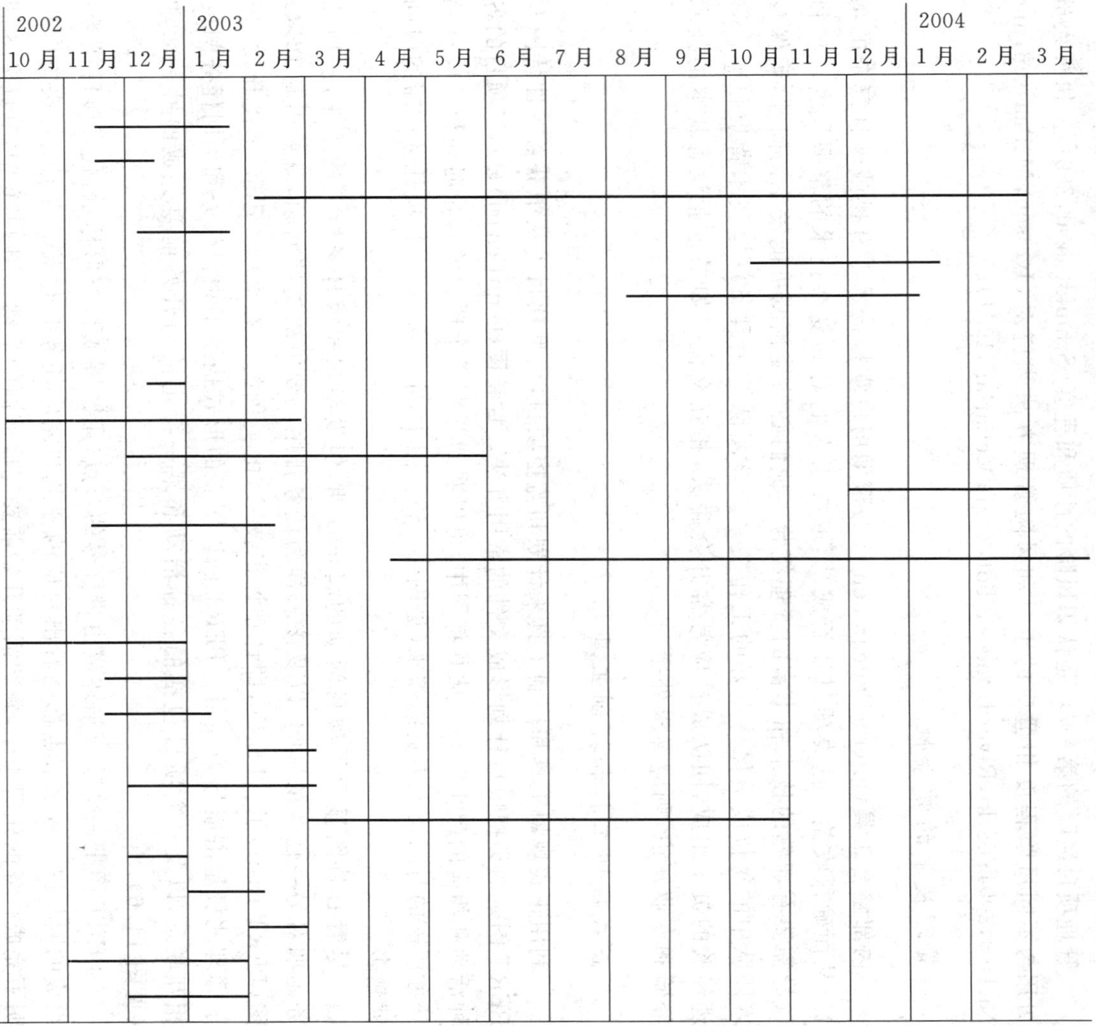

2002: 10月 11月 12月; 2003: 1月 2月 3月 4月 5月 6月 7月 8月 9月 10月 11月 12月; 2004: 1月 2月 3月

资源汇整																					
Edith Farrell	5.0		EF	2	21	24	24	23	22	22	27	34	34	29	26	28	19	14			
Woody Holand	5.0		WV	5	17	20	19	12	10	14	10	2							4	3	
Charles Pierce	5.0		CP		5	11	20	13	9	10	7	6	8	4	4	4	4	4			
Ted Leurs	5.0		TL		12	17	17	19	17	14	12	15	16	2	1	1	1	1			
Toni Cox	5.0		TC	1	11	10	11	11	12	19	19	21	21	21	17	17	12	9			
Patricia Clak	5.0		PC	7	23	30	34	27	25	15	24	25	16	11	13	17	10	3	3	2	
Jane Lawton	5.0		JL	1	9	16	21	19	21	21	20	17	15	14	12	14	8	5			
David holloway	5.0		DH	4	4	5	5	5	2	7	5	4	16	2							
Diane O'Neill	5.0		DO	6	14	17	16	13	11	9	4										
Joan Albert	5.0		JA	5	6			7	6	2	1				5	5	1				
Marie Marcus	5.0		MM	15	7	2	1	1													
Don Stevens	5.0		DS	4	4	5	4	5	1												
Casual	5.0		CASL		3	4	3			4	7	9	5	3	2						
Kathy Mendez	5.0		KM		1	5	16	20	19	22	19	20	18	20	11	2					
Anna Borden	5.0		AB					9	10	16	15	11	12	19	10	7	1				
Gail Loring	5.0		GL		3	6	5	9	10	17	18	17	10	13	10	10	7	17			
未分配	0.0		X										9			236	225	230	14	13	
合作	5.0		CO		6	4				2	3	4	4	2	4	16			216	178	
随机	5.0		CAJL								3	3	3								
天数总和				49	147	176	196	194	174	193	195	190	181	140	125	358	288	284	237	196	12

甘特图显示了具体的任务、完成每项任务的期限和负责人名。通过此类资源汇总图表，管理者可掌握项目中每个月和每个人的总人日。此处描述的是一个数据管理项目。

图 14.5　甘特图

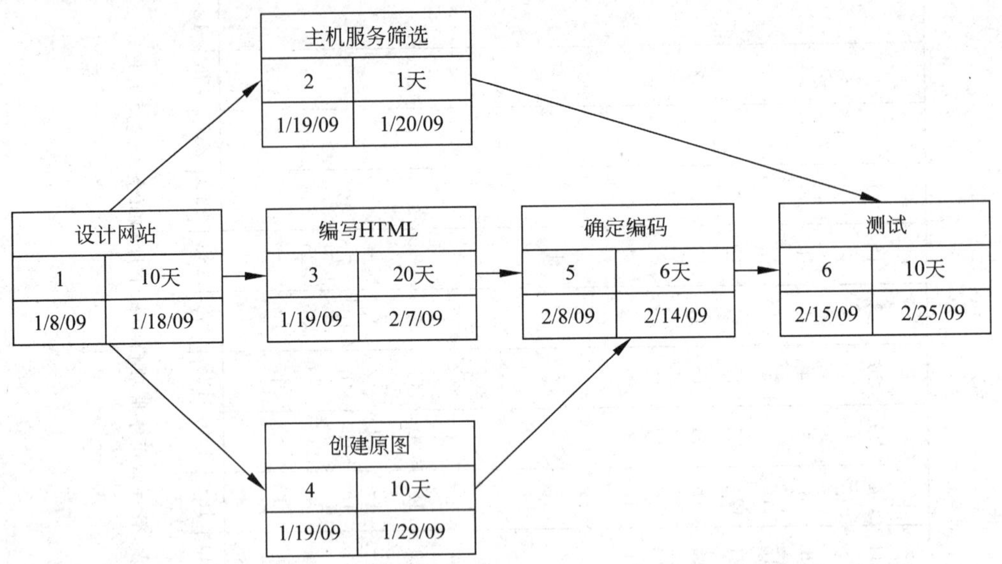

这是简化了的PERT图,用于创建小型的网站。它显示了项目任务的先后顺序及某个任务与其之前和之后任务的关系。

图 14.6 PERT 图

参与实施活动可能尚不足以消除用户对组织变革的阻力。不同的用户可能会受到系统的不同影响。有些用户乐于接受新的系统,因为该系统带来的变革对他们来说可能有利,其他人则反对这个变革,因为他们认为这种改变会损害他们的利益。

如果使用系统是自愿的,用户可能选择逃避它;如果使用系统是强制的,阻力的表现方式多种多样,如上升的错误率、系统的中断和对系统的蓄意破坏。因此,系统实施策略不仅鼓励用户参加和介入,而且还必须处理好反实施的问题(Keen,1981)。**"反实施(counterimplementation)"**是反对信息系统的实施和组织创新的策略,是一种故意行为。

克服用户阻力的方法主要有用户参与(赋予责任和改进系统的设计)、用户教育和培训、颁布管理规定和政策,以及对合作较好的用户给予更多的奖励。新系统可以通过改进最终用户界面,变得更加易用。如果在新系统引进前就已解决好了组织问题,用户会更好地合作。

"互动环节:组织领域"提供了结构复杂的大型项目的案例。美国疾控中心的一个全国性系统失败了,没能有效提醒医疗保健服务人员和相关机构潜在的健康危机,如流感和生化袭击等。当你阅读这个案例时,指出该项目的风险,并谈谈应对这些风险的措施是否得当。

互动环节:组织领域

为什么生物传感系统不能得到推广?

看电视、读报纸或上网时,你一定会发现许多关于生化袭击或禽流感爆发造成大量民众死亡的可怕预测。计算机模型测算如果流感大面积爆发,会导致200万至1亿人死亡。

2006 年 5 月 3 日，美国政府颁布了防范流感国家战略实施计划，致力协调各方面的努力，包括联邦政府、州政府、地方政府和私营机构，来共同应对流行病和公众健康危机。实施计划呼吁对医院的急救室、重症监护室和实验室进行临床“实时监控”，以便第一时间把蔓延的疫情汇报给各级公立医院的官员。

美国疾控中心研发的临床生物传感系统实时连接项目是该计划的重中之重。医院现有的信息系统中，生物传感系统最为重要，它不断地收集和分析生成的数据。疾控中心研发的专供医院使用的软件负责监控设备的网络信息流通量并捕获患者的病历和处方信息。这些数据包括病人的年龄、性别、住处邮编、医疗服务机构邮编、病人主诉、症状、发病情况、诊断、医疗程序、处方和检查结果。该软件把这些数据转换成医疗行业通用的 HL7 数据信息格式，然后加密，每 15 分钟通过网络传送给疾控中心，并将其存储到庞大的数据库里。

系统对此加以汇总，并以图表的形式呈现分析结果，每个结果都与各地不同的邮编相对应。登记过的州医院和地方医院可在授权范围内利用网络应用程序通过安全的数据网络访问这些数据。生物传感系统获得的信息可以显示流行病或生化袭击的一些早期迹象，提醒当地医院、医务人员及联邦和各州相关机构做好防范。

传统的公众健康监管都由人来操作，效率极低。医院、医生和实验人员可以把纸质报告传真或发邮件给公共健康机构，后者随后会联系健康服务提供商，以获取详尽的信息。这种人对人的连锁式联系方式不足以应对大规模的公众健康危机。

生物传感系统于 2004 年首次付诸应用，开始时每天从美国国防部、退伍军人医院收集数据，美国控股实验室公司（它在全美国许多地方都有实验室和服务中心，是全美最大的临床实验服务提供商）负责医疗实验。约 700 家国防安全部门和 1 110 所退伍军人医院会把数据报给生物传感系统。2005 年年末，美国疾控中心开始把生物传感系统向主要大城市的民营医院推广。

然而，2006 年和 2007 年，生物传感系统遭到了全国各地医院领导和医生的抵制。截至 2008 年 5 月，只有 563 家医院和健康机构仍在采用生物传感系统。为了向生物传感系统传送数据，每家医院都必须对病人和其他医疗数据加以统一。多数医院使用自家的编码系统来管理患者信息和医疗记录。疾控中心需把不同医院的编码转换成疾控中心软件统一使用的编码，而医院的 IT 人员和资源有限，做起来非常费力。

有些医护人员不禁要问，是否值得费这么大的工夫去折腾这么个生物传感系统。加州卫生服务部（位于里士满）的传染性疾病实验室主任 John Rosenberg 博士称，如果流行病爆发，“在数据大量涌入之前，你就了解了情况。当急诊室挤满了患者时，你只需拨打一个电话；这很可能是更为有效的措施。”

尽管生物传感系统的采用全凭自愿，但医生和医院领导可能会讨厌这个系统，因为通过它，联邦政府可以侵入以往一直是地方健康服务提供商和医疗组织占据的领地。他们注意到，是他们，而非美国疾控中心要对应对和管理流行病负责。此外，医院出于维护患者信息安全和个人隐私的考虑，不愿意参与。生物传感系统相当于让疾控中心能实时“倾听”医院对患者的诊断。疾控中心不使用任何暴露患者个人信息的数据。

2005年和2006年美国疾控中心投资约1亿美元,用于针对生物传感系统的医院招募和技术花费。2007年疾控中心决定,不再同各级公众卫生保健系统部门竞争,相反,要与之合作。疾控中心会限制性地采用生物传感系统,同时寻找与各州健康部门实现信息共享的途径。它不要求各州把详尽的数据转存到国家数据库,而会鼓励各州把数据库同生物传感系统相关联,接入国家生物监测系统。这种监测系统的最后模样尚不明了。疾控中心正试验各类方法,以找到最合适的。例如,考虑中的预警系统,可以采用电子手段及时地把爆发的疫情报告给各级健康保健部门的官员,比发电子邮件或打电话要有效得多。

资料来源:Doug Bartholomew and Chris Gonsalves, "CDC Issues Pandemic Systems Plan," *Baseline Magazine*, April 2008; Doug Bartholomew, "Second Opinions," *Baseline Magazine*, March 2006; and Wilson P. Dizard Ⅲ, "CDC Weaving National Information Web," *Government Computer News*, April 3, 2006.

思考题

1. 指出生物传感系统项目的风险。
2. 从管理、组织和技术的角度谈谈该项目运作的困难。
3. 美国疾控中心改进流行病预警系统的方法是否可行?为什么?

MIS实例

访问生物传感系统的网站(www.cdc.gov/biosense/),然后回答以下问题:

1. 描述生物传感系统时,提到了哪些信息技术?为什么说它们对于此类应用来说特别有用?

14.4.4 组织设计

由于新系统的目的是改善组织的业绩,信息系统项目必须清楚地说明新系统安装(包括内部网、外部网和万维网应用系统的安装)时组织将会发生的变化。工作程序、岗位职能、组织结构、权力关系和工作环境都会发生变化,对此应谨慎规划。

与系统相关的用户界面在设计时应特别用心,要符合人体工程学原理。**人体工程学**(ergonomics)关注在工作环境中人和机器的交互问题,涉及职岗设计、健康问题和信息系统最终用户界面。表14.5列出了规划和执行信息系统时必须注意的组织维度。

表14.5 系统规划和实施中的组织因素

员工参与和介入 职岗设计 标准和业绩监控 人体工程学(包括设备、用户接口和工作环境)	员工申诉解决程序 健康和安全 对政府法规的遵从

尽管系统分析和设计活动应包含组织影响分析,但一直被忽略。组织影响分析能够解释一个系统会怎样影响到组织的结构、人员态度、决策和运行状况。把信息系统成功地同组织整合到一起,需要在进行系统开发的时候评估其对组织的影响,并以文件的形

式详细完整地记录下来。

社交化技术设计

解决人员和组织问题的方法之一是把社交化技术设计融入信息系统项目中。设计人员想出技术设计和社交设计的两套不同方案。社交方案用于解决工作组结构、任务分配和个人工作设计的问题。然后,把技术方案同社交方案相比对。最有利于实现社交和技术这两个目标的方案会作为最终方案被采纳。设计人员希望选出的社交化技术设计方案能生成理想的信息系统,它既能利用技术上的效率优势,又能及时反馈组织和人员需求,以增强员工对工作的满意度,从而提高生产力。

14.4.5 项目管理软件工具

商业化软件工具使得项目管理的许多方面无需人工干预,项目管理过程更加流畅。项目管理软件通常能定义和分配任务,给任务提供资源,确定任务的起止日期,跟踪进度,协调对任务和资源的调整。许多软件能自动生成甘特图和 PERT 图。

其中有些工具非常复杂,具备企业级的功能,用于管理庞大的项目、分散的工作组。这些高端工具可以管理大量的任务和活动,协调复杂的关系。

微软办公软件 Project 2007 是如今应用范围最广的项目管理软件。它基于个人计算机,能生成 PERT 图和甘特图,支持关键路径分析、资源分配、项目跟踪和状态报告。该软件还可跟踪项目的某一方面的变化对其他方面的影响。Project Professional 2007 可同微软办公软件 Project Server 2007 联用,助力项目管理。Project Server 把项目数据存储于中央 SQL Server 数据库里,授权用户可通过互联网访问和更新这些数据。Project Server 2007 和微软 SharePoint Services 协作工作区平台高度整合。这能帮助大型企业在许多不同的地点管理项目。EasyProjects. NET 和 Vertabase 之类的产品对需要基于网络的项目管理工具的企业来说也同样有用。

14.5 MIS 实践

评估信息系统项目,用电子表格软件对新信息系统投资进行资本预算分析,以及利用 Web 工具分析新房购入,都可借鉴本节所提供的实践经验。

14.5.1 管理决策问题

1. 2001 年,麦当劳上马了一个名为 Innovate(创新)的项目,创建了一个内部网,把在120 个国家的 3 万家连锁店同总部连接起来,希冀获得详尽的实时运营信息。例如,如果伦敦的一家连锁店销量下降,或明尼苏达州罗切斯特市一家连锁店里的烤炉温度不够,该系统会第一时间把情况报告给总部(位于伊利诺伊州橡溪镇)的经理。这个想法着眼于全球性的企业资源规划,每家麦当劳餐馆的运营情况都将尽收眼底。有些连锁店所在的国家缺乏互联网基础设施。几年时间此项目耗资超过 10 亿美元,其中 1.7 亿美元花在了咨询和初期筹划上。麦当劳只好终止了此项目。为避免这个结局,麦当劳的管理层在项目开始前就应了解什么或应该做些什么?

2. 卡特彼勒(Caterpillar)是世界领先的土建工程机械生产商和农用设备提供商。它想终止供经销商使用的、帮助他们从事经营活动的经销商业务系统(Dealer Business System)。该系统软件已跟不上时代。高管人员于是想把软件托管给埃森哲咨询公司,以便专注核心业务。卡特彼勒从未要求经销商使用经销商业务系统,但事实上该系统已经成为同该公司进行商业往来的标准配置。北美50家经销商中的多数和世界别处大约200家经销商的半数,都使用该系统的某个版本。在把该软件托管给埃森哲咨询公司前,应考虑到哪些问题?经销商们应事先了解哪些问题?

14.5.2 优化决策:利用电子表格软件对新的计算机辅助设计系统进行资本预算

软件技能:电子表格公式和功能

商务技能:资本预算

此项目能帮助你利用电子表格软件对计算机辅助设计系统进行资本预算和分析投资回报率。

设想公司打算投资一个新的计算机辅助设计系统,这就需要购买软硬件和网络技术,同时也需要在安装、培训和后续服务上投资。在Laudon网站为第14章提供的辅助资料中,能找到新系统每个组成部分的花费和五年期内每年维护成本的表格,还有资本预算模型的拓展学习。新系统可以减少用于设计的人力开销,从而增加公司年现金流量。

- 利用这些表格里的数据,创建可计算五年期内投资的成本和收益的工作表,然后用本章拓展学习里提供的四个资本预算模型进行分析。
- 这项投资值得吗?为什么?

14.5.3 优化决策:Web工具助力新房购入和融资决策

软件技能:基于互联网的软件

商务技能:财务计划

此项目可提高利用基于网络的软件来搜索房源和计算按揭贷款。

设想你在科罗拉多州的丹佛市找到了工作,想在那里买房。理想的家庭住房至少要有三间卧室和一个卫生间,价格在15万~22.5万美元之间,30年固定利息按揭。你能承受20%的首付。买入前,你会先找出所有价格合意的房源信息,然后算算每月的支付额。用Yahoo!'s Real Estate网站来帮你完成下列事情:

- 在科罗拉多州丹佛市确定价格合意的房子的位置,并尽可能多地收集有关那所房子的信息,包括卖房经纪人、房子的状况、房间的数量和周边的学校。
- 房子标价的80%按揭。至少在三个网站比较利息率(这次不用Yahoo,换用别的搜索引擎)。
- 按揭确定后,计算房子最终的花费。
- 计算此按揭模式下的月供。
- 计算月供中本金和利息值(不计划额外支付)。

完成后，评估整个过程。例如，评估网站的易用性，你寻找房源信息和按揭机构的能力，所得信息的准确度，以及房子和按揭的选择空间。虽然这只是一个设想的项目，但如果真要按揭买房的话，你会发现上述流程非常有用。

拓展学习

以下拓展学习提供了与本章主题有关的内容：

1. 信息系统投资的资本预算方法
2. 信息技术投资和产出
3. 企业分析(商务系统计划)

本章小结

1. 项目管理的目标是什么？为什么说它对于信息系统至关重要？

良好的项目管理对于确保系统应用的及时性和把成本控制在预算范围之内至关重要，可带来实实在在的收益。项目管理活动包括计划工作、评估风险、估算和获取完成工作需要的资源、组织工作、指导实施和分析结果。项目管理必须处理五个方面的问题：作用域、时限、成本、质量和风险。

2. 有什么方法可用来选取和评估信息系统项目并把它们同公司的商业目标结合起来？

组织需制定一个信息系统计划。该计划应该对信息技术如何才能确保商业目标的实现做出说明，并对所有系统应用和 IT 基础设施组成部分编制文档。大型企业的管理结构应确保最重要的系统项目能得到优先考虑。关键成功因素、投资组合分析和计分模型可以用来评估备选的信息系统项目。

3. 企业如何评估信息系统项目的商业价值？

要想弄清楚某一信息系统项目的投资是否值得，需计算它的成本和收益。有形收益可被量化，无形收益虽不能即刻衡量，但未来的收益却可以量化。超出成本的收益可用资本预算方法来分析，以确保该项目能取得良好的投资回报。实物期权定价模型对考虑高不确定性的 IT 投资非常有用，它把与评估金融期权相同的技术运用到系统投资上。

4. 信息系统项目的主要风险是什么？

系统项目的风险程度取决于：(1)项目规模，(2)项目结构；(3)技术经验。如果用户参与不够或参与的方式不正确，管理层的支持不够或实施过程中管理不当，信息系统项目很有可能会失败。业务流程再造、企业应用软件和并购需要广泛的组织变革，这些项目的失败率都非常高。

5. 管理项目风险和系统实施有哪些策略？

实施是指围绕着新信息系统引进而产生的组织变革的整个过程。用户的支持参与，以及管理层对实施过程的支持和控制，都很重要，应对每个新系统项目风险的机制也不例外。项目管理中的权变方法可以在一定程度上减少风险因素。项目的风险程度决定了内外部整合工具、正式规划工具和正式控制工具的组合应用方式。

复习题

1. 项目管理的目标是什么？为什么说它对信息系统的存续至关重要？
   - 谈谈项目管理不善给信息系统带来的问题。
   - 定义项目管理。列出项目管理活动和需应对的环境变量，并加以描述。
2. 可用什么方法来筛选和评估信息系统项目并把它同企业的商务目标结合起来？
   - 哪些人员应对信息系统项目的管理负责？
   - 描述信息系统规划的目标并列出规划中的主要类别。
   - 谈谈关键成功因素、投资组合分析和计分模型对信息系统项目的重要性。
3. 企业如何评估信息系统项目的商业价值？
   - 列出信息系统的主要成本和收益。
   - 区分有形收益和无形收益。
   - 谈谈实物期权定价模型如何能帮助经理评估信息技术投资。
4. 信息系统项目的主要风险是什么？
   - 指出信息系统项目的主要风险并分别加以描述。
   - 谈谈为什么新信息系统创建人员需要关注系统实施问题和变革问题。
   - 为什么取得管理层和最终用户的支持对信息系统项目的实施至关重要？
   - 为什么涉及企业应用软件、业务流程再造和并购的系统实施活动的失败率都很高？
5. 管理项目风险和系统实施有哪些有用的策略？
   - 谈谈控制项目风险的策略。
   - 列举出项目规划和实施时要考虑到的组织方面的问题。
   - 项目管理软件如何助力项目管理？

讨论题

1. 项目管理对一个新的信息系统的成功有多大的影响？

2. 有人认为，多数系统的失败是因为系统创建人员忽视了组织行为问题。为什么这个观点有一定道理？

团队项目：认识实施问题

两三个学生一组，记录自己预计在书中的互动环节或章尾案例的某个系统实施过程中可能会遇到的困难。同时写下你会采取何种策略来防止这些问题的发生，分析的每一步都要写清楚。如有可能，使用谷歌协作平台(Google Sites)链接网页、团队沟通公告和工作任务，集思广益，合作完成项目文档。尝试使用谷歌文档(Google Docs)在课堂上展示成果。

案例研究

Focus 结构化项目实施方案

Focus 是印度一家软件公司，总部设在阿联酋的迪拜市，13 年来致力于研发和营销封装式软件包。该公司制定了双重成长战略：增加现有市场的占有率和开拓新市场。它旗下的一个品牌 Focus RT，被国际数据公司（IDC）评为中东和北非企业资源规划（ERP）软件十大品牌之一。

该公司研发了一系列产品：实时 ERP 系统 FOCUS RT、企业财务系统 FOCUS 6、学业成绩管理系统 FOCUS ARMS、仓库管理系统 FOCUS WMS、客户关系管理系统 FOCUS STREAMLINE 和专注 SOHO 市场的成品会计解决方案软件 FOCUS REACH。

Focus 今天的成就来之不易。2001 年 9 月，Focus 在迪拜互联网城创办了分支机构，这成为日后成功的转折点。Focus 是迪拜互联网城设立后第一批把国际总部迁至迪拜的公司。互联网城内基础设施便利，加速了 Focus 的壮大。2005 年 Focus 在卡塔尔创办了分支机构。自 2002 年，Focus 在卡塔尔的成长是人们津津乐道的话题，在中东和全球软件市场都广为宣扬。实际上，虽然 Focus 迟迟才做出在卡塔尔开设分支机构的决定，但它是 Focus 最英明的决定之一，近三年里它的飞速发展证明了这一点。2006 年 1 月，Focus 把扩张的重心从中东移至美国。

Focus 的战略实施计划有条不紊，确保每个项目均能满足客户的需求并按时交货，符合预算规定。有条不紊的实施过程至关重要，它可以确保每一次的交货都可界定为一个里程碑。每一阶段完成后，Focus 都会要求客户在里程碑证书上签字。Focus 和客户的共同努力对计划的成功实施至关重要。

实施期间，Focus 和客户保持着单点接触关系。关键的沟通人员是来自 Focus 的项目领导。遇到只有一人的团队时，项目领导还是软件工程师。Focus 要求客户为整个项目安排一名中央协调人员。中央协调人员扮演着非常重要的角色，是整个项目的驱动器。他有权决定其中央团队的人员组成。除了这些成员外，应该有来自正在上线某个模块的部门的轮换人员。

Focus 的产品源源不断地、分阶段地输送给客户。例如在初始阶段，只是提供基本产品、界面定制、业务流程定制、管理信息系统定制，最后提供报告。这样可以保证用户在计划实施伊始就能获得软件支持，而无须等待 Focus 开发出整套产品。Focus 采用的是产出驱动方法（即报告的生成）。Focus 认为产品的供给应同软件的使用同步，软件的使用应能带来与之匹配的系统产出。这些产出将通过计算机屏幕或纸质报告展示出来。报告源于系统，Focus 对这些报告十分关注，基于这些报告，开发产品。对于 Focus，报告决定了软件产品中数据的处理方式。产出明了后，需要何种输入以获得产出、需要对输入运用怎样的业务制度和需要何种处理模式来获得最终的产出便不难确定了。

报告形成了清晰可见的产出，其中明晰的目标指引产品的开发，避免迷失方向和妨碍项目的进展。用户群对该产品的了解较少时，此方法尤为有效。

实施分成以下步骤。首先,Focus评估客户的基础设施。Focus采访组织里所有的最终用户,分析实施系统整合方案或ERP解决方案的所有功能要求和目标。实施域也被确定,如同对最终用户的信息技术意识进行的评估一样。根据不同的业务功能,识别出不同的用户群体,并组建两个实施团队(一个由Focus人员组成,另一个由客户组成)。实施前发布预实施报告。

业务设计规划之初,会有一个计划用以描绘包含在项目域中的技术概览、业务流程和组织实体。项目情况和项目域都被清晰界定,以明晰系统要解决的问题和将受到的约束。这非常有助于和用户一道研发出满足用户业务流程需求的解决方案。

在参与数据评估阶段,用户使用真实数据,以确定其是否适用于系统。需考虑的问题包括数据质量、数据清洗规则和整合从来源获取的数据的可能性。

客户定制的产品附加功能研发完成后和最终的产品安装完成后,将制定一个全面计划,展开对解决方案的彻底实施。行之有效的布置策略能确保高效和顺利的安装。

用户群体和IT人员分别接受应用培训和技术培训后,Focus将安排专家评估环境和提供改进建议。团队和专家一道从客户的角度去审视数据库情况、支持情况、安全状况、备份程序和其他所有影响系统运行效率的因素,以确保客户的投资回报最大化。

资料来源:www.focussoftnet.com

思考题

1. 从项目管理的角度考虑,实施方案有多重要?
2. Focus的实施方案怎样帮助组织控制和最小化项目总体风险?对此加以解释。
3. 你会对实施方案做出何种修正?为什么?

Management Information Systems

第15章

管理全球信息系统

学习目标

学习本章，你将了解到：

1. 什么是驱动企业国际化的主要因素？
2. 发展国际业务可利用的战略有哪些？
3. 信息系统如何支持各种不同的全球企业战略？
4. 全球信息系统带来的挑战及其管理解决方案是什么？
5. 开发国际信息系统时，应考虑什么问题和技术方案？

SeverStal 创建了全球炼钢业务的信息技术基础架构

SeverStal（"Northern Steel"）是俄罗斯最大的钢铁企业之一。它主要在俄罗斯进行生产，在意大利、英国、法国及美国也都有工厂。它在世界范围内有10万多名员工，2007年收入达150亿美元，以其特有的方式重新定义全球炼钢产业。

有些美国企业已经离开了资本过于密集的钢铁行业，但SeverStal并不为此担心。公司的管理者们确信在炼钢业与采矿业他们的全球利润率处于领导地位。

公司的策略强调在保持低成本的同时，提供高附加值的产品，使其在市场上更具吸引力。公司正着力开发一种共享成功经验和提升业务能力的国际平台，推广其在全球运营中的成功经验与技术，并通过在作为其核心用户的汽车公司附近建厂来提高全球范围内的生产效率。例如，2004年SeverStal North America（SNA）收购了位于密歇根州迪尔伯恩市的Rouge Industries公司（最初是Henry Ford建造的River Rouge大型工厂的一部分），获得了美国汽车用钢的市场份额。SNA现已成为美国第四大综合性钢铁公司。

SeverStal绝大多数客户的业务遍布全球，它们希望得到与北美、欧洲以及俄罗斯质量相同的供货。SeverStal的策略是"创建一个全球生产平台，不管客户身在何处，我们都将提供高质量的钢材",SNA的首席财务官 Sergei Kuznetsov 这样表示。

所有这些计划都要求有一个足够灵活的信息技术基础架构,能够满足不断变化的全球商业要求并保持有效的业务增长。SNA的信息技术基础架构过去是不同系统的无章混合,包括用于财务的 Oracle PeopleSoft Enterprise 以及用于采购与维护的 Indus Enterprise PAC,还有一些自行开发的系统,信息无法在不同的职能部门间自由流动。

针对这种情况,公司并未升级现有应用系统,而是采用了标准化的 Oracle E-Business Suite I2,这是一个企业应用软件套装,包括财务、采购、企业资产管理、产品制造以及订单管理等模块。Oracle E-Business Suite 的应用是经过整合的,这使得不同职能部门之间访问数据更为方便,生产流程更为高效,生产力也得到提升。公司从此不再只进行单个业务流程的优化,而是能对整个过程进行优化。例如,SNA的采购付款环节与采购环节已进行了整合。

新系统的使用还节约了时间,使结账时间提前了5～10天,为俄罗斯母公司提供了更及时且质量更高的信息。Oracle iSupplier Portal、Oracle iProcurement 与 Oracle Sourcing 包括电子报价与自助服务应用等功能,便利了SNA供货商与其合作伙伴之间的沟通与合作。随着 SeverStal 依靠自我发展或通过并购不断地在成长,Oracle 软件会助其在相同的平台上实现新单元的整合。

资料来源:David A. Kelly, "Managing in a Global Economy: SeverStal," *Profit Magazine*, February 2008, and www.severstal.com/eng, accessed June 28, 2008.

Severstal 努力创造全球信息技术基础架构的过程说明了一些问题,若管理者想要在全球范围内运作,则必须考虑它们。为了真正实现国际化运营,公司要有适当的业务流程与信息系统相互配合。

开篇图表清晰地指出了本案例以及本章提出的重要问题。SeverStal 试图通过提供在市场中价值较高的产品以求在这个竞争性强且资本密集的产业提高利润,但公司仍需控制其运营成本。为此,公司采用了全球生产模式来应对此挑战。SeverStal 旧的信息系统不支持全球业务流程与信息流,因此公司采用 Oracle 的一系列企业应用软件系统取代了先前的信息系统。现在公司已能够灵活应对来自全球的机遇与挑战。

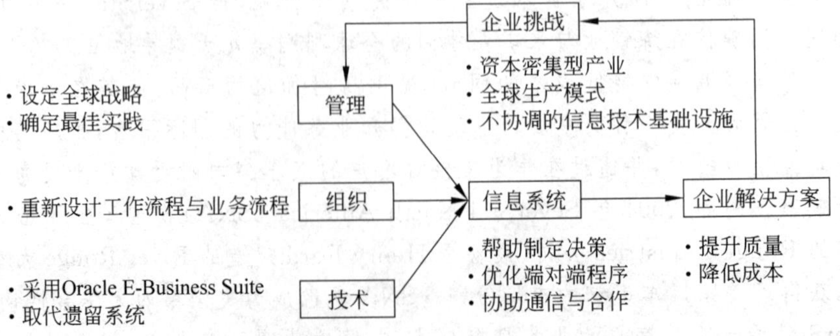

15.1 国际信息系统的发展

在前面的章节中，我们描述了由先进的网络和信息系统驱动的全球经济系统与世界新秩序的产生。全球化的新秩序将横扫由各国政治家所掌控的国内公司、国内产业和国内经济。由于互联网的应用，许多本地企业将被跨国公司取代，国际贸易的增长将大幅改变世界各国的国内经济体系。

现在许多电子产品的生产和设计分包给了各个不同的国家和地区。我们来看一下惠普笔记本的上市路径（见图 15.1）。这个产品的想法和最初设计来自美国的惠普设计团队，经休斯敦的惠普总部批准。图形处理器由加拿大设计，在中国台湾生产。中国台湾和韩国提供液晶显示屏和各种内存芯片，日本提供笔记本硬盘，中国大陆、日本、新加坡、韩国和美国提供其他配件，之后在中国大陆组装。由台湾的承包商做产品工程设计，并与中国大陆的制造商合作。

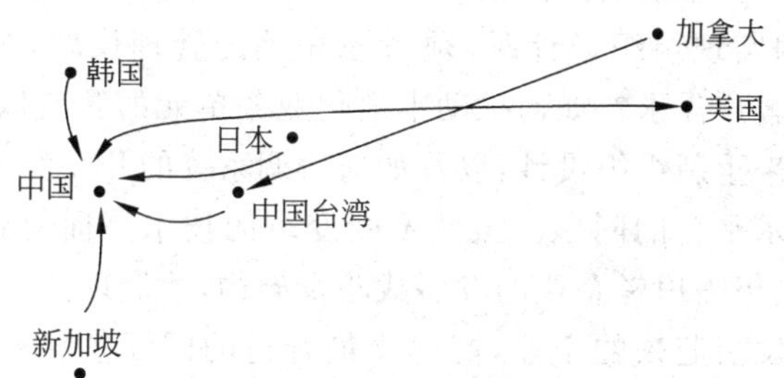

惠普公司与其他电子公司将产品的生产分包给各个不同的国家和地区。

图 15.1 惠普笔记本的上市路径

15.1.1 开发国际信息系统架构

本章描述如何建立适合国际化战略的国际信息系统架构。**国际信息系统架构**(international information systems architecture)由组织统筹世界各地贸易及其他活动所需的基本信息系统组成。图 15.2 列出本章所遵循的原则，并描述了国际信息系统架构所涉及的主要层面。

建立国际信息系统应遵循的基本战略是，必须了解公司运作的全球环境，即了解推动企业全面走向全球竞争的市场力量，也可称为企业驱动力。所谓企业驱动力是指市场中企业必须对其有所响应并会影响企业发展方向的一种力量。除了了解企业驱动力，同时还要细心地检查造成管理挑战的障碍或负面原因，这些因素会导致企业全球化发展的失败。企业评估了全球环境之后，需要进一步思考在此环境下所需的竞争战略。公司将如何响应？企业可能忽略全球市场，而专注于国内市场竞争；或是由国内生产，向国外销售；或是安排全球化的生产与分销。在此之间也存在多种选择。

一旦决定了企业发展战略，公司必须进一步思考其组织结构是否能适应这样的战略。如何安排跨越全球环境的人力分工？公司的生产、管理、会计、营销及人力资源等部

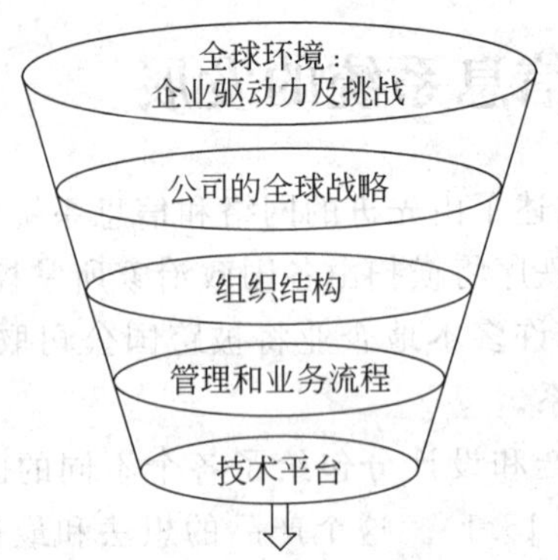

发展国际信息系统架构的主要层面包括全球环境、公司的全球战略、组织结构、管理和业务流程以及技术平台。

图 15.2 国际信息系统架构

门应怎样建置？谁来掌控系统的运作？

其次，实施战略和实现组织设计时，须考虑相关的管理议题，主要是业务流程的设计。如何发现和管理客户需求？如何推动本地化业务单元的转变以符合国际化的需要？如何以全球化的观点来重新组织设计，以及如何协调系统的开发？

最后必须考虑技术平台的问题。虽然不断变革的技术是促使企业朝全球化市场发展的主要动力，但首先仍需思考企业的发展战略及架构，才能理性地选择合适的技术。

基于这样的思考发展起来的企业，能建立最合适的国际信息系统架构，从而达到公司的目标。让我们先来看企业的全球环境。

15.1.2 全球环境：企业驱动力及挑战

表 15.1 列出了全球环境中引导所有产业走向全球市场、参与国际竞争的企业驱动力。

表 15.1 全球环境：企业驱动力与挑战

一般性的文化因素	具体的企业因素
全球性的通信与运输技术	全球市场
全球文化的发展	全球性的生产与运作
全球社会规范的兴起	全球性协调
政治稳定性	全球性劳动力
全球性知识库	全球性规模经济

全球企业驱动力可以分为两类：一般性的文化因素以及具体的企业因素。一般性文化因素比较容易确认，自第二次世界大战以来，信息、通信、运输技术创造了“地球村”，全球通信(电话、电视、广播或计算机网络)使各个地区间的联络更为简单，费用也更为低廉。产品与服务在不同地域间的移动成本也大幅降低。

全球通信的发展创造了另一种意义上的“地球村”：电视、互联网以及其他全球性媒体如电影，让不同文化、不同种族形成了对是非、美丑等相同的期望，因而产生了全球文化。东欧集团的解体加速了世界文化的发展,增加了对资本主义和商业的支持,极大地减少了文化冲突。

最后要考虑的因素是全球知识库的发展。第二次世界大战结束后,知识、教育、科学及工业技术等高度集中于北美、西欧和日本,其余国家则被称为第三世界。现在情况已大为改观。拉丁美洲、中国、印度、南亚和东欧已建立了强大的教育、工业和科技中心,从而催生出了更为民主与广泛的知识库。

这些一般文化因素引领了国际化的潮流,也加快了影响大多数产业实现企业全球化的具体因素的形成。通信技术的发展以及世界文化的出现,为全球市场创造了条件——全球性的消费群体倾向于消费获得本土文化认同的类似产品。如可口可乐、美国运动鞋(由韩国制造,洛杉矶设计)以及CNN节目均能在拉丁美洲、非洲以及亚洲拥有消费群。

为了满足此需求,全球性生产和运作需要生产厂家与相距千里的总公司之间能精确地进行在线协调。例如,总部位于新泽西州纽瓦克的全球航运公司——海陆运输公司(Sealand Transportation),其在纽瓦克的船运管理者能在线查询船只在鹿特丹装货的情形,检查船只倾斜度和压舱物,以及追踪货物至具体的运输位置等。经由国际卫星,这些均成为可能。

新的全球市场及全球化生产与运作的压力催生出了全新的信息系统,它能进行全球化协调。生产、会计、营销和销售、人力资源、系统开发(企业所有的主要业务职能)都可以在全球范围内加以协调。

例如,Frito-Lay可在美国开发一套市场销售自动化系统。该系统一旦开发成功,相同技术将应用到西班牙。所谓的微市场营销,即对非常小的地理单元和社会单元进行营销。Frito-Lay眼中的这些单元不仅仅只是美国的各个街区,而是全世界的各个街区!全球化的协调能力史上第一次允许企业根据相对优势来确定企业活动的范围。设计工作必须在最佳地点完成,营销、生产及财务也同样如此。

最后,全球化的营销、生产及管理带来了强大而持续的全球规模经济。受全球需求的驱动,生产可以集中在最易完成的地方,固定资源可分配给规模较大的生产运行,而大规模的生产可以做更好的规划与更精确的估计。任何地方出现更低成本的生产要素,都能加以利用。最终公司可以通过全球化安排来实现更佳的战略利益。这些普遍适用的以及具体到各个企业的驱动力,大大拓展了世界贸易与商务。

并非所有产业都受到这种趋势的影响。制造业相对于服务业所受的影响显然更大些。服务业仍集中在国内,并且效率极其低下。然而,在通信、娱乐、运输、金融服务以及包含法律在内的一般商务服务中,服务业的区域性已被打破。因此,能了解所处产业国际化趋势并适时做出反应的公司,将在生产力提高与企业稳定方面有巨大的收获。

企业挑战

虽然全球化对企业的成功很重要,但基本的力量仍在发挥作用,这种力量会抑制全球经济,瓦解国际企业。表15.2列出了企业在发展全球系统时最常遇到的巨大挑战。

表 15.2　全球企业系统的障碍与挑战

一般性因素	具体因素
文化性排他主义：地区主义、民族主义、语言差异 社会期望：品牌期望、工作时间 政治法律：跨国数据传输和隐私权法、商业条例	标准化：不同的EDI、电子邮件以及电信标准 可靠度：电话网络并非永久可靠 速度：数据传输速度不同，许多国家低于美国 人员：缺乏有经验的顾问

在文化层面上，排他主义使判断和行动均基于狭隘的或个人的人格特性，以各种不同形式(宗教、国家主义、种族、地区主义、地缘政治)拒绝全球文化共享的观念，并反对国外产品与服务向国内渗透。在不同的文化下会产生不同的社会期望、政治以及法律。例如，美国消费者期待国内的品牌产品在本国制造，当得知许多"国货"竟是在国外制造时，会感到相当失望。

不同文化产生不同的政体。世界上不同的国家有不同的法律来规范信息的流动、公民的信息隐私权、系统中软件和硬件的来源以及无线电与卫星通信等，甚至工作时间长短、贸易条件在不同的政治文化背景下都有很大不同。这些不同的法律与政治实体使全球商业变得更为复杂，企业若要建立全球系统，必须将这些因素考虑在内。

例如，欧洲国家对跨国界数据流及隐私权规定得非常严格。跨国界数据流是指国与国之间传输的任何形式的信息。有些欧洲国家严禁在国界之外处理财务信息，同时禁止个人信息流向国外。欧洲各国关于个人信息的立法相当严格，于1998年10月生效的《欧洲数据保护法》限制任何信息流向不符合其法律规定的国家(如美国)。这直接影响了金融服务、旅游、医疗保健等方面的公司。为了应付这种情形，大多数跨国公司在欧盟各国内开发信息系统，以避免因信息流动跨越国界而带来的成本增加与风险的不确定性。

文化和政治的差异极大地影响了组织业务流程和信息技术的应用。文化差异会引起一系列壁垒，例如电话网络的可靠性、缺乏优秀顾问等。

各国的法律与传统造就了不同的会计惯例，从而影响企业损益的分析方式。德国公司通常要到项目完成并收到付款后，才确认投资获利与否。相反，英国公司一旦确信其将得到款项，在项目完成前就会公布利润。

这些会计惯例与各个国家的法律系统、企业哲学与税务法规紧密相连。英国、美国与荷兰公司共享盎格鲁撒克逊人的观念，分开税务计算与对股东的报告，以便对股东集中展现其快速的利润增长。欧洲大陆的会计惯例较不偏于投资者，而集中于遵从严格规则和最小化税务法律责任。这些不同的会计惯例，使得大型国际公司很难评价设于不同国家各个分公司的绩效。

语言仍旧是一个重要的障碍。虽然英语已成为标准的商务语言，但在公司中除了较高层级的员工能轻松使用英文外，中低层级尚不能如此。要想成功地实施新的信息系统，公司往往会使用本国语言的界面。

汇率的波动会破坏计划好的模型与预测。一种产品看似在墨西哥或日本盈利，而由于外币汇率的改变，实际上可能产生亏损。

在设计和建构公司的国际化系统时，这些阻碍因素都必须考虑在内。例如，公司尝试建置一个跨越国界的“精益生产”系统时，常常会低估产品与信息在不同国家间自由流动所面临的时间、成本及物流上的困难。

15.1.3 最新状况

人们或许认为，鉴于上述获取竞争优势的机遇与对未来应用的兴趣，大多数国际公司已合理开发出可观的国际信息系统架构。但实际情况并非如此。大多数公司的全球系统都由过去拼凑而来，通常基于 20 世纪 60 年代开发的信息处理概念——子公司的资料批次送到总部进行处理，从一个陈旧的系统手工输入数据到另一个陈旧的系统，很少利用实时控制和通信技术。处于此种状况的公司将面临来自已经合理构建了真正的国际信息系统的公司的强大挑战。此外，一些公司新建了国际系统技术平台，但由于缺乏合理的全球战略统筹而举步维艰。

如前所述，要建立合适的国际信息架构并非易事。困难之处包括：规划适合公司全球化战略的系统、确定系统与业务单元的组织结构、解决实施问题以及选择正确的技术平台。接下来，我们将深入探讨这些问题。

15.2 组织国际信息系统

公司寻求全球规模时将面临三个组织性议题：战略的选择、企业的组织与系统管理领域的组织。前两个议题紧密关联，因此在这里一并讨论。

15.2.1 全球战略及企业组织

全球性公司的组织结构包括四种主要的全球战略：本国出口型、多国型、特许经营型与跨国型。每一种战略都有自己特殊的企业组织结构(见表 15.3)。为简单起见，我们描述三种组织结构或治理结构：集权式(在母国)、分权式(在国外当地)及协调式(所有单位都平等地加入)。其他管理模式可出现于具体的公司(例如，由一个单位独裁支配、平等地位的联盟、在重要单位中平衡权力的联邦结构等)。

表 15.3 全球化企业战略及结构

企业功能	本国出口型	多国型	特许经营型	跨国型
生产	集权	分散	协调	协调
财务/会计	集权	集权	集权	协调
销售/营销	混合	分散	协调	协调
人力资源	集权	集权	协调	协调
战略管理	集权	集权	集权	协调

本国出口型战略将与公司相关的活动高度集中在母公司。几乎所有的国际化企业都是这样开始的，不过有些已转为其他类型。生产、财务/会计、销售/营销、人力资源及战略管理活动均在母公司做资源优化的规划。有时跨国界的产品销售则委托代理商或

子公司来进行,但即使在国外市场,也完全依赖于总公司的市场销售战略。卡特彼勒公司及一些重型设备制造商属于这一类型。

多国型战略主要将财务管理及控制集中于母公司,而将企业的生产、销售和营销活动分权到国外子公司。产品及售后服务根据不同国家的当地市场条件进行调整,组织成为由位于不同国家的生产与营销单位组成的联合体。许多金融服务公司与制造公司,如通用汽车、克莱斯勒以及英特尔皆属此类。

特许经营型战略是一种新旧混合的战略类型。一方面,产品的创造、设计、融资以及最初的生产均在母公司进行,但由于产品本身的原因,必须大量依赖国外人员做进一步的生产、营销与人力资源工作。食品特许经营商如麦当劳和肯德基均属于这种模式。以麦当劳为例,其在美国及世界各地建立快餐连锁店,所有的连锁店都依赖于美国总公司进行新产品的研发、战略管理及财务调度。因为产品易腐坏,必须在当地进行生产,所以要求广泛协调生产、区域营销以及当地人员的雇用。

一般而言,各国被授权的子公司与母公司非常相似,但全面协调全球化生产以求生产最优化并不可行。例如,马铃薯与牛肉不能在全球市场中价格最低的国家采购,必须在靠近消费地合理的距离内进行生产。

跨国公司是无国界的、真正全球化管理的公司,可能是未来国际企业的主流。它没有单一的总部,而是由许多区域总部(有时还包括一个全球总部)共同管理。在跨国战略中,几乎所有的增值活动都面向全球视角,而不考虑国家边界,以求最优化供应源和需求,充分利用当地的一切竞争优势。跨国公司以全球而非母国作为其管理的参考框架,公司的管理类似联邦体制,有一个强有力的核心决策集团,但执行权及财务权则分散到各国的分公司。目前很少有公司能达到这种状态,但花旗集团、索尼、福特和其他公司正朝这个方向努力。

信息技术及全球电信的进步给予国际公司更多的灵活性以促进全球战略的形成。保护主义以及为当地市场提供更好服务的需求鼓励公司分散生产设备,至少要跨越国界。同时,在达成规模经济与利用短期地方优势的驱使下,跨国公司将转向全球管理视角,权力和权威也将逐渐集中。因此,跨国公司不但有分权和分散的力量,还有中央集权和全球协调的力量。

15.2.2 适应战略的全球系统

信息技术及全球通信的发展,使跨国企业得以弹性地塑造自己的全球战略。全球系统的构造、管理和开发都需要配合全球战略。图 15.3 列出了一些典型系统。此处所谓的系统,是指建置信息系统的所有活动,包括概念构思和配合战略规划、系统开发及持续进行与维护。为简便起见,我们只考虑四种类型的系统架构。集中式系统,是指系统的开发与运行均在母公司进行。重复式系统,是指系统的开发在母公司,但开发完成后的系统分别由不同地区的自治单位独立操作。分散式系统,是指每个国外单位设计其独特的解决方案和系统。网络式系统,是指系统的开发与运行在所有单位中进行整合与协调。

由图 15.3 可以看出,本国出口型战略有高度集中的系统,在其内部,由一个国内系统开发团队完成企业全球应用软件。而多国型企业则提供一个截然相反的对照,区域性

系统构成	战略			
	本国出口型	多国型	特许经营型	跨国型
集中式	×			
重复式			×	
分权式	×	×	×	
网络式		×		×

大×表示占主导地位的系统类型，小×表示逐渐兴起的类型。以本国出口型战略为例来看，主要依赖于集中式系统，但持续有压力要求在当地的营销区域发展分权式系统。

图 15.3　全球战略及其系统构成

公司可依照自己的需求开发系统，很少与总公司用同样的系统（财务报表与一些电信应用系统除外）。特许经营型战略采用最简单的结构，如同其销售的产品一般，只要在母公司开发出一套系统，世界各地的子公司便使用同一套复制系统，各个地区的应用无任何差异。最后，跨国型战略有着最有发展前景的系统开发方式：网络式系统具有一个完整且单一的全球环境供系统开发及运作。这通常假设已有一个强而有力的通信主干线路，一种共享应用系统开发的企业文化，以及一种跨越不同文化的共同的管理风格。网络式系统结构最常见于金融服务公司，因其同质性产品——货币及货币工具——似乎可以克服文化障碍。

15.2.3　企业重组

公司应如何组织以在全球范围内开展业务？要建立一个全球性的企业与信息系统来支持企业结构，公司必须遵循下列原则：

1. 依据比较利益来组织增值活动。例如，营销/销售部门应设在绩效最好、成本最低且最具影响力的地区；同样，生产、财务、人力资源与信息系统也应如此。

2. 依照公司活动的各个层级来建立和运行系统单位，这些层级包括区域的、国家的以及国际的。为服务本地需求，应采用某种东道国系统单位。区域性系统单位用来控制国与国之间的电信及系统开发，在主要地理区域内进行（如欧洲、亚洲、美洲）。跨国性系统单位应建立跨主要区域的连接，以协调国际通信与系统开发的运行。

3. 在世界总部建立单一的中心来开发国际系统，并由一个全球首席信息官（CIO）来掌管。

许多成功的公司都是依循这三大原则来建立组织系统结构的。这些公司的成功不仅依靠对各项活动的适当组织，还有一个关键因素即管理团队确切了解国际系统的风险与利益所在，并制定出适当的战略来克服风险。

15.3　管理全球系统

表 15.4 列出了开发国际性系统主要的管理问题，有趣的是管理者在开发国内系统时也遇到过这些问题，但在国际环境里它们变得更加复杂。

表 15.4 开发全球化信息系统所面临的管理挑战

确定用户的共同需求 导入业务流程的改变 协调应用系统开发	协调软件版本 鼓励本地用户支持全球系统

15.3.1 一个典型：全球规模下的组织无序

有一家总部位于美国的多国型企业，以生产消费品为主，除了在欧洲运营，公司也计划向亚洲扩展市场。为达此目的，公司必须发展一种跨国型战略和支持此战略的信息系统。同其他多国型公司一样，它在美国建立世界总部进行战略管理，并在各个国家和地区建立产品的营销中心和制造中心。过去，它让每个子公司自行开发其所需要的系统，唯一集中开发的是财务控制以及报表信息系统。在美国总部的中央系统小组只专注于美国国内的功能及生产。

这种做法导致各地硬件、软件及通信系统异常混杂。美国与欧洲国家之间的电子邮件系统无法兼容。每个生产工厂使用不同的制造资源规划系统(或相同企业资源规划系统的不同版本)，以及不同的营销、销售与人力资源系统。硬件与数据库平台也有很大差异。不同站点的通信极不畅通，在欧洲不同国家之间的沟通成本较高且质量较差。最近，总部的中央系统小组又被解散去支持美国各个站点，希望能为用户提供更好的服务，同时降低成本。

这家公司的高层管理人员希望制定跨国型战略以及开发信息系统架构，以支持一个高度协调的全球环境系统，你对此有何建议呢？我们依照表15.4来思考这些问题。不同地区的子公司可能会排斥系统用户的共同需求，区域性的用户只关心自己的需求。美国各地最近才扩充的系统开发小组希望专注于自己的需求，很难接受跨国型战略的指导与建议。同样，也很难说服遍布世界各地的管理者改变自己的业务流程来与其他的子公司保持一致，尤其当这种改变会影响区域经营的绩效时。毕竟，区域经理如果完成了其部门或者工厂的地区目标，就会获得回报。最后，由于缺乏强有力的电信网络，全球范围内的项目开发亦是很大的难题，很难鼓励各子公司加入系统开发。

15.3.2 全球系统战略

图15.4列出了解决方案的主要维度。首先，并非所有系统都要按跨国系统来协调；从成本与可行性角度来看，只有一些核心系统需要以跨国系统的形式来建置。核心系统是指支持组织中绝对关键功能的系统。其他系统只需要部分协调，因为它们共享一些主要元素，但不需要在不同国家完全一致，这种系统有可能也有必要存在大量的地区差异。最后一组是外围的、真正本地化的系统，只需适合本地需求。

定义企业的核心业务流程

我们该如何确定企业的核心系统呢？首先必须定义企业关键的核心流程，业务流程在第2章中已有明确定义，这里就不再详述。简单地说，业务流程就是逻辑上一些相关

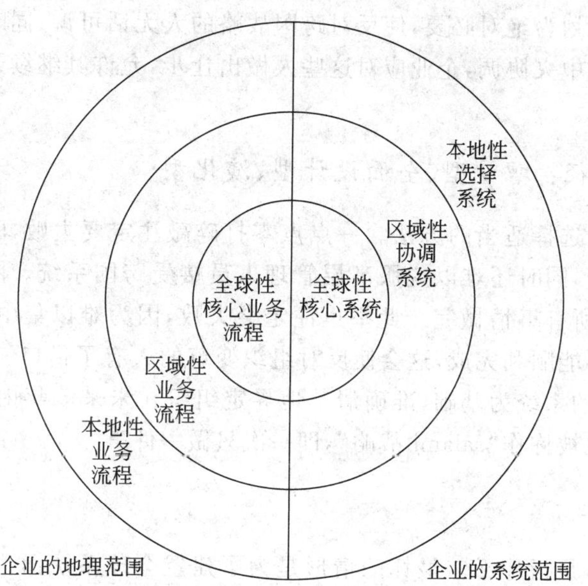

随着公司从本地性选择系统走向区域性和全球性系统，将逐渐提升代理成本及其他协调成本。不过，企业可能因全球系统的开发而降低参与全球市场的成本。一个明智的选择是仅开发一些对全球运营有重要影响的核心全球系统，让其他的系统保留在地区或当地单位的手中。

图 15.4　本地性、区域性以及全球性系统

资料来源：From *Managing Information Technology in Multinational Corporations* by Edward M. Roche，© 1993. Adapted by permission of Prentice Hall，Inc.，Upper Saddle River，N. J.

任务的组合，例如正确的出货或新产品的开发上市，每个业务流程都牵涉到许多不同功能领域间的沟通与协调工作、信息以及知识共享。

要识别企业的核心流程必须首先分析企业的工作流程。例如，客户如何下订单？接下订单后该做什么？谁来履行订单？货品如何运送给客户？供货商又该做些什么？供货商是否可访问制造资源规划系统来实现自动供货？企业必须至少确认十个对其有重要影响的流程，并依优先级排列出来。

其次，你能识别这些流程的卓越中心吗？你是否认为，美国满足订单的能力较强，德国以生产过程控制领先，而亚洲以人力资源胜出？你能否指出各单位的业务职能中绩效较好的领域？

了解了公司的业务流程后，就可以依序排列。你可以确定哪些是核心应用，必须集中协调、集中设计以及在全球范围内使用，而哪些又是区域性应用。找出企业关键流程的同时，你必须定义其未来的远景并全力以赴地予以实现，这才是最重要的。

确认核心系统以统一运作

核心业务流程一经确认，便可寻求建立跨国型系统的良机。第二个战略步骤即透彻地了解真正的跨国型信息系统并为其下定义。定义与实施跨国型信息系统的财务及政治成本相当高，因此，要尽可能减少核心流程的数目，多利用经验，以尽量减小犯错几率。

通过把一小组系统划为绝对必要,使反对跨国战略的人无话可说;同时,有些人反对由跨国系统带来的全球中央协调,企业应对这些人做出让步,允许其继续开发外围系统,但对技术平台有所要求。

选择一条路径:增量型、全面设计型、演化型

第三个步骤是选择适当的方法。一点点零打碎敲注定要失败,因为缺乏可见性,反对力量会逐渐凝聚,同时还难以说服高层管理人员接受跨国系统。同样,也应避免全面设计,即一次性把所有事情做完。此举也注定会失败,因为难以集中大量的资源。若由于资源问题目标不能顺利完成,这会使反对组织变革的人有了借口。可选的方法是采用演化式,即以现存的系统为基础,准确清楚地界定组织在未来5年内预计达到的跨国运作能力。这有时也被称作"salami 战略",即一次只做一件事。

彰显利益

彰显利益具体是指什么?最坏的情形是为了建置全球系统而建置全球系统。一开始就要让总部及各地区的管理者了解全球信息系统将为公司整体及单个子公司带来利益。虽然各个系统所带来的利益有所不同,但对公司整体而言,其贡献不外乎四个领域。

第一,全球信息系统是整合性、分布性及跨国性的系统,它能提升管理及协调功能,其价值不能简单地用价格来衡量,其利益也无法由任何资本预算模型来表达。全球信息系统能在危机时迅速转换供货商,在自然灾害时转移生产地,以及利用某地过剩的产能去满足其他地区的需求。

第二,它可以大幅提高生产、作业、供给与分销效率。设想一个全球价值链如果具有全球供货商及分销网,那么高层管理者可以将增值活动真正调配到其最具经济效益的地区。

第三,全球系统意味着全球范围内的客户与市场。固定成本可分摊到更大的客户群,使生产设施获得真正的规模效益。

第四,全球系统有能力让企业的资金得到最佳利用,这意味着资本剩余地区的资本可有效地转移,并以此来扩充资本匮乏地区的设备产能,从而可以更有效地管理与运用资金。

这些战略自身不会创造全球系统,必须通过实施自身的战略才能发挥效用。

15.3.3 管理者解决方案

表15.4列出了管理者在建置全球信息系统时所面临的最难解决的问题,下面将进一步讨论其解决方式。

用户共同需求的认同

建立核心业务流程及核心支持信息系统的简表,由公司的众多部门进行理性比较,并用同一种语言讨论,从而达成对于共同元素(以及必须保留的独特地域性)的一致认同。

在业务流程中引入变革

能否成功地发起变革,取决于企业的合法性、实际权力以及鼓励用户参与变革设计过程的能力。合法性是指根据能力、远景及其他性质决定的对权威的接受程度。选择可行的战略改变,即前面所讨论的远景的演化方式,可以协助你说服大家"变革是可行的,也是必需的"。让人们都参与变革,使其相信变革符合总公司及各个子公司的最佳利益,这是非常关键的。

协调系统的开发

选择好的变革策略对协调系统的开发相当重要。在全球层面,若尝试全盘的变革策略,则太过于复杂。从小处着手,继而发展为较大的远景反而容易成功。设定 5 年行动计划比仅仅作 2 年行动计划更为可行,同时应尽量缩小跨国系统的规模,以减少协调所需成本。

"互动环节:管理领域"描述了高露洁棕榄(Colgate-Palmolive)公司是怎样在全球范围内发展协调信息系统项目的战略的。SAP 的 Resource and Portfolio Management 软件可使高露洁在全球视角下对项目进行选择、定员以及跟踪。

互动讨论:管理领域

高露洁让世界展露笑颜

高露洁公司是世界第二大消费品公司,其产品广泛销售于全球 200 多个国家。公司在全球共有 3.6 万名员工,年收入为 137 亿美元。高露洁让全世界的人们绽放笑颜,近年来其海外销售收入占总收入的 3/4 以上。高露洁品牌涵盖口腔卫生用品、肥皂、宠物食品。为全世界所熟知的产品包括:Colgate、Palmolive、Mennen、Softsoap、Irish Spring、Protex、Sorriso、Kolynos、Elmex、Tom's of Maine、Ajax、Axion、Fabuloso、Soupline、Suavitel、Hill's Science Diet 以及 Hill's Prescription Diet。

1990 年以来,高露洁保持营业额稳定增长的秘诀在于将产品远销拉丁美洲、欧洲以及亚洲。在 200 多个国家广泛开展业务,管理这样一家大型公司的信息技术项目面临着独特挑战。在信息技术项目方面,公司并不仅仅只需要了解由谁负责操作此项目以及为此项目投入了多少资金。过去,高露洁按地域划分全球市场:拉丁美洲市场、欧洲市场、亚洲市场与北美市场。每个区域都负责自己的信息技术项目,开发可用资源来建立信息系统。在各个区域内,信息技术资源(包括人力资本与财务资本)通过发电子表格的形式在各公司与各办公室间进行协调。在全球合作的层面上,数据统计也以电子表格的形式完成,最后交给美国的中心决策者。换句话说,高露洁的全球系统处于无组织的状态,这是快速成长为多国型巨头的企业的典型情况。

以往,区域性公司无须共享资源或信息,且项目都是本地化的,拼接型系统或多或少也起到了一些作用。然而,位于美国即公司总部的经理们并不清楚各项目的具体负责人,也无法掌控各地区的信息技术资源。全球运作得以整合后,这种状态再也无法维持。

例如,美国团队在波兰建厂,亚洲团队与欧洲团队通过共享的信息技术系统来合作。过去并没有某种特定机制来协调高露洁的全球信息技术运作。公司高层意识到高露洁的信息技术资源需要一个全球性的协调办法,现有的区域系统效率极其低下且毫无成效。

为了对分布在全球各地的信息技术项目加以控制,高露洁采用了 SAP 的 Resource and Portfolio Management (RPM) 软件。SAP RPM 是一种整合型(或复合型)应用程序,利用来自 SAP NetWeaver Business Intelligence (SAP NetWeaver BI)的功能发送数据。该程序由简单易懂并带有指示灯的仪表板来显示预算、计划与关键绩效指标等信息。如此一来,公司得以整理并跟踪资源、技术以及预算等与项目计划和管理有关的内容。正因为 SAP RPM 是一种复合型的应用程序,它整合了 SAP ERP 人力资本管理系统与其他 SAP 系统。SAP 宣称其 RPM 应用程序使公司得以随时观测信息技术项目的状态,并能保证这些项目与公司其他的策略和优先项目同步进行。

下面谈系统具体是如何运作的。高露洁信息技术部门每年都将审查一系列属于公司集团的项目,建立其优先权,确定哪些可以实施,哪些不能实施。全球的信息技术相关人员每月都要提交"现货报告",报告须清楚写明当月的信息技术项目中人员与资金的实际使用情况,公司的全面资源报告将收录这些数据。这样将产生一则"可用人员"名单,标明可参加新项目的人员,在整个组织内可共用的人员,在维护程序方面的人员,以及开发新型应用程序的人员。这种新应用程序的目标之一即尽可能多地将维护工作外包给国外的公司以节约开支,同时在区域公司内部即离客户最近的地域寻找更多的信息技术人才。

SAP RPM 的监控与汇报功能使高露洁的信息技术团队得以更好地将优先项目与公司目标结合起来。信息技术计划执行的实时测量功能使公司能清晰地看到在应用开发与支持上所花费的时间比例。在两年时间内,首席信息官 Tom Greene 发现在信息技术组织内,有20%的人才资源储备未被有效利用。因为外包维护服务比例增长了40%,公司内部的信息技术工作人员才得以集中精力开发系统,以满足客户需要。

资料来源:Evan Albright, "Colgate-Palmolive Takes Control of Global IT with SAP RPM," *SAPNetWeaver Magazine*, October, 2008; Thomson, Inc. "SAP xApp Resource and Portofolio Management and SAP Consulting Enable Enterprise Wide Strategic and Operational R&D Portfolio Management."SAP White Paper, sap. com, accessed October 15, 2008; Colgate-Palmolive, Inc. Form 10K, filed with the Securities and Exchange Commission for the fiscal year ending December 31, 2007, filed February 28, 2008; ZDNet Australia, "Effective Management of Multiple Projects With SAP xApp Resource and Portfolio Management," August 28, 2007; and Bloomberg News, "New Products and Demand in Emerging Markets Fatten Profits at P. &G. and Colgate,"*The New York Times*, January 31, 2007.

思考题

1. 为什么按利润分配信息技术资源的传统方法不再有效?

2. 对于美国总部管理层来说,为什么理解信息技术人员与资金的全球定位相当重要?

3. 本章描述了四种全球企业战略,高露洁采用了哪一种?这种战略如何影响公司对信息资源管理系统的选择?

4. 本案例中提到了哪些"管理解决方案"?哪些并未提到?

MIS 实例

查询高露洁的官方网站并回答以下问题:

1. 找到 SAP 网站并搜索"RPM"。阅读 SAP 的产品,描述并指出:(a)使用此产品的其他公司;(b)RPM 是如何整合较大的 SAP 资源管理应用程序的。

2. 访问 SAP 的劲敌 Oracle 的网站,并指出其所提供的相似应用程序。你认为在选择 Oracle 与 SAP 两者之一的解决方案用于解决国际项目时,主要考虑哪些管理与业务方面的因素?

3. 访问 HP. com 并搜索"企业技术优化(Business Technology Optjmization, BTO)"。BTO 是 HP 优化其信息技术资源的一系列产品。描述这一系列产品并指出使用此项技术的一家全球公司。描述这家公司的全球战略,说明其最近有何变化,并说明其采用 HP 软件的原因。

协调软件的发布

建立流程,确保所有的业务部门都在同一时间进行软件升级,以便每个部门的软件能相互兼容。

鼓励本地用户支持全球系统

这个问题的关键是要促进本地用户参与设计,同时确保对项目开发的控制权不受制于局部利益。在全球公司的各个子公司应将增选作为应对抵制的策略,即引导反对者参与设计过程并实现解决方案,但仍然掌控变革的本质与方向。在此过程中,尽可能地避免使用强力。不过,最低限度的要求是,子公司须共同确定跨国系统的短名单,而且有时也要强力捍卫这一观点:某些类型的跨国系统是必需的。

增选是如何进行的?这里有几种可能性。其中一种是给各个国家的子公司提供机会开发一种跨国应用程序,这种应用程序首先要适用于本国,之后再适用于全球。这种情况下,各国主要的系统团队有开发跨国系统的权利,各子公司也会因此有"主人翁"意识。而这也有不利的一面,即这种方式假定各国有开发高质量的系统并能将其应用到全球范围的能力,例如,一个德国团队能够成功地在法国与意大利实施其系统,然而情况并非总是如此。

第二项策略是开发一种新型的跨国人才中心,或者是单一的人才中心。全球可能设有若干中心专门处理具体业务流程,这些基于多国型小组的中心很大程度上依赖于各国子公司,它们还必须向国际管理层汇报。这些人才中心制定最初业务流程的标准与说明,定义信息需求,制定企业与系统分析,并完成设计与测试工作。然而,试点项目的实施却在世界其他地方进行。跨国人才中心广泛地招募各地区的人才,这意味着所有重要群体都被囊括进来,共同设计并影响整个项目。

即使有了合适的组织结构与管理策略,仍有可能遇到技术层面的难题。如何选择技术平台、网络、硬件以及软件,是最终影响跨国信息系统架构的重要因素。

15.4 全球价值链的技术议题与机遇

一旦公司定义了全球企业模型与系统策略,则必须选择硬件、软件、网络标准以及关键系统应用程序来支持全球企业模型。其中,硬件、软件以及网络在国际化环境中面临着特殊的技术挑战。

其中一个主要挑战是如何找到一种方法将公司的计算机硬件平台标准化,因为不同业务单位、不同国家所使用的平台各不相同。另一个主要挑战是如何找到一种具体的软件应用系统,它既易于使用,又能真正提高跨国团队的生产力。互联网在全球的普遍应用,大大降低了网络方面的困难。但仅仅是互联网的出现,并不能保证信息能够实现在全球组织的无缝流动,因为并非所有企业单位都使用同一套应用系统,并且互联网的服务质量极不稳定(类似于电话服务)。例如,德国的企业单位可能会用一种开源合作工具来共享文档和进行交流,但这种方式与美国总部的团队不兼容,他们在使用 Lotus Notes 工具。要克服这些困难,需要在全球基础上进行系统的整合与连通。

15.4.1 计算平台与系统集成

若以核心系统为基础来建立跨国信息系统的基础架构,将会引发一些问题,主要在于新建立的核心系统如何与昔日各地区不同部门、不同人员、不同的计算机硬件所建立的系统整合在一起。然而,企业的目标是建立具有全球性、分布式、整合性的信息系统,使业务流程能够跨越国界。其所面临的问题与本国的大型系统开发有共同之处,但因为处于国际环境,所以更复杂些。例如,公司在众多不同国家的众多运营单位在 IBM、Sun、惠普及其他硬件上运行 Windoiws、Linux、Unix 或专用操作系统,要整合基于这种情况的各个系统谈何容易!

此外,即使所有站点使用相同的硬件与操作系统,也不能保证其最终能够整合。公司的中心权威部门必须建立数据与其他技术标准,并规定各个站点必须遵从这些标准。例如,就会计而言,年度起讫必须标准化(参见前面对建立全球化企业在文化上的挑战所做的讨论),另外,系统间的界面、通信速度和架构,以及网络软件也必须标准化。

15.4.2 连通性

真正整合的全球系统必须具有连通性,即能将一个全球化公司的人员与系统整合进单一的网络,就如同电话系统一般。除此以外,还要能进行声音、数据、影像的传输。互联网能提供强大的基础,为分散在全球各地的公司各单位提供连通性。然而,互联网并不能解决所有的问题。公共互联网并不能保证在任意层次上均有优良的服务(即使是在美国)。很少有全球公司信任互联网的安全,它们通常使用私人网络来交流敏感信息,而用互联网虚拟专用网络(VPN)进行安全性要求不太高的沟通。并不是所有的国家都支持哪怕是最基础的互联网服务,它要求具有可信的线路,能够在不同壁垒与地区电信机构中协调，能以共同的货币标准来收取账单，并能为所提供的电信服务获取标准协议。表 15.5 列出了国际网络的主要挑战。

表 15.5　国际网络的问题

服务质量	安装延误
安全性	国际服务的低劣质量
成本与关税	法律规章的限制
网络管理	网络容量

现在较具吸引力的方案是创造基于互联网与互联网技术的全球网络。公司可以创建全球内部网来进行内部通信，或创建外部网以便更快捷地与供应链业务伙伴交换信息。它们能用互联网服务供应商提供的专用虚拟网络（VPN）来创建全球网络，VPN 能通过公共网络提供许多专用网的性能（见第 7 章）。然而，在网络特别繁忙的时候，尤其是白天，VPN 并不能提供像专业网络一样的快速、可预测的反应。还有一点，它不支持大量的远程用户。

许多发展中国家的收入低，而个人计算机的成本较高，这限制了其互联网访问服务的发展（见图 15.5）。欠发达国家中的互联网基础设施通常欠缺带宽能力，并因电网问题而不可信赖。发展中国家大多数人的购买力使得互联网服务在各地区的普及变得十分昂贵。此外，许多国家还监管信息传输，像新加坡、伊朗、沙特阿拉伯等国家的政府会对网站进行监管，设置一些访问障碍，以排除其认为不道德或对政府不利的信息。另一方面，在亚洲、欧洲以及中东地区，互联网用户的增长速度远远高于北美与欧洲地区，北美与欧洲的增长十分缓慢。例如，2009 年，中国已有 2 亿多的互联网用户，而美国只有 1.8 亿。这样看来，互联网未来将会在世界欠发达地区拥有更广泛、更可靠的连通性，也必将在当地经济与世界经济的整合中发挥更显著的作用。

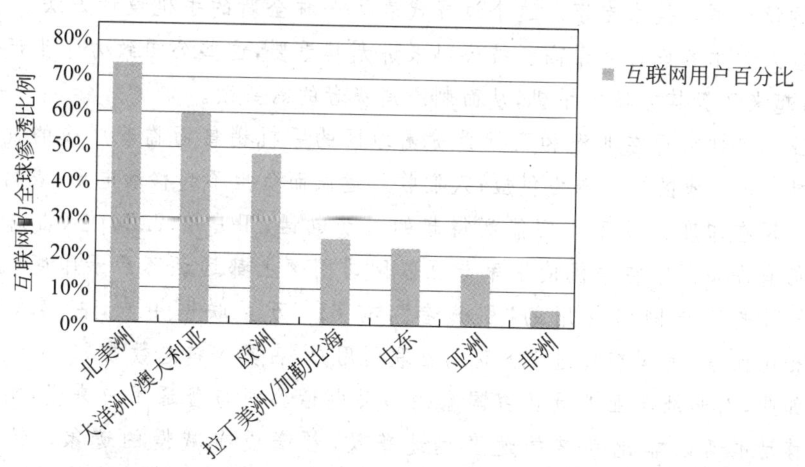

在发展中国家使用互联网的总人口百分比大大低于美国与欧洲。

图 15.5　互联网在各地区的渗透

资料来源：Internetworldatats. com，2008.

本章在“互动讨论：组织领域”中讲述了移动电话是怎样部分地解决此问题的。移动电话在发展中国家迅速被普遍应用，并为经济发展提供了动力。

互动讨论：组织领域

移动电话能否跨越全球数字鸿沟？

移动电话、互联网、高速网络连接以及其他信息和通信技术越来越普及，越来越多的人感受到了各项技术带来的好处。但这些技术并未填补世界上发达国家与欠发达国家之间的数字鸿沟。某些国家例如美国，有着世界上最先进的技术，但世界上贫穷国家的大多数人仍未能获得稳定的供电，依然深陷贫困。移动电话设计与消费者研究的趋势表明，移动电话即将填补数字鸿沟，并成为一项普及技术，从而提高数百万人的生活质量，促进全球经济的发展。

发展中国家拥有全世界68%的手机用户，相比较而言，其互联网用户占全球的20%。移动电话集合了一系列功能：手机、闹钟、照相机、摄像机、立体声音响、电视等，因为移动银行的普及，甚至具备了钱包的功能。其价格不断下降，功能却逐渐增多。最重要的是，移动电话逐渐变成最便利、最能担负得起的上网方式，或做些以往需在计算机上才能完成的工作。

移动电话极大地提高了人们的效率与生活质量，全球经济也因此受益良多。许多经济学家认为，移动电话在发展中国家的普及将对其社会的经济福利产生深远并具革命性的影响，而这可能是依赖国外援助的传统方式无法达到的。

移动电话公司如诺基亚正进行一项所谓“人类行为研究”或“用户人类学”的工作，来收集尽可能多的关于消费者习惯与潜在用户生活状况的信息。他们将收集到的信息反馈给电话的设计师与技术专家。这个过程代表了一种全新的手机设计方法：“以人为本的设计。”以人为本的设计对于高科技公司来讲尤其重要，这些公司致力于生产出既美观大方，使用起来又极其方便的手机，从而刺激消费者的购买欲。

诺基亚与其他公司在非洲和亚洲最贫困地区的手机销售面临着严峻的挑战。其主要障碍包括：许多地区缺乏电力供应；人们收入过低而负担不起移动电话；农村地区没有售后服务。现在印度开发了人们能买得起的移动电话，用户有2.26亿(占总人口数的19%)，但仍有许多国家在手机使用率与互联网访问率上都远远落后于印度。例如摩洛哥，它是非洲电话与网络使用的“引领者”，有610万互联网用户，占其人口总数的18.1%。相比而言，美国有超过1.8亿的互联网用户，占其人口总数的73%。

尽管如此，对非洲与亚洲最贫穷国家的移动电话公司与普通用户来说，前景仍旧一片光明。移动电话以非比寻常的速度迅速普及，丝毫没有减慢的迹象。销售第一个10亿部移动电话花了20年，第二个10亿部花了4年，而第三个10亿部只花了2年。现在移动网络覆盖了全世界80%的人口居住地，而2000年才仅有这个数字的一半。

世界资源协会发布了一份报告，议题是发展中国家的穷人如何分配其收入。报告显示，即使是最贫穷的家庭也会将其微薄收入的一部分用于通信，例如移动电话。若是碰上战乱、旱灾、自然灾害或者极度贫困,拥有一部移动电话则是极大的优势,它可以使人们随时保持联系。在这些国家,移动电话用于就医意义重大:患者更易联系上医生,医生也能更方便地获取疾病的相关信息,从而更方便治疗。

除了能更方便地与他人保持联系,移动电话也是一种实用的商业工具。有证据表明,拥有移动电话在个人层面上也能增加盈利,使人们更易抓住和利用商机。经济政策研究中心最近的一项研究表明,一个国家内,若每 100 个人增加 10 部移动电话,则该国的国民生产总值增加 0.5 个百分点。

一些发展中国家在使用移动电话方面别出心裁,如孟加拉国的"电话夫人",通过贷款购买手机,借给乡亲们接打电话,并收取少量费用;在乌干达,预付费通话时间被用做交易货币;加纳的 Tradenet. biz 使一些西非国家能通过移动电话交换文本信息并达成交易。哈佛大学的经济学教授 Robert Jensen 发现,在印度南部喀拉拉海岸从事渔业的渔民,自从通过移动电话联系潜在买主后,其利润平均提高了 8%,而与此同时,在当地市集交易价格已下跌了 4%。

许多拥护者鼓励欠发达国家通过发展商业来促进经济的发展,反对单纯地提供资金而不改变其内在的经济体系。正因为如此,他们支持移动电话的扩张。通过移动电话来访问互联网也给发展中国家带来了社会以及政治方面的变革,而这些国家以往通常是由专制政府控制所有形式的媒体。

资料来源:Nicole Ferraro, "Africa's Portal to the Internet," *Information Week*, February 4, 2008 and Sara Corbett, "Can the Cellphone Help End Global Poverty?" *The New York Times Magazine*, April 13,2008;"Top 20 Countries—Internet Usage,"Internetworldstats. com, May 2008.

思考题

1. 移动电话公司采取何种策略来"跨越数字鸿沟",以及怎样将其产品销售到世界最贫穷的地区?

2. 为什么经济学家预言移动电话在发展中国家的广泛使用会对其经济发展产生空前影响?

3. 移动电话会提高发展中国家居民的生活质量,哪些例子可以体现出这一点?

4. 你认为移动电话会在非洲与亚洲国家大量普及吗?为什么?

MIS 实例

仔细研读网站 One Laptop Per Child(www. laptop. org),回答以下几个问题:

1. XO 手提电脑能做哪些事情?它适合发展中国家吗?

2. XO 手提电脑怎样缩小全球数字鸿沟?比较 XO 手提电脑与移动电话在发展中国家的潜在影响。

15.4.3 软件本地化

核心系统的开发给应用软件带来了巨大挑战:新旧系统如何衔接?如果旧系统在当

地予以保留(这相当常见),则必须建立及测试全新的界面。建立这类界面常常是成本高昂并且麻烦。如果必须开发新软件,将会遇到一个新的挑战,即新开发的软件必须被分布在各国的业务单位真正采用,因为这些业务单位习惯于各自特有的业务流程及数据定义。

除了新旧系统的整合问题之外,人机界面的设计、系统的功能等都会产生许多问题。举例来说,设计一个真正能用来提升全球生产力的系统,软件界面必须易懂且方便人们快捷地操作。图形用户界面则较为理想,但必须采用同一种语言,通常是英语。若只有知识工作者使用国际系统,英语可以假设为国际通用的标准语言。但当国际系统向下推行时,对管理及办事人员而言,并无世界共通的语言,人机界面必须要适合不同的语言甚至传统习惯。转换软件以使其可用除英语之外的语言进行操作的整个过程称为**软件本地化**(software localization)。

什么样的软件应用程序是最重要的?许多全球系统都偏重于基本的业务与报表管理系统。现在正逐渐转向供应链管理与企业系统来标准化其业务流程,希望在全球化的基础上建立一个协调的全球供应链。然而,跨功能的系统并不总是兼容其他国家在语言、文化传统及业务流程上的差异。因此,位于技术落后国家的公司分支机构在处理企业应用软件的复杂技术问题时,可能遇到困难。

电子数据交换(EDI)系统与供应链管理系统广泛用于制造公司与分销公司,以连接全球的供应商。对基于数据和知识的公司,例如广告公司、研究型医药与工程公司以及绘图和出版公司来说,协同作业系统、电子邮件、电视会议是尤为重要的世界性协作工具。针对此目的,互联网工具将得到更加广泛的应用。

15.5 MIS 实践

本节中的项目可为以下方面提供经验:进行国际市场调研,为一家不断发展的企业分析国际系统问题,以及为国际公司建立职位发布数据库与网页。

15.5.1 管理决策问题

1. 联合包裹服务公司(UPS)已将其包裹快递与物流服务扩展到了中国,它不仅为跨国公司服务,也为地方公司服务。UPS进军中国市场需要利用UPS系统与工具,例如借助DIAD(Driver Information Acquisition Device)手持机以获取包裹快递的数据。UPS试图将其WorldShip、CampusShip以及其他货运服务通过网络渗透到中国以及各跨国用户中去。UPS必须考虑哪些与国际系统有关的问题以成功地在中国运作呢?

2. 假如你的公司制造并销售网球拍,你现在要将产品销往美国以外的国家。如此一来,你就面临着开发全球网络系统的挑战,首先你将目标国家定位于巴西、中国、德国、意大利以及日本。利用CIA World Factbook的统计数据,你打算先从哪个国家开始呢?你会有怎样的评判标准呢?在应用万维网策略的时候,你是否有其他考虑?为了吸引目标国家的买家,你会如何设计网站呢?

15.5.2　实现卓越运营：为国际咨询公司建立工作数据库与网页

软件技能：数据库与网页设计

商务技能：人力资源内部职位发布

在海外设立分支的公司需要某种途径让员工知晓这些地区的空缺职位。在此项目中，你将使用数据库软件来建立公司内部工作机会的数据库与显示该信息的网页。

KTP 咨询公司在全球有许多分公司，KTP 专为大中型公司设计、开发与实施企业系统。KTP 为其员工在美国、欧洲与中国提供旅行、住房以及工作。公司的人力资源部门有一个简单的数据库，使得员工能够随时跟踪空缺职位。若一名员工有意愿改变工作地点，则可向人力资源部联系，索要一份 KTP 空缺职位的清单。KTP 也会将招聘信息放在公司的网页上。

那么，KTP 空缺职位数据库应涵盖怎样的信息呢？什么样的信息又是不允许出现的呢？请找出这些问题的答案，并为 KTP 创建一个空缺职位数据库，其中需至少包括 20 项记录。之后再建立一个简单的网页，其中应包括你新建数据库的空缺职位信息。将上述 KTP 数据库与网页发送一份给你的教授。

15.5.3　优化决策：国际营销与定价研究

软件技能：基于互联网的软件

商务技能：国际营销与定价

公司若决定将产品销于海外，那么产品的合理定价则尤为重要。在此项目中，利用网络研究海外分销商与海关法规问题，并使用基于互联网的软件来计算外币标定价格。

假设你负责一家美国办公家具制造公司的市场营销，公司已决定进军国际市场。现在你只知道一家意大利大型办公家具零售商 Sorin SRL 的名字，除此以外别无其他有用信息。你想调查市场状况，因此计划向该公司提供你公司的办公椅样品。你初步打算将其定价为 125 美元/把。你要通过互联网找到联系该公司所需的资料，并确定在当下的外汇市场这把座椅折合成欧元的价格。查找欧洲公司的一个途径是欧洲黄页企业名录。另外，还可以使用通用货币转换器网站（www. xe. net/ucc）来查询外汇汇率。你现在已掌握了所需信息，即联系该公司和以当地货币计算的座椅售价等信息。之后，获取关于该产品由美国出口到意大利的海关和法规限制的相关信息。最后，找一家公司做你的报关代理人并收集有关海运成本的资料。

本章小结

1. 什么是驱动企业国际化的主要因素？

价格低廉的国际通信与交通造就了共同的世界文化，并具有稳定的期望值与标准。政治的稳定以及日渐发展的世界知识库提供了广泛的信息共享，也对世界文化有所贡献。这些一般性因素为全球市场、全球化生产、协调、分配和全球规模经济创造了条件。

2. 发展全球业务有哪些战略?

有四项基本的国际性战略:本国出口型、多国型、特许经营型及跨国型。在跨国型战略中,所有的生产都需以全球化的规模来协调;然而,战略的选择是基于业务与产品类型的。

3. 信息系统如何支持不同的全球战略?

企业战略与信息系统的设计存在密切联系,跨国型战略需建立网络型的系统架构,并允许系统开发与操作有适度的分权;特许经营型战略在各地均为重复的系统,但集中控制财务;多国型战略一般依赖于分散在各国的独立单位,但也有朝网络发展的趋势;本国出口型是典型的集中控制系统,但也允许一些分散操作。

4. 开发国际信息系统时遇到了哪些挑战,以及如何解决?

全球信息系统具有较大挑战,由于文化、政治与语言的不同,扩大了组织文化与业务流程的差异;迥然不同的地区信息系统很难整合,但全球信息系统鼓励其发展扩张。一般情况下,国际系统在不知不觉中演化发展,解决办法为定义一小部分核心业务流程,并集中力量建立可行的系统来支持此流程。通常情况下,管理者需劝说分散在国外的各个单位参与这些系统的开发与操作,并谨慎地维持其整体控制。

5. 开发国际信息系统时应考虑的问题与技术方案有哪些?

实施全球系统需要一个实际可行的战略,此战略需考虑业务设计与技术平台两个方面。主要的硬件与通信问题是系统整合与连通性。整合有两种选择,要么应用私有网络结构,要么应用开放系统的技术,而全球性的网络是很难建立与运行的。各公司可以建立其自己的全球网络,或是创造基于互联网(内部网或虚拟专用网络)的全球网络。主要的软件问题是创建现存系统的接口和选择应用程序,使其可在多种文化、语言以及组织框架中运行。

复习题

1. 驱动企业国际化的主要因素有哪些?
   - 列举并描述发展国际信息系统架构需要考虑的五大因素。
   - 请描述促使全球企业成长的五大文化因素与四大特殊企业因素,并描述各因素之间的关系。
   - 开发全球系统的主要挑战有哪些?
   - 解释为什么许多公司并未计划开发全球系统。
2. 发展全球企业的战略有哪些?
   - 请描述全球企业与组织结构的四大主要战略。
3. 信息系统如何支持不同的全球企业战略?
   - 请描述四种用于支持不同全球战略的系统配置。
4. 全球信息系统的挑战有哪些?为了应对这些挑战有哪些管理解决办法?
   - 列出开发国际系统时遇到的主要管理问题。
   - 组织全球化运营时,应遵循哪三大原则?

- 开发并实施全球系统时管理上的三大步骤是什么?
- 增选是什么意思?怎样利用增选建置全球系统?

5. 开发国际信息系统时,应考虑怎样的技术议题?

- 请描述所遇到的主要技术议题。
- 列出能帮助企业开发全球系统的几项技术。

讨论题

1. 如果你是一家跨国公司的总经理,如何判定一个应用系统是全球应用程序还是本地应用程序?
2. 描述互联网应用于国际信息系统的各种方式。

团队项目:鉴别全球企业战略技术

与一组学生一起,确定信息技术的使用领域,并探究这种技术是如何支持全球企业战略的。例如,你可以选择数字电信领域(如电子邮件、无线通信以及虚拟专用网络)、企业系统领域、合作软件领域以及万维网领域等。有必要选择一种企业情境来讨论这种技术。你可以选择一家汽车零部件特许经营公司或一家服装特许经营公司(例如 Express)作为研究对象,你会采用哪些全球系统软件,会选择哪些核心业务流程,以及该技术如何发挥其作用?如有可能,使用谷歌协作平台(Google Sites)链接网页、团队沟通公告和工作任务,集思广益,合作完成项目文件。尝试使用谷歌文档(Google Docs)在课堂上展示成果。

案例研究

全球战略能否拯救 GM?

通用汽车公司(GM)过去一直是世界最大的汽车制造公司。现在日本丰田占据了老大的位置,通用位居其次。通用在全球 35 个国家雇用了近 28.4 万名员工,其品牌包括 Buick、Cadillac、Chevrolet、Daewoo、GMC、Hummer、Pontiac、Saab 与 Saturn。最近几年,通用连年失利,2007 年亏损 380 亿美元。GM 逐年亏损的主要原因之一是不能迅速适应市场趋势的变化,公司庞大的规模使形势更加严峻。然而,GM 希望能通过信息技术的转变来扭转这种不利局面,也一直朝着这个方向在努力。

通用庞大的规模一直是它最强有力的资产,而现在这个“大块头”已成为其最大的负担之一。70 年来,通用沿用首席执行官 Alfred Sloan 的哲学理念,他将公司分为五个独立的运营集团与部门(Chevrolet、Pontiac、现已不存在的 Oldsmobile、Buick 以及 Cadillac)。每一个部门都独立运作,就像半独立的公司一样,有自己的产品开发、制造与营销运作。这个模型实行自上而下的控制和分权式的管理,曾是一个相当有竞争力的优势来源,使得通用能以比竞争对手更低廉的成本制造汽车。

但时过境迁,这项政策现在难以奏效。通用现在已不能迅速地改进其车型,汽车的质量也不如日本车,甚至不敌本国竞争对手。通用要花费比竞争对手更多的时间与资金来制造一辆汽车:公司受累于官僚作风、低效的生产过程以及不能互通有无且已过时的海量信息系统。通用的销售业绩严重下滑,从20世纪70年代占美国市场份额的60%降至现在的28.3%。

通用在维持其利润时还遇到了其他几个问题。公司退休员工与在职员工的比率为2.5∶1,通用为每个退休员工提供相当可观的工资与福利。这些附加的花销让公司比其他竞争对手负担更重。由于公司年代久远,厂区选址常在高成本地区。最近,公司才将地域因素考虑在内,将工厂选址于世界上成本较低的地区。

通用试图转向国际企业模式来解决这些问题。公司向中国、俄罗斯以及拉丁美洲扩张,欲实现其产品的国际化。通用过去的国际分公司自然而然地像国内分公司一样运作。2006年管理层制定了一项野心勃勃的计划,欲将通用转变为具有国际标准业务流程的全球公司。自此以后,公司开始按照国际实体的模式运作。三大洲的工程师以及助理人员齐心协力,共同开发产品。通用能够在巴西为美国市场设计汽车,利用其低廉的劳动力以及世界范围内成本较低的原材料。全球范围内的物流服务可将产自韩国的汽车方便地配送往中东地区。若通用在某一国家无法进行生产,可转战另一国家。

为使全球企业模式在通用行得通,公司需要一些真正意义上的全球系统,能够支持其在世界上任何地区的汽车设计、装配以及销售。首席信息官Ralph Szygenda自1996年上任后,将信息技术系统标准化,杜绝浪费并致力于缩减成本,将通用的信息技术年预算减少了数十亿美元,公司的信息系统从7 000种减少到2 500种。

十几年来,通用均依赖于一家单一的信息技术卖家——Electronic Data Systems (EDS),后来通用在1984年将其收购,紧接着EDS又脱离通用于1996年成为一家独立的经营实体。EDS承担了通用所有信息技术方面的责任。虽然通用曾为其母公司,通用从未直接介入公司的信息系统。依赖于单一的信息技术卖家严重抬高了通用的成本,并在技术方面难有任何改进。通用在信息系统方面比任何竞争对手的花费都要高。

Szygenda决定收回信息技术的决策责任,转而寻找多个信息技术卖家——EDS、甲骨文、IBM以及HP。这些技术伙伴共享75亿美元的合同金额。另外75亿美元是通用为今后五年准备的,若公司需要新技术,则可投入使用。

让这几家技术公司真正通力合作并非易事。过去,这类公司只关心如何制造具体的产品,让客户自己去整合所购买的多个产品。这些卖家也有自己的地区差异。可Szygenda并不愿意处理"10种不同的IBM"或"23种不同的思科"。为使情况得以改观,通用利用其强大的购买力,与这些卖家签订全球合同,它们虽然是各自独立的信息技术公司,但通用使其通力合作,提供整合的系列解决方案。

现在通用有足够的基础设施来支持其全球160家工厂的平稳运转。这些基础设施包括每个工厂标准化的软件与程序、可升级的网络以及位于美国、拉丁美洲和欧洲的四个指挥中心。这些指挥中心可轻松获取任何一家工厂的相关信息,并帮助生产提速。

通用监管着两种标准软件应用程序在全球范围内的铺开使用:一是产品的路径及跟踪系统,用于确保车辆按照计划进行生产;另一个是厂内订单管理系统,用于将供应商与装配线联系起来。产品跟踪系统能跟踪到即将进行装配车辆的细节信息,而厂内订单管理系统能使用户方便地访问处于装配线上的任何机器的信息。通用公司的基础设施包括50万个设备：其中有2.55万个车间计算机终端，3 500个服务器，1.1万台打印机，37.3万个机器人，1.4万台网络交换机、路由器以及接入点。要想实现这些基础设施的标准化，对于通用这样超大规模的公司来说是一项极其艰巨而关键的任务。

通用还必须谨慎选择所采用的技术。一旦选定了一种特定的标准化技术，要想改变它成本就相当高了。例如，通用仍使用"传统的"Windows XP系统而不是Vista系统；虽然此时其他公司都在尝试无线网络技术中的蓝牙，通用仍在对其慎重考察。虽然通用迅速且有效地升级其技术系统是很重要的，公司经理们仍然相信，抛弃这种谋慎的做法会为公司的长远运作带来更多问题。

通用对其技术上的事故有明确的应对措施。在核心工厂有八个专家中心，聘用应用程序专家，专门解决工厂中出现的技术问题。四个全球指挥中心也会为出现的技术问题进行监管并提供帮助，各专家随时待命，以解决各种问题。通用还采用一种称为"变化控制网络"的监管系统。这个系统用于记录工厂信息技术的变化，对变化的大小程度以及影响进行标注，评价此变化的重要程度，以及描述潜在风险。

但是，公司信息技术系统改进的效果难以评估，因为最近几个季度来，公司经历了巨额亏损。但有数据表明，这些改进也明显有积极的影响。例如，相比于1996年，公司在信息技术上的花费年均减少10亿美元。2006—2007年，公司因信息技术问题而停产的汽车数量比2005年降低了50%。2008年，此数字降到2005年的5%以下。由于网络延时而产生的设备故障问题也比2005年下降了90%之多。

然而在遭受巨大亏损的背景下，这些数据看起来可能并不那么鼓舞人心。通用要想在今后盈利，除了继续改进信息技术外，其他方面也不容忽视。那么问题是：通用的全球化会取得成功吗？信息技术能在何种程度上帮助通用这家汽车公司做得更好呢？

资料来源：Alex Taylor Ⅲ, "Rick Wagoner Tries to Catch A Falling Knife And Fails," CNNMoney.com, July 15, 2008; Stan Gibson, "GM Pens IT-Buying Bible," eWeek.com, July 23, 2006; David Welch, "GM Staggers Under Losses," Businessweek.com, August 1, 2008; Mary Hayes Weier, "GM's Factory IT Faces A Test," *Information Week*, June 21, 2008; John Soat, "CIOs Uncensored: GM's CIO: IT Vendors Aren't Helping With Globalization," *Information Week*, May 10, 2008; "GM's Ralph Szygenda Has the Biggest Stick in IT," CIOInsight.com, April 7, 2006; and Doug Bartholomew, "GM Outsourcing Overhaul, 1 Year Later," Baselinemag.com, January 7, 2007.

思考题

1. 利用竞争驱动与价值链模型来分析通用公司。

2. 信息系统与通用的企业模式有何种联系？

3. 在通用遇到的问题中，信息系统与其有何关联？信息系统是怎样帮助通用转变到全球企业模式的？

4. 你认为通用的全球化进程与已改进的信息系统能使其在市场中有更好的表现吗？请解释。

译 后 记

《管理信息系统》第11版的翻译是我们翻译硕士(Master of Translation and Interpreting)团队呈递的首份答卷。项目完成之际，掩卷长思，回味甘苦，体会得失。

劳顿夫妇合著的《管理信息系统》自问世以来，一直被全球各高等院校广泛使用。这一版依然保持了其权威性和新颖性，同时更加灵活和可定制化，可以满足不同学校和任课教师的需要。本书全面介绍了管理信息系统的概念、结构、技术和应用，以管理为出发点，分别从管理、组织及技术的视角来剖析管理信息系统，实用性强，备有大量案例和互动项目，有利于读者深入了解公司如何运用信息技术及系统实现企业目标。

2010年10月，我们接受了该书的翻译任务，大家摩拳擦掌，希冀在第一个大型项目中一试身手。《管理信息系统》翻译项目的创新性体现于以下两点：一是"项目进课堂"的教学模式符合MTI人才培养的目标；二是依托学校开设的"计算机辅助翻译CAT(Computer-Aided Translation)"课程，营造真刀真枪的翻译环境。项目伊始，我们力求各个环节精益求精、过程控制有条不紊，如组建团队、分配翻译任务、学习技术软件、建立术语库等。大家学中干，干中学(learning through doing)，忙得不亦乐乎。

随着项目的步步推进，困难也频频出现，我们集思广益，利用课堂讨论，课下交流，每周例会等方式逐一克服。虽然我们团队是初试牛刀，但译者的职业素养要求我们必须确保译文的忠实与通顺，尽己所能、至臻至美。整个翻译过程中，我们过着紧张有序、忙碌充实的生活，脑海中一直萦绕着三个字母"MIS"("管理信息系统"的英文缩写)，体验"痛并快乐着"的翻译过程。如期完成之日，我们心中百感交集，个中滋味难以言表。《管理信息系统》翻译项目见证了我们自身的蜕变过程，书中每一个字都清晰地记录了我们的心路历程。

此外，我们还要对参与项目的每一名成员道声"辛苦了"，感谢大家对该项目倾注的热情，对团队无私的投入和用心的呵护，正是这种团结精神，让我们的友谊点滴累积，直至今日情同手足，相约并肩携手，在翻译的道路上结伴而行。

我们的团队成员及项目分工是：

闫大刚作为项目翻译组的经理，负责目录、前言、统稿、后记、前期准备、协调等。正文各章具体的分工是：崔峣(第1章)、李楠(第2章)、向程(第3章)、张少哲(第4章)、王康(第5章)、张玲玲(第6章)、王磊(第7章)、谷威(第8章)、沈扬(第9章)、付文静(第10章)、辛琪(第11章)、陈蕾(第12章)、李明艳(第13章)、杨义宽(第14章)、李云(第15章)。王英副教授、陈卫国副教授做了大量的审校工作，计算机专业人士魏子杭从专业视角审定了相关专业术语和部分章节，并都参与了部分章节的翻译工作；张政教授承担了项目洽谈、整体安排、质量控制、全书最后审校定稿等工作。

我们真心希望本次的翻译工作能为《管理信息系统》在中国的推广发挥积极作用。由于时间仓促，疏漏之处在所难免，敬请读者不吝指正。

2010MTI项目组

2011年9月于北师大后主楼

教学支持说明

尊敬的老师：

您好！

为了确保您及时有效地申请教辅资源，请您务必完整填写如下教辅申请表，加盖学院的公章后传真给我们，我们将会在2～3个工作日内为您开通属于您个人的唯一账号以供您下载与教材配套的教师资源。

请填写所需教辅的开课信息：

采用教材			□中文版　□英文版　□双语版
作　者		出版社	
版　次		ISBN	
课程时间	始于　年　月　日	学生人数	
	止于　年　月　日	学生年级	□专科　□本科1/2年级 □研究生　□本科3/4年级

请填写您的个人信息：

学　校			
院系/专业			
姓　名		职　称	□助教　□讲师　□副教授　□教授
通信地址/邮编			
手　机		电　话	
传　真			
official email(必填) (eg:XXX@crup.edu.cn)		E-mail (eg:XXX@163.com)	
是否愿意接受我们定期的新书讯息通知：	□是	□否	

系/院主任：__________(签字)

(系/院办公室章)

___年___月___日

清华大学出版社

北京市海淀区清华园学研大厦B座509室

邮编：100084

电话：8610-62770175-4506

传真：8610-62775511

E-mail：xuyy@tup.tsinghua.edu.cn

Website：www.tup.com.cn

Pearson Education Beijing Office

培生教育出版集团北京办事处

北京市东城区北三环东路36号北京环球贸易中心D座1208室

邮编：100013

电话：(8610)57355169/57355176/57355171

传真：(8610)58257961

E-mail：Service.cn@pearsoned..com

Website：www.pearsonhighered.com/educator